在创新中前进

——湖北省高校青年德育工作论文集

(第二辑)

湖北省高校思想政治教育研究会　组编

中国地质大学出版社有限责任公司
ZHONGGUO DIZHI DAXUE CHUBANSHE YOUXIAN ZEREN GONGSI

图书在版编目(CIP)数据

在创新中前进——湖北省高校青年德育工作论文集(第二辑)/湖北省高校思想政治教育研究会组编．—武汉：中国地质大学出版社有限责任公司,2014.3
ISBN 987-7-5625-2696-4

Ⅰ.在…
Ⅱ.湖…
Ⅲ.高等学校-德育-湖北省-文集
Ⅳ.G641-53

中国版本图书馆 CIP 数据核字(2014)第 061135 号

| 在创新中前进
——湖北省高校青年德育工作论文集(第二辑) | 湖北省高校思想
政治教育研究会 | 组编 |

| 责任编辑:王凤林 | | 责任校对:周旭 |

出版发行：中国地质大学出版社有限责任公司(武汉市洪山区鲁磨路388号) 邮政编码:430074
电话:(027))67883511　　传真:67883580　　E-mail:cbb@cug.edu.cn
经　　销：全国新华书店　　　　　　　　　　http://www.cugp.cug.edu.cn
开本:787mm×960mm 1/16　　　　　　字数:720千字　印张:36.625
版次:2014年3月第1版　　　　　　　　印次:2014年3月第1次印刷
印刷:武汉市教文印刷厂　　　　　　　　印数:1—500册
ISBN 987-7-5625-2696-4　　　　　　　　　　　　　　定价:52.00元

如有印装质量问题请与印刷厂联系调换

湖北省高校青年德育工作论文集编委会

主　任：郝　翔

副主任：何祥林　成金华

成　员：（按姓氏笔画排列）

　　　　　刘国华　朱　伟　汤　勇　张地珂

　　　　　张存国　李　智　李永健　李洪渠

　　　　　李素矿　邵士权　陈华文　周　兵

　　　　　郭红霞　黄宗贵

序 言

思想政治工作是中国共产党的优良传统,是一切工作的生命线,高等院校在这项工作中承担着光荣的使命。对高校而言,思想政治工作的主要对象是大学生和广大教职员工,大学生思想政治工作的成效,决定着高等教育事业发展的方向,关系到中国特色社会主义事业的兴衰成败。湖北省作为文教大省,云集着100余所不同性质、不同类别、不同特色的高等院校,这些高校在中部崛起战略中,扮演着重要角色,同时为湖北、乃至整个中国的经济社会文化建设发展做出了积极贡献。

重视思想政治教育,是湖北高等院校的光荣传统,而成立于1984年的湖北省高等院校思想政治教育研究会,已经走过近30年的发展历程。30年来,研究会助力思想政治工作,为高等院校之间的思想政治教育的研究与交流提供了平台支撑。研究会在中共湖北省委高校工委和湖北省教育厅领导下,在省民政厅、省社科联的指导和各高校的积极参与下,近年来认真学习党的十八大、十八届三中全会精神,高举中国特色社会主义伟大旗帜,以邓小平理论和"三个代表"重要思想为指导,深入贯彻落实科学发展观,切实落实《国家中长期教育改革和发展规划纲要》精神,按照"依法办会、民主办会、团结办会"的原则,团结、联系和带领全省广大高校思想政治教育工作者,结合高等院校思想政治教育工作的实际,积极组织开展学术交流、社科普及、人才培养等工作,建设"高校思想政治教育学术之家",为加强和推进我省高校思想政治教育工作做出了应有的努力。

湖北省高等院校思想政治教育研究会是全国高校思想政治教育研究会团体会员之一，目前研究会下设6个分会：教职工思想政治工作委员会、思想教育课程建设专业委员会、校园文化建设研究专业委员会、学生工作研究专业委员会、高职院校学生思想政治教育与管理工作专业委员会、民办高校思想政治教育专业委员会。各分会在研究会的领导下，分别围绕思想政治教育中的不同内容展开研究与交流工作。

学术交流是研究会工作中极其重要的内容，也是主业之一。开展学术交流，是推动思想政治教育创新的有效手段，推动思想政治教育理论人才脱颖而出的有力举措，是全省高校广大思想政治教育工作者学术交流的舞台。近年来，研究会及其下属的各分会，紧紧围绕中央关于高校思想政治教育工作的精神，结合我省高校思想政治教育中心工作中的热点、难点问题，积极组织开展不同形式的学术交流活动。

为了展示我省高校思想政治教育工作的亮点与成果，经省高校工委、省教育厅批准，研究会面向各高校征集优秀学术论文，经过有关专家的审读与推荐，研究会秘书处在大量辛苦付出的基础上，编辑整理《在创新中前进——湖北省高校青年德育工作论文集》（第二辑）。本书涵盖了大学生思想政治教育、教职工思想政治教育、思想政治理论课、校园文化以及心理健康教育等方面的研究内容。这些内容，都是思想政治教育中的重要内容和热点问题。全省各高校，都按照上级主管部门的要求，根据各自的办学特色和发展现状，努力做好思想政治教育。当前，中国处于改革的深水区，在社会转型的过程当中，高校思想政治教育工作面临诸多的挑战。如西方的普世价值观、新自由主义、民主社会主义、历史虚无主义等社会思潮，冲击着高校师生的理想信念；国内各种社会矛盾日益突出，拜金主义、个人主义和实用至上的思想，对高校师生的优良道德品质形成威胁。在这样的一个时代背景下，高校要大力加强意识形态建设，用马克思主义理论、中国特色社会主义共同理想,以爱国主义为核心的民族精神和改革开放为核心的创新精神、社会主义荣辱观引领高校思想政治教育。党的十八次全国代表大会明确提出,要大力培育社会主义核心价值观,并以此教育广大人民,这为高校思想政治教育提出了新的任务。当前,全省高校要以筑牢社会主义意识形态的高地,通过课堂教学、社会实践、校园文化、师生日常管理等多种形式,开展师生的思想政治教育,不断提高思想政治教育的吸引力、感染力和有效性。

研究会将在以后的工作中,不断加强与各高校的联络,深化思想政治教育的学术探讨与研究,在追逐中华民族伟大复兴的中国梦指引下,力争使各项工作迈上更高的台阶!

目 录

第一篇 大学生思想政治教育

中国特色社会主义理论体系关于思想政治工作矛盾的论述 …… 1
大学生理想信念教育研究 …… 6
坚持以科学发展观统筹民族高校大学生思想政治教育工作 …… 13
浅论当今大学生成长的途径 …… 18
增强高校学生党建工作龙头作用的有效路径探析 …… 23
新媒体时代大学生思想政治教育工作的有效路径 …… 29
加强大学生思想政治教育网络新载体建设 …… 34
论当代大学生思想政治教育工作的创新 …… 39
大学生"知行合一"的德育模式与实现路径 …… 43
探析高校如何进行大学生思想品德量化考核管理 …… 49
以道德文化引领学生思想建设 …… 53
德育视域下隐性教育的情境创设研究 …… 57
扎实推进"四德"教育 全面提升道德素质 …… 63
中国传统文化与高校思想政治教育的传承与创新 …… 68
音乐在大学生思想政治教育中的功能 …… 73
浅析学校在大学生感恩教育中构建感恩行动平台的几点思考 …… 77
当代大学生网络道德教育的思路构建 …… 82
高校学生资助工作中的思想政治教育探析 …… 87
闲暇教育在高校思想政治教育工作中的作用研究 …… 91
加强"90后"大学生思想政治教育的新视野 …… 95
从研究生群体的异质性特点看如何加强研究生思想政治教育 …… 99
大学思想政治工作中学生主体地位的确立及对策探讨 …… 102
加强大学生环境道德教育的思考与认识 …… 104
新时期大学生就业困难及高校就业工作对策探析 …… 109

以就业为导向的高职人才培养 …… 114
新形势下高职院校学生就业困境与职业指导关系探究 …… 118
高职毕业生就业成本与就业率的关系 …… 122
抓好不同群体管理　构建和谐班集体 …… 128
高职院校大学生职业道德教育现状及对策 …… 135
系统构建高职院校德育体系探究 …… 137
团组织如何在高职院校学生理想信念教育中发挥重要作用 …… 143
试论高职院校思想政治教育 …… 147
探索加强高职学生感恩教育的现实途径 …… 152
高职院校班级思想政治工作的现状和有效途径 …… 155
试论凸显职业特性的高职思想政治教育 …… 160
高职院校学生管理现状与分析 …… 165
探索独立学院大学生党建新途径 …… 168
试析民办高校学生党建工作创新 …… 172
独立学院学生特点及其学生管理对策 …… 176
论独立学院学生党建工作 …… 180

第二篇　思想政治理论课建设

中国高校思想政治理论课教育教学的目标体系解析 …… 187
高校思想政治理论课实践性教学模式分析 …… 193
浅析高校思想政治理论课教学实效性的提高 …… 197
实践教学是政治理论课教学中不能缺少的重要环节 …… 201
试论中国化马克思主义的思维方式变革 …… 205
形象思维方式在高校思想政治理论课教学中的作用及其运用 …… 212
用社会主义核心价值观统领思想政治理论课建设 …… 217
以科学发展观为指导，提高思想政治理论课教学实效性 …… 220
关于加强高校思想政治理论课实践教学效果的若干思考 …… 226
试析思想政治理论课实践教学资源的基本特征与开发利用 …… 230
中国特色社会主义理论体系与中国道路的多维性思考 …… 235
德育实验室：高校思想政治理论课实践教学新探索 …… 240
试论"毛泽东思想和中国特色社会主义理论体系概论"课教学的艺术性 …… 244
思想政治理论课教学改革是加强学生党建工作的重要途径 …… 249
增强思想政治理论课教学实效性的新思考 …… 253
人文关怀视野下的高校思想政治教育工作新突破 …… 257
新时期如何应对思想政治教育理论课教学任务的挑战 …… 263
浅析思想政治理论课的改革与发展 …… 267

第三篇 心理健康教育

- 中美高校心理健康教育工作比较研究 ……… 273
- 研究生婚恋状况与其心理健康关系的调查研究 ……… 278
- 高校开展团体辅导式班会的思考 ……… 285
- 积极心理学视角下的大学生心理健康教育 ……… 288
- 家庭结构齐全的非双亲职业生心理健康的相关研究 ……… 293
- 浅谈教师的心理健康 ……… 297
- 在高职院校学生素质教育中的心理学应用研究 ……… 302
- 高职院校新生的心理问题及其调适 ……… 308
- 以心理疏导为抓手校正差生偏离行为 ……… 312
- 学生学习疲劳成因及其克服研究 ……… 315
- 浅谈高校大学生心理干预的重要性与紧迫性 ……… 318
- 影响学生自控能力的问题及对策 ……… 324
- 职校后进生管理方法思考 ……… 326

第四篇 思想政治教育队伍建设

- 以人文关怀促进高校教职工思想政治工作发展 ……… 330
- 高校机关干部担任班级导师的 SWOT 分析 ……… 334
- 从职业倦怠谈高校辅导员队伍建设 ……… 338
- 论全球化背景下高校教职工思想政治工作的切入点 ……… 343
- 关于高校辅导员在贫困生资助工作中所起作用的思考 ……… 348
- 辅导员的职业需求与专业化建设 ……… 353
- 浅论辅导员在构建和谐校园中的作用 ……… 357
- 浅谈高职院校辅导员在提高学生职场能力中的作用 ……… 360
- 高职高专辅导员非权力影响力浅析 ……… 363
- 艺术院校辅导员职业倦怠的成因及对策 ……… 368
- 关于"湖北省资教教师生存与发展状况"的调查研究 ……… 373
- 践行成功素质教育理念 提升素质导师工作水平 ……… 378
- 浅谈运用谈心教育开展高校辅导员工作 ……… 381
- 高校辅导员的四度三新论 ……… 384
- 浅谈大学教师教学道德修养 ……… 388
- 深化意识锻炼,重于思想政治教育 ……… 390
- 高职教育工学结合培养模式的理论基础与现实诉求 ……… 396
- 高校基层学习型党组织建设的思考 ……… 400

浅谈高职院校学生干部队伍建设 405
独立学院学生干部队伍的现状分析及管理探讨 411
浅析独立学院班主任工作考核 416

第五篇　大学文化建设

关于民族高校大学生人文素养培育的思考 420
国际化视野下高校社团建设与人才培养的跨文化思考 428
关于地矿院校大学文化建设若干问题的思考 432
新中国成立以来高校校园文化建设的基本经验 437
大学的文化传承创新功能新论 442
现代化教育背景下的校园文化建设 449
高校教学的人文精神教育初探 453
多校区高校资源配置模式及策略研究 463
高校特色文化培育的路径研究 469
谈大学生的生命教育 474
论大学生法制教育的科学化 477
从学生的个性化发展谈素质教育 482
浅谈当代大学生诚信现状与对策 486
地方高校思想政治教育的人文路径 491
充分发挥校报在高校思想政治教育工作中的积极作用 495
论高校宣传工作中新闻工作室的管理模式 499
加强社团管理，促进校园文化建设 503
传承创新中国传统文化认同价值教育的探析 507
关于网络文化对大学生成长利与弊的探析 512
大学生流行文化及其对学生价值观影响的调研报告 517
传承中医药文化　加强中医药大学生素质教育 526
思想政治教育与高职院校校园文化关系研究 530
高职院校校园文化建设研究 535
高职院校校园精神建设的思考 541
异化理论视域下的高职高专学生消费问题探析 544
高职院校学生目前存在的主要问题及其对策 550
如何预防校园暴力　培养学生抵御侵害能力 554
班级建设重在良好开端 557
受助医学专科生诚信教育体系研究 561
云南少数民族民俗在大学生德育中的作用 566
试从素质教育来看独立学院大学生人格培养模式 569

第一篇　大学生思想政治教育

中国特色社会主义理论体系关于思想政治工作矛盾的论述

彭启智

（武汉大学学生工作部）

思想政治工作作为一门实践性和理论性都非常强的工作，在其发展过程中必然无处不存在矛盾的运动与发展，如何认识和把握这些矛盾并合理解决和应用这些矛盾，对于加强和改进思想政治工作具有十分重要的意义。以邓小平理论、"三个代表"重要思想和科学发展观为核心内容的中国特色社会主义理论体系，坚持辩证唯物主义和历史唯物主义，坚持解放思想、实事求是、与时俱进，将马克思主义世界观、方法论贯穿于各个方面，也是对马列主义、毛泽东思想的继承和发展，其中就有许多与思想政治工作矛盾相关的理论论述，为我们加强和改进新时期思想政治工作提供了重要的理论依据。

一、邓小平理论中关于思想政治工作矛盾的相关论述

历史唯物主义和唯物辩证法贯穿邓小平思想政治工作理论的各个方面，可以说，它们是邓小平思想政治工作的哲学基础，也使得邓小平思想政治工作理论里面充满了哲学的思辨精神。

1. 在思想政治工作中坚持了矛盾辩证法的重点论和两点论

邓小平多次强调要坚持重点论和两点论的统一，对于思想政治工作、精神文明建设等问题要做到"两手抓""两手都要硬"，即物质文明建设和精神文明建设都要抓好。1979年10月30日，在中国文学艺术工作者第四次代表大会上，邓小平就指出："我们要在建设高度物质文明的同时，提高全民族的科学文化水平，发展高尚的丰富多彩的文化生活，建设高度的社会主义精神文明。"1982年4月，他又进一步强调："我们要有两手，一手就是坚持对外开放和对内搞活经济的

政策,一手就是坚持打击经济犯罪活动。"对于经济建设与思想政治工作之间的关系如何处理,他也指出:"在工作重心转到经济建设以后,全党要研究如何适应新的条件,加强党的思想工作,防止埋头经济工作,忽视思想工作的倾向。"这些都体现了重点论与两点论的辩证统一。

2. 在思想政治工作的一些基本原则的论述中体现了矛盾辩证法精神

一是强调思想政治工作要与物质利益相结合,科学地论述了思想政治教育与物质利益相结合的辩证统一。他说:"革命精神是宝贵的,没有革命精神就没有革命行动。但是,革命是在物质利益的基础上产生的,如果只讲牺牲精神,不讲物质利益,就是唯心论。"因此,"要根据工作成绩的大小、好坏,有赏有罚,有升有降。而且,这种赏罚、升降必须同物质利益联系起来"。并要求在重视物质鼓励的同时,也不能忽视了精神鼓励。物质鼓励能够激励劳动者从根本上关心自己的劳动成果,如果滥用物质鼓励,有可能使人们的物质欲望无限膨胀而背离物质鼓励的初衷,要"实行精神鼓励为主、物质鼓励为辅的方针"。他又以我党取得革命的胜利为例,来说明精神鼓励的必要性,"光靠物质条件,我们的革命和建设都不可能胜利。过去我们党无论怎样弱小,无论遇到什么困难,一直有强大的战斗力,因为我们有马克思主义和共产主义的信念。无论过去、现在和将来,这都是我们的真正优势"。二是思想政治工作服从经济建设大局的原则。邓小平指出:"经济工作是当前最大的政治,经济问题是压倒一切的政治问题。其他一切任务都要服从这个中心,围绕这个中心,决不能干扰它,冲击它。"邓小平明确指出,思想政治工作自身的地位是服从、服务于经济建设,绝不能凌驾于经济建设之上,也不能因经济建设是中心任务而忽略思想政治工作。如果思想政治"不抓住四个现代化,不从这个实际出发,就是脱离马克思主义,就是空谈马克思主义"。

3. 在关于思想政治工作的方法论述中坚持了矛盾的辩证观念

一是批评与自我批评的方法。在思想政治工作中批评与自我批评是紧密相连、互相制约、彼此促进的两个方面。邓小平明确指出,批评的武器一定不能丢,决不能把批评看成是打棍子。要允许批评,允许反批评。同时,邓小平也非常重视自我批评的作用。他曾说过,要欢迎和鼓励他们进行诚恳的自我批评。他说:"从团结的愿望出发,经过批评和自我批评,达到新的团结,这就是正确处理人民内部矛盾的方法。"他还非常重视反思的教育作用,他说:"能进行反思就是一个最大的教育,比读什么书都重要。"二是言传身教法。言传身教法是指思想政治工作者在思想上和行动上给受教育者做出表率作用,潜移默化地教育群众。邓小平要求党的领导干部必须严于律己,言行一致,用自己的模范行为为广大群众做出榜样。他指出,在党的领导和工会的帮助下,全国各民族、各地区、各部门的职工群众中都涌现了一批劳动模范和革命骨干,他们至今还是我们学习的榜样和团结的核心。要做好思想政治工作,就必须强调各级干部以身作则。他曾经指出,思想政治工作"要做得有针对性、细致深入和群众乐于接受。最重要的条件,就是凡是需要动员群众做的,每个党员,特别是担负领导职务的党员,必须首先从自己做起。"

二、"三个代表"重要思想中关于思想政治工作矛盾的相关论述

以江泽民同志为核心的第三代中央领导集体继承和创新毛泽东、邓小平思想政治工作理论,提出了系列与思想政治工作矛盾相关的理论。

1. 论述了思想政治工作的"中心环节"地位以及与党的中心工作的辩证互动关系

进入20世纪90年代,面对风云变幻的国际形势,结合中国国内的实际情况,江泽民同志给党的思想政治工作进行了重新的科学定位:"思想政治工作是经济工作和其他一切工作的生命线,是团结全党和全国各族人民实现党和国家各项任务的中心环节,是我们党和社会主义国家的重要政治优势"。强调要"把思想政治建设摆在党的建设的首位"。不仅肯定了思想政治工作"生命线"的地位和作用,还将它同党和国家的建设以及民族团结结合起来,使思想政治工作的地位作用更加完整,更富有内涵。在经济体制的转轨过渡时期,以江泽民同志为核心的党中央进一步明确了思想政治工作必须服从、服务于党的中心工作。江泽民同志多次强调要坚持党的基本路线不动摇,坚持以经济建设为中心不动摇。他说,讲政治,绝不是要以政治代替经济。"经济工作是当前最大的政治,经济问题是压倒一切的政治问题。"同时要突出思想政治工作为市场经济服务的职能,发展市场经济同样需要思想政治工作来把握方向,帮助人们解放思想、转变观念、理顺关系、化解矛盾,为市场经济的发展创造良好的社会环境。改革是社会主义制度的自我完善和发展,是经济和社会发展的强大动力,但改革开放的大门打开了,难免出现"泥沙俱下"的观象。排除这些错误思潮观念对改革开放的影响,成为思想政治工作艰巨而光荣的任务。因此,"越是改革开放,越要加强思想政治工作,只有思想政治工作加强了,才能够促进改革开放的健康发展"。"越是变革时期,越要警惕各种错误思想观念的发生和对人们带来的消极影响,我们党的思想政治工作越要加强和改进。"

2. 运用辩证的矛盾观点阐述了思想政治工作的方法与原则

江泽民同志多次强调,做思想政治工作要注意区分层次,针对不同特点,把先进性的要求同广泛性的要求结合起来,把思想教育同行为规范结合起来。在谈到抵制腐朽思想文化的侵蚀和经受住"酒绿灯红"的考验时,又强调要把"堵"

和"疏"两方面结合起来。他还明确指出,具体情况具体分析、具体问题具体解决是马克思主义活的灵魂,是辩证法的基本要求,党的思想政治工作也应坚持运用好这个活的灵魂和坚持贯彻好这个基本要求。凡此种种,都包含和体现了丰富的辩证法思想,是在思想政治工作领域中对辩证法的灵活运用。江泽民提出,对于一个国家的治理来说,法治和德治,从来都是相辅相成、相互促进的,二者缺一不可,也不可偏废。法治属于政治建设,属于政治文明;德治属于思想建设,属于精神文明。因此,实施"以德治国",就是要大力加强以思想道德建设为核心的社会主义精神文明建设,着力提高全民族的思想道德素质和科学文化素质,促进人和社会的全面发展。思想政治工作和制度建设是相辅相成、互为条件、互相促进和辩证统一的关系。江泽民特别强调把思想政治工作和加强制度建设紧密结合起来。"要把加强制度建设同加强思想政治教育结合起来,继承和发扬我们党的政治优势,深入细致地进行思想教育,用党员干部的党性和政治觉悟来保证制度的贯彻落实。"

三、科学发展观理论中关于思想政治工作矛盾的相关论述

以胡锦涛为总书记的党中央坚持马克思主义的发展观和方法论,继续推进马克思主义中国化进程,提出了科学发展观。这是指导我国当前经济社会发展的重要指导方针和发展中国特色社会主义必须坚持贯彻的重大战略思想,也是新时期加强和改进思想政治教育工作的重要指导思想,整个观点贯穿了马克思主义的辩证的矛盾观。

1. 把握思想政治工作系列矛盾的根本,提出以人为本的思想政治教育理念

思想政治教育工作的主体是人,对象是人,其出发点和归宿也是人,最终目标也是为了实现人的全面发展。因此,以人为本是做好思想政治教育工作的核心。"思想政治工作说到底是做人的工作,必须坚持以人为本。"思想政治工作要促进人的全面发展,必须突出人的主体性和目的性,把以人为本的原理应用到思想政治教育的全过程,充分发挥教育者和受教育者两个主体的积极性,增强思想政治教育的实效性。胡锦涛同志还在全国加强和改进大学生思想政治教育工作会议上讲话强调,要"以大学生全面发展为目标,解放思想、实事求是、与时俱进,坚持以人为本,贴近实际、贴近生活、贴近学生,努力提高思想政治教育的针对性、实效性和吸引力、感染力,培养德智体美全面发展的社会主义合格建设者和可靠接班人"。"既要坚持教育人、引导人、鼓舞人、鞭策人,又要做到尊重人、理解人、关心人、帮助人。"只有这样才能更好地调动人们的积极性、主动性,使其积极主动地与教育者配合,并自觉接受教育者所倡导的教育内容,内化为自己的思想,自觉地践行。

2. 把握思想政治工作中的具体矛盾,提出了思想政治工作中的有关原则

在科学发展观的指导下,中央客观分析新时期思想政治工作中的新形势、新特点,以及思想政治工作中的各对具体矛盾,提出了系列体现时代性、把握规律性、增强实效性的思想政治工作原则。

(1)分析思想问题与解决实际问题的矛盾关系,提出要坚持解决思想问题与解决实际问题相结合,既以理服人又以情感人,增强思想政治教育的实际效果。胡锦涛分析指出:"一些具体思想问题,有些需要通过提高思想认识来解决,有些则需要通过解决他们所遇到的一些具体困难和问题来解决。"因此,"思想政治教育既要教育人、引导人,又要关心人、帮助人"。"对大学生进行思想政治教育,既要摆事实、讲道理,以理服人,耐心细致,循循善诱,进行疏导、开导、引导,不断提高他们的思想认识和精神境界;又要关心人、办实事,以情感人,春风化雨,润物无声,帮助大学生处理好成长过程中学习成才、择业交友、健康生活等方面的具体问题。"

(2)分析教育与管理的辩证矛盾关系,提出教育与管理相结合的原则。思想政治教育要适应形势的变化,既要通过教育帮助人们树立高尚的思想品德,又要运用管理评估的方法奖优罚劣,激发人们的积极性。胡锦涛同志在谈到大学生思想政治教育时就特别要求把思想政治教育融入学校管理之中,建立自律与他律、激励与约束有机结合的长效工作机制。

(3)分析理论与实践的辩证矛盾关系,提出政治理论教育与社会实践相结合的原则。既要通过加强理论教育使人们掌握正确的政治理论,引导人们用科学的理论去认识世界、认识社会、认识他人和认识自我,从而树立正确的思想观念,提高思想道德水平,还要组织人们参加社会实践活动,通过社会实践活动,加强对所学理论的深入理解,从而提高思想觉悟和认识能力。对大学生而言,就要"既搞好课堂教育,又注重引导大学生深入社会、了解社会、服务社会。"

(4)分析继承与创新的辩证矛盾关系,提出坚持继承优良传统与改进创新相结合的原则。胡锦涛同志认为要做好大学生的思想政治教育工作,就必须"坚持党的思想政治工作的优良传统,积极探索新形势下大学生思想政治教育工作的新途径新办法"。要科学分析、正确对待我国古代的传统教育方法和我党的思想政治教育方法,进行有批判的继承。要在继承的同时结合新的情况,加以创新,丰富其内容和形式,使其更好地为社会主义现代化建设服务、为人的全面发展服务。

大学生理想信念教育研究

陈运普 魏巍
(三峡大学马克思主义学院)

党和国家历来关心青年尤其是青年大学生的健康成长,胡锦涛指出:"青年是国家的未来,民族的希望。一个有远见的民族,总是把关注的目光投向青年;一个有远见的政党,总是把青年看作是推动历史发展和社会前进的重要力量"。中共中央、国务院《关于进一步加强和改进大学生思想政治教育的意见》中明确指出:"大学生思想政治教育必须以理想信念教育为核心,以爱国主义教育为重点,以思想道德建设为基础,以大学生全面发展为目标。"大学生的思想政治状况、道德品质、科学文化素质如何,不仅直接关系到大学生自身的健康成长和成才,也决定着现阶段和将来中华民族的素质。加强对大学生进行理想信念教育,是高校思想政治教育的重要任务。本文结合《道德修养与法律基础》课程教学探索大学生理想信念教育。

一、大学生理想信念教育的现实性

理想信念是人们奋斗的目标,更是支持人们不断前进的精神动力。理想信念必须具备一定的现实基础和可实现性才更赋有感染力和吸引力,才能增加人们的信心。因此,对大学生的理想信念教育必须紧密结合我国经济建设与社会发展的实际,结合大学生自身发展的需求,回答大学生所关注的问题,回答与他们的成长息息相关的问题,为树立正确的理想信念奠定基础,切实增强理想信念教育的现实性。

1. 当代大学生要做思想上的强者

当代大学生多是独生子女,他们一方面是在家庭照顾过多的情况下长大的,有很强的优越感,从某种程度上说,他们从小生活在人为的"理想"环境中,缺乏人际交往的训练和现实环境的磨炼。另一方面,在现代信息社会,随着我国对外开放的不断扩大和经济全球化进程的日益深入,当代大学生面临着大量西方文化思潮和价值观念的冲击。如果说在过去只要进行单一的理想信念教育就可以的话,那么现在必须帮助他们在多种思想意识和价值观念中进行比较、鉴别和选择,通过他们自己的独立思考,形成自己的观念,树立自己的理想,确立自己的信念。针对这样一个实际情况,在进行理想信念教育时,选择让他们自己参与,在比较中认识问题的角度来展开。应该说,当代大学生考上大学,是成功地实现了自己人生道路上的第一次真正意义上的转折,把原来上大学的理想变成了实实在在的现实。站在新的起点上,随着大学学习与生活的展开,一些现实问题自然地摆在了他们的面前。如当他们在学习及生活上遇到困难或挫折的时候、当他们面临着诸多诱惑的价值判断或选择困惑或烦恼的时候,当他们精神空虚情绪低落的时候,就会思考我为什么要上大学,或怎样度过自己的大学生活,是碌碌无为还是奋发有为、是为了镀金而混文凭还是为了真才和能力、是花天酒地图一时快乐还是立足长远可持续发展等;针对这些问题,在进行理想信念教育时,首先引导他们明确自己的优势是什么。在大学里,作为学生尤其是作为低年级的学生,要真正使自己的学习、生活过得充实和有意义,重要的是找到自己的比较优势。这是一个现实问题,他们通过纵横各方面的比较,就会发现自己以前的优势已不复存在,现在的优势基本上找不到。在这种情况下,就只能选择人人都必须要有的、不分年龄、不需要知识和技能背景要求的东西作为他们的现实出发点。具备上述条件的事情很多,但对人们真正有意义的当属理想信念。人们常说,有志不在年纪小,无志枉度百年春,自己唯一的优势就是年轻。那么怎样把年轻变成自己真正的优势,能够做什么可以明确地指出,理想信念与为什么学、走什么路、做什么人等问题紧密联系在一起。当代大学生尤其是低年级学生,在明显缺乏自身优势的情况下唯一能够做的就是从思想上武装自己,只有树立崇高的理想信念,做思想上的强者,才能逐步建立起自信心,把握主动性,进而明确学习的目的和生活的意义。

2. 当代大学生要过有理想信念的生活

大学生是青年中的优秀分子,正处在世界观、人生观、价值观形成的关键时期。从成长阶段看,大学阶段,青年人认识问题的水平正在由事实判断向价值判断过渡,世界观、人生观、价值观问题是他们必须面对的根本问题。现实生活中,青年人在成长过程中尤其是在中学阶段,由于升学等现实的压力,他们把能够上大学等的具体目标视为最重要的人生目标以及人生价值追求,而在事实上左右着人们的日常生活中具体决定并进而决定人们的人生目标的价值观,则是他们大多数人很容易忽略的。如现实生活中,大学生经常遇到的"你最大的成就是什么""你最大的优缺点是什么"等等看似非常普通的问题,对这些问题的回答,最深层次的依据是他们的价值观。大学生的人生价值观决定了他们的生活态度,也决定了他们的生活方式,这种生活方式又最后决定了他们的人生幸福感。一个人选择的生活方式如果符合他的价值观,他就会感到很快乐,哪怕生活条件会相对低一些;相反,如果选择的生活方式不符合他的价值观,他就会感到很痛苦,哪怕他生活条件很优越。

在改革开放和发展社会主义市场经济的条件下,在世界范围各种思想文化相互激荡的情况下,处在人生起步阶段的青年大学生解决好立身做人的问题,即需要什么样的精神支柱问题,对自身的成长进步至关重要。精神支柱是人的思想伴随着社会形态、民族精神、时代特点而在政治、社会生活中体现出来的一种稳定的、带有强烈示范和导向作用的行为倾向。精神支柱是人们不可缺少的生存条件。大学生是一个有思想的知识群体,客观上普遍追求精神生活的充实。现在许多大学生感觉"日子过得没劲",一个重要原因就是"理想信念的迷失",生活没有目标,人生没有方向,空虚度日。对大学生来说,精神支柱代表着正确的世界观、人生观、价值观,凝结着远大理想和坚定的政治信仰,始终体现了社会进步和时代的要求,是大学生工作、学习和生活的强大动力。理想信念是精神生活充实的源泉,精神生活的充实,主要表现在有崇高的理想和信念,要使日子过得生动精彩,追求崇高远大的理想是根本途径。

二、大学生理想信念教育的客观性

对当代大学生进行理想信念教育,就是人们常说的讲大道理。一般地说,大道理人人都会讲,也正是人人都会讲,就容易犯常识性错误,即"熟知并非真知""会讲未必真懂"。会讲可能只是停留在口头上,给人一种"假、大、空"的感觉。把大道理讲深、讲透、讲实在,大道理就有了说服力。正如马克思所指出的"理论只要彻底,就能说服人"。事实胜于雄辩,最贴近事实的道理、理论也最能打动人,有感染力,体现理想信念教育的有效性原则。

1. 人总是要有点精神的

一般地说,人们的生活包括物质生活和精神生活两个大的方面。在现实生活中,精神对于人而言尽管不是万能的,但人如果没有精神的支撑是万万不能的。精神作为一种无坚不摧的力量,一种无所畏惧的力量,一种无往不胜的力量,虽然看不见摸不着,但它的力量却无时不在、无处不有地为人们所感知。理想信念在人的主观精神世界中居于核心地位,起着主导和统领的作用。

人是不可能没有理想信念的,虽然,理想信念不是人的自然禀赋,却是人在对象性的生命活动中形成的最重要的本质力量。每个人都自觉不自觉地拥有理想。简单地说,想干什么?追求什么?为了什么?都与理想信念问题紧密相关。在中国传统文化特别是人生哲学中,非常重视讲"志向"。"志向"这个词具有两方面的涵义:一是确立一个目标和方向;二是以顽强的意志去追求它。可见,"志向"就是理想信念。理想信念在中国老百姓中也有广泛的群众基础,广大人民群众用"人活一口气""争气"或"争囊气"等语言准确地表达了理想信念在老百姓精神生活中的重要地位。古今中外的思想家都用不同的方式表达了相同的思想，理想信念在每个人成长中具有不可替代的重要作用。"整个人生是一幕信仰之剧。没有信仰，生命顿时就毁灭了。""对于人生，理想是不可缺少的。""信仰，是人们所必需的。"美国现实主义小说家德莱赛曾说过"理想是人生的太阳"，毛泽东用最通俗的语言将其概括为一句话："人是要有一点精神的"。但是现在社会上有一种现象，认为理想信念对于我们来说是非常遥远的事情，实际上，理想信念绝不是虚无缥缈的"海市蜃楼"，人人可知可见可感。如果一个人没有理想信念，那他的人生就是失败的。云南大学生马加爵在执行死刑前反思自己的人生时谈到"没有理想是我最大的失败"。原河北省国税局局长李真反思自己走向毁灭的根源时说："人可以没有金钱，但不能没有信念，丧失信念，就要毁灭一生。"以奥地利玻尔曼为代表的物理学家们因为物理科学的发展导致他们自己的理想信念动摇，竟走了集体自杀的道路。这些现实生活中的事例从反面告诉人们，人不能没有理想信念。

理想信念对于人生至关重要，是人们所向往、所信仰、所追求的奋斗目标。作为人的主观能动性的表现形式之一，决定着人的前进方向，给予人们前进的动力，在人们的实践活动中发挥着巨大的作用。它是一个人在一定阶段或整个一生中的精神寄托，是人生观的核心。任何人在自己的生活道路上，都必须面临着对于理想的选择，它在人生实践中起着不可替代的作用。"夫志，气之帅也。"大学生是知识、能力、修养、品德较高的知识群体，有较高的志向和抱负。大学生要实现自己的志向和抱负，必须有自己明确的奋斗目标和理想追求。

2. 志当存高远

一个人没有精神追求不行，但有了精神没有地方寄托同样不行。精神没有地方寄托就有可能形成所谓的精神包袱，对人们日常的学习、工作和生活不仅没有任何益处，反而是有害的。寻求精神寄托的地方就是确立理想信念的过程中目标设定的高低和大小问题。一般来说，寻求精神寄托的地方，要遵循以下两个"不宜"原则。第一，不宜太低。寄托精神的地方，如果过低容易限制人的行动。思想决定行为，正常人的行为都是在思想制约和支配下做出的，没有思想支配的行为是盲目的。而如果思想观念上追求的目标过低，那么自己也就不可能有大的作为。我们常说的"一个人思想有多高，他就能走多远"实际上就是这个意思。第二，不宜太具体。寄托精神的地方过于具体，实际上就是混淆了理想信念与目标的关系。对于个人而言，在大多数情况下，理想信念是要管一辈子的事，是一个需要倾其毕生精力努力追求的事业。而具体目标在一个人的一生中要实现的则有许多，尽管这些目标都是在理想信念指导下连续实现的，而且都指向理想信念，但不能把具体目标当作理想信念。一旦把具体目标当作理想信念，而这一具体目标又在自己的努力奋斗中得到实现,就有可能因泄气而产生精神极度空虚甚至绝望,使原本的好事变成悲剧。试想,如果一个人认为他这一生中该办的事都办完了,他会怎么样?也正是因为这个原因,古今中外的思想家都主张"立志"就要"立大志"。如诸葛亮的"志当存高远",高尔基的"一个人追求的目标越高,他的才力就发展得越快,对社会就越有益,我坚信这是一个真理。"在现实生活中,西方人一般把自己的精神寄托在上帝那里,而马克思主张把无产阶级和广大人民群众的理想信念寄托在人类美好的理想社会形态——共产主义社会,树立共产主义一定要实现的理想信念。他在中学毕业论文《青年在选择职业时的考虑》中说道:"如果我们选择了最能为人类谋福利而劳动的职业,那么,重担就不能把我们压倒,因为这是为大家而献身;那时我们所感到的就不是可怜的、自私的、有限的乐趣,我们的幸福将属于千百万人,我们的事业将默默地、永恒地发挥作用并存在下去,而面对我们的骨灰,高尚的人们将洒下热泪。"尽管把理想信念寄托在"上帝"那里和寄托在"共产主义社会"二者都符合精神寄托的"高"和"远"原则,但随着科学技术的发展,人们文化知识和综合素质的不断提高,在理想信念的选择上,越来越多的人在比较中选择将自己的理想信念寄托在人类社会未来发展的理想形态上,也正是从这个角度,邓小平指出:"我坚信,世界上赞成马克思主义的人会多起来的,因为马克思主义是科学。"

三、大学生理想信念教育的实践性

每一个新阶段的开始,都有一个人生规划问题。作为考上了大学的青年学子,正处在自己人生发展的黄金阶段,站在自己人生发展的新起点上,认真规划自己的未来,确定自己的奋斗目标,树立远大理想,必将逐步实现自己希望的生活,正如自己现在的生活是自己几年前选择决定的,那么当代大学生现在的选择也必将决定自己大学四年后的生活以及今后几十年的生活。

1. 理想信念教育要紧密联系大学生学习、生活、工作实际

一是充分分析当今社会发展对当代大学生学习、生活产生的影响。目前,我国社会正处在改革的攻坚阶段和发展的关键时期,社会情况发生了复杂而深刻的变化,经济成分和经济利益多样化、社会生活方式多样化、社会组织形式多样化、就业岗位和就业方式多样化日趋明显,社会更加开放,环境更为宽松,显示了我国社会的生机和活力,反映到人们精神上和行为上就是从被动走向主动,从务虚走向务实,从守成走向创新。随着我国经济社会发展深刻变化成长起来的当代大学生,他们思想活动的独立性、选择性、多变性、差异性显著增强,追求日益丰富的精神文化需要。这为开展理想信念教育提供了坚实的物质基础和思想条

件,转变传统脱离实际的口号式的理想信念教育,采用尊重和引导的方式,增加理想信念教育亲和力。二是真正把握当代大学生的发展需要。当代大学生生活在我国总体上达到小康发展水平,全面建设小康社会的发展阶段,对他们来讲,在大学阶段,他们追求的目标更高更远,谋求发展成为当代大学生的时代性特征,大学生的发展问题已经成为他们眼前和今后的最大利益。马克思讲:"人们奋斗所争取的一切,都同他们的利益相关"。理想信念教育要充分把握当代大学生的发展需要,一方面,通过理想信念教育消除大学生理想信念认知方面的偏差。初涉社会的大学生,当他们发现自己与他人的知识经验、已知的信息与未知的信息之间差距过大或未知的东西正是自己的兴趣所在时,便会在内心产生一种心理上的失调,形成了消除这种不平衡状态的需求。理想信念教育就是通过引导大学生树立崇高而科学的理想来满足他们的需要。另一方面,通过大学生的认知实践形成现实而明确的理想信念需要。大学生发展需要内容很多,但最根本的是要通过知识和科技来体现,正如江泽民指出的,"发展的优势蕴藏于知识和科技之中,社会财富日益向拥有知识和科技优势的国家和地区聚集,谁在知识和科技创新上占优势,谁就在发展上占主导地位。"所以,理想信念只有与学生的人生实践相结合,才能显示出强大的生命力,才会有说明力,才可能在学生运用理论分析实际问题的过程中,加以接受并内化为自己的信念。

2. 处理好个人理想与社会理想的关系

个人理想与社会理想的关系是辩证统一的。一方面,个人理想是社会理想的起点与基础。理想的形成,总是从具体到一般,从低层次向高层次发展。个人理想是人们在社会生活中产生的,一个人的理想总是随着他所参加的社会实践的发展而逐步形成和巩固起来的。由于社会实践的广度和深度不同,人民的要求和追求的理想也就不一样,理想一旦确立,给人生的进取提供一个向导,并对实践产生作用,在社会生活中得到检验和发展。因此,个人理想的建立要有社会理想作指导,个人理想只有与国家的前途、民族的命运相结合,同社会的需要和人民的利益相一致,才可能变为现实。另一方面,社会理想决定、制约着个人理想。社会理想是个人理想的凝聚和升华,代表和反映着人们的共同愿望和根本利益,归根到底要靠全体社会成员的共同努力来实现,并具体体现在每个社会成员为实现个人理想而进行的活生生的实践中。恩格斯的社会发展"合力"思想告诉我们,处在一定社会发展阶段的每个人都有自己的理想追求,而当他们一开始实施自己的理想追求,就必然地受到来自周围其他人的影响,相互影响的结果实现社会的发展。个人理想虽然是由自己来确立的,但它所反映的内容是客观的,是时代所赋予的。个人理想要体现社会理想,只有升华为社会理想,才具备了社会的意义,才是真实美好的,才更深刻,更富有意义。努力为实现现阶段我国人民的共同理想而奋斗是时代对中国青年的要求。邓小平指出:"有理想、有道德、有文化、有纪律。其中我们最强调的,是有理想。"青年应当不断学习,像历史上有作为的人们那样,珍惜青春年华,立下符合社会需要、适合自身情况的远大志向和崇高理想。

3. 通过实践,把"坚韧不拔之志"转变为技术

理想的确立为当代大学生树立了明确的方向和奋斗目标,而要把理想转化为现实,还需要借助信念,通过实践才能最终达到目的。首先要脚踏实地,从小事做起。理想之所以美好,就在于它是合理的、最终能够实现的。而要实现理想,必须脚踏实地、一步一个脚印地从身边的小事做起。列宁指出:"要成就一件大事业,必须从一点一滴做起"。实现理想目标如同登台阶,要经过许多中间步骤才能最后到达。而每一步、每一个小目标的完成都会给人一种踏实感、满足感,同时也增强了实现理想目标的信心。因此,在实现人生理想的过程中,对于大学生来说,要从学好每一门功课、培养各方面能力、提高基本素质做起,抓住大好时光,刻苦攻读,全面锻炼。其次,理想的实现过程需要坚韧不拔之志等优秀品质。任何一种理想的实现都不是轻而易举的,而是要对自我和现实作出较大的改变才能实现。这种对自我和现实作出较大的改变必然会遇到各种阻碍和困难,其中有的属于客观条件方面,有的属于主观条件方面。无论是哪个方面的障碍和困难,都需要通过不懈的努力加以克服,需要坚强的毅力和顽强的意志品质,正如苏轼所说的"古之立大事者,不唯有超世之才,亦必有坚韧不拔之志"。善于将坚韧不拔的意志转换成做事的能力:一是让成功进入自己的潜意识。积极心理学告诉我们,在做任何事时,只要能够想到成功,心理准备就更充分,就能够聚集精神和注意力,也就更有可能成功。二是积极主动做事,养成积极主动的良好习惯和优秀品质。列宁把这些品质概括为"有韧性,能坚持,有决心,有决断,善于反复试验、反复修正,不达目的决不罢休"。一般来说,人反复做什么事,他就是什么人。同样地,如果你积极追求成功,你必然就会成功。

理想信念既是大学生思想政治教育的核心,也是人的精神生活的核心,遵循大学生思想政治教育的规律,以人为本,高度关注当代大学生的精神生活,理想信念教育必然会结出丰硕的成果。

坚持以科学发展观统筹民族高校大学生思想政治教育工作

汤振华

（中南民族大学）

一、科学发展观的本质与要求

党的十六届三中全会通过的《中共中央关于完善社会主义市场经济体制若干问题的决定》明确提出了"坚持以人为本，树立全面、协调、可持续发展观，促进经济社会和人的全面发展"的科学发展观，这是我们党总结社会主义建设规律的最新认识成果和理论概括，是对现代化建设指导思想的新的重要发展。党的十七大报告再次明确：科学发展观，第一要义是发展，核心是以人为本，基本要求是全面协调可持续，根本方法是统筹兼顾。马克思主义经典作家曾说过，未来新社会的建设需要一种"全新的人"。所谓"全新的人"，也就是思想素质高、人的先天与后天的各种才能获得充分发展的人。在马克思看来，个人的全面发展正是共产主义者所向往的，"每个人的自由发展是一切的自由发展的条件"；人的全面发展是现代化社会生产的客观要求，"人们的社会历史始终只是他们个体发展的历史，而不管他们是否意识到这一点。"科学发展观不仅要求人的各方面都得到发展，而且要求各个方面的发展相互协调，同时，人们在实现现代化过程中还要立足长远并坚持对自身的不断超越。因此，科学发展观是用来指导发展的，不能脱离发展这个主题。在现代化建设进程中，要坚持以发展为主题，用发展的眼光、发展的思路、发展的办法审视、解决前进中遇到的各种新问题。

二、民族高校大学生思想政治工作现状

高校是培养高素质人才的摇篮，思想政治工作在学校工作中起着基础性导向作用。2004年8月26日，中共中央、国务院在《关于进一步加强和改进大学生思想政治教育的意见》中强调，加强和改进大学生思想政治教育，提高他们的思想政治素质，具有重大而深远的战略意义。民族高校思想政治工作是我国高校思想政治工作的重要组成部分，它既具有高校思想政治工作的一般特征，又在教育内容、教育方式等方面具有自己的独特性。

我国是一个统一的多民族国家,全面贯彻、落实党的民族政策,巩固和发展平等、团结和共同繁荣的民族关系,是我国长治久安的坚实基础。民族高校承担着为民族地区培养政治立场坚定、科学文化素质高、能有效促进民族地区经济社会事业发展的各类人才的重任。而做好民族高校的思想政治教育工作,是保证少数民族人才培养质量的重要保证。建国 50 多年来,我国各民族高校严格贯彻、执行党和国家的教育方针政策,高度重视思想政治教育工作,为民族地区培养了一批批政治素质较高的各类人才,促进了民族地区的稳定与繁荣。就实际情况而言,民族高校思想政治工作发挥了"高校一切工作生命线"的作用,"保证了少数民族人才培养的社会主义方向"。总体说来,当前少数民族大学生的政治思想状况积极向上:他们政治态度端正,思想积极进步;爱国热情强烈,维护祖国统一繁荣;价值取向的主流与社会发展潮流基本合拍,更加注重个人价值和实际利益;自立自强,正确对待生活困难。进入 21 世纪以来,国际、国内环境的变化和高等教育事业的快速发展,大学生思想政治教育工作的对象、内容、环境都发生了深刻的变化,向高校思想政治工作提出了严峻挑战。民族高校大学生思想政治工作同样面临着新问题与新的挑战。

(1)环境发生新变化。如同其他普通高校一样,当前,民族高校大学生思想政治工作正处于一个开放、多元、竞争、变动的环境。从国际环境看,西方敌对势力和反华势力利用政治、经济、文化等手段对青年大学生进行思想渗透愈演愈烈;从国内环境看,我国正处于经济转型时期,各种复杂的社会现象和社会思潮不可避免地会冲击大学生的思想。在这种时代背景下,部分少数民族大学生中出现了对党的基本理论指导意义认识不足、心理健康水平不容乐观、价值取向功利化、人际交往存在障碍、民族意识强化等问题。

(2)教育对象出现新情况。民族高校的在校学生主要是各少数民族学生,在思想、心理、学习能力等方面与汉族学生相比存有明显差异。"民族院校大学生的思想政治教育工作,必须准确掌握大学生的人格特征,探讨不同群体大学生人格特征的共性和差异性,用其所长,避其所短,因材施教,促使学生健康成长、顺利成才。"随着高校的不断扩招,进入高校学习的少数民族学生日益增多,民族高校在校学生的构成也发生了较大变化。特别是"90 后""00 后"大学生群体的出现,民族高校在校学生人格和心理特征表现出了越来越明显的差异性,应当引起高度重视。

(3)工作机制尚待健全。长期以来,高校思想政治工作是在一种相对封闭的环境下进行的,往往只强调管理的力度,不能真正地从实际考虑学生主体的需求,难以实现与学生进行顺畅的双向良性互动。近年来,民族高校对大学生思想政治教育工作进行了有益的探索和改进,取得了较大成绩。但是,部分高校依然存在思想保守、观念陈旧、制度建设不到位、经费投入与工作任务不匹配等问题。特别是包括学校党政团学协同配合工作机制、奖惩机制、评估监督机制在内的工作机制尚待进一步健全。

(4)队伍建设亟须加强。高校思想政治工作任务艰巨,责任重大,具有高风险性,因而需要一支整体素质精良的工作队伍承担起这一重任。但是,随着高校的不断扩招,学生规模不断壮大,出现了师生比例超标,高校学生政工干部严重缺编现象;有人错误地认为高校思想政治工作就只是"两课"教师和学生辅导员的工作,而不能形成"全员育人,全方位育人"的局面,导致政工干部工作任务繁重,难以将思想政治工作做深做细。高校辅导员的待遇相对较低,职称职务较难解决,个人发展前景不容乐观等直接影响到了工作积极性,进而影响到了他们对工作环境、工作内容、工作机制等变化的准确把握及创新工作的开展。

(5)工作内容与方法面临挑战。目前,我国正处于经济转轨时期,社会经济成分、组织形式、就业方式、利益关系和分配方式日益多元化,人们价值取向也日益多样性,这种影响不可避免地会波及到少数民族大学生;国内外各种民族分裂势力一直试图利用多种方式向少数民族大学生进行思想渗透,同样会使少数民族大学生在是非判断上产生困惑。传统单纯说教式的工作方法,忽视了高校思想政治工作应有的政治立场,淡化或回避政治问题,企图用心理层面甚至心理咨询的东西取代德育工作,无法实现德育的根本目的。同时,互联网的普及,冲击了高校传统伦理道德,改变着大学生的行为方式、生活方式和思想方式,对少数民族大学生的道德规范和道德行为等产生了极大影响,给民族高校大学生思想政治工作带来了机遇和挑战。

三、以科学发展观统筹民族高校大学生思想政治工作

作为社会主义建设事业的建设者和接班人,大学生的思想道德素质状况直接关系到中华民族的伟大复兴,关系到国家的前途和民族的命运。在社会主义市场经济建设和改革开放的新时期,民族问题依然是关系到国家稳定的重大问题。民族高校一直承担着为民族地区培养高素质人才的重任,对促进民族地区经济繁荣、社会稳定发挥着积极作用。在新形势下,必须坚持以科学发展观来统筹民族高校大学生思想政治工作,以科学发展的理念来审视和解决大学生思想政治工作面临的各种新问题,并将科学发展观融入到工作中去,不断推进民族高校大学生思想政治工作的进一步发展。

1. 以"以人为本"为基本宗旨

"以人为本"源自费尔巴哈的人本学唯物主义哲学,本质上是人本主义思潮的精炼概括。以人为本,就是以人为价值核心和社会本位,把人的生存和发展作

为最高的价值目标。科学发展观以"以人为本"为核心,是对中国传统发展观念和伦理道德的一种全新改变。胡锦涛总书记曾指出,"思想政治工作说到底是人的工作,必须坚持以人为本,既要坚持教育人、引导人、鼓舞人,又要做到尊重人、理解人、关心人、帮助人。"高校思想政治工作应当以"以人为本"为基本宗旨。

高校思想政治工作就是做人的工作,大学生是高校思想政治工作的中心和基础。民族高校以少数民族学生居多,他们几乎都保留着各自的民族习俗或宗教信仰。同时,受居住环境、生产方式和生活条件的影响,他们往往会存在一定的民族狭隘心理或自卑、敏感等心理特征,甚至产生抵触情绪。因此,与普通高校大学生思想政治工作相比,民族高校大学生思想政治工作更为复杂。民族高校大学生思想政治工作贯彻"以人为本"的基本宗旨,必须牢固树立"一切为了学生,为了学生一切,为了一切学生"的教育理念,以学生为主体,以学生健康成长、发展作为出发点和归宿,各项具体工作始终围绕青年学生成长成才、全面发展这个中心展开。实践中,要充分尊重少数民族大学生的民族习俗,努力提高思想政治工作的针对性;深入学生中间,充分掌握他们在政治、思想、学习、生活中的困难与困惑;注重他们内心的真实感受,提供精神关怀;切实维护他们的合法权益,及时解决他们的生活困难。唯其如此,才能赢得少数民族学生的信任与尊重,才能有效做好他们的思想政治工作,实现民族高校思想政治工作的终极目标。

2. 以"全面、协调、可持续发展"为基本要求

"全面、协调、可持续"从三个不同方面展现了科学发展观的丰富内涵,对实践具有重大指导意义。民族高校大学生思想政治工作应以"全面、协调、可持续发展"为基本要求。

首先,全面发展。民族高校大学生思想政治工作是一项范围广泛、特点鲜明、影响重大的系统工程,必须统筹兼顾:在范围上具有普遍性,要通盘考虑而不能顾此失彼;在布局上具有全局性,要整体推进而不能"只见树木,不见森林";在架构上具有系统性,要保证各个环节、各个要素之间紧密配合,互相促进;在运作中突出重点,善于抓关键,而不能"眉毛胡子一把抓"。

其次,协调发展。协调发展就是要综观其与相关因素之间以及其内部各要素之间的关系,保证它们能够和谐相处,相互促进,产生合力。一方面,就是要协调好思想政治工作与教学工作的关系,打破传统错误认识,确立思想政治工作是"全校所有教师的任务"理念,建设一支包括学校政工干部、共青团干部、"两课"教师、辅导员、班主任在内的工作队伍,真正实现全员育人、全方位育人。另一方面,就是要协调好"课堂教学"与"日常辅导"的关系,把理论学习与具体实践有机地结合起来。

最后,可持续发展。作为社会主义教育事业的重要组成部分,高校思想政治工作是一个长期发展的过程,也是一个持续发展的过程。我国统一大业尚未完成,民族问题依然存在。民族高校的重任决定了民族高校大学生思想政治工作必须坚持走可持续发展道路。一方面,要围绕"培养什么人""如何培养人"这一根本问题,把大学生思想政治工作作为"一把手工程"抓细抓实,并不断优化学生成长成才环境,保证工作资源的延续性;另一方面,要适应经济社会发展要求,着力加强大学生思想政治工作改革与创新,为民族高校大学生成长成才构建社会实践、科研创新、服务平台等保障机制。

3. 以"学生的全面发展"为终极目的

从根本上讲,高校大学生思想政治工作的核心任务就是启发大学生的自觉性,调动青年学生的积极性,激发青年学生的创造性,促进大学生的全面发展,为国家培养人格健全、立场坚定、作风优良、勇于创新、身心健康的社会主义事业的可靠建设者和接班人。这既是社会主义国家高等教育的本质要求,又是科学发展观在高校思想政治工作中的具体体现。民族高校大学生思想政治工作必须坚持以"学生的全面发展"为终极目的。

少数民族大学生是民族地区未来社会发展的中坚力量,他们的素质如何,直接关系到民族地区经济、社会各项事业的发展与国家的稳定和繁荣。在所有素质当中,最关键的则是思想政治素质。一直以来,少数民族大学生都是国际敌对势力和国内分裂势力渗透的重点。如果不增强少数民族大学生思想政治素质,保证他们在反对分裂势力、维护祖国统一和社会稳定的大是大非面前保持清醒头脑,始终与党中央保持一致,那么,就不仅不能实现为民族地区培养高素质人才,促进少数民族地区经济建设的目标,反而会危及到民族团结与祖国统一。

民族高校思想政治工作,必须围绕"学生的全面发展"这个中心,不断增强学生思想政治素质,促进学生综合素质得到全面发展。在当前形势下,全面加强民族高校学生的素质教育,就要坚持以"两课"为主渠道,加强马克思主义民族观教育;健全思想政治管理体制,积极探索适合少数民族大学生思想政治教育的运行机制;不断创新教学内容、教育形式和教育方法;建立一支高素质的思想政治工作队伍的发展路径,实现教书与育人相结合,政治理论教育与社会教育相结合,教育与管理相结合,继承优良传统与改进创新相结合。

浅论当今大学生成长的途径

叶 苗　杨永彬
（武汉科技大学）

胡锦涛同志在清华大学建校 100 周年庆典上发表了感人肺腑的讲话。回顾了清华大学秉承"爱国奉献、追求卓越"的光荣传统，指出清华坚持"中国特色，世界一流"的发展道路，特别表达了对当代青年学生的三点希望，并指出："强调加强和改进大学生思想政治教育工作是一项重大而紧迫的战略任务"。对于我们总结教育规划纲要实施一年来高校思想政治教育工作经验，深化高校马克思主义理论与思想政治教育研究，做好新时期高校思想政治教育工作具有重要的指导意义和启示作用。

一、文化知识学习和思想品德修养紧密结合

胡锦涛总书记对青年学生的第一点希望就是：希望同学们把文化知识学习和思想品德修养紧密结合起来。青年人朝气蓬勃，善于接受新事物，正处于学习的黄金时期，应该珍惜美好的青春年华，以只争朝夕的精神，刻苦学习科学文化知识，认真学习中华优秀文化和人类文明成果，夯实理论功底，提高专业素养，努力用人类创造的一切文明成果丰富自己。同时，要积极加强自身思想品德修养，认真学习中国特色社会主义理论体系，牢固树立正确的世界观、人生观、价值观，胸怀远大理想，陶冶高尚情操，培育科学精神，立为国奉献之志，立为民服务之志，牢牢把握人生正确航向，把个人成长成才融入祖国和人民的伟大事业之中，以实际行动创造无愧于人民、无愧于时代的业绩，谱写壮丽的青春乐章。

高校思想政治教育，主要指在建设和谐社会的新形势下，加强和改进大学生思想政治教育，以理想信念教育为核心，深入进行树立正确的世界观、人生观和价值观教育，以爱国主义教育为重点，深入进行弘扬和培育民族精神教育，以基本道德规范为基础，深入进行公民道德教育，以大学生全面发展为目标，深入进行素质教育。教育部组织的 2011 年高校学生思想政治状况滚动调查显示，当前高校学生思想主流继续保持积极健康向上的良好态势。高校学生的理想信念更加坚定，近八成的学生表示有入党意愿，社会责任感显著增强；85.9%的学生表示参加过志愿服务活动，道德素质和现代文明素质明显提升。但同时，因为青年

学生正处于人生成长阶段和进入社会准备阶段,对未来充满奋斗的渴望和生活的希望。在成长过程中,难免痛苦挣扎,难免思想稚嫩,难免困惑多多。作为大学生日常思想政治教育和管理工作的组织者、实施者和指导者——大学生辅导员,须经过苦口婆心的教育、耐心细致的工作,让大学生们跨越生命的鸿沟,帮助他们完成思想的洗礼。

作为一名大学生,除了具有较高的文化知识外,更重要的是要有一个健全的人格。健全的人格才是最高的学位,大学生应从以下几个方面来塑造自己健全的人格。第一,养成良好的思想品德。经常在思想意识、道德品质等方面进行自我认识、自我磨炼和自我提高,具有改造自我的勇气。第二,构建和谐的人际关系。乐于、善于与他人交往,用宽容的眼光看社会、事业和友谊,以真诚、包容、信任等正面的态度克服虚伪、嫉妒、猜疑等消极的态度。第三,保持乐观向上的生活态度。对自己充满自信,对社会、生活充满希望,对自己所从事的工作或学习抱有浓厚的兴趣,不必羡慕人家,不要苛求自己,培养抗挫折能力和适应社会的能力。我国近代教育家陶行知先生就曾呼吁"建立起人格长城来"。这里用了"长城"一词,说明健全人格建立的不易。但同时也说明,健全人格一旦建立起来,就会像长城一样牢固,可以抵御各种歪风邪气。

人在社会中总要产生人与人之间的交往,团结合作是人的生存方式、道德规范和品格修养。具有团结合作意识是现代人的重要素质。大学生具有本能的交往欲望,希望建立一个多元的人际环境,求得人们的理解和支持,以实现自己成才、成功的目标。但是许多大学生虽乐于与人交往,但不太善于与人合作。现代社会是一个高度复杂的有机体,现代化大生产和快节奏的社会生活需要人们有高度的合作意识和团队精神。人类科学技术发展到今天已不是瓦特、爱迪生那个时代,学科间的渗透和融合决定了个人的单打独斗很难达到成功的彼岸。团结就是力量,合作就是能力。随着社会的发展,人与人合作的范围不断扩大,合作形式不断增多,任何个人要想取得成功都离不开与他人真诚的合作共事。在具体培养上,可利用思想概论课对大学生进行思想政治教育,引导大学生形成优秀品质的平台。在教学过程中,教师应不断更新教学理念,改进教学方法和手段,充分挖掘思想概论课的功能,教育和引导大学生形成实事求是、开拓创新、百折不挠、团结合作等优秀品质。

二、创新思维和社会实践紧密结合

胡锦涛总书记对青年学生的第二点希望是:希望同学们把创新思维和社会实践紧密结合起来。科学理论、创新思维来自于实践,又服务于实践。同学们要做到勤于学习、善于思考、勇于探索、敏于创新,激发求知欲和好奇心,在打好知识根基的前提下,提高创新思维能力,不断认识和掌握真理。同时,要坚持理论联系实际,积极投身社会实践,在基层一线砥砺品质,在同人民群众的密切联系中锤炼作风,在实践中发现新知、运用真知,在解决实际问题的过程中增长才干,不断提高实践能力、创新创业能力,切实掌握建设国家、服务人民的过硬本领,为走上社会、成就事业打下坚实基础。

不满足大自然给予的现成的东西,通过实践创造人所需要的一切,是人之为人的重要标志。尤其是在社会主义市场经济条件下,我们不但面临人才竞争的压力,而且处于有利于创新创业的体制环境。大学生作为未来的创业者,必须培育、养成自己的创新精神。创新的前提是具备相应的知识和能力。在知识更新不断加速、科技进步日新月异的今天,人们都感到一种知识恐慌、本领恐慌。这既反映了生存竞争的压力,也体现了完善自身的动力。因此大家都在通过各种方式加紧知识储备,以适应知识经济社会的要求。

作为大学生,主要任务就是学习。充分利用当前的学习机会和条件,增强学习的紧迫感,保持旺盛的求知欲,为今后的创新、创业打下坚实的基础。然而,创新的工作是不可能演绎出来的,它是一种超越。超越就要想象,想象可以超越一切。诺贝尔奖得主的选题多是根据兴趣确定的,用爱因斯坦的话讲就是"神奇的好奇心"。他还说:"想象力比知识更重要,因为知识是有限的,而想象力概括着世界上的一切,推动着进步,并且是知识进化的源泉。严格地说,想象力是科学研究中的实在因素。"好奇心和兴趣是产生"奇思异想"的基础。科学是反传统的,是超越常规的。当代大学生应具有独立思考的能力,在学习中不要被动地接受知识和教育,要善于科学地怀疑,敢于对约定俗成、既成事实的东西,经过自己的再思索,有新的发现,进行再创造。这就要求我们养成尊重科学、崇尚科学、学习科学、运用科学的品质,尊重权威但不迷信权威。传统的理论不见得全是真理,权威人物也不是神。盲目迷信权威和名人,把他们的每一句话都当作金科玉律、永恒真理,就会窒息自己的创造力。因此,我们既要尊重名人和权威,虚心学习他们丰富的知识和经验,又要与时俱进、注重实践,在人类已进行的创造性劳动的基础上,不断进行新的创新。学校在教学环节中,实施大学生创新性实验,加强大学生创新能力训练体系的建设,建立以过程为导向的大学生创新性实验评价方法,促进大学生创新性实验计划与课程设计、专业实践、毕业设计(论文)环节的衔接和结合,营造学生主动实践的良好氛围,激发学生的创新热情。

社会实践是大学生成才的必由之路。大学生只有走出校园,深入社会,才能够更多地了解国情、民情、党情,才能够更深刻地理解科学发展观的科学内涵,才能够锻炼真本事,增长真才干。到社会上实践一段时间,看问题的视角就会不大一样,能力水平就会大不相同。目前,大学生参与社会实践的内容更多样、形式更灵活、渠道更广泛了。具体来说,大学生社会实践活动由过去的有组织性开始向自主性转变,由过去的集中性开始向分散性转变,由过去的无偿性开始向有偿性转变,由过去的专业性开始向社会性转变,由过去的单一性开始向多元性转变。这些转变,是时代进步的反映,也是社会发展的结果。从根本上讲,大学生参加社会实践是为了提高自己的适应能力、创意能力、表达能力、社会交往能力等各方面能力,更好地走入社会。能力就是人们通常说的"本事"。因此,大学生要在不影响正常学习的基础上,积极参加教育实践、专业实习、社会调查、入学军训、生产劳动等教学环节的社会实践活动,自愿参加"三下乡"、"四进社区"、志愿服务等各种公益性社会实践活动,主动参加勤工助学、科技发明、创业办企等自主性社会实践活动,从而在实践中熏陶思想感情,提高道德境界,增长真才实学,感悟人生真谛。

三、全面发展和个性发展紧密结合

胡锦涛总书记对青年学生的第三点希望是:希望同学们把全面发展和个性发展紧密结合起来。全面发展和个性发展相辅相成。同学们要坚持德才兼备、全面发展的基本要求,在发展个人兴趣专长和开发优势潜能的过程中,在正确处理个人、集体、社会关系的基础上保持个性、彰显本色,实现思想成长、学业进步、身心健康有机结合,在德智体美相互促进、有机融合中实现全面发展,努力成为可堪大用、能负重任的栋梁之材。

对社会有无责任感,是检验人生境界高低和人格健全的尺度。社会责任感不是抽象的,具体体现在对家庭、他人、集体、国家、民族的情感、态度、责任和义务上。为成为中国特色社会主义事业的合格建设者和可靠接班人,为实现中华民族的伟大复兴而努力学习,是大学生中的主流。但是我们也应清醒地看到,当前在部分大学生身上存在着令人担忧的社会责任感淡化的倾向。如重视个人前途,缺失社会理想;注重自我价值,淡漠社会价值;当公众利益与个人利益相矛盾时,以个人利益为重,缺乏为社会和集体奉献的精神等。现在有些大学生社会责任感淡化不是偶然的,既与社会环境有关,也与青年大学生的自身因素有关,还与高校的教育管理有关。从社会方面看,当前的社会正处于转型时期,利益的多元化导致社会思想的多元化,特别是社会主义市场经济体制的建立凸显了个人利益和个人价值。而部分大学生由于对社会现实缺乏深入的感性认识与理性升华的能力,所以在认识上容易走极端,常感到突然失去了理想支柱和事业激情。从一些大学生自身看,从小学到中学长期受"应试教育"的影响,其直接目标就是考大学,至于考上大学后要干什么并不十分明确,往往只有一些美好、朦胧的想法。所以对这些没有很好地适应思想和心理转变、没有真正进入社会角色的大学生来说,社会责任感常常只能是外在的东西。从高校教育管理看,当前高校的思想政治工作、教学工作与学生管理工作等还存在着不利于大学生社会责任感培养的诸多问题,从而导致大学生自我完善、自我发展的强烈要求没有得到有效引导。

目前,大学校园里最流行的词语就是"郁闷":"考试没考好,郁闷""生活遇到困难,郁闷""同学关系处理不好,郁闷""竞选学生干部没有成功,郁闷""马上毕业要找工作,郁闷"等等。"郁闷"就像一面镜子,反映了大学生的心理世界,表达出了许多大学生上下求索的徘徊和朦胧情感的困惑。如果这种郁闷长时间得不到解决和释放,必然会影响大学生的心理健康,从而产生心理疾病。一个人的健康表现为生理健康、心理健康和行为健康。只有具备三种健康的人,才是真正健康的人。从目前情况看,大学生中常见的心理疾病有以下几种:①神经衰弱,这是大学生中常见的心理疾病,据调查,神经衰弱在大学生中的发生率在 8.5% 左右;②抑郁症,通常表现为情绪低落、自卑,对任何事情都不感兴趣,不愿与人交往,甚至悲观厌世;③焦虑症,通常表现为一个人在毫无缘由或在一些无关紧要的情况下,显现出严重的焦虑不安、胆战心惊等症状;④心理急症——自杀,我省每年都有大学生因为各种原因自杀的案例。大学生是未来社会的接班人和建设者,心理是否健康直接关系到他们能否成才,能否有所作为。一个人在心理健康上多一份弱点,他的成长和发展就多一份限制和损失,他的生活和事业就少一份快乐和成就。因此,搞好心理卫生,调整好心态,拥有健康的心理,对当代大学生非常重要。医治心理疾病、调整心态,时间是良好的止痛剂。学会忘却,学会忍耐,生活才有阳光和欢乐。因此,在学习和生活中,不要放弃自己快乐的权利,不断发现快乐、创造快乐、享受快乐。在自我调节难以奏效时,应该求助于心理咨询。接受心理咨询是解除心理困惑比较快捷的办法。一方面,学校要改变"心理咨询室"的称呼,使之更能体现人性化和人文关怀;另一方面,大学生应改变"来咨询者都是脑子有问题的人"的错误认知,充分利用心理热线、团体辅导、咨询信箱、相互交流等多种心理咨询渠道接受外界的帮助和引导,以更有效地维护心理健康、优化心理素质、促进人格完善。在学习、就业以及其他方面的竞争日益激烈的社会条件下,大学生产生心理问题是正常的,甚至出现心理疾患也在所难免,关键是对自己的身心抱有自信的态度和认真负责的精神,主动在实践中体验委屈、体验挫折、体验艰苦,不要事事斤斤计较、患得患失,这样活得也累。难得人世走一遭,潇洒最重要。学院可建设,建设"专业化、高水平"的学生心理健康教育和心理咨询工作队伍,构建"及早发现、及时预防、有效干预"的、具有科学性与实效性的大学生心理健康教育工作模式,按照贴近实际、贴近生活、贴近学生的原则,加强大学生心理健康教育工作。

胡锦涛总书记在庆祝清华大学建校 100 周年大会上的讲话,寄托了对高校和青年学子的殷切希望,应该成为我们今后高校大学生思想政治教育工作的指导思想。作为高校学生思想政治工作者,我们务必要深入学习和研究这篇重要讲话的精神,更好地推进高校教育教学工作。

增强高校学生党建工作龙头作用的有效路径探析

宋 琼

(武汉大学经济与管理学院)

高校学生党建是党的建设的重要组成部分,是大学生思想政治教育的核心内容,担负着服务高校中心工作、维护高校稳定发展大局、培养中国特色社会主义事业合格建设者和可靠接班人的重任。其成效关系着科教兴国、人才强国战略的全面实施,具有重大而深远的战略意义,在大学生思想政治教育工作中发挥龙头作用。然而,高校学生党建工作现状却不容乐观,相对于繁荣活跃的团建工作局面,党建工作处于相对滞后的状态,其龙头作用的缺失是不容忽视的客观存在。

一、原因探析

1. 学生党建组织架构单薄,组织力量不强

近年来中央号召"低年级有党员,高年级将支部建在班级",各高校学生党支部呈迅猛扩大的趋势,学生基层党建组织力量不断增强,为高校党建工作打下了坚实基础。但是党建工作并没有因此出现新局面,究其原因有二:一是这些年,随着招生规模的不断扩大,基层党支部数量的增加与学生规模的急剧扩大相比较,相对增量不明显;二是党建工作机制和组织架构创新不足。随着基层党支部的扩增,并未进行机制的相应创新,依然是校党委——院党委——学工办(团委)老师直接面对各学生党支部骨干的组织人事格局,在教师专职党务工作者与学生党支部书记之间没有中间的组织架构和抓手,支部力量得不到有效整合,旧瓶装新酒,其优势自然得不到彰显。

2. 学生党建内容形式单一,吸引力缺乏

改革开放三十多年来,人们的生活方式、思想观念都发生了显著的变化,但

纵观高校学生党建内容和形式却变化不大,依然停留在学习文件、时政、听报告讲座,学习典型、宣传典型,诵唱革命歌曲或诗歌,参观革命纪念地或红色旅游,义务劳动或献爱心等状态,虽然也进了网络、进了社区,但内容和形式似乎没有明显的突破。新意不够,吸引力也就自然缺乏,这是目前高校党建工作缺乏生机和活力的重要原因。

3. 重发展,轻党员再教育,先锋作用不明显

龙头作用的发挥,很大程度来自于基层学生党支部和党员的典型示范。但目前高校普遍把主要精力用于入党积极分子的培养考察,用于预备党员的发展与转正,相对忽略党员的再教育,培养缺乏持续性。使得很多学生在入党后就呈功德圆满之势,放松了对自身的要求,入党前、入党后判若两人的大有人在,与入党积极分子、普通群众相比先进性优势不足。

4. 学生党建思路不开阔,覆盖面、影响力不够

目前高校学生党建工作主要局限于对学生思想政治、理想信念、价值观教育和对党组织后备力量的培养,在学风、校园文化建设和学生能力素质的培养上明显不足,这也导致了其工作的覆盖面、影响力不足,是影响党建龙头作用有效发挥的重要因素。

二、目标定位

科学发展观告诉我们,要坚持以人为本,树立全面、协调、可持续的发展观,促进经济社会和人的全面发展。对于高校学生党建工作而言,要充分发挥其龙头作用,务必注重"三要"。

1. 要把促进发展作为高校学生党建工作的首要任务

一是要促进党组织的发展来抓学生党建。严把培养关和考核关,把思想政治素质高、入党动机端正、业务出类拔萃的优秀大学生挑选出来吸收到我们的组织中来,不断充实和壮大党的队伍,为党的发展积蓄力量。二是要促进社会和学校发展来抓学生党建。在工作中要注重引导学生关注社会、学校的发展,增强爱国、爱党、爱社会、爱校、爱院的意识和为国家、社会、学校作贡献的责任感、使命感,要积极营造氛围、搭建平台帮助学生党员从身边力所能及的小事做起,促进社会和学校的发展。三是要促进学生个人发展来抓党建。

2. 要"以学生为本",将促进学生的成长成才作为高校学生党建工作的出发点、着力点和落脚点

科学发展观的核心是"以人为本",高校的第一要务是人才培养,作为高校学生党建来说,也应围绕人才培养这一中心,为全面促进学生的成长成才服务,并将之作为学生党建工作的出发点、着力点和落脚点。立足于学生的实际,围绕学

生成长成才的需要,在工作中关爱学生、尊重学生、信任学生,充分体现人文关怀,研究和探索贴近大学生思想生活实际、体现时代特色的工作内容和方式,激发学生对党、国家、社会的关爱与责任感、使命感,消除其青春期特有的逆反情绪。只有如此,我们的工作才会有的放矢。

3. 要统筹兼顾、全面协调,促进高校学生党建的可持续发展

既要统筹兼顾、全面协调学生党建内部各项工作的关系,又要统筹兼顾、全面协调学生党建与高校整体学生工作的关系。要加强学生党组织的自身建设,强化党建在高校学生教育管理中的地位和作用,充分发挥各级党组织、党员骨干、党员、入党积极分子在校园文化建设、学生素质培养、学风建设、大学生思想政治教育中的引领作用、示范作用,要在学生党建覆盖面、影响力、吸引力上下功夫,活跃学生党建文化。唯有此,才能真正实现统筹兼顾、全面协调可持续发展,才能永葆高校学生党建工作的活力。

三、路径选择

在科学发展观的指导下,围绕扩大高校学生党建工作的"覆盖面",增强"影响力"、"吸引力"三个关键点,作出了如下路径选择。

1. 合理设置组织架构,构建学生党建工作有力抓手

目前高校学生党建工作主要架构基本处于两种模式,如图1~图2所示。

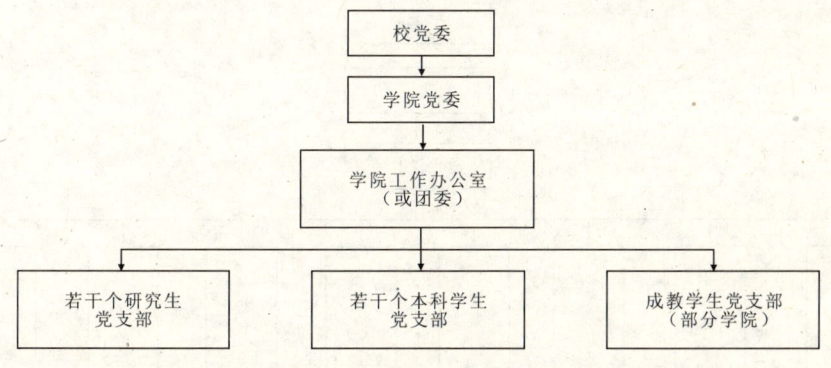

图1 学生党建工作架构模式一

即在学校党委下设若干个学院分党委,学院分党委通过学院学生工作办公室(未成立学生工作办公室的由院团委行使职能),直接负责各学生党支部的指导和管理,部分学生党建工作较规范的学院在学院党委卜设学生党总支,通过学生党总支来负责学院各学生党支部的指导和管理,但学生党总支尚处于一个笼

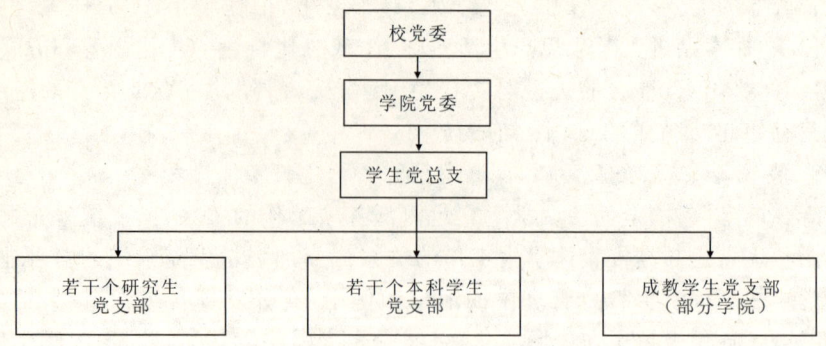

图 2　学生党建工作架构模式二

统的架构,其职能仅限于组织发展工作的预审和学生工作办公室的指导规范职能。在这两种模式架构下,各学生党支部基本还处于分散开展工作状态,中间缺乏联系学生工作办公室或党总支与各党支部书记的桥梁纽带,组织架构的断层或者不健全,不利于工作全面有序地开展。基于这一考虑,笔者认为突破的关键在于在"低年级有党员,高年级把支部建在班级"的基础上,再加上"广泛成立学生党总支,学生党总支下设部门运作"的要求,健全学生党总支的组织构架,使之成为学院党委开展各项学生党建工作的有力抓手,如图3所示。

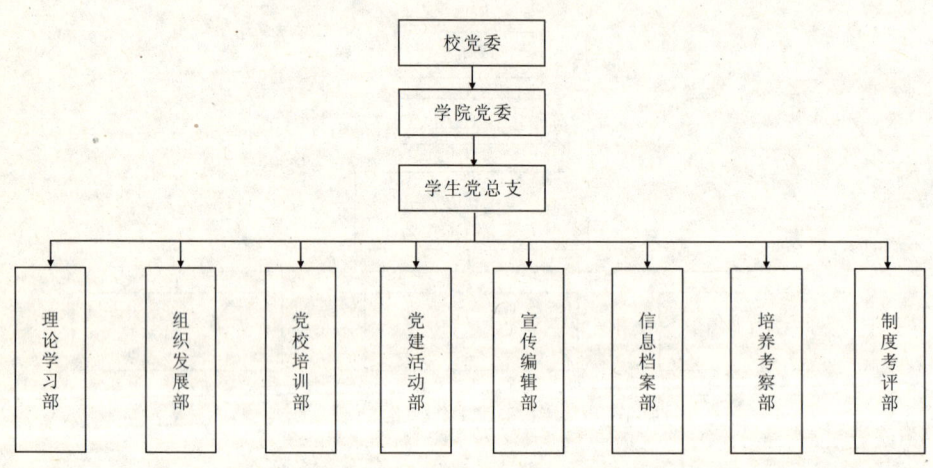

图 3　学生党建工作架构模式三

将学生党总支像团委学生会一样分成若干个部门,每个部门负责部分党建职能,通过这些健全的组织机构来组织各分散的学生党支部开展工作,如表1所示。

表1 学生党总支部门设置与职能

机构	部门	职能	备注
学生党总支	理论学习部	负责理论学习计划的制定及督查	
	组织发展部	负责发展计划的制定、审核;发展对象的考核与把关;发展材料的审核	
	党校培训部	负责入党积极分子培训班及各类学生干部短训班的教学计划制定、组织与实施	可下设入党积极分子培训部、学生党员骨干培训部、其他学生骨干培训部
	党建活动部	负责因地制宜地策划、组织、实施各类丰富多彩的学生党建活动	可根据实际下设若干个部门,大的品牌活动可单设部门
	宣传编辑部	负责理论、重要文件精神及各项学生党建工作的宣传;网站、党建专刊等各类宣传平台的搭建与实施	可下设网络部、党建专刊编辑部、记者团
	信息档案部	负责党员、预备党员、入党积极分子的信息建库统计工作;入党积极分子、预备党员、党总支各项工作材料建档工作	可下设电子信息部、材料档案部
	培养考察部	负责入党积极分子培养考察方案的制定、组织与实施;培养联系人的指导与考核	可下设党章学习部、培养考察部
	制度考评部	负责各项党建制度的整理汇编;党总支各部门工作制度规范的制定汇编;党员、党员骨干、党支部、总支各部门的考评和党内评奖评优	可下设制度编制部、考评部

2. 拓展党校培训业务,增强党校的覆盖面和影响力

除入党积极分子培训外,把学生党员骨干的培训、各类学生组织干部的培训纳入党校的培训业务中,分成不同的培训类别,如团委学生会主席培训班、班长培训班、心理委员培训班等,再加以期、届,授予正式的培训结业证,将其规范化,既可以培养学生的领导才能、理论水平,也可以提高学生的思想政治素质,还有助于提升党组织在学生组织、学生群体中的地位、影响力,培育组织归宿感。将各类学生组织、学生干部以多重党校学员的身份与党校、党建紧密联系起来,成为党建带动团建及一切学生工作的有力抓手,是扩大党建工作影响力与覆盖面的重要途径。与此同时,我们还应主动培养、输送更多的党员精英到各类学生组织中担任主要干部职务,发挥学生党员在各项学生工作中的领导作用。

3. 创建系列特色党建品牌活动,增强"典型在身边"的先锋、引领、示范效应

品牌活动是集中体现和展示学生工作特色和成效的窗口,它具有极强的宣

传、引领效用。因此,创建和打造有学生党建工作特色的学生党建品牌活动,是推进"旗帜工程"的重要渠道。品牌活动设计考虑因素除教育意义外,广泛性、吸引力及可参与性也极为重要。诸如党支部风采大赛、党员风采大赛之类的活动立意鲜明,既体现学生党建工作的特点,又把传统的"典型在身边"自上而下的典型选择方式,转变为自下而上的风采大赛的竞赛形式。在赛制的制定上,可采用户外素质拓展环节、PPT展示及演讲环节、党史、时政知识问答、评委现场提问答辩、现场风采展示等环节,这大大提高了活动的参与性、新颖性和趣味性,寓教于乐,将理论学习、思想政治教育、素质拓展与校园文化建设有机地结合起来。其优点在于容易激发学生党员及学生基层组织的参与热情,易于朴实地宣传基层党支部、学生党员个人的先进事迹。除学生党支部风采大赛、学生党员风采大赛外,还可以挖掘适合不同对象参与的党建活动。如学习心得大比拼活动等,将入党积极分子培训班中分小组讨论的枯燥的学习心得交流,纳入整个分党校全体学员以小组或党校班级为单位参赛的生动活泼的党校学习心得比拼形式。

4. 开展丰富多彩的素质教育活动,担当校园文化建设的生力军,提升党建工作的活力

开展各种丰富多彩的素质教育活动、校园文化建设活动,将之与学生的全面成长成才,与学风、校风建设,与学生素质拓展、校园文化建设相挂钩,开创生动活泼的学生党建工作新局面,把龙头作用发挥于各项学生工作,引领各项工作不断向前推进。与高校学生团建相互协作、统筹协调,以党建带团建,团建促党建,和谐共建,相得益彰,持续发展。

5. 广泛开展"三服务"社会实践活动,增强学生党建的影响力

建立健全激励机制,进行服务社会、服务学校、服务同学的"三服务"社会实践活动,在广泛宣传、动员更多的学生党员、党支部积极参与之外,还应搭建平台,给予指导和支持,在传统的考察调研、献爱心、关爱特殊群体的自愿者服务等活动基础上,大力开展智力扶贫、科技扶贫,推广科技下乡,党员骨干挂职锻炼,大力推进将大学生的专业知识服务社会、服务地方政府建设的社会实践活动,构建学习型、服务型的党建工作体系。

6. 把对党员和入党积极分子的培养、教育与解决学生的实际困难相结合,增强党的凝聚力、向心力

实践证明,激励出活力、关怀出动力、帮扶提高凝聚力。在对入党积极分子的培养考察、对学生党员的再教育过程中,要关心学生的思想和成长,尤其是关注特殊学生群体的实际困难,及时给予帮助和关爱,解决他们的实际困难,对于增强党的凝聚力和向心力有显著作用,其力量和作用往往胜于千言万语的口头教育。这是我党历史的经验总结,任何时候都不能忽略。党的十七大也提出了

要把党内激励、关怀、帮扶工作制度化、机制化的要求,体现了党对这项工作的高度重视。

7. 加强制度建设和规范化管理,增强各级学生党组织的先进性

为确保各级学生党组织的严谨、规范,我们必须与时俱进地修订、完善原有的党员理论学习制度、"三会一课制度"、民主评议制度、共青团"推优"制度、入党积极分子培训制度、入党联系人制度、入党公示制度、先进党员、优秀党支部评优条例等系列制度,并在此基础上,结合新时期高校学生党建工作的要求制定新的制度、体系与规范,如:党员骨干考核激励体系、群众监督体系、档案管理体系、入党积极分子与党员信息库统计与管理体系、项目管理体系、帮扶体系、网络信息安全制度、活动申报审批制度等,以不断加强和改进高校各级学生党组织的自身建设,体现先进性。

8. 运用传统宣传载体和现代化信息载体,打造全方位、多功能的党建宣传平台,营造良好的党建氛围

18世纪法国著名的唯物主义哲学家和教育家克劳德·阿德里安·爱尔维修曾明确提出"人是环境的产物"。环境塑造人、感染人、改变人。因此打造良好的学生党建工作环境、营造良好的党建氛围,也是增强学生党建龙头作用的重要方法。传统的报纸、报刊、专栏、板报、海报、广播、电视,再融合现代化的学生党建网站、活动视频、各类网上竞赛活动、电子书刊杂志、手机短信、飞信、QQ平台都应成为我们宣传学生党建工作,开展学生党建活动,灌输党的理论、国家方针政策的重要阵地,使学生党建宣传时时处处全方位地贯穿于学生的日常学习、生活全过程。

新媒体时代大学生思想政治教育工作的有效路径

王建辉　王　琼
(中南财经政法大学)

随着信息技术的广泛应用和现代传播事业的飞速发展,人类社会正迅速步入新媒体时代。新媒体凭借其数字化、多功能、实效性等优势,极大地影响着人们的学习、工作与生活,尤其深刻地影响着当代大学生的思想观点、行为取向、价值理念、人格塑造等各个方面。

当代大学生是中国特色社会主义事业的接班人,是建设中国特色社会主义的新生力量。只有不断加强大学生的思想政治教育,才能确保高校办学的社会主义方向,维护校园的和谐稳定,促进高等教育的全面发展。因此,如何在新媒体时代有效地利用新媒体对大学生进行思想政治教育,是高校思想政治教育工作所面临的重大课题。

大学生是接受新事物、新技术最为迅速的一个群体。新媒体技术一出现,就迅速融入大学校园,使学生们生活在一个日益网络化、信息化的环境中。新媒体在大学生的学习和生活中占据越来越重要的地位,大学生对新媒体技术的需求和应用与日俱增,与此同时导致大学生对新媒体技术的依赖程度也越来越深。新媒体也称数字新媒体,是在数字技术、互联网技术和移动通信技术基础之上延伸出来的有别于书信、电话、报刊、广播、电影、电视等传统媒体的各种新型媒体形式,主要有网络博客、网络论坛、搜索引擎、网络视频、手机短信、手机报纸、手机电视、IPTV、移动电视等。相对于报纸、杂志、广播、电视四大传统意义上的媒体,新媒体被形象地称为"第五媒体"。

当前,以互联网和手机通讯技术为主的新媒体技术在大学生群体中得到广泛应用。新媒体对大学生的学习和生活的影响在广度和深度上都是前所未有的。作为文化素质较高的大学生群体,总是频繁地接触和使用新媒体,主要表现在以下两方面:

一方面,使用新媒体的大学生人数不断增多。2011年1月19日,中国互联网络信息中心(CNNIC)发布了《第27次中国互联网络发展状况统计报告》。《报告》显示,截至2010年12月底,我国网民规模达4.57亿人,互联网普及率上升至34.3%,较2009年提高5.4%。我国手机网民在总体网民中的比例进一步提高,较2009年底增加6930万人,达到3.03亿人。青少年整体占到网民的58.2%,其中学生群体在网民中的比例进一步增大,达到30.6%。由此推出,新媒体的使用人数在大幅度上升,日益受到学生一族的青睐,越来越多的学生群体接触新媒体,并迅速成为新媒体的忠实用户。新媒体的技术特点与学生的喜好兴趣相吻合,适应了大学生心理需求。随着数字技术与数字产品的广泛普及,新媒体将成为对大学生产生最大影响的媒体形式。新媒体深受大学生的关注和喜爱,尤其是互联网成为大学生最喜爱的媒体,为当前大学生思想政治教育提供了新的环境。

另一方面,新媒体成为大学生收发信息的重要渠道。大学生将新媒体尤其把互联网、手机作为重要信息渠道。新媒体适应了当代大学生的身心发展规律,成为大学生获取信息、发送信息的重要渠道。新媒体承载着巨大的信息量,通过通信技术和设备为学生提供海量的知识,在很大程度上满足了学生求知的欲望,使学生的学习内容更加丰富,学习形式更加便捷。通过新媒体渠道,学生随时随地获取相关的信息资料,浏览新近的思想动态,明确主流的舆论导向,此外,学生们可以借助电子论坛、邮箱等渠道发表意见,传达信息;通过QQ空间、博客等形式抒发情感,展现自我的内心世界;还可以通过最近较为流行的"微博"自由地表达个性。大学生通过新媒体技术传收信息的过程中,其角色发生了潜移默化的转变,每位大学生既是信息的接收者,又是信息的传播者,接收信息和传播信息都可以在新媒体这一渠道上同时完成。获取信息与传播信息的渠道也由单向、两点传播向多边、散状传播转变。新媒体与大学生有着紧密的联系,广泛地改变了大学生的学习生活、思维方式和行为取向,新媒体形式对大学生思想政治教育工作来说,是一个重要的、经常的渠道。

一、新媒体时代大学生思想政治教育工作面临的契机和挑战

新媒体正在潜移默化地影响、改变着大学生的思维模式和行为方式,并以其丰富的传播内容及多元的传播形式,给大学生思想政治教育工作带来了契机和挑战。

1. 新媒体给大学生思想政治教育工作带来的契机

一是有助于我们打破理论说教、丰富教育内容。新媒体的资源丰富、覆盖面广,如果把集文字、声音、图像为一体的新媒体应用于思想政治教育,可以及时为大学生提供大量信息,迅速地传播政治理论、思想道德和形势政策等相关内容。新媒体的图文并茂、影音俱全的优势增强了思想政治教育内容的吸引力和感染力。来自传统媒体如书刊、杂志等的思想政治知识过分强调理论说教,刻板机械、空洞说教的理论不利于激发学生对学习的兴趣,不利于提高思想政治工作的有效性。如果思想政治教育通过新媒体的润色,以大学生喜闻乐见的形式呈现,以生动活泼的视角传播,可以激发学生对学习的兴趣,使同样的理论知识不再干瘪枯燥、生涩乏味,消除学生对思想政治理论内容机械、千篇一律的刻板印象。新媒体技术的快速更新,学生群体能够时刻享受最新、最快的思想政治理论知识,丰富了当代大学生思想政治教育的内容。

二是拓宽传导平台,创新了教育形式。长期以来,大学生思想政治教育的常见模式为课堂教学、座谈讨论、演讲交流和集体活动,思想政治教育受时空条件的限制。通过新媒体,思想政治教育工作者可以通过个人博客、校园微博、电子论坛、人人网、QQ群聊、网络游戏、网络视频和语音等沟通手段进行信息发布,与大学生进行广泛、直接的互动对话。在新媒体环境下,大学生不用再按传统方式在规定的时间内到规定的地点学习知识、接受教育,也不再拘泥于传统的课堂讲授和教材学习,大学生可以在任何时间、任何地点获取他们自己所需要的知识和信息。这种传播方式的灵活性和创新性,强化了思想政治教育理论传播的及

时性、针对性和具体性，极大地提高了大学生思想政治教育的实效性。新媒体增加了大学生获取信息的渠道，拓宽了他们表达信息的平台，架起了思想政治教育主体与客体之间亲密沟通的桥梁。

2. 新媒体给大学生思想政治教育工作带来的挑战

一是来源于外界因素的挑战。随着新媒体迅速融入大学校园，大学生思想政治教育面临的外部环境也日益复杂起来。毋庸置疑，当代社会是一个开放复杂的、变化万千的社会，媒体带来了前所未有的巨大的信息量，在这些信息中，既有大量正确、健康、先进的信息，也有掺杂着一些消极、有害、落后的信息。一些反动分子利用新媒体手段散布各种反动言论，攻击党和国家的理论、路线、方针和政策。新媒体传播的及时性、快捷性以及"无屏障性"使得信息发布源越来越多，增加了思想政治教育工作开展和管理的压力。新媒体的普及带来了各国各地区文化之间的碰撞和摩擦，文化的多元化，导致各种价值取向的冲突越来越明显，使大学生思想政治教育工作的难度越来越大。

二是来源于学生自身的挑战。处于青春期阶段的大学生们个性张扬，尚未完全踏入社会的他们，思想前卫，行为独特，总是在学习和生活中不断追求一些时尚流行元素。大学生的年龄虽然都是在20岁左右，但是他们的心理和行为尚未成熟。新媒体、新技术的广泛运用，使得大学生们几乎每天都要面对纷繁复杂的信息内容的影响。由于一些大学生缺乏人生阅历，思考角度极端，知识面狭窄，还不能够完全对信息进行甄别，容易相信虚无存在的事物。然后利用网络的虚拟性和隐匿性，在虚拟空间里随意发表不利于思想政治教育的言论，跟风追捧一些负面思潮，在受到错误舆情影响的同时，成为错误舆情的推动力量。学生自身存在的问题要求思想政治教育工作者从教育对象的现实情况出发，提高大学生的政治理论素养。

二、新媒体时代高校思想政治教育工作的有效路径

在新媒体环境下，高校思想政治教育工作必须有效利用新媒体，使新媒体成为大学生思想政治教育的前沿阵地，为大学生思想政治教育工作寻找新的路径。

1. 勤用新媒体，使新媒体成为意见沟通情感交流的前沿阵地

当前，新媒体对于大学生群体来说，已经不是一项使用工具，而是一种环境，新媒体营造的虚拟空间逐渐成为大学生生存的第二空间。高校思想政治工作要落到实处，必须要把新媒体作为日常性的工作平台，密切联系大学生生活实际，及时把握大学生的思想情况，积极解决实际问题，使思想政治工作达到贴近学生、服务学生的标准。在新媒体环境下，教育者和大学生可以敞开心扉、坦诚相待地探讨，将平时不敢公开表达的意见和建议通过新媒体平台突显出来，并在这

一沟通过程中发现问题,这样才能有的放矢地进行思想政治教育,将思想政治教育深深地扎根于大学生的内心。经常性地利用新媒体,可以增强双方的意见沟通,情感交流,产生心灵共鸣,缓和矛盾,建立和谐师生关系,有利于推进高校领导、教职员工与学生的亲和力工程建设。因此,通过勤用新媒体,可以面对面地直接互动,消除交流双方的隔阂,激发大学生掌握理论的兴趣,提高学习热忱,更好地达到教育效果。

2. 巧用新媒体,使新媒体成为思想政治教育的前沿阵地

要加强和改进大学生的思想政治教育,新媒体无疑成为大学生接收各种先进性理论的"主战场"。思想政治教育工作者应该转变观念,与时俱进,积极主动地提高自身的媒介素养,充分利用媒介资源,寻求新型教育方式,通过新载体正确地、有建设性地传播思想政治理论,加强对新媒体环境的应用管理。除了传统教育方式之外,还应该巧妙利用互联网、个人博客、微博、QQ、论坛、短信等新媒体手段来开展工作。面对大学生群体对信息的需求量日益增长的形势,思想政治教育工作者要善于构建网上新课堂,营造良好的网上学习氛围,开展"网上党校""网上团校"等教育活动,使大学生从"学会"向"会学"转变,增强大学生的自我教育能力。此外,学习多媒体技术,制作各种生动形象、图文并茂、影音兼备的新媒体素材,使大学生思想政治教育融思想性、直观性、知识性与趣味性为一体。大学生也要充分利用新媒体,通过新媒体获得有利于自身学习、生活、实践的相关知识和信息。

3. 慎用新媒体,使新媒体成为舆论导向鲜明正确的前沿阵地

江泽民曾经说过:"舆论导向正确是党和人民之福,舆论导向错误是党和人民之祸。"新媒体是重要的舆论工具,思想政治教育要慎用这一工具,在实际工作中坚持正确的舆论导向,健全舆论机制。这需要教育者和大学生增强对传媒的分析批判能力,勇于同错误的思潮进行坚决的斗争,用正确的舆论占领新媒体这一阵地,在新媒体传播活动中做到旗帜鲜明。高校要大力关注校园论坛,随时更新校园博客,积极制作红色网站,针对当前现实中存在的热点、难点问题,通过及时的舆论疏导和舆情分析,掌握舆论主导权,扩大"意见领袖"的号召力,增强正面控制力,培育积极向上的主流舆论,弘扬健康先进的校园文化,创新高校办学理念。与此同时,大学生在广泛使用新媒体过程中也要加强谨慎意识。通过课内课外、网上网下学习,加强对信息资源的识别能力,剔除那些不利于自身身心发展的不良信息,筛选那些对个人成才成长有益的资源,明确舆论导向,树立正确科学的世界观、人生观、价值观,提高自身的思想政治素养。

综上所述,在新媒体时代,应当切切实实地将大学生的思想政治教育与新媒体技术紧密结合,加速和完善思想政治工作的信息化建设。

加强大学生思想政治教育网络新载体建设

涂平昕

（武汉理工大学党委宣传部）

武汉理工大学是开展思想政治教育进网络工作较早的高校之一。学校在十多年的实践探索中，充分发挥网络技术优势，切实把握思想政治教育进网络的主动权，在网络文化内容建设、技术建设和队伍建设上下工夫，使互联网成为大学生思想政治教育工作的前沿阵地，构建了思想政治教育的网络立交桥。

一、建设网站，形成规模，在红色网站建设上下工夫

近年来，武汉理工大学不断推进信息化建设，建立和完善校内网站，学校利用校园网资源开办的网站（包括各类互联网服务）数量800多个。

校党委和有关部门建设了一批有特点、有吸引力、有影响力的校园网站，在网上唱响主旋律，引导师生、引导社团、引导校园文化和精神文明建设。全校有思想政治类网站（主页）54个，党委宣传部创建的经纬网、学工部创建的学工广场、团委创建的理工青年、就业指导中心的"高校就业网"等思想政治类网站特色鲜明，主题突出，基本覆盖了学校思想政治教育的各个方面，在师生中有较大影响。

各有关职能部门还设立了校长信箱、书记信箱、纪检信箱等网上信箱，部分院系网或主页深受学生喜爱。学校有关部门根据自己的工作特点，在网站上开设专题或专栏，目前通过网络这一平台，学校实现了无纸化办公，并在专业教学、创业教育、素质教育以及心理健康教育等工作中渗透思想政治教育。这些网站在信息传达、舆论营造、宣传教育等方面发挥了重要功能，积极有效地推动了大学生的思想政治教育工作。

二、注重质量，强化培训，在人才队伍培养上下工夫

学校组建了一支政治可靠、思想敏锐、善于与学子和网友沟通的网络宣传教育队伍（包括网络评论员队伍）。学校现有网络宣传教育的专职人员5人，兼职人员100余人，学生队伍人数200余人。网络宣传教育工作队伍由学生思想政

治工作干部,宣传部、党办、组织部、学工部、团委、网络中心等部门的网络管理人员,各校园网站的负责人及管理人员组成。学校各网站还活跃着一批思想素质好、网络技术水平高和文字能力强的学生网络宣传管理队伍。他们既是网站的建设者,也是网站的管理者,同时还是网站的使用者,他们中包括博士生、硕士生和本科生,在和师生网友进行沟通方面起着不可或缺的作用。学校各网站按照要求,分别有网站分管领导和1名网站(页)管理员,1~2名网络信息员,负责网络建设与管理。

学校加强网络人才培养,已举办各类培训班20期,培训专兼职网络思想政治干部500人次,系统学习计算机及网络基础知识,为从事师生思想政治工作的干部都配备电脑,并完成了网络接入。

高质量的网络文化队伍可以及时跟踪分析网上舆情,针对社会热点和敏感问题,运用论坛、博客、电子邮件、飞信以及微博等网友易于接受的方式和语言开展网上评论,主动引导网上舆论,建立良好的网络文化氛围,引导广大青年学子健康积极向上,不断走向成熟与理性。

三、创新手段,注重引导,在绿色网络创建上下工夫

一是不留死角,内容监管与技术创新齐头并进。首先是加大信息监管力度。对色情、暴力以及有害信息进行拦截、删除,同时着重抓好校内网站、主页管理,用户入网管理、BBS(论坛)管理。学校在技术上采取了防火墙、身份认证,一方面尽量屏蔽不良网站,阻止有害信息侵袭;另一方面,校内每一台电脑都有一个固定的IP地址与真实身份相对应,可以依法查究不良信息的源头。学校对留言板进行严格控制和管理;对校内有影响的BBS经纬论坛采用实名制,实行站务组和版主的分级管理制,关键、敏感版块由专人负责。在特殊时期对特定帖子实行特殊管理,如关闭发贴功能、锁定讨论。其次是加强对校内网络资源的管理。针对校内网络实验室、计算机房、电子阅览室一度出现的"黑网吧"现象,校党委在2002年制定并下发了《武汉理工大学加强校内计算机房及文化市场信息管理的规定》,收到较好的效果。同时加强对博客和学校官方微博的管理。武汉理工大学班级博客每班必须确定唯一一位博客管理员,掌握班级博客密码,并将管理员的详细信息上报至各学院学工办。博客不能任意注册,每个班分配一个账号。游客也可直接进行在线留言操作。管理员在登录状态下查看留言及评论时,仅可进行删除操作,但是不能进行留言和评论操作。随着微时代的到来,高校微博也在火热推进中,为了适应新形势下高校宣传工作的需要,充分利用新兴媒体提高学校对内对外宣传效果,内增凝聚力,外拓影响力,学校目前已在新浪、腾讯、人民网开设了官方微博,粉丝已达4万余人,学校党委宣传部一名副部长负责官

方微博的建设和管理,传递信息、延伸文化、引导舆论,增强了网络思想政治教育的影响力和实效性。

二是注重引导,宣传和舆情两手抓。整合全校资源,包括各职能部门和学院网络资源,选择最能反映学校建设发展的信息,由学校、部领导进行审核,及时发布到学校主页。遵循网络宣传规律,做到每日更新;整合校园媒体资源,让师生通过各种渠道和各种形式充分了解学校建设和发展。

主动占领网络思想政治教育阵地,采取师生喜闻乐见的方式,润物于无声处。重视学校 BBS 经纬论坛的建设和管理。定期整理舆情简报和舆情报告,分层次管理,分别报送至主管校领导、有关职能部门。实时监控,发现不良信息,及时向上级有关部门汇报,对于重要信息及时处理,负责做好网上舆情搜集、调查、分析和反馈工作,不定期整理《舆情报告》,为党委决策、学校政务公开、校际沟通等提供信息和依据。

多角度引导网络舆论。对于学校和社会的热点问题,从论坛上师生反映最迫切的问题入手,以新闻采访和信息发布的角度,在学校网络新闻频道进行正面回应和报道。以党委宣传部主管经纬网站为例,分别针对不同的师生群体,设立了新闻、时政、校园文化等频道。视野遍及国内外,内容囊括政治、社会、理论以及新闻、文化、娱乐等,为师生提供丰富的网络咨讯和原创平台。2008 年,经纬网根据社会、学校发展和师生需求在原有基础上对四个子站进行重新构架,对新闻、时政、校园文化以及经纬论坛的栏目进行重新划分,增设了时评、焦点、校园建言、理工轨迹、艺术鉴赏、特色文化、名师名品以及理工地图等,大力宣传理工文化和理工人物、宣扬高雅艺术,同时以积极的姿态引导舆论。"时政视窗"以提供时事政治信息、理论学习材料为主,努力开辟武汉理工大学网络思想政治工作的新阵地;"经纬论坛"更是理工大师生的网上家园,自开通到现在,吸引校内校外论坛用户数以万计。

四、打造精品,营造氛围,在网站品牌栏目建设和特色活动开展上下工夫

以制作精品栏目和专题为抓手,形成网络文化品牌。党委宣传部创办的经纬网建立和开设有"深度经纬""红色记忆""文学原创"等栏目,让全校师生在第一时间内了解校内外发生的重大新闻事件;制作"天佑华夏·心系汶川""深入学习实践科学发展观""精神文明创建在线""深入开展创先争优活动""两访两创"等热门专题,引导和激发师生的爱国、爱党、爱校的热情,不断强化网络教育的育人功能。学工部主管的学工广场设立的"心理 BBS""班级博客"等版块,文法学院、政治与行政学院、思想政治理论课教学研究部等院系利用专业优势和学科优

势,在线为学生释疑解惑,使网络成为"思想政治理论课"课堂的有效延伸。团委利用网络宣传优势开展各式活动,精心打造"理工青年"品牌,积极主动地占领网络阵地,牢牢把握网络思想政治教育引导青年成长成才的主动权,构筑武汉理工大学共青团网络思想政治教育的重要阵地。学校积极创造条件开展心理BBS留言咨询、电子邮件咨询及在线心理咨询等网络咨询服务,拓宽心理咨询渠道,以利于学生及时与心理咨询老师交流,及时解决各种心理困惑。

加强网络文化建设,组织开展网络特色活动。学校定期开展校领导和专家学者做客网络论坛活动,开设嘉宾聊天室,进行网络评选等,比如"真诚面对面""理工学子十大风云人物评选""大学与人生"等在线交流活动让许多学子津津乐道。汽车学院、信息工程学院、网络学院、自动化学院等院系组织学生开展"网上支部生活""网络辅导员""网络班会""学生会干部网上竞选""科技文化艺术节""华中地区软件人才大赛""中国·光谷网页设计大赛"等活动,构筑起网上网下互动、课内课外互补、覆盖全校、辐射社会的思想政治工作网络体系,充分发挥了网络思想政治教育的效用。《光明日报》曾以《线相通,心相连——武汉理工大学构建思想政治教育网络立交桥》为题对武汉理工大学思想政治工作进网络进行了介绍。

推出网络文化月活动,制定文明上网公约。以"创新、和谐、健康、教育"为宗旨,对师生进行爱校教育、文明上网教育。制定了《武汉理工大学校园网络服务自律公约》,联合各校园媒体发出了文明上网倡议书,引导武汉理工大学校园文明朝着积极健康正确的方向发展;组织华中高校媒体交流峰会和校园媒体发展论坛,联合校内外校园媒体和各学院通讯社,为提升校园媒体的品位与质量、营造学校良好宣传氛围寻求良策。

以评选活动为契机,在校内外推广高校校园网络文化。以评促建、以评促进,组织学校优秀部门网站和个人网站积极参与优秀网站评选活动,积极展示学校的优秀网络文化成果。同时,通过宣传各类评选活动,给师生提供营养丰富的网络文化大餐。

2006年,学校党委宣传部主管的经纬网在全国高校百佳网站评选中被评为"全国高校十佳校园学生门户网站";由武汉理工大学汽车学院2003级学生王艳丽自行设计的网页"麦草天堂"荣获十佳学生个人网站;2009年,经纬网下属的新闻经纬频道被评为"全国十佳高校新闻网站"和"全国人气50强",团委主管的原点文学社网站获得"全国高校十佳学生社团主页"。由武汉理工大学和中国大学生在线共建的"汽车无限"频道获教育部中国大学生在线优秀共建频道。2010年,经纬网被评为"全国高校百佳网站"。

五、拓展新途径，打造新亮点，在建设网络学堂和网络素质教育平台上下功夫

建立"网络学堂"，实现网上教学互动，有效拓展大学生思想政治工作的新途径。在网络学科教学中渗透网络道德教育。网络学科专业教师主动在教学中展示德育思想，使学生既学到文化知识和专业知识，又受到一定的思想教育；制作生动直观的多媒体教育软件，直接在互联网上展开竞争。研究网上思想政治教育的特殊规律，组织专家制作一批思想性、教育性强，趣味性浓，适应性广的教育软件，使思想政治教育更加生动活泼。

武汉理工大学校区相对分散，"网络学堂"为广大师生提供一个不受时空限制的网络学习环境，同时将目前分散的各种教学资源通过资源中心集成起来，能够满足广大师生的教学需求，并产生了巨大的综合效能。目前，"网络学堂"有各类图像素材 4 万多个，有知名学者的报告 100 多个，讲课比赛、师德演讲等 50 多个，有大学英语听、说、读、写资料近 4500 多个，网络教学平台利用多媒体、网络技术实现高质量信息资源、教学资源和学术资源的共享与传播，并同时促进高水平的师生互动，促进主动式、协作式、研究型的学习。

武汉理工大学国家大学生素质教育基地建立了"博学于文"的网站，及时展示各类素质教育成果；师生可以随时点播各类"高雅艺术进校园"的演出视频、"理工大讲堂"素质教育讲座。

六、健全沟通渠道，在建立网络沟通和信息对称上下工夫

武汉理工大学在网络管理特别是 BBS 管理中，为学院、社团、新生、校友、求职等分别单独开设版面，给学生提供充分交流的机会，加强信息对称，及时化解矛盾。尤其开设了校园建言、热点聚焦，为校领导、学校职能部门负责人和师生提供专门的解释版面和交流空间；在火车票难买的时机，还开设只用于信息交流的临时火车票版。以宣传部主管的经纬网站为例，该网站对学校各网站以及学院通讯社等网络人力优质资源、网络优质文化资源进行整合，为网络文化宣传教育提供便捷的沟通渠道，保证优良网络资源，培养网络后备人才；通过开发网站团队办公自动化，开设新闻投稿箱，完善"经纬在线投稿"和"经纬搜索"程序，方便师生投稿和查阅；建立经纬电子邮箱、学院新闻 QQ 群、新生论坛交流群，确保网络交流渠道畅通；在论坛上分别开设了"校友之家、社团天地"等版块；开设新闻经纬博客、创办拓垦思行录、经纬文集（待完善）等，实现经纬团队成员与社会、指导教师、各学院通讯员以及内部成员之间的即时交流。

论当代大学生思想政治教育工作的创新

陈亚琼

（湖北第二师范学院政治与法律系）

当代大学生是祖国的希望、民族的未来，是我们未来社会主义事业的合格建设者和可靠接班人。作为当代大学生的培养基地，高校的主要职能是人才培养、科学研究、传承文化、服务社会。而培养什么样的人、如何培养人，是当前我国社会主义教育事业发展中必须解决好的问题，在《国家中长期教育改革和发展规划纲要（2010—2020年）》中也多次强调。随着国内外形势的变化和我国高等教育事业的发展，高校学生思想政治教育的环境、对象、内容和任务都发生了深刻变化，高校学生思想政治教育工作也面临着新的挑战。新形势下，如何结合工作实际，积极开展和创新当代大学生思想政治教育工作，是高等教育工作者的一项重要而紧迫的任务。

一、当代大学生的思想状况新特点

随着我国社会主义事业的深入发展，对内改革层层深入，对外开放不断扩大，社会主义市场经济日益蓬勃。人们物质生活发生着翻天覆地的变化的同时，社会的全方位改革和环境的全方位改变也直接影响并深深映射到了当代大学生的思想文化领域。

1. 思想意识形态日益多样化

伴随着我国社会经济成分、社会组织形式、经济利益关系、就业和分配方式的日趋多样化，网络传播技术的迅速普及和发展，当代大学生面临着多元文化思潮和价值观念的冲击，其思想活动的独立性、选择性和差异性明显增强，思想意识呈现多样化，其主体意识、自我实现等意识明显增强，社会意识、责任意识、大局意识相对弱化。

2. 道德观念和价值取向日益多元化

当代大学生是受多元化道德观念冲击最大的群体。他们不再盲从传统的价值观，而积极地吸纳社会转变过程中产生的价值取向和道德标准。他们在追求民主、自由、竞争、效率等道德标准和价值取向的同时，也往往从利益主体的视角审视社会、学校、家庭与个人的关系，淡化责任、纪律、集体、奉献等道德观念和价值取向。

3. 网络文化影响持续深入化

网络活动的自觉性、平等性、主导性适应了青年的内在发展要求，网络文化也缩短了人与社会、人与人的空间距离。网络虚拟世界以其无限的可能性和丰富性不断占据青年精神生活的领域，也造成了部分青年学生对网络文化的依赖性，并部分地加重了青年学生对生活的虚无感。

4. 心理健康问题日趋严重化

社会的变革转型、社会矛盾问题的集中体现、高等教育大众化等，都给以独生子女为主体的"90后"大学生带来了强烈的社会压力、生活压力和心理压力，他们肩负着社会和家庭的多重期望，承担着多重责任，同时也承担着学业、就业、感情、人际关系等各种压力。而由于自幼成长在家长和老师营造的温室里的大学生，在生活和心理等方面又表现出了一定的依赖性，对心理情绪的自我控制和自我调节能力较弱，心理承受能力也较弱，存在一定心理健康问题的学生占有一定的比例。

纵观当前高校大学生的思想状况，不难发现，他们思想活跃，但往往容易被一些表面现象所迷惑；他们要求独立思考、不愿盲从，但往往方法简单；他们主体意识强，个性鲜明，但由于缺乏艰苦生活的磨炼，心理承受能力相对较弱；他们接受新思想快，但由于身心不够成熟，有时会出现道德认知和道德实践的反差。根据上述对大学生思想道德状况的分析可以看出，在新的形势下，加强大学生自我教育能力的培养是非常必要的。

二、当代大学生思想政治教育工作的现状解析

当代大学生的思想状况新特点为高校学生思想政治教育工作提出了新的机遇和挑战，也为高校的思想政治教育工作者提出了更高的理论素质要求和技能水平要求。然而，由于各种主客观原因，目前各高校的思想政治教育工作开展的效果不尽如人意，主要表现在以下几方面。

1. 思想政治课学习上的被动式

当代大学生对于高校马克思主义理论课和思想品德课的主动学习能力较差，不能发挥主观能动性，由于书本内容的教条式说理，学生从小到大的政治理论灌输，这些耳熟能详式的理论知识，对学生而言，已经完全没有了新颖性和吸引力，学生课上无法集中注意力听讲，课下又不愿主动复习。到考试时，只能临时发挥，只求及格，由此也造成教师的课堂积极性受到很大的影响。这些情况不得不逼迫教师从根本上探寻问题所在，及时吸收当前新信息，结合学生的实际进行教育。

2. 思想政治课教学上的灌输式

目前在各高校的思想政治教育课中，主要是以传播和内化马列主义、毛泽东

思想、邓小平理论及"三个代表"重要思想为主。这些高屋建瓴性的理论知识如果没有足够的研究兴趣,根本不会引起当代大学生的高度重视。在现代网络化、快节奏的社会里,人们追求的是更加务实化的知识和技巧。单纯意义上的理论灌输、教条式灌输,只会引起学生的反感和表面上的敷衍,而实质上,他们并不会从内心里去感触、去领会。要求教师结合当今实际,进行充分的备课,充分正确理解马克思主义才能够在实际教学过程中达到良好的效果。

3. 人才培养模式上的单一式

随着网络化的发展,手机和电脑的普遍化使用,人类社会进入数字化时代。人们可以利用互联网自由聊天、阅读、视听、交友、网购,所谓"世界在指尖的滑移中越来越近,人们的思维则延伸得越来越远"。世界上的不同思想碰撞,不同文化的交融,会给人们带来巨大的思想冲击,考量着人们的理性判断。特别是对于思想相对未完善的当代大学生,如何在世界多元文化的搏击浪潮中始终保持正确的世界观、人生观、价值观,为我们思想政治教育工作者提出了一个严峻的时代课题。现代高校的单一化人才培养模式已经远远不能达到世界对人才素质的培养要求。尽管各高校已经开展相关的教学实验,尝试着开展复合式人才培养模式,但没有形成规模化、普遍化发展。

4. 高校建设规划中的忽略式

有部分高校对大学生思想政治教育工作认识不深刻,对待大学生思想政治教育工作虎头蛇尾、泛泛空谈,把工作交给学校的思想政治教育教学部门后,就很少过问,对执行过程和结果监督检查力度不够,不能保证工作效果。也有高校的大学生心理健康教育工作落后,心理咨询机构还不健全,大学生有了心理问题往往无法排解。还有高校教育资源开发有限,校园文化活动开展不够丰富,培养机制和保障机制不够健全等,导致大学生思想政治教育工作的开展无法取得实际理想的效果。

三、坚持科学发展观,努力创新当代大学生的思想政治教育工作

党的十七大报告指出,要深入贯彻落实科学发展观,并对科学发展观的深刻内涵作出了科学的阐释和界定,即"科学发展观,第一要义是发展,核心是以人为本,基本要求是全面、协调、可持续,根本方法是统筹兼顾"。作为引领大学生思想健康发展的高校思想政治工作者,我们要以科学发展观为指导,结合工作实际,不断创新当代大学生的思想政治教育工作。

1. 以科学发展观为指导,进行工作理论创新

以科学发展观为指导,进行工作理论创新,是当代大学生思想政治教育工作的立论基础。面对国际国内不断发展变化的新形势、新状况,思想政治教育工作

者必须树立和强化战略意识,善于从战略和全局的高度看问题,把提升大学生思想政治教育工作科学化水平放到人才培养的大格局和实施《国家中长期教育改革和发展规划纲要(2010—2020年)》的大背景下去思考,积极认识、客观把握德育工作的前瞻性、规律性的问题,不断推进理论创新研究,以科学的理论指导新的实践,不断提高思想政治教育工作的科学化水平。在思想政治工作中,"必须坚持以人为本,坚持以人为本、全面实施素质教育是教育改革和发展的战略主题,是贯彻党的教育方针的时代要求,核心是解决好培养什么人、怎样培养人的重大问题,重点是面向全体学生,促进学生全面发展,着力提高学生服务国家服务人民的社会责任感、勇于探索的创新精神、善于解决问题的实践能力,引导学生形成正确的世界观、人生观、价值观,坚定学生对中国共产党领导社会主义制度的信念和信心。"要推进党的理论创新成果的宣传普及,关注学生需求、回应学生关切,做好马克思主义大众化的宣传、阐释和解读,推动中国特色社会主义理论体系更好地走进广大学生。同时,要不断提升思想政治教育工作者的理论素质和学术水平,以长期有效的机制鼓励思想政治教育工作者完善自身知识结构、提高理论素养、增强工作能力。

2. 以科学发展观为指导,进行工作思维创新

以科学发展观为指导,进行工作思维创新,是推动当代大学生思想政治教育工作的根本动力。美国教育家克伦威尔曾说:"教育面临的最大挑战,不是技术,不是资源,不是责任感,而是去发现新的思维方式。"思想政治教育工作者需要革新思维方式,以疏导、平等的对话的思维方式补充常规的说教灌输方式的不足,深入了解学生的思想,把握学生的思想脉络,结合社会主义核心价值体系内容充分引导学生健康成长、健康生活。具体而言,一是要树立服务的思想。在坚持教育、管理和服务相结合的基础上,凸显服务的理念,增强服务意识,强化服务功能。二是要调整角色扮演。要强化和树立服务者的角色意识,建立新型平等的师生关系,最大限度地满足大学生成才的需要。三是要以人为本。大学生思想政治教育工作是生命化的过程,教育不是控制生命,而是要关爱生命、激扬生命。要以人为本,使教育和人的生命自然地和谐结合,使教育内容内化为学生的思想,外化为学生的行为。

3. 以科学发展观为指导,进行工作机制创新

以科学发展观为指导,进行工作机制创新,是推动当代大学生思想政治教育工作的根本制度保障。需要构建全社会共同参与的"一体化育人"的思想政治教育机制,在党委的统一领导下,党政群齐抓共管,在相关部门各司其责,全社会的大力支持下,使学校、家庭和社会建立一种协同运作的一体化机制。要形成思想政治教育领导、决策、管理与实施的一体化;思想政治教育目标、任务、内容、方法

途径、渠道的一体化;思想政治教育队伍、制度、基地建设的一体化。具体而言,学校的思想政治教育工作,要在学校党委和学校行政部门的共同决策下,开展各项工作,学校、党组织、党干部、各党组织骨干人员共同努力,发挥各自的作用,明确各人员的思想政治工作任务,形成齐抓共管、合力育人的管理机制。此外,学校同时也应结合社会上的中坚力量,开展社会主义精神文明建设活动,结合家庭教育来实现当代大学生思想政治教育工作的全面发展,以促使学生健康全面地成长。总之,要形成一种健康向上的良好的社会环境,以创造一个良好的社会氛围,促进大学生健康成长。

4. 以科学发展观为指导,进行工作方式创新

以科学发展观为指导,进行工作方式创新,是推动当代大学生思想政治教育工作的内在要求。现代思想政治教育要将显性教育和隐性教育结合起来,首先要充分发挥高校思想政治理论课的作用。建立一套多元、开放的全方位、多层次和网络化的教学新模式;要更新教学观念,教学思维要具有多维性和发散性;教学方法和教学手段要体现多样性等。其次,要重视思想政治理论课与生活教育的互补。要重视生活教育的育人功能。鼓励学生之间的生活方式、思维方式和行为方式相互交融,彼此撞击;树立教师和学校校友的典范作用,以增加潜移默化的影响;建立大学中的各种仪式、规章制度等,润物细无声于生活教育中。第三,注重大学生的心理健康教育,要根据大学生的心理特点及心理现象发生、发展和变化的规律,充分了解大学生的需求、情感、意志和个性等心理特点,直接抓住大学生思想问题的症结,从而采取切实有效的方法和手段,以使大学生思想政治教育工作收到事半功倍的成效。第四,开展丰富多彩的社会实践活动,引导学生深入社会、了解国情,提高认识问题、分析问题和解决问题的能力,在与社会的良性互动中树立正确的人生观、价值观、世界观。

大学生"知行合一"的德育模式与实现路径

叶华光

(黄冈职业技术学院经济贸易系)

一、引言

模式类似于定式,就是遇到反复出现的同一问题时所固定使用的解决方案,

也就是解决某一类问题的方法论。每个模式都描述了一个在特定环境中不断出现的问题,然后描述了该问题的解决方案的核心。通过这种方式,可以多次使用那些已有的解决方案。模式之所以在现实生生活中很重要,是因为模式从某种意义上揭示了事物的一般规律,它为解决现实问题提供了思维范式与方法路径,提高解决问题的效率与质量。模式一般由理念与路径构成,前者是后者的理论基础,后者是前者的方法表达。模式必须与外部环境相适应,一旦外部环境发生变化,模式也应该调整或重构,否则将会使二者发生冲突从而阻碍问题的解决。大学生的德育模式是指教育者组织适合于大学生道德成长的价值环境,促进他们在道德、思想、政治等方面不断建构和提升的教育理念与基本方法的总称。

按照唯物辩证法的观点,外因是事物发展的条件,内因是事物发展的根据,外因必须通过内因才能起作用。从本质上看德育过程虽然是一种价值性的环境或影响的创设,但这一环境或影响能够发挥作用的先决条件仍是德育对象具备接受这一影响的内因。德育过程实际上也是德育对象自身在道德等方面不断建构的过程,因而德育工作应该体现环境与成长的统一,社会价值引导与个体价值建构的统一。对外部环境变化与德育对象考虑不足的德育模式既不合乎现代教育所必备的民主精神,也不符合德育自身的发展规律,最终不会产生真正的德育功效,有时甚至是非德育或者是反德育的。当前,我国高校的德育工作,对形势的变化与大学生的实际特点缺乏充分的研究,开展德育工作时,大学生的主体性发挥不够仍是德育面临的主要问题。当代大学生正处在社会的转型期、观念的重组期和矛盾的多发期,社会主流价值的边缘化与精神信仰的空心化,使青年大学生的思想状态呈现出自主性、开放性与盲目性的特点。一种沿袭政治说教的传统德育模式无法适应日益开放的时代背景与当代大学生的政治诉求,因而,必须亟待探索一种符合时代特征、适应学生特点的德育模式。

从当代德育的境域看,知行脱节是传统高校德育模式最为突出的特点。由于在我国计划经济体制的条件下,传统的高校德育工作以"知"为核心,即从认知的途径解决大学生的道德意识、思想意识与政治意识,而道德实践的环节则外包给家庭与社会。由于当时社会价值的引导功能与家庭教育的默化功能均较为强劲,所以在当时条件下我国高等教育能够在"重知轻行"的德育模式下发挥一定的德育功效。然而,时过境迁,社会价值的引导功能与家庭教育的双重弱化,使本该由社会和家庭承担的德育使命部分还原给高等教育,因而重"知"轻"行"的传统德育模式面临严重的冲击。因此,探索知行合一的德育模式势在必行。

二、大学生"知行合一"的德育理念

"知行合一"的德育思想最先由明朝王守仁在贵阳文明书院讲学时首次提出

的。"知"主要指人的道德意识和思想意念。"行"主要指人的道德实践和实际行动。因此,知行关系,也就是指道德意识和道德实践的关系,也包括一些思想意念和实际行动的关系。王守仁的"知行合一"思想包括两层意思。第一、知中有行,行中有知。王守仁认为知行是一回事,不能分为"两截"。他说:"知行原是两个字,说的是一个工夫"。从道德教育上看,他极力反对道德教育上的知行脱节及"知而不行"。突出地把一切道德归之于个体的自觉行动,这是有积极意义的。因为从道德教育上看,道德意识离不开道德行为,道德行为也离不开道德意识。二者互为表里,不可分离。道德认识和道德意识必然表现为道德行为,如果不去行动,不能算是真知。王守仁认为:良知,无不行,而自觉地行,也就是知。这无疑是有其深刻之处的。第二,以知为行,知而定行。王守仁说:"知是行的主意,行是知的工夫;知是行之始,行是知之成。"王守仁的知行合一的思想其核心是知而必行,突出行动的自觉性与持久性。他在行动导向的基础上发展和丰富了知行合一的基本思想,克服了朱熹提出的先知后行的弊端,从道德实践的视角考察具有一定的积极意义。但是,从认识和实践的关系及知识的生成机制来看,王守仁的知行合一思想忽视了知识的生成路径与行动的环境约束,过分地模糊知行之间的界限,与现实情况差距较大。

在现代德育语境中,知行合一的德育思想包含两层含义:第一,明确了"知"的终极目标是"行",即真知归于行。道德教育归根结底是要使受教育者持久地进行道德实践。第二,指明了"行"是"知"的基本路径,即真知缘于行,只有通过行动才能不断地提高对道德规范的认识,增强道德意识,从而促进受教育者将道德意识内化为自身的道德品行。也就是说,"知"应该理解为形成道德意识和培养思想意识的过程,而"行"则是在道德意识的指导下使个体自觉实践道德行为以及参加社会实践的过程,而知行合一则强调两个过程不能截然分开,而必须互为融合。

知行合一的德育理念一方面要求德育工作者开展德育工作时要立足于道德意识向道德品行的转化,要着眼于受教育者的道德实践,要将受教育者的道德品行与道德实践作为评价个体道德修养的重要指标,同时也作为评价德育效果的重要标准;另一方面,德育工作所采取的基本方法要以行动为导向,通过受教育者在事先设计好的德育情境中参与一定的德育活动和社会实践活动,使受教育者积极体验其中的道德规范与道德要求,明辨是非,评判善恶,感悟美丑,产生道德的认同感与归顺感,从而在思维体系中建立起道德伦理的知行机制,为受教育者内化道德品行和参加道德实践奠定心智基础。它要求打破传统德育中以知代行的空洞理论说教模式,构建知而必行的开放式现代德育体系,即教育者根据一定的德育目标,围绕德育内容,设计一系列的教育情境活动,使受教育者在手脑并用、身心并举的情境活动中接受教育,实践行为,从而打通知与行的隔阂,建立知行相通的桥梁。

三、理论基础

从德育的终极目标分析知行合一的必然性。德育的功能性目标就是指通过教育使受教育者形成符合社会需要的道德意识和思想意念,并内化为个体的道德品质,从而能够自觉地进行道德实践。因而,道德实践是德育的终极性目标,而掌握一定的道德规范与道德意识则是德育的中介性目标,其目的是增强道德实践的理性工具。因而,一切德育活动归根结底是促进受教育者自觉地践履道德规范与社会规范。如果知而不行,等于不知。正如王守仁所持的观点"知是行之始,行是知之成"。由于传统的德育模式是建立在社会引导与家庭教育功能强化的基础上,高等教育"重知轻行"的不足能够及时有效地受到来自社会和家庭层面"行"的补救,最终并未直接影响德育目标的实现。但是,当代大学生正处在社会转型、观念转变、体制转向的变革时期,人们心理失衡、道德失范、行为失控的问题在一定程度上影响着青年学生的成长与进步,而且在高等教育之前的各级教育阶段,长期受应试教育的影响,德育工作未能得到应有的重视,使高校德育工作面临极大的挑战。传统的德育将道德规范与政治要求过于理论化,将德育活动演变为知识传播,在缺乏外部矫正的条件下,知而不行的问题也就如影随形,加剧了知行脱节的矛盾。因此,针对社会引导功能部分丧失的问题,探索大学生知行合一的德育模式是社会发展的必然要求。

从隐性知识生成路径分析知行合一的科学性。按照知识属性分类,道德规范与政治要求是刻画个体应该怎么做的知识,因而它更多地表现为隐性知识的特征。隐性知识是相对于显性知识而言的,它是指那些存在个体知识系统之中难以用语言、文本的方式表达出来,它既具有个体依赖性,又具有情境依赖性。这类知识的获取与生成,不能简单地脱离一定的情境通过语言的方式进行传播。而要通过知识的受体事先设计一定的情境,使知识受体在情境中反复行动,并不断地体验、反思和深化认识,最终将隐性知识嵌入个体的知识系统之中。这样所获取和生成的隐性知识会转化为行动的预备性知识,只要置身于类似的情境之中,个体就会自觉地产生行动的反应。从隐性知识的生成机制来看,道德意识的形成与道德品质的转化,必须借助于一定的德育情境才能实现。从心理学的角度讲,情境是指和某人相关的所有人、事、物,以及它们之间的关系的特定场合。人的心理随时根据情境的变化而发生变化,这是心理活动不同于生理活动及其他一切自然现象的特殊之处。德育情境就是有利于受教育者产生积极的心理变化,并不断强化道德意识和自觉进行道德实践的特定场合与条件,德育情境既具有主观性,也具有客观性。大学生知行合一的德育思想就是要求突出大学生在德育中的主体地位,将他们置身于特定的德育情境之中,引导他们参加一定形式的德育行动,通过自我体验、自我反思、自我纠正,从而提高大学生的道德意识,并促进道德意识内化为一定的道德品质。因此,知行合一的德育思想符合隐性知识的生成规律,具有科学性。

从当代大学生的实际特点分析知行合一的针对性。当代大学生正面临价值观念多元化的社会背景,具有鲜明的自主性、开放性和脆弱性的个性特征。他们大多追求自由而不能自律,崇尚自我而又不能自省,推崇自主而又不能自强。对那些条款式的规范与约束,具有较强的叛逆性。如果继续沿用传统德育的理论说教与道德灌输,难以赢得大学生的认同与配合,必然难以获得预期的效果。知行合一的德育模式在弱化教师角色意识的基础上,充分发挥当代大学生的自主性,紧紧抓住青年学生的性格特点与思想脉搏,使他们在喜闻乐见的德育情境中参与一定的行动,并适时地加以引导,使他们在自主实践与自我体验的条件下,不断深化对道德规范与政治要求的认知,有利于促进道德意识向道德品行的转化。因此,知行合一的德育模式符合当代青年大学生的实际特点,增强了德育的针对性。

四、实现路径

知行合一的核心就是知而必行。知而必行有两层意蕴:第一是指大学生所形成的道德意识与职业意识,应该自觉地进行道德实践与社会实践,并通过反馈与评价机制不断地推动道德意识与职业意识向道德品质和职业素养转化,实现"知"的根本目标。第二是指要使学生形成一定的道德意识与职业意识,必须尽可能地通过行动化的方式加以检验和矫正。以行代教,以行代育,突出大学生的主体地位,充分调动心理积极元素,使他们在行中体会,在行中感悟,从而树立牢固的道德意识与道德观念。为此,开展德育工作时,要突出教师的主导地位,教师不再以"道德楷模"自居,而是成为德育活动的策划者、行动方案的督导者、行动结果的评判者,真正成为"行动导师"。

1. 德育目标隐性化

德育目标的隐性化是指在开展德育活动时,要尽量将德育工作的具体目标隐含于具体的德育活动之中,使大学生在一定的德育环境与德育活动中潜移默化地受到教育,因而它具有隐性教育的基本特征。当代大学生正处在社会转型的关键期,价值观念的多元化与主流信仰的边缘化,使得青年学生民主意识与自主意识较强。在大学以前的教育阶段,为应付考试而采取以政治目标为导向的空洞说教模式,导致德育活动严重的知行脱节,也在一定程度上助长了青年学生知而不行、知而逆行的消极心理。在这样的心理机制与背景下,如果大学生的德育目标过分地显性化,会削弱他们参与德育活动的积极性,容易引起大学生的逆反心理,影响了德育效果。德育目标的隐性化是相对于被教育者而言的,对于教育者来说则是显性化的。要求教育者内心更应该清楚德育活动所要实现的目标,但通过教育者的设计和包装,使之寓于德育活动的形式与过程之中。因此,德育活动的目标应该是以德育活动主题的形式出现。通过对德育目标的研究与分析,将其转化为青年学生易于接受、活泼开放、富有趣味性的活动主题,极大地调动大学生的积极性与创造性。

2. 德育活动项目化

项目原本是指一组相对独立又相互关联的工作任务的集合,项目具有目标性、周期性和约束性的特点。德育内容项目化是指根据知行合一的基本要求,根据大学生德育工作的内容体系,将大学生所要接受的德育活动设计成若干个德育项目,由全体学生通过完成一组相互关联的工作任务或参与一组相互衔接的系列活动,从而不断地增强道德意识和提高职业意识,深化道德认识提高职业素养。自始至终教师发挥着设计、组织、协调、监控和评价的职能。无论是德育活动进行到哪个环节,教师会根据活动的进展情况与学生的心理变化情况,不失时机地加以小结、点评和部署,从而引导学生从中体验道德规范与社会要求。因此,德育活动的项目化虽然是以学生为主体,但教师从中真正发挥了导师的作用,对于德育工作者提出了更高的要求。

一个德育项目所包含的一组相互关联的德育活动或工作任务之间要保持连贯性、渐进性。使大学生通过参与一组德育活动或完成一组工作后,有利于思想的渐进性与提升性。德育项目所包含的工作群或活动群的设计要以德育目标为引领,将德育目标分解成若干个子目标,在充分研究大学生的思想状况与认知规律的基础上,按照由易到难、由低级到高级的活动发展顺序进行设计与安排。例如,对大学生进行文明教育时,可以将文明礼仪教育作为一个德育项目,将其分解成以下几个系列活动:第一,礼仪知识大家学。以情景剧的形式边学边用,或以知识竞赛的形式吸引学生积极学习常见的文明礼仪知识。第二,文明礼仪大家说。在前一活动的基础上,学生已经初步掌握了一些日常的文明礼仪知识与规范,对文明礼仪的重要性有了较多的认识,这时组织学生参与以文明礼仪为主题的演讲比赛,确保学生的演讲情真意切,内容言而有物。第三,文明创建我争先。发动各班级及全体学生开展争创文明班级、争当文明学生的活动,通过制定文明班级与文明学生的考核方案,促进全体学生积极参与到文明创建活动中来。第四,文明典型大家学。通过前几个阶段的德育活动,及时地进行总结、评比,评选出文明创建活动中涌现出来的文明班级和文明学生,激励各班级及全体学生向他们看齐,为下一阶段的文明教育奠定基础。

3. 德育过程行动化

德育过程行动化是相对于德育过程语言化而言的,它是指整个德育过程以学生为主体,通过参加系列活动和完成工作任务,使学生身心并举、手脑并用,自我体验,自我反思,自我纠正,自我提升,使学生与外部世界建立起道德规范和职业规范的条件反馈系统,促进道德规范与职业规范的深化,打通认知向品行转化的通道。实践对"知"的影响是直接的、深刻的,实践对人的教育同样也是生动的、深入的。如果德育过程将各种道德规范和职业规范以条款和要求的约束形式通过语言表达出来,不仅会使学生产生反感情绪,而且会使学生在被动状态中形成"事不关己"的心理认知。而德育过程行动化则将德育过程还原到人类产生道德意识的初始状态,符合人类从行到知、以知助行的认识规律,具有科学性与现代性。

德育过程行动化的要求充分体现了德育活动的情境性、参与性、实践性和开放性的特点,它克服了传统德育活动理论性、空洞性、被动性与封闭性的弊端。在传统的德育工作中,很多学生之所以在道德实践中总是落后于道德要求或是反其道而行之,其根本原因是知的浅表性与行的滞后性。从教育的视角看,就是我们的德育工作将道德规范与职业规范片面地理论化与知识化,重视演绎归纳的思维方法在德育工作中的运用,始终没有突出"行"的基础性地位。以理服人不如以行服人,德育内容自然包含知识性部分,但这些知识都是实践性知识。它的形成与深化必须依赖于实践活动加以解决。

探析高校如何进行大学生思想品德量化考核管理

胡爱珍

(黄冈职业技术学院建筑学院)

在班级管理中,思想品德量化考核管理作为一种重要的管理手段,越来越多地被应用。借助于大学生在校期间的日常表现:诸如每天的"四率"考核即早操、上课、晚自习、就寝,卫生检查,政治学习,文明行为等方面的评分来规范学生的思想及行为发展方向,在一定程度上提高了班级管理的效果。但是通过这几年的操作,我感到,在实现思想品德量化考核管理过程中必须明确以下几个问题。

一、如何理解思想品德量化考核管理的功能

班级思想品德量化考核管理的基本操作是将学生行为规范分成若干项,每一项都有不同层次的要求,每一层次都赋予相应的分数,学生每完成一项就能得到相应的分数,在一阶段结束后学生所得分数和就是对他这一阶段表现的终结性评价。固然,通过评价、调控等方式可以发现学生存在的不足,规范学生的行为发展方向,但对于思想品德量化考核管理的功能我们须有一个清醒的认识。

(1)单纯的思想品德量化考核管理会降低教育的效果。思想品德量化考核管理的实质是以奖分、扣分为手段,达到对学生行为进行调控的目的。大量事实说明,学生在一定时期内表现出某种行为或约束某种行为,并不一定是基于一定的认识基础之上的发自内心的自觉行动,而更多的是立足于赢得分数,这种不良的教育引导往往会使正处在人格形成关键阶段的学生形成双重人格,影响到学生今后的发展和进步。因此,思想品德量化考核管理需要配合其他的教育方式,才能更大限度地发挥量化的导向作用,忽略了这一点,过分地强化量化的作用或把量化作为管理班级的唯一法宝势必制约思想品德量化考核管理的效果。

(2)量化评分只是评价的一种手段,而非最终目的。实行思想品德量化考核管理之后,学生为了提高自己在班级中的排名或得到班主任的认可,势必期望得到一个好的评价,而其关键就是赢得分数,久而久之,学生参加活动的正当理由就会由内在兴趣逐渐变为分数,而一旦某项活动不再计分,活动的正当理由消失,学生也就不再参与此项活动。最终,学生的行为将完全由分数来调控,这样势必会削弱思想品德量化考核管理应有的激励、鞭策作用。

(3)思想品德量化考核管理并不是越细、越精确越好。一提起实施思想品德量化考核管理,很多辅导员就试图把每一项都量化清楚,每一次都力图把学生的"等次"分得十分清楚,这不仅是不现实的,也是不应该的。从理论上讲,过细的量化否认了学生行为的复杂性,忽视了学生个性本质的不可预测性,并且在具体操作中消耗了师生的大量时间,而且造成了不可忽视的副作用。从实践上看,教师把学生的表现精确到小数,并且在全班张榜公布名次,固然可能会使部分学生受到奖励,但却使绝大部分坠入沮丧的境地,产生挫败感。

量化的目的在于量化的过程。通过及时赋分、及时反馈等措施发挥它的导向和监督作用,这是加强班级的过程管理、规范学生行为的出发点和归宿。

二、如何面对思想品德量化考核管理的过程

思想品德量化考核管理作为一种操作简便、赋分精确的评价方式,是以学生的具体行为为依据的,较之单纯地凭印象作出评定更具客观性。但是它既然是

一种评价学生行为的手段,必然是以学生外显的行为表现为依据的,因此下面几个问题应该引起我们的思考。

(1)学生的行为表现本身就是一个模糊量。其模糊性表现在行为动机和意图的隐蔽性和不可预测性,因而单纯地把各种行为赋予不同的分值并以此作为衡量学生表现的依据,不仅不能全面地反映学生的发展状况,而且难以真实地反映行为的性质和水平。在运动会上取得好成绩和偷一次东西的分数可能会相抵,但这样的"0"分没有任何价值。人的行为表现不仅存在着质的差异,也有表现程度上的不同。对此,虽然有比较精确的量化细则和赋分标准作为依据,但无论是教师管理还是学生操作,在对行为表现的理解上肯定存在差异,所赋予的分值也就会有差距,必然出现同一行为赋分不同的现实,这种不可避免的主观性决断势必影响到量化结果的科学与合理,不仅影响到学生对评价的认可,还会影响到学生的心理体验和行为的发展。

(2)社会变化和人的需要引起了行为的多样性。这种多样性给细则的制定带来了困难,无论多么详细的细则都很难包括全部的评价内容,这就难免破坏评价的效果。在用这样的细则对学生的行为进行评价时,学生往往只注意到细则中已经规定的那些行为要求,而一些未被包括的行为要求就有可能被忽视。

(3)评价人员操作中的情感偏差。思想品德量化考核管理离不开人的操作。无论是辅导员还是学生,既然他们是人,就免不了有人的情感,在进行量化的过程中就不可避免地带有一定的情感色彩。因评价者的情感因素引起的评价不公,很容易影响到学生的积极性。即使操作人员能做到公正、合理,但是被评者的个性、心态等方面的差异,也会引起对量化结果的不同看法。一旦把量化结果作为评价学生的唯一依据,学生为了获得高分,不敢做这、不敢做那,必然压制学生的个性创造性,有的甚至还会弄虚作假,这与当代教育中人才培养的理念显然是相违背的。

三、如何提高思想品德量化考核管理的效果

(1)思想品德量化考核管理必须遵循一定的原则。我们认为以下几个原则应该引起注意:①导向性原则。量化的重要目的在于规范学生的行为发展,这就要求在制定操作细则的过程中要结合学校的教育要求,班级管理的实际,体现出量化的导向性。②公正性原则。无论是量化的条款还是具体的操作都要体现出公正、公平,这样才能被学生所接受,提高评价的信度和效度。③主体性原则。量化的目的在于帮助学生认清存在的问题,引导其找出解决问题的办法。这就要求思想品德量化考核管理要突出学生的主体地位。④及时性原则。学生的行为发生之后,会有不同的情感体验,对学生的行为表现及时赋分,可以加深学生

对行为的认知和心理感受,发挥量化的评价功能。⑤关心性原则。思想品德量化考核管理的目的在于规范学生的行为,而只有体现出对学生的关心,学生才能理解并接受量化结果和对量化结果进行行为调整。⑥统一性原则。在进行评价时必须结合学生的行为环境,脱离了具体的环境只考虑学生的行为表现,就会忽视学生的真正动机和意图,降低量化的可信度。⑦适度性原则。量化结果能否适度,过于严厉,学生就会感到无所适从,甚至产生抵触情绪;过于宽松,就会降低对学生的行为要求,失去量化的意义。⑧鼓励性原则。对学生的行为表现进行量化之后要给予鼓励,引导学生形成良好的行为习惯,达到思想品德量化考核管理的目的。

(2)量化标准宜粗细结合。每个个体都是独特的,学生的价值观念和行为方式也是千差万别的。因此制定的量化细则就要有一定的弹性。对于一些具体的、外显的、操作性强的行为可以制定出详细的评分标准,而对于那些不适宜进行精确赋分的项目,应根据学生认识水平的不同,使用较为概括的语言进行表述。这样既利于操作,也给学生的自我约束及调整留有一定的弹性空间。

(3)量化赋分应分类实施。学生行为表现的评定不只是简单的加减分问题,而是要根据行为的性质进行分类实施,确定每一类行为的合格标准,避免由于混合算分出现分数相抵现象。同时还要根据学生的行为表现给学生提供改正错误行为的机会,如在对某一不良行为按规定进行减分后,如果学生认识错误到位并积极改正错误,就可以采取少减分或免减分的方式进行处理,从而使学生在某一类行为上得到较为合理的评价,有利于调动其改正不良行为的积极性。

(4)必须增强操作人员的责任心。这是提高班级思想品德量化考核管理可信度的重要保证。任何制度在具体运作过程中都存在一定的局限性,其公正性如何,除了制度本身的因素外,关键在于操作人员的素质,这就要求辅导员要以一视同仁的态度看待学生的行为表现,其评价标准尺度一定要统一。对于学生评定人员的选拔一定要慎重,辅导员应定期或不定期地进行思想教育,以强化其责任感和公正意识。

(5)做好定性分析与定量评定的结合。定性分析虽然很难准确地反映出各个学生的行为表现,特别是不能精确地衡量学生的行为程度,但是通过定性分析可以有针对性地反映学生的行为状况和品德表现。对学生的行为表现予以定性,也是对学生进行综合评估的重要依据。面对班级思想品德量化考核管理中存在的不足,适当地利用定性分析对学生的行为进行粗略的标定,然后再做好量化考评,或二者结合使用,或者有所侧重,可以提高思想品德量化考核管理的效果。

以道德文化引领学生思想建设

（湖北交通职业学院）

十七届六中全会指出，当今世界正处在大发展、大变革、大调整时期，文化在综合国力竞争中的地位和作用更加凸显，增强国家文化软实力要求更加紧迫。文化越来越成为民族凝聚力和创造力的重要源泉、成为综合国力竞争的重要因素和经济社会发展的重要支撑。党的十七大也曾提出"教育是民族振兴的基石"。这就决定了教育必须坚持"育人为本、德育为先"，只有坚守优秀的道德文化才能在经济全球化的今天把握自我，才能保证教育事业的健康发展和社会主义事业的稳步推进。在新的形势下，如何不断加强高职学生道德文化建设，创新学生管理理念，提高管理效果，为高职院校学生的发展导向正确的航向，是现代高职院校亟待解决的课题。

一、高职院校学生道德文化现状

当前，高职教育工作正处于一个新的历史起点上，既面临着前所未有的发展机遇，也面临着前所未有的严峻挑战。作为与普通高等教育并列的一种新的教育类型，高职院校与普通本科院校相比既有其自身优势又有其独特特点，高职院校为部分有强烈就业愿望的学生提供了一个合适于他们的学习平台，但相应带来的是学生道德素质与文化素质参差不齐的问题。高职学生在求学和就业等问题上也需要承受比一般大学生更大的来自社会、家庭、学校和自身的心理压力。同时，生长在新时期下的高职学生，自我意识作用增强，一些学生容易陷入个人矛盾之中，造成心理的不适应。因此，应及时对高职院校学生进行积极正确的心理疏导，加强道德文化的建设，引导高职学生走向正确的发展轨道。

主要表现有：

（1）大学新生活带来的不适应。离开家庭，面对陌生的环境，缺乏独立在外生活的经验，不知所措，容易被外界复杂不良因素所干扰，使个人道德文化趋向产生偏差。

（2）对高职学生发展目标的定位感到困惑、茫然。求职和学习目的功利化，武断地认为在专业理论上，不如本科，动手能力、实践技能上，逊于中专，而未从加强自身文化素养上下工夫，导致学习方向迷失，心理失衡，长期处于疲劳状态。

(3)家庭经济变化而使学生生活水平对比发生明显差别。一些家庭经济能力差的学生产生自卑心理,甚至催生出嫉妒、报复等情绪。更有部分学生在急功近利思想的影响下,导致道德防线低下,价值取向趋于实惠,社会责任感淡薄,自我意识彰显,公德素养较差,认知与行为脱节。

(4)专业情趣低。有些学生在填报录取志愿选择专业时,轻率、盲目甚至失误,不能及时调整心态,以至于很长一段时间难以面对所学专业,无心学习,于是产生成绩低下、意识消极等心理矛盾,导致恶性循环。

(5)网络痴迷甚至成瘾,成为学生逃避现实和压力的一个工具。但同时,由于缺乏判断力,容易被网络中的一些不良消极言论所误导,现在是一个比较突出的问题。

(6)思想价值观念成长还未完全定型期,所面对的人际关系、感情、学习生活、就业、现实与向往的理想生活的落差,对未来生活的担忧,由此生出来的压抑感与失落感,都容易让年轻学生产生消极、抵触、仇视社会的心理,产生道德文化的缺失。

二、影响高职院校学生道德文化发展的因素

1. 内在因素

内因决定外因,外因通过内因起作用。因此只有通过教育,激活学生道德文化发展的内部需求,从根本上改变学生的思想,增强他的道德感、文化认同感,才能正确地对待客观事物。特别是教育在精神和情绪方面对人的意志、态度、感情等方面有着不可估量的作用。教育的普遍作用明显,但由于个体的差异性,教育的内化作用体现在不同人身上还是会出现一些偏差。

2. 教育因素

教育包含家庭教育、学校教育和社会教育。从学生所处的时间、场所来看,家庭和学校的教育是主要方面,也是影响道德文化发展的主要因素之一。学生的身体发育和心理成熟的发展过程离不开家庭、学校和社会。由于家长教育水平不同,环境的差异和学校教育条件的不同,在教育方式上或多或少就会出现利于和不利于孩子身心发展的状况。因此道德文化的发展呈现出参差不齐的现象。

3. 环境因素

环境因素主要包括学生个人成长的自然环境和社会环境。现在在校的学生都是"90后",人生观、世界观尚未发展成熟,特别正值我国改革开放、多元化思想融合与碰撞的时期,部分学生的思想观念还未完全定型,对为何选择高职院校、毕业之后如何打算等问题缺乏主见。同时,家庭环境的不同也使得个人能力与兴趣爱好有较大差异。这些都使年轻的学生们道德文化上呈现出多样性。

三、高职院校学生管理工作的途径和方法

"打铁先要自身硬",加强道德文化建设对于从内在和本质上强化高职院校学生素质,自觉追求高尚行为,营造和谐良好的社会环境起到了正本清源的作用。

1. 思想管理

(1)体现学生主体地位。传统的教育在工作中过分强调对学生的管理,弱化对学生的引导和服务。学生管理要顺应高等教育大众化、国际化的发展趋势,体现以人为本,服务学生的管理理念,实现管理工作的创新。要在实现学校的服务管理职能的同时,注重强化学生在管理过程中的主体地位。把重视、理解、尊重、爱护学生贯注于管理工作的全过程。培养学生的自尊、自信、自爱、自立、自强意识。正确认识学生,相信学生的接受能力和思想觉悟,以平等民主的态度对待学生,营造和谐民主的校园氛围。充分尊重学生的人格,充分发挥他们的个性、潜能和创造性,引导他们正确看待自己;正确看待他人,正确看待社会。

(2)强化校园文化建设。校园文化是一种潜在的教育力量,其效果是深刻的,对学生的道德文化培养与健康成长有着巨大的影响。高职院校要加强校园文化建设,以保证学校发展的持续生命力和先进性。确立校园文化建设的制度保障,注重内涵,突出重点,形成具有特色的校园精神文化。我院更是推出了以陈刚毅为代表的"刚毅精神",鼓励学生勇于拼搏、刻苦钻研;勤奋好学、不断进取;不懈探索、敢于突破;淡泊名利、清正廉洁。同时鼓励支持学生成立各种社团,开展各种文化活动,丰富学生的精神生活,提高他们的社会交际活动能力,发展学生的特长,培养学生的自信,从而促进道德文化素质的提高,真正实现"以学生为本"。

2. 行为管理

(1)教师行为严格把关。对学生进行行为管理,首先是要有一支综合素质高和工作能力强的教师队伍。他们是解决学生问题的主力军,他们素质的高低、队伍的稳定,决定了学生管理水平的高低,是解决学生道德文化问题的组织保证。单一化的教学与管理容易导致教职员工形成对工作的惯性思维与固定模式,很难对学生各方面素质和能力做细致深入的综合分析,在不了解、不理解学生的情况下,会影响学生综合素质的提高。培养一批"双师型"教职工队伍,可以避免对学生的教学与管理工作流于表面化,使教学者与管理者全面了解学生当代高职学生的特点学习兴趣与思想动态,掌握社会最新信息,调整教学与管理方法,从而及时纠正学生思想中出现的不良苗头,保证学生道德文化的正常发展。

(2)学生行为积极培养。高职学院要着力培养学生良好的人际关系,良好的

人际关系有助于学生的心理健康。鼓励学生不要封闭自己,敞开心扉,乐于接受别人的帮助,也愿意去帮助别人。遇到矛盾,有主动化解的心态,努力去消除成见。多参加一些班级、社团和学院的活动,促进相互了解,消除狭隘心理和偏见。同时,及时纠正学生表现出的不良行为,引导学生摆正自己的位置,客观地认识自己,不盲目自大,也不妄自菲薄。要脚踏实地,不断学习,学一门爱一门,有过硬的本领。逐步地在社会实践过程中修正自我,修养自我,接受自我,达到自知之明,自尊自爱,确立理想,发挥自身潜能,使自己达到最佳状态。

3. 学习管理

(1)增强道德文化自我修养。高职学生尚处于成长与变化之中,自我意识有时是模糊的,他们看到的自我一般是很不稳定的。在衡量自我的心态时,所用的标准也是多样的,要适应环境,扩大生活领域,积累生活经验,才能增进自我了解、自我认识,逐步使心理与外面世界达到和谐。因此,要帮助学生确立目标,树立正确的道德观念和文化观念,培养艰苦奋斗意识,从而拥有健康良好的心理素质来面对今后的工作和生活中出现的各种困难。

(2)开展道德文化教育课程。与时俱进,切实推进学生思想管理工作。需要在师生中适时开展一些道德文化教育课程,通过集体学习与自我学习相结合的方式,在思想教育的前提下实现学院管理工作的进步,并最终实现社会主义事业的进步。同时,在高职院校学生管理工作中引入目标管理,明确责任,利用现代网络技术,建立信息化管理平台,随时掌握学生各方面的动态信息。调动学生管理工作者的积极性、主动性、创造性,以利于学生道德文化管理工作的评估。

(3)加强学生的专业文化学习。随着我国经济的发展,对于科技、工业水平提出了更高的要求,虽然高职教育培养出了大批量技能型人才,但是在前沿领域,仍然缺乏优秀高端的技能型人才。充分发挥学生的主观能动性、创造性、积极性和主体性,最大限度地培养和提高学生的能力特长。

四、结束语

当前在校高职院校学生们正面临着人生发展的最为关键的时期。时代要求管理者在学生学习生活各方面,全方位思考如何正确处理好道德文化这一重大问题。新时代的高职院校学生要学会生存、学会学习、学会创造、学会奉献,这些都是他们将来面向社会和生活所必须具有的最基本、最重要的品质。总之,做一个有理想、有道德、有文化的人,做一个有利于社会、有利于人民、有利于国家的人。这就要求每个高职院校的在校生,必须从现在做起牢固树立正确的人生价值观。

德育视域下隐性教育的情境创设研究

叶华光

（黄冈职业技术学院）

一、引言：隐性教育即情境教育

隐性教育是指教育者根据一定的德育目标，开发和运用隐性教育资源，采用比较隐蔽的方式，引导受教育者在预先创设的情境中通过自身体验获得道德观念、价值观念和思想观念，促进受教育者内敛为一定的道德品质。隐性教育是相对于显性教育而言的。虽然两者的教育目标是一致的，但教育的方式却是不同的。首先，显性教育的目标十分"醒目"，很容易被受教育者觉察到。而隐性教育则具有隐蔽性，受教育者不易察觉。其次，显性教育的方式比较单一，以沟通传播为主。而隐性教育的方式则是渗透式、渐进式，追求"润物无声"的效果。最后，在教育机制上表现出一定的差异。显性教育以教育者为主导，具有明显的控制性和强制性的特征，可供运用的资源相对较少。而隐性教育突出受教育者的主体地位，体现了实践性和自主性的特点，可供运用的教育资源比较丰富。总之，隐性教育与显性教育最大的不同在于教育机制的差异，显性教育是基于"人对人"的教育，而隐性教育是基于"境对人"的教育，是淡化教育者角色身份的环境式、平等式、感悟式的教育，归根结底是情境教育。

情境教育是环境教育的一个子类，但情境教育绝不等同于宽泛的环境教育。环境是社会环境与自然环境的"原生态"，而情境则是"原生态"的凝练与集成。倘若情境教育就是环境教育，那么隐性教育便成为顺其自然的无为状态，没有教育价值可言。因为环境是中性的，在特定境域下没有经过教育改造的环境甚至还具有反教育的负效应，它要求教育者必须对环境中的不利因素进行过滤。而且纯粹自然状态的环境对人的教育作用不仅是有限的，而且有时出现教育元素不充分而使教育路径变得曲折漫长，无法体现教育的独特魅力。因而情境应该是通过教育者筛选、改造、整合而成的客观环境与教育元素集成化的情境，使学生生活其中，在密集的教育元素的作用和影响下，在"适"与"不适"的反思、调整与磨合中重构道德系统，逐步形成符合社会需要的道德观念，从而实现隐性教育的预期目标。因此，创设教育情境成为隐性教育的根本作为。

二、教育情境的主要类型

教育情境的类型取决于情境教育的内在机制,由于人的心理活动十分复杂,学生道德观念的生成与内化的机制也很难模式化地加以刻画。但从宏观上看,教育的路向是明确的,即由外入内的影响路径。因而情境教育就是通过外部的教育因素影响受教育者使其形成道德观念进而转化为道德品质的过程。教育情境主要分为静态和动态两个大类,具体包括三种主要类型。

(1)感官层面的教育情境。所谓感官层面的教育情境主要是能够通过视觉、嗅觉和听觉等感觉器官所觉察到的物质层面的对象。例如,鸟语花香的校园环境能够让人心旷神怡,校园张贴的名言警句能够催人奋进等。一般情况下,感官层面的教育情境设计取决于一所学校的历史继承和建设规划,有些硬件环境不是由教育者本身所能作为的,只能因势利导。感官层面的教育情境主要是硬件环境以及在此基础上的附加环境,由于它以自然状态的形式存在,可供教育者创设的空间不大。

(2)制度层面的教育情境。制度层面的环境分正面引导情境与反面规劝情境,前者是指通过教职员工的言传身教或身边的先进典型来引导学生,从而在学生心目中树立起思想和行动的标杆,促进学生反思自身的差距从而构建道德标准和价值体系,引领学生不断进步。后者是指通过对消极典型的惩戒,通过学生反思教训,使学生在道德认知的混沌状态中明晰是非,增强学生的道德评判能力和是非观念。制度层面的教育情境包含机制层面和制度层面的内容,它既要受到一所学校制度文化的影响,又要受到执行文化的影响。

以上两类教育情境从影响的机制看,都是由外到内的潜移作用。学生与教育情境之间互动不够明显,学生在静态中接受教育,因而称之为静态的教育情境。它具有单向式、渗透式的特征,其教育的效果在很大程度上受制于学生个体的感悟能力与心理倾向,因而在学生群体中产生的实际效果参差不齐。

(3)体验层面的教育情境。关于"体验"的界定十分复杂,在德育视域下,"体验"是一种产生情感且生成德育意义的活动。这种具有德育价值的活动至少包含三个基本要素:第一是活动目标,即有明确的德育目标与德育价值蕴于其中,是整个活动的核心与灵魂;第二是活动过程,要求教育必须在一定的境域下所进行的社会活动,包含发生—发展—结束等环节,呈现时空的转换,强调情境创设与亲历过程,随着情节的发展,推动学生产生反思、理解、感受、感悟、感动、发现、整合和建构等心理变化,成为情境教育的关键;第三是活动的结果,活动的结果是体验活动的参照对象,也是产生个人情感和生成德育意义的重要来源。

体验层面的教育情境主要有两种表现形式。第一是由教育者创设的能够生成德育意义的体验活动;第二是社会实践活动,将学生置于一定的社会环境中,在教育者的指导下通过完成一定的社会任务的行动。体验活动与实践活动虽然都是体验层面的情境,但二者的依托有所区别。体验活动的教育情境包含了更多的"创设"成分,融入的教育因素更为丰富,而实践活动的教育情境则相对开放,难免掺杂了一些社会环境中的负面元素。因此,隐性教育的根本作为是体验情境的设计。

三、创设体验情境的基本要求

创设体验情境是一项集科学性、教育性、艺术性于一体的工作,对德育工作者提出了很高的要求。创设的体验情境要切合当代大学生的实际,通过活动的开展,能够有效地促进大学生价值观念与道德意识的生成,符合道德理性的生成规律,要求创设者具有广博的知识与经验。另一方面,德育不同于一般的智育,针对同一个教育目标,不同的教育者设计出来的体验情境产生的效果也存在差异,具有极大的艺术性与创造性。尽管如此,但设计的体验情境必须符合以下基本要求。

(1)目标性。设计体验情境是围绕德育目标展开的,它是设计体验情境的基础,进而成为体验情境的核心要素。就好比一篇文章无论怎么构思和谋篇布局,但最终是要服务于中心思想。只有德育目标是明晰的,形式和内容才能赋予德育的生命,否则将成为徒有虚名的摆设而已。当前,我国大学生的德育目标并没有形成统一的蓝本,但是公民道德教育应该成为德育目标的主线。

(2)任务性。为了能够促进学生积极主动地融入到教育情境之中,所设计的体验情境必须内置于一定的活动任务。通过完成一定的任务给学生施加一定的动力和压力,迫使或诱导学生主动探寻现有境域与预期目标之间的行动路径,从而调动学生思维系统中的体验元素,产生具有德育倾向的情感。任务从总体上看,有真实型的任务和教育型的任务。前者是基于解决某一现实问题或实现一定成果的行为活动,它包括诸多活动环节。后者是指对现实任务加工改造后具有一定虚拟性的任务,它包含了思考过程和得出结论两个基本步骤。二者最大的不同在于活动结果的价值取向。真实型的任务更强调活动结果的使用价值,而教育型任务更加关注"思考过程"的教育价值。因此,创设教育情境,应该以设计教育型任务为主,以真实型任务为辅。

(3)评判性。一种具有教育价值的体验情境应该蕴含了对道德价值的诠释与对道德背离的贬抑,从而能够在是与非、美与丑、善与恶、对与错之间划清界限,成为德育评判的无形"法庭"。为了增强体验情境的评判功能,教育者可以在情境之中预设选择性强、冲突性大的活动情节,将学生推向价值选择的"十字路口",在不断的"扬"和"弃"中进行评判与抉择,使学生的心理顺沿着教育情境的全面舒展而不断地从紧张、缓释中走向成熟的演变。这种评判功能既有可能隐含于活动过程之中,也有可能呈现于活动结果之时,甚至兼而有之。因为活动开展的过程其实就是体验的过程,也是不断地认知、感悟和内化的过程。活动的结果是对活动过程的提炼与升华,其本质是促进学生形成对活动结果的认识和理解。

四、创设体验情境的基本范式

创设体验情境必须能够科学地判断所创设的情境的价值,它不仅要考虑学生的情感状态与道德素养的结构与分布,而且还要深入了解当代大学生的总体特征与教育对象的个体倾向。如果将体验情境的设计者作为情境的主体,那么学生则是接受情境教育的受体。因而创设体验情境必然涉及到主体的介入方式、受体的融入方式、情境的影响方式三个主要维度。

1. **主体的介入方式**

这里的"主体"一般是指教育者,主体的介入方式十分重要,它不仅关系到所设计的体验情境是否具有亲和力和感染力,而且对情境的功效产生重要影响。因为主体是体验情境创设的"总导演",而学生是作为情境中的一部分,对情境的把握比较透彻,既是推动情境发展的主要力量,又是因时因势不断修改和完善体验情境的。

(1)角色介入式。所谓角色介入是指在那些具有表演性、模拟性的体验情境中(如情景剧、小品等),情境的设计者以其中的某个角色与学生平等地参与进来,直接作为"情境社会"中的一员。这种介入方式对于教育者而言,始终以双重身份出现,一方面,它是扮演情境中的某个特定角色,由于设计者对德育目标与情境设计具有深刻的认识,因而有利于充分挖掘角色的德育价值;另一方面,教育者仍然是学生心目中的教师,在观念上具有权威性,容易产生对角色的依赖与认同。因而,教育者如果采用这种方式介入到情境中,必须选择那些正面而富有权威的"角色身份"为宜。一般情况下,由于教育者的特殊身份,不宜扮演反面典型或消极角色,以免产生负面影响。这种方式有利于改善师生之间的关系,增强教育者的亲和力和感染力。

(2)组织介入式。组织介入式主要是指教育者仅对情境的设计与活动的开展发挥组织和引导作用,但不直接作为情境的一部分。这种方式不会出现角色冲突。对于教育者而言无需承担较大的风险,而且教育者更有精力来适时地对情境在运动过程中出现的问题进行修改和完善,以达到预期的德育目标。同时,这种介入方式可以有效地解除学生的顾虑,以更开放的姿态参与到体验情境中来。然而，任何一种介入方式都有利有弊，组织介入式容易凸显教育者的主导地位，会在不同程度上强化了学生的逆反心理。因此，教育者要尽量地弱化自身的主导色彩，使情境富有民主、平等和协商的气氛。

(3) 评判介入式。评判介入式与组织介入式在大体上差不多，教育者均不直接融入到情境之中，而是作为"旁观者"对情境活动进入宏观把握，但二者仍然存在一定的差异。评判介入式的条件下，教育者对情境活动的结果或对活动过程中每位学生的表现要作相对全面的评价，并对整个体验情境的德育内涵进行归纳总结，强化学生的感受与体验。而组织介入式对于教育者而言在总结评价方面的要求相对较低。

2. 受体的融入方式

情境的受体就是学生，由于学生是体验情境中的一部分，它作为"人"的因素，在情境中所处的地位和关系状态是决定体验效果的重要因素。体验情境说到底是为教育者与学生之间架设教育的桥梁，归根结底是为学生接受教育提供服务。因而受体的融入方式十分关键，它决定了学生与体验情境之间的融合程度与作用强度，对学生的体验效果产生直接影响。

(1) 任务融入式。任务融入式是指学生通过完成一定的任务的形式进入到情境之中，由于学生要利用情境中的有关资源而完成一定的任务，在这一过程中，受体与多种情境要素发生作用，影响的方式是立体化的深度融合，因而学生的体验活动更加全面深刻。所以，体验情境的设计应该更多地考虑让学生在完成任务中去实现体验。通过任务驱动，使学生个体的体验活动在动力与压力中得以实现。这种融入方式能够有效地改变受体的被动状态，这种方法被广泛地应用于高职教育的课堂教学中，称之为任务驱动式的教学。

(2) 角色融入式。角色融入式是要求学生以"情境社会"中某一特定的角色融入其中，通过自己的体验再现角色的活动场景。"再现"的过程就是学生体验的过程，有些角色可能是反面形象，因而这种体验活动要尽量回避负面效应。所以，情景剧、小品等体验性强的情境设计一定要对主题和其中的角色进行深入的研究。有些主题或角色不宜由学生去尝试。因为教育活动不是简单的艺术表现，艺术形式最终必须服从于教育目标。

(3) 赏析融入式。这种方式的融入度较低，学生是以"观察者"的身份对"情境社会"进行赏析，得出各自的体验结论。但由于每个学生的情感、态度存在差异，往往在赏析过程中会出现一些迥然不同的结论，这时需要教育者进行分类引导，适时评价，使学生形成大体相同的情感认识。但这种方式由于学生介入的程度和层次不深，在实际运用时往往是作为体验情境中的一个子情境，单独使用的较少。例如，让学生先观看英雄事迹的视频或影片后，由学生写出观后感或发表观后感言,在此基础上组织学生编导情景剧,再现英雄的生平事迹。

3. 情境的影响方式

随着科学技术的发展和教育手段的完善,情境的影响方式也在不断地推陈出新,无论哪种影响方式,教育者都要坚持正确的体验方向,保证受教育体验结果的明晰化。要关注学生对某一事件的负面感觉,引导学生进行有益的思考和探索。下面介绍几种常见的影响方式。

(1)劝导式。劝导式的影响方式是指体验情境要围绕劝导学生应该这样做、而不能那样做的方式进行设计体验情境。例如,在感恩教育的体验情境中,通过再现或营造父母、老师等长辈的含辛茹苦和养育之恩的场景,来唤起学生的感恩意识,从而劝导学生要珍惜时光,发奋学习,感恩父母,感恩社会。

(2)反思式。反思是形成价值观念和道德意识的重要心理活动,它是对现实原型的道德解析,从而在学生的心灵深处重构道德的意义,形成一定的道德标准和评判体系。设计反思式的体验情境最重要的是要对现实原型的选取、改造和加工,使之具有典型性、针对性和思考性,被用作反思的对象必须能够在学生中形成强烈的心理反差,激发学生进行反思的欲望。例如,教育者选取某大学一位因违反纪律而受到处分的学生作为教育原型,事先要对素材进行必要的处理加工,使其与受教育者之间具有共同的生活背景,增强德育的针对性,从而使设计的情境贴近学生的实际,提高受教育的关注度和吸引力。

(3)参照式。参照式的影响方式与反思式之间形成逆向的体验路径,一般情况下,反思式的体验情境中所选取的原型是通过教训的方式教育学生,其本质是抑制性的教育,告诫学生不能这样做。而参照式的体验情境则是以经验的形式教育学生,其实质是激励性的教育,号召学生应该这样做。这种方式往往称之为榜样教育,树立正面典型就是属于这种类型。

五、结束语

从方法层面来看,隐性教育的本质是情境教育,而情境教育的效果取决于情境创设。它通过教育者充分挖掘、整合和利用隐性教育的资源,创设教育情境,使学生在教育元素高度密集的立体化生活中,受到思维启迪,汲取生活智慧,感悟生活意蕴,接受道德教育。因此,如何创设教育情境成为教育者不断探索的命题。为此,教育者要善于观察生活,具有生活德育的敏锐性和捕捉力。它要求教育者要注意情境素材的原始积累,加强理论和政策的学习,关注国家大事,提高政策理论水平。同时,教育者要积极体验现实生活,挖掘生活之中的德育价值,为开展德育活动提供原始积累。

扎实推进"四德"教育　全面提升道德素质

（湖北大学党委宣传部）

培养人才是高等学校首要的、根本的任务，思想道德建设是高等教育改革和发展中一个永恒的主题。加强思想道德建设，努力造就一支敬业爱岗、热爱学生、为人师表、德艺双馨的教师队伍和大力培养社会主义现代化建设"四有"新人是大学校园文化建设的灵魂，是确保党的事业后继有人和社会主义事业兴旺发达的关键，是高等学校可持续发展的重要保证。长期以来，湖北大学充分认识到加强和改进学校师生思想道德建设的重要性、紧迫性和艰巨性，特别是自 2002 年以来，把每年三月（每年活动实际持续两个多月）定为"道德建设月"，十年如一日，对全校师生集中开展以"社会公德、职业道德、家庭美德、个人品德"为主要内容的道德教育与实践活动，扎实推进"四德"教育，全面提升师生道德素质，并取得明显成效。

一、活动目标

以马列主义、毛泽东思想、邓小平理论和"三个代表"重要思想为指导，深入贯彻落实科学发展观，紧紧围绕推进社会主义核心价值体系教育和引导师生员工践行社会主义荣辱观的目标要求，弘扬高尚品德，力行道德规范，优化制度环境，建设长效机制，动员和组织全校师生员工以高昂的姿态、饱满的热情、踏实的作风，以"四德"教育为重点，每年围绕不同的主题（2002 年，讲修养、讲规范、讲责任、讲贡献；2003 年，讲师品、讲师智、讲师能、讲师表；2004 年，知校、爱校、兴校、荣校；2005 年，爱校、爱岗、爱生；2006 年，教书育人、管理育人、服务育人；2007 年，践行社会主义荣辱观、推进和谐校园建设；2008 年，社会公德、职业道德、家庭美德、个人品德；2009 年，以人为本、立德树人；2010 年，职责·使命；2011 年，学会珍惜）大力开展道德教育和实践活动，不断提高全校师生员工道德素质，在全校形成积极向上、健康和谐的道德风尚，为把我校建设成为国内知名、国际上有重要影响的高水平教学研究型综合性大学提供强大的思想保证和精神动力。

二、活动举措

回顾十年"道德建设月"活动,我校紧密结合师生员工政治思想状况和学校发展改革实际,着力实施"四德建设"工程,通过持续建设、整体推进,不断增强道德建设实效,提升师生道德水平。

(1)突出"三项教育",实施个人品德工程。打造个人品德工程,促进全校师生以德正己,是实现思想道德教育终极目标的基础。实施个人品德工程,提高师生个人品德修养,我们重点突出"三项教育"。

思想政治教育:道德修养与政治修养是个人品德的重要内容。近年来,我校为贯彻和落实国家《公民道德建设实施纲要》和中央16号文件精神,坚持道德教育和思想政治教育紧密结合,着力提高师生个人品德。学校成立德育工作领导小组和政治理论学习领导小组,制定和完善《湖北大学院校两级中心组学习制度》《湖北大学各分党委、党总支中心组学习制度》和《湖北大学关于加强政治理论学习的若干意见》等一系列规章制度。在抓好政治教育外,学校通过各种有效途径,如编印《社会主义荣辱观学习宣传手册》、购买《社会主义核心价值体系学习读本》等学习材料、举行专家报告会、召开专题交流讨论会等深入开展道德教育活动。

实践教育:实践是道德教育的出发点和归宿。在历届"道德建设月"活动中,立足实际,我校积极引导教师了解学生、关爱学生,做学生的良师益友,并尽可能地帮助学生克服和解决心理问题、学习问题、就业问题和经济困难;大力鼓励广大学生走出校园,深入社会,开展有益的公益活动,用自己的才智回报社会。在湖北大学,教师关爱学生,学生帮助他人蔚然成风。化学化工学院叶楚平老师关心学生,无微不至,甚至在天气变化时,都要亲自打电话叮嘱学生加衣服。近年来,他所带的班级就业率达97%。由我校政法与公共管理学院博士教师组成的义工队在武汉市徐家棚街、白沙洲街和南湖等地定期开展义教活动,每月为社区居民义务授课,满足他们对知识的渴求,受到媒体高度关注,在全国有较大影响;我校新闻专业姚为同学主动请缨,加入中央媒体,奔赴青海玉树地震灾区,深入一线开展新闻报道工作……。

典型教育:典型具有独特的教育作用。近十年来,我校利用公众典型,组织全校师生向桂希恩、孟二冬、方永刚、徐本禹、洪战辉等全国先进典型学习。同时,学校重视挖掘身边典型,先后开展了"师德标兵""教学名师"和"我最喜爱的老师"等表彰活动,充分发挥典型的引路作用;印发《关于向我校勇救长江落水女子、"武汉市水上地区见义勇为先进分子"刘启会同学学习的通知》等文件,为广大学生树立身边的典型。我校先后举办了本校老师、著名语言学家古典文献家、荆楚名家朱祖延教授先进事迹报告会、全国模范教师王莲君同志等先进事迹报告会,编印《湖北大学"三育人"先进个人事迹材料》等,大力倡导师生向身边典型学习、争当先进模范。

(2)完善三项制度,打造职业道德工程。

职业道德是人们在履行本职工作过程中所应遵循的行为规则和准则。针对大学教师职业特点和高等学校的教育使命,我校将教师和学生的职业道德建设纳入道德建设月活动之中,延伸建设成果,重点通过完善三项制度和注重开展大学职业道德教育,打造职业道德工程。

严格入口,规范教师准入制度。教师资格制度的建立是提高整体教师队伍素质的必要手段,也是选聘合格教师的重要标准和关口。合格教师的标准不只在于教育学、心理学、普通话和专业知识的培训和考核,还应包括道德素质的培养和评价。我校从2005年起增加了青年教师岗前培训中师德的内容,着力加强青年教师的师德教育,严把教师入口关。我校新进教师已通过岗前培训这个师德教育课堂迅速融入大学校园,融入教育事业,成长为合格的人民教师。

创新机制,构建多元考核制度。考核是对教师德、能、勤、绩的全面了解和评价,是教师管理中一项必不可少的基础性工作。对教师进行有效考核有利于提高教师队伍的素质,调动教师的积极性,实现知人善任,人尽其才。近年来,我校积极探索教师考核模式,逐步建立了以学生考核为主,同事考核和领导考核为辅;以教学效果考核为主,科研成果考核为辅;以网络匿名评教为主,口头和书面公开评教为辅的多元考核制度,基本实现了教师考核的公平公正,有效地促进了教师职业道德的提高。

细化管理,完善师德奖惩制度。奖惩激励是促进道德建设的重要动力,能够激发、引导人们的思想和行为向更高层次发展。结合师德建设,我校出台了《湖北大学教师教学工作条例》和《湖北大学教学事故处罚暂行办法》,明确规定了奖惩办法和奖惩标准。并自2007年起,实行了对教师考核和职务评聘的"一票否决"制,具体规定包括:教授、副教授每年必须至少为本科生讲授1门课,凡连续2年不为本科生授课者,视为在聘期内自动放弃受聘岗位;对于未主讲本科课程或本科教学工作量和质量达不到学校要求的教师,不能晋升职称;对教学效果较差、学生反映较大的教师,暂停其授课资格等。"一票否决"制的出台是对我校教师考核制度和奖惩制度的进一步补充和完善,有利于激发教师队伍加强职业道德素养的积极性和主动性。2010年是我校"教风学风建设年",学校印发《湖北大学本科教学工作基本规范》,进一步明确指出,凡未达到上述规定要求的,一律视为教学事故进行相应处理。

与此同时,针对目前多数高校"重专业素质教育、轻职业道德教育"的现象,我校把大学生职业道德教育摆在重要突出的位置,通过将大学生职业道德教育纳入思想政治理论课、形势与政策课和选修课等有效措施,重点突出大学生的诚信教育、组织纪律教育和合作精神教育等内容,积极引导全校学生树立崇高的职业理想和正确的择业观念。长期以来,我校毕业生以专业素质高、动手能力强和思想品德好而深受用人单位欢迎,毕业生就业率稳定在90%以上。

(3)开展"三心"教育,打造家庭美德工程。家庭是整个社会的细胞,家庭和谐,社会才能和谐。我校本着提升家庭美德,促进家庭和谐,构建和谐校园的目标,在全校师生员工中开展以孝敬、诚爱、仁善为主要内容的"三心"教育,即以孝敬之心尊敬长辈(父母、老师)、以诚爱之心和睦家庭(含班级、学校)和以仁善之心团结友邻(同学、同事、学生),实施家庭美德工程。近年来,我校通过开展"五好文明家庭""绿色环保家庭"等一系列家庭美德创建活动,教育和引导广大师生正确处理家庭责任和社会责任之间的矛盾,正确处理个人利益和集体利益之间的矛盾,正确处理个人幸福和他人幸福之间的矛盾,从而建立起健康、科学、文明的家庭生活方式,建设团结、民主、和睦的大家庭。

(4)倡导三种风尚,打造社会公德工程。社会公德是显示个人、民族、国家文明程度的标杆,是维护社会正常秩序的保证,是促进社会发展的道德根基。对于高校师生而言,模范遵守社会公德并拥有良好的公德品质是树立自身社会形象的必然要求。

文明礼貌,树文明之风。文明礼貌是社会公德的首要组成部分。我校高度重视文明创建工作,把精神文明建设纳入重要议事日程和学校事业长期发展规划,使精神文明建设与学校其他工作协调并进,同步发展。长期以来,我校以"扎实开展文明创建工作,努力建设地方一流大学"为理念,以贴近实际、突出重点为基本要求,以创建文明校园、构建和谐湖大为主线,以维护校园优良秩序,弘扬校园先进文化为目标,开展了一系列文明创建工作,基本形成了"全员参与、共建共荣、共建共享"的精神文明创建新格局。近十年来,学校多次被湖北省委、省政府评为"文明单位"和"最佳文明单位"。

艰苦朴素,兴勤俭之风。勤俭节约是中华民族的传统美德,"自强不息、克难奋进"是我校大学精神的核心内容。学校以构建节约型校园为契机,以"道德建设月"活动为载体,在全校师生中大力弘扬勤俭节约之风。一是把勤俭节约的思想渗透到师生政治思想教育工作中,引导广大教师淡泊明志、宁静致远、潜心教书、精心育人,做师道尊严的捍卫者和大学精神的守卫者;教育学生志存高远、脚踏实地、严于律己、勤奋学习,努力成为合格的社会主义事业建设者和可靠的接班人;二是深入开展"建设节约型校园"等活动,促进广大师生树立起"以辛勤劳动为荣,以好逸恶劳为耻""以勤思进取为荣,以不学无术为耻"等荣辱观念和厉行节约、无私奉献的高尚意识;三是大力倡导全校各单位和全体师生响应国家号召,积极行动,从自我做起,从点滴做起,勤俭办事,厉行节约,争做勤俭节约风尚的传播者、实践者和示范者。

以人为本,扬服务之风。服务学生是学校工作的出发点和落脚点,学生满意是评价学校工作的最好标准,是高等学校贯彻落实科学发展观的具体体现。例如,2005年学校在全校教职员工中开展以"爱校、爱岗、爱生"为主题的道德教育活动,明确要求全体教职工要关心学生、爱护学生、理解学生、尊重学生,将教育和服务学生结合起来,将引导和帮助解决学生的实际问题结合起来。为贯彻落实中发[2004]16号文件精神,我校将师生思想道德建设和加强、改进大学生思想政治教育结合起来,出台《关于建立健全处级干部联系学生班级工作制度的通知》,进一步要求处级及以上干部每人每学期联系1个学生班级,了解和掌握学生的思想动态、学习和生活状况,及时把握学生关心的热点、难点、重点问题,为学生排忧解难,并把现职处级干部联系学生班级制度的落实情况作为考核处级干部的重要依据。目前,无论是专任教师,还是管理人员、后勤工作人员都以"一切为了学生"为工作理念,并将其转化为具体的实际行动。

三、活动成效

通过十年的艰辛探索和努力,我校"道德建设月"活动取得明显成效。

(1)知行合一,广大师生将道德规范化为自觉行为。我校以"道德建设月"活动为教育载体,有针对性地引导师生员工开展一系列道德实践活动,让师生员工将道德认知付诸于实际行动,有效增强他们对正确道德规范的认同感、责任感和使命感,让他们在道德教育中和具体实践中精神生活得到充实,思想感情得到熏陶,道德境界得到升华,从而使广大师生自觉将道德规范化为实际行为。

(2)见贤思齐,涌现出一大批看得见、学得着的先进典型。通过长期的"道德建设月"活动,我校涌现出了一大批优秀的先进典范。目前学校有全国模范教师3人,全国优秀教师4人,全国优秀教育工作者3人,全国五一劳动奖章1人,湖北省教学名师5人。他们有身在教学一线的教师,有从事服务管理的干部,有工作在后勤岗位的普通工人,也有在校学习的莘莘学子……这些优秀的典范以自己的实际行动极大地激励和感染全校广大师生员工,并引导他们在实践中自觉向先进典型学习,不断提升自身的道德素质。榜样的力量是巨大的,全校师生比典型、学典型、赶典型、超典型,我校已形成人人重道德、个个讲道德的良好校园氛围。

(3)巩固成果,建立健全道德建设长效机制。高校道德建设不能只停留在一般的号召发动、部署安排上,也不能只满足于全面实施和有序推动上,关键是要有管用的长效机制。通过多年探索和积累,我校十分重视构建和完善道德建设长效机制,在领导机制、运行机制、规范机制和评价机制等方面取得了丰硕成果,我校道德建设初步走上了法制化、规范化的轨道,为进一步推进我校道德建设向纵深发展打下坚实的机制基础。

四、活动经验

总结我校"道德建设月"活动,得到以下几点体会。

(1)领导重视是关键。道德建设工作是一项系统工程。我校"道德建设月"活动之所以在相当一段时间内得到持续有序的推进,并取得以上成果,有力地推动学校事业的科学发展,这与学校党委、行政的高度重视和直接领导是分不开的。实践证明,党政高度重视为道德建设工作指明了方向,是全面领导、统筹协调道德建设工作的根本关键。

(2)群众参与是基础。只有广泛发动师生员工积极参与,形成多主体、多途径、讲道德、争先进、创和谐的良好氛围,真正将道德建设工作深入人心。多年来,我校广泛动员全体师生员工积极参与,大力开展群众性道德建设活动,吸引广大师生热情而积极地参与,形成了"全方位、全过程、全员参与"的道德建设的大格局。

(3)制度建设是保证。道德建设工作必须与制度建设结合起来。只有加强规范化建设,建立健全制度保障体系,才能确保道德建设工作在长效机制的规范下获得良好发展。

(4)开拓创新是灵魂。在"四德"建设总主题的统领下,我校将上级相关要求和师生思想道德状况紧密结合起来,设计每年"道德建设月"活动主题,做到一年一主题,不断为我校道德教育注入新的内涵。此外,我校积极拓展教育途径,大胆创新实践形式,使我校思想道德建设工作不断迈上新台阶。

中国传统文化与高校思想政治教育的传承与创新

张 晶

(武汉科技大学)

正如胡锦涛同志在《在庆祝中国共产党成立90周年大会上的讲话》中指出

的"中华民族创造了源远流长、博大精深的中华文化,中华民族也一定能够在弘扬中华优秀传统文化的基础上创造出中华文化新的辉煌"。数千年来,中华民族的文化积淀是当代中国先进文化建设取之不尽的智慧宝库。当代中国先进文化建设与思想政治教育既不能是对中国传统文化的复制,也不能是对外域文化成果的移植。如何正确处理文化的传承、借鉴与文化创新的关系,是当代中国先进文化与高校思想政治教育建设中必须认真对待的一个重要问题。

一、继承与发扬中国优秀传统文化的必要性

任何一个民族的创造活动都是以既有的历史成果为前提、为基础、为条件而展开的。正如马克思和恩格斯所指出:"历史的每一个阶段都遇到一定的物质结果,一定的生产力总和,人对自然以及个人之间的历史形成的关系,都遇到前一代传给后一代的大量生产力、资金和环境"。历史上所积淀下来的传统文化对一个民族而言是极其重要的精神载体,是先进文化创建的基石。当代中国先进文化的建设,同样是基于传统文化的再创造。同样需要科学地对待中华民族数千年积淀下来的悠久文化传统。

人类社会的历史是一个新旧交替、不断发展的过程。传统与现代、传承与创新的关系是贯穿于人类社会历史进程的一个永恒之维。在建国之初,毛泽东同志就向全党提出了需要系统总结从孔子到孙中山的中华民族历史文化的任务,提出了"古为今用"等科学对待中华民族优秀传统文化的方法论原则。改革开放以来,邓小平同志也坚信,没有前人或今人的实践经验,我们就不能"概括、提出新的理论"。

江泽民同志继承毛泽东、邓小平关于继承中华民族优秀传统的思想,强调我们的文化建设不能割断历史,"继承和发扬优秀的民族文化传统,大力繁荣社会主义的教育、科学、文化事业,这是建设社会主义精神文明的迫切要求,也是保证中华民族振兴和发展,保证整个社会主义现代化事业取得成功的根本大计"又进一步丰富和发展了毛泽东、邓小平关于继承中华民族优秀传统的思想。中华民族优秀传统文化的形成和发展,是勤劳和智慧的中华民族伟大创造的成果,是中华民族发展进程中割不断的精神血脉,是新的社会历史条件下培育和弘扬民族精神的丰厚资源,是中华民族生生不息、发展壮大的强大精神力量。

胡锦涛同志在庆祝清华大学建校 100 周年的讲话中指出:"全面提高高等教育质量,必须大力推进文化传承创新。高等教育是优秀文化传承的重要载体和思想文化创新的重要源泉。要积极发挥文化育人作用,加强社会主义核心价值体系建设,掌握前人积累的文化成果,扬弃旧义,创立新知,并传播到社会、延续至后代,不断培育崇尚科学、追求真理的思想观念,推动社会主义先进文化建设。"这是胡锦涛同志立足新的国情,结合社会主义建设实践的新发展,指出了继承优秀传统的必要性、可能性和现实性。在漫长的历史进程中,这些伟大的民族精神和文化传统,为弘扬和培育社会主义精神文明建设提供了有效的资源。它们是我国当前思想政治教育发展不可缺少的前提和基础,也只有基于这些优秀的民族文化土壤,吸取一切有价值的成果,与时俱进,思想政治教育的理论才能不断得到发展。

二、中国传统德育思想的沿袭与基本精神

中国的传统社会以道德中心主义为基本特征的文化背景之下,在以"德治"为主导的思想下绵延近两千年,重视德育是中华民族的优良传统,数千年来,正是中华民族博大精深的文化土壤,孕育了中华民族的精神文明和道德风范。从先秦至明清之际是我国古代德育思想产生、发展和走向衰落的时期,在这期间,以儒家思想为主导的各种德育思想辩证地交互作用,形成了我国古代德育思想的基本脉络。这一历史过程,大体上可以分为四个阶段:

先秦时期:中国德育思想的发轫阶段。这一时期,原始人群为了生存而萌生了大同意识,氏族公社为了维护宗法制而出现伦理观念,奴隶社会为维护奴隶主利益的需要而产生了阶级观念,这些客观上构成了中国德育思想的基本框架。周公(姬旦)是中国最早的德育思想家。他把德育与政治结合起来,提出了"以德敬天""敬德保民""明德慎罚"和"孝""友""恭""信""惠"等宗法式道德规范。但这仅仅是德育的雏形,并未形成一个相对完整的理论体系。春秋战国时期,由孔子创立,经孟子和荀子进一步完善,儒家德育思想得以确立。他们建立了一套完备的"以德治国"的德育实践模式。孟子以性善论为基础,把"仁""义"结合起来,提出"五伦之教",将"教以人伦"作为德育的基本内容。荀子则以性恶论为基础,"仁""礼"结合,提出了"化性起伪",把"教化"作为德育思想的主要内容。战国至西汉初成书的《礼记·大学》篇提出:大学之道,在明明德,在亲民,在止于至善和格物、致知、诚意、正心、修身、齐家、治国、平天下。这是对儒家思想的总结和发展。至此,儒家德育思想在德育地位、作用、内容、原则和方法等方面都有了较为系统的论述。作为反映新兴地主阶级利益的德育思想,儒家学说奠定了封建地主阶级德育观的基础,也标志着中国德育思想发轫阶段的完成。

汉唐时期:中国古代德育思想的发展阶段。汉唐处于我国封建社会的上升时期。这时期的德育思想有三大特色。其一,董仲舒推行阴阳之变,究"天人之际"、发"《春秋》之义"、举"三纲之道",综合名、法,不废黄老,创立了以"三纲五常"为核心,以"阴阳五行、天人合一"为基础的新儒学体系。汉武帝采纳了董仲舒的建议实行"罢黜百家,独尊儒术",把儒家德育思想立为"名教",成为封建统治者的正统德

育思想。其二,被称为"异端"学者的在野派,东汉的王允、魏晋的嵇康、南北朝的颜之推、隋唐的韩愈等,也在不断吸取先秦遗留下来的文化学术及德育思想的优良传统,并使之发扬光大。如嵇康的"玄学"思想,颜之推的"家教"思想,韩愈的"道统论"思想等。其三,魏晋南北朝、隋唐时期,外来的佛教和本土道教的兴起,与儒学并行。但是儒学吸收了佛学和道学的部分内容,使自己的理论体系更为完善,并最终形成了以儒学为中心的儒、佛、道相结合的德育思想新格局。给以家族本位、伦理政治为核心的中国古代德育提供了最深厚的思想文化基础。

宋明时期:中国古代德育思想的形成阶段。这一时期,为了适应封建社会地主阶级强化国家机器的需要,产生了理学(又称道学)。理学思想把地主阶级的道德原则视为永恒的、绝对的最高原则;理学继承了孔孟的"道统",吸收了佛、道思想成分,提出了以"天理"为宇宙本体和道德本质,对儒家的人性论、义利观、修善论等德育思想作了新的概括和发展;理学更直接地为封建统治服务。理学思想具有双重性,它标志着中国古代德育思想的形成,也同时预示着封建道德思想的没落,隐伏着阻碍社会发展的矛盾。

明清之际:中国古代德育思想的衰落阶段。所谓明清,指明代中期以后,至鸦片战争之前的历史时期。此时,封建社会的各种矛盾充分暴露,资本主义开始萌芽,市民阶层逐步出现,封建社会的社会道德虽然尚未达到崩溃的程度,但是已经开始走向衰落。这一时期出现的进步德育思想家有黄宗羲、顾炎武、王夫之、颜元等,他们举起了对封建社会进行"全面批判"的义旗,抨击僵死的程朱理学,批判其"存天理,灭人欲"的禁欲主义,揭露其"以理杀人"的实质,提倡功利主义。同时他们还提出了朴素的平等观念,主张个性独立、言论自由,倡导以身任天下的人生观。这些思想已经有了资产阶级的萌芽,在当时具有反封建的启蒙作用,但是仍然无法改变当时整体社会思想的旧格局。

中国传统文化是经历数千年的历史过程中形成的,传统德育思想本身也存在着两重特性,这就需要我们在高校思想政治教育工作中,在马克思主义、毛泽东思想、邓小平理论的指导下,批判地继承民族传统文化,认真地借鉴和吸取现代化建设成果,在实践中不断创新,不断总结经验,建设有中国特色的社会主义思想道德文化。

三、思想政治教育过程中对中国传统文化的创新

一个民族的文化,总是在继承和弘扬自身传统中发展,在借鉴和吸纳一切优秀文明成果中丰富,在反思和推动不断发展变化的社会实践中更新。在改革开放和社会主义现代化建设的新形势下,需要继承和发扬中华民族优秀文化传统。为此,在传承中国传统文化的同时,立足于社会主义现代化建设的实践,对中国

传统文化做一番提炼和扬弃,取其精华,去其糟粕,与时俱进,推陈出新,将有助于高校思想政治教育理论体系的创新。深化高校思想政治教育的理论建设,坚持以当代中国思想政治教育的崭新实践为基础,勇于研究思想政治教育中的"新"问题,以求思想政治教育理论建设的新发展。

1. 活化传统德育资源,塑造民族共同价值观

纵观当今世界,面对全球化的挑战,各国更加注意审视人类实践的伦理学前提,道德和道德教育的理论取向也随之发展,正如国际 21 世纪教育委员会主席雅克·德洛克先生所指出的:"面对未来的种种挑战,德育看来是使人类朝着和平、自由和社会正义迈进的必由之路。"保护本民族传统文化,关心多元文化和价值观的共存互补与发展创新,走出文化中心主义的狭隘思维定式,推进国际间的理解和教育,以期在激烈的国际合作与竞争中,提升人文精神、道德和价值取向,从而使思想政治教育具有更深厚的民族文化底蕴。

世界各国更加注重挖掘民族文化遗产,进行道德重建,克服个人利己主义及文化相对主义。许多西方学者在反思西方文化的局限性时曾大声呼吁"光明自东方来",开始探讨以儒家文化为主体的亚洲价值观在推动地区繁荣和进步中起到的规范作用。1991 年新加坡政府公布《共同价值白皮书》,提出各国都能接受的五大价值观,即"国家至上,社会为先,家庭为根,社会为本;关怀扶持,尊重个人;求同存异,协调共识;种族和谐,宗教宽容。"他们把儒家精神加以现代意义上的转换与升华,形成了完整的民族道德价值体系。近年来,我国一些地方也进行了类似的探索,要求将具有一定导向意义的道德价值转化为人们处世立身的生活实践。如黑龙江省佳木斯市倡导并实施的"五心"道德教育体系,即"爱心献给社会,忠心献给国家,关心献给他人,孝心献给父母,信心留给自己";广东省委宣传部推出的《新三字经》等等,反映了我国新时期德育理论思维构建过程中产生的对传统文化与时代精神的认同意识和创新性探索。

2. 与时俱进,更新德育观念

马克思主义指导思想、中国特色社会主义共同理想、以爱国主义为核心的民族精神和以改革创新为核心的时代精神、社会主义荣辱观,构成了社会主义核心价值体系的基本内容。这是我们党对社会主义核心价值体系的最新概括。这是建立在对中国特色社会主义建设基本经验的总结基础之上的,体现了我们党对社会价值的理论自觉和理论创新的巨大勇气。高校的思想政治教育也需要与时俱进,结合社会的进步,经济的繁荣与发展,不断更新教育观念。比如爱国主义,我们不仅要学习他们"报国之心,死而后已"的爱国精神,还要结合新的历史时期,在爱国主义的伟大旗帜下,建立最广泛的爱国统一战线,体现出对自己祖国的深厚感情,反映出对自己祖国文化的认同感、归属感。服务于人民,不仅仅提

倡孟子的"老吾老以及人之老,幼吾幼以及人之幼",还要看到中共中央印发的《公民道德建设实施纲要》明确指出,要把"为人民服务作为公民道德建设的核心",反对拜金主义、享乐主义和极端个人主义,形成体现社会主义制度优越性、促进社会主义市场经济健康有序发展的良好道德风尚。

3. 探索灵活多样的教育方式与方法

20世纪80年代以来,学校德育人本化、伦理化的趋势方兴未艾,高校思想政治教育从知性德育向行为德育,从就范式德育向参与式德育迈进,培育一种新型德育理念,创设各种道德经验情境,让修养主体找到自我的尊严和价值,积极进行道德思维和道德选择,发展道德探究能力,真正成为道德修养和道德行为实践的主体。我国学术界和各高校积极探讨素质教育,以尊重学生个性为主,激发主体的能动性,进行道德修养、道德实践、行为养成锻炼,取得可喜的成果。在新形势下,在开放的社会格局中,从整体德育观出发,奠定德育工作的人文基础,引导学生以中国传统文化为基石,开阔视野,走向社会。注重学生道德素质的形成性和发展性评价,增强德育理论和实践的科学性、针对性和实效性。

综上所述,中国传统文化是中华民族生生不息的精神动力。在社会主义现代化建设进程中,中国传统文化对于现代高校思想政治教育加强人们的世界观、人生观和价值观教育具有重要的时代价值。今天,我们要积极继承和弘扬传统文化中的精华,使之在推进社会主义现代化建设中发挥积极作用,成为教育高校大学生的强大精神纽带,以增强中华民族的凝聚力和向心力,用传统文化精神克服改革开放和市场经济的负面影响,努力建设和发展社会主义先进文化,为中华民族的伟大复兴提供新的精神动力,构筑中华民族共有的精神家园,这也是对中国传统文化的传承和创新的旨归所在。

音乐在大学生思想政治教育中的功能

张 勇

(武汉科技大学)

一、音乐在思想政治教育中的应用原理

人类社会音乐的起源可以追溯到洪荒时代,在当时还没有产生语言时,人类就已经知道利用声音的高低、强弱等来表达自己的思想和感情。随着时代的不

断变迁,从人的出生到发育,从成人到死亡,音乐如丝如缕,缠绕着人们的生命,音乐与生命已经构成了休戚相关的有机体。通过音乐对人所产生的在审美、情感体验、道德感知和人格整合等方面的影响力原理,可以充分发挥音乐在思想政治教育中的功能与作用。

1. 音乐对审美感受的影响

无论是声乐作品还是器乐作品,音乐的作品机构和思想内容都是作曲家经过深思熟虑后创作出来的,在这个创作过程中,作曲者会将自己的价值观念、情感与文化体验融入到音乐作品里。一些好的音乐作品,体现着高尚的世界观、人生观和价值观念,接受思想政治教育者在聆听这些好的音乐时,会将自己的情感和想象投放到这些作品中,用幻化的意象去充实音乐的内涵。这种想象的翅膀在实施教育者的引导下,会生长在受教育者的身上,这时,人的内心不仅仅只是音乐本身在激动,更重要的是音乐促使人们的内心在激动。而且,审美的聆听不仅能够使音乐富有幻想,更为重要的是我们因为音乐的启示而充满了幻想、充满了音乐赋予我们的积极力量。

2. 音乐对情感体验的影响

人们在聆听音乐或演奏音乐时,会产生不同的情绪反应、共鸣。受教育者在音乐活动的刺激下会出现非完全自主的体态律动,以及伴随而来的情绪兴奋状态,这种状态会在人们接受音乐思想政治教育后,把所有的理性认识都潜移默化地在情感体验过程中起到整合作用,最终使情感体验达到感悟阶段,这一音乐赋予人的最独特、最高境界的兴奋、愉悦状态,能唤起人们对生活的热爱,对国家的情感。

3. 音乐对道德感知的影响

音乐道德感,就是指人在一定的社会道德规范下,对音乐的表达、音乐的行为方向及音乐的思想等。音乐道德感包括个体所处社会的一些规范内容,比如民族精神、人种性格、性别爱好、宗教习惯、文化品位等社会道德的规范内容。当音乐的表达行为方式符合个体掌握的社会需要标准时,就会产生满足、愉快和赞赏等积极肯定的音乐情感,反之,则会产生不满、厌恶、蔑视、羞耻等情感。因此,人的音乐道德感不仅受社会、环境的影响,反过来,音乐的社会活动也能影响人的音乐道德感和社会道德感。

4. 音乐对人格整合的影响

现代心理学研究认为,人的情绪活动受三种因素制约:一是环境影响;二是生理状态;三是认知过程。其中认知过程起着关键性作用。而所谓认知,是指人们在已经有的知识经验的基础上,对当前作用于自己的事物所作出的判断和估价。这种判断和估价成为引起人的情绪的直接因素,不同的判断和估价引起不同的情绪。反过来,不同的情绪也同样影响着不同的判断和估价,也就是影响人的认知。通过音乐影响情绪来改变认知,这也是音乐在思想政治教育中的独特优势。认知健全的人其感情与理智是融合于统一的。人格健全的人,其认知功能也应该是健康的。在思想政治教育中,借助音乐引导想像揭示受教育者潜意识里的矛盾冲突,通过解决这些矛盾和冲突,可以不断提升人的认知功能,整合和完善人的人格体系。

二、音乐在大学生思想政治教育中的功能

音乐在大学生思想政治教育中的应用领域是由思想政治教育的特定内容来决定的,在应用方法上,则是通过不同的音乐媒介,针对大学生的不同群体来实施的思想政治教育活动,其功能主要包括以下内容。

1. 世界观、人生观和价值观教育

"三观教育"是我国高校大学生思想政治教育的核心内容,在社会主义市场经济发展的新形势下,传统的思想政治教育模式已经不能适应现代社会大学生的精神需求,变革的社会现实与教育者的怀旧心理的反差对当今我国思想政治教育也产生了负面影响。不断探索适合大学生思想政治教育的新途径和新方法,已经成为我国高校思想政治教育工作者们的共识。

在大学生思想政治教育活动中通过音乐学习、娱乐的过程引导学生走向音乐的原本力量和原本形式的理念,运用聆听音乐、团体乐器演奏、音乐心理剧、音乐游戏等形式,可以让大学生从音乐本身原始的思想中,体验音乐给我们呈现出的真、善、美的价值观念,从团体音乐活动后的人际互动交流、讨论中,一些不合时宜的世界观、人生观和价值观得以纠正,新的价值观念也会从音乐价值观念中得到启发,促进其形成符合人类文明规范、社会发展需求的价值观念。比如,笔者在 2009 年 7 月带领大学生志愿者赴四川什邡市红白镇开展的音乐心理重建活动中,通过让大学生分组教唱地震灾区小朋友们《爱的人间》这首歌,并让他们和小朋友们一起结合自己的成长经历来讨论歌词的意义。在歌词讨论中,大学生们在引导小朋友们树立正确的人生价值观念的同时,自己的心灵也得以洗礼,思想得到升华,自我社会价值得到充分体现。通过这样一种音乐活动形式,让大学生在帮助他人的同时,实现了自我思想政治教育的目的。

2. 爱国主义教育

爱国主义教育是大学生思想政治教育工作中另一项重要内容。当今经济、文化全球化的发展,在一定程度上削弱了国家和民族意识,给爱国主义教育带来冲击与挑战,也给我们运用新途径、新方法来开展爱国主义教育提供了新的机遇。在这种形势下加强爱国主义教育,既要以包容的态度对待不同文化、不同价

值观,但同时又要结合人们所喜闻乐见的教育形式来弘扬爱国主义精神,在这一点上,音乐教育活动中一些相关音乐活动技巧为我们提供了一个很好的契机。

爱国主义情节主要来源于对国家和民族未来前途与命运的归属感和认同感,这种归属感和认同感,需要有一种强有力的精神支持才能得到。而音乐可以给人们最为强烈的、最持久和最美好的就是精神层面的东西,音乐能给人类最大的满足也是精神的需求。借助音乐欣赏和讨论、歌曲创作、歌曲演唱、器乐合奏、音乐剧表演等活动形式,让受教育者参与演唱、演奏或表演爱国主义题材的音乐作品,可以增强他们的爱国意识,培养他们高尚的爱国主义情操。比如,在庆祝中国共产党成立90周年之际,依托《没有共产党就没有新中国》《永远跟党走》《唱支山歌给党听》等红色歌曲,通过开展各种歌咏活动来激发大学生们的爱党、爱国热情,引导他们珍惜来之不易的学习环境,刻苦学习,以优秀的成绩和出色的表现来回报党和国家对新时期大学生的厚爱。

3. 道德规范教育

心理学研究证明,个体思想品德发展既不是先天本能的自动展开,也不是外部环境力量的机械外烁,而是主体在与人类社会交往的实践中主动建构起来的。离开了真实的生活环境和体验,离开了与人的交往,就不可能有思想品德的产生,更不可能有思想品德的发展。音乐活动可以为大学生提供一个安全的、轻松愉快的接受思想政治教育的环境,为其搭建起符合道德规范的音乐与社会行为体验平台。

音乐本身就能培育和塑造人的品德,这是古今中外教育界、音乐界一直在谈论和研究的话题。具有社会意义的歌曲在各种文化活动中都具有作用,它能启发教育人们什么是正当的、高尚的行为,引导人们从日常生活中规范和培养自己良好的道德行为。比如在大学生思想政治教育中通过教唱《八荣八耻歌》来教育和规范人们的道德行为,就是一种寓教于乐的形式。通过团体合唱学习、团体器乐演奏、团体舞蹈等形式,借助这些活动过程,可以使大学生促进人与人间的情感交流,规范自己的言行举止,改善其社会适应能力。

4. 人格培养教育

健康的人格培养教育是大学生思想政治教育中一个不可或缺的重要内容。所谓健康的人格一般是指一个人能比较客观地认识自我和外部世界,对自己所承担的学习和其他活动有胜任感,能够比较充分地发挥其潜能,对父母、朋友有显示爱的能力,有安全感,有责任心,喜欢创造,有能力管理自己的学习、工作和生活。而许多教育性音乐活动中使用的技巧都是围绕上述内容而设计的。

音乐可以塑造完善的人格,就像英国著名音乐教育家朱丽叶·阿尔文所说:"音乐具有唤醒、联系和整合人格的力量"。大学生人格教育的基本内涵就是要通过思想政治教育帮助他们追求和塑造真、善、美的人格。在大学生思想政治教育中，通过创作歌曲、音乐情景剧，开展音乐诗会、音乐绘画和音乐表演等形式，让大学生把自己的思想变成文艺作品，并在表达这些艺术作品的过程中，客观地认识自我，感受自我，了解自我，提升自我。在团体合作完成艺术作品的活动中，还可以培养与他人的合作精神，培养自我管理和适应社会的能力。

总之，在当今复杂多变的国际局势下，我国高校大学生思想政治教育工作，应充分发挥音乐在大学生思想政治教育中的功能和作用。通过音乐活动引导大学生把自己的人生追求和祖国的需要有机地结合起来，努力把当代大学生培养成为中国特色社会主义事业的合格建设者和可靠接班人。

浅析学校在大学生感恩教育中构建感恩行动平台的几点思考

郭水泉

（武汉工业职业技术学院学生工作处）

前几年报道，湖北襄樊市19位女企业家与22名贫困大学生结成帮扶对子，承诺4年内每人每年资助1000~3000元不等，并希望接受捐助的大学生们抽空给资助者写封信，汇报一下学习生活情况。但部分受助大学生的表现令人失望，其中三分之二的人未给资助者写信，有一名男生给资助者写过一封短信，但信中只是希望资助者再次慷慨解囊，通篇连"谢谢"都没说，让资助者心里很不是滋味。还有国家对大学生的资助力度越来越大，但对社会表示感恩的行动却不多。其实对父母、学校、企业、资助的个人和国家感恩，说得较多，做得较少，面对这种情况，一方面，家庭、学校可以着重进行这方面意识的培养。相信没有感恩意识的人很少，而感恩行动的缺乏只是没有一个感恩的平台去激励他。更重要的另一方面，是学校作为第三方要发挥自己特殊的优势，在他们之间构建感恩的平台，进行正确引导。

一、大学生感恩教育需要说明的几个问题

1. 没有感恩的受资助大学生是否要受到不公平待遇

对于社会来说，受资助而没有一定感恩的大学生不应该受到不公平待遇。大学生都还是未谙世事的孩子，他们可能不会更多地知道人情世故，如果因此取

消资助资格,与资助的目的不相符,更不利于学生的发展,而且受资助的学生一直在贫困的环境中成长,这使他们比富足的条件下成长起来的孩子有更多的自卑感。而这种自卑有时候会以过分强烈的自尊表现出来,例如,虽然接受了资助,但却不愿意被施舍,更不认同施舍者高人一等。当然,也不排除有些孩子对社会的资助在认识上确实存在问题,没有怀着一颗感恩的心对待这些善款,但我相信更多的孩子是会感激来自社会上的这种帮助的。如果受资助的孩子根本不知道感恩为何物,这不仅是孩子们的悲哀,也是整个教育和社会的悲哀,我们难道不该反思一下我们的社会和我们的教育方式吗?并且,受助者是否心存感恩作为一种内心活动往往难以外露,缺乏形式化的衡量,并不能因此就判断不感恩。所以,我们要更宽容地对待这些孩子们,可能效果会更好些。

对于资助者来说,也不应该让受资助而没有感恩的大学生受到不公平待遇。资助的目的很明确,就是无偿地帮助贫困生完成学业,即使是有附加条件的资助,这不仅是在物质上对受助者的帮助,在精神上对他们更是一种引导,有利于他们培养健康的心态,有利于社会的和谐。资助者可以要求接受资助的贫困大学生每年要向他们报告学习情况,要对他们的资助表达谢意。可能资助者的出发点是善意的,希望了解到被资助者在自己的资助下,不仅完成了学业,而且完善了品格。通过贫困生定期或不定期地汇报自己的一些情况,并把对资助者的感恩之心充分地表达出来,让资助者觉得对贫困大学生的资助确实起到了应有的作用。但是,附加条件应该是以尊重受助者独立人格和尊严、有利于受助者自信的培养和健康的成长为前提。如果过分强调感恩,认定只有孩子们向资助者明确地表达了谢意,说了感谢的话才是懂得感恩的话,就会成为"道德要挟",这样只会增加他们的自卑感,不利于成长。更不应该当受资助的大学没有满足这些条件的时候,让受资助而没有感恩的大学生受到不公平待遇。否则会让资助者的"无私"打了折扣:不是因为资助者付出了金钱,就自然取得了要贫困生汇报学习情况和得到他们道谢的权利。资助者不能因为没有听到受资助者感谢的话,就认定受资助者是冷漠无情的,便以停止资助来对这些孩子们予以惩罚,让这些贫困的大学生不仅背负经济贫困的压力,而且还要背负道德上的压力。

2. 感恩行动是否必须要通过外在的方式表现出来

受助者表达自己感谢的方式可能有所不同。向资助者打电话、写信汇报自己的学习情况,把内心的谢意充分地表达出来是一种方式;默默地把感激之情记在心里,并努力地学习,用自己的知识回馈社会也是一种方式。也许一些学生会在今后以其他的方式"涌泉相报"等,这都是一种感恩,不同的是感恩有没有通过外在的方式表现出来让资助者感受到。个人认为感恩应该通过外在的方式表现出来。感恩是增强学生动力的源头,也是增强学生社会责任感的一个重要方式,而且受助者心怀感恩是对爱心人士最大的安慰。资助是爱,感恩也是爱,资助与感恩要共同构成一个爱的循环圈,二者互相促进,良性循环,这才是和谐社会。你无偿资助我,我就要以实际行动表达我对你的谢意,这才是当今大学生的一种担当。心怀感恩,才能知道珍惜,珍惜来之不易的机会,珍惜别人患难相助的爱心。如果人与人之间缺乏感恩之心,必然导致人际关系的冷漠。没有感恩,爱心之树就失去了成长的沃土,爱心之舟也必将搁浅在心灵的荒漠。不论时代发生怎样的变化,美好的情操和品德将永远鲜亮。一个让崇高坠地、爱心落空的社会是多么让人失望啊!在构建社会主义核心价值体系的今天,我们需要倡导形成一种知辱明耻、互相关爱的社会氛围,培育一种尊重奉献、褒扬崇高的价值追求。应该承认,一个不懂得感恩的人,我们不敢奢望会真正成才,将来会自觉地、无私地回报社会。所以,无论是对父母的养育之恩、对社会的资助之恩和对学校的教育之恩,本人觉得都应该通过外在的方式表现出来。

二、新时期大学生感恩教育的内涵

感恩是中华民族的传统美德,也是每一个人应该坚守的基本道德准则,更是一种责任意识、自尊意识和健全人格的培养,是追求一种人生成就的精神境界。感恩就是对他人、社会和自然给予自己的恩惠在心里产生认可并希望回馈的一种认识、情怀和行为。而感恩教育就是教育者运用一定的教育方法,创造一定的教育氛围,对受教育者有目的、有步骤地实施知恩、报恩、施恩的教育。感恩教育属于道德教育,目的在于使受教育者懂得识恩,学会回报,把报恩看成自己的责任,进而外化为感恩的行为。

感恩教育应包括三个层面。首先,是认识层面。感恩教育就是要教会大学生识恩、知恩,了解自身所受的恩惠,并在内心认可这些恩惠。从心理学角度说,一个人对世界、对人生有什么样的认识,便会有什么样的生活方式和行为准则。感恩的前提是识恩和知恩,感恩教育要让学生认识到他们所获得的一切恩惠并非天经地义,更不是理所当然。其次,是情感层面。感恩教育要引导大学生细心地捕捉渗透在日常生活中的恩惠,在认识的基础上,唤起大脑中的情绪记忆,产生一种温暖的幸福情感,从而转化为一种自觉的感恩意识,产生回报恩情的自觉意识。最后,是实践层面,也是最重要的层面。感恩教育还要教会大学生将内心的感恩意识转化为报恩或施恩的实际行动,并将之形成一种习惯。

加强大学生的感恩教育是高校教育工作者在新时期思想政治教育的必然要求,也是培养大学生健康心理和健全人格的必然路径,对于建设和谐校园进而构建和谐社会同样也具有独特而不可替代的作用。

1. 感恩教育有助于提高德育实效,实现德育目标

高校的功能包括教育、科研与服务社会,其中教育是基础,而德育在教育中又处于首要地位。感恩教育是加强和改进大学生思想政治教育的一项重要内容,是高校德育工作不可或缺的一部分。加强高校感恩教育,在校园文化建设方面形成"学会感恩"的良好氛围,有利于切实实现高校德育目标,构建和谐校园。

2. 感恩教育促使大学生善待自我和进行自我教育

尊重是以自尊为起点,在自己与他人、社会的相互尊重中追求生命的意义,展现自己的独立人格。由于心怀感恩的大学生会真诚地尊重别人,同样,也会得到别人对自己的尊重。通过感恩教育,大学生可以进行自我教育,将心比心理解他人,从而逐渐会体谅别人,去学习他人的长处,宽容他人的不足,并学会自控,逐步克服自己的缺点。

3. 感恩教育能够很好地改善人际关系

通过教育引导学生懂得感恩,知道用感恩的心和行动去报答于己有恩的人和帮助需要帮助的人,有利于师生、同学之间和谐人际关系的建立。常怀感恩之心会使人心胸恬淡、胸怀一博,有利于和谐人际关系的建立,有助于自己的成长、成功。

三、学校在感恩教育中应有效搭建感恩的平台

和谐社会需要感恩,受资助者由于心理作用不愿直面资助者,学校作为在资助者和受助者之间特殊的第三方应该在感恩教育中有效搭建感恩的平台,帮助他们相互联系和相互沟通,避免出现尴尬的局面,共同构成一个爱的循环圈。

1. 感恩教育应纳入"两课"教学体系

学校应充分重视感恩教育,将其作为加强思想道德建设和全面推进素质教育的一项重要任务,贯穿学校教育的全过程,落实在学校教育的各个环节,采取有力措施,切实抓紧、抓好。要结合"两课"教学及德育课程改革,充实和强化感恩教育,将其有机地渗透到教学过程中,纳入学生日常行为规范和道德品质的培养过程中。教会学生识恩、知恩。要让大学生意识到今天自己获得的一切,并非是天经地义、凭空而来,除了自己的努力,还有许多人在背后的创造和奉献。这意味着要永远记住那些人和事,承担一份歉疚,并准备为回报而付出努力。

2. 感恩教育应纳入辅导员思想教育工作

结合学校实际,探索出一套行之有效的思想教育模式,循序渐进地培养学生的感恩意识,组织系列"感恩教育"活动,从不同角度出发诠释"感恩"的内涵,积极引导学生的感恩行动。在自由民主的交流中,让学生潜移默化地提升自我的感恩情怀。教会学生知恩图报。要让他们知道父母养育子女的艰辛,懂得孝敬

父母、感激父母;要让他们理解老师盼生成才的良苦用心,把接受老师的教育和认真学习变成自觉行动;要让他们学会相互关爱、珍惜友谊、共同进步;要让他们学会感恩国家和社会,逐渐形成热爱祖国的情操,形成正确的人生观、价值观。

3. 建立感恩实践教育活动的有效平台和长效机制

利用学校德育工作方式灵活多变、教育内容紧贴时代的特点,开展形式多样、主题鲜明、针对性强的感恩教育活动,让学生在实践中完善自我。学校可以从以下几个方面开展感恩实践活动,全方位、多角度地宣传感恩文化,营造感恩教育氛围。

(1)以庆祝我国传统节日为契机开展感恩教育活动。如在国庆节、环保日、教师节、母亲节、父亲节、中秋节、春节等节日来临之际,在学校可举行大型的诸如热爱祖国、保护环境、感悟亲情、尊重教师等主题的感恩活动。一是开展感恩父母教育。举办"亲情三个一"活动,倡议学生给父母一周打一个电话、一月写一封信、一学期交一张成绩单;开展"感恩父母,你我同行"系列活动,举行"给父母的一封信"征文比赛,召开"感恩 我的家人"主题班会,组织学生重温《一封辛酸父亲的来信》,采访大学生对父母的感恩寄语,制作成专题片进行播放。二是开展感恩师长、感恩同学教育。举办"我的理想、实践和情操"等以感恩教育为主题的报告会,宣传感恩事迹,激发学生对师长教诲、同学互助的感恩之情;设立雷锋岗,发动学生志愿者主动关心离退休老同志,特别是生病、孤寡、高龄和空巢老人,为他们提供点对点服务,帮助他们送米送菜,打扫卫生。

(2)组织广大学生积极参与感恩实践活动,如献爱心、青年志愿者、三下乡、环保宣传等活动,使学生在活动中明白感恩的意义,体验施恩的快乐。学校利用寒暑假开展"和谐社会建设"社会实践调研活动,组织学生深入社区、企业、农村开展调查研究。在毕业生中开展"临行之际"感恩系列活动,倡导文明离校,在离校之前,进行一次公益劳动,打扫教学楼、实验室和学生宿舍,并且走上工作岗位努力工作,回报社会。

(3)与家庭、社会合作开展感恩实践活动。家庭教养方式和社会环境无时无刻不在影响着学生的感恩认知和行为。因此,学校可与家长、社会相关部门、企业等联合开展感恩教育。首先,在家庭教育方面,家长应关注学生德育方面的发展,不能单一地以学习成绩的好坏来评价自己的孩子,更不能溺爱孩子,不能以让孩子安心学习为由替学生包办所有事情,应该让学生平等地参与家庭事务,做到生活自理,同时担当起作为家庭成员应当担当的责任。除此之外,要经常与学校沟通,反映学生在家的表现情况,还要及时了解学生在校时的思想品德表现,避免出现学生在家庭和学校中行为判若两人的现象。其次,学校可与社会有关部门、相关企业联系,在他们的支持下,为学生提供专业实习、义务工作以及调查研究的机会,一方面,培养他们的职业道德素养;另一方面,通过亲身参与或调查,让学生接触到各行各业工作者的真实生活状况,了解其中的艰辛,从而让他们学会尊重他人、珍惜别人的劳动成果。

(4)针对助学工作开展感恩教育。近年来,高校的经济困难学生比例和数量逐年增大。各类助学工作已成为学生管理工作的重要内容。因而应适时地开展多种形式的感恩教育,点拨、唤起学生们的感恩心。一是引导受资助的学生成立爱心社团,秉承"服务社会,奉献爱心,推己及人,薪火相传"的宗旨,在活动中自我教育、自我提升,助人与育人相结合。二是通过开展网上感恩与诚信论坛、举办感恩诚信教育讲座、播放诚信教育纪录片、完成"感恩作业"等方式,引导学生自立自强,用实际行动回报家庭、国家和社会。

当代大学生网络道德教育的思路构建

雷良蓉

(随州职业技术学院医护学院)

德育在整个教育活动中占有举足轻重的地位,因为它直接关系到人才培养的质量进而直接影响国家兴旺发达的建设与否。大学生网络道德教育是高校德育体系中的一个重要组成部分,也是21世纪高校德育研究所面临的新的重要研究课题。随着信息社会的飞速发展,互联网在给人们带来文明发展进步的同时,对当代青年大学生的价值观、人生观带来了很大的冲击。大学生在尽情地享受着高科技带来的种种便利、极大地丰富了业余生活的同时,也应看到,网上有害信息诸如危害人类安全和计算机犯罪等问题也日益凸显。网上金融诈骗、虚假广告,侵犯商业秘密和信息产权,盗取国家机密,散布电子谣言,宣扬反动、迷信、色情、暴力等网络犯罪时有发生。凡此种种,对当代大学生的价值观、人生观及世界观带来了许多不良影响。因此,加强当代大学生网络道德教育迫在眉睫。

当前,要增强大学生网络道德教育的实效性,除了有关部门制定网络道德行为规范、加快网络信息控制技术研究外,就高校思想政治教育而言,在教育过程中要遵循教育的规律和原则,把准方向,构建适应网络环境的德育方法,找准思路。

一、加强网络道德教育,规范网络道德行为

(1)要培养大学生树立网络道德自觉意识。网络道德的修养是一个复杂的过程,它包括深化网络道德认识、陶冶网络道德情感、培养网络道德意志、坚定网络道德信念、养成网络道德习惯五个环节。高校可根据实际情况,将网络道德内容纳入《思想道德修养》《计算机文化基础》《法律基础》等教学中;"对入学新生进行计算机使用道德教育,编制计算机网络使用手册,组织网页设计大赛、网上征文,进行以网络道德为内容的网上考试及竞赛等活动。"通过开展这一系列活动培养大学生的网络道德意识。在实际工作中,应通过各种教育形式,加大网络道德知识的传播力度,增强大学生上网的道德意识、法律意识、责任意识、自律意识和安全意识,引导他们树立正确的网络道德观念和良好的网络道德,严格遵守互联网管理的各种法律、法规,不做"黑客",也不做"黄客",尊重包括版权和专利在内的知识产权。不利用互联网从事危害国家、集体和公民合法权益的活动,杜绝与大学生身份不相符的网络行为,使新一代大学生成为在"网络世界"中遵纪守法的公民。

(2)要帮助大学生培养网络道德情操。一方面对大学生加强中国传统伦理道德教育。用传统伦理"崇尚道德,修身为本,德育为先,自觉践行""仁义礼智信"的理性,加强网络主体的自我修养;用传统伦理"智德合一""以义载利"的价值理想,加强网络社会大学生的道德责任感;弘扬传统伦理"仁者爱人""重义贵和"的道德精神,培养网络社会大学生真诚、互助、友爱、平等的人际关系;另一方面高校要结合《公民道德建设实施纲要》的贯彻落实,因势利导,在大学生中积极倡导"爱国守法、明礼诚信、团结友善、勤俭自强、敬业奉献"的基本道德规范。加强大学生网络人道主义教育、大学生集体责任感教育。通过传统伦理道德和现代集体爱国教育,启发他们追求高尚境界,有利于培养健康、积极、高尚的情操。只有大学生自觉遵守道德行为规范,"规范自己的行为,克己、知礼,才会从根本上消除网络社会建设上出现的网络损公肥私、网上赌博、网上色情游戏、网上破坏、网上偷盗等负面现象。"

二、提高大学生的综合能力和网络素质,自觉遵守网络道德规范

1.要提高大学生的综合能力,自觉遵守网络道德规范

由于网络的开放性和虚拟性,网络大潮中的各种信息使人眼花缭乱,其中错误的、虚假的、有害的信息更是层出不穷。因此,必须提高大学生对网络信息的辨别能力。教育和引导大学生在使用网络时保持清醒的头脑,培养大学生对有害信息的自觉抵制能力、自身抗干扰能力和免疫力,培养他们的是非判断能力,

帮助他们掌握辨别真假信息的标准和方法。要坚决对网络信息做出筛选,分清良莠去伪存真,抵制黄色信息、反动信息和西方的腐朽文化信息。培养学生的批判精神和能力,提高政治敏锐感和判断力,善于对信息进行分析、判断、筛选和正确利用。同时,要提高大学生个人自律能力、道德认知能力和道德自我教育能力,引导大学生建立一种道德信念和道德内省机制,增强他们的道德责任感。引导他们对大量不良网络信息持扬弃态度,严格自律,用审慎的态度对待网络,增强对全球网络文化的识别知觉能力、自律抗诱能力,从而推动网络的主流文化发展。

2. 要提高大学生的网络素质,自觉遵循网络道德要求

一个社会安定有序地发展,单靠社会道德规范的调整是不够的,还需要发挥法律约束、规范与保障功能。当前由网络发展引发的法律问题层出不穷,网络涉及到的法律问题也逐渐成为新的热点。因此,学校要重视提升大学生法律素质,增强大学生法律意识。高校应开设法律选修课程、开辟法律课外活动、加强法制实践基地建设,让大学生了解网络的不良行为也有可能成为违法和犯罪。在法律课程中,强调网络道德规范与行为准则,将对防范网络违法与犯罪起着重要的作用;在信息社会中,信息成为人类社会发展的最重要的资源。所以,获取、处理和利用信息的能力即信息能力,是当今社会人类生存的基本能力。将信息能力内化为自身的素质,即拥有了信息素养,尤其是在当今信息爆炸和信息匮乏并存的现实条件下,个体的信息素质在人的生存与发展方面所起的作用就更为重要了。因此,提高大学生的信息素质是实施网络道德教育的有效途径;"影响现代人的网络行为的因素很多,除了个性品质外,网络心理也是一个很重要的因素,而且在某种程度上说,它是影响网络行为的直接因素。"因此,必须要重视大学生的网络心理,提高大学生网络心理健康素质。网络时代,大学生中出现了各种症状的"网络心理障碍"和网络心理异常,高校要针对"网络心理障碍"的学生及时做好咨询、调适和治疗工作。同时,学校可以建立心理健康网站开展网上心理普查、在线咨询,通过QQ、MISN、BBS、E-mail等对大学生进行实时或及时地沟通和指导,从而加强大学生心理健康教育,促进大学生网络心理健康素质的提高。

三、实施全方位、多手段的网络道德教育,增强教育实效性

1. 齐抓共管,构建网络道德教育新模式

网络道德教育是一项新课题,它涉及的面较广,仅靠学生的自我教育显然是不够的,还需要社会、高校、家庭、大众传媒共同努力,形成合力,齐抓共管,构建新的教育模式。国家要重视青少年网络伦理、网络犯罪,加大立法执法的力度,

加强网络法制建设,同时加强对青少年上网有密切联系的场所的管理,特别是对社会网吧的管理。要强制网络运营者执行相关的政策,设置相关的防火墙、网关等;信息管理部门要加强对电子信息产品和计算机网络的监管,及时清除通过计算机网络传播的反动色情和不利于大学生健康成长的电子信息;大众传媒通过舆论实现网络道德教育作用突出。通过舆论的力量宣传褒扬善举德行,谴责鞭挞网络道德失范行为,从而使整个网络社会形成扬善惩恶、扶正祛邪的良好风气,随时引导、激励、督促大学生做有道德的网民;"高校作为培养各类高素质人才的主要基地,应紧紧围绕学校培养人才这个根本和中心工作,打造教育教学的网络平台,努力营造一种积极、健康、向上的校园网络文化氛围,开展融思想性、知识性、趣味性、娱乐性和服务性于一体的网络文化活动。"加强队伍建设,加大资金投入,培养一支既懂网络技术又具有扎实的思想理论水平,并熟悉教育学、心理学的原理,善于利用网络工具对大学生进行思想政治教育、引导的专业人才队伍。开展网上专项服务,及时解决学生思想中存在的问题,积极开展网络道德教育。最后,注重家庭教育,父母要帮助孩子树立正确的道德标准,打好德育基础。在孩子上大学后家长要重视与孩子的思想交流、心灵交流,家长要主动去了解孩子、关爱孩子。家长要知道上了大学后孩子们想些什么,需要什么,奋斗目标是什么,并给予合理的支持,家长与孩子深层次的沟通与交流,父母对孩子正确的关爱与支持有利于促进大学生个性发展和身心健康。

2.高校要采取灵活多样的方式和手段增强大学生网络道德教育的实效性

首先,高校应把对大学生的网络道德教育纳入到正规的教育轨道。学校应开设专门的网络道德教育课程,全面系统地讲授有关网络道德的知识。"如开设《网络伦理学》《网络道德与文明》《网络交际》等课程,使大学生充分了解网络法规和基本的网络行为规范。"高校要在原有的德育课程内容的基础上突出强调网络道德教育,要把正面引导作为大学生网络道德教育的主要方式,培养和形成大学生良好的网络道德行为。其次,要通过丰富的校园文化活动对大学生进行网络道德教育。高校要以班级、专业、年级为主体,以班会、学生会、大学生团体为平台,开展形式多样的校园文化活动,使理性的网络道德规范变为感性的实践活动。如可以以电影、文学艺术、戏曲、电子邮件、QQ、MISN、UC 聊天软件、网页设计大赛、网络知识竞赛、网络知识讲座、网络文学作品大赛、软件编程大赛、校园 DV 视频展播,网页制作和电脑绘画大赛和 BBS 等为载体,引导学生广泛地参与,增强对大学生的道德感染。利用校园广播、报刊、报栏、橱窗、课堂课外各种形式倡导大学生文明上网,形成健康向上的网络道德规范。最后,在网上尽快建立数量更多、质量更高的伦理网站,开设心理咨询网页、德育栏目、网络文化宣传、主题演讲、与名人对话、网络道德讨论等一系列栏目开展网上师生交流活动。

"教育者只有通过网上与大学生平等地沟通和交流,深入学生心灵深处,真正了解和掌握其网络道德表现动态,才能采取有针对性的办法和措施,帮助大学生克服缺点,提高网络道德素养。"

四、建立网上德育新阵地,大力营造健康向上的网络环境

1. 依托校园主题网站,建立校园网络德育新阵地

高校在校园网上要做好大学生的思想政治教育工作,必须建立健全主题突出、目的明确、方向正确、特色鲜明的网站。"要建立弘扬民族优秀文化传统,凝聚民族精神,激发爱国热忱,宣传马列主义、毛泽东思想、邓小平理论和"三个代表"重要思想、科学发展观的"红色网站"。要按照"贴近学生、贴近生活、贴近实际"的原则,创办特色鲜明、学生喜闻乐见的特色网站,设置理论要览、资料查询、热点讨论、专家释疑、心理辅导等功能。要针对大学生最关心的热点、难点问题,开辟网上专题交流与讨论,调动学生对网站的积极参与性和对校园德育网站建设的主观能动性。总之,校园网的建设在大学生的网络道德教育中发挥着不可低估的作用,只有不断开发大学生乐于参与其中的校园网站,开发新的适应大学生特点的栏目,才能将大学生吸收到文明健康的校园网络中来,才能让思想道德教育在网络中占有一席之地。

2. 强化管理,建立网络监控机制净化网络环境

要利用技术优势控制网络媒体。对国家来说,要通过抢占网络制高点来控制信息通道,保证符合我国主导价值观念的信息传播的优势地位;对高校来说,要运用先进的技术手段,严格监控国际互联网入口,及时消除那些错误、消极、反动的信息,坚决阻止那些反动、低级、庸俗而有害大学生身心健康的信息进入校园网络,真正建立起校园网络安全的"防火墙",保证高校有一个良好的网络文化环境;作为高校网络管理部门,要建立健全网络监控机制,加强对网络信息的过滤工作,配备专职管理人员通过必要的技术手段和安装信息软件,对网上的信息进行筛选和过滤,对不良网站和恶意程序实行举报、封杀措施,从源头上净化网络,确保信息安全和网络的健康运行与规范发展,创造安全和谐的网络环境。同时,高校还要加强有关网络规则的研究和制定,建立起完备的网络规章制度。把遵守网络规则作为日常行为规则和校园文明公约结合起来,纳入学生的品德测评量化中,实行学生自我约束和师生监督相结合。对网络行为违规操作者,给予一定的处罚,如罚款、暂停网络使用权等,对严重违规违法行为要通过法律手段予以制裁,促使网络不道德行为者汲取教训,自觉规范自身网络道德行为;思想教育工作者负责从网上收集信息,并对网上信息进行分析和监控,及时了解上网学生的思想动态,对于学生在网络上暴露无遗的各种思想认识问题,及时采取有

效措施,发布正确引导信息,保证网络主流文化的有序运行及学生的身心健康成长。

高校学生资助工作中的思想政治教育探析

周 丹

(江汉大学生命科学学院)

教育部于2007年公布了《国务院关于建立健全普通本科高校高等职业学校和中等职业学校家庭经济困难学生资助政策体系的意见》。在新的资助政策体系下,党和政府加大了对高校贫困生的资助力度,旨在为更多的高校贫困生解决"读书难"问题。除此之外,高校还建立了"奖、助、贷、补、减"等多种方式并举的多元化贫困生资助政策体系。然而在上述一系列措施得以实施的过程中,部分受资助的大学生自暴自弃、不思进取、不知恩、不感恩、弄虚作假、背信弃义等现象时有发生。

一、高校学生资助工作中受助大学生存在的主要问题及成因分析

1. 自暴自弃、不思进取现象

绝大多数贫困大学生在受到来自国家、地方政府、学校、其他社会组织及个人的资助后,都能表现出对所得资助的珍惜,从而更好地将这些资源利用到日常学习和生活中。然而在各大高校也几乎都存在受助后自暴自弃、不思进取的学生。这类受助学生包括以下两种:第一,在受助前即已潜在存在或已呈现出自暴自弃、不思进取的态度;第二,受助前态度良好,受助后反倒有所表现。

虽然对以上两种人群的原因分析不尽相同,但总的可以概括为以下三点:①受助学生都为家庭经济困难的学生,容易形成自卑、封闭、抑郁的性格,而具有这些性格的学生相较于其他学生更容易发展至自暴自弃、不思进取的程度;②此类学生由于贫困所限,常常无法满足自身对物质的追求,在自卑的同时,容易形成攀比和虚荣心理,一旦得到一笔金额不小的物质资助后,会有过度消费的欲望和行动,甚至是沉迷于其中无法自拔;③在各类资助的申报程序中,需要多次填写家庭贫困状况,并上交至相关老师或行政部门。在国家助学金的评定过程中,为确保程序公开透明,一些高校甚至采取了班级公开评议、全院公示的方式。而这些程序的设置往往给了受助学生消极的心理暗示,并触碰到了他们脆弱敏感

的心灵，直接导致了他们之后的自暴自弃现象。

2. 感恩缺失现象

2007年,湖北省襄樊市5名贫困大学生由于没有主动给资助者表示任何感谢而被取消继续受助资格。此事在当时引起了不小的争议。人们在讨论是否应该"施恩勿念"的同时,也着实为目前普遍存在的大学生感恩缺失现象忧心。

在每年的助学金评定过程之中或评定结束之后,时而会有一些令人气愤而无奈的插曲:个别学生因助学金名额有限而发生争抢;在获得助学金后向家里隐瞒,从而继续获得原有的生活费;获助后挥霍浪费;在之后的爱心公益活动中甚少参加,甚至是拒绝参加。

感恩首先要知恩。而对于这一类受助大学生,由于社会多元文化的冲击、高校感恩教育的淡化、家庭亲人的溺爱,他们常常会以自我为中心,将他人的关心、爱护、帮助视为理所当然。同时,由于资助体系中不完善的地方,引发这类学生将贫困视为一种工具的心理,即"只要我家庭贫困,不需我争取,我也会自然被给予这些资助",因此更增强了他们认为一切都是理所当然的想法。

上述受助大学生中,还存在着知恩但是不愿表达或是不会表达的情形。在上面的案例中,其中一位被取消继续受助资格的大学生就曾说道:"与企业家联系少,并不是我不懂得感恩,而是不习惯这样的方式。在我看来,在学校好好学习,将来能回报社会才是最大的感恩。"另外,一项对受助大学生的采访中,也有学生道出了他在感恩中的尴尬心态:"在学校里,自尊就是我唯一的底线。而中国式的捐赠,让我唯唯诺诺地去讨好资助者就好比扒光了我的衣服,让我去接受路人的鄙夷和嘲笑。"

3. 诚信缺失现象

在高校学生资助工作中,大学生诚信缺失已成为一个凸显的问题,概括起来,主要表现在以下几个方面:①资助的相关申请材料失真。在材料的准备过程中,虚开或伪造相关证明、在材料的填写过程中,虚构或隐瞒家庭的真实情况;②助学金评定过程中的弄虚作假。例如在班级公开评议的环节,虚假陈述家庭经济状况,或提前动用私人关系为自己拉票,甚至是相约投票后再将所获资助金私下均分;③违背承诺滥用资助金。虽然在之前通过言语或书面的承诺表示要勤俭节约、用好每一分资助金,然而到手后却吃喝玩乐、与人攀比,甚至将资金拿去投资炒股;④恶意拖欠助学贷款。助学贷款本是资助高校贫困大学生的一个重要渠道,然而有些获得了助学贷款的学生在正常就业并具有偿还能力后,仍然超出合同有效期限恶意拖欠贷款,造成了国家资源的浪费和自身信用污点的记载。

上述现象究其原因,可以概括为以下两点:第一,社会大环境产生的消极影响。随着社会的急剧发展和变革、社会贫富差距的加大、市场经济中的残酷竞争,人们对物质的追求也愈见强烈。趋利、逐利已成为不少人的"人生追求",而这些社会的不良风气或多或少会弥漫到校园,影响到我们的大学生;第二,资助体系中的漏洞,例如对"贫困"的定义界定不准、资料审核不严、对资助金的使用监督不力、对弄虚作假者缺乏惩处措施等。

二、多方位加强高校学生资助工作中的思想政治教育

1. 准确把握教育时机

虽然说思想政治教育是一项长期的、持续的工作,然而在特定时间进行特定的教育,往往能起到事半功倍的作用。

每年资助工作的开展都集中在几个特定的时间段,例如申请助学贷款、减免学费的八、九月;评定奖、助学金的十一、十二月。时间上的特定和集中恰好给我们提供了打攻坚战的契机。在这些时段里,高校贫困生往往会面临填写、提交贫困申请材料、通过各个评议环节来争取奖、助学金的情况。在此情境下,他们的心灵条件反射般地变得更加敏感、脆弱;他们的抗压能力下降,自卑自闭心理加重,对获得贷款、奖、助学金的欲望加强。而这些点滴变化极易导致他们在受资助的过程中或过程后出现上文列举的各类现象。事实上,这个阶段的贫困生是最为需要关怀和爱护的,并且这个阶段的他们也是价值观最为混乱的时刻,稍有不慎,某笔资助金就会起到截然相反的作用。

鉴于此,我们应准确把握此时的教育时机,将资助工作开展集中的月份作为进行相关思想政治教育的时间节点,敏锐洞察贫困生在当时的思想、心理动态,以温暖的关爱直达他们弱小的心灵;以生动的案例教会他们自立、感恩、诚信;以深刻的道理指导他们树立正确的价值观。

2. 合理创新教育形式

在每年资助工作的开展中,常常会面临一些尴尬的局面,例如在奖、助学金的评定前,老师已公开强调了诚信的必要性,并要求参与申请的同学签订诚信承诺书,然而在具体的评定环节中,仍然存在有弄虚作假行为;又如老师会提醒受到私人资助的学生主动与资助人联系,但受助生却不为所动。我们不能否认校方在该阶段确实进行了相关的思想政治教育,然而受助生有令不行、有禁不止的行为使得我们不得不追问自己:我们的教育工作是否到位?这些教育方式又是否能被受助生理解和接受?

在社会多元文化的冲击下,我们的大学生在认知上有了一些变化。他们不要再听专制的教训,也不要填鸭式的宏论,要的是可以信服的说理、生动活泼的例子、循循善诱的教导和一对一的零距离交流。他们的这些变化给想以资助工

作为平台进行思想政治教育的我们提出了更高的要求。我们的思想政治教育不应只是提醒、强调,而应是围绕"励志、感恩、诚信"主题开展的情景模拟主题班会、专题辩论赛、"榜样的力量"巡回演讲、个人事迹报告会、阳光谈心一小时等多样形式的综合体。

3. 高度重视心理疏导

在上述对受助大学生存在的主要问题的成因分析中,不难看出,自卑、自闭、抑郁、焦虑、虚荣、敏感、自我等精神问题和心理障碍是导致受助大学生问题频发的重要原因。如果得不到及时的疏导,随着时间的推移,上述问题很有可能转化为根深蒂固的心理顽疾,以至于动摇他们的信念、侵蚀他们的意志,进而形成错误的价值观和人生观,最终贻误终身。

因此,在资助工作中,除了对贫困大学生进行常规的教育外,还应关注其心理健康。通过真诚、深入的交流来卸下他们的防备,从而以心交心地了解到他们的心声,并分类给以心理疏导。必要时,应转送至所在高校的大学生心理健康教育中心,通过心理专家的专业辅导和治疗达到更好的心理疏导效果。

4. 营造良好社会氛围

大学是社会的一个缩影,消极的社会氛围必然会给予高校大学生以坏的影响。反之,积极的社会氛围定能使大学生从中受到良好的熏陶和正面的影响。鉴于发生在受助大学生身上的一些问题,我们的社会应发挥其大众传媒的宣传功能和舆论导向性。通过电视、广播、网络等进行"励志、感恩、诚信"的相关宣传,对正面的行为予以倡导和弘扬,对负面的行为予以否定和批评,从而形成健康的道德评价体系,营造良好的社会氛围,同时弱化"施恩索报"观念,强化"施恩勿念"观念。

5. 完善资助管理制度

以制度的约束力来规范贫困大学生在资助工作中的不良行为,是大学生良好品质健康发展的必要保障。不可否认,我们的高校学生资助工作在管理制度上还存在着有待完善和提高的地方,例如对"贫困"的认定不准确、对诚信缺失的惩罚不到位、受助大学生权利义务不对等、评定程序欠公平等。

对此,我们可以从以下几方面加以完善:①建立贫困生诚信档案。考核贫困生过去、现在的诚信状况,并作为其下一次参与资助申请的评定条件;②完善贫困生赏罚机制。对于诚信守纪的学生给予一定的评定加分,而对于弄虚造假的学生除一票否决其申请资格外,还应在其他方面给予严惩;③落实受助大学生的权利义务对等。变受助大学生对资助金的"等、靠、要"心态为"交换、对等、争取"的心态。在受助前、中、后阶段通过给受助生安排各类爱心任务和公益活动来加强他们的责任感和对义务的承担意识。

三、结束语

国家对高校贫困生的资助政策是保证学生平等地享受高等教育并解除其后顾之忧的一项利国利民的政策。一系列事实显示,该项政策对于目前缓解贫困大学生读书难问题确实起到了重大作用。然而由于社会多元文化的冲击、部分贫困生自身的心理问题以及资助体系客观存在的漏洞导致部分受助大学生自暴自弃、不思进取、不知恩、不感恩、弄虚作假、背信弃义的现象时有发生,在干扰了资助工作科学、可持续发展的进程的同时,也使得"资助"与"育人"目的发生了一定程度的背离。

事实上,育人是资助工作的灵魂。在开展高校资助工作时,不能仅仅只是将钱发到学生手中,而是要充分发挥高校资助工作的育人功能,力求做到在经济上帮扶学生,在思想上教育学生,在精神上培育学生,最终促进受助大学生成长成才。

鉴于此,多方位加强高校学生资助工作中的思想政治教育显得紧迫而重要。为达到资助与育人并重的目的,我们在资助工作中应做到准确把握教育时机、合理创新教育形式、高度重视心理疏导、营造良好社会氛围、完善资助管理制度。相信随着思想政治教育的不断加强和完善,高校学生资助工作最终能实现"资助"和"育人"的双赢。

闲暇教育在高校思想政治教育工作中的作用研究

刘凯

(武汉纺织大学党委宣传部)

大学生闲暇教育是通过帮助和引导大学生科学、合理地安排闲暇时间,形成良好的时间管控观和闲暇时间安排习惯,从而提高大学生闲暇时间的生活质量,以期提升大学生全面发展水平。它包括四个层次的内容:一是建立丰富的校园多载体的文化资源;二是培养大学生科学、合理的时间管控观和健康有益的兴趣和爱好;三是丰富大学生闲暇时间进行有益活动的理论知识;四是提高大学生闲暇时间从事有益活动的能力和技巧。

高校思想政治教育在高校人才培养中担负着重要的作用,在大学数千年的历史发展中一直处于基础性地位。目前我国高校思想政治教育存在实效性不高、载体匮乏、创新度不够等诸多问题。因此,我们需要创新地在闲暇教育中融入高校思想政治教育,进一步完善大学生知识体系结构,提升大学生社会化水平,同时这也是培养大学生创新能力的一个途径。

一、闲暇教育和思想政治教育有共同的本质,同源共生

闲暇教育和思想政治教育在本质上都是为了人的自由而全面发展。人的自由而全面发展是一个人自身能力的充分体现,是人的自由性的充分发挥,也是我们竭力发展的共产主义社会最高纲领的重要组成部分。这是闲暇教育的出发点和落脚点,同样也是思想政治教育工作的出发点和落脚点。

马克思将人的发展概括为三个阶段:"人的依赖关系(起初完全是自然发生的)""以物的依赖性为基础的人的独立性"和"建立在个人全面发展和他们共同的社会生产能力将成为他们的社会财富这一基础上的自由个性"。他认为人的自由而全面发展不是一蹴而就的,是一个逐步实现的过程。在这个过程中,大量的闲暇时间需要被发掘和利用,闲暇时间不能仅仅用来娱乐和休闲,需要在个人自身发展上来体现其价值,促进大学生更快更全面地成长。

二、闲暇教育与高校思想政治教育相辅相成、互为补充

法国社会学家福勒斯代说,生活方式中最主要的内容就是闲暇时间,一个人的闲暇生活方式就是他的生活方式。人正是在闲暇活动中,满足自己的需要,体现自己的个性,实现自我肯定,得到自我表现的。毫无疑问,随着社会的进步,在21世纪,人们的闲暇时间会越来越多。有人估计那时可能会实行每周3天工作制。如何使生活变得有意义,使身心保持健康,很大程度上取决于我们今天的闲暇教育观。

越来越多的闲暇时间如何去发掘和利用的问题困扰了很多大学生,同样也困扰了高校教育工作者。闲暇教育蕴含着丰富的德育资源,可以为高校思想政治教育工作提供一个延伸的平台。日本学者福武直博士说:"闲暇时间应当用来提高文化水平,增加社会和政治事务的兴趣,最后获得从追求暂时的消遣中解脱出来的幸福,使生活真正富有意义。"高校思想政治教育工作者应该充分重视闲暇教育,积极创造适合有效利用闲暇教育提高高校思想政治教育工作的温床,使得高校思想政治教育工作具有闲暇性这个易于接受的特点,同时也使闲暇教育具有高校思想政治教育的规范约束性。

高等教育的基本职能是为大学生提供走向社会现实、走向未来的理论和能力上的准备,一开始就包含生产生活方面的内容,也同样包括闲暇教育方面的内

容。思想政治教育作为高等教育德育育人的重要方面,不能仅仅是课堂说教、冗长乏味的理论灌输,这样难以使大学生接受,也缺乏良好的互动和亲切友好的交流。今天的社会,人们为什么愿意花钱购买"教育服务",可以认为是受教育者正在从谋生型的"求学、就业"转向为提高个人全面发展的"学习和生活"。思想政治教育要在其中起到重要的作用就需要借助多载体的校园文化资源,利用大学生信息资源获取渠道多样化的特点,加强网络舆论的正面引导,充分调动和发挥网络环境中积极因素的作用,积极营造大学生良好的心理环境,大学生健康的心理更易于接受思想教育并内化为自己的信念,外化为自己的行为。只有如此,思想政治教育的作用才能发挥出来,起到教育人、引导人、塑造人的作用,达到"润物细无声"的效果。

同时,闲暇教育的自由本质需要与思想政治教育相补充,并在一定程度上要求思想政治教育来规范和约束人们的闲暇生活。进入大学之后,大学生脱离了父母的监督,容易对自己放松要求,丰富多彩的世界又对大学生开启了重重诱惑。他们对于可自由支配的闲暇时间经常感到不知所措,或对闲暇价值认识不够,或无视闲暇生活的价值,从而无目的、无效益地打发闲暇生活,造成"闲暇消极";或没有主动地把握闲暇时间,被动地期待着教师和其他同辈群体填补他们的闲暇时间,造成"闲暇贫穷";或在闲暇时间的活动中,如阅读、上网、交友、娱乐等方面出现各种与学生角色产生偏差的行为,个别的甚至因为闲暇生活中的失足或堕落,走上犯罪道路,造成"闲暇犯罪"。因此,思想政治教育工作者要对大学生进行时间管控观的教育,提高其时间管理和控制能力,使其能够科学、合理地分配闲暇时间。

闲暇时间的本质是自由的,但自由并不意味着放纵、无约束或无视一个人在闲暇中对自己、对他人和对社会所负的责任。自由时间是自主的时间,也是检验道德和伦理判断的基础。换言之,人们闲暇的方式必须在伦理规范的范围内,任何人都必须对自己的闲暇行为负责。著名教育家杜威曾说过:一切能发展有效地参与社会生活的能力的教育都是道德的教育,这种教育塑造一种性格,不但能从事社会所必需的特定行为,而且对生长所必需的继续不断地重新适应感到兴趣。

闲暇教育与高校思想政治教育是相辅相成的关系,闲暇生活离不开思想道德的约束,同样思想政治教育离不开自由、自主的闲暇生活和闲暇教育。

三、良好的闲暇教育能充分调动大学生的主观能动性,提升其创新力

闲暇是人生命中不可或缺的构成部分。大学校园的闲暇时间对大学生而言是一柄双刃剑。一方面,为其个性的充分、自由发展提供了时间和空间上的可能;另一方面,大学生的闲暇生活有很强的自由性和盲目性。若是缺乏合理的引

导,不仅不利于大学生自身的全面发展,甚至会影响到社会的和谐稳定。大学生是社会中最具活力、最富有希望的群体,是推动民族进步、促进社会发展的重要资源和后备力量。伟大领袖毛泽东曾经说过:"你们是早上八九点钟的太阳,世界是你们的,也是我们的,但终究是你们的。"良好的闲暇教育能充分调动大学生的主动性、自觉性和积极性。有调查显示,超过35％的大学生希望能科学、合理地分配自己的闲暇时间,认为闲暇教育非常重要,希望能通过闲暇教育提高自律性和自主创造性,促进自己全面发展;超过50％的大学生表示闲暇时间是盲目和慵懒状态。这表示超过一半的大学生还没有充分意识到闲暇教育的重要性和其对个人全面自由发展的重要意义,需要思想政治教育工作者提供良好的闲暇教育引导,提供丰沛的教育资源,引导大学生树立正确的闲暇价值观和终身教育理念,形成良好的闲暇心态,培养学生有价值地利用闲暇时间参与闲暇活动的习惯和技能,从而提高闲暇生活质量,发展创新思维和能力。

个性的自由而全面发展是创新人才培养的重要特征,是创新人才成长的基础,也是现代教育追求的目标。良好的闲暇教育以一种自由开放的方式,让大学生在自主接受教育的同时又有选择地根据个人兴趣和爱好发展其特长,促进创新力的提升。社会发展的历史表明,几乎人类所有的发明创造都与闲暇有关。如英国剑桥大学校园中流行"下午茶",以独特的形式让师生们在自由、放松、随意、平等的气氛中进行交流,激励师生们迸发灵感、碰撞思想。因此有人笑称,是"下午茶"喝出了英国众多的诺贝尔奖获得者。

良好的闲暇教育主要通过方向引导、典型示范、专门施教的方法来实施。表现为大学生在兴趣和爱好的引导下,借助阅读、欣赏、实践活动等多种形式,开阔视野,提升内涵;利用典型的力量增强大学生克服自身惰性等不利因素的动力;通过专业的闲暇教育来为不同类型的大学生提供适合自身条件的教育,鼓励大学生自己发现问题、分析问题、解决问题,让学生的自主性和潜能得到充分的发挥,面对失败的抗挫能力得到加强,创新精神和创造能力进一步提升。

闲暇教育关系到大学生的健康成长,关系到高校思想政治教育实施的效果,高校应提高对闲暇教育的认识,创建闲暇教育的环境,丰富闲暇教育的资源,着力培养大学生闲暇生活技能,加强对大学生闲暇生活的引导,重视发挥每一个大学生的自主能动性,形成良好的闲暇生活习惯,从而真正使闲暇教育成为课程教育无法替代的一个亮点。

加强"90后"大学生思想政治教育的新视野

刘广兵

(湖北师范学院)

随着高等教育的发展,备受社会关注的"90后"大学生已经成为在校大学生的主体。"90后"大学生出生于20世纪90年代,成长于中国经济快速发展、网络文化广泛传播、社会转型期加速的环境中。"90后"大学生具有对新生事物敏感、个性张扬等鲜明的特征,但同时也存在价值取向偏差、抗压能力弱等消极现象,因此,必须认真分析和研究"90后"大学生的思想和心理状况,寻找行之有效的教育方法。本文尝试将心理契约理论引入"90后"大学生思想政治教育中,从新视角探寻加强"90后"大学生思想政治教育的新思路与新对策。

一、"90后"大学生思想特征分析

"90后"大学生成长于社会大发展大变革时期,面对社会转型中的不确定因素,只能依靠他们尚未成熟的心理来承受,在不断承受各种不确定因素所带来的阵痛中逐渐成长成人。"90后"所有的优点和缺点,几乎都不是他们主动获得,而是被获得的结果。被"抱大"的一代,被"宠坏"的一代,被"三聚氰胺"的一代,被"忽悠"的一代,被"应试"的一代,被"河蟹"的一代,被"酱紫"的一代,被"希望"的一代……总之,这是既被"骂杀"同时又被"捧杀"的一代。"90后"大学生呈现出鲜明的特征,他们是"优点突出,缺点明显"的"矛盾"的一代。

1. 主体意识明确,集体意识缺乏

绝大多数"90后"大学生是独生子女,在自然家庭中备受关怀呵护,养成了极为自我的主体意识。"90后"大学生在各方面都彰显出鲜明的个性特色,喜欢新颖、有个性的事物,从外表衣着、兴趣爱好都追求独树一帜,表现与众不同。网络普及程度的提高也给"90后"提供了展示自我的平台,他们对主流文化认同感淡化,推崇"非主流",与之前的"70后""80后"不同,"90后"特别重视张扬个性,不盲从大众潮流,追求符合自己的生活方式。"90后"大学生对集体与国家的关注呈下降的趋势,团队合作方面较少表现出谦和礼让、缺乏集体主义观念,协作能力和团队意识不强。

2. 创新思维活跃,受挫能力弱化

受到正规的教育和发达、新兴网络媒体的影响,"90后"大学生从小都受到系统的教育,无论是社会环境和家庭环境都在创造着良好的学习氛围。使"90后"比1960、1970年代的人更见多识广。他们思路开阔,不安于循规蹈矩,他们聪慧敏捷,处于广泛涉猎各种新知识新能力的年龄段,在对外界事物保持强烈好奇心的同时,接受新生事物的能力也强,"90后"大学生学习能力强,接受新事物快,富有创新精神。"90后"大学生在备受宠爱的环境中长大,大多形成了以自我为中心的处事风格,受挫能力差,缺乏吃苦耐劳的精神成为绝大多数"90后"大学生的通病。有关"遇到挫折心态"的调查表明:大多数"90后"大学生心理素质偏弱,抗压能力明显不足,有72.3%的人表示在遭遇挫折后,心理会留下阴影,甚至有5.1%的人表示会因此一蹶不振。

3. 民主观念强烈,享乐主义泛滥

随着我国经济社会的发展,民主和法制不断健全,人民的民主意识不断增强。加之近年来社交网络等新兴媒体的兴起,"90后"大学生在这种环境的影响下,"90后"大学生思想中逐渐树立起民主观念与平等意识,他们的民主法制观念及维权意识更强,他们渴望在学习生活等领域中充分行使自己的民主和权利。他们更加倾向于以利益主体的视角审视个人与家庭、学校、社会的关系,其强烈的民主观念与传统的思维、制度发生碰撞和冲突。由于受市场经济负面效应及西方拜金主义的影响,有些"90后"大学生片面地将金钱看作自身价值实现的重要标准,过分沉溺于享乐主义的漩涡,片面追求物质享受。

二、心理契约及其在"90后"大学生思想政治教育中的功能

1. 心理契约的内涵

"心理契约"是美国管理心理学家施恩教授提出的一个概念。他认为,心理契约是"个人将有所奉献与组织欲望有所获取之间,以及组织将针对个人期望收获而有所提供的一种配合。"也就是说,心理契约是指个人与组织间因相互期望而形成的一种非书面协议的心理共识。心理契约双方相互间有明确的期望。这些期望越合适,吻合水平越高,契约的力量就越强大,就越能形成令人满意的相互关系。

2. 心理契约在"90后"大学生思想政治教育中的功能

契约精神是现代法治社会和经济社会的基本特征,只有契约才能使现代社会建立所有人都平等互信的有效保障机制。心理契约是建立在双方对契约精神认同基础上的,大部分"90后"大学生具备较强的民主观念与主体意识,对于心理契约有较强的认同。心理契约在"90后"大学生思想政治教育中的功能体现

在以下方面。

(1) 导向功能。在"90后"大学生思想政治教育中,一旦"90后"大学生与教育者或高校之间形成了和谐的心理契约,必将产生一种巨大的精神推动力,促使"90后"大学生把自己的行为集中到促进既定目标的实现上来,这种内化为奋斗动力的精神将起到一种目标导向作用。

(2) 凝聚功能。大学的育人目标和"90后"大学生个性心理的特殊性,决定了"90后"大学生更加注重自我价值的实现,具体表现为:在大学或教育者与大学生之间达成的一系列有效的在未来相互依赖的共同信念,这种信念主要建立在情感因素和对未来价值认同的期望基础之上。这种心理契约一旦得以建立维持,能使学生和学校一道为实现自己的目标而努力奋斗,而不会轻易违背和脱离彼此的心理契合,从而发挥凝聚功能。

(3) 激励功能。心理契约对人的行为驱动具有一定的解释力。"虽然它(心理契约)并没有写明,却是组织中行为的强有力的决定因素。"国家以及社会对于"90后"大学生的教育并未在正式的文本契约中明确"90后"大学生需要回报父母及社会,但并不意味着"90后"大学生不需要履行相应的义务,这些内容在很大程度上是依靠心理契约来相互约定的。正是这种相互约定的共同信念将成为激发奋进的动力,并为实现这些信念而倍加努力。

(4) 整合功能。心理契约在"90后"大学生思想政治教育中的整合功能主要体现在两方面:一是合作关系的整合。当大学生和学校或教育者之间的这种合作关系难以维持时,建立和谐的心理契约可以调整"90后"大学生的行为朝着有利于合作关系的方向稳步健康发展,自觉地限制有损于合作关系的行为发生。二是交换关系的整合。由于心理契约建立在双方相互期望的基础上,在如何整合这种交换关系时,心理契约就起到了有效的调节作用。学校或教育者寄予了对"90后"大学生成长成才的期望,大学生需要以自己将要付出的勤奋学习并获得优异成绩的诚信做保证,过高的期望将导致交换关系的冲突,只有双方达成了和谐的心理契约,才能形成融洽的关系和相互的信任。

三、运用心理契约理论加强"90后"大学生思想政治教育相关策略

1. 强化诚信观念,提高"90后"大学生的责任意识

心理契约讲求契约精神,其真谛就在于契约关系所蕴涵的自由、平等、权利等一系列规则。这些规则最大限度地反映了人们的一种行为模式和价值取向,从而转化为人们的一种内在精神。而这种精神恰好体现了现代诚信的理念,为现代诚信的构建提供了最为有力的精神支撑。诚信是道德的基石,"90后"大学生讲究诚信且具备强烈的责任意识,是提高其文明素养的必要过程。

高校要在思想政治理论教育过程中突出学生的思想道德教育,尤其是诚信教育的地位,把诚信教育贯穿到思想政治教育的全过程,从"90后"大学生的学习和生活实际出发,帮助其树立责任意识、道德意识、法律意识、合作意识等。同时,既要列举典型事例,增强他们的道德认同感,也要列举一些失信现象及造成危害的反面教材教育他们懂得诚信做人,没有诚信将无法立足于社会,最终被社会所淘汰,进而提高"90后"大学生的诚信道德觉悟,激励其诚信道德情感,促使其诚信行为的实现。

2. 重视励志教育,增强"90后"大学生的进取精神

自立自强是一个现代人必备的素质。"90后"大学生不能永远生活在"唯我独尊"的世界里,终有一天要走出学校,独立面对社会,谋取生存和发展。思想政治教育要重视"90后"大学生自立自强精神的培养,对其进行励志教育,帮助其树立昂扬的斗志,勇敢地接受生活的考验。

美国心理学学者 Kickul 和 Lester 对已有心理契约雇主责任的分析提取出了两个因素:外在契约和内在契约。内在契约涉及雇主所作的与员工工作性质有关的承诺。内在心理契约是一种自我激励,它必须在自我了解、自我观察、自我评价、自我反思的基础上进行,只有自己对自己有一个清醒的认识,知道自己在成长中存在什么问题,才能提出对自己的新要求,然后自己和自己约定,想出解决的办法,改变自己的行为,这样才能形成自我心理契约。"90后"大学生只有更好地认识自我才能形成正确的内在契约。"90后"大学生正处于世界观、人生观、价值观形成的关键时期,基本上都是独生子女,普遍存在着心理承受能力弱、抗压和受挫应对能力差的问题。面对此种形势,一是通过细致的思想教育,帮助"90后"大学生看到自己的优势,正视自己的不足;二是通过鼓励"90后"大学生根据自己的兴趣特长参加各种活动,来帮助"90后"大学生挖掘自身的潜力,建立自信,树立积极进取的精神。

3. 激发感恩之心,塑造"90后"大学生的健全人格

高等教育的作用在于塑造对社会有用的人才,而塑造人才的最终目的是造福社会。对"90后"大学生进行感恩教育,激发其感恩之心,不仅是对其精神质量的优化,更是对社会的"反哺",从而使"90后"大学生与社会之间建立起一个良性的循环教育机制。

由于"90后"大学生思想政治教育中心理契约具有不同于一般契约的特性,其心理契约主要是关系型而非交易型。大学生在内在需要上更侧重于精神满足和情感关怀而非物质获得,只有尽可能地从情感投入和人文关怀的角度来实施激励措施,才能增进学校或教育者和学生之间的信任,才更利于激发大学生内心深处的内在潜力、主动性和创造性,达到预期的激励效果。思想教育工作者一方

面要从增强社会责任感的角度,来帮助"90后"大学生充分意识到社会关爱的难能可贵;另一方面,要从人尽其才的角度,鼓励"90后"大学生发挥自己的才干和作用,为社会、为他人作出应有的贡献。作为"90后"大学生自己,通过回报社会,回报国家,也能感受到自己是对社会有用的人,从而从中得到一种自豪感和满足感,有助于健全人格的形成。

从研究生群体的异质性特点看如何加强研究生思想政治教育

项 超

(湖北师范学院研究生处)

近些年来,随着研究生招生规模的持续扩大和研究生教育的发展,如何做好研究生思想政治工作已成为突出而紧迫的问题。研究生具有自己的群体特点,这种特点主要表现在研究生内部存在各种差异,从而表现出研究生群体的异质性。如何做好研究生思想政治工作对于研究生培养来说就显得非常重要,本文从高校研究生群体的异质性特点出发就如何加强研究生思想政治教育作了如下探讨。

一、当前研究生群体的异质性特点

随着高校研究生扩招政策的实施,研究生的数量不断增加。研究生在逐渐成为高校科研力量的同时,也形成了一个相对特殊的群体,与以往的研究生相比,当前的研究生不仅数量多,而且其群体特征也与以前有所不同。与本科生相比,当前研究生群体最大的特点是:群体内异质程度高,主要体现在以下几个方面。

(1)年龄层次和学位层次差异。与本科生不同,同一届的研究生年龄跨度往往很大,从20岁直至40多岁的都有。研究生中又有硕士研究生与博士研究生的学位层次之分,其中不少硕士研究生的年龄比博士研究生还大。

(2)就读类别差异。研究生就读类别中有保送生、通过全国统一的研究生招生考试而考取的公费生、自筹经费的研究生、定向生、委托培养生等,此外很多高校还有专业学位的研究生,如师范类的教育硕士生、农业类高校的农业推广师等。

(3) 婚姻状况差异。目前就读的研究生包括未婚的、已婚的,也有离异的,其中还有相当多是已婚并有子女的,也有不少研究生在读研期间成婚。在已婚的研究生中,还有不少是双研究生,即夫妇均是在读的研究生,甚至是同一个学校同一学院的研究生。对于从外地考来的已婚研究生,他们在读研期间要面临两地分居之苦。未婚的研究生中有些是性格内向孤僻者,对于男女交往缺乏经验,其中不乏渴望爱情婚姻而又屡屡碰壁者。

(4) 学科背景差异。首先是文理差异。其次,即使同为理工科或同为文科的研究生,也因为其专业不同而差异很大。"隔行如隔山",特别是从事学术前沿研究的学科,差异尤其明显,由此也导致了兴趣爱好等方面的差异。对于同一专业的研究生,有的由于工作经历而积累了一定的经验,有的则是刚入门,尤其是那些从应届生中考入的研究生。

(5) 生源差异。除了本科阶段就读本校的研究生外,跨校考取的研究生也占有一定比例。有的学校还有来自港澳台和国外的研究生留学生。我们将其称为"本地生"和"外来生"。本地生对学校比较熟悉,对公寓管理与服务等均有所了解和体会,而外来生则需要一个熟悉的过程。

(6) 学习工作经历与家庭背景差异。除了一直在学校读书的学生考取研究生外,受"考研热"和"考博热"影响,当前不少科研院所、党政机关工作人员、企事业单位的管理者与职工也纷纷加入到考研大军和考博大军的行列。在就读的研究生中,既有一直在学校学习的"学生型"研究生,也有工作经验丰富的"经验型"研究生,不少研究生入学前在原单位已经是领导和本专业的专家。就读的研究生的家庭背景也有差异,不少研究生家境困难,就读研究生有经济上的压力。尤其是在自费研究生比例加大的形势下,继续读研相当于又上了两三年的大学本科,这对那些家境困难的研究生而言是个沉重的负担,也给他们的心理带来了压力,有的研究生甚至对住宿费的缴纳都颇感困难。

(7) 政治面貌、信仰差异。当前就读的研究生政治面貌中有中共党员、共青团员、群众,其中也不乏民主党派的研究生。在读研究生的信仰也有差异,个别研究生因家庭原因信仰耶稣基督教。

这些研究生群体内的差异,给当前研究生思想政治教育工作提出了更多更高的要求,即在开展思想政治工作时必须充分考虑到研究生各方面的特点,有针对性地开展各项具体工作。

二、加强研究生思想政治工作的具体措施

加强研究生思想政治工作应该始终坚持"以人为本",结合具体的日常工作来开展。具体来说,应该着力加强以下 5 个方面的工作。

1. 加强研究生思想政治工作必须始终与研究生党建工作相结合

研究生党支部是研究生思想政治工作的坚实阵地,也是研究生思想政治工作的重要力量。研究生党支部要加强对党员研究生的教育、管理和监督;要定期组织他们学习党的路线、方针、政策,努力提高他们的思想政治觉悟,增强他们的纪律观念;了解学生的思想状况和思想情绪,反映学生的意见、要求,做好他们的思想工作;积极正确地引导他们树立正确的马克思主义价值观、人生观和社会观,将研究生党建工作与学习、科研、时事、生活联系起来,同时树立典范,培养一批优秀研究生党员,把这项工作作为研究生党建工作的一个重要任务。

2. 加强在校研究生思想政治工作必须充分发挥研究生导师的作用

与本科生相比,研究生与导师接触较多,因此,研究生导师是研究生思想政治工作的核心力量,我们必须充分发挥导师教书育人的作用。导师处在教学、科研的第一线,对研究生的成长起着重要的指导作用。导师不仅要传授科学文化知识,而且还应该引导研究生树立正确的政治观点和进行思想品德教育,经常了解研究生的思想政治情况,引导他们端正学习态度,鞭策他们刻苦努力学习,勇于创新,努力塑造研究生的人格品质。

3. 加强研究生思想政治工作需要建立一支高素质的研究生辅导员队伍

研究生辅导员是研究生在其学习生活过程中除了导师之外接触最多的教师,也是研究生思想政治工作的主要实施者和落实者,他们素质的高低直接决定了其工作能否顺利开展。从工作方法上说,辅导员应把握研究生群体和个体的不同特征,"以人为本",增强工作的针对性和人性化管理。研究生在整个国民教育中属于比较高的层次,其学识、思想等都比较成熟,一般说教的效果欠佳,应坚持相互尊重、相互理解、相互关心的原则。忌说教、重交互;忌空泛、重具体;忌居高临下、重平等交流。

4. 加强研究生思想政治工作要努力与研究生专业学习相结合

研究生与本科生的主要不同还在于学习方式的不同。研究生专注于专业的学习,培养提高其学术兴趣和科研能力。在研究生思想政治工作中,将文化、科技与民族的发展紧密联系起来,鼓励研究生求真务实地学好专业,努力以学术配合思想政治,加强学风与学术道德建设,积极探索思想政治工作与专业学习结合的新途径。

5. 加强研究生思想政治工作需要充分发挥研究生会等学生组织的作用

研究生自我教育是加强研究生德育工作的一个重要方面。研究生会要根据研究生文化水平较高、基础知识比较完备、独立思考能力和民主参与意识较强的特点,在教育者与受教育者之间建立一种平等、尊重、民主的双向互动的交流关系。研究生会要开展有意义的活动,这些活动能够符合研究生的实际,根据大家的需求,鼓励研究生积极参加,可以很好地提高研究生的凝聚力和向心力,这是开展思想政治工作非常必要的环节。

加强研究生思想政治工作是高校各级党组织工作的重要组成部分,各高校党组织应站在时代与历史的角度,高度重视研究生思想政治教育工作的切实开展,努力营造高校全员育人的良好氛围,不断开创高校研究生思想政治工作的新局面。

大学思想政治工作中学生主体地位的确立及对策探讨

李桂林

(武昌理工学院艺术学院)

《中共中央国务院关于进一步加强和改进大学生思想政治教育的意见》中明确指出,所有高校的思想政治工作都要"坚持以人为本,贴近实际、贴近生活、贴近学生,努力提高思想政治教育的针对性、实效性和吸引力、感染力,培养德智体美全面发展的社会主义合格建设者和可靠接班人"。这一政策要求在一定程度上确立学生在大学思想政治工作中的主体地位。

一、大学思想政治工作中学生主体地位的确立

作为大学思想政治工作中的重要参与对象,大学生有必要并且必须成为思想政治工作的主体,这是大势所趋,也是大学思想政治工作走出当前困境的必然选择。

1. 市场经济对人才提出了更高的要求

市场经济步入知识经济时代,对人才的要求也越来越高。作为人才的中坚力量,大学生除要掌握过硬的技术本领之外,更要具备良好的个人素质,其中,良好的思想道德素质首当其冲。

2. 大学思想政治工作需要注入新鲜的血液

思想政治教育工作作为交互性非常强的一项工作,在大多数高校却被硬化。主体和客体的单调化与分离,使思想政治教育工作不能达到对客体进行思想改造的目的。

此外,高校在开展思想政治工作的方式方法上也存在问题。长久以来,高校思想政治工作的实施方式就是灌输。学生一直是在被动地接受教导训诫,没有判断与选择的机会,导致大多数大学生缺乏独立的道德思维行动能力;另一方面,大

学思想政治工作的主旨偏离正轨,大多数的思想政治工作被演化为"束缚人、约束人"的工作,对学生的压服现象严重。在这种情况下,大多数学生对思想政治教育工作失去了兴趣甚至产生抵制心理。大学的思想政治工作需要新思想的融入。

3. 大学生思想先进思维日臻完善

一方面,在经济全球化的影响下,各国之间的经济贸易往来日益频繁,文化传播的速度也随之加快,另一方面,作为第四媒体的网络强势崛起,并成为大学生与外界沟通的主要工具,在这两方面的双向引导下,大学生作为接受新生事物的敏感群体,其思想变化日新月异,自我意识不断膨胀,新思想丛生。这为大学生成为大学思想政治工作中的主体奠定了基础。

从大多数高校对以学生作为思想政治工作的主体的实践情况来看,大学生的主体地位的确立是正确的。它有效地激发了学生参与思想政治工作的积极性、创造性和主动性,使学生自我管理、自我服务、自我激励的意识不断增强,同时,学生通过参与思想教育对自我能力有了一个较为清晰的认识。

二、确立学生主体地位的对策

确立学生主体地位的最有效的途径是让学生在思想政治教育工作中产生归属感,并具备主人翁精神。这就需要高校思想政治教育主管部门适度放权,并不懈创新。

(一)赋予"两课"新的教学内容和教学模式

所谓赋予"两课"新的教学内容和教学模式,即改变学生在课堂上的被动地位,使学生主动参与到教学过程当中。

1. 改变教学形式

变填鸭式的教学形式为启发式、疏导式、讨论式三者相结合的教学形式,充分调动学生在上课过程中的积极性。

2. 教学内容添加职业色彩

"两课"理论性的内容偏多,而且教学内容与初中、高中时候所学的内容多有重复,无法激起学生的兴趣。教师可以在教学过程中适当地穿插与学生所学专业有关的职业道德教育,并援引具体事例进行讲解,增加教学内容的实用性和趣味性。

3. 改变传统的考试模式

传统的对"两课"的考核多是笔试,笔者的建议是将笔试转变为笔试和口试相结合、客观卷与主观卷相结合、闭卷与开卷相结合的考试形式,在这种检验方式的催促下,学生可以形成对思想政治教育相关内容进行思考的习惯。

(二)创新思想政治工作渠道

思想政治工作与校园文化建设、精神文明建设有着千丝万缕的联系,所以高校可以将思想政治工作渗透到精神文明建设的相关工作当中,使思想政治工作变得多样化,蕴含趣味性,扩大学生参与的范围,带动学生参与的积极性,引导学生自发组织相关活动,充分发挥学生作为思想政治工作主体的领导作用,此外,随着网络的普及,网络成为服务于思想政治工作的又一重要工具,思想政治工作除做好线下工作之外,还需要充分利用网络开展个性化的思想政治工作。

1. 将思想政治工作放到全面育人的大局中去

无论是文明宿舍、星级教室的评比,还是各种社团组织的各式各样的活动,或是各种征文比赛、主题班会、辩论赛、假期实践活动,都是高校思想政治工作的一个缩影,它在促进树立和倡导讲文明、讲责任、讲道德的校风的同时,也在一定程度上以一种别开生面的形式开展了思想政治工作。而上面所列举的活动大多是学生自行组织策划的,这与确立学生在思想政治工作中的主体地位不谋而合。

2. 创新载体,发挥网络的作用

伴随着网络的发展和普及,网络成为继电话之后人们交流沟通必不可少的工具。这也为高校思想政治工作开辟了新的途径,高校可以以网络为载体,通过开辟校园信息网,扩大思想政治工作的覆盖面。借助网络,学生可以自发组织网上谈心、问题讨论等活动。此外,思想政治工作领导机构可以借助网络高度个性化和自由化的优势,实行个别化教育。

大学思想政治工作中学生的主体地位已经被广大高校认可,但是由于这样那样的主、客观问题的存在,这一问题实践起来还有一定难度,还需要对实现学生在大学思想政治工作中的主体地位这一课题进行深入研究,在引入新方法、新思想的同时不断进行大胆尝试。

加强大学生环境道德教育的思考与认识

高伟丽

(湖北武汉东湖学院思想政治课部)

一、对大学生开展环境道德教育的必要性

目前可持续发展的浪潮正席卷全球政治、经济、文化各个领域。环境问题正在世界范围内得到广泛关注,随着社会进步和环境教育的发展,人们逐步认识到人类与未来的关系集中体现了人与环境的关系,人类文明的历史也是人类与环

境相互关系的历史。

众所周知,环境保护是我国的一项基本国策,而环境道德教育则是贯彻基本国策的基础工程,是实施环境保护工程的重要环节。保护环境是现代公民最起码的道德要求,环境道德建设更是德育教育的重中之重。强化环境道德教育,提高大学生的环境意识与保护环境的积极性,帮助大学生掌握环境科学知识与保护环境的技能,对于保护地球是至关重要的。通过环境道德教育,帮助大学生树立环境道德观,尊重生态自然,把保护人类的生存环境、不危害其他物种的生态环境作为道德准则;通过环境道德教育,使大学生建立起科学的环境价值观,对自然资源与环境应当珍惜保护,有偿使用,避免浪费和破坏,从而采取正确的行为取向;在消费方面,要逐步形成低消耗的生产体系和适度消费的生活体系,并且引导大学生选择和支持绿色生产与消费方式,纠正浪费资源和能源、以牺牲环境来换取高额利润等不良行为。因此,只有通过强化环境道德教育,增强环境道德,引导大学生选择善待环境的生活、学习和工作方式,才能真正形成阻止生态破坏与环境污染的强大力量。

环境道德教育,是指一定的社会为了使人们在生态活动中遵循生态道德行为的基本原则和规范,自觉履行维护生态平衡的义务,有组织、有计划地对人们施加系统的生态道德影响的一种活动。也就是借助教育手段使人们认识环境、了解环境问题,以提高人们的环境意识为目标,促使人们在获得环境知识的同时,提高环境素质。由此可见,环境道德教育主要致力于培养、提高人们的环境道德意识,有助于将环境要求转化为人们的自觉行为。高等院校肩负着为国家建设培养高层次科学技术人才和国家所需的各行各业的建设者和管理人才的重任,因此,对大学生进行环境道德教育,是可持续发展的现实需要。高等院校应当把环境道德教育作为素质教育的一部分,培养大学生的环境意识和可持续发展的观念。要引导大学生树立可持续发展伦理观,正确认识影响当代环境问题的两类矛盾:人与自然的矛盾,以及人与人之间的矛盾。同时还强调一种公平思想,既重视代际公平,又重视代际内公平。每一个大学生无论学什么专业,将来从事什么工作,都应当懂得环境科学和可持续发展思想和理论,这对21世纪的现代化建设尤为重要。在人类社会由传统发展模式向可持续发展战略过渡的关键时期,有必要重新审视我们的环境道德教育,尤其是高等院校中的环境道德教育现状、问题和途径。

解决环境问题,除了靠科技、经济和法律的手段之外,还必须努力提高全民的环境意识,尤其是提高当代年轻人的环境意识。因此,对大学生进行环境道德教育就显得非常重要。环境道德教育的根本任务一是提高全民族的环境意识,二是培养环境保护专业人才。在培养环境保护专业人才方面,我们已经建立了较理想的教育体系,而提高全民族的环境意识则属于专业软教育,与人文修养、伦理道德紧密联系,可以作为衡量社会进步和民族文明程度的重要标志。

高等院校在学生培养目标和课程设置上,常常因为强调实用性而忽略了环境道德教育,或环境道德教育仅限于开设报告会或讲座。众所周知,教育的目的在于改变人的思想和行为,高等院校环境道德教育的目的是通过环境科学基础知识的学习以及更长时间的相关学科的教学渗透,使大学生具备掌握环境科学知识和技能,具备掌握环境科学的知识面,具备较强的环境意识,并培养起对待环境的正确态度,从而乐于投身到环保事业中去。

高等院校肩负着为国家建设培养高层次科学技术人才和国家所需的各行各业的建设者和管理人才的重任,所培养的大学生将成为各条战线、各个领域的骨干力量,他们当中的很多人将成为各行各业不同层次的决策者、管理者和实践者,他们能否将国家环境保护的法律法规和政策贯彻落实到自己的工作中去是我国能否逐步走上人口资源、环境、经济协调发展道路的一个重要因素。大学阶段正是一个人的人生观、世界观、价值观不断成熟的时期,可塑性很强,大学生环境意识直接关系着自身环境行为,也影响着其他社会群体的环保行为。不能指望一个没有受过环境教育的决策者能够制定出合理的环境政策,也不能指望一个没有受过环境教育的公众能执行环境政策和解决环境问题。所以,大学生作为同龄人中文化层次较高的群体,理应具备更强的环境意识和环保法制观念,他们肩负着建设国家的重任,肩负着协调人与自然关系的重任,他们中的相当一部分人毕业后将走上各个重要部门,有的还会参与国家政策的制定和重大环境问题的处理,如果他们在学校期间能接受良好的环境教育,充分认识到环境污染的严重性和环境理论的必要性,并培养起相应的素质,就会自觉地将专业学习与保护环境结合起来,积极做好准备为将来投身经济建设、参与环境与发展的协调进步而付出个人的不懈努力。因此,培养具有良好环境素养的大学生是高等院校义不容辞的责任。同时,环境道德教育将直接有益于大学生遵纪守法、勤俭节约、保护环境等优良品质的形成,有利于培养学生的现代生态观、环境成本观和可持续发展观。可以使大学生正确树立人与自然之间的关系,提高自身适应环境、保护环境的能力,以促进人与环境的和谐发展。

二、高等院校环境道德教育存在的问题

环境道德教育的目的是通过对环境科学知识、环境法律法规知识、环境伦理道德知识的宣传教育,增强全民族的环境意识,就是要求人们超越狭隘的短视的利益优先观念,以崇高的境界,把人与自然、社会发展与环境发展融合在一起。

环境道德教育也不同于一般的环境教育。一般的环境教育偏重于知识的传

播和技能的培养,但环境道德教育更侧重于人们环境道德品质的培养。另外,传播环境知识容易使人接受,也有成熟的教育经验和考核指标,但环境道德的培养相比起来难度较大,需要日积月累,而且是个循序渐进的过程,特别是环境道德由他律转化为自律的过程更是如此。

由此可见,环境道德教育是实施高等教育可持续发展战略的突破口与切入点。高等院校只有更新教育观念,改革教育体制,调整教育内容并着重在环境教育的实效性上下功夫,才能真正做到让学生增强环境意识,使他们自觉、自愿地参加环保实践。但从当前高等院校环境道德教育的现实来看,环境道德教育不仅普及程度不够,而且也没有真正落到实处。具体体现在以下六个方面。

(1)部分高等院校尚未认识到设置环境道德教育课程的重要性。环境意识和可持续发展模式的掌握是当代大学生综合素质的重要基础,他们应当为当代人类文明的发展承担起这一新的使命。因此,环境道德教育应该成为高等院校学生素质教育的重要内容和不可缺少的环节,而环境道德教育课程则担负着提升学生的环境知识素养和树立环境道德标准的重任。大多数高等院校尚未意识到开设环境教育课程对于提高全民环境意识的重要性。以湖北省为例,目前湖北省有高等院校112所。据了解,约有一半的高等院校至今尚未将提高学生的环境科学素养列入培养目标之中,尚未将基础的环境教育课程列为所有专业学生(本科、专科)必修的公共课,这些院校的学生,如果在学校中没有受过应有的环境教育,他们毕业后走上社会工作很可能沿袭牺牲环境发展经济的模式工作。这样他们不但不能成为可持续发展战略的自觉执行者,反而可能会成为可持续发展战略的阻力。有的高等院校把以传授简单的环境保护知识为主的教育误认为是在进行环境教育。此外,还存在以下问题:①未设置环境道德教育课程或环境教育培养目标;②教师自身环境意识与能力薄弱,各科教师在教学中视野狭窄,仅着眼于所讲授的学科,不具有把环境道德教育融入到本学科的能力;③在管理上缺乏制度保障,不能调动教师从事环境教育的积极性等。

(2)高等院校有关部门对实施环境道德教育的重要性认识不够,未充分认识到环境教育与可持续发展战略的必然关系。部分高等院校认为环境道德教育只是环保部门的事或是环境教育专业的事,对非环境教育专业的学生来说是可有可无的事情,没有充分认识到环境道德教育与可持续发展战略的必然关系。

(3)部分高等院校领导及教师对如何切实有效地实施环境道德教育尚存在诸多困惑。

(4)相关教材缺乏以及师资队伍不足等。

(5)环境道德教育的核心环节是使大学生形成稳定的保护环境的品德。由于一再强调环境道德教育在知识结构上具有的超强跨学科性,在行为养成上具有强烈的实践性,因而忽略了大学生其他各方面良好的道德品质的加强。

(6)尚未与相关的专业教学结合起来。即使部分高等院校开设了环境道德教育课,但一般都没有充分考虑专业特点,与学生所学的专业未很好地结合。

三、加强大学生环境道德教育的途径与对策

1. 将环境道德教育渗透到学科教育之中,发挥学科教学的育人功能

加强大学生的环境道德教育,首先要将环境道德教育渗透到所有学科中去。因为不同专业的学科教育,虽然在内容上有很大差异,但无论哪一门学科,在不同层次上与人类面临的人口资源、环境和可持续发展问题都有密不可分的联系。环境道德教育并不是要取代其他学科,但它的确是要依赖于所有领域整体对待的问题,包括自然科学、技术科学、人文和社会科学等。每一个领域对整体理解环境都有独特的作用。因此,亟待加强学科教育与环境道德教育的整合。在专业教学中渗透环境道德教育,将学科教育与环境道德教育结合起来,发挥环境多学科、综合性的优势,开阔学生的视野,培养学生保护环境的意识和责任,提高学生解决环境问题的能力。

2. 开设环境道德教育课程

课程教学是实施大学教育的最主要的途径。开设环境道德教育课程则是系统进行环境教育的重要手段。由于各高等院校的环境道德教育发展不平衡,许多高等院校未开设这方面的课程,有些院校即使开设了环境教育必修课或选修课,但在教学内容、教材建设、师资力量等方面尚未给予足够的重视和保证,使环境道德教育未达到应有的目标。根据各高等院校的实际情况,应将环境道德教育课程纳入培养目标教学计划之中,明确课程教学目标及其在专业教学计划中的地位,保证必要的课时和教学内容,使之真正成为大学教育中的重要组成部分。开设选修课是对大学生开展素质教育的一种重要手段,在大学生中开设环境道德教育课程,要考虑到不同专业学生的需求,可以根据校情开设"可持续发展与环境科学""人口学概论""环境保护""生态学概论""生态经济问题""野生动物资源""城市生态学"等课程。在经过精心设计而开设的课程中,有的则是全体学生普遍需要学习的,有的是文科类学生需要学习的,有的则是理工类学生需要学习的。要根据大学生的需要,合理安排教学内容。

3. 开展环境教育主题宣传和实践活动

环境教育不仅理论性强,而且有很强的实践性。通过实践活动,可以丰富大学生的知识,使他们深刻了解环境与经济、环境与社会的关系,了解环境问题的复杂性,同时可培养他们的团队合作精神、与他人沟通的能力以及解决实际环境问题的能力。因此,各高等院校要给学生提供实践的机会和物质、精神上的支

持,在节假日和环境纪念日,组织学生在校内外开展以环境保护为主题的宣传教育活动,或到学校周围的社区进行环境问题社会调查等。

4. 加强师资队伍建设

要对全体大学生进行环境教育,师资是关键。高等院校环境道德教育的开展需要一支很好的师资队伍,要求教师充分了解环境,能够把环境信息与可持续发展概念渗透在所讲授的课程之中,并不断更新教育内容,改进教学方法。教师要具有可持续发展的意识和能力,就必须定期对教师进行培训,培训内容包括教学方法、教学内容、环境信息等。

以素质教育为纲,构建高等院校环境道德教育模式,使大学生既具备全面的现代人的基本素质,又掌握了环境道德教育的基本理论与方法,走入社会后能以自己的言行和能力影响和教育下一代人。这是一项系统工程,必须配套地构建其目标体系、课程体系和评价体系等。本文仅从高等院校开展环境道德教育的重要性及存在的问题和具体实施方面提出了一些粗浅的看法和设想。要从根本上给大学生补上这一课,还需要全社会的共同关注和努力,这也是大学生素质教育的一项重要内容。环境道德教育是我国社会可持续发展的基础工程,高等院校在环境教育事业中的作用至关重要。做好大学生的环境道德教育工作,是每一位教育工作者义不容辞的责任。

新时期大学生就业困难及高校就业工作对策探析

夏俊章

(黄冈职业技术学院)

随着我国招生、就业体制改革和经济体制转变的不断深入,我国大学毕业生的就业环境也随之发生了重大的改变,大学毕业生就业困难的问题日益凸现出来,并引起了社会各方面的广泛关注。近10多年来,中国的就业压力越来越大,而且还有继续扩大化的可能。据教育部统计数据表明:2002年我国普通高校大学毕业生为145万人,就业率为80%;2003年大学毕业生人数为212万人,就业率为70%;2004年大学毕业生人数为280万人,就业率为73%;2005年大学毕业生人数为338万人,就业率为72.6%;2006年大学毕业生人数为410万人,就业率为70%;2008年大学毕业生达到532万,就业率为70%;2009年大学毕业生高达 610 万,还有 100 多万历年没有就业的大学生,加之金融危机导致部分企业发展失利,求职人数的激增、经济增长的放缓,使得就业问题面临着不同以往的难题。国家已将就业工作作为头等大事来抓,大学生就业指导工作也成为高等教育的首要问题。从全社会的范围来看,导致大学生就业困难的原因是多方面的。针对目前大学生就业工作的现状及问题成因,对解决大学生就业困难的问题进行分析,并提出了一些意见和建议。

一、大学生就业困难的原因

就近几年毕业生就业情况来看,笔者认为,目前大学生就业困难问题的成因主要分为三个方面:一是大学生自身素质和思想观念内因的影响;二是目前社会的人才管理使用机制外因的影响;三是高校人才培养体制外因的影响。

(一)大学生自身内在因素

1. 大学生综合素质有所下降

在对部分用人单位意见反馈的调查中,笔者发现绝大多数用人单位对大学生整体综合素质的认可度呈现出下降的趋势。集中分析的结果显示,当前由于受多种因素的影响,大学毕业生中普遍存在缺乏扎实的理论知识功底、有效的自我约束能力、持久的奉献社会精神和吃苦耐劳的精神、较强的实践动手能力和良好的社会适应能力。这些问题的存在客观上大大削弱了大学毕业生在就业岗位中的竞争力,直接导致了其就业困难。

2. 个人发展方向与社会发展需求之间存在差距

这个问题是形成于大学生入学之前的。当一种社会职业被绝大多数高中毕业生所认可的时候,这个专业的社会岗位已经是趋于饱和的了,而高中毕业生的需求从某种意义上说会从很大程度上影响高校的招生取向。这样一来,部分在大学生入学之初的所谓"热门专业"待到毕业之时就很容易成为就业困难的"冷门专业"。而如果这些专业的大学生未能及时地预知这种潜在的变化,调整自己的发展方向使其与社会发展需求的变化相适应的话,就业困难的情况就在所难免了。

3. 个人职业期望与社会现实之间存在差距

大学教育是脱离了义务教育的高等教育,是为社会所认可的培养较高层次人才的平台,在享受这个层次的教育时,学生个人必须支付相对较高的费用。这样一种情况下,大学生一方面容易过高地估计自身的社会价值,从而为自己的职业岗位作出脱离现实的层次定位,另一方面很容易产生急于获得与其高等教育费用成绝对正比例或是更高比例的物质回报。这样两种心态的交合就必然导致大学毕业生从心理上产生较高的、脱离实际的个人职业期望。

(二)目前社会的人才管理使用机制等因素

1. 我国劳动力市场供需关系的转变客观上恶化了毕业生的就业市场环境

自20世纪90年代初随着我国经济体制改革的深入、现代企业制度的建立、农村剩余劳动力的大规模流动,社会就业岗位在总量增加的同时其供需关系已经从"供方市场"迅速地向"需方市场"转变。这种转变到了20世纪初已经影响到了大学毕业生的就业市场。而伴随着这个转变,高校的扩招也直接导致了毕业生数量的迅速增加。这样两种变化的交合就必然导致大学毕业生就业市场环境的相对恶化,无法满足毕业生在职业选择上的心理期望。从2003年起,普通高校扩招后的毕业生开始进入劳动力市场以来,每年高校毕业生人数以高于20%的比例快速增长,而我国的GDP增长将保持在7%～8%,社会每年能提供的新增就业岗位将保持在600万～800万,传统意义上的所谓"白领"在其中所占比例很少,大部分是一般意义上的初级工作岗位,高校毕业生与社会就业市场之间供求关系矛盾日益突出。

2. 用人单位的人才准入体制脱离实际

在我国高校连年持续扩招的形势下,毕业生就业市场逐渐呈现出"供过于求"的态势,用人单位对毕业生能力水平的要求也逐渐提高。但在这个过程中不少用人单位盲目地提高录用标准,对毕业生提出许多超越了工作岗位实际需要的准入条件,普遍把英语等级证书、计算机等级证书、在读期间获奖学金情况以及获奖情况等都列入了招聘的基本条件,这种现象在北京、上海、广州等大型城市中极为普遍。此外,有些用人单位为了追求高效率的利益回报,往往在招聘时只愿意招收有工作经验的应聘者,而把应届毕业生拒之门外。

(三)高校人才培养体制因素

1. 高校培养方向与社会需求存在差距

我国的教育体系着重于知识的传授,往往忽视了学生各方面素质的培养,因而在这种应试教育体制下,学生的基本功扎实,但是缺乏创新能力。很多高校的专业和课程设置大多沿袭以前计划经济时代的需求模式,相对于目前瞬息变化的社会情况,已经严重地滞后于我国产业结构的调整和市场对人才的需求,使得高校培养出的人才不能满足社会的需求,往往社会急需的人才高校培养不出来或者培养的数量很少,而高校培养出来的大量"人才"又是社会所不需要的。尤其是前几年部分高校在经济利益的驱动下,盲目地新开设的所谓的"热门"专业,在短短的几年内使得这些专业的毕业生人数激增,出现了严重的就业市场供过于求,造成了国家和社会的一种巨大的人才和资源的浪费。

2. 就业指导体系未能较好地发挥其应有作用

相当一段时期,我国的教育体制决定了大学生从进入国家的教育体系开始,就很少能够获得接触社会独立地面对社会竞争和挑战的机会,这就导致大多数毕业生在面对就业压力时显得无所适从。针对这一现实情况,多数高校相继建立了毕业生就业指导体系,为毕业生提供必要的就业指导。但是在笔者调查的过程中发现,目前这一体系的作用发挥情况仍存在许多不尽如人意的地方。就业指导方式单一、学生认可度不高、从业人员自身素质参差不齐等问题的存在,导致了许多通过就业指导本可以顺利就业的学生,由于得不到有效的指导或是在错误指导思想的驱使下,丧失了许多就业机会。

二、高校就业指导对策

要切实解决大学生的就业难,需要针对上述的各方面的问题,从多方面采取相应的改进措施。在此,本文仅就在解决这一问题的过程中,高校就业指导工作应采取的对策,谈一点拙见。笔者认为高校就业指导体系应采用"三位一体"的育人模式,即:社会、学校、学生各自挖掘自身资源,并有机地结合起来为学生健康成长、成才服务的就业指导方式。所谓"三位一体"的育人模式的就业指导,是指从大学生入学开始,学校、社会和学生个人三方面来提高学生各个方面的能力,比如学校通过各种形式的就业指导教育,帮助学生树立正确的择业观念,了解就业政策和求职技巧,养成求职择业所应该具备的素质和能力,并开展职业生涯规划教育,及时提供有效的市场需求信息,努力为学生顺利就业服务;社会提供机会让大学生有锻炼自己的平台;学生自己在学好专业知识的同时,也应从各方面提高自己的综合素质。

(一)学校应从各个方面为学生"引路"

1. 学校应以职业设计指导为契机,引导学生树立正确的职业理想

职业设计指导工作的指导对象侧重于大一新生,指导内容侧重于培养学生的职业意识,指导学生有效地规划几年的大学生活,确立职业理想。由于我国教育体制的局限,学生在进入大学前的教育普遍缺乏就业意识和职业理想的教育,而更多注重于书本知识的教育,高中升学选择学校和专业也比较盲目。大学生在十八九岁的年龄阶段上,面对职业选择普遍显得无所适从,但这一时期是他们发现和发展自己的需要和兴趣、能力和才干、价值观、动机和抱负,寻找现实的角色模式以及获取信息、接受教育和培训,开发工作所需要的基本技能的重要时期。因此,从大学生进校开始,就应该引导他们树立目标意识,认真分析主客观条件,科学地制定人生总目标和不同时期的具体目标,将大学学习与人生的奋斗目标紧密相连。高校应该采取各种有效方式,让学生初步了解就业形势和就业政策,帮助他们明确专业方向,建立和巩固专业思想,树立社会责任感,认清人才市场的激烈竞争态势,使他们尽快走出"迷茫"的误区,找到正确的人生目标和奋

斗方向,合理规划大学几年的生活以及将来的出路。

2. 要引导学生建立合理的知识结构

现代职业对就业者的知识结构要求是多方面的,不同的职业有不同的要求,但是基本上都要求要有:宽厚扎实的基础知识;广博精深的专业知识;高程度、大储量、实用的知识储备。所以我们应该结合现代职业对人才质量的要求,引导学生努力建立合理的知识结构,为将来激烈的就业竞争做好充分的知识基础准备。

3. 要引导学生广泛深入了解社会,增强实践能力

除了日常教育与指导工作外,我们要注重引导学生主动深入社会,通过实习、参观、调查等实践活动了解专业形势,帮助他们认清专业所涉及的工作领域。同时还可以组织学生参观人才市场,观摩供需见面会,从用人单位的录用标准中找到自身的差距,调整自己的专业技术知识结构,培养和发展与自己理想职业相适应的能力,形成社会要求与自我目标的协调互动。这样可以避免以往的临到毕业时才感到就业压力大,需要充实自己的地方太多,又苦于时间不够用的现象。通过深入社会开展实践,培养学生的基层意识、吃苦意识,提高耐挫能力,帮助学生树立"是金子在哪儿都会发光"的择业意识,鼓励大学生到祖国最需要和最能施展自己的才华的地方去。

最后,还要引导学生树立坚定正确的政治方向,培养良好的道德素养、严谨务实的工作作风、不怕吃苦的奉献精神以及亲和协作的团队精神。

4. 以就业信息服务为基本载体,多方拓展学生就业渠道

本阶段的工作侧重于毕业生。学校应采取多种方式对就业在即的毕业生提供就业指导、信息收集和发布、就业空间拓展等就业服务,确保毕业生顺利就业。

首先,高校应针对现实情况开展求职训练,按照用人单位录用毕业生的标准和要求开展有针对性和比较到位的求职指导活动和就业政策教育,在保证一次就业率的同时,还要考虑到就业质量,尽量实现毕业生的人职匹配。

其次,加强就业服务信息网建设,充分利用现代化手段,为学生提供便利、快速的信息服务,做到从政策宣传、就业咨询到信息发布和查询,毕业生在宿舍就可以上网了解到用人单位的信息。

最后,加强对外联系,拓展毕业生就业空间。一方面,学校就业指导部门应广泛深入社会,走访就业服务部门和企事业用人单位,介绍学校办学情况和毕业生信息,同时得到各地用人单位对毕业生需求的第一手信息,及时通过学校就业服务信息网向毕业生公布信息,帮助毕业生占得就业先机;另一方面,在"走出去"的同时,在学校召开供需见面会,广泛邀请各用人单位来校,提供毕业生与之面对面洽谈的机会,并适时开展毕业生推荐工作,提高毕业生就业的成功率。

5. 以从业状况信息反馈为依据,科学调整就业指导对策

毕业生就业后,学校就业指导部门应对毕业生进行跟踪调查,多方面了解本校毕业生就业后在单位的适应情况、工作表现、发展潜力以及所在单位评价等信息,根据反馈信息,及时检讨就业指导工作的实际过程中存在的问题和不足,并作出相应改进,确保就业指导工作不断进步。全程式就业指导工作是一种综合性的教育工作,要使就业指导工作真正落到实处,提高就业指导工作的水平和效率,就必须建设一支高质量、高素质的就业指导队伍。高等院校要加强对学生思想政治辅导员的培训,把就业指导与日常学生管理工作结合起来;要大力引进或培养一批素质较好的专业人才,积极创造条件独立开设职业指导课程;要组织一些事业心强、善于交际的教师走出校门收集市场信息,并与各企事业单位加强联系,开展毕业生推荐工作。

(二)学生从自身方面修炼好"内功"

作为一名大学生,从进入大学校园那天起,要给自己确定一个目标,为自己以后的就业树立信心。学生在大学期间,不仅要学好专业文化知识,而且也要积极主动参加社会实践,学会处理人际关系,全方位地提高自己的综合素质。

(三)社会包括各用人单位为学生提供"场地"

作为高校,应和相关企业建立良好的合作关系,让学生能够在企业实习乃至就业,笔者认为,建立良好的校企合作关系是开展就业工作的一种很好的模式。同时,学校还应充分利用校友资源,为就业工作开辟更广阔的道路。用人单位能够为学生提供展示自己的舞台,进而让学生早日适应工作环境,到最后能够顺利就业。

三、结束语

大学生就业困难问题涉及社会的方方面面,作为高校,要加大人力和物力的投入,努力做好就业指导工作,与各级政府和社会各界通力合作,为毕业生创造良好的就业氛围,确保高素质人才能在我国的社会主义现代化建设中发挥巨大的能量。

以就业为导向的高职人才培养

陈 伟
(黄石职业技术学院)

《国家中长期教育改革和发展规划纲要(2010—2020年)》(下文简称《规划

纲要》）不久前面向社会各界公开征求意见,《规划纲要》是我国教育发展的重要指导方针,为我国教育发展起到了重要的促进作用。这一纲要高度重视各类职业教育,强调职业教育是面向全社会、面向所有人的教育,对于促进经济发展和社会进步、实现就业、改善民生、优化教育结构、体现社会公平、提升民族素质具有重要的基础性作用。应当说,"规划纲要"对于我们思考职业教育的现状提供了宏观的、前瞻的视野,是我们思考职业教育改革与发展工作的路径与指针。

《规划纲要》指出,发展职业教育必须坚持以服务为宗旨,以就业为导向,推进教育教学改革。因此,在高职院校的人才培养模式中,必须坚持就业的导向原则。以往的高职教育中,仅就高职院校自身来看,普遍存在着一些问题,突出体现在没有一个清晰的对高职生的培养定位。

首先,很多高职院校一方面只重视专业知识的培养,对综合知识及能力的教育培养重视不够,认为只要使学生掌握扎实的专业知识就行了,而忽视对学生的人文知识的培养。另一方面还存在着只重视专业理论的教育,忽视或不重视学生的实践动手能力的培养,动手的实践课太少,提供相应的实习培训机会也少,即使有也是走走形式,而不是真刀真枪地实干,很多学生刚毕业出来实践操作要么不会要么不熟练。

其次,一些院校思想陈旧,不能与时俱进地根据社会与企业的需求而及时调整专业设置,在专业设置上特色不强,一些专业设置趋同化明显。很多学校,不管什么类型、什么层次,都一味向综合性高职院校靠拢,纷纷开设一些趋同专业,如会计学、计算机等专业,导致大量的人力、物力和财力被浪费。只顾如何生产"产品",并没有想到如何将"产品"推销出去,给"产品"找到合适的买家。

再次,随着高校的扩招,各高职院校快速发展起来,纷纷建起了漂亮的教学楼和宿舍楼,硬件是上去了,但是师资力量却跟不上,软件设施相对比较弱。虽然各高职院校积极地不惜一切招兵买马,招聘了大量的人员,但主要以刚毕业不久的研究生为主,年龄结构不合理,缺乏大量具有实践经验的"双师型"人才。

最后,很多院校对学生创业教育、创业能力的培养以及创业实习基地的建设重视不够。很多高职院校的就业教育还停留在意愿式的岗前培训、就业前指导、学生应聘技巧以及掌握职业技能等单一的就业指导上。此外,很多院校并没有提供给学生足够的实践环境。

《规划纲要》指出,职业教育要面向人人、面向社会,着力培养学生的职业道德、职业技能和就业创业能力。到 2020 年,形成适应发展方式转变和经济结构调整要求、体现终身教育理念、中等和高等职业教育协调发展的现代职业教育体系,满足人民群众接受职业教育的需求,满足经济社会对高素质劳动者和技能型人才的需要。针对以上问题,结合《规划纲要》的要求,笔者认为,目前的高职教育中,必须以就业为导向,培养符合社会、市场需要的高职人才。

以就业为导向的高职人才培养,是指以提高高职毕业的就业率和就业质量为目标,以市场所需要的人才素质为出发点和归宿点,建立与社会就业价值导向相适应的人才培养体系。结合笔者平时高职工作中的经验,针对高职院校人才培养中的问题,从专业开发设置、课程体系改革、师资队伍建设、职业能力培养、教育质量评价等几方面对以就业为导向的高职教育人才培养进行探讨。

首先,以就业为导向,调整学科结构,健全教学体系,优化人才培养模式。根据《规划纲要》的要求,高职院校所要培养的是高素质劳动者和技能型人才,因此,高职院校必须从两个角度来培养人才。一方面,必须加强除专业知识教育的人文知识和综合能力的培养。通过开展有关人文的选修课,组织文化艺术活动,成立学生社团,开展一系列社会实践活动等方式,鼓励学生积极参加,锻炼自己的能力。另一方面,要坚持以"能力为本位"的人才培养观念,通过各种系统、规范、有效、丰富的教育教学活动,使毕业生具有从事专业所对应的职业岗位能力,培养适应社会生产、建设、管理、服务第一线所需要的高技能专门人才,满足用人单位对人才的需求。主要培养高职院校学生的三个能力:一是职业核心能力;二是行业通用能力;三是专业岗位操作能力。围绕着第一点职业核心能力,设置相关专业并构建相对应的课程体系,制定人才培养方案和模式,实现人才培养工作与职业岗位能力需求相符。

其次,以就业为导向,优化专业设置。专业设置是社会需求与高职教育紧密结合的纽带,是学校教学工作主动、灵活适应社会需求的关键环节。各高职院校首先必须紧跟时代步伐,与时俱进地及时调整专业设置,时刻以社会和企业的要求来制定人才培养方向。高职教育的专业设置应来源于职业岗位的需要,应体现高新技术应用趋势,以市场需求为导向,把握超前性,突出职业性,提高针对性。《规划纲要》指出,在高职教育的改革和建设中,必须调动行业企业的积极性,建立健全政府主导、行业指导、企业参与的办学机制,建立健全实施校企合作培养模式的制度。在专业设置方面,可以考虑采用"订单式教育"培养模式。"订单式教育"是指企业根据岗位需求与学校签订用人协议,学校在新生入学后即组织新生参加企业的招聘会,面试通过的学生由学校重新排班,学校根据企业的要求对学生进行培养教育,学生也定期由学校组织去企业参观实习,学生在毕业前再由企业考核,通过者即成为企业的员工。然后在第三年开始通过在用人单位的实习双向选择,学生在实习的过程中,也可根据需要调整岗位,根据发展选择企业。其优势在于提升了学生的工作能力,增强了实践水平,提高了职业选择能力,能够更好地胜任工作岗位。人才培养的灵活性大、质量好、人才培养与人才岗位零距离,综合素质高是"订单式教育"培养的鲜明特色,是解决高职学生就业难的有效途径之一。

　　再次,以就业为导向,加强学校的软件建设,大力培养和引进"双师型"教师。师资队伍的建设要着力实现"双师型"目标。"双师型"教师是指既能传授专业理论知识,又能指导专业实践并帮助学生进行职业生涯规划的教师,具有类似教师＋某个专业技术和职业指导(如讲师＋工程师等＋就业指导师)的专门人才。既是讲师,又是工程师,这样的教师不但有扎实的理论基础,而且还有丰富的实践经验,并能将行业、职业知识及能力和态度融合于教育教学过程中。因此,根据高职教育的特点,高职院校要建设一支既能从事理论教学,又能从事实践教学;既有深厚理论功底,又有实际操作技能的"双帅型"帅资队伍。我校也应当打造一支一流的师资队伍,必须加快引进和培养高层次、高学历的中青年教师,积极将年轻教师送到企业去挂职锻炼,同时也要积极到科研单位,到企业引进高层次人才,逐步改善师资队伍的结构。

　　最后,以就业为导向,推进"双证书"制度,加强就业及创业指导工作。根据《规划纲要》的要求,高职院校应当积极推进"双证书"制度,推进职业院校课程标准和职业技能标准相衔接。以就业为导向的高等职业教育推行"双证型"人才培养,就是要实行学历教育和职业培训相结合。学生在获得学历证书的同时获得相应的职业资格证书,增强毕业生的就业竞争力和岗位适应力。除此之外,还应加强学生的就业和创业指导工作。就业指导是关系到毕业生能否充分合理就业的一项重要工作。对高职生就业能力的培养应该从学生一入校就要着手进行,并将其贯穿于学校的整个教育教学过程中。切实加强创业和就业指导的师资队伍建设,加强对学生职业教育、创业能力的培养以及创业实习基地的建设。要打造一支专业化的就业指导老师,定期将这些专业教师送到企业去获得创业体验,参加创业实践,将就业指导渗透到日常的教学中去,使就业指导贯穿于学生学习的整个过程。此外,应积极鼓励具有创业性质的学生社团的发展,教有能力的学生当老板,从实践中锻炼自己的创业能力。另外,可以积极寻求与企业的合作,加强实习实践基地的建设。

　　总之,面对高职教育现实,面对人才市场对毕业生需求现状,面对日益严峻的就业形势,困难与机遇共存,压力与挑战同在。作为高职院校,必须坚持解放思想、实事求是、与时俱进、改革创新的时代精神,变压力为动力,变挑战为机遇,转变观念、调整措施、提高质量,完善就业体系、加强就业指导,在以人为本的科学发展观下,使提高人才素质与科学就业同步向前,实现量的突破和质的提升。

新形势下高职院校学生就业困境与
职业指导关系探究

亓志学　周珊红

（黄冈职业技术学院）

随着我国高等教育进入大众化的新阶段，高职院校毕业生的就业也随之进入了一个新的发展时期，就业形势越来越严峻，越来越多的高职院校学生面临着就业压力大、就业质量不高、就业后可持续发展能力不强等现实问题，究其原因，除受国际国内经济形势、我国高等教育发展规模等的影响外，高职院校对学生就业指导工作的明显缺失也是一个重要因素。高职院校学生就业形式的市场化、多元化、多样化使他们在择业和就业中面临更多的选择，也出现了更多的问题。尤其是新形势下的就业群体为"90后"，他们具有鲜明的时代特征，面对这些新情况，高职院校如何针对目前就业现状有效地开展学生职业指导，这是一个迫切需要破解的问题。

一、高职院校学生就业困境分析

（1）高职院校待就业毕业生基数大，就业形势严峻。随着高校扩招后毕业生高峰的到来，特别是高职院校的增多和国家对高职学校有关政策的倾斜，导致每年的高职院校毕业生人数急剧增加，而每年新增就业岗位数却与毕业生人不成比例，这就使高职院校毕业生的就业形势日趋严峻。

（2）高职院校培养的学生不符合规格，无核心竞争力。按照高等教育的培养目标而言，我国很多高等教育的院校培养出来的毕业生知识水平和实践水平都比较差，因此用人单位不愿意招，这样在竞争中就处于劣势地位，甚至被淘汰。

（3）高职院校的毕业生综合素质下降，发展能力不足。高职院校学生目前存在知识面狭窄、实践能力差、依赖性强、创新意识弱、综合素质不高等问题。加之近年来高校扩招，使大学生的就业思想教育不到位，学生重薪资、重名利、重索取、轻事业、轻奉献，缺少艰苦奋斗的精神和强烈的责任感，后续发展能力不强。

（4）高职院校学生及家长就业观念错误，致使矛盾凸显。高职院校学生及家长一是在择业定位上有偏差，追求"精英岗位"，无视"普通岗位"；二是学生缺乏开拓创新胆识，缺乏创业精神，只求有一份好工作，做个好员工，无自主创业意识；三是不愿意面向基层、不愿到中小型企业就业,致使出现用工需求与就业意向的矛盾。

(5)高职院校学生就业心理有偏差,跟风现象严重。目前高职院校的毕业生在很大程度上,由学校推荐就业,学生的就业心理存在较为严重的问题,主要表现在对自己的定位不准确,自我认识模糊,就业胆怯心理严重,职业生涯模糊,多数学生参加招聘会都有一种"赶集""跟风"的心理,无目标、无准备、碰运气,结果造成许多学生有意向无信心,有信心却无充足准备。

二、当前高职院校加强学生职业指导的重要作用

目前,在高职院校中呈现的就业困境,呈现的就业结构性矛盾,某种程度是因就业思想教育、就业指导不全面、不到位、无深度、无实效性的原因造成的。实践证明,职业指导是解决学生就业的关键,职业指导对求职者和用人单位都有很大帮助。一方面,可以帮助求职者客观地分析自己、获得职业信息、掌握求职方法、确定求职方向、避开择业误区;另一方面,可以帮助用人单位确定用人标准、选择招聘方法等。职业指导对外适应市场需求,确保学生毕业有适当的基础;对内帮助学生获得相应的职业能力,以求得在岗位竞争和市场竞争中站稳脚跟,立于不败之地,从而立足岗位、适应市场。

三、当前高职院校学生职业指导工作中存在的问题

目前高职院校学生职业指导仍存在许多问题,具体表现为:

(1)职业指导理论针对性不强。职业指导在高等院校还是新生事物,本科院校在20世纪90年代以来教育部和各地高校毕业生就业主管部门为了提升高校毕业生就业指导工作的水平,分别从美国、台湾、香港等地邀请专家为高校毕业生就业工作人员进行了培训,并组织了部分工作人员到香港、美国、英国等地的院校学习,学习发达国家和地区的职业指导的先进理念和做法,但高职院校却未涉猎其中,即使有部分学校涉及其中,也是处于借鉴阶段,也就是复制发达国家和地区的职业指导经验,动机当然没错,只是在此过程中可能产生消化不良、水土不服等问题。中国有自己特定的国情,在经济发展阶段、文化理念以及制度运行的环境上与西方发达国家都有差异,职业指导并非单纯的技能指导,而是需要深厚的理论支撑。单从这一点看,职业指导任重道远。

(2)职业指导形式单一、缺乏系统性高职院校的职业指导。目前高职院校的职业指导工作多以开设一到两门就业理论课程、一个学期组织几次讲座为主,课程的课时量一般较少,讲座的内容也不够全面,缺乏完整性。职业指导也仅仅作为一种工具,相对独立地开展工作,与专业教学、学生思想政治教育等工作结合不紧密,缺乏系统性、实践性。不能起到相互促进的作用。另外,受传统观念的

影响，社会总以"成大功、立大业"肯定个人成功，校园内组织的各类以职业指导为目的的校友报告会，也多以知名企业家、政府官员为主。这对促进学生成长成才起到了积极的示范作用，但无形中对学生职业观的形成产生了一定的负面影响，加之现代社会对金钱、地位的看重，导致一些毕业生眼高手低、急功近利，对艰苦、平凡的一线技能与服务岗位不屑一顾，梦想着一步到位，不愿意从基层做起。这显然与职业教育本身的培养目标相去甚远，高职院校现有的职业指导工作并未真正充分发挥其培养、教育、帮助人的作用。

（3）就业指导的组织机构不健全、工作内容不明晰。当前尽管我国大部分高职院校设立了毕业生就业指导部门，但就业指导工作往往限于部分就业信息的发布和就业政策的宣传，但在指导信息上，就业信息多，职业信息少。在职业指导的信息方面，高职院校组织的活动和提供的信息主要围绕以下几个方面：就业政策、面试、简历等有关择业技巧的信息，职业生涯规划流程、职业生涯发展阶段等有关职业生涯规划理论的信息，性格与兴趣探索等有关自我认知的信息，对职业分类、行业发展等方面的内容却少有顾及。

（4）职业指导教师缺乏，整体素质不高。由于专业人员缺乏，一些学校毕业生的职业指导工作疲于应付，更谈不上对全校学生实施职业指导了。专业人员的不足制约着高职院校学生职业指导工作的发展。此外，现有的职业指导人员多是行政人员与思想政治工作者，他们并不具备职业指导的专业知识与专业职能。相比之下，国外对高校职业指导中心人员专项素质要求很高，一般要具备辅导学、咨询学、高等教育学硕士或博士学位。学生职业顾问要具备心理学硕士或博士学位。

（5）片面追求就业率造成就业层次与就业结构的失调。大多数高职院校院校在职业指导中缺乏品牌意识，很少将学生就业后的情况与学校的办学效果结合起来进行评估。上报就业率"水分"偏大，有的高职院校就业率达到98%，而灵活就业率就占其中的80%。恰恰应该作为就业统计指标之一的自主创业率却不在其中。周济部长在2005年全国普通高等学校毕业生就业工作会议上的讲话中指出："实践证明，高等学校的责任意识和主动程度、办学特色和教育改革、就业指导和服务水平，在毕业生就业方面具有举足轻重的作用。"

四、进一步加强高职院校学生就业指导工作的对策

搞好职业指导，促进高职院校学生就业，形成人才培养的良性循环，应着重从以下几方面入手：

（1）将学生就业工作上升到高职院校发展的战略高度来抓，促进就业指导工作向纵深发展。学校领导高度重视，把就业工作视为关系到学校前途命运的头等大事来抓,实施"一把手"工程,满腔热情地为毕业生服务,是做好高职院校学生就业指导工作的关键。要尽早建立健全高职院校学生就业指导工作体系,在学生就业网络体系建设方面下大力气、增加投入,在课程体系建设中真正体现出有利于提高高职院校学生综合能力的精神,实施就业工作的"全员化""全程化""信息化",将学生就业工作作为每一个教师都应该关心的大事落实到每一个教学工作与教学环节中。

(2)进一步拓展职业指导途径和方法,使就业工作与教学体系创新结合起来实现就业指导的全程化。高职院校开展职业指导既可以独立进行,也可借助有关活动,采取课内与课外、校内与校外结合的方式进行。重点突出四个方面:一是加强和改进职业指导课教学,系统讲授现代社会职业和个性特点的基本知识,在"了解社会"的教学中关注与本专业对应职业群有关的演变趋势、双向选择和自主择业及竞争上岗的特点等;在"了解自己"的教学中既要强调兴趣、性格、能力、潜能在择业中的作用,也要提醒学生不要在条件不成熟的情况下过分追求,让学生懂得兴趣是可以培养的、性格是可以完善的、能力是可以提高的、潜能是可以挖掘的。二是收集、整理、传递专业和职业信息,提供各类学校的专业设置和社会职业需求的情况,特别要重视计算机辅助指导和网络指导系统来实现职业指导的目标,促使职业指导管理现代化,这是职业指导机构的一项重要工作。职业指导机构除担负起引导大学生正确了解和认识社会需要和自身特点,指导大学生确定合理的择业定位,帮助大学生及时了解国家的相关政策外,还要加强对市场的调研和预测,加强与用人单位的相互沟通和配合,与更多的用人单位建立密切的合作关系,推进供求双方多层次的接触,保证供求渠道畅通,实现由管理到服务的转变。三是咨询指导,帮助大学生纠正某些不恰当或盲目的行为和消极态度,排除职业决策中的心理障碍和困难。提出决策建议,并针对存在的问题,采取个别咨询和小组咨询的方式加以解决。四是职业实践,它包括模拟职业环境实践、专业实习、社会调查和社会实践等方式,其目的是使学生获得职业体验,切身感受职业工作环境及所面临的各种实际问题,真实地了解职业的性质及职业活动中的人际关系,及时发现自己的不足,激发学生学习专业理论的主动性和掌握专业技能的积极性,同时锻炼自己的职业能力。

(3)建立毕业生职业技能培训基地,完善考核体系。高职院校要充分利用社会资源,把学生实践实习及毕业设计等放到相关的工厂企事业单位中去,充分发挥实验实训基地的优势互补,让学生在生产第一线寻找毕业设计课题,熟悉生产流程,接受工厂技术人员指导,实现学生实践实习、毕业设计、学生就业三者统一。高职院校要正确处理职业性与学术性的关系,改变那种培养学生基础理论不如本科、实践技能不如中专、毫无高职特色的现状。通过建立毕业生职业技能培训基地,完善职业技能考核体系,鼓励学生参加技能考核鉴定,使之成为具有职业技能且被认可的、符合社会需求的高层次的应用型人才,体现高职特色,提高就业率。

(4)将就业指导教师队伍建设纳入整个学校师资队伍建设中,实现就业指导工作的全员化。就业指导是一项专业性、实践性、综合性很强的工作,是一项涉及领域比较广泛的系统工作,要求指导者具备教育学、心理学、人力资源管理学、人才学等理论知识,具备职业生涯规划与设计、人际沟通、人才测评、商务礼仪等相关专业知识以及相关专业领域的实践经验和就业指导技能,这样一个综合性极强的工作仅靠一个人、一个部门或几个人、几个部门的力量是无法完成的。因此,就业指导队伍建设可以从专职和兼职两方面进行,一是培养一支专业化的就业指导队伍,也即称就业指导师。可从政治辅导员和学生工作干部中挑选一批工作责任心强、热心就业指导工作、实践经验丰富的骨干充当;可从社会学、管理学、心理学等专业教师中分离一部分人来从事就业指导工作研究与应用;也可从社会招聘优秀的职业指导师和人力资源管理专家等,有条件的高校可培养这方面的高级专门人才。二是建立一支庞大的兼职就业指导队伍,也即称就业指导辅助人员。一方面是校内兼职人员,由院党委书记(或校长、院长)、系部党支部书记(或主任)、辅导员、班主任、任课老师等担任;另一方面是校外兼职人员,主要聘请著名教育专家和学者、企业家、成功创业者、高级职业指导师、心理辅导专家和人力资源专家等担任兼职指导师。最终使这支队伍实践经验丰富、说服力强,能对学生进行有针对性的职业指导。

综上所述,职业指导在高职院校教育中的作用和地位日渐突出,结合各高职院校实际情况有针对性地开展工作势在必行。只有真正地从市场经济的规律出发,在实践中不断探索和创新,才能引导高职院校毕业生树立科学的择业理念,认识职业选择和职业发展的规律,克服择业中的盲目性、随意性,克服择业时的不切实际、好高骛远、急功近利的浮躁心理,改变那种"有人无业就""有业无人就"的不协调现象。引导高职院校学生的择业和就业向着爱业、敬业、乐业这样一种健康和谐的方向发展。

高职毕业生就业成本与就业率的关系

朱元锋

(黄冈职业技术学院生物化工学院)

纵观国内外学者对大学生就业问题的探究,对大学生家庭背景、职业观念等的研究偏多,而涉及对就业成本进行探讨的并不多见,尤其高职院校毕业生由于家庭条件、学校因素等各方面的原因,造成就业成本有较大差异,而这个成本究竟能否影响高职毕业生就业,这个问题探讨在当前学校、教育主管部门、地方政府等都十分关心就业形势的情形下,显得很有必要。

本文所指就业成本是高职毕业生找到工作所花费的成本之和,由于机会成本、精力成本等较难核算,这里主要研究经费成本。学生就业成本项目的界定主要包括如下项目:宣传印刷费、电话通讯费、网络通讯费、中介费、形象费、交通费等。学校方面就业成本主要分为就业指导费、技能培训费、专项购置费等。用人单位方面产生的就业费用主要包括宣传费用、场租费用、交通费用、通讯费用等。

一、研究设计

1. 核心变量界定

成本理论常见于经济学界,常见研究为生产和交易成本。为了研究企业在宏观环境中的表现,经济学家常将生产成本分为社会成本与私人成本。社会成本指的是从整个社会的视角来研究利用社会资源从事产业生产的代价,而私人成本是从个体角度考察进行生产的代价。交易成本方面,Williamson(1975)认为交易成本包括搜寻成本、信息成本、议价成本、决策成本等。事实上高职毕业生就业是一个选择合适企业既而从事合适职位的过程,也可从生产成本和交易成本中得到一定启发,通过与就业成本相关性较大的主体进行划分,可分为从个体角度就业的代价,即学生成本;就业对象为挑选合适人才等付出的代价,即企业成本;与就业有关,培训、联系、促进就业的主体付出的代价,即学校成本。

2. 研究对象的选取

为深入了解高职学生就业成本对毕业生就业的影响,本文组织专项课题组赴全国20所高职院校进行抽样调查,为确保样本的代表性,被调查高校分布在东、中、西部地区,东部地区主要对上海、江苏、浙江、北京等高职院校分布最广泛的省份进行调查,中部地区选取了河南、江西、安徽、湖南等,西部地区主要调研了宁夏和四川的高职院校。对高校毕业生发放问卷时尽量考虑专业分布均等、问卷填写学生比例占总学生比例相对均衡等因素。共发放问卷1500份,回收问卷1438份,并对问卷所在的20所高职学校部分学生进行了面对面访谈。

3. 研究方法和变量确定

本研究主要探讨高职毕业生就业成本与就业的关系,对高职毕业生就业成本已进行明确分类,根据主体差异将之分为高校成本、学生成本、企业成本三类,每个学生是否就业,就业质量如何也是备受关注的问题,因此毕业生就业情况主要分为是否就业和就业质量两个维度。

本文利用问卷调查的方法收集样本得到原始数据后,利用 SPSS 进行回归分析,试图探究高校毕业生就业成本与就业情况的内在关系。本文回归分析中的因变量和自变量分别是就业成本与就业情况。

(1)自变量(表1)。这里将学生的电话通讯费、网络通讯费、交通费等统一列为通讯交通费,将学生形象费及宣传印刷费统一列为对外展示费用,其余成本若有,则由学生在其余选项里列出;学校的成本由于涉及对规模群体的分摊,所以以被调查对象所在院系为单位,由院系辅导员提供指导培训情况、专项购置情况等并结合就业指导中心的花费进行摊销计算,因此,同一所学校、同一个院系的学生学校成本都一致,这个费用由课题组访问人员深入到院校计算得出;根据《北京日报》校园招聘总监唐安描述,企业目前招聘成本主要在于招聘费用及时间成本不菲,虽然大学生扩招,但为了找到合适的人才,企业花费的成本比以前更多。这里因对具体每个企业的招聘成本统计核算困难,根据学生对所应聘企业的认知,将企业花费成本分为时间成本和直接招聘费,人力时间成本根据从第一次面试到最终落实人选的周期进行判定,分为几大类:1周以内、1周至1个月、1个月至3个月、3个月至6个月、6个月至1年、1年以上等。而直接招聘费用差异根据招聘方式不同进行界定,主要分为朋友介绍、网络招聘、招聘会现场招聘、中介招聘四种。四种方式引发的费用也是由低到高。

表1 自变量描述表

要素名称	变量名称	变量说明
学生成本	通讯费	电话通讯费、网络通讯费、交通费等合计,学生自行计算
	对外展示费	购置服装、做简历等费用合计,学生自行计算
学校成本	培训指导费	结合各院和学校就业指导中心数据,对每个学生进行摊销,因此每个学院就业指导费一致,由调查人员填写
	专项购置费	结合各院和学校就业指导中心数据,对每个学生进行摊销,因此每个学院专项购置费一致,由调查人员填写
企业成本	时间成本	1周以内、1周至1个月、1个月至3个月、3个月至6个月、6个月至1年、1年以上六个选项,由学生选择
	招聘方式成本	朋友介绍、网络招聘、招聘会现场招聘、中介招聘,由学生选择

(2)因变量(表2)。本研究中就业情况分为两个变量:第一,高职毕业生是否已经就业。这也只有是或否两种选择,因此进行研究时是虚拟变量。第二,高职毕业生毕业后的就业质量。由于高职毕业生毕业后一般都先从事技术人员或一般普通职员岗位,暂时不对职位范围进行质量划分,本文主要将就业质量分为就业薪资、专业匹配度、个人满意度三个方面,就业薪资高职毕业生可以直接通

过自身情况用数值表示,专业匹配度和个人满意度采用五级李克量表来表示。在下文将就业质量作为因变量描述时,为确保均衡,将就业薪资 2000 为平均数,1800~2200 之间划分为 3(一般),1200~1800 之间划分为 2(较差),1200 以下划分为 1(差),同时 2200~3000 划分为 4(较好),3000 以上划分为 5(好),以便对各个因素取均值衡量就业质量,并对自变量进行回归分析。

表 2　因变量描述表

要素名称	变量名称	变量说明
就业状况	是否就业	两个选项让学生自行选择,已经确定就业选"是",还没确定选"否",这里为简单起见,将升学也列为"是"
就业质量	就业薪资	分为 1200 以下,1200~1800 之间,1800~2200 之间,2200~3000 之间,3000 以上
	专业匹配度	根据匹配程度划分为五级,"毫无关系,不匹配,匹配,很匹配,十分匹配"
	个人满意度	根据匹配程度划分为五级,"很不满意,不满意,满意,很满意,十分满意"

二、数据分析结果

1. 高职毕业生就业成本各要素对就业机会获得的影响

由于高职毕业生是否找到工作是二分变量,1 为是,0 为否。解释变量中同样也有一些是分类变量,例如以企业成本为代表的人力时间成本和费用成本都通过分类方式进行判别。因此,这里不能使用普通线性回归模型,本文采用逻辑(logistic)回归方法进行分析,建立 Logistic 模型。这里需特别说明的是,由于学生成本、学校成本均采用直接费用方式,为确保模型回归系数的可观性,将所有直接费用数据除以 1000 后录入 SPSS 处理,运行结果如表 3 所示。

表 3　以高职毕业生职业机会获得为因变量建立的 Logistic 模型

自变量(就业成本)	回归系数	标准误	显著度
通讯交通费	0.331	0.092	0.373
对外展示费	1.884	0.115	0.015
其他费用	0.031	0.141	0.458
就业培训成本	0.121	0.122	0.018
专项购置费	−0.689	0.808	0.914
企业时间成本	−0.248	0.093	0.006
招聘方式成本	0.048	0.100	0.227
常数	−1.456	0.462	0.235
似然比	892.867		
卡方	8.456		

显著度：$P<0.05$。

由表 3 可以看出，高职毕业生就业成本的要素中，学生成本、学校成本和企业成本都有要素对学生能否就业有显著影响，对外展示费、就业培训成本和招聘方式成本都对就业机会获得有正向促进作用，而学生自身的努力即对外展示费用与就业机会获得相关系数最明显，学校就业培训成本也对学生就业有促进作用。此外企业招聘的时间成本与学生就业率呈反向关系，也就是说企业花费的时间越多，并不一定学生就业率越高。

2. 高职毕业生就业成本各要素对就业质量的影响

这里需要说明的是，由于就业质量使用就业薪资、专业匹配度、个人满意三个要素来衡量，因此为计算简便，在进行就业质量回归时，取均值作为就业质量指标分析（表 4）。

表 4 以高职毕业生就业质量为因变量建立的多元线性回归模型

自变量（就业成本）	回归系数	标准误	显著度
通讯交通费	0.394	0.153	0.023
对外展示费	3.551	0.813	0.000
其他费用	−1.635	0.726	1.285
就业培训成本	4.532	1.178	0.035
专项购置费	0.862	0.246	1.782
企业时间成本	−0.907	0.532	0.461
招聘方式成本	0.734	0.369	0.092
常数	1.274	0.580	0.000
模型解析力		0.323	

显著度：$P<0.05$。

根据模型结果可以看出，对高职毕业生就业质量有显著影响的有通讯交通费、对外展示费、就业培训成本和招聘方式成本。其影响系数顺序分别为就业培训成本、对外展示费、招聘方式成本及通讯交通费。由此可以看出，在学生就业质量问题上，高校应责无旁贷地进行帮助和引导，这会对学生就业起到很大作用，在访谈过程中也发现很多学生表示一些就业单位是学校的合作企业，有些是高校主动请到学校来进行宣讲招聘的，这些对促进学生就业有明显帮助。而这时学生自身服装、简历等费用的作用也不可小视，依然保持了较高的影响作用，与上面不一致的是，在学生就业质量问题上，企业的招聘方式对就业质量影响也开始突出,访谈过程中许多学生也表示朋友介绍的工作自己并不一定十分满意,主要是自己和工作的匹配度不一定高。而那些通过费用较高形式如招聘会或中介来招聘他们的企业,他们入职前认为自身就业质量较好。

三、建议

本文根据模型结论从学生和学校角度对高职毕业生就业提出相关策略建议。

1. 高职院校角度

从本次调查结果可以看出,就业成本总体上对学生就业及就业质量有显著的促进作用,因此高校在学生就业引导方面,应着重培养学生成本效益意识,引导学生舍得自身在对外展示等方面的投入,这些都是可持续发展的前期投入。

其次,高职院校还需不断加强对学生的培训指导,因为这些支出无论对学生就业率还是就业质量都有作用,而高校的一些长期成本支出等对学生的作用不是太显著。因此高校可通过设立讲座、邀请企业进行宣讲等活动,做好学生毕业前的各项辅导培训工作。由于学校就业指导费用无论对能否就业还是就业质量都有突出作用,因此学生应多参加学校举办的各种就业指导培训活动,以便尽快走向满意的工作岗位。

此外,由于企业招聘方式成本对学生就业质量有明显的正向关系,为促进学生寻找更好的工作,高校可想办法减轻企业招聘方面的负担,如减免企业在校内招聘的费用,以期其在学生招聘上的成本更多地转移到学生花费上(为学生报销来回车费等),为学生就业质量进一步提高努力。

2. 高职毕业生角度

研究表明,高职毕业生就业成本中对外展示费用不论对于学生能否取得就业机会还是对于学生就业质量都有促进作用。因此对高职毕业生而言,由于对外展示费可以为自己获得更多的就业机会,相对收益较大,因此毕业生就业成本支出时可适当向服装采购、简历制作等方面倾斜,而一些交通费或通讯费能降低的则尽量减少支出。

《2010年就业蓝皮书》中指出,高职毕业生就业率增长快,月薪增长幅度也快,2009年高职就业率甚至高于本科生。本文研究证实企业成本与学生就业率成反比,由于大企业招聘岗位有限制,企业若进行大规模的多轮招聘,就会花费大量的时间成本,但对学生就业率却没有正面影响。另一方面,企业在招聘方式上花费的成本对学生就业质量有显著作用。因此,对高职毕业生而言,若要快速找到工作,先就业再择业,可充分考虑招聘时间和周期短的企业,但这对就业质量并无多大用处。

抓好不同群体管理 构建和谐班集体

周培荣

(武汉大学珞珈学院)

随着我国高等教育改革的不断深入，高等教育大众化、招生就业市场化、办学主体多元化等各种变革给高校学生管理工作带来了许多新问题。尤其是"当代大学生思想非常活跃，求新求异意识比较强，喜欢接受新事物、新潮流、新看法，喜欢模仿流行的社会现象和行为，并且比较快地适应新的生活方式"。而独立学院的学生有"学习自觉性不强、缺乏自信心、集体观念淡薄、自我意识较强"等特点，这就给学生管理工作带来了新的挑战。同时也要求学生管理工作者不断创新工作方法，创造良好的育人环境，才能为社会培养出更加优秀的人才。在具体的学生管理工作当中，重点抓好三个群体(学生干部、学生党员、后进学生)的管理，对营造班级和谐良好的风气，学生健康成长顺利成材都有很重要的作用。

一、班级管理中"不同群体"主要力量的形成

"不同群体"主要是指以班干部、学生党员、后进生为主要力量的学生队伍。大学生活一开始，来自四面八方的新生在志趣、情感、层次、能力、素质等方面存在着一定的差异，相互之间不了解，很难有真诚的交流。随着大学生活的深入、同学们相互之间了解的增多，在能力、素质、志趣等因素的作用下，整个班级成员就会分化出不同的群体类型。如班干部型群体、学习型群体、游戏型群体、兴趣型群体等。

第一，在班级管理中处于最前线，也就是处于第一线的是班干部群体。一般情况下，班干部在班级学生群体当中就表现出与其他同学不一样的优点，比如自制力强、学习成绩优秀，能主动与老师交流、有责任心等。尤其是他们具有与其他同学不一样的管理能力，班干部接受班主任或辅导员的支持与指导，代表班主任和辅导员，或者自主地带领班级开展各项活动，更易受到班级学生的关注和认可，从而顺理成章地成为全班的形象代表或带头人。

第二，在班级管理中处于第二线的是学生党员群体。这一群体当中的学生包括班干部和思想积极上进、学习刻苦努力的同学。从大学一开始，这部分同学

的学习目标就非常明确,想通过学习获得更多的知识来改变自己的命运。然而面对激烈的择业竞争,许多用人单位往往把是不是"党员""学生干部"作为毕业生素质和能力的条件,并且他们往往容易被抢手的单位录用。这就使得许多大学生把入党作为目标,刻苦学习,努力使自己的思想品德修养符合一名共产党员的标准。在这一过程中,这部分同学往往联系密切,形成了共同的精神追求,具有较强的凝聚力。

第三,在班级管理中处于第三线的是后进生群体。后进生群体的形成是多方面因素造成的,而以下两方面因素应该是不容忽视的。一方面是自身因素。主要是由于学生自身思想意识和心理因素欠佳。大学一年级刚入学时,这一问题表现得并不是很明显,大二时有些学生学习目的不明确,学习态度不端正,缺乏学习的主动性和积极性,而且这部分同学大多会自觉地聚集在一起,在宿舍玩网络游戏,甚至沉溺其中不能自拔,经常逃课。到了大三,随着课程难度和数量的加大,学习就完全没有了动力,造成恶性循环。而且,这部分学生由于与网络联系紧密,往往会受到社会上不正当的消费观念、腐化的生活方式的影响,形成懒惰、奢侈的不良生活习惯。另一方面是家庭因素,也就是家庭结构环境和教育因素。现在大部分学生都是独生子女,有的家长对孩子从小娇生惯养,过分溺爱且对他们期望值过高;有的家庭自身文化水准低,或者家庭残缺,缺乏温暖和爱心;有的家长对孩子放任自流,对孩子的学习不闻不问;有的家长则在孩子的管理教育方式方法上太过于简单。这种不当的家庭教育使孩子形成了逆反心理,给孩子的教育和成长造成了一定的负面影响。久而久之,到了大学,这种家庭对学生的消极影响并没有得到及时的纠正,甚至伴随着他们的整个大学生活。尽管老师们为之做了很多努力,但收效甚微。久而久之,在整个班集体同学们眼中就自然而然的被贴上了"后进"的标签。

这三个群体基本上构成了班集体成员的全部。他们之间相互接触与交流的和谐态势,决定着整个班集体发展的和谐程度。因而三条线上的三个群体在班集体管理中起的作用是不同的。在整个班集体中,除了这三个群体以外的其他同学,他们也是构建整个班级和谐工作中不可忽视的力量。他们可以由"班干部"和"学生党员"群体所带动,也可以被"后进学生"群体所影响。但是这部分同学毕竟人数不多,而且与后进生群体在各方面有着明显的区别。通过加强班干部群体和学生党员群体的有效管理,他们会受到这两个群体的带动,形成构建和谐班集体的积极力量。

二、"不同群体"在班级管理中所发挥的重要作用

"不同群体"在班级中代表着不同类型的学生,针对不同类型的学生应采取

不同的管理方法。而"不同群体"中的每一个群体对班级管理都有很重要的作用。

1. 学生干部群体是形成班级良好班风的根本

班干部是联系教师与学生的桥梁,班干部整体性的好坏往往能够决定一个班级的精神面貌。在班集体里,可以成为班干部的学生越多,班集体的发展水平就越高。因此,班干部队伍是优秀班集体良好班风形成的根本。

(1)班干部是班集体的中坚和支柱。学生干部是集体的代表,是学生中间的先进分子。他们学习成绩优秀,有集体荣誉感和责任感。他们积极进取,主动性强。在班集体管理中,教师起着主导作用,但这仅仅是外部力量,要想把班集体管理好,更主要的是要依靠班集体的内在力量。而这种内在力量的发挥程度又取决于班干部这种中坚力量的发挥程度。这样就能充分调动广大同学的积极性,从而产生凝聚力,形成良好班风。

(2)班干部是班集体管理的组织者。班集体管理是在教师的指导下,发挥各方面的积极作用,并通过多种教育渠道共同完成的。但是,班集体管理主要是通过班干部的组织工作得以实施。实践表明,班集体中的班干部组织能力越强,班集体的自我教育作用就越大,班风就越好。

(3)班干部的模范带头作用。在班集体管理中,班干部的模范带头作用会感染同学,成为同学们的榜样,无形中会影响班级其他同学。一般情况下,一批好的学生干部可以带出一个好班集体,反之亦然,这主要是因为学生干部只有靠自己的带头作用,才能树立威信。只有得到同学们的信任,才能具有号召力,才能团结同学。

2. 学生党员群体是保持良好学风的保证

学生党员队伍既包括了部分班干部,又有学习成绩较好的同学,也有思想表现积极能够吃苦耐劳的同学。因此,他们在班级同学们的学习生活中发挥了模范带头作用,从而使整个班集体保持了良好的学风。

(1)学生党员的带头作用。由于他们在班级中的特殊位置和作用,他们不但能够带动班级学习风气,而且能够正确引领班级思想,还能够传递文明创建班级文化。这种对学风的促进作用是其他同学不能替代的。

(2)学生党员的模范作用。一个党员就是一面旗帜,学生党员是青年大学生中的优秀群体。他们一般都会在专业学习方面很突出。这种优势在班集体中发挥了积极作用。他们在学习上是标兵,是班级其他同学的榜样。

(3)学生党员的帮扶作用。这种帮扶作用主要体现在对同学的服务意识和奉献精神上。在对班级同学了解的基础上,尽自己所能帮助经济上有困难的同学或者学习上有困难的同学。有的学生党员放弃自己的名利,想同学之所想,急同学之所急,乐于奉献,把奖(助)学金让给更困难的同学,使学习上有困难的同学克服部分经济困难,刻苦学习。

不管是带头还是模范,或是帮助,这种思想品质不是一朝一夕就能做到的,它是一个长期的形成过程。在这一过程中,这部分学生党员既发挥了他们优秀的思想道德品质,又带动和保持了班级学风。

3. 后进生群体是影响班集体和谐发展的关键

和谐是指事物协调、均衡、有序的发展状态。班集体的和谐,主要是指班级协调、均衡、有序的发展。后进生在班级中只占了极少数,但是他们对班级和谐发展具有负面影响。如果对后进生不加强管理,就会影响更多的同学。这种影响程度严重时,会有个别表现稍好的学生也会沦落为后进生,这样对班级管理的难度将会加大。由于后进生具有学习成绩不好、行为习惯不良、思想品德不高、心理不健康等特点,这都与团结、奋进、健康、自信等和谐班集体的内涵格格不入,就更谈不上协调、均衡、有序的发展态势。尤其是极个别思想品德较差的后进生的一些过激行为,会使个别后进生效仿,如不及时加强教育,这种影响将会在班上形成恶性循环,直接关系到整个班级优良的学风、班风的形成。显然,后进生对班集体和谐发展的负面作用很大。如果能够对后进生采取积极有效、成功的转化措施,同样也会从正面影响个别后进生,在班上形成一个良性循环,更加有利于良好班风、学风的形成,促进班集体的和谐发展。

既然"不同群体"在班级管理中起着不同的作用,那么针对他们的管理方法也应该有所不同。如果方法得当管理到位,就会直接促进班集体的和谐构建。

三、努力抓好"不同群体"的管理,构建和谐班集体

"和谐班集体就是为了让学生在健康的集体舆论和舒畅的心理气氛中通过多样的人际交往,丰富多彩地、自觉地主动活动,促进每个学生的个性获得健全、充分、全面的发展而创设的一个友善、民主、平等、相互理解、相互进取的班集体。"而和谐班集体主要是指:学生与教师关系和谐,学生个体和谐,学生与学生关系和谐。班级中的"不同群体"基本上构成了班集体的全部,如何促使他们能够在班级中协调、均衡、有序地发展,对构建和谐班集体有非常重要的作用。

1. 严格打造学生干部群体,形成公开、公正、民主的育人环境

优秀的班干部群体是形成良好班风的核心力量,如何管理好这支队伍是班级管理的关键。对班干部的管理一定要严格,既要"打"又要"造","打"是反省,"造"是引导。可以先"打"后"造",也可以先"造"后"打"。一般来说,对于刚刚走上岗位的班级主要干部要以"造"为主,引导他们处理好班级事务中的各种问题,既顾全大局又不能丢小节,就是要细心。当他们在岗位上工作比较熟练产生骄

傲情绪，又因此遇到阻力不知所措的时候，就要开始"打"。要求他们进行严厉的批评与自我批评，寻找差距弥补不足，就是要稳健。当然，有时候也可以先"打"后"造"。个别班干部个性很强，一开始就会锋芒毕露。这时候一定要"打"消这种不良作风。然后再"造"，使他们认清不足，取长补短。让他们形成做事不拖泥带水、稳健高效的工作作风。

在优秀班干部群体的带动下，整个班级将会形成良好的班风。而班风就是班级文化的集中体现。"班级文化是一种亚文化，它反映的是班级这个特定的社会组织的价值观念和行为准则，是一种渗透在班级一切活动中的东西。它是以班级为主要活动空间，以师生为主体，以班级物质环境、价值观念和心理倾向等为主要特征的群体文化。即一个班集体内教师和学生共同承认并遵守的一种价值观念和审美趋向。"班级文化给学生以潜移默化的感染和熏陶，对发展学生优良的个性品质起着不可忽视的作用。辅导员的班级文化意识决定着班风建设水平。班风建设水平也反映了辅导员与学生干部对班级文化建设的认识水平和努力程度。因此，良好班风的形成主要取决于辅导员对班干部的影响。"教师的世界观，他的品性、生活，他对每一现象的态度，都会这样那样地影响全体学生。如果教师很有威信的话，那么，这个教师的影响就会在某些学生身上留下痕迹。"也就是说教师的一言一行都时刻影响着学生。班干部和辅导员老师，在大学生活中接触的最早也最频繁，他们自觉和不自觉地都会受到辅导员老师的引导和影响。在此基础上通过班干部的带动，整个班级就会形成与辅导员老师所预期的班风。而良好班风的形成则会促成一个公开、公正、民主的育人环境。因此，一个稳健高效的班干部群体，既是形成良好班风的关键，又是构建和谐班集体的核心力量。

2. 努力培养学生党员，营造积极、健康、上进的学习风气

学生党员和入党积极分子在班级同学中占了多数，其中包括了优秀的学生干部和学习成绩好、思想素质高的同学，他们是良好学风的主要营造者和保持者。对这部分同学一定要花大力气，用心去引导和帮助他们。如果方法合理得当可以使他们在各方面不断进步，不断提高综合素质，还能带动和促进整个班级的学习风气形成良性循环。对这部分同学的管理不仅要对他们加强党的基本理论知识的学习，而且还要注重他们自身良好品行的养成。

良好班风的形成，只是一个基础。要想使整个班级和谐有序地运转，还需要良好学风的形成。也就是需要大部分同学，尤其是学生党员包括入党积极分子，在班级营造一个很好的学习氛围。因为一部分班干部是党员和入党积极分子，所以学生党员群体占了全班同学的大部分。大学生党员在各方面表现都比较突出，尤其是学习成绩方面。整个班集体学习风气的保持和发扬都需要这部分同

学。他们既是学生又是党员。作为学生他们的主要任务是搞好学习,作为党员在他们搞好自身学习的同时,还要发挥党员的先锋模范带头作用,有责任协助辅导员管理好班级。尽最大努力使每位学生养成良好的学习习惯和行为操守,具有明确的学习目标。海伦·凯勒说过:"当一个人感到有一种力量推动他去翱翔时,他是绝不会去爬行的。"通过学生党员群体的带动和管理,一个班集体一旦具有良好的学习风气,将会促使学生提高学习的自觉性和主动性,树立明确的学习目标,进而营造一种积极、健康、上进的学习风气。

良好的学风是构建和谐班集体的核心。大学是学习知识的场所,营造积极、健康、上进的学习风气,在很大程度上不仅可以促进学生与任课教师之间的关系和谐,还可以促进学生与辅导员老师关系的和谐,这样就可以加强教师与学生之间教学的互动,使学生学习更加认真,激发学生学习的兴趣。同时,也可以让学生能够服从班级管理,获得人际关系的积极实践,逐步完成自由个性和健康人格的确立,并感受到心灵成长的愉悦。

3. 适当做好后进生的转化,形成友善、互助、平等的亲和氛围

后进生的转化,一直以来是学生管理工作的难点,对于学生管理工作者来说一定要具备耐心、细致等品质。有时候学生管理工作者做了很多后进生的工作,但是并不见得会有预期的效果。因此,对后进生的转化一定要讲究方法,力求做到"适当"。"适当"是指因材施教,因人而异,具体问题具体对待,而不是歧视和放弃。如果把一个不喜欢学习的后进生经常往课堂里赶,这样不但会适得其反,使他们形成逆反心理,而且还会影响其他同学听课学习,甚至影响教师讲课的情绪。对后进生的转化要按照后进生本人的爱好、性格等区别对待。因为后进生尽管有这样那样的缺点,但他们总会有优点。要多加鼓励和肯定他们的优点,让他们做自己喜欢做的事情,进行分阶段、有层次的转化。一般情况下,后进生的转化有很多方法,比如,与后进生交朋友、消除自卑心理、持之以恒反复教育、与家长联系共同教育等,但不管采取哪种方法都要用心去做,用真心去做,用诚意去做,只有这样才能变被动为主动,形成一种亲和的氛围,从而有助于后进生的转化具体作用。

后进生的转化有助于促进和谐班集体的构建,而和谐班集体有利于矫正后进生的不良性格。班集体是一个个学生生活的小社会,后进生是其中的一小部分,在班级的日常管理中,往往是后进生由于这样那样的问题,给班集体的和谐之声增添一些不和谐的音符,不利于构建和谐班集体。因此,后进生的转化对促进班集体的和谐有很重要的作用。后进生的转化作用如下:

第一,可以促进个体的和谐。个体和谐主要是指个体心态和谐。由于后进生的突出特点就是学习成绩不好,且有自卑心理。通过后进生的转化,使后进生

具有一个和谐的心态,比如诚实、平和、勇敢、乐观向上的心理品质等。改变自我封闭、生活消极的心态。

第二,通过后进生的转化促进学生与学生之间关系和谐。一个班集体,如果学生与学生之间关系不和谐,其表现是:互相猜疑,互相嫉妒,互不信任。这样就会让学生变得自私、狭隘、孤独。这些特点往往出现在后进生的日常行为当中。在学生管理工作实践中,经常会见到这样的现象。个别性格内向心理有问题的学生经常不参加班级活动,久而久之几乎被班级同学遗忘。如果有效地做好后进生的转化,使他们成为一个心理健康的人,使他们融入班集体和同学之间团结友爱,相处融洽,最终使整个班集体同学之间能在产生矛盾之后勇于开展批评与自我批评,并做到对自己缺点错误不掩盖,对别人批评诚恳、不包庇、不隐瞒。

通过后进生的转化可以改进后进生自身存在的各种缺点,形成友善、互助、平等的亲和氛围,促进班级和谐。反之,班集体的和谐可以影响和带动后进生在此基础上不断地进步,促进其个性发展。

后进生群体在班级中人数最少,但管理难度最大,不但需要管理者要有针对性,而且要结合学生干部群体和学生党员群体互帮互助。因为,后进生群体不是孤立存在的,不能只重视发展学生干部群体和学生党员群体的优,轻视后进生群体的差,而是要优差互补、以优带差、有序协调的发展。恩格斯说:"只有在集体中,个人才能获得全面发展其才能的手段,也就是说,只有在集体中才可能有个人自由。"因此,只有"不同群体"的积极性全被调动起来,才能有助于促使整个班级呈现和谐发展的态势,为学生全面发展顺利成才创造一种有利的环境。

毛泽东在《关于领导方法的若干问题》这篇文章中写道:"任何有群众的地方,大致都有比较积极的、中间状态的和比较落后的三部分人。"一个班集体其情形大致也应该是这样。作为班级管理者,不仅要求其自身要具备高度的责任感、强烈的事业心,以及高尚的师德。更重要的是面对烦琐的学生管理工作一定要注意工作方法。"领导者必须善于团结少数积极分子作为领导的骨干,并凭借这批骨干去提高中间分子,争取落后分子。"就工作方法而言,这和构建和谐班集体基本一致。"在教育过程中,必须促使德、智、体、美和谐发展。"班级管理者要采取灵活有效的方法,团结全班同学一起健康成长、发展。在学生管理的实践中,让我体会很深的是:作为一名普普通通的辅导员,要赢得学校、社会、家长的理解和信任,必须要脚踏实地地做好一名教师应该做的工作。

高职院校大学生职业道德教育现状及对策

李 宁

（黄冈职业技术学院）

据有关部门统计，高等职业教育院校占据了整个高等院校在校生规模的半壁江山。由于大规模的扩招，高职院校的入学分数低，学生素质参差不齐，面对信息网络化、价值取向多元化、道德意识弱化，高职大学生职业道德教育工作遇到了新的前所未有的挑战，提高其职业道德教育的实效性对高职院校来讲是当务之急，势在必行。

一、对高职院校学生进行职业道德教育的重要意义

职业道德是人们在从事一定职业时应该遵守的道德观念、道德情操、道德品质等职业行为准则和规范，包括爱岗敬业、诚实守信、办事公道、服务群众、奉献社会的精神和严谨求实的作风。它反映了一个国家的经济发展水平和社会文明程度。作为高职教育的重要组成部分和实践党中央关于提高高职教育重要思想的根本体现，职业道德教育具有非常重要的意义，因为加强高职大学生职业道德教育是高等教育的根本任务，是由培养具备创新精神和实践能力的高级专门人才决定的，也是创造经济效益、推动社会进步、满足自身需要、实现自我价值的必然要求。

二、高职院校学生职业道德教育的现状与存在问题

1. 高职院校对职业道德教育重视程度不够，教育体系尚未形成

其实我国职业教育的开拓者黄炎培先生，早就针对职业教育仅仅着眼于技能培养的弊端有过精彩的论述，认为"仅教学生职业，决不能造成良善的公民"。而我国现在高职院校，人本意识不够，职业道德课由普通老师上，大多是课堂讲授、知识的灌输，很少让学生参与，忽视了学生职业道德教育的主体性，形成教师眉飞色舞、唾沫横飞，学生呼噜四起、趴倒一片的尴尬场面。再者，重知识技能传授，轻职业道德培养，重智育轻德育，造成智育和德育二者割裂开来的状态。另外职业道德教育体系尚不够完善，教材内容空洞，缺乏现实性、实用性和针对性，教材更新周期长，不能反映热点，不能与时俱进，与企业和社会的需求有较大脱

节现象。

2. 职业道德教育观念滞后，方法过于简单，形式主义过重，严重影响教育质量

国家对高职教育定的培养目标是"面向生产、建设、管理、服务第一线需要的'下得去、留得住、用得上'，实践能力强、具有良好职业道德的高技能人才"。而现在教材对职业道德的定义仍局限在"行为规范"的范畴，观念明显滞后社会需求。同时教学手段单一，教学内容过于概念化、理论化，缺少案例，评价方式比较简单，存在一定缺陷，大部分以理论考试为主，重知识考查，轻综合能力的运用，很难准确反映教学实际情况，形式主义色彩过浓，严重影响教学效果和教育质量。

3. 职业道德教育缺乏时代性和行业性，且师资力量薄弱，影响教育教学正常进行

职业道德教育目标模糊，对需要培养什么样的人，没有具体的要求和准则，对职业道德的教育就很难落到实处。与行业、企业联系也比较少，对行业职业道德教育涉及比较少，也很少安排学生在企业参与实践活动，导致学生无法及时了解将来所从事职业的道德规范和具体要求。此外，师资力量也是一个很大的制约因素，目前，很多高职院校仍然把职业道德教育看成是可有可无的副课，由普通教师兼职上课，师资队伍不是很专业，对学生职业道德教育问题也缺乏深入了解和研究，教师素质与职业道德教育要求不是很适应，这在很多程度上影响了职业道德教育的正常进行和良性发展。

三、高职院校加强学生职业道德教育的建议和对策

1. 加强教育教学改革，提升职业道德教育者素质，提高教学质量

经济越发展，社会分工就越细，职业也就越来越多，但是每行有每行的规矩，不同职业有不同要求，对此，职业道德教师就要担负起责任，帮助学生树立职业意识，培养职业习惯。在日常教学中，坚持"教师为主导，学生为主体"的原则，积极与学生互动，进行情景教学，培养学生进行理论分析和实际操作的能力。同时教师还要起到模范带头作用，学高为师，身正为范，言行一致，以身作则，加强师德师风建设，做学生的好榜样。

2. 更新教育观念，进一步拓宽职业道德教育的领域，强化学生的主体地位

社会日新月异，职场瞬息万变，对工作人员的职业素质提出了越来越高的要求，因此，教师在日常的职业道德教育教学过程中，要尽快更新教育观念，提高认识，将职业道德教育纳入综合素质教育中，把"德"放在第一位，做到既教书又育人。还要注意开发职业道德案例教育，拓宽职业道德教育领域，延伸学生职业道德教育，及时和用人单位进行沟通，有效利用社会德育资源，强化学生主体地位，改进德育课堂教学，开发符合学校实际和用人企业认可的职业道德素养培养模式。

3. 明确职业道德教育目标,保证教育方向性和针对性及实用性

高职院校和本科院校不同,它是完全以职业教育开展教学活动的,故在教学中必须明确职业道德教育的目标,培养学生自尊、自立、自信、自强,要规范学校各种规章制度,强化管理,保证教育的方向性和针对性,坚持把团队精神、合作精神贯穿整个教育环节,养成爱岗敬业、诚实守信、团结协作、无私奉献、勤奋踏实的工作作风和职业纪律,加强对学生就业前的指导,培养学生正确的职业观、灵活的择业观,鼓励毕业生端正就业观念,走先就业、后择业、再创业的路子,做一名名副其实的职场达人。

4. 拓展职业道德教育内容,加强职业道德教育教材建设,内容突出时代性和行业性

教师在教学过程中,注意拓展职业道德教育内容,比如通过开展专题讲座、主题班会或者组织同学互帮互助和为社会献爱心等活动,在校园文化建设中融入职业道德教育,另外也要加强专门职业道德课程教材建设,避免以往各学校认识不统一、做法不一致的情况,要完善职业道德教育体系,使职业道德教育贯穿于教育全过程,对学生进行全方位的教育熏陶。

5. 创新职业道德教育方法,建立综合评价体系,实施开放式、实践性教学模式

经济在发展,社会在进步,教育方法也要有所创新,不能像以前那样重知识、轻能力,建立学校、企业、社会三者相结合的综合评价体系,遵循实践性原则,定量评价与定性评价相结合的原则等,让学生真正能学有专攻、学有所长、学有所用,通过开展技能大比武活动,培养学生的实践动手能力、职业资格意识和职业创新能力,做动手能力强、适应能力快、综合素质高的高技能人才,加强职业生涯规划教育,树立正确的择业观,以不变应万变。

高职学生职业道德教育不是一朝一夕、一蹴而就的事情,也不仅仅是教育部门的事情,需要全社会共同的努力和关注,社会、学校、个人应该联起手来,共同为建设和谐社会而努力奋斗。

系统构建高职院校德育体系探究

彭红兵

(湖北黄冈职业技术学院)

德育是指教育者有目的、有计划地按社会的要求,适于受教育者身心发展需要,

对受教育者施加思想、政治和道德等方面的影响,通过互动,把一定社会所要求的政治准则、思想观点、道德规范、法纪规范和心理品质,内化为受教育者个体素质的教育。

高等职业教育是一种全新的教育类型,其在生源结构、培养目标、服务面向、自身发展等方面都具有自己的特殊性。高职德育工作不仅要与普通高等教育一样积极应对时代变迁、社会转型带来的挑战,高职德育在其本质上与普通高等学校的德育是一致的,但就其内涵而言,又有其特殊性的一面。这些特殊性是由职业教育、岗位教育的本质特征和培养模式所决定的。推进高职院校德育特色建设,创建德育特色学院是全面贯彻教育方针、深化德育改革的一项重要工作,也是优化学院管理、丰富学校内涵、发展学院办学个性的有力举措。而且还要积极应对高职教育自身发展的挑战,应对高职生这一特殊教育主体素质培养的挑战。德育是高职院校教育工作的重要组成部分,也是高职院校培养合格高职人才、有效服务社会经济发展的重要保证。新形势下高职生德育工作的严峻性、艰巨性、复杂性明显增加。但就目前高职德育的实际情况来看,德育针对性、实效性、科学性还很不够,均远不能适应时代发展和培养高素质技术人才的需要。进一步加强高职教育德育问题研究,大力实施德育工作创新,积极探讨适应时代要求、具有高职教育特色、符合高职教育目标需要的有效德育模式,提高高职德育的针对性和实效性,是当前高等职业院校德育理论工作者和实践工作者的重要课题。

一、系统论原理

系统论是研究系统的一般模式、结构和规律的学问,它研究各种系统的共同特征,用数学方法定量地描述其功能,寻求并确立适用于一切系统的原理、原则,是具有逻辑和数学性质的一门新兴的科学。系统科学的思想原则和方法主要体现在整体性、特殊性、有序性、动态性和最优化等几个方面,系统论的核心思想是系统的整体观念,就是把所研究和处理的对象,当作一个系统,分析系统的结构和功能,研究系统、要素、环境三者的相互关系和变动的规律性,并优化系统观点看问题。德育过程中始终存在的双主体之间的矛盾,决定了德育的复杂性和艰巨性,有力地说明了德育任务并不能简单地通过哪几个人、哪几门课程、哪一个具体时间来突击实现,必须系统整体构建德育体系。而马克思主义关于系统论的原则和方法恰恰可以启发我们运用系统整体性和有序性的思维方法来研究高职院校德育工作中面临的问题。

二、高职德育目标的特殊性

1. 高职德育具有职业性和技术性特点

高职教育以职业岗位群来设置培养目标,以提升综合职业能力为主线,它培养的是在生产现场直接从事生产操作或在生产现场从事技术或管理工作的人才。高职学生和普通本科生在思想道德教育上存在差异性,高职德育具有高职教育的职业性特点,高职德育应该重视职业道德教育,职业道德是职业素质的首要方面,包括职业理想、职业纪律、职业行为等方面的教育,职业道德教育既是一项日常的、普通的政治思想教育,又是探达人的灵魂的人生观教育;既是一种提高思想认识的教育,又是一项启迪学生认真学习科学文化知识、掌握为人民服务的实际本领的教育,但是注重培养的不是简单的职业规范,而是引领学生树立高尚的职业精神。高职学生职业道德教育的内容是培养敬业精神,增强服务观念;强化规则意识,树立精业思想;倡导诚实守信,全心奉献社会,职业精神作为职业道德的最高境界,让学生把道德的养成当成自身本质的内在需要。

2. 高职德育具有应用性和实践性特点

高职教育的各项环节要与社会实践紧密结合,培养目标不同于普通高等教育,更注重培养学生的实践应用能力及动手能力,高职教育培养的是应用性人才,不强调理论知识的系统性和严谨性,以岗位实用为准。高职教育侧重岗位职业能力和综合素质的培养提高,高职德育也应为培养应用性人才服务。依据高等职业教育在培养目标上的应用性特征,要将德育形式渗入各种实践当中,让学生在实践里把自己的道德认识逐渐外化,在学生社会实习、操作实训、技术演练阶段实施引导,结合专业知识与技能,形成坚定的道德意志,并外化成为道德行为。

3. 高职德育具有复杂性和艰巨性特点

高职学生生源复杂、来源广、思想活跃,但文化道德素质偏低,自我约束力不强,学习积极性不高,不良行为习惯多,人生追求目标模糊多变,专业思想不稳定,兴趣广泛而不专。多数学生存在自卑心理,对现实的选择感到无奈,对自己的未来缺乏信心。一方面,他们希望得到社会的肯定;另一方面,他们又对高职从内心产生蔑视,对学校的条件和管理吹毛求疵,遇到问题不冷静,甚至采取过激行为来发泄不满;再一方面,他们自我实现的愿望强烈,但缺乏应有的抗挫折心理准备。当主观愿望与客观现实冲突时,就感到失落和不满,存在强大的逆反情绪。表现为认识到知识、素质、能力的重要性,而又缺乏奋斗的动力;认识到自身成才的重要性,但又对学校的教育管理不积极接受;认识到社会进步的主流,但又经不起社会消极现象的诱惑。思想认识与实际行动产生两面性,进取愿望与消极心理产生冲突性,从而导致道德知行分离,心理压力与心理矛盾增大,心理困惑与空虚增多。高职学生的特点和高职德育任务决定高职德育的复杂性和艰巨性。

三、系统构建高职院校德育框架模型

德育体系实行"五线并举",即保持每学期班级工作常规管理不断线、礼仪教育不断线、心理健康教育不断线、社会实践不断线、专业引领不断线和生涯辅导不断线,形成德育教育全程化,用渐进、可持续的"爬坡式"发展代替以往分年级、分层次的"跨越式"发展,用"坡面"代替"立面",逐学期提升每项工作的内容、层次和要求,实现学生的可持续发展。如图1,本图适用于三年或五年制高职体系。

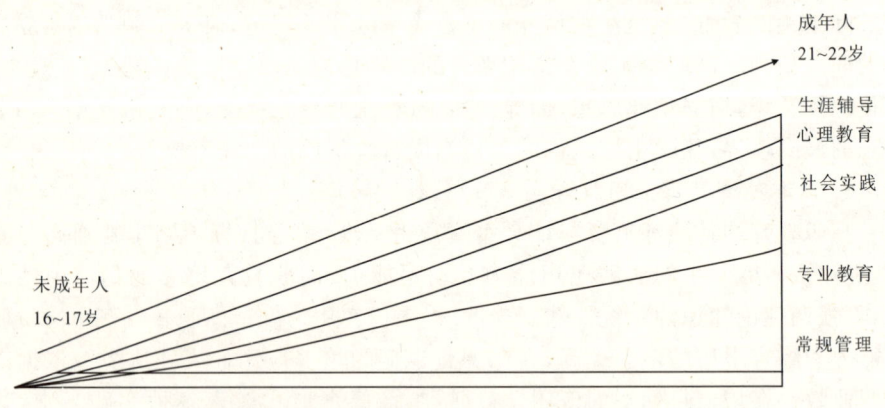

图1 系统构建高职院校德育体系的构架模型

系统法构建高职院校德育体系的构架模型,从水平看,是高职一学年、高职二学年等五个子系统的垂直衔接。形成坡面上升、分层递进方式。和谐的衔接使每个子系统的内容、目标、途径、管理、方法都遵循不同学年学生特点及品德形成发展的规律,体现了体系自身构建的系统性。从竖面看,五个分系统横向和谐贯通,遵循了德育体系的规律,这种贯通要求每个分系统都要落实到高职一学年、高职二学年等五个子系统之中去,其间互相依存、环环相扣。这种和谐联系做到了分系统自身构建的整体性。系统构建高职院校德育体系就是运用系统科学的思想方法,将高职一学年、高职二学年等五个分系统进行合理的配置,进而构成一个时间上具有全程性、空间上具有全面性的,能够产生更大整体效应的德育系统——高职院校德育体系。模型基本上总括了高职院校德育体系中各要素的不同范围、不同层次、不同方式的联系形式。德育内容的实施实现了德育的目标。德育是一项系统工程,系统构建高职院校德育内容体系,有利于全面推进素

质教育及提高高职学生的思想道德素质,有利于高职院校德育工作实现良性运行和协调发展。

四、系统性构建高职院校德育体系的思考与对策

1. 系统性构建高职院校德育体系的基本原则

系统方法是现代各门科学广泛采用的一种崭新的科学研究方法,兼备多种功能。系统性原则要求职校德育工作者把握整体、科学分析、综合组织。德育教育系统是一个复杂的大系统,它由各具特色的若干子系统构成,这些子系统不仅纵向贯通,有各自的若干子系统,而且横向还有密切联系,从而构成了一个多维网络化的大系统。在德育教育过程中,各子系统都要发挥不同的作用。可见德育体系是多种要素的集合体,各要素关联十分密切,相互影响、相互制约,从而使众多的要素集合为具有高度整体性的统一体,职校德育工作者,一是要兼顾全局、局部、个体,即"以全局来规划目标、以局部来实施计划、以个体来落实任务"的德育体系;二是要全员、全程、全方位开展实施,即"以全校员工共同参与、以全程培育引导提高、以全方位服务达到目标"的德育体系;高职院校德育要做好德育规划,建立良好的德育运行机制,构筑科学完善的高职院校德育体系,保证德育的完整性和连续性,真正把握住德育过程的全局性和主动性。

2. 传统德育和创新德育有机结合,突出德育的创新

中国传统文化是一个道德资源的丰富宝藏。中国是一个古老的礼仪之邦,有五千多年的文化积淀,应从国学宝库中寻找德育资源,传统德育注重继承、注重陈式、制度和约束,一定意义上具有说教的痕迹和呆板的特点。而创新德育是在继承和开发中国传统文化的德育功能的同时,对传统文化的批判认识。立足现代,与当代社会客观事实相结合,把德育看做是一种生活、一种丰富多彩的校园生活,往往能营造宽松、和谐、舒畅的育人氛围,具有寓教于乐、潜移默化的育人功能。突出德育的创新。首先,我们注意引导学生进行德育思维的创新,用多向的、辩证的思维方式代替单一的、呆板的思维方式。内容上与时俱进,形式上不断创新。系列教育活动的成功开展,为广大学生创设了活动的载体,活动使大家锻炼了能力,增长了才干,陶冶了情操,努力成长为有政治理想、有道德操守的人。高职要坚持"以服务为宗旨、以就业为导向、以能力为本位"的职业教育方针,瞄准"人人成人成才成功、个个适应社会需要"的办学目标,走内涵发展之路,形成"以德树人,关爱学生成长;以技立校,改革实践教学;依法治校,实施规范管理"的办学理念;提出"以德树人,关爱学生成长"的德育理念,倡导"帮助学生在尊严中发展、激发学生在发展中求真"的新思想,以学生发展为本,尊重学生的主体地位,发挥学生的主观能动性,注重发掘学生发展的支撑点和生长点;让学生

逐步形成"勤奋、诚信、务实、创新"的校风,"敬业、善导、求新"的教风和"勤学、实践、求知"的学风。

3. 校内德育和校外德育有机结合,德育的职业性与实践性相融合

随着社会的转型和形势的变化,对学生的德育教育,光靠学校已成孤掌难鸣,要充分利用校内德育资源的同时,注意动员和依靠社会各方面力量,形成"政府领导、学校为主、家庭参与、社会支持"共育人才的格局。围绕教育目标,即"以学校教育为主导、以家庭教育为基础、以社区教育为依托"的德育体系。首先,德育教育要贯穿于教育教学活动之中。从以班主任、专任教师、德育管理工作者和团队干部为骨干的德育队伍,向以全体教师为骨干、整合家庭和社会力量的德育队伍拓展,形成"全员育人、齐抓共管"的氛围。使德育教育的实效通过全校教职工与学生之间的双向适应,实现共性要求与个性发展的统一。通过深化课程改革,优化德育内容,活化德育形式,搭建成功平台,帮助学生获得成功体验。

职业院校德育工作者应教会职校生准确定位。以学生日常行为量化考核为重要载体,"量化考核"和现代企业管理中的绩效评估相仿,让同学们对自己的成长进步有了一个感性的量的认识和评价,通过创新评价制度,形成有效的激励机制。在一次次的"唤醒"—"体验"—"激励"—"强化"中,促使学生逐渐形成积极的自我概念,进而形成稳定的成功心态。极为细致、严格的"量化考核"是学校管理与企业管理有效接轨的体现,要不断推进校企文化融合,着力提高学生职业素养和企业、社会适应能力。一是全面开展校风、教风、学风和校训建设,通过校园环境设计、专业部不同专业特色宣传、班级个性化班标班风布置、学生宿舍文化建设,倡导学生言必践、行必果、能必多、技必专,弘扬校风、学风主旋律,大力营造优于社会环境的独特校园文化氛围。二是了解和掌握社会文化动态,高度重视各种流行文化对学生的影响,及时发现、研究学生的文化热点,以准企业化教育理念,优选和集成企业优秀文化,通过黑板报、画廊、标语牌等多种形式,灌输企业化管理理念和要求,强化企业文化在学校教育中的影响力,与校园文化有机融合,通过各种主题教育月活动,凝聚和升华学生良好的价值观念、理想观念,提高学生的职业意识、职业素养和企业、社会适应能力,实现学校教育与企业需求的"无缝对接"。社会实践是高职德育工作的重要方法途径,在促进高职德育工作的开展中具有重要的地位和作用。高职教育的社会性、职业性、实践性特点要求高职院校德育工作必须打破原有的"封闭式"的做法,变"封闭式"为"开放式",变"片面式"为"整体式",变"灌输式"为"实践式"。根据职业教育的特点、岗位和岗位群的实际需求的德育内容、方法、途径,贴近高职教育的培养目标,发挥一切积极因素,充分利用一切德育资源,整体构建校园内外、各层面全员育人机制。

团组织如何在高职院校学生
理想信念教育中发挥重要作用

徐火军

(黄冈职业技术学院)

对"80后"的大讨论,各种媒体上都有相当的篇幅。不少人认为一代不如一代,特别是在理想信念方面,在大学这个"80后"占据着绝对主体的群体里,有人对当代大学生中存在的一些不良现象,特别是对高职院校的学生存有偏见,总认为高职学生低分低能、虚无主义、贪图享受、厌学、责任心不强、社会行为偏激等。的确,这些弱点确实存在于当代大学,特别是高职学生当中。然而社会是不断进步、不断向前发展的,长江后浪推前浪,建设社会主义的重任终究要落在"80后""90后"这一代人身上。他们是促进生产力发展的后备军,是我国现代化建设事业的接班人。我们不能因为他们表现出的少数不良现象,而忽视了高职生的健康、积极、向上的主流方面,不能否定他们也是有理想、有抱负、关心国家前途的热血青年。对于高职学生中所存在的不良现象,只要我们充分认识到它的客观性,积极加以引导,利用多种形式加强对高职生理想信念的教育与引导,高职生同样可以健康成才,并在为现代化建设作贡献的同时,实现自己的人生价值。

一、高职学生理想信念的现状迫切要求团组织发挥其积极作用

笔者曾担任过计算机系团总支书记,参加过湖北省教育厅举办的"高职学生理想信念教育若干问题研究",笔者所在的课题组对全院 2006 级学生进行了关于理想信念的问卷调查。从获得的信息中可以看出:有 90.6% 的学生在经过思想政治课教育和其他形式教育后认为理想信念对实现人生价值有重大作用;有 56.6% 的学生信仰共产主义理想;有 64.2% 的学生在大学时期已形成了较明确的理想;但是,只有 37.7% 的学生在树立个人理想时能与社会共同理想统一起来;有 13.2% 的学生虽然有理想,但无实现理想的计划和行动;有 54.7% 的学生在人生价值的实现方面,只注重自我价值的实现而忽视社会价值的实现,等等。由此可以看出:高职学生大多数有理想,但这种理想带有片面性、空想性。这种现象的存在迫切地要求我们在对学生进行理想信念教育时更应具有针对性、实效性。团组织的主体是青年学生,它来源于青年,服务于青年,在开展理想信念

教育中具有凝聚力和号召力。因此,高职院校的团组织应利用多种途径、多种方式进行活动,充分发挥其在高职学生理想信念教育中的积极作用。

二、如何发挥团组织在高职学生理想信念教育中的作用

(1)充分发挥社团阵地建设的作用,为高职学生理想信念的实现提供训练平台。以我院计算机系为例。计科系学生社团共计有计算机协会、昭阳文学社、邓小平理论和"三个代表"协会计科系分会、电脑艺术协会、记者站、棋协、英语协会等。参加社团的人数近2000人,各社团隶属团总支社团部。社团阵地建设为培养学生兴趣爱好,陶冶学生情操提供了广阔的舞台。美国钢铁大亨卡耐基说过:一个人的成功,15%靠智商,85%靠情商。所谓智商主要是指一个人的专业素质,情商主要是指一个人除了专业知识以外的其他综合素质。现今社会迫切需要高情商的大学生。各社团为培养学生的兴趣、爱好、特长和锻炼学生各种能力提供了良好的机会。参加过社团工作的毕业生中有不少人在短短的时间里即取得骄人的成绩。如2001级昭阳文学社社长郑大海同学,毕业后在北京的《当代通信》杂志社担任编辑。在应聘时,面对如云的竞争高手,他凭着一篇现场作文及在我院读书期间出版的专集《大海青春集》胜出,取得他梦寐以求的编辑岗位的。来求职的有很多名牌大学毕业生,用人方并没有过于看重学历,他们更看重的是综合能力。没有在昭阳文学社的磨炼,就不会有郑大海的理想实现。

团总支在对各社团指导工作时,首先是对各社团成员进行团体意识教育。兵熊熊一个、将熊熊一窝,一个社团的团体意识如何直接关系着一个社团建设的好坏,而一个优秀社团必然能培养出其成员的团体意识。其次,是对各社团进行业务方面的指导,加快学生健康成长,如:参加计算机协会是为了掌握计算机的前沿知识,参加昭阳文学社是为了更好地锻炼学生的口头表达能力和书面表达能力。我们结合学生的职业规划,将二者有意识地结合在一起,力求达到让学生将理想与现实有机地结合起来,明确为什么要学习、应加入哪类社团等问题。通过社团的建设,将一批志同道合、有共同理想的学生组织起来,比学赶帮、互相促进,加快学生健康成长成才。最后,是积极帮助学生学会协调学习与社团活动中出现的一些矛盾,如何处理工作与学习的关系等。在师生共同的努力下,各社团成为我系学生学习、交流的平台。计算机系的电艺协会因成绩较为突出,还曾被省委宣传部、团省委、省文明委、省学生联合会、省教育厅联合评为"2005年湖北省大中专学生在暑期'三下乡'社会实践活动优秀团队"。

(2)充分发挥团校、党校的思想阵地建设作用,帮助高职学生升华个人理想,强化科学的理想信念。团校和党校是思想建设的主阵地,也是理想信念教育的阵地之一,为办好团校、党校,系团总支配合系学管党支部制订了详细的教学计

划,我们慎重地、有针对性地拟订了几个主讲内容,分别请院党委领导、院团委领导、院组织部领导及系党总支书记、学管副书记、团总支书记担任主讲。对当代大学生中存在的问题、价值取向、就业的困惑、如何铸造自己等各方面加强思想政治教育和理想信念教育。对于提高学生思想认识水平方面,团校、党校在某种程度上起着拨雾见日的作用。甚至于有的学生在心得体会中用"豁然开朗"来表达接受团、党校学习后的感受。为保证学习的系统性和实效性,我们采取一学期内先团校、后党校,扩大团校规模的教学方式,力争使每一位团员能接受系统的团的知识的学习,优秀团校学员再加入党校学习。这样的教育成效很明显,学生通过学习能找到人生正确的发展方向,升华了个人理想,强化了科学的理想信念。

(3)加强学生干部队伍的建设,锻炼学生干部工作能力,为其实现远大理想抱负夯实基础。学生干部是从学生队伍中挑选出来的优秀分子。计科系在选拔学生干部时,提出了几个明确的条件:一是团体意识要强;二是学习成绩优良;三是具有较强的公益意识;四是能吃苦耐劳。这几个基本条件首先即明确了作为一名学生干部的责任。在日常管理工作中,团组织会不断地发现学生干部当中存在着这样或那样的问题,然后有针对性地加以解决。对待个别问题,我们个别解决,对待普遍存在的问题,我们采取大会民主解决的方式。这样既维护了少数学生干部的自尊,同时也起到了广而戒之的作用。在工作上,团组织不遗余力地加以指导教育,放手让学生干部去锻炼,平时多一些关怀,多一些体贴,让学生干部干得有劲,觉得自己干得有意义。团组织将理想信念教育融入到生活上的关心,工作上的指导当中,学生干部尤其能深刻地体会到我院实施的"两情"管理的温馨。正因为团组织的精心培养,不少学生干部迅速成长为优秀学生干部,还有一些学生干部,走上社会后很好、很快地适应社会,迅速地就业、创业,施展才能,实现理想抱负。如2003级团总支副书记刘芳同学被评为"湖北省三好学生标兵",2005级团总支副书记岳娇同学被评为"黄冈市优秀共青团员"荣誉称号。再如2000级学生会主席金传浩同学,回温州后不到三年的时间,即创立了自己的"浙江省温州鑫闽机电有限公司",固定资产300多万;2001级团总支副书记尹学飞同学,在张家港非凡机械有限公司担任副总经理,年薪达20多万;2000级软件班的李忠文同学,现在成长为武汉华通科技有限公司的四名董事之一,从一名打工仔成长为一名老板,等等。甚至于毕业多年,许多学生干部始终不忘母校的培育之恩,一直保持着同母校的联系,关注着母校的发展。正是由于我们在日常生活与学习工作中,能将学生的实际需要同社会需要结合起来,积极引导他们构建自己的意义世界,确立科学的理想信念,夯实了他们的理想基础,才有大批学生干部后来事业的蒸蒸日上。他们只是其中几个代表,其中金传浩同学的创业成绩已入选"湖北省首届大学毕业生创业成果展示会"。李忠文同学的事迹还登上了2007年12月8日的《楚天都市报》。

(4)加强和发挥党员的模范先锋作用,使更多的人树立崇高的理想信念。对于学生党员,通过多种教育方式,不断升华和强化其科学的理想信念,促进共产主义理想信念在他们心中生根发芽,要求他们不只是在名义上,更要在思想上和行动上加入到党组织这一光荣群体中来。我们通过举办报告会、座谈会、观看录像、参观红色革命传统教育基地等组织生活方式,让学生党员明确一个党员的历史重任,忠实地为实现人类共同的美好理想而奋斗,自觉地履行好一个共产党员的义务,在班级、系部工作中起到模范带头作用,使更多的进步学生向往党组织,追求和加入党组织,树立崇高的理想信念。

(5)大力开展丰富多彩的两课活动,帮助学生施展自己、认识自己,确立切合实际的理想信念。充实的业余生活是产生理想信念的基石。大学里同学们有更多的课余时间可供支配,两课活动是对课堂教学的有益补充。如何有效地、有意义地利用课余时间,成为团组织的开展两课活动的工作重点。我系团总支通过各社团、各支部举行各种有意义的活动来丰富同学们的业余生活。如计算机操作技能大赛、现场作文大赛、棋艺比赛、"一二·九"大合唱、健美操表演、参加艺术节活动、周末舞会、晚会等各种有意义的活动,发现并施展学生的兴趣特长,陶冶学生的情操。让学生过得浪漫、充实、有意义。理想产生于实践,理想又指导着学生的实践,理想与实践相互作用,不断循环上升,推动着大学生们立足现实,放眼未来,在奋斗中追求,在追求中奋斗。学生的理想信念在这一过程中变得更健康、更成熟、更清晰。

(6)加强中国传统文化教育,培养高职学生爱国情怀和历史责任感,使其树立实现民族复兴的理想信念。一些高职学生缺乏远大理想,与缺乏中国传统文化教育有着紧密的关系。社会、学校、家长对青少年的中国传统文化教育重视不够,导致大学生很容易接受西方文化思潮和价值观,以自我为中心,享乐主义至上,缺乏社会责任感。

中国传统文化造就了中华民族自强不息的民族性格,对人类的文明进步起着巨大的推动作用。通过对大学生的中国传统文化教育,可以培养大学生的爱国情怀,使他们高度认同建设中国特色社会主义的共同理想,坚定振兴中华民族的信念,树立符合中国社会现状的理想信念。为此,我院于2006—2007学年曾举办过中国传统文化教育系列讲座,原院党委书记涂普生同志、党委副书记覃守云以及其他相关专家均在会上作了精彩演讲,中国传统文化系列讲座得到了广大师生的高度赞誉。我系团组织充分利用这个契机,在各支部展开"中国传统文化教育与大学生理想信念关系"的大讨论,使广大学生明确了什么是中国传统文化;中国传统文化对培育大学生民族精神、爱国情怀的影响;大学生个人前途、命运与国家前途、命运之间的关系等,使广大学生坚定了实现中华民族伟大复兴的信念,有利于学生树立高尚的符合中国社会现状的理想信念。

总之,大学生理想信念教育关系着大学生健康成长成才,关系着国家的前途和命运。对高职学生进行理想信念方面的教育和引导,是社会主义社会全面发展的必然要求,也是全面建设小康社会的重要力量保证。我们必须充分发挥团组织的社会功能,积极引导学生将个人的实际需要同社会需要结合起来,把个人理想同建设有中国特色社会共同理想结合起来,实现个人和全社会又好又快地发展。

试论高职院校思想政治教育

黄正东　曲文研

(黄冈职业技术学院土木系)

思想政治教育的基本内涵是,在一定的政治生态环境中,特定的利益群体(阶级、政府、政党、各阶层)为实现自身利益的最大化,有目的、有计划、有组织地通过多种渠道和多种方式将有利于本群体的观念,规范社会化与群体成员头脑中的社会实践活动。在我国,思想政治教育作为思想政治工作的基本内容由来已久,从革命战争年代到改革开放的今天,为我国的现代化事业培养和造就了一大批高素质人才。

改革开放30多年来,伴随着国际形势的风云变化,国内的政治、经济、文化、社会形势也发生了深刻变革。在这个多元的时代如何更好地发挥思想政治教育的育人功能,是一项至关全局的重要任务。如党中央、国务院2004年在《关于进一步加强和改进大学生思想政治教育的意见》中所提的那样:"当代大学生思想政治状况的主流积极、健康、向上,但也面临严峻挑战。某些腐朽没落的生活方式对大学生的影响不可低估。而面对新形势、新情况,大学生思想政治教育工作还不够适应,存在不少薄弱环节。"高等职业教育作为高等教育的重要组成部分,加强和改进高职学生的思想政治教育状况责任必须承担,义务必须履行。本文在对我国高职院校及其学生特点进行描述的前提下,试图以思想政治教育绩效考核体系作为改进高职院校思想政治教育现状的根本性突破口,期许能为当下高职院校思想政治教育的困境提供一些有价值的参考。

一、高职院校及高职学生的特殊性

这里所讲的特殊性是指从整体上考量，而非个体上的评述，它是相对于地方本科院校和国家重点院校而言的。

（一）高职院校的特殊性

在大众教育与精英教育并存的今天，在学与术日渐分离的当下，高等职业技术教育的办学规模、招生人数已在高等教育史上留下了浓墨重彩的一笔，开始作为一种独立的教育实践体系为大家所认知，在与研究型、教学型院校的博弈中取得了半壁江山，且还有发展壮大之势。高等职业技术教育作为一支完全面向社会、朝向市场、服务企业，培养实用型、技能型的大专院校，是顺势而为的必然产物。正所谓时势造英雄，崇高的自由和强大的功利之间高等职业教育只能更倾向于后者，在泛政治化结束后的泛物质化时代（某种意义上），经济市场的效益原则必将为高等职业技术院校的发展提供更加宽广的施展拳脚的舞台。

但被大家认知的高等职业院校到目前为止并没有完全被接受、认可。正如同我们国家目前虽蒸蒸日上，但也只处于社会主义初级阶段之初，高等职业院校也如此，虽正大踏步地向前迈进，但毕竟处于起步阶段，其亟待破立、修葺之处甚多。诸如办学理念、办学环境、管理体制机制、师资队伍等，包罗万象且相互关联。高职院校来源一般有以下几种：由原中专升为高职；由大专转变为高职；新建高职。目前我国高职院校有1200多所，其中不乏办学条件优越、办学理念和管理水平较为先进的学校，但大部分高职院校，特别是中西部欠发达地区的高职院校先天不足，后天营养不良。原有基础设施、师资队伍等软硬件条件较差，成立高职后资金周转又不顺畅，加之部分高职院校的领导视域有限，没有抓住关键机遇期为学校的后续发展打下良好的内外部发展环境，导致学校虽有十几年或几十年的办学经历，但其水平并没有多大的提升，仍徘徊在原有阶段上，没有形成较为现代化的办学水准。规范顺畅高效的管理体制，合理健康的人才流动机制，教学设备、宿舍、食堂、图书馆、实习实训场地、学生两课活动场地；教职工活动场地、办公场地等的缺失及完善都有待进一步解决。

（二）高职学生的特殊性

1. 生源的特殊性

"目前我国高等职业技术教育的生源主要来自三个方面：一是高考第四批次录取的普通高中毕业生；二是对口录取的三校生（中专毕业生与技校毕业生、职业高中毕业生）；三是五年一贯制高职录取的初中毕业生。"另加之不少院校都开设了成人继续教育，招录成教考生和成人自学考试考生（这些学生大部分是高考的落榜生,有一部分甚至连高中都没读或没读完,有的是在社会工作或闲散几年后为提升自己或其他原因来就读的),并将其纳入学校的统一教学管理过程中,而非独立设院,单独培养。在这个生源构成中最显现的是生源素质的整体偏低,即隐含着学生学习能力较差、思想状况复杂、行为养成不好等问题。

2. 以往存在环境的特殊性

美国心理学家、行为主义的创始人约翰·布鲁德斯·华生等认为,个体的心理发展是环境影响或塑造的结果,有什么样的环境就有什么样的心理和行为。一个人社会化(社会化是指个体通过外输和内省的办法习得社会知识,掌握社会规范,获得适应社会环境能力的过程)的途径主要有以下几种:家庭、学校、同伴群体、社会、新闻媒体等。高职院校的每一名学生入校前基本都有一个不为人知的社会化过程,而且这个社会化过程往往是失败的。众所周知,外部环境在早期社会化阶段的作用非常重要。在改革开放的过程中,尤其是近10年,我们所处的社会、所处的周边环境发生了急剧变化,价值多元、标准多样、道德底线不断被突破,这对于涉世未深的青少年而言,在路径选择上就有可能出现偏差。再加上家长本身社会程度就不高,受教育程度较低,导致学生在面对家庭经济条件困难或家庭条件改善、优越或交友等问题时家长无法给予及时、正确的引导,使其陷入早期社会化的失败;应试教育下,个别无师德、师风的老师,毫无关爱之心,只有恶语和拳脚,致使心灵脆弱的学生一次或几次即完败在他们的手上,一蹶不振,心灰意冷;网络在扮演圣诞老人的同时,也时不时露出灰太狼的狰狞面目,而此时政府、家庭、学校监管、疏导的缺失也为个体社会化的失败提供了温床。高职院校的大部分学生在以上一种或几种因素的作用下,均不同程度上存在思想问题和心理问题。大致表现在以下几方面:在思想上,奋斗意识衰退,惰性十足,贪图现状,乐于享受;在理想信念上,功利色彩严重,无大局、集体、法制、纪律观念,重自己,轻他人,重非正式组织的情感逻辑,轻正式组织的效率逻辑;在信息获取上,具"角落性"和"片面性",不能正确理解改革政策,不能正确对待社会中出现的一些"恶、丑"现象,不能正确理解和处理理想和现实的关系,理性缺失;在心理上,偶然因素引发的心理创伤、心理障碍致使自卑感强烈,自信心不强,爱慕虚荣、攀比嫉妒、适应环境能力差,遇事易偏激,好逆反。

高职院校及其学生虽有特殊性的一面,但高职教育作为我国教育体系的一部分,同样承担着育人的职责,其内核的终极指向必然也必须是学生的发展,为学生的发展创造内外部条件必须深入每一个办学者的头脑中。只有这样学校的生存和发展、学校教职员工的生存和发展才有根基,才有保证,才有良性循环,故此高职院校必须定位准确,找准服务对象。

国家中长期教育改革和发展规划纲要(2010—2020年)明确指出,要大力发展职业教育,而且要将其摆在更加突出的位置,因为它是推动经济发展、促进就业、改善民生、解决"三农"问题的重要途径,是缓解劳动力供求结构矛盾的关键环节。同时指出职业教育要着力培养学生的职业道德、职业技能和就业创业能力,要满足经济社会对高素质劳动者和技能型人才的需要。那么高职院校面对自身现状和高职学生的特点如何承担起这份重任,特别是如何让学生成才的同时也成人,成为德才兼备的生产一线的高技术人才,这对高职院校的思想政治教育工作提出了严峻考验。因此探寻适合高职院校思想政治教育合理化、实效化的路径就成为必然和紧迫的任务。

二、改进高职院校思想政治教育的根本性突破口——思想政治教育绩效评价体系

高等教育评价体系在国外已有上百年的历史,在我国也有近30年的历程,在保证教育体系高效而又有质量的运行上起到了不可替代的作用。一个成熟、完善的思想政治教育评价体系提供的信息反馈将可以很好的解决:思想政治工作队伍工作的积极性、主动性;责任感、使命感;业务水平以及思想政治人才的合理流动。一个充满活力、激情、高素质的思想政治队伍将能够更好地解决传统的思想政治教育过程中重灌输,轻互动;重宣教轻,人本关怀的问题。使教育内容和教育方式更贴近学生实际,摆脱"大道理"下高标准严要求所带来的学生逆反和学生个性的泯灭。在当下社会转型期我们应在一定程度上淡化思想政治教育意识形态的正面教化,而应该加强鲜明的去恶扬善的道德教育,发挥思想政治教育的经济、文化及社会性功能。用内隐的、开放式的教育方法来达到思想政治教育的大方向:意识形态的教育——培养德智体美全面发展的社会主义合格建设者和可靠接班人。

(一)思想政治教育绩效评价体系的实质

所谓高职院校思想政治教育绩效评价体系,就是通过对学校思想政治工作组织及其成员在履行思想政治教育职责时所取得的客观效果,运用科学、民主的方法进行结果考核和过程评价,并将考核结果与组织及其成员的利益(笔者在本文中所讲的利或利益不仅指物质利益,还包括精神利益)相联系,以此促进思想政治工作扎实有效开展,促使思想政治工作过程做到最好,结果达到最优,真正服务学校,提炼思想政治队伍,造福学生,回馈社会。

此体系之所以能解决思想政治工作能否取得实效的问题,最为根本的原因在于:人之趋利本性。"我们对历史的最初一瞥,便使我们深信人类的行动都发生在他们的需要、他们的热情、他们的兴趣、他们的个性和才能;当然,这类的需要、热情和兴趣,便是一切行动的唯一的源泉……"任何社会现象的背后,无论

其复杂程度如何,我们都可以从中找到利益的影子。"利益是激励人们为满足自身生存和发展的需要而进行的改造客观世界的、有意识活动的客观动因。"利益是人类社会发展最为根本,也是最为深层次的动力因素,是历史前进的发动机。人类的一切行为结果,都源于对利益的追逐。利益支配着人类社会生活的所有领域。人们在逐利本性的支配下必然会为实现自身利益的最大化而努力奋斗,体现在考核体系上他必然会为物质上的获取、精神上的满足而加倍努力。这里的唯一前提就是此考核体系是完善的,此标准是被大家认可的,否则必然伤及大家工作的积极性而且还会迫使一部分人为利益进入潜规则。

(二)思想政治教育绩效评价体系的现状

高等教育评价体系在我国虽有近 30 年实践经历,但相对国外发达国家,无论在评价体系的理论研究还是实践操作上都还存在较大差距,特别是在思想政治教育的评价体系上没有形成一套行之有效的考核办法。大部分学校更加注重结果考核而忽视过程评价;更关注看得见、摸得着的文字材料、汇报成果而忽视考核的整体性与完整性;更加关注学校的安全、稳定,学生的入校率和就业率而忽视具有长远意义的树人工程;更加关注自己当下应该做什么,而缺乏长远、整体规划,没有真正了解基层,没有了解学生,针对性不强,造成过多涉入、干扰学生的正常学习生活,带来了极不良的负面效果,基层怨声载道,学生对学校的感情越来越淡。这种考核往往是治标不治本,绩效考核的实施在一定程度上既没有调动思想政治工作组织、思想政治工作者的活力与激情,相反评价机制的不健康运行还带来了不少意想不到的相反的效果。因此作为高职院校一定要有高度的责任感和使命意识,在深入调研的基础上建立、完善并严格执行思想政治教育绩效评价体系。

(三)对思想政治教育绩效评价体系的两点思考

1. 评价主客体应坚持多元化,内外部评价相结合的原则,避免评价要素的片面化

主体即评估者,客体即被评估者。在绩效评价主客体的选择上必须坚持主客体的多元性,使评价结果更趋于合理、有效。高职院校在以往对思想政治教育者的考评上往往只是集中在直属领导对思想政治教育一线工作人员的考核这单一元素,而直属领导考核的主要依据是看得见、摸得着的事项,在工作理念、工作态度、工作方法、学生的精神面貌等方面很少或没有涉及。往往缺少平行同事间的互评;自下而上的考评;自我评价;外部学生家长、毕业生及用人单位评价,且没有将思想政治教育组织中各级领导纳入平时的考核中来。笔者认为一个完整的思想政治教育评价主客体至少应该包括这几个部分:主管学生思想政治工作

的院校领导、学工部(处)、团委相关负责人和各二级院系分管学生工作的领导、辅导员和班主任、担任两课教学的教师、学生群体、家长、用人单位。

2. 评价操作上既注重"干了什么",同时还要关注"是怎么干的"

在评价操作上,针对思想政治教育工作中标准易指定,操作性强的工作业绩即效果、结果制定量化的考核评价表,分项打分核算;工作业绩、管理性、事务性的工作虽易于考核,但其具有短期性、易见性和外显性的特点,很难将思想政治教育工作者平时"怎么干的"反映出来,所以其不能全面地反映思想政治教育者的真实情况。这也是现有思想政治教育评价体系中存在的较为普遍的缺失现象。针对于此有必要建立动态的考核机制。笔者建议:①负责思想政治教育的各层级领导、辅导员挂职、轮换于年级、专业或班级中,一方面把思想政治工作带进去;二是了解、掌握并督促更好地开展思想政治教育;②定期轮换调研,即负责思想政治教育的各层级领导、辅导员相互之间对所负责的年级、专业、班级思想政治工作开展的情况集中调研,掌握"第一手资料";③参考较为成熟的教师评教系统,定期开展学生对思想政治教育的各层级领导、辅导员的网上评价及思想政治教育的各层级领导、辅导员之间相互的网评;④采取抽样调查的方式对往届毕业生、用人单位、学生家长的调查采访;⑤更为灵活多样的考评方式,例如面谈的方式、书面考试的方式等。

三、结束语

思想政治教育绩效评价体系,是一项系统工程,需要上下齐动,内外结合,深入开展调查研究,结合本区域、本院校的实际情况,在科学、民主旗帜下不断完善、更新,以更好地应对高职院校思想政治工作前所未有的难度和挑战。

探索加强高职学生感恩教育的现实途径

何唯

(湖北三峡职业技术学院)

所谓感恩,即知恩图报,就是对自然、社会和他人给予自己的恩惠和帮助由衷认可,并真诚回报的一种认识、情感和行为。感恩意识是社会文明进步和人际关系和睦融洽的重要因素,是一个人具有健全人格和优秀品质的标志,更是和谐社会要求在校高职学生应该具有的基本素质。

一、当前高职学生感恩意识现状及原因分析

当前,在校高职学生的思想道德状况总体上是积极向上、健康发展的,大多数高职学生都非常珍惜上学的机会,对国家、学校及他人所给的帮助和提供的方便心存感恩,并以自己的实际行动来予以回报。但是在当今社会,由于物欲膨胀、价值观扭曲及虚拟世界的冲击,在高职学生中由于道德情感的缺失而出现了种种不良现象,如盲目攀比和超前消费,把国家奖助学金看成是理所应得,没有社会责任感和使命感等。部分高职学生对父母的养育缺乏感恩之心,对师长的教诲缺乏感恩之情,对社会和他人的救助缺乏感恩之意。尽管这些只是部分学生的行为,但以自我为中心,把父母和他人、国家和社会的恩赐看成是理所当然,漠视宝贵的亲情、友情、师生情的感恩意识缺失现象在当代高职学生中已不是个别现象。这种与主流价值观偏离的忘恩情绪,正成为高职院校里令人担忧的一股暗流。

感恩意识的形成受多方面因素的影响,当前高职学生中出现的感恩意识缺失的现象与社会、学校、家庭都有着密不可分的关系。首先,社会现实情况复杂,西方思潮负面影响,网络不良信息泛滥,使得在校高职学生过分看重自我,过分看重功利。其次,当前高职院校注重更多的是对学生的政治理论教育和专业文化教育,基本上忽略了传统的伦理道德教育,忽视了感恩意识的培养。再次,当前高职在校学生已是"90后",基本都是独生子女,家庭教育方法缺失和父母的溺爱使得他们过着众星捧月的生活,使他们成了不懂感谢、不愿感激、不会感动的"冷漠一代"。

二、加强高职学生感恩意识教育的重要意义

感恩教育是教育者运用一定的教育方法和手段、通过一定的感恩教育内容对受教育者实施的识恩、知恩、感恩和施恩的人文教育。感恩教育是一种以情动情的情感教育,是一种以德报德的道德教育,也是一种以人性唤起人性的人性教育和生命教育。

高职院校要为社会主义建设事业培养全面发展的高技能人才,不仅要培养学生牢固的专业知识和职业技能,更要教育学生形成优良的道德人格。改进和加强高职学生的感恩教育具有非常重要的意义,它有利于塑造学生健全的人格,有助于唤起学生的感恩心,引导和提升学生的感恩意识,以此来提高高职学生的综合素质。

1. 加强高职学生感恩意识教育有利于社会和谐构建

和谐社会的"和谐"是心理层面个体内在情感的和谐和社会层面人与人之间关系的和谐。因此,构建和谐社会必须要致力于促进人内在的全面和谐发展。感恩教育使人感谢他人、感谢自然,正好体现了素质结构中个人与社会价值的统一、科学与人文价值的统一、人类价值与自然价值的统一,使人具备这种与人、与自然、与社会和平相处的能力和态度。一个成熟健康的个体有了感恩之心,人与人、人与自然、人与社会也会变得更加和谐,更加亲切。每一个国民的心理和谐了,整个和谐社会的建设才会更加有序、健康发展。

2. 加强高职学生感恩意识教育有利于学校德育教育

感恩教育是高校德育教育的重要组成部分,高校德育要积极渗透感恩教育,要在继承传统美德的基础上,随着时代的发展不断创新、丰富,从认知、情感和实践三个层次,使高职学生树立起正确的感恩观、高尚的感恩情,并以实际行动来感恩。只有根据当代社会发展特点及高职学生成长成才的需要,充分感恩教育的积极作用,培养高职学生的感恩意识,才能够使高职学生在生活学习中都以积极向上的态度去面对。感恩教育应尽可能地寓于课堂教学、日常管理和环境中,让大学生于不知不觉中受到感动,陶冶其情操。

3. 加强高职学生感恩意识教育有利于学生个体发展

加强高职学生感恩教育可以培育和提高高职学生的和谐文化素质,让学生尽可能以感恩的心态和理念来规范自己的行为。学会感恩有利于培养高职学生的健康心态和健全人格,通过感恩使学生学会反思,学会发现别人的优点,学会对帮助过自己的人心存感激,对于培育高职学生的健康人格、培养高职学生的道德意识必将起到积极的促进作用。加强高职学生感恩教育,倡导和谐文化,让感恩教育成为高职学生重要的必修课,从而使学生个体沿着健康、向上、充满友爱、充满爱心的方向发展。

三、加强高职学生感恩意识教育的现实途径

1. 加强中华传统美德的教育

我国有上下五千年的历史,在我国古代就开始了感恩的教育。《诗经》里有"投桃报李""哀哀父母,生我劬劳"之说,在民间有"受人滴水之恩,当以涌泉相报""一日为师,终身为父""谁言寸草心,报得三春晖"的谚语、诗句以及"衔环结草"的故事,这都是中华民族对感恩的种种表达与阐释。通过传统美德教育,使大学生不但自觉感恩报恩,而且唾弃现实生活中那些"知恩不报"或"恩将仇报"的行为,这无形中对良好社会风气的形成和学生感恩意识的加强具有促进作用。利用传统感恩资源就在于为我们树立感恩的道德榜样,树立道德学习的标杆,引

导并形成道德态度。从伦理关系和道德境界两个层次,运用各种方法开展中华传统美德教育,提高感恩教育的时效性。

2. 营造和谐的校园感恩环境

感恩教育要取得成效,需要有良好的校园氛围和环境,校园感恩教育的环境可以小到班级环境和寝室环境,大到整个学校的环境等,各方面都应承担起相应的责任,形成协调一致的教育网络。只有学校掀起一股感恩教育的热潮,只有人人怀有感恩之心、处处心生感激之情,人与人之间的距离才会拉近,我们对学生的感恩教育才会有所成效。感恩教育的主阵地在日常生活中,良好的环境本身就是感恩教育的素材。在高职院校道德教育的全过程中,始终要坚持感恩教育,通过校园广播、电视、网络、标语、宣传栏等平台,把感恩教育融入到德育体系中,广泛宣传感恩的意义,树立感恩的典型,让学生置身于一种浓烈的感恩氛围中,从感恩环境中受到感染、启发和教育。

3. 通过社会实践来践行感恩

社会实践是磨炼个性和锻造人格最有效的手段和方法,也是高职学生感恩品质形成和发展的基础,更是高职学生走向社会、奉献社会的有效途径。将感恩教育融入社会实践就能为高职学生与现实生活的直接对接找到突破口,为高职学生道德情感的培养与升华提供新的平台。高职院校要带领学生积极投身于社会公益活动,通过青年志愿者活动、提供社区服务、暑假"三下乡活动"、寒假社会调查、专业顶岗实习等多种形式的教育实践活动,引导学生学会感emo。使学校教育与社会教育结合起来,使学生真正体验到生活的艰辛、他人和社会对自己的鼓励与无私帮助,从而懂得理解、尊重和同情他人,将感恩意识转化为为他人、为社会服务的实际行动,才能使学生对感恩教育的认识从感性层面上升到理性高度。

高职院校班级思想政治工作的现状和有效途径

李 靖

(武汉语言文化学院)

一、高职院校学生的生源分析以及心理和思想政治现状

(一)高职学生的生源分析

高职生的录取批次与分数线,客观地反映了高职生与本科生的差别。他们

没学好的原因固然很多,最主要的原因是这些学生普遍缺乏学习的自觉性和刻苦学习的精神,而且这些因素还仍在潜意识中影响着他们现在的学习和生活。

(二)高职学生的心理状况

因为存在有高职院校学生和本科院系的学生区别,这就更体现出我们思想工作者在很大程度上面临的难题,很多学生在表面上装着自己很有个性,任何人的话也听不进去,但是根据本人作为两年辅导员的工作经验和摸索,发现很多学生其实内心是特别脆弱和空虚的,所以高职学生的心理状况呈现出多样性和复杂性。主要有以下几个特点。

1. 自卑

自卑是一种性格缺陷,其表现为对自身能力和品质评价过低的一种心理状态。其一,许多学生由于来自不同的家庭,家庭和条件参差不齐,以至于一些学生对自己的家庭环境、生活条件、学习基础、学习能力及发展前途缺乏自信,失去动力,从而产生自卑心理。其二,由于高职院系的学生一般情况下在高中学习文化课上情况不容乐观,在高考的压力下自己的价值观和成就感长期得不到满足,无形中也就造成了自卑的心理。个别学生还存在因过度自卑而产生精神不振、心灵扭曲及沮丧、失望、孤寂、脆弱等心理现象。

如:我院学生在大学生英语竞赛和翻译大赛的报名中,一些学生始终觉得自己很差,不敢踊跃报名参加,经过做多次思想工作之后才能看到效果,而结果也会有意想不到的收获,他们的自卑心理在一定程度上造成了我们这些思想政治教育工作者工作的被动性。

2. 自大

自大是对自己的品质和才能给予过高的估计而产生的一种虚狂的心理状态。由于现在大部分学生都属于"独生子女"这一行列,也有一些高职学生因受家庭和社会的影响而常常自以为是,任性逞能,目中无人,事事以我为中心,好发表自己的见解,听不进别人的意见。这似乎是部分"90后"学生的共性,现阶段涌现出的"脑残""非主流"等新词都是对这代"90后"学生的新称谓,从很大程度上也体现了部分"90后"学生思想上的劣根性。

3. 焦虑

很多高职学生入学后,由于对高职教育普遍缺乏较为正确的认识和全面的了解,对于潜意识大学生活的思想落差以及高中和大学的学习和生活模式上颠覆性的变化,加上学习内容的专业化、深度和难度比以前增大,学习方法也有所不同,实践操作能力要求较高,这对他们提出了新的挑战,导致许多学生专业兴趣不强,学习动力不够,能力提高不快,学习效果不理想,从而引起心理上的不适应和焦虑。

4. 依赖

部分高职学生在生活、学习上缺乏自主性,养成了企盼通过他人来解决问题的习惯,还处于未"断奶"的状态。如生活上寻求父母和辅导员的保护、照顾或花钱享受社会和学校提供的服务,学习上寻求老师和同学的帮助,精神上寻求物质与虚拟的享受等。依赖是一种不良的个性倾向,任其发展有可能形成依赖型人格障碍,将很难以一个独立的人立足于社会。

上述心理状况容易产生心理失调,出现心理矛盾。比如自主性与依赖性的矛盾,求知欲和知识水平的矛盾,自信与自卑的矛盾,理想性与现实性的矛盾,孤独感与强烈的交往需求的矛盾等,这就更加体现出高职院校学生思想教育的重要性和其任务的艰巨性。

二、思想教育的有效途径

1. 全面地了解学生的思想状况

学生思想政治教育沟通是教育者与学生在平等的基础上交换思想、意见和看法的过程。思想政治工作者在与学生进行信息的交换过程中,能够了解到来自学生的一些意见和想法。教育者与学生及时地、经常地进行沟通与交流,能够获得更多的来自学生所反馈的思想、意见、看法的信息,从而全面地了解学生的思想状况。比如教育者在与学生就某一具体问题进行沟通时,在一次次的平等沟通与交流信息的过程中,教育工作就能从第一时间和"第一线"上和学生进行正面的交流,从根本上了解学生的思想动态和家庭背景,这样就能很全面地对学生进行了解和认识,让很多信息都能在自己的掌控范围之内。

2. 注意针对学生的整体,讲究"因势利导"

(1) 班级活动。积极开展班级心理辅导和思想教育活动是十分必要和重要的,心理辅导和思想教育活动已被认为是将心理健康教育普及、服务于所有学生的最佳途径之一。一般来说,同一年龄层次的学生,心理发展水平基本上处在同一层面上。他们在智力、人格的发展中所遇到的问题和困惑,大体呈现出一种普遍性和规律性。那么有效的班级心理辅导活动是提高高校班级心理健康教育的最佳途径。因此,高职院校完全可以通过以班级为单位的团体心理辅导,从而促进大学生个性心理品质的整体发展。要有效地开展好班级心理辅导活动,必须在实施过程中注意以下几个方面:首先要让学生先"动"起来,只有活动才能有效地调动学生的主体参与性,改变学生的意识和情绪状态,使他们专注于辅导主题的展开,从而降低心理防御水平,更好地敞开自我的内心世界。班级思想和心理辅导是一种互动的"团体的过程",这个过程会产生影响团体成员及整个团体的力量。在操作上,注重团体内部的交流互动。在辅导过程中,辅导员要始终保持一种随和、宽容、接纳的态度,不要对学生作否定性的评价,极力创造一种平等、和谐的气氛。

(2)班级教育。为了实现班级教育目标,在专兼职心理辅导老师的主导下和班级心理保健员的辅佐下,对影响大学生的学校、家庭、社会各方面的教育力量进行整合,形成方向一致的、有益于大学生心理素质发展的综合力量。这种综合力量不是教育力量的简单相加,而是在方向上统一要求、空间上密切衔接、作用上互相协调、能发挥整体教育效应的班级教育力量。为了保证各种教育影响能共同发挥作用,当然需要对他们进行整合,以形成教育合力。具体到高校班级心理健康教育工作中,我们应该通过形成班级教育合力的途径,拓宽教育时空,让置身于开放的现代社会中的大学生接受开放的现代教育,从而促使其心理能更健康地发展。

3. 注重学生的个性特征,讲究"因材施教"

对学生的思想政治工作不能不考虑学生的个性特征,"因材施教"的思想同样适用于此。首先,不同阶段的教育对象的个性特征可能具有阶段的共性,应该根据这些年龄阶段的个性实际去开展不同阶段的思想教育;其次,由于每一个个体的心理特征各不相同,应当根据不同类型的能力、气质、性格特征进行教育策略上的调整;再次,每一个教学对象都是独一无二的,是不同阶段与不同类型的混合,应当根据对象的综合实际,而不是按照教育学、心理学规定好的方式和内容开展。我们的思想政治工作只有充分考虑了学生个性的多元化,才有可能有的放矢,对学生提供最有效、最有帮助的教育。

4. "谈心"是做好思想政治工作的基础

就学生个体而言,他们一般是从个人立场出发来认识事物和理解问题的,尤其是直接涉及学生个人切身利益的问题,而学生辅导员则是更多地、全面地考虑问题,进行工作决策,所以难免出现学生与辅导员对问题看法不一致的情况。这时,辅导员不能片面地认为学生"素质差""私心重",而应理智地换位思考,及时运用谈心法对学生进行说服教育,通过入情入理的真诚交谈,理顺学生的情绪,改变对学生的态度,使各项工作得以正常开展。

运用"谈心法"做学生的思想政治工作不是可有可无的"寒暄""拉家常",更不是"作秀",目的是化解矛盾,解决问题,构建和谐。在谈心中,如果学生向辅导员敞开心扉,倾诉苦恼,作为谈话主体的后者明确了问题所在,就能帮助学生分析构成矛盾的各种因素,拿出解决问题的办法,进而维护校园安全和稳定。问题是在新形势、新情况下,这种方法的运用在思想政治工作中存在不同程度的缺失,应当引起辅导员的关注和重视。

三、高职思想工作中需要正确处理的几种关系

学生思想政治工作头绪多，事情杂，牵涉的部门也多，因而要求我们在开展工作的时候，处理好以下几种关系。

1. 现实与未来的关系

学生思想政治工作应着眼于实际，适应当前学生的个性发展特点，要正确认识当前高职学生思想政治工作所处的历史阶段是社会主义初级阶段，在这个阶段学校承担了学生过多的社会责任和稳定责任，这是无法回避的，那种认为"大学生已满 18 岁，已是成年人，已具有完全民事责任能力和刑事责任能力，可以放手不管，任其自由发展"的思想目前是行不通的。

2. 继承与发展的关系

在工作中我们要注意吸取、学习思想教育工作者的优良传统，尤其是对于我们这些刚从事两年学生工作的人而言，更应虚心地从那些经验丰富的领导和同事那里学习好的经验，在借鉴他们工作的同时，要积极思考，善于巧干、实干、精干，力争使自身的工作有所突破、有所创新。

3. 全局与局部的关系

当前的高职学生思想政治工作是繁冗复杂的，有些工作是我们无法回避的，我们一定要处理好工作的阶段性与全局性的关系，不能片面认为学生的思想政治工作就是搞学生的第二课堂。学生的安全问题是我们学生工作者的首要任务，我们现在做的所有工作的重点就是要保证学生的安全，其余的活动都只是在这个基础上进行锦上添花。所以在当前时期，素质教育是我们工作的重要任务，但不是唯一任务；学生思想政治工作还有维护学校稳定、保障学生安全、资助学生顺利完成学业等任务。

总之，思想政治工作是一项复杂的工作任务，其途径和方法也是多种多样的，是综合性的，其过程也是长期的，需要全社会的支持和努力。当前高职院校学生思想政治工作面临巨大的历史机遇，也面临前所未有的挑战，我们只有进一步转变观念，不断提高高职学生工作队伍的自身素质，积极创新、求真务实，才能建立起面向 21 世纪的高校学生思想政治工作新体系。

试论凸显职业特性的高职思想政治教育

张汉芳

（武汉软件工程职业学院）

近年来，我国高等职业教育的规模不断扩大，在人才培养模式和办学特色等方面取得了突破性进展，但在思想政治教育工作方面依然没有从"两张皮"的尴尬中走出来，主要表现为：一是思想政治教育与知识技能教育相结合还没有找到一条切实可行的路径；二是思想政治教育的内容缺乏职业的针对性；三是在改革的举措和力度上思想政治教育不及职业知识技能的教育。针对上述问题，本课题组提出高职思想政治教育不仅要在全校形成齐抓共管的局面，还要紧紧围绕职业性做文章，依托区域行业企业的力量，导入企业文化、企业精神，发挥文化、环境及管理的育人功能，通过优化资源配置，重视实践体验，强化职业意识、职业道德和职业精神培养，将思想政治教育有机融入人才培养工作之中，贯穿于学校教育的全过程。一言以蔽之，高职思想政治教育必须"思想教育重专业，日常管理重养成"。

一、高职思想政治教育凸显职业特性的客观要求

所谓"思想教育重专业"，就是要将思想教育与专业（职业）教育相结合，重视和加强与专业相关联的职业意识、职业道德、职业态度、职业理想的教育，它反映了教育的本质要求。

1. "立德树人"的根本任务要求高职思想政治教育必须凸显职业特性

在阶级社会里，一定的教育反映一定阶级的利益并为之服务。高职生的培育具有很强的职业针对性。作为基层劳动者，他们是我们国家政权的最基本力量和社会主义现代化建设的主力军，对社会经济发展的影响更具有直接性和显效性。他们认同不认同社会主义共同理想，践行不践行社会主义价值体系，有没有正确的职业理想和人生发展目标，毫无疑问，将关系到政权的性质和国家的长治久安，关系到我国经济社会建设的成败。

因此，高职教育应该将学生的职业理想、职业精神、职业态度教育摆在首位，也就是说，高职的思想政治教育必须把社会主义共同理想教育与职业理想教育

结合起来,把社会主义核心价值体系教育与人生价值教育结合起来,加强职业道德、职业态度教育,把形成"崇尚劳动、爱岗敬业、勇于担当、善于拓新、乐于奉献"的高尚职业精神作为思想政治教育的目标,发挥职业精神的引领作用、动力作用,使每一个高职生成为"社会主义事业合格的建设者和可靠的接班人"。

2."就业指导"的心理需求要求高职思想政治教育必须突出职业性

教育作为一种促进人的社会化的活动,必须有益于促进人的全面发展。就业是民生的根本。对个人而言,职业是立身之本,身之不存,德之焉附?高职生刚刚跨过高考的独木桥,对职业和专业不甚了解,备感迷惘和苦恼。与此同时,大学生就业难的客观形势,又增加了他们的心理压力,他们非常渴望在职业选择和专业知识技能学习方面得到切实的指导。

如何选择职业,不仅是一个技术性问题,更是一个世界观、人生观、价值观的问题。选择职业要基于对职业的认识,基于对职业所持的价值判断,需要有一定的择业观作为指导。而择业观是建立在世界观、人生观、价值观基础之上,以"三观"作指导,是"三观"在职业选择上的具体体现。可以这样说,世界观、人生观、价值观和择业观,是四而一、一而四的关系。学生有没有及早建立职业意识,有没有正确的择业观,关系到学生个人价值的实现和健康发展。

思想政治教育从来就是把"三观"教育作为自己的根本任务,对学生进行职业意识和择业观的教育就应该是题中应有之义。所以,高职思想政治教育必须把"三观"教育与学生的就业需要结合起来,加强正确择业观的教育,把理想教育与确立职业发展目标结合起来,引导学生树立正确的职业理想。

3."角色转换"的社会期待要求高职思想政治教育必须突出职业性

教育必须与生产劳动相结合,这是培养人的根本途径。高职生处在人生角色的重要转换期——由普通学生变成了"专业"学生,即将成为"职业人",需要确立职业意识,增强规则意识、责任意识、自律意识和理解沟通的能力,养成尊重规则、按规则办事、忠于职守、兢兢业业、克服困难、追求成功等这些未来职业所需的品质和习惯……而所有这一切都需要他们了解未来工作场所的真实状况和社会期待。高职学生必须深入企业,深入到工作现场,只有"亲历现场",才能真正懂得规则,形成按照社会期待行事的自觉意识。同时,作为一线的劳动者,需要有对劳动的热爱之情,对职守的忠诚之意,这种情意来自对工作机会的珍惜,也来自对企业文化的认同。

就当今高职生的现状来看,他们对自身未来的工作环境、发展空间比较理想化,对企业的期待值较高,这与企业的实际情形以及企业对学生的实际要求有较大的出入,这也是学生感到很难找到满意工作,或频频跳槽、不安于工作岗位的重要原因。

所以，高职思想政治教育必须把认识社会教育与职业意识教育结合起来，把在校学习与生产劳动结合起来，培养对劳动的感情，并增进对企业要求的理解；要引进企业文化，使学生尽早了解并认同企业的价值取向；或者以技术工人、技术人员的"现身说法"，使学生尽早感知企业精神……如此，不仅可以缩短学生入职后的心理适应期，实现学业向专业的顺利过渡，也可以增强思想政治教育的感染力、说服力。

从以上的分析可以看出，职业意识、职业道德、职业理想、职业行为习惯是高职学生在向"职业人"过渡过程中必须建立和完善起来的，这些也是一个人职业素养的构成要素。高职思想政治教育要凸显职业特性，抓住影响学生职业生涯成败的关键因素——基本职业素养，大力培育学生的职业理想、职业道德、职业精神和良好的职业行为习惯，促进学生知识、技能和素养的协调发展，提高学生在激烈就业竞争中的竞争能力和未来社会生活中长远的发展能力，使学生成为具有"沟通、崇实、敬业、诚信、协作、拓新"等职业核心素质的、受企业欢迎的、下得去、用得上、留得住的高技能职业人。从这个意义上说，本文所探讨的思想政治教育是广义的思想政治教育。

二、凸显职业特性的高职思想政治教育的工作思路厘析

人的品德由知、情、意、行四个心理要素构成，思想政治教育就是培养人的知、情、意、行统一的过程。凸显职业特性的高职思想政治教育在主要内容上，应该把握如下关键线索。

1. 从职业意识到择业观

认识世界是改造世界的前提，认识职业是选择职业的前提。从高职生的成长经历和认知发展来看，职业意识教育应该是高职的"入门教育"，思想政治教育要敏锐地由此切入，首先从培养学生的职业意识入手，引导学生认识职业领域，了解职业与专业的关系，从而形成一定的职业意向，提高专业学习的热情。在此基础上，从学生根本利益出发，帮助学生正确认识社会，了解企业需求，正确认识自我，正确评价自我，选择职业和职业岗位，选择未来职业的发展方向，从而形成正确的择业观。

2. 从职业道德到职业理想

作为"生产、建设、服务和管理第一线的高技能人才"，高职生的能力素质应该主要表现在能忠诚岗位、胜任岗位，这就要求我们的教育必须以崇实、敬业、诚信、协作、拓新等品德要素为核心来建构学生的职业道德。

职业理想反映了人生理想，只有与社会共同理想一致的人生理想和职业理想才是正确的，才能成为促进社会共同理想实现的有效成分。从某种意义上说，

高职院校的思想政治教育是否成功,在于学生是否形成了符合社会共同理想的职业理想。

如何实现由职业意识到职业道德、再到职业理想的升华?必须遵循"知—情—意—行"的心理发展规律。

认知与情感是协调发展的。如果学生全面了解职业(专业)及其社会价值、发展前景,就会生发出对职业的热爱之情、职业责任感、职业价值感和职业荣誉感。情感是行为的内驱力。对专业有了热爱之情,就会有敬业之举;不间断的敬业之举,就是恪守职业道德的体现;能够一以贯之地践行职业道德,非立志不可,非确立职业理想不可。所以,在思想教育中,"明理""激情""励志"三管齐下,帮助学生从历史、经济、社会、伦理的角度,认识专业知识和技术发展对社会生产力的推动作用,认识个人对专业发展的能动作用,就能激发其爱岗敬业之情,自觉遵守职业道德,树立正确的职业理想,立志将自己的职业活动与中国特色社会主义建设事业融为一体,立足本职岗位,服务经济社会发展。

3. 从日常行为习惯到基本职业素养

人不仅是思考的动物,还是行动的动物。职业道德、职业精神归根到底要从良好的职业行为中体现出来。

古希腊的哲人曾指出:"德是表现在行为上的习惯",实际情况正是如此。人日常的言行举止,所作所为,在大多数情况下并非道德判断之类的理性使然,更多的是习性使然,所谓"习惯成自然",就是说习惯一旦养成,就成为一种"内部制动装置",人就会"不虑而行"。不仅如此,习惯还具有很强的稳定性、长久性,行为习惯一旦形成,就会成为一种内在的自律需要。一个具有良好习惯的人,能自觉地使自己的行为符合社会和职业生活的道德要求。所以说,"美德大多存在于良好的习惯中"。从这个意义上说,学生良好的基本素质形成的重要标志就是养成相应的良好行为习惯。

三、凸显职业特性的高职思想政治教育的工作体系构想

"思想教育重专业,日常管理重养成"这句话言简意赅,为高职思想政治教育工作勾勒出总体框架。据此,本课题组结合前期的研究,提出构建"基本职业素养培育体系"的设想。该体系通过优化教育资源——校企联合以整合学校与企业两股力量,齐抓共管以整合思想政治教育和专业教育两块教育,以形成合力,建成"五大系统"——职业道德教育系统、职业行为训练系统、职业能力拓展系统、职业素养环境系统和职业素养保障系统。

1. 职业道德教育系统

遵循道德发展的规律,制定职业道德培养目标,从专业职业认知教育入手,

按照培养专业职业意识、激发爱校爱岗之情、化成忠诚敬业之志的教育路径,引导学生自我约束、自我修养。推进思想政治课教育教学改革,提高思想政治教育主渠道的实效性。通过开设"职场人生讲坛"、与订单企业共建职业素养体验基地、建立固定的志愿服务活动基地等形式,拓宽思想政治教育的渠道,为学生提供更多、更广阔的职业道德认知—体验—践行的机会和平台。

2. 职业心态—行为训练系统

按照职业生活领域的行为规范,建立完善学生日常行为管理的评价考核标准,引导学生在日常学习生活中自觉养成良好的行为习惯,使自己的行为符合职业生活和道德规范的要求。积极开展心理学的教育,培养积极、主动、健康的心态,开展团体心理辅导,训练自信心、抗挫力、沟通力、领导力等,开展职业形象训练及礼仪训练,促进学生由内在心态到外在行为发生深刻改变,不断完善自身形象和修养。

3. 职业能力拓展系统

通过职业生涯规划教育,帮助学生正确认识专业和职业,正确认识和评价自己,发现自己的"能力短板",制订素质拓展训练计划,规划学习和职业生涯。成立大学生艺术团、各类社团、大学生创业孵化基地,大力开展校园文化活动、技能比赛、创新活动等,为学生拓展职业素养搭建平台,培养未来职业所需的素质能力。

4. 职业素养环境系统

发挥联合办学的优势,将现代高新技术企业的文化导入校园文化,通过建设"学校品牌展示室",举办"优秀企业文化宣传周""创新科技成果展"等,让企业文化进校园、进课堂、进网络、进头脑,促使学生在校企深度融合的文化氛围中感受、体悟、成长。

5. 职业素养保障系统

要将本培育体系纳入学校人才培养方案使之成为学校发展战略;要建立完善的《学生顶岗实习跟踪辅导制度》《学生职业素养档案管理制度》《第二课堂管理办法》《毕业生职业素养跟踪反馈制度》等相关制度,对学生职业态度、道德、行为进行全程教育、跟踪考查和辅导,帮助学生树立正确的就业观和择业观,强化学生"沟通、崇实、敬业、诚信、协作、拓新"的职业核心素质。

高职院校学生管理现状与分析

江珂

（随州职业技术学院）

学校以学生为主体，以教育为目的，以人才树形象。在以人性化教育为本的教育模式中，培养专业技能过硬、综合素质较高的应用型人才是当前培养高职类学生的首要目标，而一流的高职教育又需要良好的班级管理来支持。所以，如何在教育发展现代化的今天加强学生自主性培养，促进高职学生班级管理是我们面临的一个具有现实意义的课题。

一、高职学生班级管理现状

1. 生源的影响

近年来，由于高等教育扩招的影响，高职院校的学生综合素质较以前有所下降，学生素质参差不齐，尤其是学习习惯懒散、自律性较差的学生数量有所增加，而这部分学生常常是大错不犯小错不断，如上课迟到、旷课、寝室卫生差、夜不归宿等。因此，许多班级管理者往往把班级管理工作定位在批评教育这部分后进生上，忽视对班级里的尖子生的引导和对中间生的带动，忽视示范作用，整天疲于奔命而管理效果欠佳，恨铁不成钢，徒自感叹"高职院校现在的学生素质越来越差""高职院校现在的学生如何才能管理好"。

2. 过分依赖制度管理

部分学生生活、学习习惯较差，如寝室卫生搞不好、上课迟到、自习纪律差等。为了达到学校对班级的各项考核，不少班级管理者依然采用传统的班级管理模式和家长制作风来管理学生，严格得近乎苛刻地要求学生按照统一模式、统一标准来解决生活、学习等方面的问题，不允许学生有自己的想法。在这种管理模式下，班级可能在院校各项考核中获得好评，迫于班级管理者和管理制度的威慑，学生中规中矩，没有独立思考的空间，没有创新的机会，缺少创新意识，失去个性，这与高职类学生教育培养"合格＋特长"的目标背道而驰。

3. 过分重视智育，忽视学生整体发展

高职教育是职业教育的高等教育阶段，具有高等教育和职业教育的双重属性，以市场为导向，以培养适应市场经济和社会发展的生产、管理、服务等第一线

的高素质技术技能型人才为目标。这就决定了高职院校在重视理论知识学习的同时,更应该强化学生的技能训练,积极开展切实有效的社会实践活动,培养学生吃苦耐劳的精神,锻炼学生实际动手操作能力。而我们传统的班级管理过分看重智育,以分数为中心,只求考试及格,忽视学生综合素质的培养。这种管理模式下培养出来的学生在就业问题上,显然与市场经济对人才综合素质的要求格格不入。

二、高职班级学生干部现状

现行高职院校的班级干部体制应从属于整个教育管理体制。它有以下基本特征。

1. 班干部综合素质起点较低

由于我国现阶段高职高专院校的生源现状、教育资源现状处于一个较低层次,决定了高职院校班干部的整体理论素质处于一个较低水平,这让辅导员或班主任对整个班委会的管理工作不得不从低起点开始提升。

2. 执行、协助性质的常规性班务管理

高职院校的班委会,应该是辅导员、班主任指导下的学生进行自我管理的一个平台。但是现实中他们基本上只是协助辅导员或班主任管理班级学生的辅助机构,但是现状却是现行高职院校的班委会只是协助辅导员或班主任对全班同学进行管理的执行机构,而并非学生的自主管理机构。它的工作任务基本上来自于辅导员或班主任的安排,而不是自主、自发的创造性管理。课堂考勤、收发作业、开学收取班费、打扫寝室、检查内务卫生,仅此而已。基本谈不上有什么计划、组织、领导、控制,更不用说策划与协调了。班委会的工作成效亦由辅导员或班主任进行评价,班级同学对其的评价基本上没有价值。

3. 少数学生参与管理

尽管班委会只是协助辅导员或班主任对全班同学进行日常常规管理,到最后往往还只是班级部分学生参与其中,而不是全班每个同学都有机会参与管理,大部分学生想在大学期间积累一点管理经验再走向社会的愿望只能落空,有的甚至抱憾终身。

三、高职学生班级管理的几点实践

(1)增强学生的集体荣誉感和凝聚力,来自不同地域的学生组成一个班级集体,学生性格相迥,家境不同,经历各异。要想把这样的班级大家庭管理好,"眉毛胡子一把抓"是行不通的,需要具体情况具体分析,整体把握,因材施教,真正落实"抓两头、带中间"的策略。常言道:知人才能善教,善教须先知人。

首先要全面深入了解学生情况,针对每位学生的具体问题,建立学生档案,详细记载学生的生活、学习、性格、思想、爱好特长等情况,正确分析,对症下药。对综合素质较好的学生,应引导其追求自我实现的需要。引导其学习方面坚持高标准、严要求,再接再厉,锐意进取;激励其思想上积极追求进步,写入党申请书,力争思想和行动向党组织靠拢;鼓励学生积极参与能力锻炼,参加班委、学生会竞选,树立竞争意识,充分挖掘潜能,培养学生适应社会的能力。

对于后进生则实行"赏识教育",尽量发现学生的"闪光点",及时给予表扬,鼓励学生继续努力,聚沙成塔,逐渐改掉学习、生活等方面的缺点。适当降低标准,让学生体验成功,有成就感,同时在班级里采用灵活的激励机制,设立多种奖励措施,如进步奖、全勤奖等,激发学生的各种潜能。对中等生则根据情况设立学习兴趣小组、组织"1+1"互助互帮活动,让先进带动后进,最后达到共同进步;"规范行为习惯"、实行"干部值日制",让学生自主管理,自主监督,逐步改掉自律性差的缺点。这样既有助于班级良好学风的养成,又有助于良好班风的形成。通过表扬和批评,有意识地培养正确的舆论和优良的班风,从而使全班形成健康、向上的发展态势;通过各项活动,使学生正确认识到个人与集体的关系:集体的活动,没有自己的参加,不是一个完整的集体。因此,集体的荣誉是每个成员共同创造得来的。

班主任应有意识地引导,调动每个人的积极性,启发学生的主人翁责任感,增强其主人翁意识,使之感受到集体荣誉跟每个人的努力分不开,以增强其上进心和自我克制能力,同时鼓励学生齐心协力为班集体争光。如此,学生就会热爱集体并发挥主动性和创造性,便会互相帮助,团结友爱,遵规守纪,为集体的建设尽一份心,出一份力,达到心往一处想、劲往一处使的目的。由此,便创设了一个具有凝聚力、进取、团结、和谐的班集体。

(2)增加管理制度在班级的透明度,让每一名班级成员都能自我监督。为了让学生及时了解学校的管理制度,加强自身行为习惯的养成,在教室里设置公示栏,将国歌、校歌、大学生守则、大学生日常行为规范、文明礼仪常规、班规、班委干部名单、学生职责、获奖情况、好人好事、各种违纪、各类考核结果都张贴在公示栏内,让学生一目了然。以便学生时刻提醒自己,什么事该做什么事不该做,自己的职责是什么。学生谁都想在表扬栏内为自己增光添彩,谁都不愿意在违纪最差栏中"榜上有名"。这样,既增强了管理透明度,也美化了教室,有利于学生文明习惯的养成,有利于学生进取精神的增强,有利于教师对学生基本情况的了解,有利于班级的管理,也有利于教学效果的提高。

(3)竞争上岗,培养学生的管理能力和竞争意识。班主任通过民主选举、定期轮换等方式组织起相对稳定而又富有竞争力的班组织。设置班、团委干部人员岗位并将班内事务分组分块管理,将每个岗位的主要职责、管理范围予以公示。然后通过自愿报名的方法进行竞选,在竞选之前对参选者的基本情况予以公示,欢迎学生对参选者提出意见。为充分调动积极性、锻炼学生的管理能力,可对学生的管理水平进行综合考评,实行每周一小记,每月一评比。通过多渠道、全方位地给学生提供更多的锻炼机会,学生在演讲、协调关系能力上得到了锻炼,也培养了踏实、进取的精神,增强了自我管理、自我教育、自我服务的能力。同学们在有竞争力、压力、动力的环境中学习和生活,心理承受能力得到了不断增强。

(4)加强监督,落实制度,形成良性循环。诚然,无论制度有多严、多细,缺少了监督就不会得到好的结果。为了让制度得到落实,让学生得到真正的锻炼,学到更多的知识,形成一个良好的班风,建立了一个由班委领头老师参与的督察小组,对各项管理进行随时抽查,并采用老师意见箱和写周记的形式向老师反映情况,让老师能在最快的时间内,得到最准确的信息。这样学生不敢轻易违纪,有利于学生良好行为习惯的养成,使班级管理形成良性循环。

探索独立学院大学生党建新途径

汤勇　朱能强　全涛

(武汉科技大学城市学院)

独立学院是董事会领导下的院长负责制,党委在独立学院中主要是方向引领、行政参与、民主保障和决策监督作用。然而,党中央要求高校党委要以马克思主义中国化理论教育人、武装人;要凝聚力量为实现科教兴国战略奉献智慧,扎扎实实为培育人才作出贡献;要切实实现好、维护好、发展好人民群众的根本利益,努力构建充满生机、充满活力的和谐校园等。由于独立学院党委作用的特殊性和使命的神圣性,决定了独立学院党建工作开展的艰巨性和复杂性。那么,如何开展独立学院的大学生党建工作就显得更加迫切而重要。

一、独立学院大学生的特点

1. 强烈的求知欲望与基础差、底子薄相矛盾

独立学院的大学生有相当一部分是当年高考"失误"的学生,加上父母的要求和就业竞争的压力,大部分同学具有强烈的求知欲望,希望到大学以后好好学

习,弥补高考的"失误"。但是,与普通一本、二本的同学相比,他们的明显特点是强烈的求知欲望与基础差、底子薄相矛盾。由于他们文化基础比较差、功底比较薄弱,很容易陷入迷茫和困惑。

2. 远大的思想抱负与自我控制能力弱小相矛盾

独立学院的大学生们最根本的特点是远大的思想抱负与自我控制能力弱小相矛盾。他们大多数人具有远大的理想,希望立志成才,报答父母的恩情和老师的教诲,将来能"出人头地"。但是,与普通一本、二本的同学相比,他们中的大部分同学自我控制能力弱小,不能够严格要求自己,上课迟到、早退现象时有发生,缺乏坚韧不拔的毅力和持之以恒的精神。

3. 追求成才的迫切心理与急功近利的思想相矛盾

独立学院的大学生们突出特点是追求成才的迫切心理与急功近利的行为相矛盾。主要表现是,他们成才的心理很迫切,行动上表现浮躁,很难静下心来好好学习,希望"一夜暴富""一步登天",急功近利的思想明显。

4. 实践能力较强与理论知识不足相矛盾

独立学院的大学生们与普通一本、二本的同学相比,最显著的特点是实践能力较强与理论知识不足。独立学院的大学生们并不是"书呆子型",他们的实践能力普遍较强,社会交际广泛,社团活动活跃,乐于交际和从事社会活动,与兄弟院校之间和同学之间都能够建立良好的人际关系。但是,由于他们理论知识不足,开展的活动和人际关系具有表面性、浅层次、缺乏深度。因此,他们很难获得理论和实践的优秀成果。

二、独立学院大学生党建的现状

由于独立学院党委地位的特殊性,决定了独立学院大学生党建与公办高校大学生党建有相同和不同之处,即既有共同性的一面,也有其特殊性的一面。

(一)共同性

(1)能够很好地贯彻党的路线、方针、政策,保证社会主义办学方向。

(2)能够很好地完成上级党组织交给的任务,取得良好效果。

(3)能够很好地发扬民主,形成科学决策和依法行政。

(二)特殊性

1. 基层党组织机构不健全

由于独立学院投资的特殊性,除了保持正确的办学方向以外,在管理上表现一定的公司化特点——人员精简。在学生党建工作上,就是基层党组织机构不够健全,党务人员严重不足,一人兼数职的现象比较普遍。

2. 学生党建活动经费不足

由于独立学院具有"公司化"管理模式,有限的经费主要放在教学运行和人才培养方面,学生党建活动经费不足。

3. 党支部活力不足

由于党务工作者人员不够,学生党建经费不足,党支部缺乏活力,更缺乏感召力和战斗力,例如,通常的活动是开会和写思想汇报。

三、独立学院大学生党建的新途径

由于独立学院的学生具有基础差、底子薄、自我控制能力薄弱、理论知识不足等特点,再加上独立学院的大学生党建存在基层党组织机构不够健全,学生党建活动经费不足,党支部缺乏活力等现状,因此,独立学院的党建要想充满生机和活力,就必须抛弃按部就班、因循守旧的观念,走创新发展之路,寻找大学生党建的新途径。本文主要从设立专业大学生党支部、创立大学生党建会和开展校园旗帜工程三个方面进行探讨。

(一)设立专业大学生党支部

党支部是党组织的核心细胞,是党的战斗堡垒。所以,党支部的建立对充分发挥党组织的作用具有重要意义。

1. 专业大学生党支部的内涵

专业大学生党支部,就是按学科、专业设立大学生党支部,同一个学科、专业不同年级的学生属于同一个党支部。班级导师(班主任)既是专业学生的思想教育管理者,又是党支部书记。

2. 专业大学生党支部的作用

专业大学生党支部的设立,主要有以下作用:

(1)专业大学生党支部跨年级建立,有利于保持党支部建设的延续性,充分发挥党支部的战斗堡垒作用。

(2)班级导师既是思想教育管理者,又担任党支部书记,既精简了人员,又有利于对学生党员的教育和培养。

(3)高年级党员带领低年级学生开展党建活动,有利于发挥党员的先锋模范作用。

(4)把党建活动与学生活动紧密结合起来,既有利于克服党建经费不足的现象,又使党支部充满了生机和活力。

(5)同学科、专业不同年级的同学在一起探讨学术问题的同时,也可以探讨党建问题,有利于促进交流、增强党组织的凝聚力和战斗力。

(二)创立"大学生党建会"

为贯彻落实党的十七大、十七届三中、四中、五中全会精神,根据《中国共产党章程》和《中国共产党发展党员细则(试行)》的有关规定,结合我校入党积极分子和大学生党员在培养、考察、发展中的实际,创造性地成立了"大学生党章学习和党建活动委员会"。

1. "大学生党建会"的内涵

"大学生党建会"创立于 2008 年 6 月,全称是"大学生党建与党章学习研究会",简称"大学生党建会",是我院大学生"自我教育、自我管理、自我服务、自我成长"的学生社团组织。"大学生党建会"分为"学院大学生党建会"和"学部大学生党建会"。学院大学生党建会在组织(工会)办公室领导和指导下开展工作,学部大学生党建会在学部党总支领导和指导下,并在学院大学生党建会指导下开展工作。学部大学生党建会下设党章学习小组,该小组在党支部和学部大学生党建会领导和指导下开展工作。

2. "大学生党建会"的职责

(1)对党员和入党积极分子的党章学习加强教育、考察和管理。

(2)学部大学生党建会组织、协调本会下属各党章学习小组定期或不定期的开展党章学习和党建活动,例如,党的知识竞赛。

(3)积极开展"创先争优"活动,贯彻落实党员先锋岗设置和执行。

(4)学院大学生党建会在党委领导下按照章程组织全院性的党建活动,评比各学部大学生党建会特色活动,积极推动各学部党建工作。

(5)根据当前时政和热点问题,组织学生党员和入党积极分子开展"党建论坛"活动。

(6)组织学院或学部的党建社会实践活动。

(7)协助党委、党总支、党支部开展党建工作。

3. "大学生党建会"的作用

(1)有利于加强党员和入党积极分子自身修养,提高政治觉悟。

(2)有利于党员和入党积极分子接受教育,加强锻炼,不断提高组织能力和协调能力。

(3)有利于党员和入党积极分子加强党性认识,充分发挥先锋模范作用。

(4)有利于入党积极分子积极向党组织靠拢,实现理想,坚定信仰。

(5)有利于对学生团员进行党性教育,提高党的威信。

(三)开展"校园旗帜工程"活动

1. "校园旗帜工程"活动的内涵

"校园旗帜工程"活动是我院大学生党员和入党积极分子开展党建的特定活

动,具有开放性,随着时代的进步,将会注入新的血液和内涵。她是推动校园文化建设和学风建设的重要载体,是提高学生党员和入党积极分子质量的有效途径。

2. "校园旗帜工程"活动的内容

鉴于独立学院的学生特点和党建现状,我们创造性地开展了"校园旗帜工程"活动,其内容主要包括六个"模范":一是政治素质模范,包括政治理论学习、思想政治教育活动、党员实践活动等;二是思想品德模范,包括诚实守信、拾金不昧、助人为乐、艰苦朴素、尊老爱幼、尊敬师长、团结同学等;三是学风建设模范,包括校内外专业学习获奖情况、专业学习态度、参与专业素质拓展活动、专业考试成绩及综合排名等;四是遵纪守法模范,包括迟到、旷课、早退、校外租房情况、考试作弊以及校内外重大违法违纪及处理情况(受到院级及以上处理);五是综合素质表现模范,内容包括综合素质成绩、专业素质成绩、德育素质成绩等;六是"创先争优"活动模范,包括创新活动、先锋作用等。

3. "校园旗帜工程"活动的意义

"校园旗帜工程"活动内容丰富,覆盖面广,是宣传党的思想、进行大学生党性教育的重要阵地,是一个提高学生党员质量的良好平台。在大学生中间开展"校园旗帜工程"活动具有重要的意义:一是大学生党建活动项目化,保证了该活动的稳定性和长效性;二是大学生党建活动模式化,保证了该活动不走形、不变样;三是大学生党建活动内容具体化,既保证了内涵,又不搞形式、走过场;四是"校园旗帜工程"活动的开放性,使她随着党建的发展而与时俱进,永远充满生机和活力。

总之,大学生党建工作是一项永无止境的工作,需要不断地探索和研究。文中笔者只是从工作实际出发,作了一些比较粗略的探索,还需要不断地丰富和积累,深入实践中挖掘。

试析民办高校学生党建工作创新

唐军国 何中国

(中国地质大学江城学院)

民办高校学生党建工作是高校党建工作的重要组成部分,是高校学生思想政治工作的载体。学生党建工作在民办高校的办学中处于非常重要的地位,搞好学生党建工作,对学校的学风、学生的组织纪律、学生的全面发展、学生思想政治素质提高和学校的政治稳定起到关键性的作用。

一、新时期民办高校学生党建中存在的问题及原因分析

1. 学生党建工作起点低

我国民办高校的发展距今只有10多年的时间,尚处在起步阶段,民办高校学生党建工作仍以参照公办高校的做法居多,绝大多数学校党组织机构不健全,有的学校有党员没组织,有的党组织有党员没有开展活动,有的党组织无上级领导部门,职责不明,隶属关系不清,有的党组织活动经费经常得不到落实,尽管在2001年6月中组部、教育部联合下发的《关于加强社会力量举办学校党的建设工作的意见》中对民办高校党组织的工作职责有明确规定,但实际上由于投资主体和投资渠道的不同,民办高校领导对资金、校舍、生源、师资等问题的关注度往往会高于对学生党建工作的关注度,这种运作形式常常使学生党建工作出现被边缘化和简化的倾向。

2. 学生党员培养难

纵观当前民办高校学生党员培养状况,普遍存在着发展学生党员的数量与质量不和谐,重发展轻教育的倾向,有很多培养的学生党员虽然在组织上入党,但解决思想上入党问题有待加强,尤其是面对网络化、信息化的浪潮,大学生接受新思想多,容易受不良思潮的影响。部分学生入党动机不纯,很多民办高校生源质量与公办高校相比处于相对劣势,学生在进取意识、自制能力和学习方法以及良好习惯养成等方面普遍信心不足,所以在入党一事上存在着较强的功利色彩,再加上从事党务工作的人员不是很稳定,良莠不齐,这就使得基层党组织对入党积极分子、党员的再教育缺乏计划性、系统性、连贯性,存在着突击式的做法。

二、民办高校学生党建工作创新机制探讨

根据以上陈述,笔者认为构建民办高校学生党建工作的创新机制,是迎接民办高校在新世纪面临的挑战的需要,也是解决高校学生党建工作深层次问题的重要举措,要按照系统、适应、开放和效益原则,从总体上构建民办高校学生党建工作的创新机制,可从以下几个方面进行探讨。

1. 加强思想建设

2010年7月13日胡锦涛同志在全国教育工作会议上指出:"要坚持社会主义办学方向,牢牢把握党对学校意识形态工作的领导权,加强和改进学校思想政治工作,加强校园文化建设。"显然,要贯彻发展学生党员"先从思想上入党,再从

组织上入党"的方针,必须进一步研究学生党建工作中的思想建设问题。

首先领导要重视。发展大学生入党工作是一项系统工作,党委领导要高度重视。在民办高校大学生党建工作中,要不断强化政策导向,形成重在培养、立足教育、确保质量、重点推进的工作思路;形成学院党委书记重视领导、学部总支书记亲自抓、学生支部书记具体抓,相关部门支持,组织部门把关,齐抓共管,层层落实的工作格局。在纵向上以党的各级组织的教育培养、锻炼、考察为主线,横向上与团委、学工部门、宿舍管理中心等有关部门密切配合,切实推进大学生党建向纵深发展。

其次要创新主题实践活动,深入挖掘良好的校园文化。民办高校学生党建应创新主题实践活动,减少一些带有说教性、灌输性的活动形式,多组织入党积极分子和党员开展一些寓思想性、知识性、趣味性于一体的生动活泼的主题实践活动,重在让学生体验和感受,同时可以深入挖掘校园文化中一些具有积极、正面导向性强的活动元素,使学生党员在参加此类活动中增强党性,净化灵魂。

2. 加强组织建设

与公办高校相比,民办高校管理机构少,教职工兼职多、专任少;老同志和年轻人多,中年骨干少;稳定性差,流动性强。而且民办高校教职工打工意识明显,缺乏归属感,队伍凝聚力较差。这些都给民办高校党的工作带来一定的困难,因此加强基层党组织的建设非常重要。

其一,加强基层组织制度建设,建立组织保障。党的基层组织是党的全部工作和战斗力的基础,针对民办高校学生特点,应重点抓好三项制度建设:一是建立学习制度。采用定期和不定期的方式组织入党积极分子和学生党员学习党史党章和各种党的文献资料,将学生党员分散学习和集中学习相结合,通过组织他们学习、研讨,提高入党积极分子和学生党员的思想政治素质。二是建立培养发展制度。要切实做好发展党员工作,除了要克服民办高校教工党员人数少、人员流动大、组织管理难和专科层次学生多、学时短、发展难等问题,还要在坚持标准、保证质量的前提下,确立"四早一严"的入党程序。三是建立考核评价和管理监督制度。比如制定《基层党组织建设达标实施办法》《党员目标管理制度》《党员"述职"制度》等制度来规范基层党组织的运作和学生党员作用的发挥,同时也可以定期开展学生支部创新奖评选,优秀党员评选活动,增强学生党员的责任意识和归属感。

其二,加强和改进学生党建的组织架构,建立完善的工作体制和运行机制。笔者以为在组织架构中要重点抓好三项工作:一是建构学生党支部。分专业建立学生党支部,然后在部分条件成熟的班级开展班级党支部建立试点工作,基本实现"一年级有党员,二年级有党小组,高年级有党支部"的格局。二是在学生党员中成立党建研究会,发挥学生党员和入党积极分子在学生党建中的主导作用。三是从早发现、早培养入党积极分子工作抓起,创新业余党校的工作机制,把听课、自学、研讨、实践和考核五个环节统一起来,增强党校的教育效果。

3. 加强载体建设

当前形势下,由于民办高校基层党建工作普遍存在着工作载体不足、工作方法简单、互动性差、教育说服力不强的弊端,影响了基层党建工作的实效性,所以各级学生党组织只有采取切实有效的措施,创设多样化工作载体,不断增强基层党建工作的渗透性和影响力,才能有效地开展新时期民办高校学生党建工作。

(1)以突出的组织载体促进民办高校基层党组织有效运转。组织载体建设是民办高校基层党建工作有序运转的基础,必须坚持导向的正确性,突出优势。江泽民同志曾经指出:"加强和改进基层党建工作,必须从组织载体建设抓起,通过组织载体这根纽带把高校各基层党组织和党员连接起来,形成党建工作的共同体,成为贯彻党的思想的组织者、推动者、实践者。"因此,民办高校基层党组织必须在学生党建中发挥领导核心作用,加紧实现学生班级"低年级有党员,高年级由党支部"的目标。

(2)以丰富的活动载体教育广大学生党员。在民办高校,要不断拓宽学生党建活动的内容和范围,比如开展学校机关党组织与学生党支部的结对活动,开展学生党员义务奉献活动,开展"精品党课""党员述职""书记论坛""党建活动成果展示"等特色党建活动,不断满足广大学生党员的文化需求,提升他们的综合素质。

(3)以先进的网络载体全面开展基层党组织建设。利用网络平台宣传党的基本知识和方针政策,用正确的舆论引导人,通过网络平台,及时而有效地把党的基本理论知识、方针政策向学生传达。笔者认为在民办高校可以通过建立网上党校,实施网上远程教育,通过网络视频讲座、网络党校测试系统等方式辅助党校教育;可以建立一系列网站,设置"党建理论""党建成果""优秀党员风采""党建答疑"等栏目,积极发动学生党员担任网络思想政治教育工作者,各网站由专门部门、专人负责,分块开展工作,形成网上思想政治工作的规模效应;还可以通过学校网站建立网上新闻发布渠道,使广大学生快速了解国内外政治、经济和社会生活信息,了解党和国家的重要方针政策。

独立学院学生特点及其学生管理对策

李刚英

(长江大学文理学院)

一、独立学院学生特点解析

1. 自卑感强,思想压力大,缺乏良好的自我效能感

独立学院的学生入校之后,思想上的压力一般都比较大,他们总觉得自己低人一等,是"二等公民"。这种仅仅因为没有考上重点大学而弥漫在独立学院大学生心头的所谓"等级"阴影一时间难以消除,同时,他们也因此而表现出了强烈的学习动机。一方面肯定自我,相信自己通过独立学院的学习深造,同样可以获得高等教育的文凭,有光明的发展前途;另一方面,又觉得自己是独立学院的大学生,上的是三本的学校,处处受人歧视,因而底气不足,思想包袱沉重,影响了学习与生活。在他们的内心世界里,既有对新生活的向往,又有对未来的担忧;既有对往日时光的依恋,也有对现实的不知所措;既满怀信心,又常常迷惘、困惑、怀疑自己;既希望得到别人的理解、关心和指引,又不愿他人介入自己的个人生活。这些消极因素的影响,使得部分学生入学之初良好的学习动机及行为往往因经受不住一时的挫折和失败而未能长期坚持下去,进而导致其思想迷惘、生活懒散、自暴自弃,甚至以"当一天和尚撞一天钟"的心态推时度日。

2. 有较强的求学求知欲望,但学习毅力和刻苦精神不够持久

独立学院大部分学生学习的目的明确,并能正确认识自己的处境,围绕学习目标不懈地努力,特别是对科技文化知识兴趣较高,对一些实用性课程、专题讲座、技能比赛等反映出极大的兴趣,期望在一些科技和学术性活动中拓宽知识,在一些娱乐活动中陶冶情操。但是,有少部分同学学习目的不够明确,抱着一种"体验一下大学生活"的态度,没有养成良好的学习习惯,自主学习能力和毅力不够强,表现在上课不专心,自学不用心,经常迟到、早退等。如不加强管理教育,学习上容易产生畏难情绪,影响正常的教学秩序和教学质量。

3. 人生价值取向积极务实,现实性、功利性比较突出

独立学院学生人生追求的基本心态是积极、进步、向上的,有志向,有抱负,有美好的人生追求。不少学生认为最重要的人生价值是成就一生、张扬个性,实

现自我;最重要的行为价值是有能力、有智慧、独立自主,有为国家、为社会做贡献的强烈愿望。在他们眼里,缺乏素质和一技之长难以适应社会生存和竞争,紧迫感、危机感和竞争意识呈现逐渐增强趋势。但是,少数学生世界观和人生观尚未成熟,缺少志向和远大目标,对集体活动和公益性活动没有兴趣,在追求自我完善和自我发展中,往往出现偏重功利、偏重个人利益的短期行为,不少学生的个人价值取向徘徊在高尚与实惠之间。加之他们社会经验和社会阅历比较缺乏,心理成熟度还不够高,不少学生对人生的看法、对社会现象的理解还是浅层次的,对一些新生事物容易认识不清,原有的观念和看法也容易动摇。及时纠正和引导,是独立学院教育必须重视的问题。

4. 经济条件好,依赖性强,抗挫折能力比较差

独立学院的学生是缴费上大学的,学费远远高出二本大学的学费,没有一定的经济基础,是不可能完成学业的。目前,独立学院的大学生多是20世纪80年代出生的新一代,绝大多数是独生子女,学生在艰苦朴素作风、劳动观念、抗挫折能力方面相对较弱,生活自理能力不强。在入学之初,他们会因为离开了原来熟悉的环境,面对新的大学生活和陌生的环境产生许多新奇和美好的幻想。但是他们很快就会发现,大学不是想象中的那样完美和富有浪漫情趣。来自五湖四海的学子,彼此之间语言、生活习惯、行为方式都不一样,他们的性格、爱好也迥然不同。这就使他们很难找到值得自己信赖并且可以倾诉衷肠的知心朋友;时间长了,容易造成思想封闭与心理障碍。同时,大学的理想与现实的差距也给他们带来了生活上的压力与学习上的阻力。所有这些,都成了压在独立学院学生心理的巨石。

5. 思想活跃,个性鲜明,能够积极参与学校管理

独立学院的大学生,多才多艺者比较多,社会活动能力和参与意识比较强。对学校团委、学生会、学生社团以及院系学生干部的竞选及活动表现出极大的参与热情,但功利性色彩浓厚,缺乏务实精神。他们入校以后,获得了相对独立和自由的锻炼环境,成人感迅速加强,迫切希望在思想、行为、心理等方面表现出自己的个性。相对于二本高校的学生而言,独立学院的学生有较强的自主意识,对学校管理的参与程度比较高。这是因为"以学养学"是独立学院发展的根本经济保障,他们明白,自己掏钱上学,学校就有义务提供高质量的师资和高水平的管理服务。他们对于任课教师有比较灵活的选择余地,对于不称职的教师,他们可以向学校提出替换的要求,这在客观上有效地促进了独立学院教学质量与管理水平的提高,形成了良性循环。

6. 技能特长优势比较明显,但综合素质发展不够平衡

独立学院学生技能特长比较明显。他们大多都有较强的为人处事能力,社

交能力强,交际面广,思想活跃,易于接受新事物;有特长的学生多,有的受过正规的专业教育,有在各种活动中展示自己的才华的强烈愿望。但是,不少同学文化底子薄,基础差,偏科比较严重,参差不齐,总体发展不平衡。大多数学生对理性和抽象化知识兴趣不浓,喜欢接受感性、具体、时尚的信息;不少学生家庭条件比较好,缺少必要的独立生活体验,适应能力较弱,相互关系不够协调;甚至有的想得多、干得少,眼高手低,少数学生有吸烟和热衷玩游戏的不良习惯。这些都是独立学院管理工作不可忽视的问题。

由此可见,独立学院的学生在各种因素的共同影响下,形成了自身的一些特点,优势与弱点并存。单纯套搬二本高校的管理模式和管理方法是不可能奏效的。所以,必须研究和探索与学生思想特点、心理特点等相适应的管理模式和管理方法,以取得理想的管理效果,提高独立学院学生管理的效率和水平。

二、独立学院学生管理策略

1. 加强学生德育工作,是独立学院学生管理工作的核心

独立学院学生的行为及心理倾向,潜存着巨大的道德滑坡的隐患,因此有人疾呼"独立学院大学生的德育工作迫在眉睫"。培养全面发展的、和谐的、个性的过程就在于:"教育者在关心人的每一个方面、特征的完善的同时,任何时候也不要忽视人的所有各个方面和特征的和谐,都是由某种主导的、首要的东西所决定的。在这个和谐里起决定作用的成分是道德。"古人云:"德为才之帅,才为德之资。"因而培育人的品德在人的发展中具有导向的功能,这是因为德育对青年学生的发展,对教育的实施,对社会的稳定和发展,对德才兼备人才的培养都有重要的作用。

2. 建立一支强有力的学生管理队伍,是实施独立学院学生管理工作的基本途径

建立一支专职的学生管理队伍,是独立学院学生管理的根本。独立学院自学考试与学历文凭考试实行教考分离的模式,学生在学习上有较大的独立性与自主性,但是,独立学院的学生由于自律性不强、学习积极性不高,容易在考试中受挫,出现心理障碍和不良行为倾向。这就需要有专职的管理人员,比如专职班主任,通过与学生交流、谈心,引导学生树立健康的人生观、价值观、世界观。独立学院专职的学生管理人员,是学校与学生之间沟通的桥梁,是学生的向导,更是学生的朋友。

3. 抓好学生心理健康教育,是提高独立学院学生管理工作效率的重要手段

一些学生通过刻苦学习与考试的磨炼,逐步认识到了掌握系统知识与关注专业发展新动向的必要性,自我教育能力有很大的提高,学习积极性与自我效能感得到了增强,身心得到了健康发展。但是,有很大一部分学生,由于受自身不良的行为习惯、思维方式、学习态度等的影响,容易造成学生学业成绩不理想,人际关系紧张,违纪问题严重,学校一旦对这些问题处理不当,则容易使学生产生抑郁、自卑、空虚、孤独、烦恼等消极心理体验,进而导致自我封闭或精神分裂,出现心理障碍或心理疾病。因此,为了独立学院学生管理工作的科学性,有必要对学生心理进行研究,并积极开展心理健康教育。

4. 建立"学校—家庭"联合管理的模式,是提高独立学院学生管理工作效率的有效手段

在独立学院,往往有这样的几类学生:一类是家长也知道自己的孩子升学毕业无望,将孩子送到学校的目的,就是让学校帮家长看管孩子,以免在社会上闹事;另一类就是学习成绩还过得去,但是性格刚烈、脾气暴躁,自律意识太差,经常打架斗殴。对这两类学生的管理,仅仅依靠学校是不够的,还必须有家长的支持与配合。青少年学生的教育不应该完全由学校来承担,而应该由学校、家庭和社会共同来完成。作为专门负责学生日常管理的工作人员,与学生家长保持长期的、定期的联系不仅是必要的,而且也是提高自身管理工作效率的有效手段。

5. 转变管理观念,注重宽严适度

从独立学院学生的管理现状看,突出的问题是"走极端":有的怕出问题,片面强调"封闭式管理",平时不让学生走出校门,对学生管得过"死";有的怕管严了学生会流失,对学生过于迁就,甚至疏于管理,管得过松。这两种管理观念都是不符合教育管理规律的,也是不符合独立学院学生特点的,更不利于学生个性的发展和能力的提高。所以,独立学院对学生的管理,其立足点应放在管理效果上,就是要针对独立学院学生的特点、心理、需要等实际情况,实施合情、合理的管理,该严则严,该活则活,该放则放,该收则收,做到张弛有度、宽严适度。就是在学生管理过程中,既要吸取"钢性"管理上的优长,又要吸取"柔性"管理上的优点,找准适应于独立学院学生管理的"结合点"。总的思想是:在不违背学校管理制度和规定的前提下,给学生适度的"自由"空间,学生可自主选择学习场所、学习内容、学习形式和学习方法,给学生提供更多的自主学习的机会,做到:严而有度、严之有理、严之有情;放而有制、活之有节、活之不乱;收而有方、恰到好处、不走极端。这样才能够使学生正确对待管理,真心实意听从管理,心甘情愿接受管理,自觉服从管理,真正把学生管好,提高学生管理工作的档次和水平。

6. 改进管理评估,注重过程控制

目前独立学院的管理,存在着只重视管理结果而忽视管理过程的倾向,不少工作讲得很多,结果达不到预期的目的。究其原因就是没有注重过程的管理,缺少对过程的督促检查和管理控制。大家知道,结果形成于过程,过程决定结果,没有好的过程就没有好的结果。从学生的自身特点看,独立学院的学生相对自

制力差,对自己的要求缺乏持久性,容易放松对自己的约束。在落实制度、执行规定和完成任务的过程中,如缺少必要的管理和监督,就容易打呼隆、走过场,各种制度和规定就难以落到实处。所以,对独立学院学生的管理,只有把管理着力点放在管理过程的各个环节中去,加强对各"关键点"的检查控制,做到有安排、有检查、有督促、有评比、有奖惩,这样才能取得理想的管理效果。当然,强调注重过程的管理并不等于否定结果的检查,而是要更加注重检查时间的经常性,检查内容的全面性,检查形式的多样性,做到全程检查、全程管理、全程评定、全程反馈,逐步将结果评定转到过程评定上来,通过抓管理过程的优化保证管理结果的质量。

7. 加强校园文化建设,以发挥其环境育人的作用

学校是学生身心健康成长的精神家园。成功的教育需要健康、活泼、多彩、广阔的教育环境为依托。以适应学生多方面的兴趣爱好和个性特长。校园文化是由有形的物质环境(如建筑物、草坪、树木等)和无形的心理环境(如管理模式、学习氛围等)构成的。杜威将学校阐释为教育即生活、教育即生长、学校即社会,学校是社会的雏形或缩影,学校的一草一木、个体的一言一行都会对学生产生潜移默化的影响。因此,应加强校园环境建设。在育人的环节上,除了注重教书育人、管理育人、服务育人外,更应该倡导环境育人。

论独立学院学生党建工作

聂海滨

(武汉工程大学邮电与信息工程学院)

一、独立学院学生党建工作的重要意义

1. 独立学院的党建工作有利于坚持学院办学的社会主义方向

独立学院作为一个我国社会主义市场经济条件下的新生事物,同公办普通高等学校一样,是社会主义高等教育机构的重要组成部分,是我党对大学生实施培养和教育的重要阵地。尽管在筹资渠道、资产性质、领导体制、管理方式等方面都与公办高校有着明显的区别,但从根本上讲,学校性质取决于办学的方向、思想、原则和办学者。《民办教育促进法》第 3 条规定:"民办教育事业属于公益性事业,是社会主义教育事业的组成部分。"《独立学院设置与管理办法》第 3 条

规定:"独立学院是民办高等教育的重要组成部分,属于公益性事业。"除此之外,诸多法律、法规也明确规定了我国独立学院要"坚持社会主义的办学方向,贯彻国家的教育方针,保证教育、教学质量"。要保证独立学院的社会主义办学方向,就必须坚持党对独立学院教育工作的领导。

2. 独立学院的党建工作为全面建设社会主义提供人才保障

我国《高等教育法》第4条规定:"高等教育必须贯彻国家的教育方针,为社会主义现代化建设服务,与生产劳动相结合,使受教育者成为德、智、体等方面全面发展的社会主义事业的建设者和接班人。"胡锦涛同志指出:"青年是祖国的未来、民族的希望。全面建设小康社会、加快推进社会主义现代化的历史任务需要青年们奋勇承担,中华民族伟大复兴的光明前景需要青年们奋力开创。"我国高等教育的社会主义性质意味着独立学院应该培养出一代又一代为共产主义崇高理想而奋斗的各种人才,特别是向党组织输送"新鲜血液"。

3. 独立学院的党建工作是独立学院健康发展的需要

加强党对独立学院的领导,有利于提高社会各界对独立学院的认可度,促使各部门在独立学院管理工作中认真贯彻落实党和国家的各项方针政策;有利于调动独立学院广大教职员工的工作积极性,维护广大教职工的切身利益;有利于保证独立学院的办学自主权。因此,确定党组织在独立学院中的政治核心作用,符合独立学院现实情况和未来实际发展需要。

二、独立学院学生党建工作存在的问题及原因

1. 独立学院学生党建工作存在的问题

(1)学生入党积极分子队伍问题突出。第一,对入党积极分子入党动机方面要求不够。在入党积极分子考察过程中过分偏重于学生工作表现和学习成绩的优秀,忽视了对思想上入党的要求,入党动机教育比较薄弱,对一些急功近利思想浓厚的入党积极分子缺乏深层次的理论疏导,对部分学生端正入党动机的引导不够,导致了部分学生入党前后两个样。比如说我院的个别学生党员,入党后即出现成绩下滑、表现消极的情况。

第二,对入党积极分子考察的深度不够。具体表现在:一是考察方式单一。目前我们主要的考察方法依赖于通过入党积极分子主动定期的书面思想汇报等形式,但是因为政治理论素养、经验阅历等因素影响,入党积极分子对自身的认识未必全面、客观,个别积极分子的思想汇报甚至出现抄袭应付的情况。二是入党积极分子培养人的能力有待提高。入党积极分子培养人大多数为学生党员,虽然是学生中素质较高者,但学生党员因党龄短,接受的历练有限,在对入党积极分子考察时的把握能力有限,甚至个别培养人不能履行培养人义务。

第三,对入党积极分子的培养针对性不强,方式方法有待进一步丰富。目前针对入党积极分子的培训主要是集中培训,对积极分子的教育内容主要包括党的基本理论、基础知识、基本路线的教育,党的历史、优良传统和作风的教育,以及怎样争取做一名共产党员的教育等。以上内容应该说是比较全面的,但结合大学生的思想实际,就显得不够完备。在入党积极分子培训方面,基本上是依托学院党校培训平台,理论培训手段单一,有待进一步完善。

(2)学生党员的先锋模范作用不够,学生党组织发挥的作用有限。入党前教育的"速成"及其入党后再教育的缺失导致部分学生党员不能树立过硬的先锋模范意识。有些学生入党后并没有意识到自己党员的形象,不以党员的标准严格要求自己,在群众和集体中发挥的先锋模范作用不够;学生党组织的整体影响也不明显,在校园中活跃的各种群众性社团活动中,学生党组织的声音较为低沉,学生党员在各种学生活动中发挥的作用有限。

(3)党务工作者的学生党员发展理念需要更新。独立学院党组织应该重视培养和吸收优秀大学生入党。但是,党务工作者思想观念跟不上形势的发展。眼光只盯着学生干部和参加活动积极的同学,使学生党员发展工作变得相对滞后。在考查学生入党动机和表现时,片面地理解和过分地强调严把"质量关",过多注意学生的学习成绩和在校表现等方面,较少去考察发展对象在大是大非问题上的表现。对那些主动适应社会、活动能力比较强的学生往往抱有偏见;不能正确理解和恰当处理入党前培养和入党后教育的关系,缺乏入党后持续培养教育的思想,结果是学生党员基本上集中在高年级,低年级学生党员数量少。而高年级学生,有的刚发展就要离开学校,甚至出现学生党支部开支部会议达不到法定人数,无法正常开展组织生活。这既不利于预备党员的考察培养工作,也不利于低年级入党积极分子的培养教育,更不利于学生党员的模范作用在学生中发挥。

(4)学生党建工作队伍基础薄弱,缺乏稳定性。独立学院先天的机制一方面使党建工作人才平均党龄偏低,都不同程度地存在着与党建工作要求不相适应的情况,如缺少政治理论素养、党建专业知识和实践经验匮乏、业务工作能力不强等。另一方面导致学生党建工作人员大多由辅导员兼职,他们或为过多的事务性工作所累,不能正确处理好党建工作与其他学生工作的关系。

2. 独立学院学生党建工作存在问题的原因分析

(1)国内外形势的变化使独立学院的党建工作挑战与机遇并存。世界多极化和经济全球化迅猛发展,中国与世界的联系更为密切,西方文化思想进入我国的渠道和机会大大增加,高校已成为思想文化较量的前沿阵地,市场经济的消极影响也必然反映到高校学生头脑中来。随着外国公司的大量涌入,出现了"入党还有什么用""入党会不会影响以后的出国""去公司就业不需要入党"等想法。在这种情况下,《中共中央组织部中共教育部党组关于加强民办高校党的建设工作的若干意见》第 12 条明确规定"把社会主义核心价值体系融入民办高校大学生思想政治教育的全过程。用马克思主义中国化的最新成果教育广大学生,使马克思主义成为广大学生的精神支柱和强大思想武器。深入开展理想信念教育,引导广大学生牢固树立中国特色社会主义共同理想。大力弘扬以爱国主义为核心的民族精神和以改革创新为核心的时代精神,引导广大学生始终保持昂扬向上、奋发有为的精神状态。广泛进行社会主义荣辱观教育,推动形成知荣辱、讲正气、促和谐的良好风尚。"因此,新时期的独立学院党建工作挑战与机遇并存。

(2)独立学院党组织机构的建制与独立学院的快速发展不协调。部分独立学院党组织机构不健全,学生党建工作者力量薄弱。一方面,当前大部分独立学院党的组织建制一般都停留在学院党委、党支部这一层面上,且党委部门设置相对简单,从事相关党务工作的人员大部分都是兼职。而按照建制要求,在每个院、系应该建立总支部以及总支部领导下的教工党支部和学生党支部。另一方面,独立学院发展很快,学生数量成倍递增,一个学院动辄就是上千人。目前,独立学院学生支部书记由思想政治辅导员担任,而思想政治辅导员的数量一时很难跟上学生的增长规模。由于人手少,而学生党员数量剧增,一般都只能按系进行管理。因此,每个党支部中学生党员数量较多,学生党员的管理、教育、再教育都很难到位。特别是一个支部所辖系入党积极分子数量多,培养、教育、谈话也只能走走形式,考察工作停留在材料上,考察并不全面,很难落实把好入党关口。可想而知学生党员的后期教育就更显得苍白无力。

(3)从事学生党建工作的人员不能完全适应独立学院的现代管理模式。由于独立学院是按现代企业管理模式进行管理,在个人利益与集体利益、局部利益与整体利益、眼前利益与长远利益之间利益发生不断碰撞时,从事学生党建工作人员的思想很难表现出相对高度的认同,而是呈现出一种多层次、多元化的发展态势。特别是一些从事学生党建工作的兼职人员经常因上课或其他行政工作与过组织生活甚至召开支部大会的时间发生冲突而缺席,个别教师党员参加党的活动能推则推,即使有时参加了活动,也是抱着例行公事的态度,工作不到位。

(4)学生党建工作客体的自身特点增加了党建工作难度。首先,部分学生价值观比较现实,政治热情不高。部分学生都把"物质享受"列为自己的主要人生追求,把"权力、金钱"列为自己的人生目标,加之市场经济的趋利性诱导和整个社会拜金主义、极端个人主义思想的滋长,使在校大学生的功利心膨胀。特别是

"90后"大学生接触社会较多,社会上的不正之风和党内存在的少数腐败现象,使他们对马克思主义产生怀疑,对党丧失信心,入党热情淡化,有入党想法的学生中,部分也是为了一种荣誉和方便自己以后的发展。

其次,思想活跃,个性张扬,社会活动能力强,崇尚自由,但自我约束力不强,纪律观念淡薄。他们这种张扬的个性和富有创造力的思想以及超强的社会活动能力确实给校园带来了生机和活力,丰富了校园文化,有利于学生素质的全面提高。但他们本人缺少独立生活能力的锻炼,没有形成良好的学习和生活习惯,进入大学后,普遍不能迅速适应大学生活,这时他们强烈的自我意识便给学校的教育和管理带来了极大的困难。正是由于这一方面的特点对学生党员入党前的引导、教育培养工作带来了难度。

再次,学习基础较差,有一定的厌学情绪。独立学院学生的入学分数线相对较低,造成基础差的原因不是智商低,而是没有好的学习习惯和毅力,缺乏学习兴趣和动力,因而在学习上得过且过。究其根本,和家庭经济条件较优越、缺少苦难教育和挫折教育以及害怕吃苦、坐享其成的心理有关。他们一般不过多考虑自己的未来,不想通过学习改变自己的命运,因此,没有自主学习的意识,没有学习的动力,这一特点势必会影响学生党员队伍的整体素质的提高。

三、加强独立学院学生党建工作的几点思考

1. 厘清工作思路,在"早、细、实"上下功夫

在学生党员发展、教育和管理上,每名学生必须通过多层次的教育、培养和考察,最后通过严格的审核。首先在学生党员发展上,第一,针对目前大学生年龄偏小、思想没有定型、可塑性大的特点,立足于一个"早"字,通过采取"早教育、早选苗、早培养"的措施,将学生党建工作的重心前移,即将培养重心、工作重心和发展重心向低年级转移。早教育,即在大学生一入学,就对他们进行入党的启蒙教育和生动活泼的革命传统教育,帮助他们自觉、主动地向党组织靠拢;早选苗,即在普遍教育的基础上,将表现突出并已向党组织递交了入党申请书、经考察入党动机比较端正的同学,及时定为入党积极分子,进行有计划的重点培养,送他们到党校培训;早培养,即将学生中表现比较突出并经过一年以上培养考察的入党积极分子,不失时机地列为发展对象,符合党员条件的及时吸收进党内来,以起到榜样示范作用。第二,为准确把握学生的入党心理,立足于一个"细"字,做到全面了解学生入党愿望的强烈程度、入党动机的纯洁程度和入党意志的强弱程度,并及时了解学生的思想动态,以开展有针对性的教育引导工作。第三,为切实做好学生党建工作,立足于一个"实"字,扎扎实实、周到细致地开展工作。做到哪里有学生,哪里就有思想政治教育,哪里就有党组织的身影,使学生

党建工作不留空当,不留盲点,形成立体交叉、互联互动的党建工作网络。

2. 严格把好发展程序关

入党积极分子定为发展对象,必须过培养教育考察关。凡是确定为入党积极分子的,都指定两个培养联系人进行跟踪培养教育和考察。经过半年的培养教育后,严格按照原则对其进行综合考察,然后根据其考察情况确定其是否成为发展对象。

发展对象要发展为预备党员,必须过发展关。主要是采取"三会、三公示、三公开"的方式来确定其是否能过发展关。"三会",即党外群众座谈会、党内党员代表座谈会和学生党员参加的支部大会。"三公示",即把确定要发展成为预备党员的学生名单在全院学生中以公告形式进行公示;把确定要发展成为预备党员的学生名单反馈到所在班级,让全班学生发表意见;把在党员支部大会上通过的学生名单在全院学生中再次进行公示。"三公开","即入党标准公开、入党申请人的有关材料公开、支部大会讨论意见公开。只有通过了"三会、三公示、三公开"的学生,才能最终发展成为中共预备党员。

中共预备党员要顺利转正为中共正式党员,必须过转正关。预备党员转为正式党员,必须经过严格考察,必须通过党内外群众座谈会和党员大会的表决通过。

3. 办好入党积极分子培训班

目前,"90后"已进入大学校园,他们对中国共产党的发展史、奋斗史,对我们党的先进性以及党为中国人民所做出的巨大贡献了解不够。党校是进行这一教育的有效途径,我院自成立以来,已举办了45期入党积极分子培训班,先后有2288名入党积极分子接受了培训。培训班的授课除由党委综合部承担外,我院还经常请到我院党委副书记李东兴书记、武汉工程大学党委组织部刘炳春部长给学员讲课,以提高党校的教学质量。同时,我院还建立一些相关的考勤考核制度,这些制度对规范化地培养入党积极分子起到重要的保障作用。在教学上,我院主要对学员进行系统的党的基本知识教育,包括党的性质、纲领、宗旨、党的理论基础、党的基本路线、党的优良传统和作风以及怎样才能成为一名共产党员等内容。培训班的形式除了授课之外,还增加了观看教育录像片的内容。建议以后的培训班还可以辅之以教唱革命歌曲、举行国际国内形势报告会,分析热点、焦点问题,帮助学生了解党和国家的发展趋势,开阔视野,从而在行动上与党中央保持一致,自觉地执行党的路线、方针、政策。

4. 建立一支素质优良、精干高效、专兼职结合的党务干部队伍

独立学院学生党建工作队伍是全面贯彻党的教育方针、培养社会主义事业接班人不可缺少的重要力量,是高等学校教师和管理队伍的重要组成部分,更是搞好大学生党员队伍建设的基本保证。独立学院采用聘任制,人事关系都是人

事代理,特别是独立学院是按现代企业管理模式、个人利益与集体利益、局部利益与整体利益、眼前利益与长远利益之间发生不断碰撞时,教师党员的思想很难表现出相对高度的认同,而是呈现出一种多层次、多元化的发展态势,要根据独立学院的特点,加强对教师党员的思想教育,加大对教师党员的考核力度,要突破过去传统教育方式,积极设计和开展多种主题活动,努力把党员教育与业务教育相结合,当前教育与终身教育相结合,自我教育与组织教育相结合,要建立"党员目标责任制",要针对教师党员思想上的难点、疑点,帮助他们重温党的历史,树立全心全意为人民服务的思想,从而使他们在学院的教学、科研找到适合自身特点,发挥模范带头作用。

5. 实现学生党建工作管理体系的科学化、规范化、制度化

以我院为例,我院设党委综合部,负责全院的学生党建工作。各学部设若干学生党支部,支部书记由学部有经验的专职辅导员担任,精简的管理体系使党的组织增强了凝聚力和战斗力,学生党建工作的中心地位得以凸显。在制度化建设方面,目前我院已经建立《中共武汉工程大学邮电与信息工程学院委员会关于加强和改进学生党建工作的意见(试行)》《中共武汉工程大学邮电与信息工程学院委员会发展党员工作细则(试行)》《武汉工程大学邮电与信息工程学院发展学生党员基本条件(试行)》《武汉工程大学邮电与信息工程学院党支部工作考核实施办法》《武汉工程大学邮电与信息工程学院学生入党积极分子管理办法》等党建文件。另外,学院学生党支部党员组织生活会制度、学生党支部民主生活会制度、学生党员管理考核制度、学生党员政治理论学习制度、学生党员联系人制度等系列管理制度正在酝酿制定中。

第二篇　思想政治理论课建设

中国高校思想政治理论课教育教学的目标体系解析

杜志章

（华中科技大学马克思主义学院）

  教育的目的在于培养人才，为社会的发展培养人才。这一表述包含教育目标的两个向度：一是个人的发展；二是社会的发展。个人的发展是社会发展的基础，社会发展是个人发展的条件，二者互为前提，相互促进。思想政治理论课的目标就是把二者联系起来，使个人的发展不至于偏离社会发展的要求，使社会的发展拥有更优厚的人力基础。全国大学生文化素质教育指导委员会主任杨叔子院士曾指出：人才不仅要有知识和能力，而且要有让知识和能力正确而充分发挥作用的素质。这种素质的获得，其主要途径就是思想政治教育，对大学生而言主要就是思想政治理论课的教育和教学。中央16号文件指出："加强和改进大学生思想政治教育，提高他们的思想政治素质，把他们培养成中国特色社会主义事业的建设者和接班人，对于全面实施科教兴国和人才强国战略，确保我国在激烈的国际竞争中始终立于不败之地，具有大而深远的战略意义。"这突出表明，加强和改进大学生思想政治教育，不仅是以大学生全面发展为目标，更是以推动中国特色社会主义事业发展实现社会主义现代化为目标。

  思想政治理论课的教育教学目标对其教育教学实践具有重要的指导意义。然而，目标必须具体而且能为人们所理解和接受，才能真正发挥指导作用。因此，研究当前中国思想政治理论课教育教学目标的历史与逻辑、结构与特征，对于思想政治理论课的教育教学实践具有重要的现实意义。

一、新中国高校思想政治理论课教育教学目标的演化历程

  任何国家任何时期都重视意识形态的教育，只是其意识形态教育的形式和

内容有所不同而已。思想政治理论课作为意识形态教育的重要组成部分,其教育教学目标取决于时代和形势的需要,因此高校思想政治理论课的教育教学目标是随着时代主题的变化而不断调整的。建国以来,虽然建设和发展社会主义始终是中国的主题,坚持四项基本原则始终是中国意识形态教育的重要内容,但是由于不同时期人们对于马克思主义、社会主义的认识有所不同,高等学校的人才培养目标也有所差别,因而其思想政治理论课的教育教学目标也不尽相同。

新中国诞生伊始,虽然共产党掌握政权,但各种反革命残余势力活动十分猖獗,阶级斗争的硝烟仍然弥漫在中国的上空。1950年5月1日第一次全国高校教育会议上通过的《高等学校暂行规程》就规定高等学校开设马列主义课,进行革命的思想政治教育和时事政策教育,着重肃清封建的、买办的法西斯主义思想。其目标在于"树立阶级和阶级斗争观点,站稳无产阶级立场,反对国内外一切阶级敌人;树立为人民服务特别是为工农兵服务的思想"。显然,这一时期思想政治理论课的教育教学目标突出"阶级立场"和"阶级斗争"的主题。

在社会主义改造基本完成以后,由于社会主义制度基本确立,经济建设代替阶级斗争而成为时代的主题,培养大量"又红又专"的高层次人才成为时代的要求。思想政治理论课的教育教学目标也就要突出"红"这一标准。1957年10月,毛泽东在《坚定地相信群众的大多数》一文中指出:"知识分子要同时是红的,又是专的。"此后,经过多次辩论,培养又红又专的共产主义接班人成为当时中国高等教育的目标。毛泽东在《关于正确处理人民内部矛盾的问题》中指出:"不论是知识分子,还是青年学生,都应该努力学习。除了学习专业之外,在思想上要有所进步,政治上也要有所进步,这就需要学习马克思主义,学习时事政治。没有正确的政治观点,就等于没有灵魂。"因此,"红"也就成为这一时期思想政治理论课的教育教学目标,即具有马克思主义世界观、坚定的无产阶级立场和高尚的道德品质,具体表现为全心全意为人民服务的思想。

在文化大革命时期,由于过分夸大阶级斗争存在的时空,导致"以阶级斗争为纲"成为时代的主题。期间,从1966年到1969年在"停课闹革命"的号召下高等学校曾停止招生,即使1970年恢复高招以后,高等教育的目标也都是为阶级斗争服务,思想政治理论课也不例外。其教育教学主要是围绕"无产阶级专政下继续革命"的理论进行,讲授一些内容受到歪曲的马列主义原著和毛泽东的著作。其目的是要把学生培养成"反潮流英雄""反走资派的战士""反修防修的卫士"等。这一时期的思想政治理论课的教育教学基本上被政治运动所取代,从内容到形式都打上了阶级斗争的烙印,从而导致思想政治理论课本真价值的缺失。

改革开放以后,中国逐步确立了"以经济建设为中心,坚持四项基本原则,坚持改革开放"的基本方针。高等学校的人才培养也紧密围绕这一方针进行,而思想政治理论课的教育教学目标便以"坚持四项基本原则"为核心。然而,由于"多年来,我们的一些同志埋头于具体事务,对政治动态不关心,对思想工作不重视",再加上西方敌对势力加紧对我国实施"和平演变"战略,自由化思潮泛滥,导致 1989 年政治风波发生,给国家和人民带来严重的危害。对此,邓小平曾指出"十年最大的失误是教育,这里我主要是讲思想政治教育。"基于此,在 1993 年 2 月中共中央、国务院印发的《中国教育改革和发展纲要》(以下简称《纲要》)就明确指出:"用马列主义、毛泽东思想和建设有中国特色的社会主义理论教育学生,把坚定正确的政治方向摆在首位,培养有理想、有道德、有文化、有纪律的社会主义新人,是学校德育即思想政治和品德教育的根本任务。"《纲要》把培养学生"坚定的政治方向"放在首位,更加强化了思想政治理论课"培养合格的中国特色社会主义事业接班人"的目标。2004 年 10 月,针对部分大学生"政治信仰迷茫、理想信念模糊、价值取向扭曲、诚信意识淡薄、社会责任感缺乏、艰苦奋斗精神淡化、团结协作观念较差、心理素质欠佳"等问题,中共中央、国务院发出《关于进一步加强和改进大学生思想政治教育的意见》,系统表述了当前中国思想政治理论课的任务和目标:以理想信念教育为核心,以爱国主义教育为重点,以思想道德建设为基础,以大学生全面发展为目标,解放思想、实事求是、与时俱进,坚持以人为本,贴近实际、贴近生活、贴近学生,努力提高思想政治教育的针对性、实效性和吸引力、感染力,培养德智体美全面发展的社会主义合格建设者和可靠接班人。这是改革开放以来关于高校思想政治理论课教育教学目标的最系统、最科学的表述。

概言之,伴随着新中国发展,高校思想政治理论课的任务和目标总是在不断地调整和完善。事实表明,对中国国情认识越清楚,建设和发展的任务就越明确,思想政治理论课的任务和目标也就越科学。中央 16 号文件科学表述了当前中国高校思想政治理论课的任务和目标,是当前思想政治理论课教育教学的行动指南。

二、思想政治理论课"2005 方案"教育教学目标体系的结构分析

思想政治理论课"2005 方案"的教育教学目标是一个完整的体系。从层次看,有总体目标,也有具体的课程目标;有社会发展的目标,也有个人发展目标。从类别看,有道德和行为规范的目标,也有思想观念、理想和信念目标,还有政治教育目标;有知识目标,也有能力目标,还有素质目标。为了让师生更清晰地把握目标并努力实现之,有必要对思想政治理论课教育教学的目标体系予以解析。

1. 思想政治理论课教育教学目标体系的层次分析

首先,思想政治理论课教育教学目标的层次性主要表现在教育目标与教学目标的差别,教育目标是抽象的总体目标,而教学目标是具体的课程目标。

"高校思想政治理论课的主要任务,是对大学生进行系统的马克思主义理论

教育,帮助他们树立正确的世界观、人生观、价值观,提高运用马克思主义的立场、观点、方法,分析解决问题的能力。其根本目标,是培养千千万万中国特色社会主义事业的合格建设者和可靠接班人。""培养千千万万中国特色社会主义事业的合格建设者和可靠接班人"是中国高等教育的目标,也是思想政治理论课教育教学的总体目标。

在这一总体目标之下,各门课程有具体的教学目标。中央16号文件在"加强和改进大学生思想政治教育的主要任务"条目中指出:以理想信念教育为核心,深入进行树立正确的世界观、人生观和价值观教育;以爱国主义教育为重点,深入进行弘扬和培育民族精神教育;以基本道德规范为基础,深入进行公民道德教育;以大学生全面发展为目标,深入进行素质教育。这些任务就是通过思想政治理论课"2005方案"的几门课程来实现的。

其中"毛泽东思想和中国特色社会主义理论体系概论"通过讲授马克思主义中国化历程及其三大理论成果,帮助学生系统掌握毛泽东思想、邓小平理论、"三个代表"重要思想和科学发展观的基本理论;同时,通过党的基本理论、基本路线、基本纲领和基本经验教育,以及中国革命、建设和改革开放的历史教育,使学生认识社会发展的规律,认清国家的前途命运,认识自己的社会责任,帮助学生确立在中国共产党的领导下走中国特色社会主义道路、实现中华民族伟大复兴的共同理想和坚定信念。"中国近现代史纲要"通过讲授近代以来中国抵御外来侵略、争取民族独立、推翻反动统治、实现人民解放的历史,激发学生自觉地继承和发扬近代以来中国人民的爱国主义传统和革命传统,进一步增强民族的自尊心、自信心和自豪感;通过了解国史、国情,深刻领会历史和人民是怎样选择了马克思主义,选择了中国共产党,选择了社会主义道路,增强学生拥护共产党的领导和接受马克思主义指导的自觉性。"马克思主义基本原理"通过讲授马克思主义的世界观和方法论,帮助学生树立正确的世界观和人生观,形成科学思维方法,提高认识问题、分析问题和解决问题的能力,认识人类社会发展的一般规律并树立共产主义远大理想和马克思主义坚定信念。"思想道德修养和法律基础"通过讲授社会主义道德教育和法制教育,帮助学生增强社会主义法制观念,提高思想道德素质,解决成长成才过程中遇到的实际问题。"2005方案"四门课程的共同目标,就是把大学生培养成为有理想、有道德、有文化、有纪律的全面发展的社会主义新人,即中国特色社会主义事业的合格建设者和可靠接班人。

其次,思想政治理论课教育教学目标的层次性还体现在社会发展和个人发展两个层面,前者是根据社会发展的要求确立的宏观目标,后者是根据人的发展规律确立的微观目标。

从社会发展角度看,思想政治理论课的性质属于意识形态教育范畴,其目的是培养有利于中国特色社会主义事业发展,有利于中华民族伟大复兴的高层次人才,即培养中国特色社会主义事业的合格建设者和可靠接班人。其中"可靠接班人"便是思想政治理论课教育的宏观目标,其具体要求就是要有坚定的在中国共产党领导下走中国特色社会主义道路、实现中华民族伟大复兴的信心,要有坚定的共产主义远大理想和马克思主义信念,并有自觉为中国特色社会主义事业的发展和中华民族伟大复兴而努力奉献实际行动的信念。

从个人发展角度看,思想政治理论课的性质属于素质教育范畴,其目标在于提高大学生的思想政治素质、道德素质、心理素质和文化素质,促进其自由而全面发展。"人的全面而自由的发展"是马克思主义的重要内涵,也是高校思想政治理论课教育教学的目标。"思想道德修养与法律基础"在绪论中明确指出:"大学培养目标所要求的德智体美方面的素质是相互联系、相互制约的统一体。大学生的全面发展,就是德智体美的全面发展,是思想道德素质、科学文化素质和健康素质的全面提高"。思想政治理论课"2005方案"的每一门课都在不同侧面有助于大学生的自由全面发展。例如《马克思主义基本原理》给学生以正确的世界观、人生观以及科学的方法论;《中国近现代史纲要》在历史知识、历史感和历史观方面完善学生的人格;《毛泽东思想和中国特色社会主义理论体系概论》帮助学生树立发展中国特色社会主义事业和实现中华民族伟大复兴的使命感和坚定信心;《思想道德修养和法律基础》则帮助学生掌握道德和法律等基本行为规范。

2. 思想政治理论课教育教学目标体系的类别分析

思想政治理论课的教育教学目标体系要素多元且结构复杂,依据不同的标准可以分成多种类别。

首先,从课程设置看,不同的课程有具体不同的教育教学目标。思想政治理论课"2005方案"虽然其总体目标是一致的,都是为中国特色社会主义事业培养各格的建设者和可靠的接班人。但是其中的不同课程承担着不同的使命,其具体的教育教学目标各有侧重,在表述及内涵方面都有所不同。其中"马克思主义基本原理"侧重于世界观和人生观、认识论和方法论教育,重点在于培养学生认识问题、分析问题、解决问题的能力,并树立远大的共产主义理想和坚定的马克思主义信念;"中国近现代史纲要"侧重于国情、国史教育,重点在于培养学生对于国家和民族的情感,把握中国历史发展的规律,从而很好地理解现实,把握未来;"毛泽东思想和中国特色社会主义理论体系概论"侧重于中国化马克思主义教育以及党的基本理论、基本路线、基本纲领和基本经验教育,确立在中国共产党的领导下走中国特色社会主义道路、实现中华民族伟大复兴的共同理想和坚定信念;"思想道德修养和法律基础"侧重于行为规范的教育,培养学生成为遵纪守法的公民。

其次,从目标的要素看,思想政治理论课的教育教学目标包含不同的方面。

党和国家的教育方针明确指出："坚持教育为社会主义现代化建设服务，为人民服务，与生产劳动和社会实践相结合，培养德智体美全面发展的社会主义建设者和接班人。"其中"德智体美全面发展"就是对人才培养的目标或要求。教书育人，育人为本；德智体美，德育为先。"德育"的目标就是把学生培养成为有理想、有道德、有文化、守纪律的社会主义新人。而思想政治理论课的教育教学是德育的主渠道和主阵地，因此培养"四有"新人也就是思想政治理论课教育教学的目标。这本身就是一个目标体系，包括理想教育目标、道德教育目标、文化教育目标和行为规范教育目标。

"德智体美全面发展"还包含了知识、能力和素质等多方面的要求。每一门思想政治理论课都有这三个方面的功能，因而也有这三方面的目标。在知识方面，思想政治理论课可以拓展和深化哲学、政治学、历史学、社会学、法学及伦理学方面的知识；在能力方面，思想政治理论课可以培养学生认识问题、分析问题和解决问题的能力，也能培养学生学习的能力和积极参与中国特色社会主义事业建设实践的能力；在素质方面，思想政治理论课的目标在于培养学生的思想政治素质、思想道德素质和科学文化素质。因此，思想政治理论课的教育教学要明确上述目标，着力开展教学内容、教学方法的探讨，不断提高实效性，力求大学生在德智体美各方面全面发展，在知识、能力和素质各方面全面提升，思想道德素质、思想政治素质、科学文化素质和身体健康素质各方面协调发展，从而造就千千万万的中国特色社会主义事业合格的建设者和可靠的接班人。

三、当前思想政治理论课教育教学目标实现程度评价及反思

思想政治理论课"2005方案"实施五年来，在课程体系、教材编写、师资队伍建设、教学方法改革、学科建设等都取得了巨大的成效，很大程度上增强了吸引力和感染力、针对性和实效性，基本实现了思想政治理论课教学状况的好转。但又必须看到，思想政治理论课的教育教学效果离目标仍然有较大差距。据华东理工大学刘伟兰等同志的调查：大学生对当前思想政治理论课的教学效果认可度不高，只有35.1%的同学对教学效果表示满意。其原因是多方面的，但也与教育教学目标不够明确而具体、教育教学目标与学生实际脱节等原因有关。

首先，当前思想政治理论课教育教学目标过于抽象，不够明确，不够具体，缺乏针对性和可操作性。虽然中共中央宣传部、教育部《关于进一步加强和改进高等学校思想政治理论课的意见》（教社政[2005]5号）制定了思想政治理论课"05方案"各课程的教育教学任务和目标，但这些目标表述都十分抽象，与教学内容严重脱节，在教学过程中师生往往无法把握而置之度外。例如"马克思主义基本原理"课的任务和目标"着重讲授马克思主义的世界观和方法论，帮助学生从整

体上把握马克思主义,正确认识人类社会发展的基本规律"。其中"世界观""方法论""马克思主义""人类社会发展的基本规律"等表述都是纯哲学层面的,至于马克思主义世界观和方法论究竟是什么、为什么要正确把握马克思主义及人类社会发展规律及如何才能做到这一要求等问题,却没有明确的解答,因而这样抽象的教育教学目标很难在教育教学实践中实施。这就要求思想政治理论课教师首先要将党中央制定的思想政治理论课教育教学目标予以解读,再根据社会现实、学生实际及具体的教学内容对教学目标进行深度领会和重新表达,并用以指导教育教学实践。

其次,当前思想政治理论课的教育教学目标制定重点着眼于中国社会的现实和需要,而忽视了学生个体发展的需要,脱离了学生实际,因而很难调动学生学习的主动性和积极性。(教社政[2005]5号)所表述的各门思想政治理论课的教育教学目标几乎都是基于中国社会发展需要而提出的,学生"个人自由全面发展"的目标基本缺失,即过分强调了思想政治理论课的政治功能,而忽视了育人功能。因此,无论是教师还是学生对思想政治理论课的教育教学目标都认识不到位。老师在教学过程中侧重于按照国家统一的教材,培养学生坚定的政治立场,满足于按照既定的教学大纲完成教学任务,没有结合学生成长成才的规律,因材施教,从而促进学生个性的发展;学生在学习过程中没有意识到思想政治理论课对自身的重要性,不能把自身的全面和谐发展作为追求目标,仅仅把通过考试拿到学分作为学习思想政治理论课的目的,因而缺乏积极性和主动性。这就要求思想政治理论课教育教学目标的制定要充分考虑学生个人发展与社会需要的辩证关系,着眼于社会,着手于个人。把提高学生个人思想道德素质、思想政治素质、科学文化素质与身体健康素质统一起来,促进学生全面和谐发展。从而确立学生在思想政治理论课教育教学中的主体地位,充分调动其积极性和主动性,最终确保思想政治理论课总体目标的实现。

高校思想政治理论课实践性教学模式分析

韦 革

(华中科技大学马克思主义学院)

实践性教学是培养满足社会经济发展需要的人才、全面提高教学质量的有效手段。近年来,高校政治理论课实践教学改革有了一定的进展,但还存在很多不足。其中尤为突出的是缺乏切实可行的实践性教学模式，严重影响了实践性教学的针对性和实效性。因此，如何构建有效的高校思想政治理论课实践教学模式便成为本文关注的焦点。

一、当前高校思想政治理论课实践教学活动的困境

中共中央宣传部、教育部《关于进一步加强和改进高等学校思想政治理论课的意见》指出："高等学校思想政治理论课所有课程都要加强实践环节。要建立和完善实践教学保障机制，探索实践育人的长效机制。"根据这一精神，高校思想政治理论课必须在新课程设置过程中加强实践性教学。

所谓思想政治理论课的实践教学，指在教师的指导下，依据课程的教学内容和要求，以组织和引导大学生主动参与实际生活和社会实践、获得思想道德方面的直接体验为主要内容，以提高大学生思想道德素质为目标的教学方式或教学环节。按照实践资源来源划分，实践性教学可分为课程学习中社会实践、校园社会实践、校外社会实践三种类型。其中课程学习中社会实践是以教师为主导、以学生为主体、以课程资源为依托、以基础知识和基本技能的"教"与"学"为主要载体展开的促进学生全面发展的对象性活动的总和；大学生校园社会实践是由学生自主设计、发起、策划、组织和开展的，以校园为舞台，以课外时间为活动时间，以学生的需求为基础，以学生的趣缘关系为纽带，在长期互动中形成的旨在促进学生成长、社会化和全面发展的一系列活动和过程的总和；校外社会实践是按照党的教育方针和学校的培养目标，有目的、有计划、有组织地引导大学生走出校园、走进社会，深入实际、了解国情，从而"受教育、长才干、作贡献"的一系列物质与精神活动过程的总称。按照实践的组织方式划分，实践性教学又可分为集中与分散两种类型。所谓"集中"指由学校组织几个比较大的实践团队，选择特定的教学实践基地进行集中的考察调研；而"分散"是让学生自己组织实践分队，自己确定社会调查的课题并联系实践基地进行调研考察。

笔者在《毛泽东思想与中国特色社会主义理论体系概论》（以下简称《概论》）的教学工作中对上述实践教学模式进行了比较和分析。在探索中发现，如果把思想政治理论课实践性教学等同于专业课实践性教学或者集中的校外社会实践活动，那么思想政治理论课实践性教学会出现许多问题，主要表现在以下几个方面。

第一，思想政治理论课的实践性难以维持。专业课实践性教学有学校专项经费、固定的教师队伍和相对稳定的专业实习基地，而思想政治理论课实践性教学不存在或者难以创造和争取这样的条件。因而在实施过程中，思想政治理论课实践性教学往往会因缺少必要的经费和时间等问题而难以为继。

第二，教学内容和实践脱节。把实践性教学等同于兴师动众的社会调查，意味着大规模人员、大量时间和大批资金的投入。随着大学扩招的升级，思想政治理论课实践性教学一线教学人员和学生的比例失调问题日益突出。以华中科技大学为例，近年来思想政治理论课实践性教学一线教学人员和本科学生的比例甚至高达 14∶8000。此外，一线教学人员还要从事研究生、网络学院、成人教育学院学生的教学工作，因此，兴师动众的社会调查通常是在非一线教学人员带领下进行的，一线教学人员实际上反而游离在社会调查之外。因此，如何把教学内容和实践、教学评价和实践评价统一起来，切实解决教学和实践脱节问题，成为思想政治理论课实践性教学的突出难题。

第三，缺乏学生的广泛参与。由于经费匮乏、调查时间难以协调等原因，社会调查往往只能选择一些学生代表参与，大部分学生被排除在社会调查之外，如此实在难达实践教学的初衷。

第四，实践流于形式，缺乏互动性。集中的校外社会实践活动往往是学生在调查结束后交一篇调查报告，教师给个分数了事，缺乏教师讲评、归纳和学生互评及相互学习的环节。

这些问题表明，思想政治理论课实践性教学必须构建一种可行有效的新模式。

二、新型实践性教学模式的评价标准和构建

新型有效的思想政治理论课实践性教学模式应该具备以下条件：成本低，即不必要求学校下拨专项经费和统一的专门调查时间，具有较低的协调成本；具有统一性，即教学内容和实践内容统一、教学评价和实践评价统一；具有互动性，即教师与学生、学生与学生有充分的交流互动。

笔者经过多年的教学实践，初步在《概论》课堂建立了"基于课程学习结合校园的社会实践、由思想政治理论课教师组织、学生分散调查的思想政治理论课教学模式"。

首先，确立实践形式。如笔者在《概论》中要求学生模拟政协和人大的提案写作。提案是政协委员和人大代表向人民代表大会或人民政府就有关国家或地方大政方针、社会生活中的重大问题提出意见和建议的形式。让学生对某一社会热点、群众焦点向政府或者学校及其职能部门提出建议或作为其决策依据。这种方式要求学生既要提出问题，又要给出解决办法。换言之，既要调查某一件事的现状，又要对政策、法规、政府的决策有所了解。出于对时间和学生的安全考虑，在教学中安排的实践地点和问题可以校园为主，如以"科学发展、社会和谐"为主题，要求学生就"学在校园"（课程体系建设、学风建设、学生实践能力发

展、文化市场建设等)和"活在校园"(完善校园交通设施、规范交通秩序、加大文化体育设施建设力度、建设"服务型学校"、贫困学子支持体系建设等)两大问题进行调查,并分析问题的成因、现有方案的不足和自己提出的新方案的优点。

其次,任课教师应对学生进行适当的培训和分组。如对于提案的写作,培训他们掌握提案的写作格式、写作技巧和写作规范。分组是指教师结合课堂教学内容确定实践主题,由班干部负责将同学们分成多个实践讨论小组,利用课余时间广泛收集资料,在集思广益的基础上将实践成果写成调查报告。小组实行组长负责制,组长可结合主题确定提案题目、拟写调查大纲、分派任务,并由小组选出代表参加课堂陈述交流。在进行课堂报告时,每个专业选出一定人员与教师一起组成评议小组,按照规定的标准给每一个实践团队打分,由教师计入平时成绩并在报告会结束时进行讲评、归纳和提高。同时建议学生通过学代会或者校长信箱将提议向有关部门提交。

多年的实践性教学证明,该实践模式是一种行之有效的实践性教学模式。

第一,该实践教学模式比较成功地解决了教学和实践脱节的难题。在此模式中,实践内容与思想政治教材内容密切相关、教学评价和实践评价高度统一。

第二,该实践教学模式保证了思想政治理论课实践性教学活动的可持续发展。在此模式中,实践性教学活动是教学计划中的一个主要内容,一线教师可以结合各学生专业的特点及该学期开设的课程要求,认真组织、妥善安排,并将安排计划包括社会调查的时间、地点、内容和组织形式及时公布给学生;实践活动主要在思想政治课课堂教学中完成,有一定的课时保证;实践活动不要求大量的经费投入和相应的社会实践基地,因而是一种可持续发展的高校思想政治理论课实践性教学活动模式。

第三,该实践教学模式强调由思想政治理论课教师发起、组织和设计,具体行为由学生自主选择参与,从而较好地避免了大规模实践性教学的弊端,解决了一线教学人员、大部分学生游离在社会调查之外的"两个游离问题"。正如有些学者所言,大规模的社会调查活动像"下大雨",发动广大师生参与的活动像"毛毛雨",倾盆大雨,只能是雨过地皮湿,只有经常下毛毛雨,地表才能湿透。换言之,"基于课程学习结合校园的社会实践、由思想政治理论课教师组织、学生分散调查"的实践教学模式可以有效保证实践性教学的持之以恒。

第四,该实践教学模式可充分达到教学目的:拓展教材,增进学生对社会的了解;理论联系实际,让学生活学活用、学以致用;培养学生的自学能力、探索创新意识,提高他们学习思想政治理论课的兴趣;促进教师按实践性要求开放课堂,在教学内容上理论联系实际,改革单一的课堂教学模式等。

浅析高校思想政治理论课教学实效性的提高

文红玉
(华中科技大学马克思主义学院)

思想政治理论课是指马克思主义理论课和思想品德课,在我国高等教育体系中占有重要地位。思想政治理论课既是高校大学生素质教育内容的重要组成部分,也是培养和塑造大学生世界观、人生观和价值观的重要理论指南。因此,增强思想政治理论课教学实效性有着十分重要的意义。客观分析高校思想政治理论课教学实效性提高所面临的挑战,在此基础上提出应对措施即成为提高高校思想政治理论课教学实效性的基础。

一、高校思想政治理论课教学实效性话题的提出背景

思想政治理论课教学实效性是长期困扰高校思想政治工作者和思想政治理论课教师的重要问题。尽管许多高校为增强思想政治理论课教学实效性,在师资队伍建设、理论研究、教学方法改革等方面做了大量工作,但思想政治理论课教学效果的"实然"与《普通高等学校思想政治理论课教学基本要求》所规定的"应然"之间尚存在着较大的差距。这样就自然形成了提高高校思想政治理论课教学实效性话题的背景。

第一,从高校思想政治理论课教学的现状来看,教育部关于思想政治理论课教学的内容进行了数次调整,从"1998方案"到"2005方案"。这种调整一方面是对国家政策变化的反映,体现了理论上的与时俱进;但同时,我国高校思想政治理论课教学实际遇到了较大的挑战也是毋庸置疑的事实。因此提高高校思想政治理论课教学实效性是一种客观需要。

第二,从大学生的思想状况来看,提高高校思想政治理论课教学实效性不仅是一种需要,也是一种必要。如今,随着诸多隐性媒体尤其是网络的兴起与普及,大学生的思想信仰出现了多元化的格局。多种思想观念蜂拥对其产生影响,客观上导致了大学生思想信仰上的茫然和不知所从。一方面,作为风华正茂的群体,大学生渴望了解政治,也渴望了解国情和国家政策的变化,但是传统的思想政治理论课教育的说教方式确实让他们对政治产生了疏离感。另一方面,虽说传统思想政治理论课教育让他们对现实政治产生了距离,但并没有消解掉他

们对政治的兴趣,这样,从网络或其他道听途说的途径来曲解政治成为他们感知现实政治的主要渠道。很显然,这并不是一种健康方式。换言之,如果能够提升高校思想政治理论课教学实效性,那么势必会对大学生的思想状况起一定的正面引导作用。

第三,提高高校思想政治理论课教学实效性是一个严肃的政治话题。网络是一柄双刃剑,它带来了活力也带来了消极和负面的冲击。遍布全球的信息网络使信息资源得到了充分广泛的利用,但同时出现了一系列管理上的问题。在网上,由于技术的原因,没有也不可能对所发布的信息进行逐一核实和严格审查。人们都在一个绝对自由的环境下接收和传播信息,使得有用与无用的、正确与错误的、先进与落后的信息充斥网络,淫秽、色情、暴力、丑恶内容也在网上广为传播。特别是网络被广泛运用到政治、经济、文化乃至国家安全等方面,形成不同意识形态之间的对抗,实际上也就更有利于西方国家的"和平演变"战略。早在20世纪60年代中期,加拿大传播学家马歇尔·麦克卢汉就曾预言:信息的汲取能创造更深层次的"民主",计算机及网络将带来"民主的复兴"。事实上,美日等国积极参与网络建设,很大程度上是为了凭借其资金与技术上的优势,利用网络进行政治与意识形态的渗透。一些发达国家除在网上借"民主问题""人权问题"等攻击我国的政治体制,还竭力标榜其政治制度的合理与完善,意欲通过政治观念的渗透、实现"和平演变"的目的。那么如何缕清是非,确立社会主义核心价值体系的坚强地位,提高两课教学实效性更是责无旁贷。

二、影响思想政治理论课教学实效性提高的挑战因素

对高校思想政治理论课教学实效性提高形成挑战的因素来自内外两个层面,前者主要表现在同课程体系有关的诸多因素,后者主要来自互联网。

从内在挑战来看,一是课程内容更新快,变化快。从国内来看,每年召开的两会、党的代表大会所形成的文件都会体现在两课的教学内容上。从国际来看,世界各国和政治局势都在发生变化,这意味着任课老师在备课内容上应该是全方位的,并能及时更新相关内容。二是由于课程本身的意识形态性质和传统的说教方式使得大学生在面对思想政治理论课课程时不够积极和热情,有时还有一定的抵触心理,客观上影响了教学实效性的提高。三是对任课教师而言,如何有效协调政治性和学理性的统一,也成为提高思想政治理论课实效性的基础。

从外部环境尤其是互联网的挑战来看:其一,在铺天盖地的信息资源面前,大学生获取知识和信息的渠道大大拓宽。相比较单纯以课本为载体攫取相对有限的知识而言,网络条件下可谓是发生了翻天覆地的变化。丰富的政治网站、思想网站比比皆是,大学生可以在不经意中填补以前知识体系的空白,再加上形形

色色的BBS,可以让大学生在轻松自如、相对隐蔽的氛围中发表自己对时政的观点。此外,政治的大众性特点也决定了任何"左"的或"右"的观点都可以信手拈来。由于观点的良莠不齐,加之各种势力在网络领域的争夺日趋激烈,增加了大学生辨别真伪的难度。这些都为高校思想政治理论课教学实效性的提高形成了阻力。

其二,由于获取知识的渠道无限拓展,直接、间接参与时政论谈的机会增多,大学生接触到的是尽可能大胆的论调、开放的评述、尖锐的针砭时弊,长期的耳濡目染塑造并进一步张扬了大学生的反叛。同时,西方价值观念在网上的传播、渗透、大量信息垃圾的存在都会对大学生的思想造成严重的侵蚀。总之,网络文化的无序、西方文化的渗透以及意识形态的便捷入侵使西方文化与价值观念触手可及,很多大学生在自觉或不自觉中受到了影响,由此淡化了其社会主义、集体主义的价值观念。因此在接触到公共政治课时,相对枯燥的理论以及相对正统的言论都会引起大学生的不赞同乃至排斥心理。

还应提及的是,在整个社会越来越重视实用技术的今天,类似的人文基础学科受到了前所未有的冷遇和轻视。相比较侧重技术领域和实际应用型的理工科,人文基础课被很多人视为"无用"的学科。因此,在学习时自然萌生拒斥感,无形中为人文课程的开设预先设置了障碍。

也正是由于上述诸多困难的存在,对高校思想政治理论课教学实效性的提高形成了相当大的压力和挑战。亚里士多德说:"人是天生的政治动物。"对于当代大学生来说,政治信仰尤为重要,这也决定了公共政治课日益凸现的重要性,它为大学生提供正确的价值判断标准、思辨的逻辑思维能力和深刻的历史分析视角。因此对政治理论的回避和拒斥不是一种明智之举,同时也对高校思想政治理论课教学实效性的提高提出了迫切的要求。

三、提高思想政治理论课教学实效性的应对措施

思想政治理论课教学实效性的提高是多种力量的合力效应,教学主体、教学方法、教学内容以及教学对象的参与都应放在被考虑之列。

对教师而言,新形势下高校教师自身素质提高的要求尤显迫切。邓小平曾经说过:"一个学校能不能为社会主义建设培养合格的人才,培养德智体全面发展、有社会主义觉悟的有文化的劳动者,关键在教师。""只有老师教得好,学生才能学得好。当然教与学有相互作用。现在学生当中出现的某些问题,有多种原因,有社会原因、家庭原因等,其中也与老师不善于教学生、带学生有关。要提高教师的水平,包括政治思想水平、业务工作能力以及改进作风等。"社会在进步,时代在发展,高校教师知识面的拓宽和自身科技素质提高的任务更为明显。高校理论课教师不仅需要具有坚定的理想信念,也应保持与社会潮流同步,具有自

如运用现代信息技术等科技手段进行教学的能力,尽可能接触和了解最新知识动态,不断完善自己的知识结构。同时针对人文课程受轻视的普遍现象,在授课过程中融入更多的人文气息成为一种必需,并以此引导大学生形成独特的人文气质。教师要带着情感去教学,"没有人的情感,就从来没有也不可能有人对真理的追求。"脱离情感的单纯灌输是难以奏效的。这样就要求老师不断改进教学方式,提高教学水平,与学生多接触、交流,以了解学生;不仅在学识上,更在实际行为上做好表率,充分发挥为人师表的魅力,以情动人,影响学生不断进步。

对于教学方法而言,由于知识渠道的灵活性,决定了教学方法上的灵活性。为更好地适应相关变化,多种教学方法综合运用,尤其是对多媒体网络技术的运用,成为思想政治理论课教学实践中的必要辅助手段。除传统的授课方法之外,辅之以讨论、辩论等互动手段,运用现代化方法,充分利用网络形象化、趣味性的特点,将网络的图形、动画、声音形象、生动、直观地展现出来,而大量的音像制品可以给大学生以听觉视觉上极大的冲击。同时,在操作过程中,注重加强个性色彩,也就是每个老师研究志趣和研究重点的不同都可以在课程中得以体现。因此,在教学活动中,任课教师应加强对一些教学软件的熟练操作,并借助网络平台加强与学生的交流,如开通个人博客、多种网络手段的运用,并直接介绍给学生与某一问题有关的相关网站和网页。"要努力掌握和发展各种现代化传播手段,积极推动先进文化的传播。"

同时,为确立学生在思想政治理论课教学中的主体地位,充分调动学生的积极性、主动性和创造性,由以教师系统知识传授为中心向以启发学生发现问题、解决问题为中心转移。在这种教学模式中,虽仍以理论讲授为主,但却配之以专题讲座、学生讨论、演讲、师生辩论、师生评析等多种形式。正如巴西著名教育家保罗·弗莱雷所言:"没有对话就没有交流,没有交流也就没有教育。"当代大学生思维活跃,他们已不满足于一味地听,被动地学,而是渴望参与到课堂教学中来,希望就自己和社会所关注的一些重要问题能与老师一起分析、共同探讨。为此,教师在课堂上就要多给学生提供展示自我的机会和平台,可以采取课堂讨论、课堂辩论、课堂答疑、学生演讲、案例分析、征文和写调查报告等多种形式,让学生真正成为学习的主体。

对于教学内容而言,应注重其科学性和多元性。马克思曾经说过:"理论一经掌握群众,也会变成物质力量。理论只要说服人,就能掌握群众;而理论只要彻底,就能说服人。所谓彻底,就是抓住事物的根本。"以前我们形成一种错觉,觉得如果对历史上的错误加以避讳的话,就会客观上增加学生对一种理论的钦佩度。事实上这可能是一个误区,由于现今获取知识的手段非常灵活同时具有多样性,这样,如果课堂上颇加隐讳的话题,学生一旦通过别的渠道了解到事情的另一种版本,他很可能就会对课堂上的所有东西产生狐疑,当然对这一门课也产生距离感。事实上,教师可以全面介绍某一件历史事件,并给予背景上的分析,让学生了解在特定的背景下发生的特定事情,具体的评价还可以留待学生自己反思。如今大学生思想活跃,同时也是渴求知识、崇尚理性的一代,如果思想政治理论课教学给予他们的理论太少、知识太少、信息太少,对他们不具有智力挑战性,思想政治理论课就得不到学生应有的重视和尊重,这也是学生对思想政治理论课缺乏兴趣的重要原因之一。另一方面,教学内容也要密切联系学生的思想实际,为他们成长过程中遇到的困惑和难题提供有价值的教育引导,这样,思想政治理论课教学才能讲到学生的心坎里,为他们所接受,进而在此基础上逐步推进,引导他们自觉寻求实现个人利益和社会需要的契合点,确立科学的世界观、人生观和价值观。

邓小平在总结改革开放十年的成绩与问题的时候说:"我们的最大失误是在教育方面,思想教育工作薄弱了,教育发展不够。"今天,我们无论如何不能重蹈覆辙,应以史为鉴,加强大学生的思想政治教育与道德素质教育,自觉把个人命运同整个民族的命运和国家命运联系起来。同时,对信息网络化要"积极发展、加强管理、趋利避害、为我所用,努力在全球信息网络化的发展中占据主动地位。"以此提高高校思想政治理论课教学实效性。

实践教学是政治理论课教学中不能缺少的重要环节

夏 扬

(华中科技大学马克思主义学院)

《毛泽东思想和中国特色社会主义理论概论》的实践教学是提升大学生自觉学习理论的热情,逐步学会运用马克思主义的观点和方法去分析问题、解决问题,提高学生的政治素养和综合能力,培养中国特色社会主义事业的建设者和接班人的重要环节和手段。政治理论课的精髓是理论联系实际,概论课教研室历来重视实践教学,每学期都要求有实践教学的内容。实践教学的内容十分丰富,包括教学录像、课堂讨论、课堂辩论、实地调查、制定提案等多种形式。

我们认为实践教学的重要性概括起来说体现在两方面:一是让学生走出课堂、走出书本,到社会中以调查或者观察者的身份初步了解社会,发现社会中存在的各种现象,并且尝试用所学的理论去分析社会现象,并且能够提出有关的建议。这种教学方法对提高学生对实践的观察分析能力非常有效。所以在教学中每学期教师要求学生完成一份调查报告或者提案。二是让学生把课堂上所学的理论和课下广泛的阅读、观察结合起来,根据教师布置的与社会实践密切联系的讨论题,在做了准备的基础上,在课堂上比较深入地对某些问题进行讨论,这种实践可以有效调动学生学习的主动性,体现学生在教学中的主体地位;并且可以锻炼学生分析问题、解决问题和口头表达问题的能力。

在实践教学方面,我们的做法如下。

一、社会实践环节努力做到人人参与,个个有所提高

概论课的实践环节非常重要,教材所涉及的很多内容时时发生着变化,教材永远是落后于实践的。要调动学生参与实践教学的积极性,就必须给他们表现自己的舞台,并且力争做到人人参与,重在参与。每个学生在参与实践的过程中得到提高。

目前我国的政治理论课教学大多还是以"教"为中心、以教师为中心的传统教学方法。要改变这种现象,做到以学生为中心,使学生真正成为教学的主人,让大课堂的所有学生人人参与社会实践,目前存在着很多的困难,首先就是来自硬件方面的。比如扩招以后,由于教师、教室、实习基地等的缺乏,政治理论课一般是3~7个班的一个大课堂,这是制约实践教学、实现"以学为中心"的最大问题。其次是观念方面的原因。李培根校长说:高校应如何营造创新型人才成长的良好环境?我认为首先在教育观念上需要改变。我们传统的教育是以"教"为中心,以教师为中心。而好的创新氛围一定是以学生为中心的。高校要引导教师转变观念,调整"指挥棒",鼓励他们多花精力搞教学,尤其是想办法激发学生主动学习的潜能(《中国需大量基层创新人才高校需多创造条件》2007年12月10日《中国教育报》李培根)。在概论课教学中,为了让每个学生都能够参加到社会实践的活动中去,激发学生主动学习、有效学习。我们一方面努力改变观念,另外就是克服目前大课堂带来的具体困难,在硬件条件还不是很有利的情况下,努力让学生人人参加实践教学。

实践是一个过程,拿社会调查来说,从参与社会调查到写调查报告、做PPT、演讲交流等涉及到几个相联系的重要环节。要使每个同学都有参与的热情和能够满足学生希望得到同学、老师认可的渴望,我们采取的办法有两种:一种是十人一个小组,选出小组长具体负责整个实践过程,对每个学生进行分工,要求并落实人人做事、各负其责,把团队合作和个人特长结合起来。在调查报告交流大会上各个小组派一名代表上台演讲小组的调查报告结果,各班选出评委,

按教师规定的评分规则,给出几个小组实践学习的成绩,老师最后把关。一般来说在控制发言时间的要求下,5个班的大课堂3学时可以完成调查报告交流。另外一种做法是五人一个小组,指导方式与第一种相同,在交流时由于小组比较多,给出2~4学时时间,学生小组代表上台发言。发言的场面用热烈、精彩来形容是一点也不过分的。

在模拟政协和人大的提案写作和交流活动中,我们是以"科学发展、社会和谐"为主题,要求学生就"学在校园"(学风建设、学生实践能力发展等)和"活在校园"(完善校园交通设施、规范交通秩序等)两方面的问题进行调查,并分析问题的成因、现有方案的不足并要求学生提出自己的新方案。我们采取的方法是:由班干部负责分小组,利用课余时间广泛收集第一手资料,然后写出提案。提案小组采取组长负责制,经过讨论确定提案内容、分派组员任务,选派代表陈述。由学生和教师组成的评议小组给提案小组打分,教师最后进行讲评、归纳。好的提案向有关部门提交。写提案的方法和学生关心的问题进一步贴近,学生乐于参与,愿意动脑筋想办法,为校园建设贡献自己的一份力量。

二、让学生走上讲台,锻炼团队精神和综合素质

课堂上学生讲课也是一种实践。让学生成为学习的主人就应该充分地给他们上讲台表现的机会。如果是小班,学生上讲台是很容易的事情,西方一些国家由于是小课堂教学为主,学生上讲台演讲的机会非常多,特别是文科、商科的学生基本每节课都有演讲的机会,也是他们平时成绩的重要组成部分。我们是大课堂,既要调动学生的讲课积极性,又不能占用太多的教学时间,这就得动脑筋,采取符合目前我国大学条件的方法来使学生也有机会站上神圣的讲台。

我们采取的办法是:教师先对学生讲课进行安排,拿出与社会热点结合非常密切的内容,设计几个专题让学生以班级为单位讲课。比如有的老师设计三个主题让学生上台讲课:一是讲理论知识,比如中国的新民主主义革命与法国大革命、美国内战、十月革命的对比,引导学生认识历史和理论知识;二是讲自己的家乡,通过来自全国各地的学生的介绍,大家深切感受到不同区域的发展差别,从身边同学家乡的真实情况,同学们认识了中国社会的发展和不足;三是讲自己所学专业与国家、社会的关系。通过对专业的梳理,学生在认识国家的发展变化对专业的影响时,也对概论课的理论加深了认识。也有些教师拿出教材的几章让学生来讲,教师根据章节中涉及的重点、热点问题列出专题,各班长抽签决定讲课内容。比如有的老师列出六个专题:台海问题、中国和其他发达国家的军事力量的对比、中国的对外关系、中国的农民工问题、中国民族团结、民族政策(藏独、疆独问题)、中国的宗教政策及问题。老师组织各班抽签决定每个班要讲授的专

题,各班委会组织讲课小组,小组进行分工,决定哪些同学收集资料、制作教案和PPT、作为学生代表发言等。各班在讲课时注重发挥班级的团队合作精神,20分钟的讲课,做到了牵动全班的心,调动了全班同学的积极性。同学们找来大量的资料,写作能力强的制作教案,合作进行PPT的制作,把演讲最棒的同学挑出来讲课。由于各个班发挥了集体合作的团队精神,都努力把最精彩的东西展现出来,在大课堂上,出人意料的场面时时获得大家的热烈掌声。比如有个班讲宗教问题时由一个新疆维吾尔族的女学生发言,其他同学写的教案和制作的PPT,少数民族的学生讲与民族问题相关的宗教问题,结合自身实际讲,讲得生动具体,效果非常好。

三、在经常性的课堂互动实践中重视学生角色的转化

一般认为"教学是在教育目的的规范下,以教育内容和教育方式为中介的师生双方教与学的共同活动"(朱德全《现代教育理论》2008年02月版)。在当代"教"与"学"两者的互动中,学生已经开始成为主导方面。所以我们强调的是学生的主体地位,学生是教学的主人。课堂讨论属于有别于社会实践的实践教学的内容。在学生获取知识的渠道日益广博,随时可以用笔记本电脑和手机上网的今天,老师提出的一般知识性的问题,即使他们开始不知道,但是很快就可以通过网络搜索到答案。用教材上的内容来提问越来越不能起到课堂讨论的作用和意义了。

如何在信息程度越来越高的形势下保证学生课堂教学实践活动不流于形式,我们是这样做的:一是针对有重大的理论和实践意义的问题组织深入的讨论。可以采取老师先把问题提出来,学生在宿舍里或者在上课时间,把学生拉到课堂外的草坪上分小组讨论,然后各班根据小组讨论的情况选出代表在大课堂上发言。这样,讨论就不再是简单而空泛的了,讨论的问题比较集中,也有一定的深度,对所有的同学都有启发。二是讲到重大的历史转折问题时,教师在介绍了历史背景以后,可以让学生扮演决策者的角色来作出自己的抉择,让学生体验当时抉择的艰难,使学生体验深刻,对概论课要说明的问题往往容易产生认同感。三是对大众化的话题收集学生的意见,比如:如何评价毛泽东、邓小平,如何评价改革开放等,通过这样的方法激发学生表达自己意见的欲望和热情,对讨论的问题更愿意作深入的思考和观点鲜明的判断。四是在看相关电视片前,围绕电视和教材所涉及的内容,教师设计讨论题,让学生带着问题看电视片。在案例讨论的前一次课,先展示有关案例的内容,同学们在课下做好资料的收集和发言的准备,这样,案例分析课的效果大大提高。这些方法总的来说都是有利于使学生在课堂讨论中由被动的回答问题者,变成主要的参与者。

试论中国化马克思主义的思维方式变革

刘家俊
(华中科技大学马克思主义学院)

所谓建设性思维,是中国化马克思主义、特别是中国特色社会主义理论体系,在实质上所深刻蕴涵着的、运用着的、创造着的一种思维方式。这种建设性思维,源自元典马克思主义思维方式,又是对元典马克思主义思维方式在新的时代条件下的拓展。

元典马克思主义,作为最具源发性、初始性、开创性、深邃性、超越性的马克思主义,其思维方式主要是深化的批判性思维和开创的实践性思维。

关于深化的批判性思维,马克思特别强调:唯物主义辩证法不崇拜任何东西,按其本质来说它是批判的和革命的。马克思在此将批判性思维这一人类哲学的重要传统,深化到辩证法的本质的高度。恩格斯则进一步强调:整个马克思主义哲学,即这种"辩证哲学"而不仅仅是唯物主义辩证法,所承认的唯一绝对的东西,就是按其本质来说它是批判的和革命的。

列宁则更进一步强调:马克思认为他的理论的全部价值在于这个理论,即整个马克思主义而不仅仅是马克思主义哲学,按其本质来说它是批判的和革命的。列宁还特别说明:这里所谓的批判性,一是指唯物主义的、实事求是的批判,二是指尊重科学的、具有科学精神的批判。

正是这样的批判性思维,驱动了对德国古典哲学、英国古典政治经济政治学、法国和英国空想社会主义、各种既有的主流社会价值观、抽象的人本主义的批判,进而创立了元典马克思主义哲学、马克思主义政治经济学、马克思主义的科学社会主义、马克思主义价值论、马克思主义人学等体系和学说。由此,批判性思维以其内在的冲击力成为了元典马克思主义思维方式中,具有一般特征意义的思维方式之一。

关于开创的实践性思维,马克思在他和他的后继者们所开展的一场哲学革命中,第一次指出:哲学家们只是用不同的方式解释世界,而问题在于改变世界。马克思在这里的思维路线,与以前所有的哲学家根本不同的地方,不是在于其讨论是否应该或者怎样正确解释世界,而是在于其主张不能满足于"只是"解释世界的思维方式,而是在于其强调要在解释世界的基础上,要往前大大地迈行一步,迈行到改变世界的思维方式。而对于人类主体而言,改变世界就只能是其感性的、对象性的物质活动即实践活动。

起源于这样的实践活动并指导这样的实践活动,进而凸现出来的实践性思维,就是以实践主体价值选择为起点、以实践路径不断开拓为过程、以实践客体合理变革为目的的思维方式。以这样的思维方式考察人,则会看到是劳动实践创造了人,实践是人的存在方式,离开了实践就没有人的存在。以这样的思维方式考察社会生活,则会发现社会生活只不过是以物质生产力为基础的经济、文化、政治、社会(小社会)的有机体,社会生活在本质上是实践的,离开了实践同样没有社会生活的存在。

显然,马克思在将自己的哲学指称为"新唯物主义",以区别于"旧唯物主义"的同时,又将自己的哲学指称为"实践的唯物主义",以至于许多后继者们都赞同将马克思主义哲学直接指称为"实践唯物主义",其逻辑依据就在于马克思对于实践性思维的创造和应用。由此,实践性思维理所当然地成为了元典马克思主义思维方式中具有独有特征意义的思维方式之一。

毛泽东思想,作为元典马克思主义一般理论与中国革命具体实践相结合、中国化马克思主义第一大阶段的伟大思想形态,毫无疑问,其思维方式主要是继承的批判性思维、继承的实践性思维,这是为学界所公认的。但是,还有初创的萌芽形态的建设性思维,这却是长期被学界所忽视了的。

关于初创的萌芽形态的建设性思维,毛泽东明确提出我们不但要破坏一个旧世界,我们还将建设一个新世界,从而无论从理论上还是从实践上,都合乎逻辑地提出了、凸显了中国化马克思主义思维方式中,初创的萌芽形态的建设性思维元素。只要稍微进行一下这样的视角转换,就能眼前一亮,发现毛泽东和毛泽东思想中这样的思维闪光竟是如此的多彩和明亮。

在新民主主义革命的理论与实践中,固然常常表现为是一系列革命、打倒、批判的理论与实践,但同时又是一系列重构、树立、建设的理论与实践。而初创的萌芽形态的建设性思维,就体现在有关新民主主义革命的总路线、革命的道路、革命的客观发展规律等方面。

关于新民主主义革命的总路线,主张的是无产阶级领导的、人民大众、反对帝国主义、封建主义和官僚资本主义的革命。其俗称的"推翻三座大山"只是手段,并不是目的,而目的正是在于建设一个新民主主义经济、政治、文化相结合的新民主主义共和国,并适时过渡到建设一个民主、文明、富强的社会主义新中国。

关于新民主主义革命的道路,强调的是有别于俄国十月革命的道路,是走的农村包围城城市、武装夺取政权的革命道路,在其激烈的"武器的批判"过程中,必须处理好土地革命、武装斗争、农村革命根据地的建设三者之间的关系,土地革命是给农民这一革命的广大主力军以切身的利益,武装斗争是革命的保证力量,而农村革命根据地的建设是新民主主义革命的生存根基、战略依托。

关于新民主主义革命的客观发展规律,指出的是正确理解和处理统一战线、武装斗争、党的建设这"三大法宝",而统一战线中的有关两个联盟,即工人阶级同农民阶级、知识分子、其他劳动者的联盟,工人阶级同非劳动人民的联盟特别是同民族资产阶级的联盟的建立,武装斗争中的新型人民军队的建设,党的建设中的思想建设、组织建设、作风建设,及其将党的建设作为一项长期推行的"伟大工程",都内蕴着极强的建设性思维。

在社会主义革命和社会主义建设的理论与实践中,建立、建构、建设的理论与实践就更多了,其初创的萌芽形态的建设性思维,则体现在有关党在过渡时期的总路线、中国工业化道路、社会主义社会的主要矛盾、正确处理人民内部矛盾等方面。

关于党在过渡时期的总路线,谋划的是要在一个相当长的时间内,逐步实现国家的社会主义工业化,并逐步实现国家对农业、对手工业和对资本主义工商业的社会主义改造。其推行的是以"一化"式的建设为主体,以"三改"式的革命为助推器,并且此"三改"实际上既是革命也是建设,它革命性地实现了对农业、手工业合作化的建设,革命性地实现了对资本主义工商业和平赎买、实现了对社会主义公有制的总体建设。

由此,新民主主义革命向社会主义革命的转变,是建设性的而非破坏性地开展的;中国历史上最深刻、最伟大的社会变革,是以最小代价和震动的革命,以最大收获和稳定的建设而实现的。

关于中国工业化道路,倡导的是借鉴外国的经验但不照搬外国的经验,走出一条适合中国现实国情的自己的工业化道路。那就是充分尊重中国是一个农业大国这一客观现实,以农业为基础,以工业为主导,建设性地正确处理重工业与农业及轻工业的关系、沿海工业和内地工业的关系、经济建设和国防建设的关系、国家和生产单位及生产者个人的关系、中央和地方的关系、汉族和少数民族的关系、党和非党的关系、革命和反革命的关系、是非关系、中国和外国的关系。

这里最突出的建设性思维,就是并不停留在十大问题的罗列上,也不是停留在对十大问题的批判上,而是将十大问题提升为十大关系,从产业、地域、个人、领导、民族、敌我、国家等关系,从普遍与特殊、一般与个别、对立与转化、斗争与同一、冲突与化解等方面,提出了建设性的探索、分辨、对策、路径、行动。

关于社会主义社会的主要矛盾,定位的是在社会主义社会基本矛盾也是人类社会基本矛盾的指导下,表现为人们日益增长的物质文化需求与生产力不足的矛盾。

从时间跨度上看,化解这一对矛盾将是一个艰难、曲折、长期的过程,需要100多年甚至更长时间的建设。短时间的急进、盲进、冒进只会受挫于现实。从客观规律上看,社会主义建设有其自身的内在规律,只有尊重实践,不断地从建设的实践积累中,汲取经验教训,才能达到正确的理性认识的高度,从而更好地指导实践建设,如此不断螺旋式地上升,才能不断地接近社会主义建设乃至共产主义建设的客观规律。

从发展阶段上看,社会主义社会建设可以区分为"不发达的社会主义"建设和"比较发达的社会主义"建设两个阶段,尽管有时候在刚获得自由解放、建设新中国的人们中,会迸发出极大的自信和良好的愿望,也不能盲目地超越特有的建设阶段。从方法手段上看,可以消灭了资本主义又"搞资本主义",重视商品生产、商品交换,还要发挥价值规律的作用,以农轻重为序安排国民经济计划,要重视科学技术而发展生产力,从而多快好省地建设社会主义。

从外部环境上看,坚持"和平为上"的原则,为新中国现代化的建设、国内生产力的开发、人民生活水平的改善,争取更多、更好的时间和空间。划清与旧中国屈辱外交的界限,"另起炉灶"式地建设新中国的外交,有理有利有节地"打扫干净屋子再请客"。维护国家的独立、主权和领土完整,建设性地倡导和奉行和平共处五项基本原则,强调不能"讲讲就算了",而是要"具体实现"。创造性地提出"三个世界"划分的战略构想,建设不同层次的国际统一战线。

关于正确处理人民内部矛盾,讲究的是以建设性的制度设计、处理方法、基本思路、具体方针,化解人民内部各阶层、各方面的矛盾。

在制度设计上,是搞好"民主集中制"的建设。民主是集中指导下的民主,集中是民主基础上的集中。没有抽象的民主,也没有抽象的自由。人民内部不可以没有自由,也不可以没有纪律,不可以没有民主,也不可以没有集中,其良性互动存在状态,是民主和集中的矛盾对立统一、自由和纪律的矛盾对立统一。在矛盾的对立统一过程中渗透着化解矛盾的建设,在化解矛盾的建设指向落实中协调着矛盾的对立统一。

在处理方法上,是推行"团结——批评——团结"的公式。废除历史上曾经有过的"左"倾教条主义"残酷斗争、无情打击"的错误做法。从团结的愿望出发,经过建设性的批评和自我批评,在新的基础上达到新的团结。惩前是为了毖后,治病是为了救人。不能因为处理不得当,而将有些非对抗性的人民内部矛盾推向对抗性的敌我矛盾。而由于处理得当,还可将有些对抗性的敌我矛盾转化为非对抗性的人民内部矛盾。

在基本思路上,是扩大"统筹兼顾、适当安排"的眼界。就是做计划、办事、想问题,都要从中国如此多的人口困难、如此多的问题方面出发,建设性地调动一切积极因素,团结一切可能团结的人,尽可能地将消极因素转变为积极因素,就当时当地的实际可能条件,同各方面的人协商,作出各种适当的安排。这当然不是要把一切人一切事都由政府包下来,而是可以建设性地指导社会团体和各地群众去做。大家都来解决建设中的又发展、又困难的矛盾,为建设社会主义社会这个伟大的事业服务。

在具体方针上,是针对不同的矛盾问题作出不同的建设性的应对方针。对于肃反工作的方针,是"有反必肃、有错必纠""一个不杀、大部不抓";对于文学艺术和科学发展的方针,是"百花齐放、百家争鸣";对于人们利益分配的方针,是兼顾国家、生产单位、生产者个人三者的利益;对于共产党与各个民主党派处理关系的方针,是"长期共存、互相监督";对于正确处理民族问题的方针,是既要克服大汉族主义又要克服地方民族主义,而问题的关键是克服大汉族主义。

显然,可以概括地界定,以毛泽东为代表的第一代中国共产党人,以毛泽东思想为理论形态,以新民主主义革命、社会主义革命的创造和完成,以社会主义建设的探索和展开为实践形态,实质上开展了从继承的批判性思维、继承的实践性思维向初创的萌芽形态的建设性思维的提升。

而中国特色社会主义理论体系,包括邓小平理论、"三个代表"重要思想、科学发展观,作为元典马克思主义一般理论与中国革命具体实践相结合、中国化马克思主义第二大阶段的伟大思想形态,其思维方式除了有继承的批判性思维、继承的实践性思维,还有与时俱进的创新性思维,更主要的是全新形态的建设性思维。从这一角度上考察,就会看到建设性思维贯穿于中国特色社会主义理论体系全部话语和要点之中。

一是在"中国特色社会主义旗帜论"中,指出最根本的就是要坚持中国特色社会主义道路,这就是真正坚持社会主义建设,真正坚持建设性的中国特色社会主义理论体系,真正坚持建设性的马克思主义。

二是在"小康社会建设发展论"中,规划总体上就是在 2020 年要实现经济发展、生活幸福、精神充实、制度完善、生态良好的建设目标,即"四加一型"建设目标,以此建设的成果贡献于人类文明。

三是在"社会主义经济建设发展论"中,明确要实现从"又快又好"建设发展阶段向"又好又快"建设发展阶段的转化,表面上虽然只是一个词组内部词序的调整,却在重大理念上表明的是总体思路的升华,好字当头、好字为据、好字贯通,快在其中、快在适中、快在益中。

四是在"社会主义政治建设发展论"中,论证作为中国特色社会主义上层建筑的重要部分,其遵循的是一条"生存相依"的建设法则,即人民民主建设是社会主义建设的生命、没有人民民主建设就没有社会主义建设,中国的国情和实践决定了要真正实现人民民主,只能坚持走中国特色社会主义民主政治建设发展道路。

五是在"社会主义文化建设发展论"中,强调一个国家、一个民族,如果缺乏"物质硬实力建设",人家若打它,它则一打即垮;而一个国家、一个民族,如果缺乏"文化软实力建设",人家无须打,它则会自垮。要加强国家"文化软实力建设",就要兴起建设发展社会主义文化的新高潮,要着力建设其核心文化、和谐文化、中华文化、创新文化。

六是在"社会主义社会建设发展论"中,看到社会主义的社会建设发展与社会主义的经济建设发展、政治建设发展、文化建设发展有着密切的联系,甚至有着内容上的交叉关系,但是它既不是这三者的总和,又不是这三者所能完全代替的,它有着自己相对独立建设发展的基本内容,涉及教育基础、劳动就业、收入分配、社会保障、医疗卫生、社会管理六个要点。

七是在"人民军队和国防建设发展论"中,提出要认清人民军队建设和国防建设发展的地位,认清其在中国特色社会主义事业总体布局中所占有的重要地位,并在社会主义事业总体布局已有的"八个统筹"基础上,又提出了"一个新的统筹",即必须站在国家安全和发展战略全局的高度,统筹经济建设和国防建设,这两个建设是辩证的统一。

八是在"祖国完全统一建设发展论"中,审视错综复杂的现实状况和可能团结利用的一切力量及机遇,在新世纪、新阶段将中华民族伟大复兴和祖国完全统一建设发展的旗帜,高举到了一个既高屋建瓴又务实践行的境界。这表现在一代又一代的中国共产党人,建设性地作出的有关"一国两制""反对台独""三个实质性判断""六条理政性措施""五点政策性导向"等方面。

九是在"中国和平建设发展道路论"中,提倡走出一条高举和平、发展、合作旗帜的道路。和平、发展、合作,三者建设性地各有其具体内容上的侧重,和平是环境条件的建设,发展是方向目标的建设,合作是手段方法的建设,中国只要坚持高举这样的旗帜往前走,就一定能在得到世界广泛认可,树立中国建设性的真诚、进步、宽容形象的同时,更会为世界文明外交史画卷留下浓墨重彩的建设华章。

十是在"中国共产党建设发展论"中,创造出党的建设新经验,其主要包括:一条是中国共产党建设发展总论,即以改革创新精神推进中国共产党的建设发展;六条是中国共产党建设发展的具体方面,即理论体系建设发展、执政能力建设发展、党内民主建设发展、干部人才队伍建设发展、基层党的建设发展、反腐倡廉建设发展等方面。

建设性思维是一种综合性的思维:以马克思主义的思维方式中,它以"批判性思维"为前提、以"实践性思维"为基地、以"创新性思维"为指向。它与此每一种思维都有密切联系,但又不等同于此每一种思维;它是此"三大思维"的多面体现,但又不是这"三大思维"的简单叠加。

建设性思维以批判性思维为前提,突出表现在建设性思维对于批判性思维的承继开拓。

一方面,建设性思维决不排斥批判性思维,它不仅不排斥批判性思维,反而将批判性思维承继为其不可或缺的前提部分。换言之则是,建设性思维将批判性思维承继为其开辟道路的锐利武器,其过程就在于:它对于世界、社会、人类、事物等对象,都要进行辩证唯物主义和历史唯物主义的、遵循事物内在发展客观规律的批判;都要进行解放思想和实事求是的、充分讲事实摆道理重分析明是非的批判;都要进行真理性价值性实践性追问的、符合科学原则科学精神的批判。而另一方面,在建设性思维视域下的批判性思维,并不仅仅停留在批判层面上,甚至并不主要停留在批判层面上。对对象的批判绝不是思维的终点,而是要在一系列的批判中,开拓出一系列的建设走向:它在批评着、质疑着、否定着、节制着什么的时候,总是会闪现出赞同着、崇敬着、肯定着、生长着什么;它固然常常有着革命、改革、打倒、消灭的选择,但这只是手段,其目的却总是会指向保存、重组、再构、新生的境界。它不仅仅批判性地理解、解释、解放对象,进而革命性地改变、变革、变通对象,更建设性地再造、引领、美塑对象。

建设性思维以实践性思维为基地,全面表现在建设性思维基于实践性思维的双重生成。

一重生成是,建设性思维汲取实践性思维中的一切积极原则。如:实践是主体能动地探索和改造客体的社会性物质活动;实践是认识的源泉、动力、目的和检验标准;社会生活本质上是实践的;实践是人的存在方式;实践理念贯穿于物质本体论、唯物辩证法、伦理价值观、唯物主义历史观、以人为本的人学各个方面;实践是新唯物主义区别于一切旧唯物主义和各种唯心主义的核心范畴和根本标志;世界、社会、人类、事物活动的所有神秘性的东西都可以通过变革的实践得到合理解决等等,这些都顺理成章地成为建设性思维的有机组成部分。

另一重生成是,建设性思维扬弃实践行动中的可能消极方面。如:从实践的起点看,实践主体价值选择的或然性,决定了总会有实践主体正确的价值选择和实践主体错误的价值选择,建设性思维注重的则是如何尽可能地使得实践主体做出正确的价值选择;从实践的过程看,实践路径的确定性和不确定性,决定了总会有实践路径的正确演进和实践路径的错误演进,建设性思维探讨的则是如何尽可能创造各种条件以展开实践路径的正确演进;从实践的结果看,实践效应的正向性和负向性,决定了总会有实践结果的主客体统一和实践结果的主客体背离,建设性思维追求的则是如何尽可能通过主客体间的良性反馈以保障实践结果的主客体统一。

有观点认为，实践行动中的问题，可由实践行动自身的自我修正来调节，这当然有一定的道理。但自发地调节总不如自觉地超越更有效率，建设性思维所谓的建设性，正是着眼于这更有效率的自觉超越。它生成于对实践行动中可能消极方面的精细应对，它将在自觉超越中更加升华自我生成。

建设性思维以创新性思维为指向，深刻表现在建设性思维指于创新性思维的方向把握。

一方面，建设性思维全力主张的所谓建设，是要朝着创新方向迈进的建设，这样的建设是创新性的建设。一般而论，它是有着强大生命力的新事物、新制度、新理念的诞生、成长、再造；它是逐渐失去生命力的旧事物、旧制度、旧理念的否定、消解、让渡。但并不仅仅如此。它在协调传统继承与革新发展的辩证关系时，更强调的是在革新发展中建设；它在处理总结过去与创造未来的辩证关系时，更注重的是在创造未来中建设；它在把握引进学习与自主原创的辩证关系时，更鼓励的是在自主原创中建设。另一方面，建设性思维试图实现的所谓创新，是要符合客观规律本真的创新。这样的创新是建设性的创新。它是精于把握客观规律和正确方向的创新，其对于各个可能不同走向的创新要进行尽可能细致的鉴别，对于可能符合或大致符合客观规律的正确方向的创新，要给予肯定和支持，对于可能不符合或大致不符合客观规律的错误方向的创新，要给予否定和疏导，特别是它会密切注意表面的标新立异可能是创新，但并不必定是创新。它是功于好事总要办好而非好事办不好的创新，其深切地注意到好事的创新，并不等同于将其办好。它是善于运用各个层次的科学方法的创新，其表现在能将各个不同层次、不同方面的思维方法，有机地建构为一个集合性的方法论群。

形象思维方式在高校思想政治理论课教学中的作用及其运用

宋 州

（中南财经政法大学马克思主义学院）

科学的思维方式，是将主体和客体联结起来的必不可少的纽带，是人们正确认识世界，通向真理的有效工具和桥梁。然而关于思维方式的研究至今依然是我国学界的一个薄弱环节，特别是对于高校思想政治理论课教学中的思维方式研究更少。在教学中，教师往往因于政治理论课课程的性质，加之中国传统思维方式重视抽象思维的影响,而过于注重概念、观点、原理的逻辑分析、概括和推理,忽视了形象生动的教学。客观地讲,高校思想政治理论课教学枯燥乏味,实效性不强,亲和力不够,不能有效地吸引学生,不能不说是与这种忽视形象思维的教学定式有关。有感于此,本文拟以高校思想政治理论课的核心课程——"毛泽东思想和中国特色社会主义理论体系概论"(以下简称"概论")教学为例,就如何运用形象思维方式谈点肤浅的认识。

思维包括抽象思维和形象思维。抽象思维是通过概念、判断、推理等形式认识事物的本质和规律。形象思维则是通过意象、联想、想象,在把握具体生动的事物表象的基础上,经过综合分析去揭示事物内在本质和必然联系。不管抽象思维还是形象思维,其过程都是从现象到本质、从感性到理性的一种认识过程,是认识的理性阶段,同样具有创造性;二者相互配合,相互渗透、相互补充,能动地反映客观存在,同时又能动地反作用于客观存在。在传统的思想政治理论课教学中,教师往往习惯于运用抽象思维方式,也积累了许多宝贵的经验(在此就不再赘述了)。但我们也发现,让学生念念不忘的、甚至终生难以忘怀的并非是抽象的概念和推理,而是那些具体的案例、生动的故事、鲜活的人或事。这一现象引起我们的反思,迫使我们去重新定位形象思维方式在思想政治理论课教学中的地位和作用,去思考形象思维方式与"概论"教学的内在联系。

首先,形象思维是运用直观表象进行思维活动,这有助于增强"概论"教学内容的直观性,激发学生的学习兴趣和求知欲。

认识总是借助于感官与外界事物接触而产生。通过感官,客观存在"渗入"人的意识,形成最初的认识,在此基础上,人们去选择下一步的思维和行动。这一思维特性要求,教学活动首先要能调动学生的感官,激起他们的求知欲和认同感。形象思维方式恰好适应了这一认识起点的要求。因为形象思维总是与感性形象的活动和想象联系在一起,在感性认识的基础上,通过对表象的加工改造去认识客观事物。因而,"概论"教学若能将枯燥的理论或基本原理演绎成生动的语言、鲜活的表象,以直观教学刺激学生的感官,就有可能使学生对内容愿意"听"下去,对课程要点愿意"究"下去,而达到教学目的。

其次,寓抽象于形象之中是形象思维方式的特征之一。在联想或遐想之中,去深刻揭示事物的本质,有助于学生更准确地理解、牢固地掌握"概论"的基本观点和课程体系。

形象思维是在感性认识基础上根据需要对客体的运动、变幻、发展进行分析、综合、判断、推理的摄影过程,在这个过程中典型化和本质化同步进行。这种寓抽象于形象之中的思维方式,显然有助于在"概论"教学中,揭示马克思主义中国化的过程,表达中国化马克思主义的深刻内涵。这是因为,教师若能把基本原理和理论，放在理论形成的社会历史条件的广阔时空中、实施的过程和结果中、创设的教学情景中、生动语言的表述中……形散而神聚，让学生展开想象的翅膀，在综合分析的基础上去认识事物内在本质和必然联系，学生将更易于理解和接受，并牢牢记住。

再次，形象思维寓理于事，有助于理论联系实际，增强"概论"教学的吸引力、感染力和说服力，提高教学的实效性。

形象思维是借助形象材料、表象来思维的，那么寓理于事，借用那些显而易见、人人皆知的事实或道理去观察分析问题，说明深奥的道理，启迪人们的思想，是形象思维的有效手段。例如，在讲授革命统一战线的政策和策略时，将重庆谈判和政协会议上各党派之间的交锋娓娓道来，于是统一战线的独立自主原则、原则的坚定性和策略的灵活性相结合的策略等便了然于胸。这样，抽象的概念、原理变得鲜明、生动而又通俗易懂；学生还在想象的空间中纵横驰骋，联想到当前处理海峡两岸关系的政策和策略。如此，理论和历史实际、理论和现实实际紧密的联系在一起，概括而不抽象，精练而不艰深，一下子拉近了教学内容与学生之间的距离，教学的吸引力、感染力、说服力和实效性遂由教师的追求变为现实。

由此可见，在"概论"教学中适时运用形象思维方式，将抽象的概念、原理具体化、形象性，在典型的感性形象中，去分析、去联想、去判断，由此及彼、由表及里，去粗取精、去伪存真，揭示客观存在的本质和内在联系，将有助于学生理解和掌握中国化马克思主义基本原理和理论，将有助于学生把书本知识转化为理性思辨能力和智慧，将有助于学生坚定理想信念，树立正确的世界观、人生观和价值观，让学生切实感到，"概论"是他们真心喜爱、终生受益、毕生难忘的课程。

我国政府历来重视青少年的思想政治教育，国民教育从小学起就开设了政治课。在大学阶段，更是把思想政治理论课定位于对大学生进行思想政治教育的主渠道、主阵地。高校思想政治理论课可谓任重道远。然而，面对已经完成了中小学12年政治课学业的大学生来说，高校思想政治理论课教学至少面临两大难题：一是如何让学生继续保持对政治理论课的求知欲；二是在学生现有的知识水平上，如何让理论进一步升华，并且入脑、入心。显然，仅靠抽象说教、逻辑推理是难以满足的。如前所述，形象思维方式的性质、特点、功效决定了其在增强学生对政治理论课的兴趣、记忆和理解等方面具有不可替代的作用，那么，应该怎样运用"形象"来思维，提高教学效果呢？

首先，引入现代多媒体教学，将"概论"教学内容转变为直观的表象材料，充分调动学生的感官和学习主动性，从感性上缩小学生与教学内容之间的距离，进而引导学生去进行理性思考。

"概论"内容博大精深，纵跨中国近代、现代和当代历史，贯通哲学、政治经济学、科学社会主义等领域,涵盖经济、政治、军事、外交、文化、教育、科技、民族、党的建设等方面,因而对学生的知识面、综合理解分析问题的能力要求比较高,若照本宣科,或拘泥于传统的"讲授加板书"的教学模式,学生接受起来相对比较困难,现代多媒体教学恰好可以弥补此不足。因为多媒体教学集文字、图片、动画、声音、视频等于一体,以图文并茂、声像俱佳、动静结合、交互性好、信息量大、直观性强等特点,最大限度地调动学生的视听感官,吸引学生的注意,使一些原本看不见摸不着的内容学生能够看得见、摸得着,从而增强学生对抽象事物与过程的理解和感受。

一是运用图片教学。将与教学内容密切相关的图片制成课件,让学生直接通过图片,快速联想,将知识点融会贯通。如:在讲授"建设社会主义新农村"时,以一个村庄为典型,将社会主义新农村建设前后的民居、公路、农田灌溉、植被等照片演示出来,让学生在接受直观材料后,去想象去理解"生产发展、生活富裕、乡风文明、村容整洁、管理民主"的建设社会主义新农村的总要求,以及走中国特色农业现代化道路的内涵。简单明晰,易于理解,可信程度高。

二是运用视频教学。"概论"内容丰富,历史跨度大,与中国革命和建设的实践密切相连。在千头万绪中如何去理清思绪呢?此时,一段简短的视频,便能唤起、激活学生头脑中原有的和新的表象,高效率地帮助学生及时掌握教学内容。如:在讲到"旧民主革命向新民主革命转变"时,插播从鸦片战争到八国联军入侵中国、从三元里人民抗英到辛亥革命等声像资料,清晰、直观、真实地再现近代中国沦为半殖民地半封建社会的屈辱历程和中国人民探求救国救民真理的悲壮历史,使学生有如"身临其境"。在此基础上,顺理成章地引导学生去分析、理解、掌握近代中国社会的主要特点和主要矛盾、中国从旧民主革命转变为新民主革命的历史必然性、资产阶级共和国方案在中国行不通、中国民主革命的领导者只能是无产阶级等理论问题。一个个观点、原理遂在学生头脑中清晰、具体、鲜明起来。

三是运用图表、结构图等。图表、结构图的最大特点就是一目了然,对比性强,因而对于一些理论性较强且难于理解的问题的讲授往往起到事半功倍的效果。如:在讲授时代主题转变时,将"战争与革命"和"和平与发展"的特点、首要目标等列出图表加以比较,就不难明了中国共产党作出改革开放等重大战略决策的缘由和意义;在讲到建设中国特色社会主义文化的必要性时,将文化与政治、经济的内在关系,以及三者与人类社会的关系的结构图展示出来,就会发现文化在社会发展的作用决不仅仅是一种消极被动的反作用,而且是一种积极能动的内在动力。

其次,善于使用准确、精当、鲜明、生动而又通俗易懂的语言,典型案例讨论,来表达内涵丰富的理论;同时,激情教学,以真情引导学生与教学互动。

　　语言是教师传授知识的最基本、最主要的手段,形象思维方式在教学中的运用离不开形象生动的授课语言、抑扬顿挫的语音语调,正如有人所言,没有枯燥的课程,只有枯燥的教师。

　　一是善于采撷那些典型事例、典故、寓言,善用比喻、象征等手法表达教学内容。语言是教师与学生进行情感交流、思想沟通的基本工具,再生动的内容若无形象的语言也会黯然失色。如在讲到实事求是的思想路线时,引入守株待兔、揠苗助长等寓言故事,既形象地再现了主观与客观相脱离的主观主义的实质和危害,反过来又可以帮助学生去理解实事求是思想路线的丰富内涵、实质和意义。

　　二是力求口语化,通俗易懂。高校思想政治课的教学对象是学过政治课,但不够深入系统。为了让学生更快更好地掌握中国化马克思主义基本原理,在论述基本观点和原理时,应该用浅显的语言表达深刻的道理,力求口语化。

　　三是激情教学,声情并茂,感染学生。教学语言的生动,除了修辞外,抑扬顿挫的语音语调、快慢有序的节奏,都是语言文采不可或缺的要素,因此激情教学是使教学富于情感的必要手段。所谓情感教学是一种身心的投入,是教师用自己的情绪感染学生的一种艺术。哪怕有时遇到"枯燥"的内容,但教师可以通过这种方式,吸引学生的注意力。也可以通过教师的"喜怒哀乐",让学生了解教师的立场和观点。

　　四是进行案例教学。精选真实的事件,以此为基础设置一个具体的教学案例,引导学生针对案例进行分析、讨论、充分表达自己的见解。案例教学以其真实、直观、新颖、参与性强,深受学生欢迎。它对于学生理解新概念,掌握新内容,以达到更高层次认知的学习目标独具效果。

　　再次,创设情景,展开联想。以活生生的事实、景观和真切实在的亲身体验等,使理论转化为生动、鲜活的情景内容,进入学生的视听感官,成为思考的对象,在体会、想象中,学习思想政治理论。

　　创设情景教学在"概论"形象教学中有着重要的地位和作用。因为"概论"主要讲授中国共产党把马克思主义基本原理与中国实际相结合的历史进程,充分反映马克思主义中国化的理论成果;其对于在校的大学生来说,切身的体会不多,若单纯由教师"一言堂""满堂灌",极有可能使学生产生空洞说教的逆反心理。反之,让学生参与到教学活动中去,在情感化的教学场景中感悟、体验,激发他们高度关注和理解教学内容,教学效果便有可能因学生的主动参与而富有实效。

　　所谓情景教学是指根据教学目的、要求和内容,运用多学科多领域的技术、知识和社会信息,为开展教学活动而创设的真实的或虚拟的场景。在这个场景中,师生同为课堂主体,相互对话交流,以充满情感的氛围,生动具体的感性材料、表象,唤起学生的想象力,在学生积极参与中去激发、优化、调控和促进学生对思想政治理论的认知和情感。

创设情景教学的方式方法主要有:一是运用现代信息技术,将影视、动画、声音、课件引入课堂,创设新颖、生动的情景,唤起学生对表象不断加工,使观点、理论逐渐清晰、具体、鲜明起来;二是以图片、图画及其他道具为载体,设置与教学内容相关的场景,给学生以身临其境之感,激发学生的想象思维和创新意识,帮助学生理解教学内容,掌握课程体系;三是选择能引起争鸣的或有代表性的问题,创设辩论或演讲的场景,激励学生的探究精神,在对具体问题的辩论思考中去深刻领会其实质;四是学生自编自演创设情景,可以是对历史事件或情景的模拟再现,也可以模拟现实情景,形式上有话剧、小品、相声、唱红歌等;凡此种种,皆是让学生进入角色,感受角色,使"概论"课堂情景交融,知情结合,思维活跃。

实践证明,将形象思维方式运用于思想政治理论课教学,寓抽象于形象之中,形象和抽象辩证统一,不仅使思想政治理论课教学枯燥、乏味、抽象、难懂的局面大为改观,而且对于培养大学生创新思维,增强高校思想政治理论课的针对性与实效性、亲和力与感染力意义重大。

用社会主义核心价值观统领思想政治理论课建设

周和义

(湖北第二师范学院政法系)

高等学校思想政治理论课承担着对大学生进行系统的马克思主义理论教育的任务,是大学生思想政治教育的主渠道和主阵地,对于培养社会主义事业的建设者和接班人具有重大意义。从 1998 方案到 2005 方案,虽然课程有较大调整,但加强和改进大学生思想政治教育的精神是一以贯之的。用社会主义核心价值观统领思想政治理论课建设对思想政治理论课建设目标的实现具有重大意义。

一、社会核心价值维系社会的稳定

任何社会都是三位一体的。政治、经济、文化的相对区分,是人们高度抽象的结论,对社会的稳定,或更进一步地要求社会的良性运转,可持续发展,三者是一个互相依赖的关系。中国封建社会虽经多次改朝换代,总体呈现超稳定的状态,延绵几千年。我们可以从政治、经济方面找原因,但不能忽视的是儒家文化所起的作用。探讨儒家文化的内涵,不是本文旨趣所在。我们知道,儒家文化中的君君臣臣、父父子子是其政治文化核心价值之所在。孙中山举起"天下为公"的旗帜才推翻了帝制,首创了共和。资产阶级为了发展资本主义经济,无论是英式的"光荣革命",还是法式的"大革命",抑或德式的改良道路,在"革命"成功之后,无不高度关注文化建设,构建支撑资本主义发展的核心价值体系。资本主义革命后,用了约5个世纪培育了一种稳定的政治文化,其基本的核心价值观就是自由、平等、博爱、民主。正是这种核心的价值体系,才维系了资本主义的发展。

政治稳定是社会系统稳定发展的重要维度。任何社会都可能面临政治危机,但政治危机是否演变为政治不稳定,关键在于一个政治系统所拥有的政治合法性。所谓政治合法性,就是指政府基于被民众认可的原则的基础上实施统治的正统性或正当性。政府合法性对于现实政治生活具有重要意义。首先,它关系到政治秩序、政治统治持久性的问题;其次,政治合法性意味着政权或制度的合理性。合理性和公正性是合法性的前提。自然民众是理性的,会作出合理判断,但共同政治价值和理念原则的形成则构成实现政治合法性的有效途径。只有社会主义才能救中国,只有社会主义才能发展中国,中国共产党是中华民族伟大复兴的领导者,历史地获得了伟大的权威。从权威和合理方面讲,中国共产党领导下的中国特色社会主义被公民视为合理的和符合道义的。

"历史并不是把人当作达到自己目的的工具来使用的某种特殊的人格。历史不过是追求着自己目的的人的活动而已"。一个最强有力的人,除非把其强力转化为权利,把服从转化为义务,否则他就绝不会有足够的力量永远成为主宰者,由此可见信仰的力量对于社会稳定的意义。政治的有效性必须有相应的文化模式来支撑,一个成熟的现代社会绝不能忽视其政治文化建设,必须重视核心价值体系的建设。

二、深刻领会社会主义核心价值体系

我国正处于现代化建设的关键时期。有研究表明,传统社会和现代社会出现不稳定的几率较小,而由传统向现代转变的现代化过程往往是一个相对不稳定的时期。正如亨廷顿所认为:"现代性孕育着稳定,而现代化过程却滋生着动乱。产生政治秩序混乱的原因,并不在于缺乏现代性,而在为实现现代性所作出的努力。"在这一关键时期,我们必须坚持共同的政治理想。针对市场经济和全球化浪潮的双重冲击,中共中央及时作出了关于精神文明建设的若干重要问题的决议。加强精神文明建设的重要性不需多论证,关键在于我们更需要有一个与我们的政治理念相吻合的社会核心价值体系。这种核心价值体系一旦内化为人们的信念,就可以构成我们综合国力的重要组成部分,大幅度提高我们的软实力。

我们党历来重视精神文明建设,重视构建社会主义核心价值体系。在十六届六中全会首提构建社会主义核心价值体系后,十七大更进一步明确了社会主义核心价值体系的基本内容。社会主义核心价值体系的基本内容包括马克思主义指导思想、中国特色社会主义共同理想、以爱国主义为核心的民族精神和以改革创新为核心的时代精神、社会主义荣辱观。

中国特色社会主义是四位一体的,它是中国特色社会主义旗帜、道路、理论体系和制度的统一。核心价值体系是社会系统得以运转、社会秩序得以维持的基本精神依托。核心价值体系不仅作用于经济、政治、文化和社会生活的各个方面,而且对每个人的世界观、人生观、价值观都施加着深刻影响。核心价值体系不仅仅是中国特色社会主义理论体系的组成部分,同时也是制度建设的重要指针。发展市场经济,完善民主制度都需要建设社会主义核心价值体系。

三、用社会主义核心价值观统领思想政治课建设

社会主义核心价值体系内容系统、全面、丰富,它主要回答的是社会主义意识形态建设的原则和依据,但它并不是社会主义核心价值观的具体内涵。

价值观按照最一般的理解,是指一个人对客观事物的意义、重要性的总评价和总看法。表现为信仰什么、追求什么、践行什么。一个社会要维系它的发展,就会构建自己的核心价值观。如资本主义的核心价值观,自由、平等、博爱、民主这几条,表明的是资本主义的发展必须摆脱人身依附,打破封建等级桎梏,防止专制,防止法西斯主义,而博爱则深深打上了基督教文化的烙印,以此维系社会的稳定。社会主义核心价值观的构建,必须着眼于三个层面:巩固和发展社会主义;强调与资本主义竞争的比较优势;我们的文化认同,共建我们的精神家园。有学者认为,社会主义核心价值观包括公平、民主、和谐,也有学者认为它应是和谐、公正、仁爱、共享。以上的公平、民主、和谐也好,和谐、公正、仁爱、共享也罢,都说明一个问题,核心价值观不同于核心价值体系。

在核心价值体系引导下形成核心价值观,是思想政治课建设的首要任务。为了加强思想政治课建设,须有一支高素质的教师队伍。高素质的教师队伍建设,要求政治上与党中央保持一致,要求为人师表,要求提高教师业务和能力水平,要求教学能力的提高,要求完善激励机制等,但最关键的是,教师能否真懂、真信、真践行。

思想政治课各门功课的要求是具体的。《马克思主义基本原理》是要帮助学生从整体上把握马克思主义,《毛泽东思想和中国特色社会主义理论概括》讲述的是马克思主义中国化的成果问题,目的是坚定在党的领导下走中国特色社会

主义道路的理想信念问题,《中国近代史纲要》讲授的是中国社会主义道路选择的历史必然性问题,《思想道德修养与法律基础》关乎德、法并举的治道选择问题。社会主义核心价值的形成,自然离不开各门具体思想政治课的教育,因为要通过各门具体思想政治课的教学,帮助学生树立社会主义核心价值观。

社会主义核心价值观关乎社会主义制度的发展,贯穿社会主义发展始终;社会主义核心价值观关乎与资本主义的长期竞争,考虑到全球化背景,是在自觉建设新的万里长城;社会主义核心价值观关乎我们的文化认同,共建我们的精神家园,关系到社会主义文化大发展大繁荣的时代任务。学生是未来,广大青年形成并践行社会主义核心价值观,是思想政治课建设的终极目标。

以科学发展观为指导,提高思想政治理论课教学实效性

程 明

(中南财经政法大学)

中国共产党十六届三中全会第一次全面、完整地提出了科学发展观:"坚持以人为本,树立全面、协调、可持续的发展观,促进经济社会和人的全面发展"。随后又将"以人为本"这一基本原则确立为科学发展观和全党执政理念的核心。笔者认为,"以人为本"原则不仅对于我们更新发展和执政理念具有重大意义,而且对于提高高校思想政治理论课教学的实效性也具有重大指导意义。

一、高校思想政治理论课教学中"以人为本"的含义

科学发展观的核心是"以人为本",强调尊重人、理解人,强调发展依靠人,发展是为了人。这一先进的思想为思想政治理论课教学指明了方向,提供了理论指导。顾海良教授认为:"我们现在提出高校思想政治教育、思想政治理论课的教育教学要以人为本,这里的'为本'就有两个方面的内容:即教育大计,教师为本;教书育人,学生为本。高校思想政治理论课的教育教学,必须高度重视教师队伍的建设,必须充分调动和发挥思想政治理论课教师的积极性,大力提升这支队伍的教育教学水平。这是对教育教学的主体——教师而言。从思想政治理论课教育教学的目的和我们的教育对象来看,我们又要以大学生为本。这两个'为本',只是角度的不同,不能以一个来否定或者削弱另一个。高校思想政治理

论课一定要锐意创新,使内容更好地贴近当代大学生的生活实际、思想实际和学习实际,贴近大学生未来成长成才的实际,切实增强思想政治理论课的实效性。"原教育部部长周济指出:"高校思想政治理论课要开好,最根本的是以人为本:一方面,思想政治理论课要以育人为本,以学生为主体;另一方面,要以教师为本,以教师为主体。"可见,高校思想政治理论课教育教学的"以人为本"应包括"两本":以"教师为本"和"以学生为本",这两个"为本"只是角度不一样,不能用一个来否定另一个。

二、目前我国高校思想政治理论课教学存在的问题及原因分析

尽管2011年高校学生思想状况滚动调查表明,有89.4%的学生对高校思想政治理论课教学感到"满意"或"比较满意",但在高校思想政治理论课教学中,仍然存在一些问题,主要有:大学生缺乏学习的动力,缺课率高,"抬头"率低;有些学生即使人在课堂上也是"身在曹营心在汉",堂而皇之地"搞副业",存在比较严重的"心逃"现象;一些学生包括个别教师甚至认为政治课纯粹"唱高调""搞形式",开设或不开设都无所谓……有人将这一现状形容为"三不太满意"状态:即领导不太满意、学生不太满意、教师自己也不太满意。产生这些问题的主要原因是在思想政治理论课的教学中存在忽视"以人为本"的现象。

1. 师资建设中忽视"以教师为本",直接影响思想政治理论课的教学水平

教育大计,教师为本。加强和改进高校思想政治理论课,教师队伍建设是关键。但目前在教师队伍建设中忽视"以教师为本",存在一些误区,直接影响思想政治理论课的教学水平。

(1)片面强调高学历,忽视其他素质的提高。思想政治理论课,它不是知识的简单的单向传递,而是双向的情感交流,是思想的启发、信念的升华过程,这就不仅需要教师具有广博的知识,更需要具备较高的包括思想、政治、道德、心理、法律等在内的综合素质。"学历"不等于"学力","高学历"更不是好教师的充分条件。有些高校在选聘教师时一味追求高学历,将许多真正有能力并热爱这一事业的优秀人才拒之门外,而有部分教师则自恃学历高,往往将教师当作暂时的谋生手段或跳板,或重科研轻教学、或致力于开拓第二职业,影响了思想政治理论课教师队伍的整体声誉。

(2)认为思想政治理论课不是科学,人人能上。这种观点在社会上具有一定的普遍性,有人认为思想政治理论课就是读读书、看看报,人人都能上,人人都会上,这种错误的想法危害很大,导致有的高校思想政治理论课教师队伍成了"收容所",专业课不能胜任的、课程缩减的富余人员等等,往往都被安排进来,有些甚至缺乏起码的理论素养,使得师资队伍良莠不齐。

(3)认为思想政治理论课是副科,不必过于关注。有些高校将思想政治理论课列在课程建设的末位,在资金投入、配套设施建设等方面不予重视,任课教师的政治地位、经济地位、社会地位也似乎低人一等,在进修、培训、职称晋升、工资报酬等问题上无法享受到公平待遇,严重影响了思想政治理论课教师的工作热情和积极性的发挥。

2. 教学过程中忽视"以学生为本",直接影响思想政治理论课的教学效果

教书育人,学生为本。在思想政治理论课的教学中要以"学生为本",要特别强调学生的主体地位。但目前,在我国高校的思想政治理论课的教学中,没有真正"以学生为中心"来组织安排教学,具体表现在教学内容、教学模式、教学方法和考试方法上存在一些问题:

(1)教学内容滞后,缺乏针对性。目前,我国高校思想政治理论课的教学内容主要以书本为主,导致教学内容存在滞后性,缺乏针对性,不能解释和阐明现实社会中的热点和难点问题,并且在思想政治课程的教学中往往是大道理与理论的灌输,老师很少重视学生的实际问题。

(2)教学方法单一,缺乏吸引力。长期以来,在思想政治理论课教学过程中,大多采用"以教师为中心"的教学模式,沿袭传统的"注入式"教学方法(即教师运用口头语言,向学生描绘现象,叙述事实,解释概念,论证原理和阐明规律的教学方法)。这样重教有余,重学不足,导致学生参与程度较低,制约和影响了思想政治理论课的实效性。

(3)考试方式死板,缺乏科学性。目前多数高校主要采取以"卷面成绩"为主的考核方式,即采取闭卷或开卷的笔试形式,很少将口试与笔试相结合、期中与期末考试相结合、撰写论文与答辩相结合、理论考试与日常行为相结合、出勤率与学习效果相结合,考核方式缺乏多元性,导致考核结果缺乏科学性。另外在思想政治理论课考试题型中,选择题、简答题、名词解释等客观性试题的分值都占总分的50%以上,即使是辨析、材料分析、论述等主观性试题,对得分点的限制也比较机械刻板,学生答题时自由发挥的空间很小。考试题型多半注重学生知识的掌握,没有注重学生能力的提高。

三、以"以人为本",深化教学改革,提高思想政治理论课教学的实效性

高校思想政治理论课要开好,最根本的是"以人为本"。教育大计,教师为本,教书育人,学生为本。在思想政治理论课的教学中要抓"两本",而不是"一本"。

(一)"以教师为本",加强思想政治理论课教师队伍建设

思想政治理论课教学要"以人为本"包括以教师为本。加强师资队伍建设,

是搞好思想政治理论课教学的前提条件。作为教学活动的主导,教师的素质状况不仅直接决定着教学效果,而且从某种意义上说,甚至还决定着教学内容和教学方向。抓住了"教师"这一本,就抓住了思想政治理论课的主动性。因此,要坚决摒弃那种"思想政治理论课不是科学,谁都能教,谁都能教好"的不良思想,要通过各种途径培养一支政治坚定、业务精湛、师德高尚、信息技术高超、结构合理、相对稳定的高素质的思想政治理论课教师队伍,使他们成为大学生健康成长的指导者和引路人。具体来说:

(1)严格思想政治理论课教师队伍的准入制度。思想政治理论课教师必须坚持正确的政治方向,热爱马克思主义理论教育事业,具有良好的思想品德,有扎实的马克思主义理论基础和相应的教学水平、科研能力。新任教师原则上应是中国共产党党员,具备相关专业硕士以上学位,工作期间应兼职从事班主任或辅导员工作。在事关政治原则、政治立场和政治方向问题上不能与党中央保持一致的,不得从事思想政治理论课教学。

(2)优化结构,鼓励思想政治理论课教师提高学历、学位和职称。按照"新人新办法,老人老办法"的原则,新进人员要求高学历,鼓励原有人员通过多种途径提高自己的学历、学位,在职称评定方面适当向思想政治理论课倾斜,从而优化队伍结构。

(3)积极创造条件,提升思想政治理论课教师的科研水平。高校应创造条件鼓励思想政治理论课教师与时俱进,不断提高自己的学术水平,对相关的基本原理、社会现实问题和教学规律进行潜心研究,关注理论热点和与本学科有关的最新理论成果,积极申报相关科研课题并把科研成果同教学相结合,提高教学质量。

另外,笔者认为"有为才有位",思想政治理论课教师必须从我做起,提高认识、端正态度、明确这一工作的神圣使命,不断提高自身的综合素质,把自己塑造成为一个具有理论魅力、知识魅力、艺术魅力、人格魅力的优秀教育工作者,要以自己的工作业绩来赢得大学生的尊重,赢得全体教师的尊重,赢得全体职工的尊重,赢得全社会的尊重。

总之,要进一步调动高校思想政治理论课教师的积极性和创造性,必须把对他们的管理、要求、培训同对他们的关心、支持和帮助很好地结合起来。

(二)"以学生为本",加快高校思想政治理论课教学改革

针对目前思想政治理论课在教学理念、教学内容、教学方法以及考试方式等几个方面存在的问题,笔者认为可以进行如下改革,提高思想政治理论课教学的实效性。

1. 树立"以学生为本"的教学理念

高校思想政治理论课是对大学生进行思想政治教育的主渠道和主阵地。用科学发展观指导高校思想政治理论课教学改革，必须树立"以学生为本"的教学理念。"以学生为本"的教学理念是对传统的"以教师为本，以课堂为本，以书本为本"教育理念的否定，是一种确立以学生为根本的先进的教育理念。"以学生为本"的教学理念包含以下两个方面的内容：

第一，强调学生的主体地位。"在思想政治理论课讲授过程中，要特别强调学生的主体地位，包括两层含义：一是开好思想政治理论课的根本目的是为了学生的成长，一切为了学生的成人成才，一切为了帮助大学生树立正确的世界观、人生观、价值观和荣辱观；二是要把思想政治理论课真正讲好，就必须贴近实际、贴近生活、贴近大学生，把课程讲到大学生的心里去，使思想政治理论课成为大学生内在的强烈需求，把他们的积极性和主动性调动起来，把学习过程转化为自觉、自主的行动。"为此，必须对思想政治理论课的教学内容和教学方法和考试方法进行改革，从而使思想政治理论课成为大学生"真心喜爱、终身受益"的优秀课程。

第二，促进学生的全面发展。人的全面发展也是指人的"完整发展"，即人的各种最基本或最基础的素质必须得到完整的发展。人的自由全面发展是人的发展的最理想的境界，是马克思主义的最高价值目标，也是"以人为本"的核心内涵。"以学生为本"就是要把促进学生的全面发展作为教育教学的最终目标。"学生的全面发展，包括政治素质、思想道德素质、文化素质、身心素质、业务能力素质等。在大学生的综合素质发展中，思想政治道德素质是灵魂，文化素质是基础，业务能力素质是本领，身心素质是本钱。高校的思想政治理论课正是以塑造大学生灵魂为己任的，为大学生的发展提供成才的方向，提供精神动力，提供正确的世界观、人生观和方法论。"思想政治理论课的教育教学目标具体体现在以下几个方面：一是让大学生了解马克思主义基本原理，以马克思主义的科学理论武装大学生的头脑，使他们学会用马克思主义的立场、观点和方法观察、分析和解决问题；二是帮助大学生树立崇高理想信念，提供精神动力。高校思想政治理论课就是要教育和帮助大学生充分认识自己担负的历史使命和历史责任，激发大学生树立报效祖国和振兴中华的理想信念，激发他们的聪明才智和非凡的创造力；三是帮助大学生树立正确的人生观、价值观、道德观、法制观。

2."以学生为本"优化教学内容

"以学生为本"要求思想政治理论课的教学内容要以吸引学生为本，为此，思想政治理论课要紧紧围绕吸引学生来安排教学内容，增强教学内容的针对性。

首先，"以学生为本"，把教材体系转化为教学体系。目前思想政治理论课的教学内容普遍存在着以下几个问题:一是教学内容多,课时少;二是教材理论方面比较艰深;三是时效性较差,针对性不强。要解决以上问题,提高思想政治理论课的实效性,教师必须"以学生为本"灵活地处理教材,把教材体系转化为教学体系,以增强教学的针对性。在处理教材时,应遵循以下原则:第一,贴近实际,贴近生活,贴近学生。只有这样,才能最充分地调动学生的积极性、主动性和创造性,提高教学的针对性。第二,解决学生关心的热点、难点问题。思想政治理论课不是简单的知识传授课,而是知识性与思想性融为一体、思想性高于知识性的一门课程,它要回答的是学生思想上的疑虑和困惑,要纠正的是学生认识上的偏差,要培养的是具有较高思想觉悟和健康人格的社会主义公民。因此,思想政治理论课教师要在社会变革中把握发展的规律,围绕大学生思想政治教育中面临的新问题、新困惑进行研究和讲授。讲课中要有问题意识,要密切关注学生的所思所想,在教学中要从向学生讲授"是什么"向回答学生"为什么"转变,通过不断丰富问题体系,充实和丰富课程的内容,增强课程的针对性和吸引力,也给予学生思考、联想、创新的启迪。第三,要与时俱进,不断吸收最新的理论成果。经济社会不断发展,理论创新永无止境,思想政治理论课要跟上时代步伐,教师要有敏锐的眼光,不断地把最新的理论成果吸收到思想政治理论课之中,以增强教学内容的时效性。

其次,"以学生为本",拓展思想政治理论课的教学内容。现在大学生思想活跃,批判意识强,他们获取信息的方式多样,获取信息的速度快捷。然而,信息内容鱼龙混杂,思想政治课教师一方面要在课堂上以科学的思想、正确的内容去引导学生,让学生在多元思想中抓住主导思想、在多彩文化中分辨出主流文化。同时,又要拓展教学内容,要充分运用现代通讯手段,如建立思想政治理论课网站和个人电子邮箱、聊天工具等,来及时地对学生的疑惑进行引导和解答。另外,要主动为学生社团当参谋、为学生社会实践当指导,从而贴近学生,使思想政治理论课切实解决学生中存在的信仰、信念、信心问题。

3."以学生为本"创新教学方法

教学方法要努力贴近学生实际,符合教育教学规律和学生学习特点,提高学生学习的积极性、主动性和创造性。在教学中要"以学生为中心"不断改进、创新教学方法,提高思想政治理论课教学的创新性和吸引力。

第一,将以"教师为中心"的教学模式转化为"以学生为中心"的教学模式。这样可以提供给学生更多的自我学习和自我发展的空间,培养学生分析问题、解决问题的能力,使学生具有自我开拓获取知识的能力。在学生自主设计和操作能力培养的同时,充分应用多种教学形式深化学生的责任感和时代感。要注重教育发展和人才培养的多样性,满足个人成材多样化的教育需要。

第二，把"注入式"为主的教学引向师生双向交流的"互动式"教学。倡导启发式、参与式、研究式等教学方式。针对不同类型的学生及不同的课程，可采取课堂讲授、课堂讨论、专题讲座、专题演讲、辩论和社会实践等方法。

第三，要运用现代化教学手段，利用网络对学生进行个别教学。如建立思想政治理论课教学互动网站，老师通过电子邮件、网络论坛、网络教学平台等方式与学生进行沟通与交流，从而有针对性地对学生进行教育引导，使思想政治理论课教学更加灵活、有效和充满吸引力。

总之，教学有法，教无定法，贵在得法。不同的教学内容要求不同的教学方法，但不管采取怎样的教学方法，都应该遵循学生主体性的原则，诚如著名的教育家蔡元培所言："我们教书，并不是像注入水瓶一样，注满了就算完事了，最重要是引起学生读书的兴味。做教员的，不可一字一句，或一字一字的，都讲给学生听。最好使学生自己去研究，教员竟不讲也可以。等到学生实在不能用自己的力量了解功课时，才去帮助他。"尊重学生、依靠学生，才能取得教学的实效。

4."以学生为本"改革考试方式

考试不只是要考核学生掌握了多少理论知识，更重要的是要检验学生接受教育后的思想变化，以及运用理论知识解决实际问题的能力。思想政治课考试评价体系应改变以往陈旧、呆板、机械、单一的考试方式，即只注重卷面成绩而不管学生平时的实际操行，只以笔试为主而不管学生实际运用知识解决问题的能力的现象，要向多元化、多视角、全方位综合考核评价体系转换。逐步形成把开卷与闭卷相结合；笔试与口试相结合；期中与期末考试相结合；撰写论文与答辩相结合；理论考试与日常行为相结合；出勤率与学习效果相结合的考试评价体系，使考试真正成为激励学生学习的手段，真正地实现从应试教育向素质教育的转变。

关于加强高校思想政治理论课实践教学效果的若干思考

常　城　　　　　　　李　慧
（武汉工程大学马克思主义学院）（武汉工业职业技术学院）

实践教学是高校思想政治理论课教学的重要组成部分，也是高校实现人才培养目标的重要环节。《中共中央宣传部教育部关于进一步加强和改进高等学校思想政治理论课的意见》(教社政[2005]5号文件)提出,高等学校思想政治理论课所有课程都要加强实践环节。因为,实践教学是学生深入社会、了解国情、增长才干、培养品格的重要途径,是理论联系实际,提高思想政治理论课实效性和针对性的重要手段,也是思想政治理论课课堂教学的拓展和延伸。目前各普通高校都十分重视"思想政治课"的实践教学工作,但在实施实践教学的过程中,由于种种因素的制约,使得实践教学的效果大打折扣,本文试以我校"毛泽东思想和中国特色社会主义理论体系概论"课(以下简称"概论"课)暑期社会实践为例探讨如何加强"思想政治课"的实践教学效果。

一、"概论"课开展暑期社会实践的意义

在思想政治理论课"2005方案"中,"概论"课是各个层次院校所有学生的必修课,充分显示了该课程在高校思想政治理论课中的核心地位,从"概论"课本身的特点来看,它是一门政治性、理论性和现实性都很强的学科,与我国的社会主义现代化建设密切相关。因此,围绕"概论"课开展实践教学,是增强"思想政治课"教学的针对性和时效性的有效途径,也是提高同学们专业水平和综合素质的重要手段。就我校(武汉工程大学)的情况来看,"概论"课实践教学的形式是比较丰富的,例如组织学生观看《走进毛泽东》等电影,参观"八七会议"遗址和辛亥革命纪念馆,开展暑期社会实践,指导学生课外阅读经典著作,邀请校内外专家作专题讲座等等。其中,暑期社会实践是开展实践教学的一项重要内容,有着其他实践形式不可替代的作用和优势。

首先,暑期社会实践具有参与性强的优势。与其他校内实践形式相比,暑期社会实践要求大学生走出校园,深入社会进行实地调查研究,具有很强的参与性。当代大学生普遍不大了解基层社会,他们平时身居校园,关注的东西比较狭窄,缺乏一种国情意识、社情意识,有些同学甚至对地方的社会、经济、政治、文化等的发展知之甚少。通过亲身参与社会实践活动,同学们不但了解了国情社情,加深了对党的路线、方针和政策的认识,坚定了正确的政治方向,同时也加深了对人民群众的了解,有利于同人民群众建立感情,树立为人民群众服务的思想;此外,在社会实践中同学们经受了锻炼,增长了才干,丰富了知识和阅历,也学到了书本上所没有的知识。

其次,暑期社会实践具有主题多样的优势。校内的实践活动受资金、时间、场地等种种条件的限制,涉及主题相对有限,难以满足同学们多样化的需求。暑期社会实践由于打破了时空的限制,在活动主题上可以做到丰富多彩。每年我校围绕着"科学发展观""建设社会主义新农村""构建社会主义和谐社会"等课程内容拟定的实践主题高达上百个,同学们可以根据自身的兴趣爱好和实际情况

来选择适合自己的社会实践项目,有利于充分调动大学生参与社会实践的积极性、主动性和创造性。

再次,暑期社会实践具有覆盖面广的优势。虽然高校在校内也会组织一些社会实践活动,比如参观革命遗址和访问一些企业,但由于受实践经费和单位接待能力的限制,只能是挑选一部分同学参与这类社会实践活动,大部分同学没有机会参与其中,自然也得不到相应的锻炼和提高。暑期社会实践则弥补了校内社会实践活动的这一不足,能够覆盖到每一位学生,所有学生都可以根据自身的条件,充分利用各种资源获得参与社会实践的机会。

二、我校"概论"课暑期社会实践的开展情况

自2008年暑假开始,我校"概论"课把暑期社会实践作为一门必修课,要求大二学生必须在暑假完成一次社会实践,参加暑期社会实践可以拿到1个学分。具体做法是在大二下学期"概论"课结束的时候布置暑期社会实践的任务,实践的主题、实践报告的格式及具体要求都挂在课程网站上供学生参考。从近三年的暑期社会实践的完成情况来看,取得了一定的效果,绝大多数同学在暑假结束后上交了社会实践报告,但在批阅学生实践报告的时候,老师也发现了不少问题,感觉暑期社会实践的效果有待加强。其中最大的问题就是部分学生的实践报告弄虚作假、东拼西凑,常见的现象是有些报告无时间、无地点、无人物;有些报告明显直接从网上下载,标点符号、格式未作任何修改;有的报告内容雷同,仅在时间、地点、人物上稍作调整;还有的报告与"概论"课内容毫无关系。据笔者不完全统计,这类虚假实践报告几乎占到了一半之多,真正有价值的暑期实践报告少之又少。个人认为产生这种现象有其深刻的原因。

首先,学生对暑期社会实践在思想上不够重视,认为参不参加暑期社会实践无关紧要,把它看作可有可无的东西,体现在行动上就是消极应付,在暑假根本就没有参加任何实践活动,等到快开学时,从网上随便下载一篇文章打印出来交给老师。其次,不少学生有怕苦怕累怕麻烦的思想,不愿深入基层进行调查研究。暑期社会实践必然要求学生走出校门和家门,深入到农村、企业、社区等基层展开调查研究,这样才能得到第一手的数据和资料,为撰写实践报告提供素材。一部分学生由于种种原因没有到基层开展调研,闭门造车,自然也就无法写出有质量的社会实践报告。再次,思想政治课老师与学校各相关单位缺乏沟通,实践资源没有得到充分利用。每年暑假,我校各个院系和校团委都会组织学生参加社会实践活动,如果这些单位能够与思想政治课部相互配合,由思想政治课教师全程参与实践项目的制定、实施和总结,将取得一举多得的良好效果,但在现实中由于双方缺乏沟通,使得实践资源没有得到充分利用。最后,教师对学生

的暑期社会实践缺乏指导。暑期社会实践是实践教学的一个重要环节,自然离不开老师的指导,但从现实情况来看,在暑期社会实践中老师与学生基本上是处于一种分离的状态,老师对学生的暑期社会实践情况完全不知情,这也影响了暑期社会实践的效果。

三、加强"概论"课暑期社会实践效果的具体措施

暑期社会实践是一种非常好的实践教学形式,但要更好地发挥其效果必须把工作做的更细,具体而言可以采取如下措施加强"概论"课暑期社会实践的效果。

(1)调动大学生参与暑期社会实践的积极性。大学生是暑期社会实践的主体,要想暑期社会实践取得良好效果,必须首先调动大学生参与暑期社会实践的积极性。为此,一方面需要"概论"课教师的言传身教,在课堂上积极宣传暑期社会实践对于大学生成才的重要意义,使学生真正认识到暑期社会实践对自身发展的价值所在,变"要我参加"为"我要参加";另一方面也需要学校各院系、校团委等相关部门予以配合,做好动员工作。要充分利用各种媒体宣传学生在暑期社会实践活动中取得的成绩以及学生表现出的时代风采和精神风貌,不断营造良好的舆论氛围。例如校团委可以组织编印"暑期社会实践简报",集中报道学生参加社会实践的成果,简报的发稿情况作为各院系评比的内容。对于优秀的实践报告可以给予物质上和精神上的奖励。比如评出一、二、三等奖,颁发荣誉证书和奖金,授予优秀社会实践团队和个人等荣誉称号,推荐参加"挑战杯"等学科竞赛等。

(2)做好暑期社会实践前的组织工作。成功的社会实践一定是以活动前充分完备的组织工作作为前提条件,因此,概论课教师首先要高度重视大学生暑期社会实践活动,紧密结合课程内容,精心设计社会实践活动方案,突出课程特色和专业特色,突出实践内容和实践效果,还要考虑到学生的兴趣爱好和可行性,最好能够提供实践报告的具体要求和写作格式。其次,鼓励学生组成实践小组进行暑期社会实践。一次成功的社会实践需要大量时间、精力和金钱的投入,单靠个人的力量显然是不够的,任课教师可以在放假前要求学生自愿组成实践小组,上报实践小组的名单和实践方案,对学生暑期实践的时间、地点和项目做到心中有数。再次,在放假前要确定好每个实践小组的指导老师,给学生留下指导老师的联系方式,以便老师在暑假与学生保持联系,随时掌握学生的实践情况,解决学生在社会实践中遇到的问题。

(3)加强教师对暑期社会实践的指导。暑期社会实践的成功开展离不开老师的指导,这种指导体现在两个环节,一是在校内由任课教师和辅导员对学生进

行培训,主要是对学生进行关于"概论"课暑期社会实践的意义、选题原则、调研方法、报告撰写等内容的辅导。通过任课教师和辅导员的辅导,使学生对"概论"课暑期社会实践的意义和目标更加明确,对暑期社会实践报告的撰写要求更加清晰。二是暑期社会实践中的指导,具体又有两种形式:一种是任课教师和辅导员带队参加暑期社会实践,学生在实践中遇到问题时可以随时与老师沟通和交流,这种形式虽然效果最好,但限于资金和师资等客观条件适用范围有限;另一种是间接形式,即参与社会实践的学生通过手机、电子邮件、QQ 与指导老师保持联系,这种形式只要应用得当,应该也能达到良好的指导效果。

(4)强化对暑期社会实践报告的考评。暑期社会实践报告作为暑期社会实践的成果直接反映出学生的实践效果,也是老师考核学生实践成绩的重要依据,应该认真做好暑期社会实践报告的考评工作。开学一周内,任课老师应该将自己所带学生的"概论"课社会实践报告收齐,并认真审阅,给出分数。对于明显抄袭、弄虚作假的实践报告直接打回去要求学生重写。有条件的学校可以由任课教师和辅导员共同组织答辩。答辩过程中指导教师根据答辩学生所撰写的实践报告针对调研选题的意义;调查对象、方法和过程;调研中发现的问题;基本结论和对策以及自我感受等内容进行提问,每个学生答辩的时间约为十分钟。按照"概论课"社会实践手册评分标准的规定,结合学生答辩情况,由辅导员和指导教师共同协商(辅导员占 30%,教师占 70%)给出具体的分数。

暑期社会实践是"概论"课实践教学的重要内容之一,如果能够有效贯彻和实施,无疑将极大地增强"概论"课教学的针对性和时效性。在今后的实践教学过程中,我们要不断总结经验,加强实践教学的组织管理和考核评价,通过形式多样的实践教学活动,提高学生思想政治素质和观察分析社会问题的能力,进一步深化"概论"课教育教学的效果。

试析思想政治理论课实践教学资源的基本特征与开发利用

舒先林

(武汉工程大学马克思主义学院)

教学资源是教学过程运行的基础,它是一个包括一系列构成要素的资源大系统。剖析思想政治理论课实践教学资源的系统结构,可以发现思想政治理论课实践教学资源具有系统性、客观性、目的性、动态性、开放性、非均衡性、稀缺性、多样性、不确定性等特征。本文着重阐述其稀缺性、多样性和不确定性三个基本特征,并分析其对人们开发利用思想政治理论课实践教学资源的启示。

一、高校思想政治理论课实践教学资源的稀缺性

1. 思想政治理论课实践教学资源具有稀缺性

稀缺性是指在一定时空条件下,相对于人类的无穷需要和欲望来说,地球上可用于生产满足人们需要的物品和劳务的资源总是不足的、有限的。资源的稀缺性突出地表现为两个"不平衡":一是相对于人们不断变化的需求结构和多样化的需求而言是不平衡的,人们必须作出选择,分出轻重缓急,依先后顺序来满足需求;二是资源在不同地区、不同国家、不同的社会群体和机构中的分布或占有是不平衡的。

对于学校来说,各种教育教学资源也是相对有限的、不足的,资源的稀缺性也是教育教学过程中的客观事实和基本特征。同样,高校思想政治理论课实践教学资源也具有稀缺性特征。在高校思想政治理论课实践教学过程中,无论是课程实践教学的各种要素来源,还是实施实践教学必要而直接的实施条件,在一定时空条件下,都是不足的、有限的。

——就经费资源来说,无论是开展校内专题演讲比赛、组织暑期大学生"三下乡"社会实践和社会调查活动,还是参观社会实践基地、组织"红色之旅",甚至去参观免费的革命传统和爱国主义基地,都必须花费一定的交通费、差旅费、食宿费等,而学校思想政治理论课实践教学预算经费或临时拨付的经费,都是稀缺的,不可能随意使用,不受限制。

——就物质资源来说,校内基础设施资源,如图书馆和电子阅览室、教室和会议室、模拟法庭、电影院和文化艺术场馆等必须合理高效地使用;校外社会实践基地的建设因受到经费资源和其他限制,其数量和容量也是有限的、不足的,需要合理规划和使用。

——就信息资源来说,不仅为获取信息而需要花钱或投资购买信息传输或依附的物质载体,而且高质量的信息资源(如中国期刊网全文数据库、超星数字图书馆等)也需要花钱购买,其使用也是有限的不足的(比如一定时间内下载量的限定),而校外信息资源的获取也是有成本和代价的,因而也是稀缺的。

——就时间资源来说,思想政治理论课实践教学可供选择和安排的时间,由于受到专业教学计划、从事课程实践教学教师和管理者时间,以及学生本身学业规划等方面的限制和制约,也是有限的。

即使是社会上大量存在的或低价乃至免费的潜在资源,在其发现、开发和赋

值等过程中,也必须花费一定的人力、物力、财力和必要的信息收集成本。所以说,高校思想政治理论课实践教学资源,同其他任何自然资源和社会资源一样,都具有稀缺性特征。

2. 稀缺性与思想政治理论课实践教学资源的开发利用

资源的稀缺性是经济学研究的出发点,也是经济学存在和发展的依据。经济学之所以产生并不断繁荣壮大,根本原因在于资源的稀缺性。如果资源是取之不尽、用之不竭的,可以任凭挥霍浪费,经济学又有什么用武之地呢?经济学的主要任务就是研究如何生产、分配和利用稀缺资源。正因为资源稀缺性事实的存在,才产生了有效配置和利用资源的问题。政府(自觉)配置和市场(自发)配置是两种最基本的资源配置方式,它们有各自的适用范围,也可以实现功能互补,无论哪种配置方式,其目的都是相同的:实现优化配置,以最少的资源消耗取得最大的经济效果,达到资源及其产品的最佳效用。

资源稀缺性特征及其配置目的等经济学常识告诉我们:思想政治理论课实践教学资源也必须合理有效配置。一方面,要合理选择资源的配置方式,是计划还是市场,或者两者兼而有之?要根据具体实践教学项目的目的和特点,科学分析和确定。另一方面,在市场经济条件下,稀缺性资源表明资源是有价值的,大多数时候都不是无偿使用的,必须有偿开发和使用,避免实践教学各自为政和低层次重复造成的资源低效率使用或浪费。为此,在思想政治理论课实践教学过程中,对资源的选择和使用要遵循节约和效益的原则。

二、高校思想政治理论课实践教学资源的多样性

1. 思想政治理论课实践教学资源具有多样性

高校思想政治理论课实践教学资源具有多样性。首先,这种多样性表现为思想政治理论课实践教学资源客观存在状态的多样性。我们可以按照不同标准对资源的多样性进行划分。比如:按组成要素分,有人力资源、物力资源和财力资源等;按空间范围分,有校内资源和校外资源等;从运动特征分,有静态资源和动态资源;以在教育发展中所起的作用分,有现实资源和潜在资源;从开发利用角度分,有原生资源、延生资源、再生资源、创生资源;从产生过程分,有存量资源和增量资源;从物理特性与呈现方式分,有文字资源、实物资源、活动资源、信息化资源;按功能特点分,有素材性资源和条件性资源;按存在形式分,有显形资源和隐性资源,或者是物质形态资源和精神形态资源,等等。

其次,对于思想政治理论课实践教学资源而言,多样性表现为资源主体的多元性或资源占有的分散性。就校外资源而言,无论是物质资源,还是信息资源,要么是为全体社会成员所有并以国有制形式体现,要么是为集体所有,或者是为

个人所拥有。就校内资源而言，无论是人力物力资源还是财力资源，都是属于不同部门的，或者多个部门同时拥有的。比如：思想政治理论课实践教学的人力资源，就广义的教师资源来讲，课程教学单位拥有思想政治理论课实践教学最重要的人力资源，而学生工作、宣传、教务、团委和专业院系等也不同程度拥有教学管理者、辅导员、班主任等相关人力资源；就财力资源而言，上述多个部门都或多或少地拥有或占有或使用了一部分实践教学经费；就物力资源来说，虽然许多教育教学基础实施、设备和器材，从产权来看是国家或学校拥有的，但在校内，不同主体都能够分别占有、使用。

2. 多样性与思想政治理论课实践教学资源的开发利用

思想政治理论课实践教学资源的多样性特征，无论是资源存在状态的多样性，还是资源主体的多元性或资源占有的分散性，都必然会对课程实践教学资源的整合与开发利用提出基本要求，产生重要影响。

首先，资源存在状态的多样性表明，从总体而言，可供高校思想政治理论课实践教学选择和开发利用的资源，是多种多样的，十分丰富的。思想政治理论课实践教学实施主体应该树立辩证资源观，增强发现、开发利用资源的意识和敏感性。同时，整合资源的多样性和稀缺性还表明，某种特定的思想政治理论课实践教学（如社会调查），可以有多种资源组合方式和比例，具体方式和比例，需要根据某个实践教学项目的性质、特点以及节约和效能原则等要素确定。

其次，资源主体的多元性或资源占有的分散性则表明，高校有多个主体可以通过多种方式，不同程度地开展大学生思想政治教育或其他育人活动，从而实现思想政治理论课实践教学的某些功能。但资源和教学的主体多元性可能导致的一个直接结果就是：各个主体实践教学项目交叉或分散，内容低层次重复，重形式轻实效，导致稀缺资源的配置效率不高甚至被浪费掉。因此，资源主体多元性要求从系统论思想来统筹思想政治理论课实践教学资源的整合和开发利用。目前，高校实施思想政治理论课实践教学主体涉及到宣传部、校团委、保卫处、学生处、课程教学科研单位等，它们各自发挥着自己的职能。比如：宣传部负责全校思想政治理论课实践教学工作的指导和管理，教务处对课程实践教学实施统一安排（包括时间、教师、各部门的配合以及课程内容等），保卫处和学生处要组织大学新生军事训练、勤工俭学，校团委实施"三下乡"活动、参观考察就业培训等社会实践活动。从单个主体要素来看，其作用不能说不好，但实事求是地说，目前高校思想政治理论课实践教学的实效性，总体上是不强的。其原因固然是多方面的。但资源的主体多元性或资源客观分散性，导致课程实践教学"整体小于部分之和"。为此，必须在教学计划、教学主体、教学环节和形式、教学物质要素、教学经费和其他条件等方面，对思想政治理论课实践教学资源进行整合和优化配置,发挥多样性资源对课程实践的教学"合力"作用,最终实现"整体大于部分之和"的整体性功能。

三、高校思想政治理论课实践教学资源的不确定性

1. 思想政治理论课实践教学资源具有不确定性

从哲学的世界物质性原理来看,无论是自然资源或地理资源、人工建造的实物资源,还是人力资源和信息资源,都是不以人的主观意志为转移的,客观存在的。就资源本身具有的客观的质的规定性而言,前述思想政治理论课实践教学资源是具有确定性的客观物质。但是,这些资源作为实践教学资源,要真正发挥思想政治理论课实践教学的特有育人功能,必须作为课程资源来对待。而客观物质资源要成为课程资源,必须是经教学主体筛选后的、兼具主观与客观特点和主观见之于客观的实践性特点的资源。课程资源根据教学主体需要而人为命定,是它与一切自然资源的最大区别,同时也就决定了它的不确定性。

思想政治理论课实践教学资源的不确定性主要表现为两个方面。首先,思想政治理论课实践教学资源的存在形态具有不确定性。不同的主体对实践教学资源的理解不同,其规定和划分也不同。在一定程度上思想政治理论课实践教学资源的形态是游移的,随主体的意义选择而具体确定。其次,思想政治理论课实践教学资源的归属具有不确定性。它与其他社会资源往往相互交叉,或者本身就是同一物,很难分清"彼"与"此"的界限。正是由于实践教学资源的丰富性,一种资源的体现形式和分布可能呈现错综复杂的情况,很难用统一的标准划分其质量归属、形态边缘和规模数量。

2. 不确定性与思想政治理论课实践教学资源的开发利用

从某种意义上说,人为命定或不确定性是思想政治理论课实践教学资源开发利用和整合的关键,而这种资源人为命定或不确定性又取决于主体的课程教学资源观和课程资源意识,是主体意义筛选课程资源的过程。这说明,思想政治理论课实践教学主体在资源开发利用和整合过程中,其主观能动性(主体系统辩证的教学资源观、资源敏感意识和程度,以及对资源科学赋值的能力)发挥着非常重要的影响和作用。因此,只有思想政治理论课实践教学教师和学生等主体对课程意义和课程可能性具有了高度敏感性和自觉性,才能充分开发利用和整合丰富的思想政治理论课实践教学资源。

中国特色社会主义理论体系与中国道路的多维性思考

周贵卯

（湖北警官学院）

党的十七大报告指出：改革开放以来我们取得一切成绩和进步的根本原因，归结起来就是：开辟了中国特色社会主义道路，形成了中国特色社会主义理论体系。中国特色社会主义理论体系是改革开放的理论成果，中国特色社会主义道路（即中国道路）是改革开放的实践成果，理论与实践的有机结合就是中国特色的社会主义。发展道路是实践形态的理论，是指路线、方针、政策和纲领，是理论与实践的中介。理论体系是发展道路的提升，是被实践证明是正确的路线、方针、政策和纲领。它们是相互联系、相互促进的。本文试从形成与发展、内容与体系、功能与目标等方面进行多维性分析，目的在于深刻理解中国特色社会主义理论体系，更加坚定走中国特色社会主义道路。

一、时代性与开放性是中国特色社会主义理论体系与中国道路形成与发展的前提

中国特色社会主义理论体系与中国道路，是在和平与发展成为时代主题的历史条件下，在我国改革开放和社会主义现代化建设的伟大实践中，在总结我国社会主义建设正反两方面历史经验和改革开放以来的新鲜经验，并借鉴其他社会主义国家兴衰成败经验教训的基础上逐步形成和发展起来的。

1. 时代性是中国特色社会主义理论体系与中国道路形成与发展的关键

改革开放时期（1978年的十一届三中全会至今），既是中国特色社会主义理论体系形成时期，也是中国道路形成时期。与时俱进是马克思主义的理论品质。中国特色社会主义理论体系与中国道路都是时代的产物，是时代发展的需要，顺应时代，应时而生，因时而变。

中国特色社会主义理论体系形成、丰富和发展的过程，深刻地反映了改革开放30年来时代的新变化和新发展，深刻地反映了时代发展的潮流，充满了浓郁的时代气息。十七大报告明确指出："中国特色社会主义理论体系，就是包括邓小平理论、'三个代表'重要思想以及科学发展观等重大战略思想在内的科学理

论体系。"这个理论体系,坚持和发展了马克思列宁主义、毛泽东思想,凝聚了几代中国共产党人带领人民不懈探索实践的智慧和心血,是马克思主义中国化的最新理论成果,是中华民族最宝贵的精神财富,是全党和全国人民团结奋斗的共同思想基础。中国道路是一条实现国家富强、民族振兴、人民幸福的正确道路,是在全球化背景下中国积极回应和参与全球化的社会发展模式。中国道路既不同于前苏联模式,也不同于西方发达国家的社会发展模式,而是有着自身鲜明的制度特色。中国不实行全面私有化,而实行以公有经济为主导的混合所有制;虽然也引入了市场经济制度,但政府调节和干预的程度比西方国家要强大得多;中国没有推行多党制和议会政治,不搞立法、行政、司法的"三权分立";中国虽然允许不同思想流派的存在,但始终坚持马克思主义在意识形态领域中的主导地位。中国道路是与时代潮流相随、与世界文明相伴的道路,是一条与全球发展既相联系而又独立自主的发展道路。在中国特色社会主义道路上,我国从农村改革到城市改革,从经济体制改革到政治体制改革,从文化、科技、教育体制改革到社会生活各个方面的改革;从封闭半封闭状态到走向全方位、多层次、宽领域的对外开放;从改革传统计划经济体制到建立社会主义市场经济体制并逐步完善……一步一步地发生着变化。农村变了,城市变了,整个国家的面貌变了;穿着变了,谈吐变了,人们的精神面貌变了。从东部沿海到西部边疆,从北部边陲到南国小镇,古老的中华大地正发生着日新月异的变化。中国特色社会主义理论体系的产生和发展与中国道路的提出与确立正是与时俱进的结果。

2. 改革开放性是中国特色社会主义理论体系与中国道路形成与发展的实践基础

改革开放成为中国特色社会主义道路的诞生地,成为中国特色社会主义理论的试验场,是中国特色社会主义道路和理论体系最重要的实践基础。改革开放的伟大实践,孕育了中国特色社会主义伟大道路和科学理论,没有改革开放就没有中国特色社会主义的新道路与新理论。两者开放性突出表现在:它既以马克思主义基本原理为指导,又积极吸纳世界文明成果;既不断总结国内改革发展的实践经验,又积极借鉴当代世界各国发展的有益经验;既充分尊重人民群众的首创精神,又注重采纳思想理论界的研究成果。邓小平理论、"三个代表"重要思想和科学发展观等重大战略思想,随着改革开放的发生而发生,必将随着改革开放的发展而不断发展。1978年改革开放以后逐步建立和形成的中国特色社会主义发展道路,与改革开放前的中国道路也有很大区别,是一种崭新的"中国道路",是中国共产党人和中国人民的创造,体现了当代中国人的智慧,体现了中国文化传统和鲜明时代精神的结合,是在吸收人类文明成果和先进管理经验的基础上,开辟的一条中国特色社会主义道路。

二、系统性与创新性是中国特色社会主义理论体系与中国道路的基石

中国特色社会主义理论体系和中国道路,是马克思主义基本原理同当代中国实际和时代特征相结合的产物,它既全面系统地继承与坚持了社会主义和马克思主义的一般原理、原则和方法,又开辟了发展社会主义和马克思主义的新天地、新境界、新前景。在这一过程中创新的一系列理论观点、战略思想和基本政策,构成了中国特色社会主义道路和理论的标志性内容,成为中国特色社会主义理论体系与中国道路的基石。

1. 中国特色社会主义理论体系与中国道路的科学内涵体现了系统性

中国特色社会主义道路是在中国共产党领导下,以经济建设为中心,坚持四项基本原则,坚持改革开放,解放和发展社会生产力,巩固和完善社会主义制度,建设社会主义市场经济、社会主义民主政治、社会主义先进文化、社会主义和谐社会,建设富强民主文明和谐的社会主义现代化国家的科学发展道路。这条中国特色社会主义道路,是当代中国发展进步唯一正确的道路。只有坚持这条道路,才能实现全面建设小康社会的目标和人的全面发展。中国特色社会主义理论体系在深刻认识和准确把握世情、国情、党情发展变化的基础上,在建设中国特色社会主义的思想路线、发展道路、发展阶段、发展战略、根本任务、发展动力、依靠力量、国际战略、领导力量和根本目的等问题上,形成了一系列独创性的重大理论观点,系统回答了在中国这样一个十几亿人口的发展中大国如何摆脱贫困、加快实现现代化、巩固和发展社会主义的一系列重大问题。这个理论体系,内容贯通哲学、政治经济学、科学社会主义等学科,涵盖社会主义经济建设、政治建设、文化建设、社会建设和党的建设以及国防和军队现代化建设、祖国统一、国际战略和外交工作等各个领域,涉及改革发展稳定、内政外交国防、治党治国治军等各个方面,是内涵丰富、思想深刻、系统科学的理论体系。这个理论体系,系统回答了在新的历史条件下什么是社会主义、怎样建设社会主义,建设什么样的党、怎样建设党,实现什么样的发展、怎样发展等重大理论和实践问题,是建设和发展中国特色社会主义的正确理论原则和经验总结。

2. 中国特色社会主义理论体系与中国道路着眼于创新性

中国特色社会主义理论体系与中国道路都坚持从实际出发,注重总结改革开放不同时期、不同阶段的新鲜经验,注重探索和回答不同时期、不同阶段遇到的新矛盾、新问题,在理论创新和理论发展上都作出了各自的独特贡献。从"邓小平理论"到"三个代表"重要思想到科学发展观,中国共产党人的伟大实践在不断充实和丰富着这一理论思想宝库。

中国特色社会主义道路,作为一条创新道路,既坚持了科学社会主义的基本原则,又根据我国实际和时代特征赋予了鲜明的中国特色。它既不同于传统意义的社会主义建设与发展道路的内容和结构,又是对新时期逐步形成并作出过初步概括的有中国特色社会主义发展道路的新拓展。它在建设内容、建设结构、发展机制、奋斗目标上,较之以往更为科学、更加全面。建设社会主义市场经济、社会主义民主政治、社会主义先进文化、社会主义和谐社会的建设内容和结构,坚持社会主义基本制度同发展市场经济相结合的发展机制,包括和谐在内的社会主义现代化目标,创新了我们党对中国特色社会主义道路的认识、对社会主义的认识。

三、目标性与实践性是中国特色社会主义理论体系与中国道路具有生命力的源泉

中国特色社会主义理论体系和中国道路,立足中国实际,着眼于中华民族的伟大复兴,成为我们党科学认识中国特色社会主义、开创中国特色社会主义道路的思想发端和强大武器。

1. 目标性是中国特色社会主义理论体系与中国道路的共同追求

实现中华民族伟大复兴是中国特色社会主义理论体系与中国道路的共同方向。邓小平理论、"三个代表"重要思想以及科学发展观等重大战略思想,坚持为建设和发展中国特色社会主义、实现中华民族伟大复兴而奋斗,在理论主题上是一脉相承的。为了实现中华民族的伟大复兴,实现我们所追寻的社会主义和谐社会的目标。十七大提出坚定不移地高举中国特色社会主义旗帜,坚持中国特色社会主义理论,走中国特色社会主义道路。这是符合当代中国实际的、代表最广大人民愿望的。中国特色社会主义,代表了正确、代表了光明、代表了未来。坚持它,就会造就一个富强民主文明和谐的中国,就会迎来一个新的中国世纪。离开它,中国就会走向黑暗,走向灾难。坚持这条道路和这个理论体系,才能真正高举中国特色社会主义旗帜,才能救中国、发展中国、振兴中国,才有党的未来、中国的未来、人民的未来。

旗帜指引方向,旗帜凝聚力量。我们党把中国特色社会主义作为自己的旗帜,是因为这面旗帜上写着中国特色社会主义发展道路和中国特色社会主义理论体系,是因为它能凝聚全党和全国人民的力量,是因为它能为中国社会主义现代化建设指引正确的方向。高举中国特色社会主义伟大旗帜与坚持中国特色社会主义发展道路和中国特色社会主义理论体系是统一的。旗帜是一个载体,它上面承载着发展道路和理论体系。高举中国特色社会主义伟大旗帜,必须坚持中国特色社会主义道路。高举中国特色社会主义伟大旗帜,必须坚持中国特色

社会主义理论体系。

2. 实践性是中国特色社会主义理论体系与中国道路的根本

中国特色社会主义命题,是在改革开放的伟大实践中提出来的;中国特色社会主义道路,是在改革开放的伟大实践中逐步开辟、拓展并越走越宽阔的;中国特色社会主义理论体系,是在改革开放的伟大实践中逐步形成和丰富、发展的。立足中国实践是中国特色社会主义理论体系与中国道路的必要条件。作为马克思主义中国化最新成果,中国特色社会主义理论体系是改革开放和社会主义现代化建设伟大实践的结晶。从尊重群众、尊重实践,始终把改革开放的实践经验和人民群众的首创精神作为发展中国特色社会主义的根本依据,把人民群众的创造性实践作为马克思主义基本原理同当代中国实际相结合的逻辑起点;到始终紧密结合中国特色社会主义迈向21世纪的新的社会实践,充分反映当代世界和中国的发展变化对党和国家工作的新要求;再到始终适应改革发展关键阶段社会实践的新发展、新变化,深入探索和科学揭示经济社会发展与现代化建设规律等等,都无不深刻体现着中国特色社会主义理论体系的鲜明实践性。可以说,实践性贯穿中国特色社会主义理论体系形成和发展的全过程,人民群众的社会实践是中国特色社会主义理论体系充满生机和活力的根本源泉,来自于实践又指导实践是中国特色社会主义理论体系的鲜明特征。中国特色社会主义道路由原来的经济、政治、文化拓展为包括社会在内的发展结构;由原来的经济建设、政治建设、文化建设,拓展为包括社会建设在内的建设结构;由原来的物质文明、政治文明、精神文明,正在拓展为包括社会文明在内的文明结构。这是中国道路新的实践平台。伴随中国特色社会主义实践的不断深入,中国特色社会主义理论必然得到不断发展。

中国道路的发展道路与中国特色社会主义理论体系是密不可分的两个方面。在当代中国,坚持中国特色社会主义道路,就是真正坚持社会主义;坚持中国特色社会主义理论体系,就是真正坚持马克思主义。中国特色社会主义道路和理论体系,从总体上、根本上把坚持和发展社会主义、坚持和发展马克思主义真正结合起来,在新的历史条件下赋予了发展社会主义和发展马克思主义的新内容、新结构和无限生机与活力。中国特色社会主义理论体系是中国道路形成的理论基础,中国道路是中国特色社会主义理论体系的伟大成果。中国所取得的一切成就,与中国特色社会主义理论的指导是分不开的。走中国特色社会主义道路,就是坚持中国特色社会主义理论体系。

德育实验室：高校思想政治理论课实践教学新探索

赵志君

（三峡大学马克思主义学院）

党的十七大报告提出要在"加强和改进思想政治工作中注重人文关怀和心理疏导"。目前，各高校都在积极探索落实这一要求的新途径、新方法。三峡大学独辟蹊径，在思想政治理论课课堂教学之外，创设"德育实验室"，对在校大学生思想政治品德的发展给予微观指导，提升了德育效果，体现了高校德育以人为本的宗旨和与时俱进的创新，是新时期高校"思想政治课"实践教学领域值得推广的一种新模式。

一、"德育实验室"的含义和特征

所谓"德育实验室"，指的是三峡大学在大学生思想政治教育实践中探索出的一种新模式。具体而言，指的是，在政治理论课课堂教学之外，专门创设"工作坊"（或工作室），以此为平台，由思想政治理论课教师与大学生展开"对话"，为大学生的人生发展、成长成才提供具体咨询服务的开放式文科德育"实验室"。

与理、工、农、医等自然科学实验室对"物"做试验不同，德育实验室并不是以"人的道德"做试验，而是致力于大学生在校期间的思想政治品德和人生发展倾向的跟踪关怀与具体引导；与国内高校普遍关注对大学生集体性社会实践活动的指导不同，德育实验室侧重于对大学生个体性思想政治品德发展的"精神实践"活动的指导。

"德育实验室"采取"咨询服务"的方法，即学生主动到实验室找思想政治理论课教师谈心，就成长中遇到的思想、心理、行为问题寻求帮助，教师有针对性地为他们解疑释惑，引路导航。这种创新型的思想政治教育模式，打通了思想政治课课堂教学和课后辅导的通道，拉近了师生的距离，体现了"以人为本"的价值追求，实现了思想政治教育理论知识和大学生精神实际的融合，是高校思想政治教育实践中探索出的新方法。

"德育实验室"作为高校思想政治教育的新模式，有着自己独特的特点，主要表现在以下几个方面。

1. 实践指导性

"全部社会生活在本质上是实践的"。实践性是社会与人的本质属性,也是思想政治教育的本质特征。大学生思想政治教育要取得实际效果,不能仅仅停留在理论和观念层面,而是要落实到实实在在的实践操作层面。这种"实践"不仅包括社会实践,也包括"精神实践"。高校遵循思想政治教育的基本规律,创立德育实验室,着力解决学生政治、思想、道德、心理等"精神实践"领域遇到诸多问题,实现了理论教学和实践指导的对接,有助于提高思想政治教育的"吸引力、感染力""针对性和实效性"。

2. 人文关怀性

"人文关怀"是新时期思想政治教育的新理念。高校挖掘实验室资源开展德育工作,充分体现了德育注重人文关怀:尊重学生的主体性,尊重学生的价值和尊严,关心学生内心的感受,关心现实需要,关心人的生存和生活及其意义、人的理想和人的命运。如果说理、工、农、医类实验室注重的是大学生科学精神的培养,那么文科性质的德育实验室则注重的是大学生人文精神的培育。德育实验室的运作使"人文关怀"从一种教育理念,转化成为真真切切的教育实践。它"贴近学生的思想、贴近学生的学习、贴近学生的生活",帮助学生解决诸如信念迷茫、道德困惑、人际困难、情感冲突、贫困应对等现实问题,彰显了高校思想政治教育"以人为本"的价值追求。

3. 开放灵活性

我们的社会是开放的社会,我们所处的环境是开放的环境,因此,我们的德育也应该是开放的教育。开放性是与封闭性相对应的。德育实验室的开放性,是相对思想政治理论课课堂教学的"封闭性"而言的,它具有三层含义。第一是时间上的开放性。与课堂教学受"学时""课时"的限制不同,德育实验室是全天候开放的。第二是对象的开放。德育实验室不是针对某个年级或某个专业的学生开放,而是对全体在校大学生开放。第三是师生主体间心灵的相互开放。即教师与学生相互尊重,相互信任,在平等、自由的氛围中敞开心扉,进行情感的交流、精神的融通、境界的提升。

二、"德育实验室"的思想政治教育功能

1. 导引政治方向

政治观教育是高校思想政治教育的重要内容。当代大学生政治意识、政治态度、政治取向处于动态的变化之中。由于人生阅历不足、认识能力有限,大学生对政治的理解和认识容易陷入矛盾与困惑之中,需要给予及时的引导。德育实验室,可以通过师生对话谈心的形式,由值班的思想政治理论课教师,引导学

生从中国的国情出发,从发展的角度出发分析问题,看待问题,审视国内外的形势,进而肯定党的领导和改革开放的成就,认同党的路线方针政策,对中国特色社会主义的未来的抱有信心,最终坚定政治方向和政治立场,把自己发展成为未来社会的合格接班人。

2. 校正道德倾向

大学生的道德取向是一个社会道德的风向标。大学生的道德状况如何,将直接关系到中华民族的整体素质,关系到和谐社会建设的进程。当代大学生基本道德要求和道德价值取向日趋稳定和成熟,但也客观存在公德意识淡化、敬业精神、艰苦奋斗精神不足、功利主义色彩浓烈等现实问题。这些不良的道德倾向,在课堂教学中虽能有所发现,但未必能够及时纠正。而德育实验室里环境宽松,时间宽裕,教师们与学生一对一地真诚交谈,可以及时发现学生道德层面上的不足,通过"提醒式""触发式""感化式"等具体方法因材施教,引导学生重新做出道德判断和道德选择,不断提升自身道德素质。

3. 缓解心灵冲突

加强心理疏导,是新时期高校思想政治教育的重要方法。高校设置心理咨询中心,能够帮助一些大学生解决典型的心理问题。但是,大多数学生存在的是"思想困惑",尚未严重到"心理问题"的程度,即使有一些轻度的心理问题,很多人也因为顾及脸面而不愿意走进心理咨询中心,从而导致一些思想问题的淤积。这些思想问题,如果不能通过正当的途径和渠道予以排解,极易转化为严重的心理问题。德育实验室里,思想政治课教师可以充分利用学生们对自己的熟悉、信任和信赖,以师友般的热情与亲和,倾听学生诉说心语,为他们答疑解惑,通过耐心细致的思想疏导缓解他们的心灵冲突,维系他们的心灵和谐。

4. 规划人生发展

规划人生发展,是人生观教育的重要内容。实践证明,幸福生活和美好未来的创造离不开正确的人生设计。大学阶段,缺乏明确的自我设计,就缺少前进的方向和动力,就会陷入"浑浑噩噩""年华虚度"的人生状态;错误的人生设计,通过"自我奋斗",常常不能"自我实现",甚至导致"自我毁灭"。"德育实验室"高度关注青年大学生的人生设计问题,在有效沟通的基础上,帮助大学生综合考虑各种因素,正确做出人生选择,科学规划人生发展,努力成为"有理想,有道德,有文化,有纪律"的四有新人。

三、德育实验室有效运行的几个条件

德育实验室思想政治教育的功能发挥得如何,取决于思想政治课教师和学生之间的对话沟通效果。而对话沟通要产生理想的德育效果,需要满足一些基本的条件。具体而言,德育实验室实践运作中,应该注意以下几个方面。

1. 师生双方遵循一定的规则

任何教育活动都需要规则。德育实验室里师生展开对话,实现精神上的交流,完成德育教育,同样需要遵守一定的规则。首先是语言规则,即师生双方要努力地找寻共同语言,同时尽可能合乎逻辑地去组织自己的语言,使对方有可能理解自己的话语。其次是时间规则,即合理掌控对话咨询时间。最后是实验室管理规则,如未经来访学生同意,教师不能将谈话内容对外泄露,否则构成对学生隐私权的侵犯。

2. 师生双方地位平等

虽然学生是主动到实验室寻求帮助的,但学生也有自己的思想。如果教师不能使学生心悦诚服地接受自己的指导,而只是一味地压迫、强制学生,最终将导致师生两个主体都丧失了合理性。因此,在对话中,师生之间必须保持平等的师生关系,双方互相承认、互相赋予平等和尊重。"一方面,每个人必须有参加和继续交往的均等机遇;另一方面,每个人都必须有做出判断、劝告、解释及辩护挑战的均等机会。"

3. 师生之间的态度真诚

真诚是有效沟通的基础。离开了真诚,师生之间就不可能有真正意义上的交流。教师只有真诚地对待学生,倾听他们的心声,给他们以帮助,并指导他们理解生活、理解世界,才能获得学生的真心。同样地,学生也因教师的真诚而感动,毫无保留地把自己的所思所想对教师言说,进而深化教师对学生的理解,为教师根据学生独特的个人需要提供个性化的辅助创造条件。

4. 对话咨询以学生"自我教育"为目标

自我教育是教育的制高点。所谓自我教育,就是教育对象自己教育自己,自觉接受积极的影响,完善自己的思想品德和个性特点的自主建构。"教是为了不教",自我教育是衡量教育的有效的一个标志,是思想政治课课堂教学和实践教学最终落实的归宿。德育实验室的"思想政治课"教师,要把握住难得的师生对话的机会,注重启发学生的自我教育意识,引导他们通过自主地学习、自觉地参与以及反省、反思、自我思想改造等自我修养途径,不断提高自己的思想道德水平。

总而言之,作为一种创新型的思想政治课实践教学模式,高校创设德育实验室,充分挖掘了文科实验室的德育功能,体现了思想政治教育的实践性本质,彰显了思想政治教育的人文关怀,对于增强高校思想政治教育"吸引力、感染力",提高"针对性、实效性"具有重要的探索意义。实践中,该模式还必须注重与思想政治理论课课堂教学相结合,使思想政治教育理论与实践共同提高,做到知行统一。

试论"毛泽东思想和中国特色社会主义理论体系概论"课教学的艺术性

刘小燕

（湖北民族学院马克思主义学院）

教学是科学性和艺术性的统一，无科学性的教学缺乏根基，无艺术性的教学缺乏活力。为了激发起学生学习的积极性、主动性和创造性，在强调教学科学性的同时，必须高度重视教学的艺术性。古今中外的教育家都十分重视教学艺术。孔子说："知之者不如好知者，好知者不如乐知者"；孟子提出"教亦多术"的思想；卢梭指出："教学艺术的真谛在于探索培养学生对学问的兴趣和研究学问的方法。"从现代教育的目标——培养开拓型创新型人才和教会学生学会如何学习来看，教师也必须高度重视教学艺术，使学生在愉悦的状态下去接受知识，在教师的启发下去进行创造性的思考，从而实现传承与创新的完美结合。

"概论"课是一门理论性、政策性、原则性都很强的一门课程，况且，同学们在中学都多多少少接触过有关方面的知识，加之广播、电视以及各种信息渠道的畅通，同学们对很多东西都有似曾相识的感觉，这就使得同学们从一开始就对这门课失去了新鲜感。因此，要使该门课程成为大学生真心喜爱，终身受益的一门课程，除了注重教学的科学性外，必须研究教学艺术，以高超的讲课艺术吸引学生、感染学生、教育学生，从而使正确的理论观点鲜活而不苍白，生动而不呆板，亲切而不生硬，进而引发学生进行深入地思考，极大地调动学生学习该门课程的积极性，使学生实现从排斥到接受再到喜欢的转变。

一、注重教学方法的改进，增强课堂教学的艺术性，以达教学之根本
——教会学生学会如何学习

于漪在《教学的艺术》的序中写到：很久以前，有一位饱学的老先生曾对他说："教书教书，肚子里要有书。最要紧是要有学问，教法无关紧要。俗话说，'巧妇难为无米之炊'嘛！"显然，这话只讲对了一半。于漪当时直率地对这位前辈说："的确，巧妇难为无米之炊，肚子空空的，能讲出什么来？但还有一句俗话：'茶壶里煮饺子，倒不出来！'有学问不一定能讲得出，还得讲究教学方法。学问好，教法又高明，那才锦上添花。"老先生当即称赞他"锦上添花"用得好。这段对

话可以说导出了教学的真谛——一个完美的教学过程是教学内容和教学方法的完美结合以及教学的科学性和艺术性高度统一的过程。前苏联著名的教育家加里宁曾经说过,教育事业是艰巨的事业。优秀的教育家认为,教育事业不仅是科学事业,而且是艺术事业。

教学方法是教学活动中教师和学生为了完成教学任务所采用的手段、工具和途径的总称。当教学目的和教学内容确定以后,教学方法就成为提高教学质量的关键性因素。为什么这样说呢,我们可以引证毛泽东主席的一段话来诠释。毛泽东主席曾用一个很形象的比喻,揭示了方法的实质及其重要性。他说:"我们不但要提出任务,而且要解决完成任务的方法问题。我们的任务是过河,但是没有桥或没有船就不能过。不解决桥或船的问题,过河就是空话。不解决方法问题,任务也只是瞎说一顿。"很显然,毛泽东主席把方法比喻成桥和船。而桥和船就是人们为解决过河这一任务而采用的工具和手段。关于方法的重要性我们还可以从法国哲学家笛卡尔的描述中获得启迪。他说:"我可以毫不踌躇地说,我觉得我有很大的幸运,从青年时代以来,就发现了某些途径,引导我作一些思考,获得一些公理,我从这些思考和公理中形成了一种方法,凭借这一方法,我觉得自己有了依靠,可以逐步增进我的知识,并且一点一点把它提高到我的平庸的才智和短促的生命所能容许达到的最高点。"

针对"概论"课的特点,为达到教学目的,尤其要注重教学方法的改进。多年的教学经验认为,启发式教学在"概论"课教学中具有无可替代的作用。启发式教学的关键就在于要精心设计每一堂课,怎么样在最短的时间内把学生的注意力和兴趣吸引到课堂上来并随着教师的讲解来享受知识并及时地转化为学生的内在素养。比如,我在讲"概论"第一课时,就给同学们讲15世纪一个宗教改革家写的一本书中所记载的他青年时代的一个小故事:他说有一天他路过一个烈日炎炎下的巨大工地,所有人都在汗流浃背地搬砖。他去问第一个人说,你在干什么呢?那个人特别没好气地告诉他,你看不见啊,我这不是服苦役——搬砖吗?他又把这个问题去问第二个人,这个人的态度比第一个人要平和很多,他先把手里的砖码齐,看了看他说,我在砌堵墙啊。后来他又去问第三个人,那个人脸上一直有一种祥和的光彩,他把手里的砖放下,抬头擦了一把汗,很骄傲地跟他说,你是在问我吗?我在盖一座教堂啊。讲完之后,让同学们进行讨论,对这三种人的态度进行点评,各自说出自己的观点。最后我做了一个简短的总结:一个人的生命是有限的,怎样使有限的生命焕发出光彩呢?最重要的就是我们要有积极、乐观、向上的人生态度,怀着对美好未来的憧憬,以愉悦的心情去做好我们正在做的每一件事,包括上好我们正在上的每一堂课。从后来同学们的反映来看,这堂课是很成功的。

在启发式教学中最重要的莫过于设问,而设问也是很有讲究的,最重要的就是所提的问题要具有探究性、启发性和趣味性。所谓探究性,指的就是问题一定要有深度和前瞻性,要通过综合运用所学的知识并凭借一定的科学方法进行推断,所得出的结论要给人以出人意料又合乎情理或者是柳暗花明又一村的感觉。

所谓启发性,指的就是所提问题要能够激发学生去思考,要有利于培养学生的创新意识。课堂教学的功能就是传承与创新。没有传承,就没有人类社会的发展,人类文明的进步也就失去了根基。但是如果只有传承而没有创新,不仅没有了社会的进步与发展,而且人类还会走向死亡。因此创新型人才的培养是教育义不容辞的责任和义务。1996年,世界21世纪教育委员会提出了21世纪创新型人才素质的七条标准:第一,积极进取开拓的精神;第二,崇高的道德品质和对人类的责任感;第三,在急剧变化的竞争中,有较强的适应能力和创造能力;第四,有宽厚扎实的基础知识,有广泛联系实际解决实际问题的能力;第五,有终身学习的本领,适应科学技术综合化的发展趋势;第六,有丰富多彩的个性;第七,具有和他人协调进行国际交往的能力。这七条标准很好地体现了传承与创新的完美结合。如今,我们正在致力于把我国建设成为一个创新型国家,而创新型国家建设的基础就是要有创新型人才。这就要求我们不仅要把"学会"作为课堂教学的基本要求,更重要的是把"会学"作为课堂教学的主要目标;不仅给学生传授知识,更重要的是引导学生对未知领域的探索;不仅是让学生接受解决问题的现成答案,更重要的是让学生学会寻求独创性地解决问题的方法。联合国国际教育发展委员会在其《学会生存——教育世界的今天和明天》中指出,教育应该较少地传递和储存知识,而应该更加努力寻求获得知识的方法(学会如何学习)。我国教育家叶圣陶老先生也倡导教学"最终目的为:自能读书,不待教师讲;自能作文,不待教师改。""凡为教,目的在于达到不需要教。"

所谓趣味性,就是要避免干巴巴的提问,所提问题要能激发起学生思考的欲望和参与的积极性而不是仅仅从书本或笔记里去找答案。爱因斯坦说,兴趣是最好的老师。蒲松龄在《聊斋》中说,性痴则志凝。故书痴者文必工,艺痴者技必良。教师的职责不是把学生培育成为一个"唯书""唯上",缺乏创造精神,不会或者不愿独立思考,不敢或者不乐意探索求新的书呆子,而是要激发他们的兴趣去开辟新的知识领域,鼓励他们探索求新,培养他们的独立思考能力,使之成为勇于探索、勇于创新的中国特色社会主义的建设人才。

二、注重教学语言的艺术性,提升教学的美感和感染力

语言是人们交流的主要工具,也是教师进行课堂教学的主要工具之一。教师语言是否规范、准确、精练、形象、生动、富有艺术性,将对教学效果产生极大的

影响。艺术性的教学语言能够唤起学生感官和心理的美感,从而提升教学的感染力。在课堂教学中,教师可以根据教学内容,适时使用设问、反问、排比、比拟、类比、夸张等生动活泼的语言形式,以达到吸引学生的注意力和促使学生进行创造性思考的目的,还可以引用谚语、俗语、流行语、寓言、故事、典型事例等使教学内容变得通俗易懂,妙趣横生。不仅如此,它还会使学生充分发挥想象力,在获得专业知识的同时,还启发了学生的思维,开阔了学生的视野。比如,在讲新教材的设计是以马克思主义中国化为主线、以中国化的马克思主义为主题,以建设中国特色社会主义社会主义为重点时,老师适时地给大家讲了一则西方哲人写的小寓言,这则寓言是这样的:有一个国王每天都在思考三个最最终极的哲学问题:在这个世界上,什么人最重要?什么事最重要?什么时间做事最重要?就这三个问题,举朝大臣没有一人能够回答上来。

他很苦闷。后来有一天,他出去微服私访,走到一个很偏远的地方,投宿到一个陌生老汉家。

半夜里,他被一阵喧闹声惊醒,发现一个浑身是血的人闯进老汉家。那个人说,后面有人追我。老汉说,那你就在我这里避一避吧,就把他藏起来了。国王吓得不敢睡,一会儿看见追兵来了,追兵问老汉,有没有看到一个人跑过来?老汉说,不知道,我家里没有别人。后来,追兵走了,那个被追捕的人说了一些感激的话也走了。老汉关上门继续睡觉。

第二天,国王问老汉:你为什么敢收留那个人?你就不怕惹上杀身之祸?而且你就那么放他走了,你怎么不问他是谁呢?

老汉淡淡地对他说,在这个世界上,最重要的人就是需要你帮助的人,最重要的事就是马上去做,最重要的时间就是当下,一点不能推延。

国王恍然大悟,他那三个久思不解的哲学问题,一下都解决了。

这则寓言讲完后,同学们悟出了很多道理:要珍惜时间,做好自己正在做的事;要努力学习,坚定中国特色社会主义必胜的信念;要关爱他人,坚持以人为本;成绩是做出来的,不是等出来的;社会认识来源于社会实践等等。由此可见,一则寓言,不仅活跃了课堂气氛,还启发了同学们去思考很多问题,悟出了很多由老师灌输不仅不愿意接受反而排斥的道理。

教师要使自己的教学语言富有感染力,还必须在教学中融入真挚的情感。常言道:"感人心者,莫先乎情"。教师在教学中把自己对教育、对教学、对所授课程以及对学生的满腔热情熔铸于教学语言中,使同学们产生强烈的共鸣,受到强烈的感染,从而达到情与理、认知与情感的高度融合,给教师和学生带来愉悦的心境和美的感受。与此同时,结合授课内容,辅之以体态语言,如眼神、表情、手势、姿态、动作等以促进师生交流,活跃课堂气氛,加深学生对所学知识的理解和掌握,宛如"好雨知时节,当春乃发生,随风潜入夜,润物细无声"那样细致入微、丝丝入扣,使学生在春风细雨之中得到教益,从而提升整体教学效果。

三、凝练教师的教学智慧和人格魅力,提升教学质量和感召力

教学智慧指的是教师能在不断变化的教学情境中随机应变的综合素质。表现为教师对意想不到的情境进行创造性的、出乎意料的处理和塑造,将教学活动中的小插曲变得有意义。富有教学智慧的教师不仅善于处理教学过程中的突发事件,也善于关注学生的兴趣所在并且注重培养和引导学生的兴趣。教师的教学智慧一方面来源于教学经验的积累,另一方面来源于教师知识的积累,它是教师教学艺术性和科学性的完美结合。

一位优秀的政治理论课教师,除了有超人的教学智慧,还要有高尚的人格力量。前苏联教育家苏霍姆林斯基说:"学校好比一种精致的乐器,它奏出一种人的和谐的旋律,使之影响到每一个学生的心灵。但要奏出和谐的旋律,必须把乐器的音调准,而这乐器是靠教师、教育者人格来调音。"所谓人格,指的是一个人的理想、信念、情操、修养、意志力等多方面特征的总和。教师的人格魅力主要体现在以下几个方面:一是对教育事业的热爱和忠诚。唯有如此,教师才会把满腔的热忱投入到教育教学中,从而在教学中以高昂的热情和渊博的知识来启迪和感染学生,以激发起学生的求知欲和创造欲。二是要有坚强的意志和良好的道德素养。教师通过自己坚强的意志和良好的师德来影响学生,使学生在潜移默化中养成优良的品质和坚毅的性格。对此,梅贻琦先生曾有过精辟的论述:"治学之精神与思想之方法,虽若完全属于理智一方面之心理生活,实则与意志之坚强与情绪之稳定有极密切之关系;治学贵谨严,思想忌偏蔽,要非持志坚定而用情有度之人不办。"并且能"于日常生活中予以自然流露",使得"从游之学子无形中有所取法"。三是要有坚定的信仰和正确的价值观、人生观。教学过程是教书和育人有机结合的过程,这就要求教师要坚持育人为本、德育为先的理念,在教育过程中,首先要教会学生如何做人以及做什么样的人。教师的一身正气自然而然地会影响学生并成为学生效仿的楷模。其所谓往来间,师者风范沛然;谈笑中,书香墨气蕴藉。

此外,渊博的知识也是构成教师人格魅力的一个重要方面。韩老夫子说:师者,传道、授业、解惑者也。没有渊博的知识,如何传道、授业、解惑?更谈不上培养学生的创造精神了。渊博的知识不仅是教师自我完善的需要,从事教学工作的保证,而且还是教师业务水平的标志,影响力的源泉。教师的知识愈丰富,视野愈宽广,综合素养愈高,教学的效果就愈好。徐特立曾说过,"教师是有两种人格的:一种是'经师';一种是'人师'。我们的教学是要采取经师和人师两者合一

的,每个教科学知识的人,他就是一个模范人物,同时也是一个有学问的人。"由此可见,作为一名优秀的思想政治理论课教师,不仅要有扎实的马克思主义理论功底、丰富深厚的文化底蕴、炉火纯青的授课艺术,还要有高尚的品德和行为、对教育事业的忠诚和热爱、对学生始终如一的关怀和爱护、庄重的仪表和举止,以达立德树人、培养人才之目的。

思想政治理论课教学改革是加强学生党建工作的重要途径

谢 敏
(中国地质大学江城学院基础课部思想政治教研室)

我国高校学生党建工作是高校履行社会职责、培养社会主义事业合格建设者和可靠接班人、对青年学生进行政治素质教育的重要环节。大学生党员的素质和能力在很大程度上决定着我们党和国家的未来,他们的政治态度和政治参与能力关系到社会主义政治文化的稳定和发展,关系到我们党在新时期战略目标的实现。加强高校学生党建工作具有极其重要的战略意义。

如何加强高校学生的党建工作?以毛泽东为核心的党的第一代领导集体,把党的建设作为一项伟大工程,在实施这项伟大工程中,创造了许多经验,其中尤其强调了思想建党的重要性:着重从思想上建党,把思想建设放在党的建设的首位,加强党的思想理论教育。当年,在红四军创建初期,毛泽东就曾经指出:"红军第四军的共产党内存在着各种非无产阶级的思想,这对于执行党的正确路线,妨碍极大。若不彻底纠正,则中国伟大革命斗争给予红军第四军的任务,是必然担负不起来的。"从党的第一代领导集体有关党的建设理论中,我们能得到一些启示:高校学生党建,思想教育仍然占据首要位置。要增强党组织对学生的吸引力和凝聚力,最重要的是贴近学生实际,及时有效地做好他们的思想教育工作;即在思想层面上解答他们对于自身现实和未来的种种困惑,帮助其建立起健康向上的人生观、世界观和价值观。而高校思想教育工作的一个主要平台就是思想政治理论课。思想政治理论课,是高等学校学生的必修课。高等学校思想政治理论课承担着对大学生进行系统的马克思主义理论教育的任务,是对大学生进行思想政治教育的主渠道。通过思想政治理论课教育教学,可以使大学生的思想道德素质得以加强,政治理论水平得以提高,从而有助于增强大学生对党的向往,使大学生党建工作能够更加顺利开展。

思想政治理论课教学的开展对学生党建工作的顺利开展有重要作用,如何发挥这些作用?本文将从独立学院这一特殊实体出发,结合"中国近现代史纲要"课程教学来进行初步分析与探讨。

一、独立学院思想政治理论课教学与学生党建工作的密切关系

教育学家斯霞有著名的三品之说:德育、智育、体育一样也不能忽视,"智育不好是次品","身体不好是废品","德育不好是危险品"。从中可见德育对于教育的重要性。高校思想政治理论课教育教学工作在独立学院学生党建工作中可以发挥巨大的作用。这种作用具体表现在:通过思想政治理论课课堂教学,提高独立学院学生的思想政治素质,使独立学院学生政治理论素养接近入党标准。独立学院是"实施本科学历以上教育的普通高等学校与国家机构以外的社会组织或者个人合作,利用非国家财政性经费举办的实施本科学历教育的高等学校,是民办高等教育的重要组成部分,属于公益性事业。"大多数独立学院都把自己的人才培养目标确定为应用型人才,"以普通四年制高校为主要形式的我国独立学院,不管从设立初衷还是现实需要、从学生生源还是师资结构看,人才目标必须牢牢定位于培养应用型人才,与研究型或高水平的母体在培养目标上合理分工,错位发展"。

与校本部相比,独立学院学生党建工作体现出了难度大的特点。独立学院学生总体综合素质相对一本、二本院校较低,因此对思想政治理论的学习和掌握程度不高,理想观、成才观不够成熟,正确的世界观、人生观和价值观还有待于进一步确立和完善。另一方面,由于大多数独立学院将自己的人才培养目标定位为应用型人才,导致有些学生急功近利,只想学习与就业有直接联系的课程,再加上学校将更多课时安排于校外实训课程、学生也将自己更多的课余时间用于校外的实习,因此用于完成党员培养发展工作偏短,学生党建工作难度增大,各项工作难以充分铺开。由此导致学生党建工作出现一定的问题:多数学生入党积极性不高,即使申请入党,仍然存在动机不纯的情况,比如入党是为了便于毕业后更好地就业;在学生入党前的党课培训和入党后的继续教育中,由于时间的限制,对学生中的入党积极分子进行党的基本理论和基本知识的教育、培训,往往内容不多、要求不高,因此党员的理论修养不高,组织上虽入了党,但并未真正实现思想上的入党。作为普通高校公共必修的思想政治理论课对此是个极大的补充。一方面,作为公共必修课的思想政治理论课的学习,既满足了独立学院学生拿到学分、拿到毕业证这类比较功利性的心理,同时又通过课堂教学使学生接触到了相对较为完整的有关党的基本理论和科学社会主义理论,因此思想政治理论

课课堂教学,是提高独立学院学生思想政治素质、加强学生党建工作的直接有效途径。

二、通过思想政治理论课教学改革来加强学生党建工作

正因为思想政治理论课教育是加强学生党建工作的重要途径,因此,提升思想政治理论课的教学效果、改革思想政治课的教学方法显得尤为重要,只要充分利用好这个渠道,我们的学生党建工作将取得事半功倍的效果。以下以"中国近现代纲要"课程为例说明此问题。

(1) 不断改革课堂教学方法,提高教学效果,提高学生的理论素养。为了调动独立学院学生的积极性,激发他们学习思想政治理论课的兴趣,必须根据教学内容、教学对象的不同,灵活采取多种教学方法的结合。

从 2008 级本科生开始,我们在"中国近现代史纲要"课程中试行专题教学模式。与以往平铺直叙的灌输式教学不同,专题式教学可以更好地贯彻"学马列要精,要管用"的原则,突出重点,紧扣大学生关注的"热点""难点",有针对性地解决学生中普遍存在的认识误区、理论困惑。

我们首先将"纲要"课的教学内容依据教学大纲和教材要求,设置成四个教有针对性的专题:①中国近现代史综述;②历史和人民选择了马克思主义;③历史和人民选择了中国共产党;④历史和人民选择了社会主义。四个专题的设置,既避免了与教材内容的简单重复,又回答了《纲要》课程的核心问题——"三个选择"。第一个专题"中国近现代史综述"中,将 1840 年鸦片战争到 2007 年中共十七大 160 多年的历史完整呈现在学生面前,使他们了解中国近代以来社会发展的基本历史线索。第二个专题"历史和人民选择了马克思主义",介绍的内容比较丰富,涉及到"什么是马克思主义""什么是科学社会主义""历史和人民为什么选择马克思主义"等问题。尤其是第三个专题:"历史和人民选择了中国共产党",我们将党的发展历史、宗旨及其在领导中国革命和社会主义建设中所作出的突出贡献完整地呈现在了学生面前。第四个专题"历史和人民选择了社会主义",同样有针对性地回答了青年学生比较感兴趣的几个问题:"中国为什么在 20 世纪 50 年代选择了社会主义制度""建设有中国特设社会主义道路的选择与理论的形成"等。

在专题教学模式下,我们同时也探索多种有效的教学方法,以专题教学为主的同时,依据教学目标的要求,适时使用各种不同的教学方法:问题教学法,情境教学法、案例教学法等。

2008 级的专题式教学取得了良好的教学效果,与 2007 级平铺直叙式的教学形成了鲜明的对比。因此我们在 2009 级本科生"纲要"课中继续完善与实行

了专题教学模式,并且制定了调查问卷实际检测了教学效果,通过对调查数据的统计、分析、总结,我们发现:本课程的教学激发了学生认识和了解近代以来历史和人民选择了马克思主义、选择了中国共产党、选择了社会主义的浓厚兴趣,比如,在调查问卷设置的问题:"对于本课程的意义,你学习的体会是①重要、受益较大;②内容丰富,有必要学习;③与中学历史课内容重复,没有必要学习"中,在本校地工学部回收的128份有效样卷中,选第一项的有32人,第二项的82人,二者占到了89%,仅有11%的同学认为没必要学习。

总之,通过专题教学模式的应用提升了思想政治理论课教学的效果,带来的是学生能够更好地掌握马克思主义的基本原理及其中国化的理论成果,并能够运用马克思主义的立场、观点和方法,正确分析社会问题,树立正确的世界观和人生观,坚定中国特色社会主义的理想信念,从而增强他们对中国共产党的认识,更加自觉地向党组织靠拢。

(2)通过思想政治理论课社会实践活动,提升大学生观察和思考问题的能力,以加深对党的认识。"高等学校思想政治理论课都要加强实践环节。要建立和完善实践教学保障机制。围绕教学目标,制定大纲,规定学时,提供必要经费。"独立学院由于是民办机制,在思想政治理论课社会实践活动方面没有统一的国家经费拨款,因而如何开展社会实践活动一直是一个难题。

我校从2007年开始探索并实施思想政治理论课的社会实践教学计划,学生社会实践由于各方面条件的限制主要还是靠自己来完成,实践成果以论文或者实践报告的形式提交。除此之外,在"中国近现代史纲要"课程中,结合课堂理论授课内容,再利用武汉市——中国历史文化名城这一特殊的地方资源,给学生介绍一定的可作为校外实践基地的革命历史古迹,并鼓励他们利用课余时间去参观。例如:当谈到辛亥革命,便给学生介绍位于武昌首义路的起义门、武昌阅马场的红楼;当讲到中共早期领导的民主革命,又给学生介绍了位于汉口鄱阳街的"八七"会议纪念馆以及武昌督府堤路的毛泽东故居、中央农民运动讲习所旧址和中共五大旧址,激发他们去了解近现代中国社会演变的历史,了解中共在为中华民族振兴的过程中所发挥的突出作用。因为地方资源更能激起学生对历史的认同感。通过社会实践,能使广大学生从历史和现实的教育中加深对思想政治理论课基本原理和精神实质的理解,有利于深化对党的路线方针政策的认识,最终树立起建设有中国特色社会主义的理想信念和正确的世界观、人生观、价值观。

总之,由于独立学院特殊情况的存在,发挥思想政治理论课教学对学生党建工作的重大作用相对于一本,二本院校而言显得更为迫切,各独立学院应选择适合本校校情的方式,逐步开展思想政治理论课的教学改革,实现独立学院学生真正从思想上入党,以此作为促进学生党建工作的有效途径。

增强思想政治理论课教学实效性的新思考

张先梅

（武汉商业服务学院）

高等学校思想政治理论课是大学生思想政治教育的主渠道,是帮助大学生树立正确的世界观、人生观、价值观的重要途径,它对培养社会主义事业的合格建设者和可靠接班人发挥着重要的作用。但在目前的思想政治理论课教学中,普遍存在着学生学习热情不高、学习兴趣不浓、学习效果不佳的现象。怎样才能改变这种现状,增强思想政治理论课教学的实效性,激活它的吸引力和感染力,使它真正成为大学生真心喜爱,终身受益的课程呢? 要增强思想政治理论课教学的实效性,关键在于教师。邓小平同志早在1978年全国教育工作会议上就曾明确指出:"一个学校能不能为社会主义培养合格的人才,培养德、智、体全面发展的、有社会主义觉悟的、有文化的劳动者,关键在于教师。"(《邓小平文选》第一卷,第105页)笔者认为,通过加强学习,不断完善自己的教学理念,提高自己的教学水平与教学能力,提升自己的人格魅力,做学习型高校教师,是增强思想政治理论课教学的实效性的有效途径。

一、以人为本,不断拓展新思路,关注学生成长,用真挚的情感打动人

高等学校思想政治理论课是大学生思想政治教育的主渠道,这一点决定了思想政治理论课教师具有"双重角色"的身份。他们不仅要扮演好"教师"的角色,做好学生的知识性教育,还要扮演好"导师"的角色,指导学生的健康成长。长期以来,许多教师把自己仅仅定位于一名马克思主义理论、党的路线、方针、政策的宣讲者和社会主义意识形态和精神文明的传播者。作为"教师",他们很好地履行了自己的职责。但"导师"的角色并没有得到充分体现。他们忽略了对学生健康成长的关注和指导,教师与学生之间缺乏足够的交流和沟通。因此,教师形象于学生而言,也只是一个单纯的知识传授者的符号,而没有因为情感的注入而丰满起来。

前苏联教育学家苏霍姆林斯基说过:没有爱就没有教育。人是教育的出发点,也是教育的归宿,一切教育都必须以人为本。思想政治教育尤其如此。思想政治理论课要求教师必须时刻关注学生的思想状态,了解学生的关注点,多与他

们进行思想与情感的交流。只有这样,教师才能以一个良师益友的身份走进学生的心中,学生才会真正地敞开心扉,道出他们的困惑,诉说他们成长的烦恼,表达他们对社会的不解。也只有这样,才能让学生切实感受到学习思想政治理论课并不只是为了应付考试,而是实现自己健康成长的需要,从而发自内心地喜欢它。因此,思想政治理论课教师必须转变观念,从大学生身心健康、全面发展的目的出发,不断拓展新思路,去关注学生的成长,做大学生成长道路上的指导者和引路人。

二、实事求是,不断学习新知识,提高理论修养,用透彻的道理征服人

思想政治理论课课程的特点决定了教师必须不断学习新知识。其一,思想政治理论课鲜明的理论性,决定了教师应该具有较高的马克思主义理论素养;其二,思想政治理论课涉及经济、政治、党建、道德、法律等多项内容,其内容的综合性决定了教师应该具有博大精深的人文社会科学知识;其三,思想政治理论课具有鲜明的实践性和时代性,决定了思想政治理论课教学必须反映中国发展的新情况,必须将最新的中国化的马克思主义理论研究成果充实到课堂教学中去。这些课程特点决定了教师应该紧跟时代步伐,不断加强学习以适应课程的需要。

大学生的思维特点决定了思想政治理论课教师必须不断学习新知识。大学生思想活跃、视野开阔,有很强的求知欲。在当前信息化时代下,他们能够非常容易地获取来自全球的大量信息。但由于理论知识的不足及分析问题能力的欠缺,他们对这些信息往往缺乏理性的认识,容易形成思想上的疑点。作为思想政治理论课教师不仅要有很深的理论功底,同时又要视野开阔,横贯中西,随时关注国际国内社会的热点、焦点问题,能及时为学生答疑释惑,这就必然要求教师不断加强学习以适应学生的需要。

思想政治理论课做的是人的思想政治工作,应注重以理服人、以情感人。要使学生对马克思主义理论真学真懂真信,不能靠强行灌输,而是应本着贴近生活、贴近实际、贴近学生的原则,联系大学生关心的一系列问题,联系大学生的思想实际,运用马克思主义的理论,用通俗易懂的语言、生动鲜活的实例把道理讲清讲透,真正做到以理服人。要达到这一目标,思想政治理论课教师就必须学习马克思主义经典著作,掌握马克思主义基本原理,学习中国化的马克思主义理论及马克思主义中国化的最新理论成果,学习中国共产党党史和党建知识,学习党的一系列重要会议的决议,学习道德纲要,学习法律知识。除此之外,还要了解世界,放眼全球。只有这样,思想政治理论课教师才能真正做到用透彻的道理征服人,马克思主义理论才能真正深入人心,得到学生的认同,只有这样,思想政治理论课教学也才能真正实现既定的目标。

三、解放思想,不断研究新方法,调动学生的学习积极性,用灵活多样的形式吸引人

思想政治理论课教师应解放思想,不断加强对教学方法和考试方法的学习研究。教学应是"教"与"学"的和谐统一。传统的灌输教学常常是教师讲、学生听,是教师对学生单向的"培养"活动。这样的教学,方法单一,形式单调,它体现了教师的主导作用而忽视了学生的主体地位,缺乏对学生的吸引力。因此,思想政治理论课教师应加强对教学方法的学习研究,要充分尊重学生的主体地位,加强与学生的交流与沟通,学习运用科学的教学模式和多种多样的教学方法来调动学生的学习积极性。

笔者从多年的教学实践中发现,互动教学模式很受学生欢迎,教学效果非常好,值得大家在思想政治理论课中推广应用。互动教学模式与传统的单向灌输模式不同,它强调教学过程是"教师主导,学生主体;生生互动,师生互动;人境互动,情知互动"的发展过程,把教学过程变成师生之间、生生之间思维碰撞、情感交流的学习过程。互动教学模式下,学生能够作为课堂的主体而不是旁观者的身份深度参与到整个教学过程中,在共同探讨中互相启发与提高,学生的学习热情被激发,学习积极性和主动性被很好地调动起来。互动教学模式的关键在于灵活运用多种教学方法让学生主动学习、快乐学习。教师可以根据教学要求,针对不同的教学内容对教学方法进行科学设计,课堂上可以灵活运用案例法、讨论法、辩论法等多种教学方法来进行教学。毛泽东在《反对党八股》一文中指出,"空洞抽象的调头必须少唱,教条主义必须休息,而代之以新鲜活泼的、为中国老百姓所喜闻乐见的中国作风和中国气派。"(《毛泽东选集》第2版第2卷第534页)高校的思想政治理论课教学也应如此。实践证明,务实的内容、新颖的观点、活泼生动的形式是吸引大学生的有效法宝。

思想政治理论课教师在考试方法上也应该加强学习研究,使考试真正成为激励学生学习的手段。思想政治理论课是一门实践性很强的课程,其教育目的更多体现在培养学生的"情商"而不是"智商"上。长期以来,学生只要在期末考试之前背背书,就可以顺利通过考试,甚至还可以拿到好成绩。这种只注重书面考试的测评方法并不能全面、公平地反映学生的真实情况,严重打击了学生的学习积极性。因此,思想政治理论课教师要努力改进考试方法,建立科学、公平、全面、客观的考试评价体系。近几年来,一些高校在这方面做了大量的有益的探索,充分调动起学生的学习热情,使考试真正成为了激励学生学习的手段。如将平时成绩考核与期末试卷考核相结合,把平时的出勤情况、课堂表现、作业完成情况、参与课外实践活动情况等内容都纳入到考试评价体系中,综合考核学生的素质,重点考核学

生运用理论分析问题、解决问题的实际能力,考核学生是否真正做到知行统一。思想政治理论课教师要善于学习借鉴这些好的做法以增强教学效果。

四、与时俱进,不断运用新手段,拓宽教学途径,用良好的学习氛围影响人

思想政治理论课教师应与时俱进,不断学习先进的多媒体技术和网络技术,实现教学手段现代化和教学平台多样化。在思想政治理论课教学中,恰当地运用现代化教学手段,利用声、光、色等直观生动再现历史镜头和图像资料,可以打破传统的语言讲述教学的单一性,能更好地激发学生的学习兴趣,大大提高思想政治理论课教学的说服力,增强教学的吸引力和感染力。当前,网络环境正越来越深刻地影响甚至改变着当代大学生的学习方式、生活方式和思维方式。思想政治理论课教师应抓住学生喜爱的网络这一平台,充分运用网络资源,建立教学互动网站,把课堂从教室延伸到网络,寓教于网,使网络成为思想政治理论课的有效载体和重要工具,实现教学途径的多样化。

除此之外,思想政治理论课教师还应加强实践性教学的学习研究,把理论性教学与实践性教学结合起来,引导大学生走出校门。通过开展参观爱国主义教育基地、社会调查、志愿服务等形式多样的实践活动,让学生更深入地认识社会、了解国情,切身感受科学理论在实践过程中散发出的无穷魅力,提高大学生观察、分析社会现象的能力,深化思想政治理论课教学效果。

五、求真务实,不断完善新自我,提高个人修养,用良好的人格魅力感染人

思想政治理论课教师要加强学习,不断提高政治理论修养。要让学生信仰马克思主义,思想政治理论课教师自己首先必须要做到真信。广大教师在政治原则、政治立场上要始终与党中央保持一致,要坚持正确的政治方向,做坚定的马克思主义者。要拥护中国共产党领导,拥护社会主义,热爱祖国,热爱人民;要拥护党和国家的路线、方针、政策,在大是大非问题上,立场坚定,旗帜鲜明。要牢固树立正确的世界观、人生观和价值观,反对拜金主义、享乐主义和极端个人主义,自觉抵制各种错误思潮和腐朽思想文化的影响,以良好的思想政治素质影响和感染学生。

思想政治理论课教师要加强学习,不断提高思想道德修养。广大教师要有强烈的历史使命感、社会责任感和职业荣誉感。要站在时代的前列,志存高远,牢牢把握"培养什么人""怎样培养人"等关键问题,牢固树立"育人为本、德育为先"的思想,全面关心学生成长,尊重学生,热爱学生,因材施教,以培育优秀人才

和推进社会进步为己任。要爱岗敬业,忠于职守,乐于奉献,自觉地履行教书育人的神圣职责。要模范遵守职业道德规范,严谨治学,为人师表,以自己良好的思想道德风范影响学生,以高尚的情操感染学生。

笔者认为,思想政治理论课可以也必须成为大学生真心喜爱、终身受益的课程。它不仅关系到大学生的健康成长,更关系到中国特色社会主义事业的未来发展。因此,作为思想政治理论课教育教学关键的高校教师,应顺应时代的发展要求,以人为本,解放思想,实事求是,与时俱进,求真务实,不断加强学习,探索教育规律,将思想政治教育教学不断推向新的境界。

人文关怀视野下的高校思想政治教育工作新突破

周 彬

(湖北汽车工业学院党委宣传部)

作为文化传承和创新的基地,数百年来,大学的存在方式和所传授的知识内容已经发生了巨大的变迁,然而其培育并赋予人以独特精神品质的使命却始终不曾改变过。大学对文化的传承和创新主要是通过育人来实现的,文化的传承正是体现在文化育人的实践上,而对精神和人格的培育则是一切文化传承与创新的基础。倘若没有健全良好的精神和人格,没有对真善美的价值追求,那么所谓的创新就会出现扭曲和欺诈,误入歧途,甚至被功利和偏见所利用,因此,我们的大学必须把道德培育和价值观培育放在首位,加强高校思想政治工作教育,帮助广大青年学生树立远大的目标,确立正确的价值取向,在科学精神与人文精神的相互辉映下前行,才能于教泽绵绵、薪火相传的过程中不断取得成就。

育人先育德,育德先育魂。高度重视高校大学生思想政治教育是我们党的优良传统,也是我们重要的政治优势。党的十六大以来,以胡锦涛同志为总书记的党中央为加强和推进高校思想政治教育作了一系列重大的决策部署。在制定下发了具有里程碑意义的中央16号文件——《关于进一步加强和改进大学生思想政治教育的意见》,为新世纪新阶段的大学生思想政治教育作了纲领性的指导之后,胡锦涛总书记又在中共十七大报告、建党90周年讲话及清华大学百年校庆的讲话中多次强调了思想政治教育尤其是对高校大学生思想政治教育的重要性。《国家中长期教育改革和发展规划纲要》的出台,更为今后一个较长时期内高等教育事业的发展指明了下一步的发展方向。在这些重要的纲领性文件及讲话中,都蕴含着一个同样的精神,即"文化育人,德育为先"。十七大报告更是明确提出了"加强和改进思想政治工作,注重人文关怀和心理疏导"的要求,体现了新时期思想政治教育的新视角,也凸显了思想政治教育以人为本和与时俱进的创新精神,然而怎样认识人文关怀理念的本质,切实地将其贯彻落实,确保思想政治教育的实效性,是我们广大高校思想政治工作者需要深思和探索的理论问题和现实问题。

一、深化思想,真正认识加强和改进高校思想政治工作的必要性和重要性

1. 加强和改进高校思想政治工作,是社会和国家发展的需要

社会发展,关键在人。小平同志曾指出:中国的事情能不能办好,社会主义和改革开放能不能坚持,经济能不能快点发展起来,国家能不能长治久安,从一定意义上来说,关键在人。拥有一批具有社会主义理想、热爱社会主义祖国的合格接班人是我们的国家和社会能否取得长足发展的根本保证。而高校是知识集中、文化先进之地,集中着我们国家下一代最有思想的一群人,在国家人才培养体系中占据着至关重要的位置,他们肩负着先进思想的探讨、传播、创新的重任,也是宣传国家主流价值观导向的前沿阵地。尽管方式不同、形态不同,但世界各国都把对大学生的思想政治教育放到重要的战略地位上,我们的高校,除了传承和创新文化,也是培养中国特色社会主义事业合格建设者和可靠接班人的重要阵地,我们有责任也有义务通过高校思想政治工作这个主渠道,抢占先机,集中力量,成为思想政治教育的先行军,为祖国培育出健康合格的下一代。

2. 加强和改进高校思想政治工作,是大学生自我发展的内在需要

大学生是一个思维活跃、富于创新的高智力群体,青年学生们处在风华正茂、充满激情的时代,也是他们由依附家庭到自立于社会的转变阶段。他们思想开放,求知欲强,容易接受新鲜事物,具有极其敏锐的感受力,正逐步形成自己的思辨力。他们开始独立地处理学习和生活中的各种问题时,开始认知自己的性格和对待人生各种问题和矛盾以及境遇时所持的态度,并开始思考自我存在的目的和价值,选择和接受自己所认同的观念及价值。因此,大学时期是青年学生们的人生价值观形成的重要时期,是他们思想观念趋于成型的时期,很容易将所接触和认同的思想内化到自身价值观中去,但同时他们也欠缺相应的鉴别力和判断力,容易受到社会转型期泥沙俱下的多元化思潮影响,因此会不可避免地在价值观解构和再构的历史变迁期中产生各种迷茫和困惑,此时没有科学的指导和支撑,思想幼稚、意志薄弱者就无法形成健全向上的人格,从而无法直面迎接人生的各种挑战,找到自我存在的价值。因此,通过高校思想政治工作,在价值

观方面给予当前大学生以正确的引导,助其形成健康向上的人生观和价值观,是我们不可推卸也不能忽视的重任。

3. 加强和改进高校思想政治工作,是应对多元化文化和价值观冲击的需要

远古的惊雷赐予人间文明的圣火,科学的进步铸就人类发展的史诗。随着科学技术突飞猛进地发展,我们已经进入了以知识经济和信息革命为主要特征的新时代,社会生活的方方面面都已经发生了一系列深刻的变化,相应地,人们的生活方式、思想观念和价值取向也呈现出多样化和多元化的趋势。当今的中国文化,是传统与现代、东方与西方、主流与大众文化并存交融的多元文化,多元化的价值观在此基础上得以形成。这种良莠并存、泥沙俱下的状况,势必会对正处在价值观成型重要时期、充满猎奇心理、追求刺激张扬的青年大学生们产生重要影响和冲击。当今的大学生们面临着前所未有的发展机遇,同时也面对着这种利弊兼有的双刃机遇背后的危险。对金钱和享乐的向往,正侵蚀着部分青年的良知,扭曲着他们的价值观,诱导他们走向危险的边缘。这种多元化现状,为我们的教育提出了全方位的挑战,如何加强和改进思想政治工作,因势利导,帮助大学生们选择正确的价值观,抵御不良文化和思潮的冲击,是我们当务之急要解决的问题。

4. 加强和改进思想政治工作,是打破自身局限、与时俱进的需要

唯有创新,才是发展的不竭动力和源泉。加强和改进思想政治工作,也是这项工作自身发展的要求。当前的高校思想政治教育功能受到越来越多的质疑和否定,甚至成了被调侃讽刺的对象,这是我们不得不面对的一个尴尬现象,也是必须深思的一个严肃问题。传统的高校思想政治工作具有浓厚的政治色彩,强调口号式的理论灌输和接受,教学内容空洞的、形式的、说教的多,具体的、实用的、贴近学生生活的少。学校和社会都过多地强调社会、国家和集体对学生的要求、贡献和责任,而忽略了学生对自身生命和生存的关注,以及对学生自身生存和发展能力的教育和培养。而新时代的青年学生具有强烈的自我意识和怀疑批判精神,他们拒绝说教和简单的"洗脑",注重个体意识和个性精神,因而产生了对思想政治教育的消极对待甚至厌学和逆反的现象。因此,思想政治工作要发展,就必须要寻找新的突破口和出路,开拓新的视野,做到与时俱进。人文关怀,就是一个我们可以试图突破的新着力点。

二、深化思想认识,以人文关怀为新的着力点,打破高校思想政治工作局限性

1. 人文关怀的本质和内涵的认识

"人文"二字,始出《易经》,与"天文"二字相对。"天文"谓之天道自然,人文

则指社会人伦。人文区别于自然,有人伦之意;区别于神理,有精神教化之意;区别于质朴野蛮,有文明、文雅之意;区别于武略,则有文治教化之意。可见,"人文"是一个内涵极其丰富而又很难确切指陈的概念,"人文"与人的价值、人的尊严、人的独立人格、人的个性、人的生存和生活及其意义、人的理想和人的命运等密切相关。简单来说,我们所讲的人文关怀就是要尊重人,理解人,爱护人,尊重个体意识。具体到我们的思想政治工作领域,就是要尊重学生个体意识和主体意识,更多地关注和肯定其个人的价值,多给大学生一个独立的空间,一个选择的余地、一个发展的机会;让每一个大学生都拥有参与和发展的权利,为每一个大学生提供参与和发展的机会,使每一个大学生都能够获得参与和发展的体验。这才是大学思想政治工作取得功效的根本所在。

2. 隐性化的教育模式

在人文关怀的视野下改进高校思想政治工作,首要任务就是要转变教育模式,将思想政治教育隐性化,淡化口号式的形式教育,而要将教育目的和内容融入日常环境和生活中去。

早在两千多年前,古希腊伟大的教育家苏格拉底就坚信:真理已经潜藏于人的内心,教学过程并不是由教师来传授现成的结论和现成的知识,而是通过讨论和谈话,唤醒学生的意识,从而去发现真理。教师的角色就像助产士一样,知识和结论是通过学生自己的思考而得出来的。这就是著名的"苏格拉底法",这种方法也同样适用于我们今天的思想政治教育。

新的时代背景和多元化社会观念,使得当代大学生的思维方式和接受方法具有独特的特点,他们喜欢独立思考、盲目服从和接受意识减弱,自我判断和取舍的意识大大增强,具有强烈的怀疑和批判精神,不满足于处在客体地位,被动机械地接受教育者宗旨,简单地接受现成的观点和理论,而是希望通过自己的感受和体会去构建世界观、人生观。这正是传统的灌输教育使他们产生强烈的逆反心理和对抗情绪的原因所在。因此,我们在思想政治教育实施过程中,应当淡化强制教育痕迹,要将教育的意向、目的隐藏到大学生周围的生活环境和特定形式的活动中,使大学生在日常校园生活中不知不觉地接受教育的内容,以实现思想政治教育的终极目的。

隐性思想政治教育特点之一是,教育的目的和内容并不像显性教育那样直接和外显,教育者并非滔滔不绝地灌输道理,也并非引经据典地直率劝导、教师讲来众学生听,而是将教育的目的和意向隐藏到大学生学习、生活和各种活动之中,以含而不露的方式,引导受教育者自然融于教育者创设的教育情境中,使其在非目的性、无意识的情况下,在不知不觉中接受熏陶和影响,是一种隐蔽的、间接的、渗透式的教育。

此外，将思想政治教育隐性化还具有超越时空限制的优势。它不像传统的"思想政治理论课"教育或者大学生党课等形式，主要通过面对面的课堂以严肃刻板、居高临下的政治理论教学的方式对大学生施加直接的理论灌输，而是打破了传统的规定时间、固定地点进行集中统一教育的封闭式教育模式的限制，利用潜存于教室、宿舍、校园中的思想政治教育资源，使大学生在大学生活所有时空范围内时时处处接受思想政治教育，所以隐性思想政治教育是一种无课堂、跨时空的教育。美国学者德里本曾指出："学生良好道德的形成，来自他们在学校环境中的经验的东西，与教给他们的东西一样多。"在隐性思想政治教育实施过程中，教育者利用弥散于高校大学生生活之中的思想政治教育资源，把教育的预定意向、目的巧妙地隐藏其中，使这些方方面面的隐性教育资源，以不同的方式、不同的角度、不同的途径、不同的层次对大学生施加全面的、综合的影响，从而使大学生的思想政治教育全方位、多层次地进行。

许多大学生认为美欧等国的高校没有他们所厌弃的思想政治教育，而事实上，美国的高校虽然没有专门的思想政治教育的课程，但它的思想政治教育却无所不在，其内容隐含在大学里的所有课程尤其是社会科和公民科的课程中，譬如美国大学中的任何一门专业课程的学习都要回答三个问题：这个领域的历史和传统是什么？它所涉及的社会和经济问题是什么？要面对哪些伦理和道德问题？我们的思想政治教育，也可以尝试借鉴西方国家的这种隐形教育法，除了将课程设置的隐性化，还可以通过生活化教育的推行，引导学生参与社会实践，调动受教育者的内在因素，鼓励他们主动参与教育过程，帮助受教育者学会思考、学会怎样选择，通过对选择方式及过程的引导和推动，达到把教育对象引导到既定的教育目标上的目的。也就是以受教育者的"无意识"作为教育过程的开端，使之转化为"有意识"。通过这些"隐藏课程"、社会实践等各种间接方式，他们把思想政治教育渗透到大学生活的各种空间，使大学生时时处处接受思想政治教育影响，却又不会有太重的强制教育痕迹。

3. 学生主体性的凸显

在人文关怀视野下从事思想政治工作，另一个要点就是要注重凸显学生主体性，淡化大学生被教育者的角色，提倡主动参与性。

教育本身就是一种双向互动的活动，而传统思想政治教育只有教师主动的传授，学生要做的就是无条件地、被动地、全盘地接受，很少有表达自我的机会，整个思想政治教育课基本就是教师唱独角戏，搞一言堂。一旦学生有所异动，各大高校都采取的是以压制为主的解决方法，防学生之口，甚于防川。当课堂和校园不允许表达时，学生就会转而寻找其他的场合表达，当今这个网络时代，赋予了人们前所未有的言论自由，课堂和思想汇报上激昂陈词的学生，课后可能就是叛逆角色的代表,各大高校的论坛贴吧开了关,关了又开,学校官方网站之外由学生自发建立的贴吧和网页如雨后春笋,时有过激的言论出现,酿造成这个"门"那个"门"……这种表面服从、偷偷反抗的非正常现象,几乎逐渐被师生当作习以为常的正常现象了。事实证明,只堵不疏是行不通的,这样只会激起学生更大的叛逆之心,对所要求接受的观点更为抗拒,无益于我们的思想政治教育。

古人有云:纸上得来终觉浅,须知此事要躬行。只有给予学生充分表达的机会,学生用自己的眼睛看,用自己的头脑思考,用自己的言语表达,才会有兴趣对各种社会问题有真正的认识和了解,也才能真正地参与其中,而不是从百度和谷歌上复制粘贴而来千篇一律地应付老师和学校。教师也只有凭借学生的真实表达才能洞悉学生内心真正的想法,才能有机会和他们就相关问题进行讨论、分析,而教师也能够在充分了解学生思想动态之后,利用个人的知识和经验,带领学生从各方面、深层次地看待问题,进而有目的、有意识地在潜移默化中灌输相应的理念。事实上,表达和讨论的过程,其实也就是教师帮助学生分析辨别理念正误、剔除思想杂质、树立正确的人生观和价值观的过程。我们的思想政治教育虽然不求一步做到"与其说是一个学生在学习,毋宁说是一个国王在消遣",也务必在一定程度上满足学生的主体意识。

有人说,解放思想先要解放表达,我们的思想政治教育,也应该引入表达机制,给大学生更多表达的机会,赋予他们充分表达和自由选择的权利,满足其主体意识和参与意识,不能惧怕和蛮横地打压学生的表达。

4. 积极有效的心理关怀

人文关怀还包括对大学生心理问题的关注和疏导。高校学生的思想问题,有很大一部分与其心理问题相关,他们虽然已经具有一定的调节和控制自己心理的能力,但毕竟处于未成型时期,具有动荡多变的不稳定性。在高校思想政治工作过程中,把思想教育与心理疏导和心理教育有机结合起来,适当运用心理学的知识和方法,洞悉学生内心,进而帮助大学生进行一定的心理调适,使其不良情绪得到宣泄,心理压力得到缓解,从而促进思想问题的解决,保持心理平衡。在有效的心理疏导基础上,施之以正面的教育和引导,思想政治工作才能真正实现事半功倍的效果。

部分高校已经成立了专门的心理咨询中心,然而与庞大的学生数量相比,这显然是远远不够的,我们应该试图建构一套完整的大学生心理健康服务机构,一套由学校、院系、班级、寝室、家庭、社会组成五位一体的心理问题防范和干预机构。首先是要及时捕捉学生动态,定期进行心理健康排查和上报,加强对学生各种心态的监测、评估和预警,重视大学生的心理波动和心理需求,避免各种不良心态积累并恶变;其次要给学生提供一个可以倾诉和沟通的平台,促进交流渠道畅通,可以定期举行心理健康讲座,由具有专业水平的心理咨询师为学生排忧纾解,针对大学生易发生的心理问题,积极开展心理健康教育和心理心理咨询服务。而教师亦要以健康的情感去感染、鞭策和激励学生,培养学生的积极心态,在润物无声和潜移默化中达到心理和谐和人际和谐。

正如李长春所强调的,进一步加强和改进高校思想政治理论课教育,是国内外形势发展的需要,是全社会的期盼,也是高校广大教师、学生的呼唤。而作为高校思想政治工作的执行者,我们只有将人文关怀融入思想政治教育工作,强调充分关注学生个体,关注学生的生存状况和生存意义,关注学生自我完善与发展,思想政治教育才能迈出现实的困境,走向科学发展的方向。

新时期如何应对思想政治教育理论课教学任务的挑战

陈发初

(荆楚理工学院思想政治课部)

新时期,伴随世界政治、经济、文化的发展,"思想政治课"教学的内外环境也相应地发生了变化,高校"思想政治课"教师务必直面这些变化,并且接受这些变化带来的挑战。

一、新时期思想政治课教学面临的主要问题

(1)学生利益要求向"私"性与国家利益要求向"公"性的矛盾日益突出。1992年6月以来,高等教育实质上的产业化使得高等教育不再是单纯的消费性公益事业,高等教育产业观念以教育服务的新理念真正撼动封建的"师道尊严",还学生以"上帝"的地位。受这种产业化和市场经济深入发展的影响,大学生的思想观念正在发生着深刻的变化,个性化与现实化倾向明显。他们对与自己切身利益相关的知识较感兴趣,对与现实联系不紧的理论非常反感。较易忽视政治理论的学习,他们渴望自己在付出高昂的学费后高校能为他们的利益而运转,在利益上倾向于"私"的一面;而高校"思想政治课"在利益上却更倾向于"公",旨在提高大学生马克思主义理论素养,把学生培养成为德智体美全面发展的社会主义合格建设者和可靠接班人。学生利益要求向"私"性与国家利益要求向"公"性的矛盾,它们之间的冲突虽然没有白热化,但应该是"思想政治课"教学中的主

要矛盾。如果不正视这些矛盾,对此不加以合理疏导,其他的努力都将是徒然。

(2)大众社会实践的复杂性和教学内容理论的简单性的矛盾日益突出。教学内容和社会实践的严重脱节,是当前高等教育面临的一个十分普遍的问题,就业时的专业不对口,本科生回炉读技校已经不再是新闻。当人们开始麻木于这些新闻,深感无奈的背后,是高校教学中长期存在着的理论与实践脱节的问题。这些问题在"思想政治课"教学工程中,也毫不例外地存在。过去过于关注教学任务与目标,过于强调正面宣传而忽视了直面现实,尤其是对诸多"阴暗面"缺乏合理解释,使得理论无法产生说服力,在学生中无法产生共鸣,达不到应有的教学效果。当今社会是信息化的社会,是一个开放的体系,当今大学生可以通过各种途径去了解和认识社会。教师的作用在于帮助学生快速地了解和认识社会以节省他们的宝贵时间,帮助他们树立正确的人生观、价值观和世界观以走上一条正确的发展道路,所以应该引导学生辩证地分析问题以全面准确地认知世界,一味地正面宣传反而收获不到好的效果。社会这个聚合体是复杂的,作为教师就不能以单纯的眼光去认识它。它会影响学生的认知,甚至会出现一些错误。

当前正是改革进入纵深时期,各种问题和矛盾依然存在,很多社会行为并不像教科书讲的那样理性和规范,偏颇任何一方都不是正确的认知。学生易受众多不良社会行为的影响。在一系列社会负面新闻面前,学生往往会以偏概全否定教材内容。否定正确的理论导向,从而放弃对理论的学习。高等院校就像一个"加工厂"。它不仅要考虑原材料的采购,产品的开发、生产,还要考虑它的销售,即被社会接受。作为高等教育的人才培养,未来高等教育的竞争不仅在于"原材料"的竞争,更在于"产品"能否被社会接受以及接受的程度的竞争。理论与实践的脱节导致的结果就是学生不认识社会、不了解社会,无法融入社会,最终被社会所淘汰,那么教育效果就无从说起了。

(3)学生生理心理的"动"与教学方式的"静"之间的矛盾日益突出。高校学生多数处于18~24周岁这一年龄阶段,他们思维活跃、活泼好动,喜欢接受那些属性偏"动"的实践性强的理论,对于那些他们认为属性偏"静"的政治理论缺乏学习的热度,其实政治理论与每一个人的生活息息相关,同样具有很强的实践性和现实性。它之所以给学生属性偏"静"的映象,更多的原因应归咎于教师教学方式方法的问题。谁都知道理论是用来指导实践的,没有厚实的理论就没有可观的实践效果,好的理论会产生好的结果。贯彻政策理论是"思想政治课"教师在平时教学活动中一项十分重要的任务。但有些教师在完成这些任务的时候并没有做更多方式方法的处理,往往牺牲学生的愿望,通过灌输"纯理论"推动,以一个又一个理论进行狂轰滥炸。在大量理论面前,学生手足无措,于是他们觉得理论深奥,自己处于理论之外,缺少参与的机会,也自然认为那些理论缺乏"动"

感。长此以往,导致学习理论热情下降。面对如此窘境,在教学双方各有所求的时候,教师一方面要引导学生重视理论学习,强调理论对于实践的重大指导意义,让学生产生理论学习的热情。另一方面也应该检讨传播理论的方式方法,是不是因为平时教学手段和方法长期处于"静止"状态不够多元,才导致学生产生接受疲劳?教师应该利用教学手段和方法的灵活多样去激活理论的"静",让学生自觉自愿参与理论学习中,形成"教"与"学"的良性互动,达到预期的教学目标。

二、解决思想政治课教学矛盾的主要措施

高校"思想政治课"教学中面临的这些变化,深刻影响着教师的教学效果,为了在实践中解决这些矛盾,迎接这些挑战,提高"思想政治课"的教学质量,使"思想政治课"能成为中国特色社会主义建设的有力的推动者,施教者必须切实做到以下几点。

(1)坚持科学发展,有机协调"公"和"私"的矛盾。教学中应该始终坚持科学发展,将"以人为本"理念贯穿于大学生思想政治教育之中,"必须坚持以学生为本,强调学生的主体地位,做到贴近实际、贴近生活、贴近学生",充分照顾学生的私人利益。上课前对所要教授的对象必须进行一次细致的摸底调查,要充分了解学生的年龄结构、家庭情况等,尽量做到因材施教。在教学中应该充分考虑到这些实际情况,结合他们的特点,教学不应该片面追求理论深度,而是以使学生获得实际教益,使他们的思想得到实实在在的提高作为根本目的。过分注重理论深度,本意是想让学生的马克思主义理论修养得到大的提高,但如果理论难度过大,学生听不懂或不愿听,反而失去了应有的意义,这样就不能充分发挥"思想政治课"的作用。其次,在教学中尽量结合学生所学专业进行教学。当我们的教学进入学生的专业领域时,哪怕是零星的介入,学生都会感觉到亲切和被特殊照顾,从而会激发他们对"思想政治课"的喜爱和专业的热爱。这样一来教师就能实现"公"和"私"某些方面的有机协调。这种"公"和"私"的矛盾其实是不存在的。思想政治课教学的重要任务就是统一思想,聚集"人心",最终实现国家的安宁与强大。国家的安宁与强大给个人的发展提供了良好的社会环境和展现的舞台。所以它与个人的发展是密切相关的,并不存在什么矛盾。有些人认为这里面存在矛盾,只不过是思考的局限性所致。

(2)要高度重视"思想政治课"教师自身综合素质的提高。作为"思想政治课"教师,良好的思想道德素质是取得良好教学效果的基础。教师的思想道德素质直接影响和决定着学生的思想品德。"思想政治课"教学的效果如何,所讲道理能否使人信服,首先取决于教师的个人影响力。如果教师不能为人师表,率先

垂范，讲一套，做一套，所讲道理很难使学生信服，教学就很难取得成效。其次理论素质是硬件。理论素质是"思想政治课"教师业务素质的根底，理论素质中尤其要注意学习原著和阅读文献。只有"思想政治课"教师理论功底提高了，才能提高科研意识和能力，才能提高教学水平，也才会有真正属于自己的教学、科研能力和水平。最后是社会实践能力。"思想政治课"教师对教材、教学内容的理解和把握的到位程度决定"思想政治课"教师的教学能力和水平。教学能力和水平的提高只能来源于教学实践和社会实践，而当前"思想政治课"教师缺乏的就是社会实践。如果只知道教书，不了解在社会实践中如何运用所教的基本原理，那就不可能真正理解和把握教学内容，更不可能做到"精讲"。教师要到火热的社会实践中去了解社会、认识社会、把握社会，才能真正提高"思想政治课"教师的综合素质。

（3）在继承的基础上注重"思想政治课"教学方式的探索与创新。如果大学的"思想政治课"还是一味地单向灌输和说教，不但与现实脱节，而且也不利于学生主动性的发挥和创造性的培养，特别是在今天这个信息技术飞速发展、学生的资讯来源非常丰富的时代，假如教师的授课还是停留在刻板的照本宣科上，还是一成不变地采用一本课本、一支粉笔的教学方式，那么"思想政治课"的教学脚步就远远落后于学生的步伐，就将严重影响"思想政治课"的效果，必然被学生所抵触。

当代大学生思想观念比较开放，思维非常活跃，非常注重个人意识和个人能力的发挥，对传统的灌输式教学方式很抗拒，因此在教学中更须根据学生的特点、爱好，积极引导他（她）们发现和开辟自己的兴趣空间。进一步深化教学方法的改革，将教与学融为一体，不断地创新出能够激发学生学习兴趣、活跃课堂气氛的教学方法；加强教师间教学方法的交流和探讨，多听取学生的意见和建议，共同努力，促进师生关系的融洽和协调。由单一的课堂讲授向课堂讲授、组织讨论、辩论、经典导读、情境创设、问题教学、交互设疑式教学、案例教学等多种方式转变，以活跃气氛，调动学生学习的积极性、主动性。

此外，改革"思想政治课"的考试方式也很必要。考试不仅是考查教学成果的重要手段，而且对教学过程具有重要的导向作用。我们应该放弃过去那种期末一考定终身改为期末考试、平时成绩、学习态度相结合，综合评定学习成绩，把考试贯彻到教学的全过程。从单纯考查学生学习到了哪些知识到综合考查学生学到了哪些知识、怎样学到这些知识。需要特别注意的是课程结束后，教师不给学生指定考试范围和考试重点，不给学生错误的导向，以期达成以考促学的目的，从多方面入手迎接新时期教学任务的新挑战。

浅析思想政治理论课的改革与发展

汪海燕

（武汉大学珞珈学院）

2010年5月5日召开的国务院常务工作会议，审议并通过了《国家中长期教育改革和发展规划纲要（2010—2020年）》（以下简称《教育规划纲要》），2011年4月24日，胡锦涛同志在清华大学百年校庆大会上发表讲话。从《教育规划纲要》的指导思想和胡锦涛同志讲话的指导精神中，我们不难发现两者都是科学发展观在教育领域中的具体体现，"高举中国特色社会主义伟大旗帜，以邓小平理论和'三个代表'重要思想为指导，深入贯彻落实科学发展观，实施科教兴国战略和人才强国战略，优先发展教育，办好人民满意的教育，建设人力资源强国。"要实现科学发展观在教育领域中的落实，各级教育主管部门就必须高度重视高等学校的思想政治教育工作。大学思想政治教育工作主要由两部分组成，一部分是由"校党团班宣教、班主任辅导员工作、学生社会实践"等组成，另一部分则主要是以"思想政治理论课"为主。因此，要实现高校思想政治教育工作的发展，就必须从以下两个方面入手：一是通过对马克思主义中国化理论的课堂教学，来提高大学生的思想政治理论水平；二是通过由专业老师所指导的课外实践，使大学生能够自觉地实践马克思主义中国化的理论。由此可知，专业课程的建设和社会实践的推进同等重要，本文主要以高等学校的"毛泽东思想和中国特色社会主义理论"的教学为案例，阐释如何确保《教育规划纲要》的思想和胡锦涛在清华建校100周年上讲话的精神在高校中得以贯彻。

一、提高思想政治理论课教师的待遇

思想政治理论课与其他的专业课不相同，其任务主要是要确保国家的大政方针能够及时、准确地传递给在校学生，教师在这一信息传递的过程中起决定性作用。因此，要保障国家的路线、方针和政策能够为在校学生所熟知，就必须提高思想政治理论课教师的待遇，这将有利于建立一支稳定、专业和积极进取的思想政治理论课教师队伍。思想政治理论课教师的待遇，主要包括以下政治待遇、社会待遇和经济待遇三方面，也就是所谓的"事业留人、感情留人、待遇留人"：事业留人主要是从政治待遇的角度来讲，"就是使知识分子有事做，有成就感"；感情留人主要从社会待遇的角度来讲,"就是给知识分子创造条件,有做事环境";待遇留人主要从经济待遇的角度来讲,"就是尊重知识分子的劳动成果,使其贡献与待遇相一致。"

首先,要提高思想政治理论课教师的政治待遇。所谓的政治待遇,并不是指思想政治理论课教师在国家权力机关中拥有较高的权位,而是指恢复思想政治理论课教师翻阅我党所发布的文件,使其能够及时、准确地把握和传递中共中央的精神,将思想政治的理论和我国的政治现实有效结合在一起。随着我党领导的改革开放不断深入,中国发生了翻天覆地的变化,政治民主化、社会多元化和经济市场化的步伐不断加快,这对当今中国高等学校的思想政治教育带来了挑战。其中,思想政治理论课教师都普遍面临的一个困境是,由于不能查阅党中央的最新文件而无法完善已有的理论体系,导致很多老师无法用陈旧的理论体系解答现实的政治,无法解答在校大学生心中的困惑,进而影响思想政治理论教育的成效。要解决这一困境,就必须保证思想政治理论课的教师能够及时了解党中央的最新精神,而恢复其查阅党中央的文件是解决问题的有效方法。

其次,要提高思想政治理论课教师的社会待遇。所谓的社会待遇,主要是指思想政治理论教师在高校应该获得其他教师的认同,不仅使教师本人能够认识到自身职位的重要性,也能使其他教师能够尊重思想政治理论教师的教学。在当今中国的高等学校中,其他教师对思想政治理论课的教学并不重视,导致的结果是其他专业课堂和学生的课外活动,往往挤占思想政治理论课的教学时间。在实际教学过程中不难发现,在面对思想政治理论课和其他专业课发生冲突的时候,由于其他教师和行政人员对思想政治教育课不够重视,导致的结果往往是牺牲思想政治理论课,这严重影响了思想政治理论课教师的工作积极性。

最后,要提高思想政治理论课教师的经济待遇。中国高等教育(包括大学本科、研究生)自1999年开始不断扩大招生规模,这在推进全体国民教育水平不断提高的同时,也对高校的教育资源形成了较大的压力。其中,对高校思想政治理论课教师的压力尤为突出,招生规模的扩大意味着,每一个从事思想政治理论课教学的教师都要在经济收入没有增加的情况下承担更多的教学任务,这严重影响了思想政治理论课教师的工作热情。因此,在不断壮大思想政治理论课教师队伍的同时,也要适当提高其(尤其是青年教师的)经济待遇,"进一步切实解决思想政治工作者在工作及生活中遇到的种种难题和困境,如思想政治工作者的地位不高,待遇偏低,工作环境差,评职称有困难,生活环境不好,住房问题得不到妥善解决等。"由经济待遇不高所引发的种种困境,极易导致思想政治理论课教师不能安心工作,影响思想政治理论教学的有效性,因此,必须提高思想政治理论课教师的经济收入。

二、强化思想政治课与社会现实的联系

众所周知,思想政治理论课的特殊学科性质,决定了其具有较大的抽象性和思辨性,这使得思想政治理论课的内容与高校学生的生活有一定距离。以"毛泽东思想和中国特色社会主义理论"为例,从时间维度上来讲,该课程的内容跨越了旧民主主义革命、新民主主义革命、社会主义改造和建设以及改革开放等历史时期;从空间维度上来讲,该课程的内容则涉及到英国、法国、美国和前苏联等几十个国家;从涉及的学科来讲,该课程的内容囊括了政治学、经济学、历史学和教育学等学科。思想政治理论课的思辨性和抽象性意味着,任课教师只有缩短受教育者与教学内容之间的距离,才能使思想政治理论课走进并影响学生的世界观、人生观和价值观,这可以从以下几个方面着手。

第一,让思想政治理论走进高校学生的生活。对于思想政治理论课的教师来讲,思想政治理论课的关键不在于课时的增多,亦不在于教学设备的现代化,而在于教学效果的不断提升,在于学生是否对思想政治理论课感兴趣。要让学生对较为抽象的思想政治理论课感兴趣,任课教师就必须坚持毛泽东所提出的理论和实践相结合的原则,"中国共产党人只有在他们善于应用马克思列宁主义的立场、观点和方法,善于应用列宁斯大林关于中国革命的学说,进一步地从中国的历史实际和革命实际的认真研究中,在各方面作出合乎中国需要的理论性的创造,才叫做理论和实际相联系。"否则,理论和实践的脱节将会严重影响思想政治理论课的教学效果,学生更多的是基于考试的需要才被动、消极地学习,而不会从内心认同思想政治教育的理论,在某些情况下甚至会对其产生厌恶感,这无疑与开设思想政治教育的初衷相违背。而要避免这种状况的发生,任课教师就必须做到理论与实际的结合,即将思想政治理论课的内容与学生身边最熟悉的事情联系起来,这不仅使学生能够更容易地理解思想政治教育的理论,而且也将有助于学生对思想政治理论课感兴趣。

第二,扩大社会实践活动的覆盖范围。相比于其他学科的教学,思想政治理论课的授课形式可谓更加多样化,除了传统意义上的文字教学之外,还有图片、视频、课堂讨论和社会实践活动等教学形式。其中,社会实践活动以其直观、形象和生动的形式更受学生欢迎,其教学效果也是最好的,但是不足之处在于社会实践活动的覆盖面非常小,无法满足所有在校学生的需求。以某部属高校的"毛泽东思想和中国特色社会主义理论"课堂为例,全校每学期教学班的数量为15个,每班的人数为150~200不等,每学期安排的社会实践活动共有5次,所覆盖的学生仅占学生总人数的20%左右,其余80%的学生的社会实践仅仅是通过看电影和听讲座的形式来完成的。国家教育部门应该加大对社会实践的支持力

度,扩大社会实践活动对社会成员的影响,使学生能够通过参观和考察切身感受到思想政治理论课的真实性和正确性,以此来强化学生对党的路线、方针和政策的支持和拥护。

第三,思想政治理论课应该采取多样化的考试形式。长期以来,思想政治理论课的考试采取"一刀切"的形式,即由承担该课程的教研室统一命题、统一考试,这种考试形式没有考虑到不同专业学生的差异性,无法真正有效地评测学生的思想政治水平,这使其考试成绩缺乏可信性。要想改变这种困境,任课教师就必须根据学生的不同专业设计出不同的考试模式,以更客观、更公正、更灵活的方式来评判学生对思想政治理论的理解和掌握。例如,对于美术系的学生来讲,与图片表达相比,文字表达可能并不能很好地体现其世界观、人生观和价值观,对此,任课教师就应该灵活采取文字考试和图片考试的形式。思想政治理论课与其他学科的不同在于,它并不仅仅是为了传授某一知识,而是为了传授一种世界观和方法论,是为了影响学生今后的生活、工作和学习。因此,对于思想政治理论课这一特殊的学科来讲,考试的形式应该避免"一刀切",多样化的考试形式将是确保思想政治理论课的可信性的途径。

三、不断完善思想政治理论课的理论体系

长久以来,思想政治理论课无法得到其他学科的认同,原因之一是其缺少系统、完整的理论体系,虽然兼具了哲学、历史学和政治学等学科的特点,但却无法形成自己的特点:与哲学相比,思想政治理论课缺少思辨性;与历史学相比,思想政治理论课缺少细腻性;与政治学相比,思想政治理论课缺少逻辑性;与教育学相比,思想政治理论课缺少技巧性。这些不足使思想政治理论课无法准确地确定自身的学科性质、研究对象和研究方法,也无法就某些认识达成共识,这势必会影响思想政治理论课在整个学术界中的地位,也将影响其所负的历史使命。要走出这种困境,从事思想政治理论研究的学者就必须不断完善思想政治理论课的理论体系,这可以从以下几个方面入手。

一是建立以马克思主义理论为核心的理论体系。以辩证唯物主义和历史唯物主义为基础的马克思主义理论,是指导包括中国在内的社会主义国家进行国家建设、经济发展和社会进步的指导方针,离开马克思主义来谈社会主义建设将会迷失方向。改革开放的总设计师邓小平同志,就曾旗帜鲜明地提出要把坚持马克思主义、毛泽东思想上升到立国之本的原则高度,提出"全党必须再重新进行一次学习""根本的是要学习马列主义、毛泽东思想"的号召,强调"在工作重心转到经济建设以后,全党要研究如何适应新的条件,加强党的思想工作,防止埋头经济工作、忽视思想工作的倾向。"作为社会主义建设的重要组成部分,思想政

治理论课实际上就是对马克思主义中国化的理论进行宣扬,其发展必须始终以马克思主义、毛泽东思想、邓小平理论、"三个代表"重要思想以及科学发展观为指导,"从逻辑上说,既然学科是教育教学的基础和依托,教育是通过学科来进行的,学科建设就是把一门学科(或教学科目)作为科学来建设,使其立于社会实践和科研的最新发展水平上,思想政治理论教育课进行的是马克思主义理论教育,马克思主义理论是一门博大精深的科学体系,是我国哲学社会科学的最根本的理论基础。"

二是采用定量研究和定性研究相结合的研究方法。在传统意义上,学者们对思想政治理论的研究往往采取定性研究的方法,这在思想政治理论课发展的早期阶段具有积极意义,但随着学科建设的深入和发展,传统的定性研究已经不能满足思想政治理论建构的需要。概而言之,定性研究的主要缺陷在于"理论有余,实证不足",而要弥补定性研究的这一缺陷,就必须引入定量研究的方法,因为"从总体上看,定量研究比定性研究更加强调标准的研究程序和预先设计,而定性研究则更强调研究的灵活性及研究方法的多样性。定量研究主要通过数据的展现来说明统计的结果,而定性研究主要是通过研究后进行叙述性说明"定量研究和定性研究之间的关系,实质上就是理论和实践之间的关系,没有理论的指导,实践就会蜕变为经验主义;而没有实践的支撑和验证,理论就会成为空谈。因此,毛泽东同志就曾在"反对本本主义"一文中,提出了"没有调查研究就没有发言权"的著名论断,指明"一切结论产生于调查情况的末尾,而不是在它的先头",因此"我们需要时时了解社会情况,时时进行实际调查",要求领导干部"到群众中做实际调查去!"因此,引入定量研究的方法,必将会推进思想政治理论研究的深入和发展。

三是强化服务社会主义建设的学科导向。社会主义初级阶段并不是泛指任何国家进入社会主义都会经历的起始阶段,而是特指我国生产力落后、商品经济不发达条件下建设社会主义必然要经历的特定阶段,即从1956年社会主义改造基本完成到21世纪中叶社会主义现代化基本实现的整个历史阶段,"正处于并将长期处于社会主义初级阶段"是当前中国最大的实际。自1978年改革开放之后,随着中国特色社会主义建设的不断推进,中国在政治、经济、社会和思想文化上都发生了翻天覆地的变化,西方的世界观、人生观和价值观的输入影响着当今中国。如何在面对不同思想的冲击以及法律制度不完善的情况下,要继续保持马克思主义、毛泽东思想、邓小平理论、"三个代表"重要思想和科学发展观的指导地位,就必须加强思想政治理论课的建设,自觉提高思想政治理论课服务于社会主义建设的意识。

综上所述,《教育规划纲要》的提出和胡锦涛同志在清华百年校庆上的讲话,为包括思想政治理论课在内的各学科发展提供了指导思想,为推进思想政治理论课的改革和创新指明了方向。要更好地贯彻《教育规划纲要》的思想和胡锦涛同志讲话的精神,就要重视和加快思想政治理论课的建设:一方面,提高思想政治理论课教师的待遇和强化思想政治课的现实感,将为思想政治理论课的发展奠定社会基础;另一方面,加强思想政治理论体系的建设,将为思想政治理论课的发展奠定理论基础。有中国特色社会主义的现代化建设不断发展,意味着中国的思想政治理论课要不断研究新情况、解决新问题,为中国的现代化建设创造良好的思想文化环境。

第三篇 心理健康教育

中美高校心理健康教育工作比较研究

韩 莉

(武汉大学基础医学院)

高校心理健康教育是维护高校稳定、提高人才培养质量和大学生整体素质的重要组成部分,越来越受到各高校的重视,也开展了一系列的研究和探索。美国一流高校在大学生的教育培养中高度重视心理健康教育和心理咨询工作。本文通过武汉大学(简称 WHU)和美国俄亥俄州立大学(简称 OSU)心理健康教育对比研究发现,国内高校重群体性和教育性,美国高校重针对性和实效性,都凸显出十分鲜明的特色。

2009 年 2 月,作为武汉大学第三批赴美见习考察学习团的成员,我在美国俄亥俄州立大学进行了为期一个月的学生事务管理见习,通过座谈、课程学习、讨论会、报告会、个别走访、见习参观等形式,系统考察学习了 OSU 心理健康教育和咨询服务体系。通过对 WHU 和 OSU 两校心理健康教育工作的分析和对比研究,可以对我国的心理健康教育工作的良好开展提供一些启示与借鉴。

一、两校的心理健康教育工作理念

1. WHU 的工作理念和范围

WHU 将心理健康教育纳入大学生思想政治教育工作体系,制定了《关于加强大学生心理健康教育工作的意见》,按照"整体推进,分层实施,抓住重点,解决难点"的工作思路,积极构筑课内与课外、教育与指导、咨询与自助相结合的心理健康教育网络体系,建立健全了大学生心理健康教育工作决策系统、运作系统、执行系统和反馈系统。

WHU 确定了学—院(系)两级心理健康教育工作体系,学生工作部、研究生工作部、大学生心理健康教育中心等主要负责大学生心理健康教育工作的整体安排与规划、大学生心理素质的系统培养和开设心理健康教育课程,为有心理困扰或心理障碍的学生提供专业化的心理咨询与治疗,对个别学生实施心理危机干预;院系心理辅导员主要负责大学生心理健康的普及教育、为学生提供心理帮助、引导学生解决发展性困扰、指导院系学生心理社团,必要时参与心理危机干预。

2. OSU 的工作理念和范围

CCS(Counseling and Consulation Service)是 OSU 承担学生心理健康教育工作的核心部门,为全体学生、职员和他们的配偶提供建立在自愿基础上的免费咨询和服务。它的任务和使命是:通过 CCS 全体咨询师和职员的共同努力提供令人满意的个别和团体的心理健康服务,提升受助者的个人表现,控制压力,培育健康的校园氛围,体现多样性的尊重,提高生活、学习质量,促进个人健康和学生的学习成功。

CCS 的工作重心突出,咨询服务范围涉及个人情感、人际关系、学习和职业发展等多方面。在 2008 年自评报告中,他们描述了六个方面的工作去适应和迎合 OSU 师生在心理健康咨询教育服务上的需要:一是心理咨询和治疗服务。这是 CCS 最主要的工作,它能为 OSU 学生提供及时、有效、高质量的心理健康服务,能进行心理状态的筛选、评估和诊断。二是精神疾病的治疗。CCS 的咨询师对身心健康和疾病的关系进行了深入研究,能进行精神疾病的评估、诊断、治疗和转诊,但服务仅限于正在 CCS 接受精神疗法和咨询的人员。三是培训。CCS 在心理学、社会工作、咨询和精神病学等心理健康领域培训高级研究生和专业学生,提供充足的实习生、GAA、轮转生和研究员岗位。四是指导和宣教。他们为全体教师、职员、父母和同伴组织提供指导,为学生组织、班级,特别是一年级新生举办多种多样心理健康教育主题的报告会和研讨会。五是危机干预。CCS 团队在应对危机事件方面受过专门培训,能为受到危机或死亡影响的人提供立即和持久的支持。可提供紧急约会,24 小时处理自杀危机。六是网络资源。CCS 网页 www.ccs.osu.edu 提供在线评估,链接了社会、政府提供心理健康咨询服务的相关网站和信息资源。

二、两校心理健康工作的特色

1. WHU 的"四体联动"工作模式

以队伍建设体系为保障、以教育宣传体系为重点、以心理咨询体系为基础、以危机干预体系为难点的"四体联动"工作模式是 WHU 心理健康教育工作的特色。

重视工作队伍的培养。WHU 的心理健康教育与咨询工作主要由分布在各校区的四个心理咨询室的专业心理咨询师和各院系的心理辅导员共同完成。WHU 每年在全体辅导员中举办学生工作大讲坛,开设学生心理健康教育知识系列讲座,普及"抑郁症的识别""如何与学生进行有效沟通"等知识;编印了《辅导员心理健康教育工作手册》和《学生心理危机干预指导手册》等辅导资料;邀请专家进行危机干预案例评析,指派心理咨询专家指导辅导员开展心理辅导工作。学校每年有计划地将辅导员分期分批选送到国内相关心理咨询师培训中心培训,目前已有 160 余人获得了国家心理咨询师资格证书,获得心理咨询师资格证书的辅导员占全校辅导员总数的 70%。部分有心理学专业背景、经过专业培训的辅导员利用业余时间参与到学校的心理咨询与治疗工作,有效提升了自身的专业能力。

重视普及性教育。WHU 充分利用丰富的资源和雄厚的师资力量,根据大学生实际需要和身心变化规律,结合年龄与学科差异,开设了《大学生心理健康》《心理咨询与治疗》等 18 门公共选修课程。通过学习这些课程,学生可获得 1~2 个学分,增强心理健康意识。

WHU 每年会组织举办"温心行动月"、"青春·阳光"拓展训练营、"关爱子女心灵,共话新生适应"家长心理健康课堂等一系列主题活动,积极开展多渠道、全方位的大学生心理健康教育工作。WHU 开设了"珞珈心理在线"网站,编印了"珞珈心源"报纸,以健康向上的信息和在线服务引导舆论,普及心理健康知识,开展网上心理疏导和调适,学生可通过心理网页发表心理卫生保健见解,寻求心理咨询及心理治疗帮助,进行心理健康测试等。

WHU 构建了较为完善的同辈教育体系,成立了学校—院(系)—班级的三级学生心理互助组织,包括校院两级的大学生心理卫生协会、研究生心理互助中心以及班级学生心理骨干等,同辈教育组织本着"分享你我的快乐,分担彼此的忧愁"的宗旨,组织开展"破冰""社交""自信心""生涯探索""人际信任""探索自我"等特色团体辅导活动。

设立特色基地。"武汉大学学生心理健康教育特色基地"是 WHU 在开展学生工作中的一个创举,旨在以特色基地为孵化器,构建心理健康教育的辐射源。基地面向全体学生的发展,紧紧围绕心理健康教育目标,关注学生的认知、情感和行为,广泛开展心理健康教育活动,使学生对心理健康教育有充分的认识,主动、积极地参与到心理健康教育活动中来,把心理健康知识内化成自身的能力、素质,从而充分发挥自身的潜能,促进其全面发展。

重视心理危机干预。WHU 建立健全了学生心理危机评估制度、学生心理健康普查制度等一系列心理危机干预工作机制,推行大学生心理信息月报制度,希望实现大学生心理危机干预工作的"早发现、早识别、早评估、早处理,防患于未然"。辅导员会定期召开班级心理委员会议,对学习困难、家庭经济困难、适应困难、就业困难等特殊群体学生给予特别关注,在班级中构建以教育为基础、以预警为重点、以干预促转化、以跟踪固疗效的学生心理危机干预体系。

2. OSU 的协作体系和专业化道路

多部门多机构协同工作。OSU 有很多部门和机构都在提供与心理有关的教育、咨询、服务、研究工作。他们各有侧重和其专业领域,但又有交叉合作。作为职能部门的机构有:Counseling and Consulation Service(CCS),主要为师生提供咨询和顾问指导服务;Students Wellness Center,主要提供健康生活方式的咨询和宣教服务,倡导学生正确地对待药物和酒精依赖、性行为和妊娠、减肥和健康饮食;Student Health Services,为学生提供疾病的诊断和治疗服务,并在学生接受医疗服务的过程中评估他们的心理状态,及时发现心理或精神异常的学生并予以干预和治疗;Health Insurance Program,负责解决学生的健康保险和有关财务压力问题。

作为研究机构开展心理学与精神病学诊断和治疗的也有多家。例如:Psychological Service Center,主要针对抑郁症的治疗和压力管理的学习提供免费的最新的治疗和学习机会;The Math Study Serivice,为在数学或其他学习中碰到困难和有学习压力的学生提供免费的咨询和帮助。

学生社团也发挥了重要的自我教育作用。例如:Success Not Excess Group,通常由 8~12 名学生组成,每周五的中午 11 点到晚上 12 点半会在 CCS 的指导下提供一个独特的会场,让学生们在一起互相帮助,了解药物和酒精对人体身心的影响,倡导建立一种健康的生活方式,通过自助树立自信。

作为工作领域拓展方面,各学院的导师、学生宿舍的管理员也都负有为学生提供心理咨询和服务的职责。他们在日常的学生教育管理、宿舍文化氛围的塑造等过程中,自觉地进行学生心理健康的评估和疏导工作,及时将发现的学生危机事件向危机干预中心汇报,劝导学生向心理咨询机构主动寻求帮助。

专业化道路。OSU 的学校心理健康教育和咨询服务通过走专业化的道路来提升服务的精深度。这些在它的团队组成、工作内容、研究成果、服务水平上有充分体现。CCS 的职业团队由医生、心理学家、精神病学家、咨询师、社会工作者、护士、心理学、咨询和社会工作专业实习生以及其他研究生和博士后组成。他们都在相关领域受过专门的系统训练、专业水平高、实践能力强、经验丰富。团队的组成体现了职业化、多样化、高学历化。2008 年,有 10000 余人接受了个别或团体的相关咨询。

它的工作流程和内容体现了其专业化的特点。CCS 的专家每个人有不同的专业研究领域。学生在预约后,分诊台的工作人员会根据咨询者的自述、症状体征、咨询要求将他们分给不同的专业咨询师。每位咨询师接诊后都会非常认真专业地对待咨询者,对于发现的疑难或潜伏自杀、伤害他人等危机的咨询者,他们会在每周一次的业务讨论例会上通报并采取会诊、转诊、专业治疗、危机干预等不同的处理方式,力求将危机化解或危机造成的伤害减低到最小程度。对普通的咨询者也不是一次咨询就算了,他们会在一年或相当长的一段时间里对学生予以关注。目前,CCS 的工作逐渐有趋于医疗化的态势。

CCS 咨询服务和培训资格已获得 the Internation Association of Counseling Services (IACS) 和 the American Psychological Association (APA) 认证。他们除了为学生和职员提供咨询、教育、培训工作外,非常重要的一部分工作就是开展心理学、精神病学等专业领域的研究工作。他们做的年度工作计划和总结严格遵照相关的研究数据来编撰,科学地对 OSU 的学生心理状态进行数据分析和总体评估。

三、借鉴与启示

1. 丰富心理健康的内涵,扩大心理健康教育工作的范围

在 OSU 校园里处处可以感受到美国一流高校对培养学生美国式核心价值观所做的努力。学校的所有教育管理工作真正体现了以学生为本的思想,围绕着成人、成才、成功这个目标,在潜移默化中渗透着美国教育的核心价值元素:坚持、正义、信任、善良和济世情怀(责任感教育)。这种教育崇尚个人成功、鼓励追寻个人价值,将健康作为成功的重要因素和保障。他们对健康的理解包括了心理健康、身体健康、生活方式的健康和生活环境的健康。学校开展心理健康工作并非只是有关心理方面的教育,其目的也不仅仅局限于心理品质的健康发展。它的最终目标是追求身心和谐,培养和提高个人的胜任力。

2. 改善宣传手段,提高宣传效率

OSU 和美国的其他高校一样,没有学生班级的概念,学生可自由地转专业和转校,流动频繁;除了一年级本科生要求在学校住宿外,其他学生都可以在校外住宿,分散性大,把学生组织起来是他们最难做到的工作。OSU 的心理健康教育咨询服务的工作人员非常羡慕中国高校可以很容易地组织普及性教育活动。针对学生群体的这些特点,OSU 也想了很多有特色的卓有成效的宣传教育手段,最具借鉴意义的有两点。

一是网站的建设。网络和信息化在美国高校的普及程度是相当高的,学校的各项管理工作基本上都能在网络上完成。所以,学生们可以很容易地在网络上检索到各种心理学、精神病学的相关理论知识;检索到学校正在举办的各种健康活动。除了内容丰富,特别在网站建设中值得学习的是简明实用。例如:CCS

面谈的预约基本上可在线完成;网站可提供学生对心理状态的自评系统;对不方便面谈的可提供在线答疑;网页上还以PPT的形式详解了学生自觉心理有压力困惑后,如何寻求专业人士咨询帮助的步骤,非常简明清晰,语气和措辞也非常注意对学生心理的保护和诱导。

二是宣传册的制作。在OSU的校园里可随手得到各种各样的宣传册,无论是在预约等候厅里、在面谈室、在学生活动场所,甚至是在学生食堂、宿舍走廊都可以看到各部门提供的各种印制精美的宣传手册。宣传册的设计非常值得学习借鉴:图文并茂、设计新颖吸引眼球;大小适中、方便携带阅读;一事一册、重点突出言简意赅;地址、电话、网址放在最显著的位置。

这些手段在提高工作效率、宣传心理健康知识方面都发挥了重要的作用。

3. 加强机构间合作和专业队伍建设

虽然国内各高校都基本建立了一些心理健康教育机构,社会上也有众多的精神科门诊、医院、心理研究机构,但是机构间的合作与交流并不够多,专业机构对学校心理健康教育的支撑和业务指导方面还大有作为。为此,需要构建校园、宿舍、医疗机构、学术研究机构、专门心理健康教育机构一体化的心理健康教育网络,动员各方力量,加强专业队伍建设,整合学校可利用的一切资源来促进学生全面健康地成长成才。另外,还应将心理知识培训的范围在更广的教职工人群里普及,让与学生学习生活相关的各部门、各服务行业从业人员也逐步了解。心理问题的化解不仅仅是辅导员、咨询师的职责,良好的校园心理文化氛围是全体教职工共同参与营造的。

研究生婚恋状况与其心理健康关系的调查研究

罗媛媛　　熊　钢
(中南财经政法大学)

随着我国高等教育事业的不断发展,我国的研究生教育以前所未有的速度不断发展。研究生作为社会接受高学历教育的人群,承载着越来越多的学业、就业、情感、社会价值观变迁等各方面的种种压力,这使他们产生了激烈的心理冲突,并由此对其心理健康状况造成了巨大影响。

本研究以研究生婚恋状况和心理健康为研究对象,从心理学视角和性别视角探讨研究生教育问题。本研究通过对研究生婚恋状况及心理健康现状的调查,探讨他们心理上的某些特征和规律,分析其婚恋状况与心理健康的关系,并寻求解决的对策,旨在促使社会和高校对研究生心理健康问题引起应有的重视,对高校研究生的心理健康教育和管理工作提供参考对策,以提高心理健康教育工作的针对性和有效性。

一、高校研究生婚恋状况及心理健康水平调查结果

本研究采用分层抽样,选取具有文科、理科、工科、医科和师范等学科的武汉大学、华中科技大学、中南财经政法大学、华中师范大学四所高校在校研究生为研究对象,分别到各高校研究生楼结合不同研究学科专业和年级进行抽样,共发放问卷400份,回收有效问卷330份。其中,男生147人,女生183人;研一145人,研二106人,研三79人;文史类197人,理工类133人。被试的基本情况见表1~表7。

表1 女研究生与男研究生群体SCL-90因子分均值比较

项目	女研究生	男研究生
敌对	1.89±0.47	1.81±0.53
偏执	1.97±0.76	1.73±0.47
焦虑	1.89±0.61	1.81±0.58
抑郁	1.98±0.90	1.83±0.53
人际敏感	1.93±0.74	1.83±0.53
躯体化	1.58±0.65	1.60±0.51
强迫	1.68±0.83	1.72±0.53
恐怖性	1.85±0.79	1.58±0.51
精神病性	1.86±0.57	1.56±0.39

表2 不同年级研究生群体SCL-90因子分均值比较

项目	研一	研二	研三
敌对	1.39±0.59	1.72±0.45	1.67±0.58
偏执	1.57±0.49	1.79±0.49	1.73±0.54
焦虑	1.77±0.55	1.81±0.69	1.93±0.49
抑郁	1.74±0.41	1.91±0.65	1.90±0.77
人际敏感	1.69±0.53	1.87±0.56	1.88±0.43
躯体化	1.63±0.58	1.59±0.37	1.54±0.42
强迫	1.86±0.44	1.91±0.61	1.90±0.58
恐怖性	1.59±0.47	1.70±0.29	1.53±0.51
精神病性	1.49±0.33	167±0.27	1.63±0.47

表3　不同婚恋状况的研究生心理健康得分

婚恋状况	心理健康水平总均分
从没谈过恋爱	1.89
正在谈恋爱	1.71
曾有恋爱经历	1.79
已婚	1.73
离婚	1.84

表4　朋友与亲人距离不同的研究生心理健康得分

朋友或亲人的距离	心理健康水平总均分
同班或同学院	1.76
同学校不同学院	1.65
同城市不同地点	1.67
相隔两地的同学或老乡	1.79
相隔两地非同学或老乡	1.92

表5　不同学历伴侣的研究生心理健康得分

男女朋友或配偶的学历	男研究生心理健康均分	女研究生心理健康均分
高中及以下学历	1.68	1.84
专科	1.73	1.76
本科	1.48	1.68
硕士	1.77	1.64
博士	1.82	1.37

表6　择偶难易程度不同的研究生心理健康得分

择偶难易程度（由研究生自我评价的）	心理健康水平均分
很难	1.77
比较难	1.76
一般	1.71
比较容易	1.67
很容易	1.73

表7　研究生认为自己婚恋困难的原因调查

与异性交往能力差	年纪大了择偶范围小	认识异性途径少	学历太高择偶范围小	择偶要求较高	其他
8.9%	5.1%	39.7%	12.2%	28.4%	5.7%

二、调查数据的研究分析

表1的数据表明:研究生群体中,女研究生心理健康因子得分较高,因此就总体精神健康水平而言较男性研究生要差。由于性别原因,就业方面,用人单位更喜欢男研究生甚至是宁可用本科生也不用女研究生,因为女研究生毕业的平均年龄在25~30岁之间,毕业后几年内绝大部分的女研究生就会结婚生子,因此用人单位更偏向于男性。婚恋方面,女研究生学历高,而传统的观念就是女性应该找比自己年纪更大、条件更优越的男性,因此社会上很多男性不愿意找学历比自己高的女研究生,而男研究生也更偏向于找比自己学历低的年纪小的年轻女性伴侣。大学里甚至流传着:大专女生是赵敏,本科女生是黄蓉,硕士女生是李莫愁,博士女生是灭绝师太,硕博连读的女生是东方不败的说法。女研究生作为高知女性,随着年龄的增大,择偶的范围日渐缩小,从而造成了她们的情感焦虑。

表2的数据表明:不同年级的研究生中,研一的心理健康因子得分最低,研二得分最高,因此研一精神健康水平较好,研三其次,研二最差。本科毕业后进入研一,学生们大多还沉浸在考研成功的自我肯定中,离毕业的就业压力还较远,同时对今后事业及爱情的期望值也比较高,整体精神健康水平处于较好的状态。研一过后进入研二,这个阶段已经远离了考研成功的优越感,严峻的就业形势和对未来发展方向的不确定感让很多人倍感压力,同时,研二阶段大多数研究生已经达到24~27岁,到了适婚年龄,因此婚恋状况也给研究生尤其是女研究生不少心理压力。进入研三,研究生开始找工作,在找工作的过程中不断调整自己的职业目标和自身定位,经过研二一年的困惑期,大部分研究生心理调节能力得到加强,但是就业压力、婚恋情况、经济压力等仍然是研究生的主要困扰,总体上来说,研二和研三的心理健康分值相差不大。

在本次调查中,对不同年级的研究生对自己读研的满意度进行了调查,分别采用很值得、说不清、不值得进行分类比较。调查结果显示:在研三学生中13.2%选择很值得,有68.5%选择说不清,有18.3%选择不值得;在研二学生中有27%选择很值得,有61%选择说不清,有12%选择不值得;在研一学生中有34%选择很值得,有66%选择说不清。通过比较分析可知,研一学生的满意度较高,研三学生对于读研的价值肯定程度最低。

表3的研究数据显示,从没谈过恋爱的研究生心理健康平均分最高,心理健康水平最低。经过本科阶段的学习,大多数的研究生已经有了伴侣,随着年龄的增长,研究生逐渐在婚恋问题上处于劣势,这必然给从没谈过恋爱的研究生,尤其是女研究生压力与紧迫感,使她们质疑自身的价值与吸引力,增加了她们的心

理负担,以至于心理健康状况较差。

已离婚的研究生心理健康水平很低。研究生作为一个高知群体,其婚姻观念上是慎重传统的,他们渴望爱情追求幸福,把婚姻的质量和情感的归属摆在首位,因此择偶很慎重,但同时,由于研究生大多数具有较强的独立生存能力和社会竞争力,他们并不依赖于婚姻的扶持,因此,一旦发现婚姻不幸福并且无法挽回,他们大多数会选择放弃婚姻,重新选择伴侣。离婚毕竟是一个健全家庭人为的分裂与破碎,它在很大程度上还是会给研究生带来负面影响。

以前谈过恋爱,现期没伴侣的研究生心理健康水平较低。研究生大多忙于学术研究,没有过多时间和异性交往,错失了很多良机。他们交际圈子小,认识人少,总是遇不上合适的、中意的对象,还有些因单相思而苦恼。他们受外界刺激很大,同年龄甚至更年轻的年轻人大多都有伴侣,而他们却总是只能形单影只。以往的高中、大学同学,甚至以前的恋人也都恋爱成家甚至生育小孩了,亲戚朋友见面就会关心询问个人问题,父母经常唠叨催促,这些都严重影响到研究生的情绪和心理健康。尤其是女研究生,社会上叫她们"剩女""第三类人""老姑娘""嫁不出去",年龄上的相对劣势使得她们心理压力极大,严重质疑自我价值,对未来的婚恋前景忧心忡忡。迫于舆论的压力和自身的需要不得不急于寻找对象。希望能尽快找到一份稳重可靠的、可以谈婚论嫁的感情。

比较而言,心理健康水平较好的是正在谈恋爱的研究生和已婚研究生,这两类研究生因为有着恋人的关心或家人的体贴,心理健康水平相对较好。正在恋爱的研究生的主要困扰是:恋情的不确定性,因为毕业前,工作性质和工作地点都不确定,这直接导致了研究生恋情的不确定。已婚研究生的主要困扰是读研使得他们往往不得不远离爱人和孩子,许多已婚研究生处于两地分居状态,读研需要大量的时间和精力,也使得他们忙于学习而无暇顾及家庭,夫妻缺乏沟通交流;同时,还没有小孩的女研究生要考虑生育问题,有小孩的又担心自己孩子的抚养、照顾问题。

表4的数据说明,伴侣相隔两地且非同学或者非老乡的研究生,心理健康水平最低;伴侣同班或者同系同院的研究生心理健康水平较低;伴侣同校不同学院,或者同城市不同地点的研究生心理健康水平相对较高。

伴侣相隔两地时,研究生在学习、生活中的困难无处倾诉,缺乏关心和照顾,情感交流缺失,误会和摩擦不易及时解决。而伴侣同班或者同系同院的研究生,由于两人相处空间太紧密,缺乏必要的距离,因此容易有矛盾。而伴侣在不同学院或是不同工作地点的研究生,既可以得到伴侣的关怀照顾,又保有了必要的独立空间,因此心理健康水平相对较好。

表5的数据表明,伴侣的学历水平不同,研究生心理健康的分值有较大的不

同。男研究生选择女博士或女硕士作为朋友或配偶时,心理健康水平较低,而女研究生在选择专科以下学历的男性作为朋友或配偶时,心理健康水平较低。

出现这种差别主要是由于在传统的婚姻价值观中,女性倾向于找学历、职业、社会地位等各方面条件比自己优越的伴侣,而男性趋向于找综合条件低于自己的伴侣。研究生作为高知群体,其虽然具有丰富的科学知识,但是仍然深受社会环境、传统价值观的影响,这种影响根深蒂固,不易改变。尤其是女研究生,即使她们自己愿意选择条件低于自己的伴侣,其家庭和朋友也往往给予很大的舆论压力。她们往往认为,女研究生经过艰苦漫长的读书历程,其学历和将来的经济条件都较好,应该找一个条件优秀的伴侣,因此选择专科以下伴侣的女研究生会倍感压力,心理健康水平较低。但同时,社会普遍认为女研究生只会读书,枯燥刻板强势,选择女硕士或者女博士当伴侣必然破坏了男高女低的传统家庭模式,因此选择她们的男性研究生也会感到压力,心理健康因子分子得分较高,心理健康水平较低。

表6的数据说明,择偶的困难程度不同,研究生的心理健康得分相差不大,因此,择偶的困难程度对研究生的心理健康影响不大。

相对来说,自认为择偶很难和比较难,以及自认为择偶很容易的研究生心理健康水平较差。尽管在现实中,外貌、经济情况、家庭条件、学习成绩等因素并不是影响择偶的核心决定因素,但是一些研究生自认为外貌、经济情况、家庭条件、学习成绩等某方面条件较差,自认为择偶较困难。而自认为困难的心理因素往往又反过来影响了他们对自身价值的肯定,从而影响了择偶的步伐,使得他们在现实生活中往往真的择偶较困难,从而更加否定自身的价值。随着年龄的增长,自身竞争力更弱,必然影响心理健康,形成恶性循环。

而自认为择偶较容易的研究生,往往由于自身条件较优越,选择的对象较多,容易出现抉择困难,这类研究生往往自身的择偶要求也很高,对配偶的年龄、相貌、学历、经济基础、性格、家庭环境等方面都有一定要求,因此尽管有较多可供择偶的对象,也常常出现无法找到理想对象的局面。由于对自我价值认定高,一旦出现被分手或者被背叛的情况,会产生强烈的自我价值怀疑,因此心理健康水平也容易受影响而产生较大的波动。

表7的数据表明,研究生们认为:他们择偶困难的主要原因是认识异性的途径较窄以及他们自身择偶要求较高。研究生交际圈多局限于本班、本系、本学院的同学朋友和以前的同学或老乡,文科院校的女生较多,男生较少,女生择偶困难程度大于男生。理科院校男生众多,女生很少,男生择偶比女生困难。加上研究生本身工作地点和工作性质未定,恋爱带有不确定性,而大部分研究生恋爱的目的是为了婚姻,因此研究生在择偶问题上较谨慎。男女研究生出于自身条件

的优越,择偶要求也相对较高,因此选择的范围相对较小。

三、研究生婚恋状况与心理健康的关系

以上的研究数据表明,湖北地区四所高校中,女研究生的心理健康平均水平要低于男研究生;研二、研三的学生心理健康平均水平低于研一的学生;从没恋爱和已分手、已离婚的研究生心理健康平均水平低于正在恋爱的研究生和已婚的研究生;伴侣分隔两地的研究生心理健康平均水平低于伴侣同校或者同城市的研究生;男研究生选择女博士或女硕士作为朋友或配偶时,心理健康水平较低,而女研究生在选择专科以下学历的男性作为朋友或配偶时,心理健康水平较低;择偶的困难程度不同,研究生的心理健康得分相差不大,因此,择偶的困难程度对研究生的心理健康影响不大。

研究生考研时往往付出了巨大的努力,对未来充满了憧憬,有着较高的追求目标和自我价值认定。进入研究生阶段后,发现研究生生活与想象的相差甚远,研究生扩招,研究生不再像以前那样物以稀为贵,尤其是女研究生还具有年龄上的劣势,用人单位宁愿用女本科生而不愿意用女研究生。随着学历和年龄的增高,研究生已进入适婚年龄,然而由于认识异性的途径少,择偶要求较高等因素,研究生的婚恋状况已经成为影响其心理健康的重要因素。以中南财经政法大学为例,我们问卷调查的研究生中,由于是文科专业,同班同专业的男生与女生比例大约为2∶5,女生比男生多了一倍不止,其中,男生中有恋人或者已婚的比例约为63.7%,而女生中有恋人或者已婚的比例约为37.9%,女研究生择偶范围较小,同时,女研究生对配偶的要求较高,一般都要求年龄、身高合适、有本科或者硕士以上的学历,要求对方有一定的经济基础或者良好的发展前途等。而在以理科专业为主的华中科技大学,这种情况正好相反,男研究生比例远高于女研究生。男研究生对配偶的要求也相对较低,一般不要求对方的学历或者经济基础,只要求年龄小、身高相貌较出众或者勤俭持家等,因而选择的范围较大。而问卷调查的研究生中,91.6%的女研究生希望能在30岁之前完成结婚生孩子的人生任务,86.9%的男研究生希望在34岁以前完成。

总体上来说,婚恋关系处理得好的研究生,心理健康状况要好于婚恋关系较差的研究生,幸福感也更强烈。

随着研究生队伍的不断壮大,研究生的心理健康状况需要更多的关注,特别要注意研究生心理健康状况较差的起因大多数不在于学习方面,而在人际关系、婚恋、就业等问题的处理上,应对此展开有针对性的心理健康辅导。例如展开婚恋教育方面的咨询与座谈,提高研究生处理情感问题的能力,对自身条件和择偶要求能有客观的评价和选择。而研究生,尤其是女研究生自己也应该拓宽自己

的择偶范围和社交圈,调整传统的观念和不合适的择偶要求,提高自己的心理承受能力。

高校开展团体辅导式班会的思考

江秋玮
(武汉纺织大学大学生心理健康教育中心)

目前,大学生心理健康教育在我国高校中得到了广泛的开展,但是由于个别心理辅导的低效性,仍然不能真正消除绝大多数学生的心理矛盾。而团体辅导与个体辅导相比,有着感染力强、影响广泛、效率高、省时省力的特点;效果容易巩固、迁移;适用于发展性问题的群体等明显优势。主题班会作为实现主体性德育的有效载体,对学生的成长与发展产生着重要影响。团体辅导式班会定位于学生成长中的普遍问题,如新生适应性问题、人际交往问题、学习问题、情感问题等,着眼于他们的成长与发展,以活动的方式让他们体验,就共同关心的成长问题进行讨论、交流、鼓励,受众面广,形成辅导员与学生共同研讨心理健康教育的良好氛围,真正达到普及教育的效果。

一、团体辅导式班会的理论基础

1. 团体心理辅导的内涵

团体心理辅导也称团体心理咨询,是在团体情境下进行的一种心理咨询形式,它是通过团体内人际交互作用,促使个体在交往中通过观察、学习、体验,认识自我、探讨自我、接纳自我,调整、改善与他人的关系,学习新的态度与行为方式,以发展良好的助人过程。团体辅导的目的是通过团体来陪伴成员在人生路上克服重重难题和障碍,充分发挥潜能,积极快乐地成长。

2. 团体辅导与主题班会的结合

主题班会是为了达到一定教育目的、以班级为单位所开展的集体活动。团体辅导通过创设一定的情境,开展极富有启发意义的团体活动,促使参加者获得多方面成长发展的机会,引入团体心理辅导的理念和技术,结合辅导目的,通过设计相应的游戏、活动,让学生形成自尊、接纳、合群的心理品质。在团体辅导活动的基础上,我们将团体辅导活动与班级主题班会有效结合。通过对主题、内容、活动形式的精心设计将团体心理辅导巧妙贯穿到班会过程中,既能达到心理健康教育的目的,又借用了班会的日常活动方式,增强班级凝聚力的同时,打消部分敏感学生的顾虑和猜疑,争取到更多学生的积极参与对活动的投入,改善学生心理健康状况,提升心理品质。

3. 团体辅导式班会的内容

团体辅导式班会定位于学生成长中的普遍问题,可以是为了解决班级一段时期内所出现的问题而提出的反思型教育,比如"快乐自我""学会适应",可以是为了防止不良行为发生或者防止不良风气形成的预防教育,如考试动员、诚信教育相关的专题;也可以是为了促使学生对某些问题的深入探讨并锻炼其辨别、分析能力而开展的加深认识教育,比如人际交往问题、学习问题、情感问题等,着眼于他们的成长与发展,以活动的方式让他们体验,就共同关心的成长问题进行讨论、交流、鼓励。团体辅导式班会的特色在于凸显学生的主体地位,组织者为辅导员、班主任或学生干部,参与者为全班学生;主要目的是为了促进班级的自我管理;学生的个人成长,以活动的方式让他们体验,就共同关心的成长问题进行讨论、交流、鼓励,受众面广,形成辅导员与学生共同研讨心理健康教育的良好氛围,真正达到普及教育的效果。

二、团体辅导式班会在高校心理健康教育中的实践与意义

(一)团体辅导式班会的设计

以武汉纺织大学为例,我校遵循学生成长规律,根据学生不同阶段的心理变化和心理承受力,每年以班级为单位在全校学生中开展不同形式的辅导和教育,提升学生的心理品质。

1. 针对大一新生,开展适应性和生命教育,着力培养学生的社会适应性素质

当新生进入高校,处于特定的环境,与陌生同学交往的时候,发现现实的大学生活与他们想象中的相差甚远,这种心理落差直接影响到他们的心理,针对这一特点,大一时期主要开展学会适应、生命教育两大主题团体辅导式班会。新生的诸多心理问题归结起来是由于巨大的变化带来心理上的冲击而在短期内无法平衡,学会适应主题的团体辅导式班会则是在大一两学期中分阶段以循序渐进的方式进行:从大一上学期重点完成对环境、人际关系的适应,到大一下学期重点寻求发展和提高,激发心理潜能,打造自我的阳光心态和良好的团队领导与协作能力,帮助学生形成人格的独立,又能快速融入团队的协作中。生命教育主题的团体辅导式班会贯穿大一两个学期。主要以带领学生穿越时间隧道来探索生命历程为主要线索,在经历生命起源和生命成长,到最终生命结束的回忆与设想中启发学生感悟生命存在的意义与智慧。

2. 针对大二学生,开展人际交往训练,着力培养学生的人际交往素质

经过大一一年的学习生活,很多学生慢慢适应了大学生活,但由于性格、生活习性、成长环境等的不同,同学间不可避免地会出现各种各样的摩擦,针对这一特点,这一时期主要开展人际交往团体辅导式主题班会。人际交往团体辅导式班会,通过2~3次班会,协助成员树立正确的人际观念,发展受欢迎的人格特质,熟练掌握和灵活运用各种人际交往技能,培养学生的人际交往素质。

3. 针对大三学生,开展自我成长团体辅导式班会,着力培养学生自我完善素质

高年级学生已具有一定的能力和素质,自我成长主题主要通过一系列活动与分享帮助学生自我了解、自我肯定、自我成长,通过活动、交流使学生自我感受、自我体验、自我探索,更加了解自己的问题和认知行为方式,在团体互动中学习处理问题的基本知识和经验,培养积极的意识和心态,并将所学习到的新知识和新经验应用到处理日常事物中,真正完善自我。

4. 针对大四学生,开展毕业生训练营,着力培养学生的职业性格素质

由于应届毕业生在心态、心理、沟通能力、人际关系技巧、团队协作等上存在普遍的职业素质问题,进行重点训练,培养毕业生职业性格素质,明确个人就业发展方向;提高求职和就业的竞争力;帮助大学生尽快顺利完成从校园人向职业人的转变,使学生能够成为用人单位首选的优秀毕业生。

(二)团体辅导式班会的作用与意义

1. 有助于提高学生的心理健康水平

团体辅导式班会,让学生通过自我倾诉与比较认知、规划等活动提高了自我认识的程度,增强自信心,减轻面对新环境的压力,有效地改善精神症状;通过提升自身人际交往能力,促使学生相互学习,学会应对挫折的能力,提升他们的心理品质,形成健康健全的人格。

2. 有助于促进大学生的社会性发展

大学生的青年期社会性发展包括自我意识的发展、人生观和价值观的确立、亲密感的建立、社会关系的变化、职业的适应和人格的变化等。团体辅导式班会的包容式氛围有助于大学生自我接纳,确立稳定的自我;团体辅导班会中优秀学生的榜样模范作用有助于青年大学生形成成熟的人生观和价值观;团体辅导班会中成员的沟通与交流能提高大学生人际交往能力,树立正确的恋爱观,正确对待爱情中的挫折;而针对毕业生的团体辅导班会则有助于增强大学生择业意识的自主性,积极适应社会变化,促进职业生涯的顺利发展。

3. 促进了班级建设

将团体辅导广泛运用到班会中,是一种全新的尝试。通过在班级中开展团体活动,促进了班级成员的尽快融合,使同学们能够彼此尽快了解,尽快接纳;培

养了学生的归属感、安全感与被接纳感,提高了班集体的凝聚力。同时帮助学生培养责任感、关心而敏锐地觉察他人的感受和需要,更善于理解他人、帮助他人,有利于同学间的团结合作。

4. 丰富了心理健康教育内容,增强了教学趣味性

团体辅导式班会引导学生对活动情境的感知与体验,影响其认知来解决心理的困惑和障碍,促进其行为的改变。这样活动就大大增强了班会的趣味性,使学生在会上都有机会动,都能动。而不是只做一名忠实的"听众"和"记者","听"心理学的理论和概念,"记"老师讲的重点、难点。活动极大地调动了学生参与的积极性,使他们在不知不觉中有所收获,让心理健康教育渗透到日常教育中去。

积极心理学视角下的大学生心理健康教育

李霞　　童林

（武汉工程大学邮电与信息工程学院）

积极心理学反对传统心理学有关人性的消极隐喻及其对消极心理研究的偏爱,强调人性中的积极性,主张心理学重在研究和培养人固有的积极潜力,通过培养或扩大人固有的积极力量而使人真正成为一个健康并生活幸福的人。积极心理学是对传统心理学的扬弃,是对人性的理性复归,反映了时代精神和社会需要。

积极心理学与以往关注问题为中心、以修复消除人类心理问题而达到健康为己任的消极心理学是相对立的,更强调研究人性的优点和价值,是对消极心理学的批判继承。积极心理学对于心理健康和良好心理状态的关注与心理健康素质教育的目的是一致的。心理健康素质教育与积极心理学的结合既有理论上的必要性,也有现实的可能性,将积极心理学运用于大学生心理健康素质教育,具有比较重要的理论价值与现实意义。

一、理论价值

长期以来,我国高校大学生心理健康素质教育主要采用的是传统心理学的研究方法,在开展心理健康教育、解决"问题学生"的心理障碍等方面取得了比较大的成绩。然而,传统心理学在高校大学生心理健康素质教育中也存在种种问题,在高校大学生心理健康素质教育过程中运用积极心理学的理论和方法,既是高校大学生心理

健康素质教育的发展趋势,也在心理健康教育的学科建设上具有多方面的理论价值。

1. 充实、完善心理健康教育的理论体系

积极心理学的理论主要包括如何看待心理学的发展和人的发展、如何预防心理问题、如何看待和治疗心理问题。大学生心理健康属于健康心理学的应用范畴。以往,心理健康被界定为"非不健康的状态"或"没有心理症状的心理状态",忽视了心理健康的积极面,如幸福感、和谐、自尊感、个人的成长、个人的成熟、人格的完整、与环境保持良好的接触、有效地适应环境以及在环境中保持独立等。没有问题的人并不意味着一定是一个健康幸福的人,同样去除心理或行为上的问题,也并不意味着人就能自然形成一种良好的心理或行为模式。积极心理学以研究人心理的积极方面这种新的价值取向为核心,还强调以积极的方式来解决心理问题,为心理健康素质教育的开展提供了一个新的视角,充实、完善了心理健康教育的理论体系。

积极心理学并不回避对人的精神疾病和心理健康等问题,将之视为心理学研究的核心任务之一,与传统心理学不同,它强调从正面而不是从负面来界定与研究心理健康。更关注积极心理品质的培养,而不是消极心理疾病的矫正,心理问题的出现为人们提供了一个展现自己优秀品质和潜在能力的机会,人积极心理的发展过程同时也是应对和消解心理问题的过程。

积极心理学主张保障心理健康的关键在于对心理疾病的积极预防,而预防的关键来自于对人内部积极潜力的塑造或唤醒。人类自身存在着诸如勇气、关注未来、乐观主义、人际技巧、信仰、职业道德、希望、诚实、毅力和洞察力等可以抵御精神疾病的力量。通过发掘并专注于处于困境中的人的自身力量,就可以有效地做到疾病预防,保障心理乃至身体健康。

2. 实现人的全面发展

积极心理学在促进人的全面发展方面具有重要的作用。人性层面的积极力量和美德,如勇气、乐观、爱、人际技能、职业道德、信仰、希望、忠诚、坚韧等对于心理疾患起着不容忽视的调节、缓冲作用。当代心理学不仅应着眼于心理疾病的诊断与治疗,而且更应该研究如何发掘、培养、发挥积极的心理品质,研究人的优点比只是修复疾病更有价值,更有助于深刻理解人性,而人的发展是社会全面发展的根本动力,因为人类的积极品质是人类赖以生存和发展的核心要素。

3. 突出心理健康教育的人文关怀特色

著名心理学家张厚粲指出:"人文关怀是21世纪的主题,从某种程度上说,心理学的繁荣与发展是实现人文关怀的必由之路。"传统心理学并不能真正实现人文关怀,而积极心理学的本质与目标就是寻求人类的人文关怀和终极关怀。积极心理学强调与崇尚人文精神与科学精神的统一。它关注正常人的心理机能,重视人性中的积极方面,使心理科学更加科学地理解人性,并实施更有效、积极的干预,以促进个人、家庭与社会的良性发展。它更关注于重建人类的新人文精神,体现人文关怀,最终实现人类的可持续发展,是一门既体现对人类命运深切关怀又理性严谨的新型学科。

积极心理学体现了以人为本的思想,提倡积极人性论,它消解了传统心理学偏重问题的片面性,真正恢复了心理学本来应有的功能和使命,体现了一种社会意义上的博爱和人性。社会处于稳定和繁荣的时期,就会特别关注良好品德、幸福、创造性和高质量的生活等个人层面和集体层面的积极品质;而对积极品质的关注又会进一步促进社会的繁荣富强,两者相互促进,共同发展。随着社会主义现代化建设的顺利进行,我国的社会已发生了巨大的变化,正在走向繁荣、文明的小康阶段,在这样的社会里,人的需要也正在由必需性需要向享受性需要转化。心理学也应适应时代的要求——远离消极而趋向积极,都应转向范围更大的有关人类的健康、公平、正义和福祉等问题。

二、现实意义

1. 实现大学生素质教育目标

高度重视大学生心理健康素质教育,是全面推进素质教育、满足学生和谐持续发展、加强和改进大学生思想政治教育工作、建设和谐社会的必然要求和重要任务。心理健康教育的总目标是:提高全体大学生的心理素质,充分开发他们的潜能,培养大学生乐观、积极向上的心理品质,促进大学生人格的健全发展。近年来大学生的心理问题并没有因为心理健康素质教育对心理问题的关注而减少,相反心理障碍的比率逐年上升。原因就在于很多高校注重心理问题的防治,而忽视学生潜能的开发和心理素质的培养,削弱了学生预防心理问题的基础。积极心理学与高校心理健康素质教育的结合,为心理健康素质教育带来新的活力,可以更好地发挥心理健康素质教育的作用,实现心理健康素质教育的最终目标——保持积极健康的良好心态。

在积极心理学引导下,高校心理健康素质教育可以回归最终目标,激发和培养学生内在的积极品质,培养积极的归属感、责任感,成为有社会能力和良好心理状态的高素质的人。要对各要素和目标进行整合,以心理健康素质教育的评价和干预目标的积极改变为手段,改变心理健康素质教育的消极价值取向,达到以积极心理素质的培养目标替代疾病的预防目标。

2. 充实心理健康素质教育的内容

从教育内容来看,心理健康素质教育的内容与大学生的需要有一定程度的脱节。近 70%~80% 的学生心理是健康的、阳光的,他们也更加需要提高自己积极的心理品质,而不仅仅是知道被动预防心理问题的方法。社会对于大学生的要求也不仅仅是没有心理疾病即可,而是培养具有良好心理品质的全面发展的人才。

大学生心理健康素质既是我国高校心理健康教育的追求目标之一,又是中国特色健康心理学新的重要的研究领域。大学生心理健康素质教育是一个复杂的过程,积极的情绪体验、积极的人格特征和主观幸福感等是积极心理学研究的主要内容,在今后的大学生心理健康素质教育中,应当借鉴积极心理学的研究成果,来促进大学生心理健康素质教育研究的进一步开展。积极心理学对每个人积极力量研究的强调,使心理健康素质教育的内容更加符合大学生的实际需要。积极心理学提倡用一种开放和欣赏的眼光看待每个人,通过培养或扩大人固有的积极力量和积极品质而使人真正成为健康并生活幸福的人,这完全符合个体的发展需求。积极心理学在三个层面上有关积极力量的研究即积极情感、积极人格和积极组织的研究。这些内容符合学生的需要也拓展了心理健康素质教育的内容、方式和途径,更有利于培养具有良好心理素质的人才,充分发挥心理健康素质教育的功能。

积极心理学认为人人都是教育者,人人都是自我心理的调适者,都有自我向上的成长能力。这种价值取向给心理健康教育提供了新的视角,丰富了心理健康素质教育的内容,或是积极的思维活动;或是积极的情绪情感体验;或是积极的习惯养成;或是积极人格的培养;或是积极的认知方式;或是积极的意志品质;或是个人的主观幸福获得;或是周围积极的组织与群体等等。

3. 创新心理健康素质教育的方法

在心理健康课程、心理辅导和咨询、心理健康教育的宣传三级教育模式中融入积极心理学的思想。

第一,心理健康素质教育课程作为心理健康教育的主渠道,可以更多地涉及积极心理学的内容,引导学生关注和培养自身积极的人格品质,构建积极的自我概念。积极心理学认为人类自身存在着可以抵御各类心理或精神疾病的力量,它们是勇气、关注未来、乐观主义、诚实、毅力。预防的主要任务就是如何在大学生身上培养出这些品质。大学生一旦具有这种善于关注自身的优秀品质,忽视并且渐渐忘却自身的弱点,就会有效地预防各类心理问题的发生。

第二,心理健康教育宣传作为教育的重要环节,可以更多地结合积极心理学的观念进行宣传,营造促使学生积极本性发展的环境,促进更多的人参加到积极心理健康教育中来。不少高校认为大学生心理健康素质教育仅仅是心理健康素质教育人员的工作,缺乏"全员育人"的理念,忽视与学校其他工作融合。学校各项工作都要把学生当作工作的出发点与落脚点,努力烘托与营造一个宽松、愉快的氛围,使生活于其中的学生感受到满足、乐观与充满希望,重视学生积极的心理体验,学生的主体性与发展性才能得到保障,工作的实效性才能显现。譬如,教师在教学过程中,应努力营造轻松愉快和谐的课堂气氛,一个自身具有亲和力的老师是不会让学生感到压抑的,他能够让学生敢于轻松自如地表达自己并使其以开放的姿态融入到课堂环境中,在这样的课堂中,学生感受到安全,体验到被尊重,与同伴们共享着快乐。当学生能够在其中经历着幸福感的时候,这本身就是在实践着促进学生的心理健康,可促成学生的心理健康。

第三,心理咨询与辅导作为心理健康素质教育的辅助手段,主要是对那些有心理障碍或疾病的个体所作的针对性的帮助,也需要加强积极心理学观点的引导。如学校心理辅导人员首先应建立积极的人性观和价值观,不断发展积极的情感,摒弃原有对人性的各种消极认识、评价以及个人的好恶偏向。心理辅导员应有这种理念:人性的积极面能抵御和降低人性中负面因素的困扰,坚信个体发展所需求的不仅是终结痛苦,更期待充实的生活,承认和确信受辅者与正常人一样,具有各种良好的品质,通过受辅能发掘他们的各种积极品质和美德。辅导者对受辅者的潜能和美德的坚信,有助于心理辅导成效的实现。心理辅导员应营造和谐融洽的氛围以促进学生的心理健康。积极心理学可强化高校心理辅导的积极取向,对心理辅导者积极人性观的构建,对心理辅导方法和策略的价值拓展等,具有现实和深远的意义。

对问题的积极解释是心理自助成功的开始。在心理辅导中,积极心理疗法注重调动当事人内在的积极力量,提倡对问题做出积极的解释,引导他们理解并学会用"积极"取代"消极",积极分析自己的行为和观点、问题,使个体能从中获得积极的意义,从而有效促进其主体积极人格的发展。

总之,要做好大学生的心理健康素质教育工作,运用积极心理学的理论和方法,将心理健康素质教育的主导方向放在通过对全体大学生积极品质的唤醒与塑造上,形成大学生自身完善功能,进而实现大学生心理健康的自我教育和维护。只有这样,才能改变以往"以问题为中心"的"治标不治本"的传统教育模式,抓住心理健康素质教育工作的主要矛盾和本质规律,使这项工作朝着正确的方向发展。

家庭结构齐全的非双亲职业生心理健康的相关研究

吴玉斌　　金卫华　　张玉千　　宋　莉
（三峡大学护理学院）

大学生的心理健康不容乐观，由"北京高校大学生心理素质研究课题组"发布的研究成果表明：近年来大学生心理疾患居高不下，存在中度以上心理问题的大学生占 16.51%，并呈逐年上升趋势。对于单亲家庭的大学生，其心理健康问题更不容乐观。目前，关于单亲家庭子女的心理状况研究较多，但对家庭结构齐全的非双亲职业生，其心理健康状况的研究则较为鲜见。家庭结构齐全的非双亲职业生是指家庭结构虽然完整，但父母一方或双方不是亲生，如继父、继母、养父母，他（她）们在这种特殊家庭中生活，其心理健康情况和人格特征是否与双亲家庭职业生之间存在差异，笔者通过对本学院非双亲家庭职业生的心理健康和人格特征进行了探讨，从而为职业教育工作者开展针对性的心理健康教育提供一定的理论依据，也为非双亲职业生进行自我了解、自我调节打开一个窗口。

一、对象与方法

（1）对象。依据学生心理档案和入学时进行的基本情况问卷调查，从在校的护理、药学、医学检验等职业生中筛选出有效的非双亲家庭学生 152 名作为实验组，平均年龄 19.32±1.48，其中男生 14 人，女生 138 人。同时以在校的护理、药学、医学检验等职业生中有效的双亲家庭学生 2145 名作为对照组，平均年龄 19.84±1.72。

（2）方法。采用宋维真修订的心理健康测查表（PHI）和戴忠恒等人修订的卡特尔 16 种人格因素问卷（16-PF）对实验组和对照组进行测量。PHI 包括 Q（无法回答的题目数）、L（说谎分）、F（诈病分）三个效度量表和躯体化（SOM）、抑郁（DEP）、焦虑（ANX）、病态人格（PSD）、疑心（HYP）、脱离现实（UNR）、兴奋状态（HMA）7 个临床量表。该测查量表经检验具有较好的信度和效度，其功能接近 MMPI 是目前心理咨询门诊中筛选心理障碍者的有效工具。16-PF 主要包括乐群性、聪慧性、稳定性、恃强性、兴奋性、有恒性、敢为性、敏感性、怀疑性、幻想性、世故性、忧虑性、实验性、独立性、自律性、紧张性共 16 种主要人格特质。

本次测量采用集体问卷法进行,测量过程严格按标准进行,并将收回的测量结果输入王建中的"WJZ 心理测试与统计软件"进行结果分析和统计处理,用 SPSS(10.0 版)统计软件进行相关分析。

二、结果

(1)实验组和对照组 PHI 的结果比较。为保证研究具有一定的效度和信度,笔者将 PHI 的效度量表:Q(无法回答的题目数)的原始分 ≥ 11,L(说谎分)的 T 分(标准分)≥ 70,F(诈病分)≥ 70 的答卷淘汰,最后得到实验组有效答卷 152 份和对照组有效答卷 2145 份。实验组和对照组在 PHI 的 7 个临床量表的原始均分比较中,SOM、DEP、PSD、HYP 的双侧检验具有显著性差异或非常显著性差异($p < 0.05$ 或 0.01)(表 1)。

表 1 实验组与对照组 PHI 结果比较($\bar{X} \pm S$)

因子名称	实验组(非双亲职业生)均值 N=152	对照组(双亲职业生)均值 N=2145	t 值
SOM	7.99±4.21	7.22±3.96	2.31*
DEP	10.41±4.66	9.22±4.04	3.48**
ANX	8.10±4.53	7.87±4.31	0.64
PSD	7.39±3.80	6.04±3.27	4.87**
HYP	7.82±3.80	6.68±3.38	3.97**
UNR	6.43±3.69	6.68±3.55	0.84
HMA	7.94±3.01	7.66±3.24	1.02

注:* 为 $p < 0.05$;** 为 $p < 0.01$(下同)。

(2)实验组和全国常模 PHI 的结果比较。PHI 中实验组男生的 HMA 分高于全国男常模,其余各量表分的差异均无显著性;实验组女生的 SOM、DEP、PSD、HYP、HMA 分高于全国女常模,其余各量表分的差异均无显著性(表 2)。

(3)实验组和对照组 16-PF 的结果比较。由于受试同时测查 16-PF 和 PHI,因此将 PHI 效度不高的 16-PF 答卷一并淘汰,以保证结果的科学性和可靠性。两组 16 种主要人格特质比较中,在稳定性、敏感性、幻想性三种人格特质方面具有显著性或非常显著性差异($p < 0.05$ 或 0.01),表现为一低二高的人格特征(表 3)。

表2　实验组男、女职业生 PHI 结果与全国常模比较($\bar{X} \pm S$)

因子名称	实验组男生均值I N=14	实验组女生均值II N=138	全国常模(男)均值III N=1291	全国常模(女)均值IV N=1307	I～III比较 t 值	II～IV比较 t 值
SOM	6.43±3.44	8.15±4.25	6.56±4.02	7.37±4.08	0.12	2.06*
DEP	7.93±4.08	10.66±4.65	8.90±3.68	9.83±3.84	0.98	2.02*
ANX	7.57±5.08	8.15±4.47	7.40±4.44	8.07±4.44	0.14	0.21
PSD	7.29±3.24	7.41±3.86	6.76±3.60	6.23±3.40	0.54	3.43**
HYP	6.50±2.87	7.87±3.87	6.89±3.54	7.23±3.61	0.41	1.97
UNR	6.50±4.00	6.43±3.66	6.02±3.72	6.41±3.80	0.48	0.05
HMA	8.71±3.59	7.86±2.94	6.73±3.70	6.67±3.65	1.99*	4.41**

表3　实验组与对照组 16-PF 结果比较($\bar{X} \pm S$)

因子名称	实验组均值 N=152	对照组均值 N=2145	t 值
乐群性	11.44±3.17	11.28±3.23	0.59
聪慧性	8.24±1.73	8.07±1.84	1.06
稳定性	13.16±4.13	14.13±3.96	2.92**
恃强性	9.74±3.11	9.55±3.15	0.72
兴奋性	14.32±4.38	13.65±4.23	1.87
有恒性	11.44±3.52	11.61±3.12	0.64
敢为性	11.57±3.69	11.66±3.97	0.27
敏感性	13.09±2.46	12.42±2.66	3.00**
怀疑性	8.88±3.47	8.83±3.09	0.19
幻想性	13.24±2.72	12.76±2.86	2.00*
世故性	9.07±2.51	9.08±2.56	0.05
忧虑性	10.47±3.91	10.16±4.03	0.91
实验性	10.86±2.66	10.90±2.66	0.18
独立性	11.24±3.23	11.54±2.98	1.19
自律性	12.57±2.84	12.66±2.71	0.39
紧张性	11.72±4.11	11.30±4.08	1.22

(4)实验组 PHI 中偏高的临床因子与其一低二高人格特征的相关分析结果。实验组 PHI 偏高的四个临床因子与其一低二高的人格特征之间具有相关性,其中低稳定性人格特征与 SOM、DEP、PSD、HYP4 个临床因子呈负相关($p<0.01$);高敏感性人格特征与 DEP、PSD、HYP3 个临床因子呈正相关($p<0.05$ 或 0.01);高幻想性人格特征与 DEP 临床因子呈负相关($p<0.05$)(表4)。

表4 实验组 PHI 偏高的临床因子与其一低二高人格特征的相关分析

因子名称	SOM	DEP	PSD	HYP
稳定性	−0.4837**	−0.5575**	−0.5169**	−0.4618**
敏感性	0.0353	0.1767*	0.1967*	0.2133**
幻想性	−0.0430	−0.1919*	0.0205	−0.1348

三、讨论

非双亲家庭与单亲家庭不同,单亲家庭是一种结构不全的家庭,只有父亲(或母亲)一方与其子女共同生活,父亲(母亲)一方将承担父母双重职责,而非双亲家庭虽然家庭结构齐全,各行其责,但因一方为非亲生(如继父或继母)或双方为非亲生(如养父母),因此非双亲家庭不仅与单亲家庭不同而且也不同于双亲家庭。本研究结果表明,对于生活在这种特殊环境下的职业学生,其心理健康状况和人格特征具有以下特点。

(1)心理健康方面 PHI 测查结果表明,对于生活在同一校园内的非双亲家庭职业生的心理健康程度明显低于双亲家庭职业生,也低于全国常模,尤其是在躯体化(SOM)、抑郁(DEP)、病态人格(PSD)和疑心(HYP)方面显示更差。其具体表现为:非双亲家庭职业生经常伴有身体症状、需求同情;情绪抑郁、缺乏自信;反抗、冲动、不成熟;多疑、孤独、过度敏感、敌意倾向明显等。与全国常模比较结果表明,非双亲家庭男生的心理健康程度明显高于女生,男生仅 HMA 临床因子高于全国常模(男),而女生在 7 个临床量表中有 SOM、DEP、PSD、HYP、HMA5 个临床因子高于全国常模(女)。

产生以上结果的原因,可能在血缘关系、亲情关系以及传统观念的影响下,家庭的氛围、生活、教育有别于双亲家庭,使他(她)们在这种特殊环境中生活较为艰难,体验家庭亲情较少,从而使他(她)们的身心发展受到一定影响,心理健康程度有所降低,尤其是生活在非双亲家庭中的女性职业生承受着更大的心理压力,更易受到心理伤害,心理健康程度更低。因此,在职业教育工作中不仅要对单亲家庭的职业生,而且也要对非双亲家庭的职业生,尤其是女性职业生在生活、学习、心理等诸多方面给予更多的积极关注。

（2）人格特征方面，16-PF测查结果表明，非双亲家庭职业生与双亲家庭职业生比较具有一低二高人格特征，即低稳定性、高敏感性、高幻想性。其具体表现为：情绪易激动、易生烦恼、心神动摇不定；对生活事件敏感、易随感情用事；喜幻想、狂放任性等。非双亲家庭职业生所产生一低二高人格特征的原因，可能与他（她）们在人格形成期间生活在血缘关系少或无；亲情关系薄或复杂的特殊家庭环境中，以及传统观念的社会熏陶使其产生消极定势，从而进一步影响其人格的塑造。因此，在职业教育工作中应针对他（她）们稳定性低、敏感性和幻想性高的人格特征进行有目的的心理辅导。

（3）人格特征与心理健康的关系。PHI和16-PF相关分析表明，非双亲家庭职业生PHI偏高的临床因子与一低二高人格特征有关。非双亲家庭职业生所具有的一低二高人格特征，从社会适应角度看，既不利于当前的同学交往和学习效果，更不利于将来的工作和生活；从健康角度看，既不利于心理健康也不利于身体健康。因此，加强非双亲家庭职业生的人格健全是十分必要的，特别是在提高稳定性、降低敏感性和幻想性方面应多下工夫。

浅谈教师的心理健康

向家翠

（三峡职业技术学院医学院）

随着社会的飞速发展，人们的生活节奏正在日益加快，竞争越来越激烈，人们的观念意识、情感态度变得更为复杂。振兴民族的希望在教育，振兴教育的关键在教师，教师是当今社会重要职业之一。他们的心理是否健康，直接关系着教育的发展和学生的质量。因此，对教师群体心理的现状、成因及解决对策进行认真仔细地分析研究，具有十分重要的意义。

教师的职业特征要求教师要有极强的自我调节情绪的能力，学校要重视教师自身的心理健康，指导教师运用科学知识调整自己的心态，使自己始终处于一种积极、乐观、向上、平和、稳定、健康的状态，以旺盛的精力、丰富的情感、健康的情绪投入到教育教学工作中，真正成为"人类灵魂的工程师"。

一、教师心理健康现状

教师是教育影响的主导者、支配者,教师的一个皱眉、一个微笑对学生的影响都是深刻而长久的。学生很容易把教师的一切视为自己效仿的榜样,从人格到认知、意志、情趣、行为习惯,从有意识到无意识,教师对教育环境的调控对学生来说可能是决定意义的,教师的心理健康更是直接关系到学生的心理健康、学业成就和人格发展。从某种意义上来说,心理不健康的教师对学生身心造成的危害,远远超过其教学能力低下对学生学业所产生的影响。因此,教师心理健康是培养学生心理健康的必要前提,只有心理健康的教师,才能培养出心理健康的学生,维护教师心理健康对培养合格人才,促进教育和谐发展具有十分重要的意义。

调查表明(图1),38.50%被调查教师的心理健康状况不佳,只有28.80%的被调查教师心理健康状况比较好。素质教育的一个重要方面就是学生的心理健康。而从调查结果来看,有近40%的被调查教师自身的心理健康状况不佳,心理健康状况不佳的教师如何去培养心理健康的学生?我们又如何能保证这批教师的教学质量与效果?因此,在我们推行教育与教学改革的同时,必须高度关注教师的心理状况。

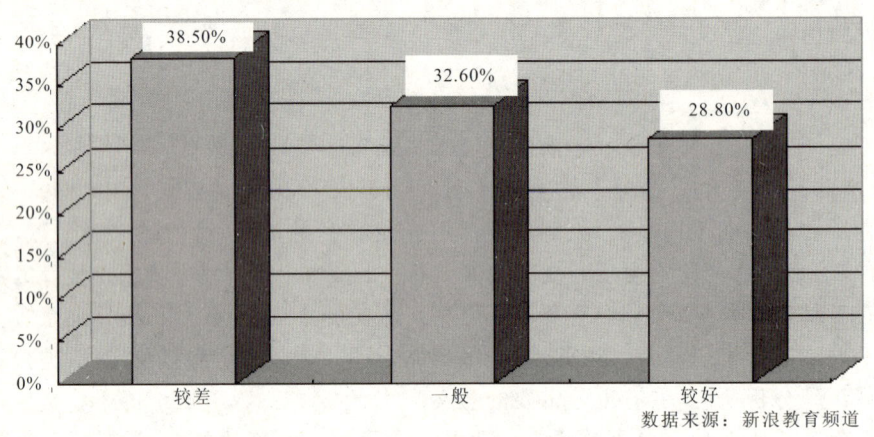

数据来源:新浪教育频道

图1 中国教师心理健康状况分布图

二、影响教师心理健康的因素

国家心理健康教育课题组曾经公布了一项调查报告:51.23%的教师存在心

理问题,其中 2.4% 的教师已构成"心理疾病"。调查发现,教师的心理问题主要表现为抑郁、焦虑、担心、精神不振等。由于人的心理健康是一个具有相对独立性质的极为复杂的动态过程,因而制约心理健康,造成心理偏差、心理障碍或心理疾病的因素也是极其复杂多样的。从各种影响因素来说,主要是社会环境因素。

(1) 工作负荷过重。许多教师常常是从早上六七点到学校,一直要到晚上十点以后还在备课;更有一些教师多年从事班主任工作,心理压力更大。据调查,我国教师人均日劳动时间为 9.67 小时,比其他岗位的一般职工日平均劳动时间高出 1.67 小时,其中睡眠时间比一般职工平均少 1 小时,娱乐时间少 0.5 小时左右,再加上教师下班后的备课、批改作业、家访、进修学习、处理学生日常事务等,而且双休日和寒暑假的休息也常常没有保证。如此长期的超负荷运转,容易使教师疲惫不堪,身心疾病增加,心理负担沉重。

(2) 社会期望过高。教师的劳动带有很强的示范性,教师要以自己的德、学、才、识示范于学生。长期以来,无论是文艺作品还是大众传播媒介,都常常将教师描绘成一种"悲剧角色",最"权威"的说法是:教师是蜡烛,照亮别人,牺牲自己。在人们的眼里,教师被模式化了,不可逾越规范,他们必须以严肃认真、一丝不苟、刻苦耐劳、兢兢业业、诚实俭朴等形象展示于人,时刻检点自己。这种角色期望使教师的心理长期受到压抑,精神经常处于紧张状态,处事拘谨,甚至强制自己控制正常的需要和行为。

(3) 心理压力过大。竞争上岗、末位淘汰等给教师带来前所未有的压力,面对全新的理念和实践,教师普遍感到困惑茫然,感到不适应,为了避免被淘汰出局,大家需要不断学习,自我"充电"和"加压"。在一些家长眼里,学生成绩好坏、听话与否都是老师一个人的事,只要孩子不成才就是没遇到好老师。而且,有些媒体不去理解教师所做的工作以及教师的心理伤害,盯住教师的一些失误,过分炒作,出现"抓住一点不及其余"偏向学生一方的现象,给教师带来严重的心灵伤害,加重教师的精神负担。

(4) 人际交往狭窄。从教师的工作性质来看,教师工作繁重,工作相对封闭,许多教师每天接触的人只有同事、学生、家长,没有充裕的时间进行社交活动,加之教师生活环境单纯,导致思想意识与社会相脱离,因而社交技能与社交活动的需要不相适应,社交的成功率较低,从而使他们不愿过多地与人交往,心理上自我封闭。其次由于教师的工作繁杂而细碎,工作需要认真细致,长期如此,易形成不良的性格特点。同时由于"文人相轻"的传统观念,在各项评比中容易产生相互猜忌、攀比、嫉妒的情绪,由此造成教师在人际交往中发生障碍,性格忧郁孤僻。

此外，教师本身还存在着大部分不会调整自身的不良情绪，没有快乐感、由于疲劳过度造成的身体伤害；社会地位表面看似挺高，实则并非如此，实际收入也不如许多行业，目前教师工资收入与社会其他行业待遇上还存在不小的差距，特别是在跟自己的同学、朋友相比，觉得自己社会地位、物质待遇"不尽如人意"，由此产生的失落感和自卑感便常常侵袭着教师的心灵。其实教师在今天的社会环境下工作，一直就没有一套疏导体系来调整他们的心态，他们自己都处于心理不健康的边缘和其中，怎么可能教育好和指导好正在成长之中的孩子呢？

三、优化教师群体心理健康的对策

1. 改进思想教育工作，提高教师的思想认识水平

思想和心理是相互联系、相互作用的，思想支配着心理，一定的思想品德形成之后，就会决定相应的心理品质的形成和发展，对心理品质的形成和发展起着定向、整合和动力等方面的作用。从这个意义上讲，提高教师的思想认识水平，是优化教师群体心理的根本方法。

2. 树立正确的自我认识

许多人出现心理问题或心理障碍，其基本问题就出在对"自我"的观念上：一种是认为真实的我不完美，因此排斥它，憎恶它，结果使自己的心理受到伤害。另外一种是过分夸大自我形象，认为自己是最完美的，傲视一切、有恃无恐，结果在现实社会生活中就会到处碰壁，造成更深的自我伤害。心理学研究发现，过高估计自己或是过低估计自己，都会使人丧失适合自我发展和成功的机会。因此，要学会从多方面、多途径了解自己，要学会从周围的世界中提取有关自我的真实反馈，避免由于自己的主观理解所带来的误差；要坦诚地承认自己的缺陷与不足，并肯定自己、尊重自己的优点；要实事求是地制定自己的奋斗目标，尽可能使自己的理想与自身的能力和生活现实接近；要敢于承认差距，善于学习他人，扬长避短，提高自己，避免陷入嫉妒的泥潭。一位心理健康的教师不仅拥有自信心，善于反思自己，不断进步，而且能够接受他人的新方法，接受新事物，这样才能永葆激情，才会因成功而快乐。

3. 创设和谐的工作环境

士气是在良好的心境中体现的一种能动作用，它也是心理健康的一种反应。只有在宽松愉悦的环境下，教师的工作热情才能得到最充分发挥，形成高昂的士气，推进学校各项工作顺利高效运行。

一要坚持以人为本，不断改进领导方式，推行人性化管理，在处理教师的有关问题时，既按"章"办事，又以"情"动人，创设民主、友善的工作气氛。要全面、客观、公正地评价教师的工作，减少课业负担，减少无意义的评比、考核等，使教

师心理得以"松绑""减压",解决教师心理问题产生的源头,使广大教师对工作保持永久的热情和持久的愉悦心理;物质生活不仅是教师成长与发展的基本条件,而且对教师的工作情绪有重大影响。许多调查表明,教师的心理冲突与情绪困扰,常与他们因物质生活水平不高,而不安心工作有关,二要积极争取各方对教育的投入与支持,主动为教师排忧解难,要积极为教师提供娱乐的时间与场所,为教师的进修学习和专业成长创造条件,不断提高教师的工作待遇,为教师创设一个安静舒适的生活环境和工作环境;三要针对教师产生的不良心理,在教师中普及心理健康知识,邀请专家有针对性地开展集体心理辅导、个体心理咨询,提高教师心理素质,让教师能带着良好的情绪投入工作,进入课堂。

4. 提高心理调节能力

积极稳定的情绪、乐观的人生态度是教师心理健康的重要标志,也是促进教师心理健康的重要条件。教师要保持良好的心理状态,必须学会适时适度地调节好自己的心态与情绪。在目前教育体制改革的竞争中,要充分认识到,优胜劣汰是社会发展的必然趋势,只有正视现实,及时有效地克服和化解不良情绪,保持一种健康的心态,才能找到应有的位置,也才能真正拥有心理上的安全感。

第一要掌握心理调适方法,学会自我心理保健。如:每天晚上整理一下自己在这一天的"闪光点",给自己一些积极的暗示;面对人生得失成败,能及时调节情绪状态,从容面对,消除心理不适;培养生活情趣,如学习音乐、练习书法、养花、下棋等,丰富生活内容,舒缓紧张的神经,使身心得到调节。第二要学会弹性工作。在安排工作时,将目标按优先次序进行区分、限定目标、建立一个现实可行的时间表、每天留出一定的时间给自己。不管工作多忙,千万别忘了放松自己的身心,这样才能使生活、工作更有效率,避免过重负荷,才能精神抖擞地去应付繁重的教学工作。第三要走出小屋,走向自然,适当参加运动,把烦恼与汗水一起"排泄"出去。如遇到烦恼时主动找人倾诉,或者到户外爬山、打球、外出旅游等,在不知不觉中我们疏泻心中的烦恼与不快,让自己拥有愉快的心情。第四要培养自身优良的意志品质,在各种困难和挫折面前保持乐观而平静的心态,保持积极稳定的情绪,冷静地解决一切不愉快的问题。

5. 建立良好的人际关系

良好的人际关系是成功的重要条件,也是心理健康的重要标准。当一个人感到有可以依赖的人在关心、照顾、尊重和爱护自己时,就会减轻挫折反应的强度,增加对挫折的承受力和适应性。因此,要增强团体意识,努力营造宽松民主的校园氛围与和谐的人际关系,培植人与人之间的诚信,让每一位教师都能在学校里体会到温馨与关怀。

教师是一种教育人的工作,要与各方面的人打交道,其中主要有学生、同事、领导及家长,其中教师与学生的关系尤为重要。因此首先要建立良好的师生关系,树立正确的学生观,尊重学生,与学生平等交流,努力改善师生关系,信任学生,接纳学生,鼓励学生,克服无视学生权力的传统观念,做学生的良师益友。要教育学生学会尊重教师,友善待人,让互相尊重成为学校师生关系的主旋律。其次要加强校园文化建设,利用节假日经常组织丰富多彩、健康文明、教职工喜闻乐见的文体娱乐活动,丰富教师的课余文化生活,让教师通过活动加深情感交流,消除工作误会,得到心理补偿,增强集体凝聚力。

6.营造良好的社会氛围

长期以来,人们把教师视为人类灵魂的工程师;视为蜡烛,燃烧自己,点亮别人;视为园丁,桃李满天下。所有这些都表明教师职业的伟大与崇高。然而,教师必定也是现实生活中的人,也需要社会各方面的关心与帮助。特别是在他们有心理问题与心理障碍时,有效的社会支持就显得特别重要了。

这就要求社会、行政部门、上级领导要真正关心和了解教师的实际问题,对教师各种问题及时有效地解决,要从政策、管理等各方面尽可能地为教师创造宽松、愉快的工作环境,千方百计提高教师待遇,不断提高教师的社会地位。要通过宣传,使社会群众正确认识教育的长期性,避免短期行为,正确看待教师的过失,避免以点带面、以偏概全,要建立完善的教育评估体系,科学评价教师的工作,要采取积极有效的措施,切实减轻教师的负担,为老师缓解压力,维护广大教师的身心健康。

总之,我们要树立现代教育观念,采取积极有效的措施维护教师的身心健康,努力把教师的不良心理消除到最低限度,使广大教师以健康积极的身心投身于教育工作,去培养具有健全人格的学生。

在高职院校学生素质教育中的心理学应用研究

亓志学 周珊红
(黄冈职业技术学院)

"素质教育"的提出来自于教育实践中对"片面追求升学率"的不满,是作为改革"应试教育"的重要出路和归宿而提出来的。由于新形势下高职院校学生素质教育的多元化、个性化、职业化的要求,迫切需要我们在实施素质教育的过程中,重视学生心理层面的把脉,唯此,才可能切实提高学生素质教育的水平。

一、素质教育的内涵

依据国家教育督学柳斌的观点,素质教育作为一种新的教育理念,主要包括三个方面的内容:一是在教育对象上,强调教育要面向全体学生。素质教育强调了教育的普及性,淡化选拔意识,即使在非义务教育阶段,也主张教育要面对广大的受教育者,而非少数人;二是在教育目的和内容上,要求教育要使受教育者在德、智、体、美、劳等方面的全面发展,不可偏废其一培养成功的人格;三是要让学生主动地发展,成为自我教育和发展的主体,发展学生的主动精神,唤起学生的主动意识,促使学生生动活泼地成长,同时培养学生的创新能力。

可以看出,素质教育是指一种以提高受教育者诸方面素质为目标的教育模式,它重视人的思想道德素质、能力培养、个性发展、身体健康和心理健康教育,是内在素质与外在素质的结合,是以全面提高人的基本素质为根本目的,以尊重人的主体性和主动精神,注重开发人的智慧潜能,注重形成人的健全个性为根本特征的教育。是与应试教育相对应,其中心理素质占有独特的地位,因为人的身心潜能素质的开发和实现程度,以及社会文化历史成果在人的身心结构内化、积淀的程度,都可以从人的心理素质水平中得到综合反映。所以,在实施素质教育的过程中,心理学的理论研究与实践探索必定是服务于素质教育。

二、高职院校素质教育存在的问题

高职院校只注重教学,用思想政治教育代替素质教育的后果是:政治思想正确,但心理不健康;爱党爱国,但对职业不忠诚;终生从事的职业,却缺乏职业道德;外表像"绅士",但不爱护公共卫生;知识丰富,但不会打理生活;自尊心强,但不知道尊重他人;追求幸福,但不会享受生活;技术高级,但家庭水电小事解决不了;尊重上级,但处理不好同事关系;工作努力,但不知道自己的追求等。尤其是随着社会的发展,大学生所面临的社会环境和成长过程中遇到的问题越来越复杂多样,对当代大学生心理素质提出了更高的要求,但由于心理发展处于未成熟阶段,缺乏社会经验,心理比较脆弱、适应能力较差,心理失衡时有发生。学生普遍表现为容易受挫折,遇到失败就灰心丧气,缺乏迎难而上的勇气和信心。具体表现在学习上的心理困惑、生活上的心里困难、恋爱和性观念的心里模糊、社交上的心理障碍、社会心理压力等问题,致使素质教育显现了明显的"瘸腿"现象。

三、心理学应用在素质教育中的必然性及作用

(一)心理学应用于素质教育的必然性

1. 时代呼唤心理健康教育

现代教育已越来越重视对学生进行全面的素质教育,这是社会发展对人类的必然要求。随着社会的进步和发展,生活节奏加快,充满矛盾变化的世界经济会给人们带来这样那样的心理压力,人们如何面对成功、面对失败、面对挫折,甚至面对灾难,这将取决于人的心理承受能力、良好的社会适应能力,即人们的心理素质,这是决定竞争成败的重要条件。因此,素质教育应该特别强调和重视心理素质教育。

2. 学生心理健康状况对心理健康教育的需求迫在眉睫

联合国世界卫生组织曾经提出了一个响亮的口号:健康的一半是心理健康,它不仅指一个人没有疾病的症状和表现,而且指一个人应有良好的身体和精神以及对社会的适应能力,也就是说,健康与适应从身体、心理和社会适应三个方面来评价。目前,我们有的学生虎背熊腰,但性格孤僻、缺乏朝气;体壮如牛,但胆小如鼠,意志薄弱;膀大腰圆,但心胸狭窄,空虚颓废;忸怩胆小、忧郁、依赖、神经质、人际关系不良等已成为当前高职院校学生严重的心理问题,心理健康问题是摆在我们面前的一个重要问题。遗憾的是不少教师对这个问题尚未予以重视。从一定意义上来说,心理健康比身体健康更重要。在一切不利的条件中,对人威胁最大的莫过于不良的情绪和恶劣的心境。为了学生的身心健康,我们必须重视心理健康教育。因此,加强高职院校学生的心理素质教育、培养刻不容缓,在高职院校中实施心理健康教育非常必要。

(二)心理学对实施素质教育具有重要作用

1. 现代心理学为素质教育提供了理论指导

现代心理学认为,个体的身心发展有着其内在的规律性,会影响或干预个体的身心发展,外因必须与内部发展规律相匹配,凡是跨越或与发展规律不适应的教育,往往不能起到其应有的作用。每一个发展时期的重点和任务,都围绕着个体智力、语言、情绪、道德、个性、社会性等多方面目标,既与个体自然成熟相匹配,又与社会对个体的需求相吻合。随着人生发展进程中各项任务的落实,个体的素质逐渐完善和提高,高素质的人才也由此逐渐地造就和产生出来。现代心理学的每个理论或主题对个体心理发展的不同阶段、不同侧面的发展规律都有相应的论述,例如,有关个体人生观、价值观的形成,良好道德品质的塑造;有关开发学生的智力、帮助个体习得知识、培养学生的观察能力、思维能力、创造能

力;培养学生的兴趣爱好、引导学生从事实践活动、培养学生健康的身体和心灵等方面都提出了相应的规律,这些都为如何塑造学生的良好素质提供了强有力的理论依据。

2. 现代心理学为素质教育提供了有效的途径方法

如何实施素质教育,这是当前教育的热点问题。转变教育观念、改革考试制度、进行课程教材改革、提高教育者的素质等都是必不可少的重要途径。但应当提及注意的是,要强调塑造人的健康体魄和良好的个性特征,在这方面,现代心理学为我们提供了有效的途径和方法。现代心理学中有关认识能力、个性心理和身心健康的知识,具体地展现了个体身心发展循序渐进的过程及其影响因素,指明身心发展的一个关键时期,提示教育者应当怎样做和不应当怎样做,使教育者的教育教学活动有章可循、有法可依。现代心理学的研究内容,涉及到个体和群体的认识活动、情感活动、意志活动和人生观、价值观等多个方面,比如认识活动中的学习问题,现代心理学有关知识对如何培养学习兴趣、如何增强记忆、如何组织和加工知识、影响学习效果的因素是什么等都作了详细的阐述,掌握了这些知识,对形成良好的科学文化素质很有帮助。

现代心理学的五大理论八大主题所衍生出的十多个门类的应用学科,几乎包罗了良好素质形成的所有方面,教育者能自觉地运用现代心理学提供的方式方法去开发学生的潜能,培养学生的素质,素质教育的实施就落在了实处。

四、实施素质教育的心理学应用途径

(1)因材施教的个性化教育。高职院校的学生因所受家庭环境、受教育背景、周围环境等各方面的因素的影响,学生个体的认知水平、思维特点、个性的发展、社会化程度、智力水平的发育等都有不同的水平,所以个性化教育要抓住某个时期独有的共同特征,提高对发展关键期的关注水平,因时而异,也就是针对不同年级的学生根据其不同的心理发展时段,应有不同的学习要求、学习内容与学习要求。

因材施教还有重要的一方面就是要因人而异,因为即使是在同一个时期内部的受教育者的个体差异是客观存在的。因材施教也要以每个学生的"材",施以不同的"教"。这样的教学才是个体身心发展的推动力,维果斯基曾提出了发展性教学的观点,教学要着眼于、落实于最近发展区,要根据个体已经达到的心理发展水平,并且预见到今后的心理发展,只有这样,教学才能带动、加速个体发展。从学生不同的身心成长条件和智力发展水平的实际出发实施教育,才是素质教育的真谛。比如对于"优等生"可采用加深、加速学习的方法进行培养,而那些普通生甚至差生,则更需要多关心爱护,多加施教,长其善而救其失,让他们打开眼界认识自己,使他们找到"表现自己"的领域,形成积极的自我概念,树立起对自己的信心。这必须要求教师、家长掌握学生的心理特点,教育因时因人而异。

(2)作为教育者要掌握学习的性质、特点及其规律,教学要与学习有机地互动,激发学生积极的动机系统,开发学生的心智潜能,促进学生注意力、观察力、想象力、记忆力和思维力、创造力的发展,形成较强的求知欲和探索精神。

学生的学习活动是由各种不同的动力因素所构成的,比如兴趣、爱好、理想、信念等,还有一个学习的目标。加涅认为,动机与学习的关系是相互促进的,动机可以促进积极的学习,而成功的学习也可促进动机的发展。因此,学习的首要阶段是调动学生的学习动机,使学生积极主动地参与到学习活动之中去。学习动机一旦被激发,积极性一旦被调动起来,就会使学生产生强烈的学习愿望或者意向,从而能有效地促进学生的学习活动。

加涅认为任何新能力的学习需要先学习包含在新能力里面的从属的能力。奥苏伯尔也非常强调原有认知结构在新的学习中的作用。所以教师应该根据学生之前已经拥有的知识技能以及不同的学习层次的特点(概念学习还是辨别学习等)和教学的目标,事先做好一个短期与长期的系统性的教学计划,并且提供给他们良好的外部条件,做到教学相长的良性互动。

人本主义心理学家罗杰斯指出:"创造良好的教学气氛,是保证有效进行教学的主要条件,而这种良好的教学气氛的创设又是以建立良好的人际关系为基础或前提的"。教师在教学中要努力使学生拥有宽裕的时间、轻松的环境和愉快的心境,让学生时时保持精神振奋、思想活跃,营造一个无拘无束的思维空间。心理学研究表明,愉快的体验也能作为强化物,强化个体的行为,使之增加重复出现的可能性,从而产生巩固行为效果。心理学研究表明,反馈对学习效果将会有明显的影响。为师者要善于及时发现并引导,鼓励创造,积极地反馈强化,保护学生的好奇心、自尊心和自信心。

(3)改革不良的评价标准,减轻学生的心理负担,为他们建立一个尊重、理解、信任、和谐、融洽、相互理解的人际心理环境。

考试本来从属于教育,是为教学服务的,考试是检查教学效果、反馈教学信息的一种手段,而应试教育却把考试变成一个凌驾于教学之上的"指挥棒",学生由学习的主人变成了分数的奴隶。以成绩论英雄,把学生成绩当作学校教育质量和教师工作水平的唯一评价标准,这只能使素质教育成为空谈,而落不到实处。首先是学校教学评价体系的改进,每年的期中期末成绩的评比让教师疲于知识的灌输、分数的提高,而无暇顾及学生心理素质的教育。这种不利于身心发展的心理环境反而导致了学生厌学、焦虑等不良情绪的滋长,所以要淡化考试的评价功能。

奖惩合情合理，多进行情感化的教育。以各种积极情感与认知的互动，达到知、情、意并茂。教师对学生进行评价时要富有激励和亲切感，从情感入手，知、情、意并重，强调通过以各种积极情感与认知的相互促进，带动意志的发展。素质教育要摒弃应试教育的分数决定命运的做法，德智体美不能偏废其一。不要视分数为宝贝，学习成绩好就一切都好，这种表扬的含金量不高，容易形成一些高分低能现象，甚至是一些成绩优秀、品德有待提高的、社会化程度低的人群出现。成绩差者被批得一无是处，而不能发现他们身上的闪光点，无疑抑制了那些成绩低的学生的求知欲和自信心，教师应该给予他们更多的关注与鼓励，或许他们的体美方面发展良好，甚至是具有高尚的道德情操，教师或者家长要设置情境使他们具有成功的体验，以免产生自暴自弃的想法。

（4）重视对于学生的心理咨询与心理辅导工作，培养他们面对困难与挫折时的良好心理品质，促进学生形成完善的人格。

高职院校学生的心理尚处于不成熟时期，容易出现心理和行为的偏差，所以学校应积极开展普及心理卫生知识的讲座、进行心理咨询和心理辅导等工作，注重对学生进行学习态度、理想前途等的心理教育，学校心理教育与家庭教育、社会教育同步进行，有效地提高学生的心理素质，面对挫折困难时的勇气，对待失败正确的归因方式，正确的学习动机，高尚的道德情操，积极的人生观、世界观，健康向上的人格特征。

加强校园文化的建设，学校应开展丰富多彩的校园活动，为学生健康成长创造良好的心理社会环境。学生的大部分时间都是在校园里度过的，学校有计划地开展学生喜闻乐见的、丰富多彩的校园活动，让他们在感兴趣的文化活动中增长知识，陶冶情感。通过开展形式多样的文体活动和学科知识竞赛等，给学生形成健康向上的氛围、宽松理解的环境，而且在参与活动的过程中提高学生的群体凝聚力、集体荣誉感，有助于培养学生乐观向上的生活态度，充分发展和完善学生的个性，当然这对于处于"心理上断乳期"的高职院校学生也是有积极作用的。

五、小结

个体的心理发展是个体活动的心理调节机制方面的变化，个体的身心发展是在许多因素的交互作用中得以实现的，学习是心理结构构建过程，通过顺应与同化，将新的经验整合到原有的经验结构中而实现的。因此，学习及其教育与个体身心发展是具有辩证关系的。素质教育的实施旨在冲破原有的不遵循身心发展规律的填鸭注入式的"应试教育"的桎梏，充分关注学生的身心发展状况，个体的生理发展状况、能力发展状况、及其学习动机状况，并以此为依据，提出新的教育方式，从而真正发挥教育促进个体身心全面健康发展的作用。

高职院校新生的心理问题及其调适

朱子正　王仁芳

(湖北黄冈职业技术学院　湖北闻一多中学)

金秋九月,莘莘学子熬过了黑色六月的炼狱,迈进了大学校园。笔者多年的辅导员工作和学生的接触,让感笔者触颇深的一点就是在学生工作中要注意学生在每个年级阶段的心理问题,尤其是高职院校的大一新生的心理问题更值得关注,它影响着学生的整个大学生涯。而心理健康的人具备一些共同点:①了解自己并肯定自己;②掌握自己的思想行动;③自我价值感与自尊心;④能与人建立亲密关系;⑤独立谋生意愿与能力;⑥追求理想不脱离现实。

一、高职院校大一新生的主要心理问题

1. 客观环境变化造成的焦虑、抑郁、自卑等情绪

高职院校也是人才济济,部分大一新生很多方面不如人,致使孤傲或孤僻,而有些新生未能实现自己的高考志愿而进入高职院校,以及入学后发现大学生活并不像高中老师描述的那么美好等,使他们产生一种失落感。首先,许多新生在高中时代学习生活紧张而充实,上大学后自由支配的时间增多,所以每日无所事事,茫然不知所措,情绪低落。其次,想独立但在经济上还需要依靠家庭、在学习上还缺乏自学自控能力,生活不能完全自理,因此,他们既渴望独立又无法摆脱依赖性。再次,处于青春期的大学生,感情丰富而又敏感,同学来自五湖四海,身边不再有自己的熟人或知心朋友,不知如何与人交往,有些同学不知如何处理与异性的关系,因此新生入校后,由于生活和学习环境的显著变化,常使一些大一新生产生焦虑、抑郁、自卑等情绪,如果不及时解决,会影响大二大三年级的学习和生活。

2. 学习动力的暂时消失带来的彷徨与消沉

部分学生被大学录取之后,便失去了学习的动力。高职院校招收的学生的高考成绩基本上都是在 300 分左右,大部分学生来自农村普高,所以在大一新生中有许多在高中时学习习惯不好、学习态度较差的学生。进入高职院校后既无老师的逼迫也无父母的督促,且无高考的压力,学生有大量的自由时间却不知如何安排,毫无学习动力,有意无意地放纵自己并开始追求享受,成天上网、逃课、

谈恋爱,玩乐而荒废大量光阴。在笔者工作的这七年中,见到的因上网、逃课、谈恋爱等而影响学业的大一新生太多了。还有很多大一新生进了大学后,需要相当长的一段时间进行摸索和适应,然后才能从彷徨迷失中找到自己,建立自己的目标。

3. 青春期中后期产生的心理问题

(1)大学新生正处于青春期的中、后期,自卑感和困惑感也是许多大一新生存在的问题。有的学生因为身体残疾,或长相丑陋不靓丽,或体质虚弱多病,或者是家庭条件比较贫困、单亲家庭等,造成个性特点比较自卑,不愿与人交往。

(2)不正确的恋爱观及恋爱带来的影响。由于从众心理、好奇心,盲目谈恋爱,或是恋爱至上等一些不健康的恋爱观,给自己和他人带来痛苦。许多学生谈恋爱以后,不能很好地处理爱情与学业的关系,把爱情看得比学业重,经常逃课,荒废学业;不注意对他人的影响,我行我素,经常可见在公共场所一对对亲热的身影旁若无人地勾肩搂腰、搂抱,有的甚至肆无忌惮地做出一些过分亲密的动作,对其他学生、对校园的文明礼仪规定造成不小的冲击,笔者多次见到穿着迷彩服的男女学生在办公室前的亭子里搂搂抱抱;恋爱问题所造成的矛盾,比如恋爱产生的经济问题,恋爱失败带来的情绪低落、沮丧、抑郁、口角之争、打斗等较常见。再者,随着性的进一步觉醒与成熟,一些新生缺乏对性科学的了解和认识,对此若不加以注意,可能会出现怀孕、流产等问题,也容易出现青春期的性压抑、性烦恼乃至性犯罪等诸多性心理问题。

二、高职院校大一新生心理问题的调适

1. 学生自己的努力

(1)改变学习观念。《国家中长期教育发展规划纲要》提出,高职高专学校要坚持能力为重,优化知识结构,丰富社会实践,强化能力培养;着力提高学生的学习能力、实践能力、创新能力,教育学生学会知识技能,学会动手动脑,学会生存生活,学会做人做事,促进学生主动适应社会,开创美好未来。所以学生进入高职院校,应该改变读书的观念,大学阶段的学习是以自学为主的求学习,要培养自己的各种能力,学生逐渐改变自己在应试教育中养成的不良学习习惯。要意识到能力源于知识却比知识更重要,在学习和处世中养成独立思考和判断的习惯。学会知识技能,学会动手动脑,学会创新。

(2)"接受你不能改变的,改变你能改变的"。高职院校虽说是许多学生的无奈之选,但是在现实面前不能怨天尤人,更不能自暴自弃,而要尽自己最大的努力去改造环境,积极主动地去创造条件,以求外界现实符合自己的主观愿望,力求使自己在现实条件下获得最佳的发展。考上大学不是终点,而只是一个新的

起点。要从高考成功或失利的情绪中清醒过来,以崭新的姿态和振奋的精神,站到新的起跑线上,在入学之初就要一切从零开始,以务实的态度制定出个人在学业、思想道德、心理素质、动手能力等方面的长期奋斗目标和短期的、切实可行的行动计划和策略,搞好大学生涯以及人生职业生涯设计,以激励和鞭策自己为创造大学阶段的辉煌而不懈努力。尼采说过,"懂得为什么活着的人,无论什么样的生活他都能忍受"。同样,懂得为什么而学的人,他一定会克服眼前的困难。

(3)保持积极进取的心态。人的心理具有神秘的力量,积极的心态让人进取,消极的心态让人情绪低落,要学会应用正确的有意识的自我暗示,用积极的心理态度,指挥你的思想,控制你的情绪,掌握你的命运。大一新生应积极参加各项丰富多彩的健康有益的校内校外活动,发展自己的兴趣爱好。

(4)营造良好的人际关系。心理学家统计,人生80%左右的烦恼都与自己的人际环境有关。良好的人际关系是维护学生身心健康的重要条件,对别人吹毛求疵,侵犯他人的利益,不注意人际交往的分寸,都将给自己带来无尽的烦恼。因此,大学生要重视良好人际关系的营造。这就要求应坚持真诚待人、宽容待人、平等待人等原则,掌握人际交往的技巧。

(5)寻求专业的心理咨询。大一新生可以向自己的老师、长辈、朋友倾诉,以求得到帮助,更多的可以向学校心理咨询室寻求帮助。心理咨询不仅面向少数有心理问题的学生,更重要的是面向大多数需要发展的正常的学生。帮助学生进行研究和探讨和引导,妥善解决各种心理矛盾,达到自立自强,促进个人发展。

2. 教师尤其是辅导员的帮助和引导

(1)要对学生分类区别对待,采取不同的教育方式,尤其对特殊学生群体,需要给予更多的人文关怀和心理疏导。在新生入学前,要提前查阅新生档案,提前摸清学生的基本情况,如家庭经济状况、家庭成员状况、高中表现和成绩、特长与爱好等。要特别关心家庭经济困难的学生,关心以往优秀的学生,关心独立生活能力差的学生,关心身体有缺陷的学生,要用爱、用宽容去引导他们积极地适应大一生活。

(2)营造积极团结的班集体,加强集体的凝聚力。辅导员应该采取集体帮助的方法,积极推动以宿舍为单位的"小家"和以班级为单位的"大家"建设,要求大家把宿舍和班级当成自己的家来看待、建设和维护,把宿舍中的每个同学、班级里的每个同学都看成自己的亲人,创造出互帮互助、亲密无间的良好氛围。学生互助,共同成长进步。在充满爱的班级里,在有凝聚力的班级里学生会很快适应。

(3)要尽可能地与学生多交流、沟通。辅导员应24小时开机,要利用网络、手机或面对面交流,掌握学生的思想动态,及时发现问题,及时解决。

(4)辅导员应关心新生的生活,帮助他们自觉培养自理能力、良好的生活卫生习惯;在学习指导方面,应帮助新生了解学习环境,适应新的学习气氛和新的学习方法;帮助新生正确认识勤工俭学、经济独立等问题,处理好学习和工作的关系;帮助新生转变角色,使他们对自己产生正确的评价,学会自我调节,解决理想和现实的冲突。

3. 学校心理咨询室应加强舆论宣传氛围,加大讲座开设力度

(1)建立"大学生心理健康教育"课程体系,这一点基本上每所大学都能做到,都开设了心理健康课。

(2)应结合高职院校新生心理特点,可以针对不同的群体开展心理讲座,如"如何树立正确的自我观""如何建立良好的人际关系""大学生的责任""大学生如何对待爱情与学业讲座""青春期生理健康讲座""青春期性心理特点讲座""青春期性与安全讲座"等,形成一套系列讲座,从多方面对学生进行教育和引导。

(3)可以通过海报、心理信箱、心理热线、网络等阵地来普及心理健康知识。

(4)引导学生正确运用心理调适方法,比如:①迁移法。主要是把注意力从消极方面转移到积极方面去,尽量避免或减轻精神创伤,以便从挫折或失败中重新确定新的更高尚的追求目标。②行为补偿法。在某一方面不能取得成功时,可在自己力所能及的另外方面发挥所长并取得成功。③升华。升华是精神分析心理学的一个术语,即是将挫折所产生的愤懑情绪、自责或愧恨等消极情绪,都做一种积极的处理。"化悲痛为力量",也是感情升华的一种表现。

(5)辅导员可以从每个班选一到两名学生,由学院心理咨询室组织进行一定的培训,然后这些学生深入到同学生活中,进行宣传和引导,同龄人的影响有时会达到事半功倍的效果。

古代希腊哲学家赫拉克利特认为:人如果没有健康,智慧就难以表现,文化无从施展,力量不能战斗,财富会变成废物,知识无法利用。作为天之骄子的大学生,心理健康更是学业优异、事业成功、生活快乐的基础。不要因为生活环境不适应而产生失望感;不要因为人际关系不适应而产生孤独感;不要因为在中学时的优势消失而产生失落感;不要因为对学校管理制度不适应而产生压抑感。大一新生正确对待这一历程中所有积极与消极的情绪,勇敢面对挫折,超越自我,积极适应大学生活。

以心理疏导为抓手校正差生偏离行为

邱韵珊 王喜宗

(三峡电力职业学院)

伴随职业教育的迅速发展,职业学校学生数量的增加,学生素质也是参差不齐。其中不乏德、智、体全面发展的好学生,亦有"品德不良""成绩糟糕",甚至"行为不轨"的所谓"差生"。对他们采取什么样的方法和技巧去做好转化工作,是教育工作者必须探索和研究的课题。作为职业学校思想政治课教师,笔者在同"差生"的接触中,感到他们的某些偏离行为,乃是由于多种心理障碍而引起的反常行为,不可一概笼统地视之为思想认识偏差,抑或法纪观念淡薄。从心理学看,要转化差生,一个重要方面是从心理卫生或心理健康的角度,正确地把握教育对象,开展有效的心理疏导,从而校正差生偏离行为。

所谓差生偏离行为,是指学生在成长过程中出现的阻碍学习、品德和性格健康发展的反常行为,如说谎、偷窃、不守纪律、行为粗野、与人不能友好相处、经常争吵好斗,甚至离家出走、逃学流浪等。某些职业学校差生身上发生的变态行为、犯罪行为等,常常是由于偏离行为发展而形成的。职业学校差生偏离行为的成因错综复杂,往往是客观原因和主观原因交互作用的结果。

就外因而论,社会上存在着的腐败现象、"一切向钱看"的错误思潮、格调低下庸俗的文化垃圾、某些家庭成员的落后意识和不轨言行,还有少数教师对差生的厌恶、偏激情绪以及简单粗暴的教育方法等,都直接或间接作用于学生心理,诱导差生产生偏离行为。

从内因来说,职业学校学生的年龄大多进入所谓"危险"的青春期,生理、心理均发生着剧变。一方面他们精力充沛,兴趣广泛,活泼好动,模仿性强,可塑性大;另一方面他们缺乏社会生活经验,辨别是非、美丑和控制自我行为的能力不强,是不成熟的"成人"。再加上某些差生已经沾染上消极因素的影响,或从小养成的某些性格弱点及先天性不良气质的作用,导致他们如同饮酒过量一般,出现了程度不同的"酒精中毒"症状,头脑昏昏然,心态失控,举止紊乱。这是差生产生偏离行为的决定性因素。以情绪、情感为例,他们不时"心血来潮",有说不尽的雄心壮志,冲动、亢奋;然而他们对困难估计不足,一旦目标受阻,很快气馁、消沉,表现出对抗、退化、固执、冷漠、妥协等偏离行为,做出一些蠢事、坏事。小小的口角可能演成一场严重事故,轻轻的碰撞竟会报以匕首刺胸。

既然情绪障碍或性格异常等心理因素在一定条件和诱因下,可能引起差生心理失常和行为越轨,那么,学校思想政治工作者根据差生身心发展的实际状况,了解差生成长的历史、家庭教育情况、性格特点和心理素质,不失时机地把心理卫生教育引入课堂教学,"一把钥匙开一把锁",有针对性地疏通差生的心理障碍,矫正差生的偏离行为,不能不说是一个很值得重视的问题。

我们以为,消除学生的心理压力和心理病状,使之如释重负,振作精神,保持健康的心理,愉快地投入到正常的学习生活中去,是对差生进行心理卫生教育的目的。处于改革开放时期的青少年,应该具有自尊自爱、自立自强、开拓进取、坚毅勇敢等品质。其个体行为,既能为社会所接受,又能保持个体本身的愉快心境。健康的心理素质主要不是天生的,而是需要通过教育在社会环境和实践活动中逐步形成和发展的。对职业学校差生的心理卫生教育,大量的是结合学校、班级的教学工作进行,必要时可单独进行。

一般说来,差生的心理已经受到创伤,精神上受到了较多的污染,思想感情上与他人往往处于一种似乎莫名其妙的对立状态。他们时常以为同学、老师、家长跟自己过不去,故意找他们的岔子,揪他们的辫子;一旦学校出现了"坏人坏事",立即认为非他们莫属;出现了"好人好事",却想不到他们。于是自暴自弃,"破罐子破摔",失去了前进的信心。在这种心态下(加上确有一些人对差生"白眼"、讥讽与打击),教育工作者如果再对差生动辄训斥、处罚,或干脆不理不睬地"冷处理",无异于"伤口上撒盐",不仅无济于医治差生的心灵创伤,而且会加重他们的失落感,增强他们的逆反心理,结果使差生更"差劲"。殊不知,如同一棵瘦弱的小草,差生尤其渴求温暖和照料。所以教育者对差生更要注意规范自己的教育行为,力戒挫伤差生自尊心的做法,增强师生间的心灵沟通。不但不嫌弃、不轻视他们,还要从生活、思想、学习等方面给予他们更多的关怀,既施之厚爱,又严格要求。在这种人格平等、心理平衡的氛围中,师生间对抗情绪冰释,差生就能主动地敞开心灵的大门,任你用精神的甘露去洗涤和浇灌。"水到渠成",教育者晓之以理,导之以行,长善救失,不难奏效。此外,利用班级集体的力量,多创造一些情境增加差生的参与活动,也是把差生从封闭的精神世界中解放出来的有效途径。因为一个人在集体的熏陶中,势必受到具有良好心理品质者的"感化"。即使原先生性沉默的人,也会在班级团结、友好、互助、融洽的气氛中变得活跃起来。纪律散漫或性情"冷酷"的人,也可能在集体的制约下克服缺点。

差生之所以"差",大凡表现有突出的缺点和错误,伴有程度不同的心理扭曲,容易被人"小瞧",造成心理上严重的自卑。而这种自卑感也变相地反映了他们自己"恨铁不成钢"的心态,不满于自己所处的地位。每当他们改变一个新的环境,或者受到一次触动心灵的教育时,他们的心中往往燃烧起上进的火花,希望丢掉差生的帽子,进入"好生"的行列;只是他们往往缺乏信心和毅力,又苦于没有足够的能力来改变后进状况。可见,许多差生虽然有这样或那样的"不正常"表现,但其心灵深处却隐藏着"正常"的上进心和自尊心。有的虽然在打架斗殴场合表现得十分粗野,但在运动场上和劳动中表现出精力旺盛,勇敢顽强,能较好地完成老师交代的任务;有的学习成绩很差,甚至学业荒废,但在课外阅读和科技活动方面,表现出较大的兴趣,"智商不低"。这说明,差生并非一切都"差",毫无是处,往往是被他们突出的缺点掩盖住他们(潜在的)优点。有孤独感的差生不一定不爱集体;性格内向的人不见得"思想复杂";情绪焦虑急躁者不都等于患得患失;心胸狭隘者不全是自私自利;更不能把少数因心理缺陷或疾患带来的自控力差而违纪的学生当成"故意捣乱"处理。患什么病得吃什么药,具体问题宜具体分析。把心理"毛病"同政治、思想、道德问题混淆起来,相提并论,颇有失当。故此,教育者要密切观察差生心理上的细微变化,善于用"放大镜"去寻找他们身上的积极因素或"闪光点",将它发扬光大,扬其所长,补其所短,扶其所正,纠其所失。差生的"闪光点",正是差生内在本质和潜在优势的显现,不失为转化差生的突破口和起点。自觉主动地发掘差生"闪光点",以积极的态度,确认差生的自我主体地位和价值,调动差生不"差"的内在活力,是帮助差生树立信心,恢复自尊、自爱、自强、自奋等心理性格的重要手段。

同时,职业学校学生处于性发育、性意识觉醒阶段,对异性变得特别敏感,尚分不清友谊与爱情的区别,等等。对此,教育者切忌大惊小怪或做简单化处理,而应正视这种心理上的微妙变化,进而以心理卫生为基础,以伦理道德和行为习惯为重点,有意识地对学生进行青春期教育,使之正确调节和支配自己的行为,用理智驾驭感情,避免误入歧途。

总之,正确分析差生反常行为的表现及成因,进而做好差生的转化工作,不断要以爱为基础,而且还要科学地运用一些心理疏导的策略,假以时日,是可以得到预期效果的。"心理健康教育的目标是提高全体学生的心理素质,帮助学生树立心理健康意识,培养学生乐观向上的心理品质,增强心理调适能力,促进学生人格的健全发展;帮助学生正确认识自我,增强自信心,学会合作与竞争,培养学生的职业兴趣和敬业乐群的心理品质,提高应对挫折、匹配职业、适应社会的能力;帮助学生解决在成长、学习和生活中遇到的心理困惑和心理行为问题,并给予科学有效的心理辅导与咨询,提供必要的援助,提高学生的心理健康水平。"(教育部《中等职业学校学生心理健康教育指导纲要》)职业院校差生由心理问题引起的思想困惑及其偏离行为,不是简单的说教所能解决的,必须通过多种方式对学生进行心理健康教育和指导,帮助学生提高心理素质,健全人格,增强承受挫折、适应环境的能力。这对于纠正差生的反常行为,化"莠"为良,提高我国劳动力后备队伍素质,无疑有重要意义。

学生学习疲劳成因及其克服研究

翟光辉

(湖北大学知行学院)

疲劳是人们连续学习或工作以后效率下降的一种现象。学习疲劳大致可以分为学习生理疲劳和学习心理疲劳两大类。学习生理疲劳与大脑皮层的内抑制有关。是因为长期学习导致大脑皮层细胞产生强烈兴奋,消耗大量能量,致使兴奋性降低而转入抑制状态,从而导致学习疲劳。学习生理疲劳的表现主要为:视力减弱,食欲不振,面色苍白,血压升高,大脑供血不足,失眠等。而学习心理疲劳是由于所从事的活动不符合其心理需要,因而难以形成学习者的积极态度所致。学习心理疲劳是一种主观上的疲劳,其主要表现为:对学习的厌倦感,学习热情低,注意力涣散,思维迟缓,活动效率低等。

一、"思想道德修养与法律基础"课教学后半学期学生的学习疲劳成因

思想道德修养与法律基础"课教学后半学期,学生常会出现学习疲劳现象,造成学习疲劳的原因很多,有生理疲劳,也有心理疲劳,归纳起来,主要有以下几种。

1. 睡眠状况不理想

睡眠是大脑皮层自然产生的一种弥漫性抑制。通过睡眠不但可以解除生理疲劳,防止超限抑制的发生,而且可以给正常的新陈代谢提供补充营养的机会,从而保证人体机能的和谐与平衡。可以说,睡眠同阳光、空气和水一样,是个体生命之需。而大学校园里却流行着一种"起不来,睡不着"的怪现象。有一部分大学生习惯"开夜车",即便没什么事,宁愿聊天,不到12点不睡。武汉大学公共卫生学院谭晓东教授主持了一项大学生睡眠状况调查,随机抽取了一大学264名学生。结果表明,大学生存在睡眠质量问题的有11.4%,高达55.7%的大学生在日间活动中存在瞌睡现象,学生学习质量受到影响。学习之初,勉强还可以支撑,长此以往,能量就会消耗过度而不能及时得到补充,废物产生过多而不能及时消除,于是神经细胞的兴奋性就会降低,失去正常的功能,产生学习疲劳。

2. 学习动机欠佳

心理学研究表明，学习态度和学习动机是学习的内驱力，决定着学习的效率和质量。有少数学生用实用主义的眼光看待《思想道德与法律基础》这门课，功利性地计较公共课与专业课的"孰重孰轻"，只注重专业课的学习，而其他课程则认为可有可无，只要不挂科就行，造成学习基础性动力的缺乏。甚至有些学生自中学以来就有一种观念，政治课可有可无，将"思想政治理论课"与中小学的"政治课"混为一谈，而"思想道德与法律基础"这门课是对大一新生开设的，有的学生头脑还没转过来；有的学生视思想政治理论课教育为中国特有的教育现象，以价值多元化取向来否认必要的共同精神追求，过于夸大现实社会问题，怀疑思想政治理论课的真实性与实效性；加之有的学生学习目的不明确，在学校没有明确的努力方向，没有学习的动力，无学习积极性可言，凡此等等。由于思想上不重视，学习被动，时间一长，就会产生心理疲劳。

3. 教师素质对学生的影响

"思想道德与法律基础"教师素质对学生学习的兴趣影响很大。客观地说，"思想道德与法律基础"这门课与学生的学习和生活联系非常紧密，只要老师讲得好，学生还是挺有兴趣的。但少数教师理想信念比较模糊，政治信仰淡化、弱化，在教学过程中理不直、气不壮、底气不足，说服力不强，难以获得学生的认同；有的教师讲课艺术性不强，在思想政治课教学中，长期以来一直普遍采用"传递—接受"教学模式，甚至照本宣科，老师讲得费劲，学生听着没劲，让学生感到"头痛"；有的教师人生阅历不够，对理想、人生等问题自己都没整明白，讲起来缺乏感染力；有的教师开始讲得很精彩，慢慢就产生了懈怠心理，不能善始善终；有的教师法律知识功底不深，到讲到法律部分时与前面判若两人，等等。这些都是导致学生在"思想道德与法律基础"课教学后半学期产生学习疲劳的重要原因。

二、对策

1. 合理安排作息时间

生理学家研究证明，人体的各个组织和器官在从事活动出现疲劳之后，经过适当的休息，消耗的能量物质又会获得补充，就会感觉神清气爽、精力充沛。因此必须合理地安排作息时间，预防疲劳。对于大学生来说，保证一定量的睡眠时间和较好的睡眠效果，能够消除生理上的疲劳，在学习时保持充沛的体力和清醒的头脑，从而不容易产生疲劳、焦虑、厌倦学习等情绪。大学生的睡眠质量与心理疲劳成反比，大学生的睡眠质量越高，心理疲劳程越低。为了保持睡眠的深度，须尽量减少对感官的刺激（如噪声、强光、蚊虫骚扰等），严格作息制度，12点以前（最好是11点前）必须上床睡觉，培养良好习惯，如晚睡前洗脚等。同时，适度的体育锻炼也是必不可少的。

2. 树立远大的理想,以高需求层次为人生追求的目标

动机是激励人们去达到某种目的的主观原因。所谓学习动机是指直接推动学生进行学习活动的内在动力,是社会和教育对学生学习的客观要求在他们头脑中的反映。不同性质、不同水平的动机在抵御心理疲劳方面的作用是不同的,动机越是远大、越是高尚就越能抵御疲劳。这是因为,动机总是在个体意识到自己有某种需要,并且又发现了可以满足自己需要目标的情况下才激发起来的,没有行为目标也就无所谓动机。行为目标作为对行为结果的一种预想,其意义和价值就决定了动机的意义和价值。目标远大、高尚,可以最大限度地满足个体的需要,就会产生较大的激励力量和内在动机,推动人们坚持不懈、全力以赴地去追求。可见,大学生以高需求层次为目标,就有了强烈的学习意愿和驱动力,在学习时更不容易产生心理疲劳。因而,我们应帮助学生树立远大的理想,理解"思想道德与法律基础"这些"非专业课程"对自己专业的基础性作用,使学习的外部强制力转化为学生的内在动力。

3. 培养学生的学习兴趣所谓兴趣,是指有选择、积极愉快地探究某种事物或进行某种活动的心理倾向

"兴趣是最好的老师",是最积极的学习驱动因素。学生的内在兴趣直接影响着其心境的疲惫状况。兴趣不但对知识的猎取、活动的成功、能力的发展有着巨大的推动作用和催化作用,而且具有很大的抗疲劳功能。"知之者不如好之者,好之者不如乐之者"。因此,培养学生的学习兴趣对于克服"思想道德修养与法律基础"课教学后半学期学生的学习疲劳是极其重要的。教师首先要有亲和力,可以缩短师生之间的空间、心理距离,产生友好、亲近、共鸣、信赖的效应,使学生"亲其师",进而"信其道",达到"乐其道,学其道"的目的。要增强讲课的艺术性和感染力,教材运用要灵活,教学方法要得当,注意与学生的互动交流,活跃课堂气氛。在课堂上,综合运用启发式、参与式、研究式、案例式、演讲、辩论等教学方法,增强"思想道德修养与法律基础"课的针对性、实效性、吸引力和感染力。设想一下,精美的课件、激情生动的讲述、身临其境的视频、灵活多样的教学方法,学生还会产生心理疲劳吗?

4. 提高"思想道德修养与法律基础"课教师的素质

客观地说,要从根本上改变"思想道德修养与法律基础"课教学后半学期学生的学习疲劳状况,关键还是在教师。教师的素质至关重要。要提高素质,一方面要不断加强自学,提高思想素质和理论水平,要刻苦钻研教材,利用各种渠道广泛收集各种教学资料,丰富教学内容,不断地阅读各种报刊和书籍,浏览网上的内容,寻找跟教学有关的案例。对每一堂课,都要认真对待,以最饱满的热情,投入到教学中去,用心给学生上课。另一方面,国家应加大对"思想道德修养与法律基础"课教师的培训力度,提高整体素质,改变良莠不齐的局面,使"思想道德修养与法律基础"课教学状况得到根本改观。

浅谈高校大学生心理干预的重要性与紧迫性

张锐
(湖北第二师范学院计算机学院)

又是一年毕业求职之时,看着那些陪伴了自己两三年的年轻面孔即将结束他们的校园生活,用自己所学的知识去独自面对生活,接受挑战,心中就有无限的伤感与祝福。也让我想起了自己从求学到就业,到一一实现人生中每一件大事的漫长过程,虽谈不上艰辛,但也是道路曲折,有过失落,有过挫败,有过哭泣,但最后我选择了坚持。看着打扮整齐的他们笑容满面地照着毕业照,就开始为这些年轻美好的生命开始担忧了,在今后的人生路上,他们能否永远保持这份青春的气息,能否永远以微笑面对人生的波折,能否在失败和挫折面前不放弃,不抛弃。精神分析大师荣格曾说过:"一切的财富和成就,都源于杰出的智慧和健康的心理。"作为老师,我希望我的每个学生走出社会都能成为卓越的人才,但是也明白"物竞天择""优胜劣汰"的道理,教会他们以积极的心态面对竞争,以健康的心理立于社会的大潮中尤其重要。想起这些,我就越觉得自己的责任重大,作为一名普通的高校工作者,作为一名与学生朝夕相处的班主任,作为一名心理健康指导老师,我该以怎样的心态去关怀他们,该以怎样的方式去走进他们,该以怎样的角度去引导他们。太多的问题,值得我一一思考与面对,整天与这些年轻而活力四射的生命打交道,让我明白,细心、爱与责任是我必须做到的,同时这些年轻而敏感的生命更需要社会各界的共同呵护,要知道小树长成大树的历程,有时比破土出芽更要艰辛,因为它承受的外力更多。现结合我自己这几年作为一线辅导员的工作经历以及担任大学生心理健康辅导老师以来遇到的问题,同时根据相关材料和书籍,对大学生心理危机方案的制定和相关实施态度作出一些浅谈和讨论。

一、接受不完美的自己,大学生心理问题的主要表现

1. 环境适应,走进新环境,却没有新心情

这类问题主要发生在大学新生群体中,从中学到大学是一种生活方式的改变,随之也应该有一定的适应能力。许多新生一跨入大学就感到诸多不适,不适应6个人的集体生活,不适应自己一个人洗自己的衣服,不适应学校的生活等。很多学生在第一次进入大学生活时,还闹了很多笑话,有的学生是第一次洗衣服,竟然不知道搁了洗衣粉后,衣服还要清洗几遍之后才可以晾晒的。有的学生不知道怎么挂上蚊帐,炎热的夏天,热得冒汗也不知道把席子洗了铺上。由于这类学生的自理能力和调整能力太差,使得他们长期处于苦闷和担忧的情绪中,直接影响他们在大学的学习生活。

2. 人际关系,他们为什么不喜欢我

人际关系对于大学生的心理健康有着重要的影响。好的人际关系不仅使一个人获得生活中的动力,还使得他们拥有自信去面对生活。许多学生不知道如何与身边的同学友好相处,为建立和谐的人际关系而感到苦恼。由于每个人待人接物的方式和态度有所不同,在人际交往中,接纳与包容也是重要的元素,学会与人交往,不仅仅是交往那么简单,而是在出现分歧、发生矛盾时,能够静下心来好好交流、沟通。我带的一个班的两个学生与别院系的学生是一个寝室的,寝室同学关系本来相处融洽。我们班的一个同学出于热心介绍帮这个外系的同学买了一台电脑,但是过了一段时间后,这个外系同学得知,这台电脑的实际价值比他买的要便宜几百元,于是心中有了隔阂,并且怀疑这个同学在中间拿了中间费,同学关系由此恶化,甚至到了在寝室"动武"的地步,后来得知,这位好心的同学确实冤枉,一片好心,却引来友情的猜疑和交恶。这位外系的同学就是因为疑心太重,有什么话不愿意当面说,引起同学之间的误会,并导致长期压抑到和同学动手的地步。良好的人际关系是一门学问,学会做好人是一种心态,一种智慧。

3. 大学爱情,最纯真的童话

大学生作为生理发育成熟的个体,对于异性也有着爱慕和追逐之情。对于大学爱情,如果能够处理好,将会是美妙的一段姻缘,我有很多学生是同班同学在恋爱,但是关系非常好,而且双方也能够把握一个度。"花开时折方需折,莫待无花空折枝",目前许多学生对异性的好奇大于爱情本身,从而发生一些他们目前无法承受的越轨行为。还有同学因单相思而自困,因全心投入热恋而影响学业,因失恋而精神受挫,甚至自寻短见。对爱情的追求是没有错的,但是作为当代大学生,应该明确自己的目标和方向,不要过早地亲密接触。要学会通过学

习、工作和参加文体及社会活动来获得自身价值的认可,转移思想上的注意力。甜美的爱情同样也是娇弱的,需要精心的呵护才能长久。

4. 失败并不可怕,人可以被打倒,不能被打败

没有比竞争与挫败感更让人难以接受的了。多数学生上大学之前,都是同学中的佼佼者,而进入大学后发现身边高手如云,以前的优越感不复存在,在强烈的对比之后感到失败。另外,有的同学考到了自己不喜欢的专业和学校,也觉得前途渺茫,从而一蹶不振。还有的同学自律能力较差,即使下定决心要学好专业知识,后因为缺乏学习动力等原因而情绪低落。其实,这些问题都是每个踏入大学的学生都会面对的,对比较喜欢的专业,你可以考虑转专业;对学习没有动力,可以考虑以周围的同学为榜样,去良性地和她(他)竞争。要相信自己,没有困难是战胜不了的。

5. 学会做性格和情绪的主人

由于每个人的家庭背景和成长经历有所不同,性格和情绪是最不好掌控的。很多同学容易表现出自卑、猜疑、孤僻、抑郁的不正常情绪。有的同学心情会大起大落,因一件小事而大发雷霆,对周围的人大吼大叫。有的同学凡事都提不起兴趣,表现出事不关己高高挂起的样子。无论何种情绪,只要在自己的调控范围内,都应该通过自我去调控,或通过看书、听音乐、谈心来缓解心中的情绪,不要让不良的情绪在心中逗留过长,若觉得自己难以解决,可以通过看心理医生的方式去治愈,学会做自己情绪的主人。有人说过,21世纪能力比学历重要,情商比智商重要,培养发展学生的情商也是一门重大的课程。

二、千思万缕剪不断,大学生心理问题的成因

1. 家庭及家长的影响

当代的大学生由于地域的广泛性和数量的众多性,所谓每个幸福家庭的幸福都是相似的,每个不幸家庭的不幸都是不同的。在校园里,有的学生来自繁荣的城市,父母或者有着显赫的地位和权力,或者有着富有的生活,于是尽量满足孩子的各种要求,导致一部分学生从小养成了衣来伸手、饭来张口的生活以及我行我素、以自我为中心的人生态度。也有一些父母尽管家庭条件不太好,也会节衣缩食,尽力让自己的孩子穿得好,接受最好的教育。也有的父母不仅过度满足孩子,甚至代替孩子生活,凡事都替他们做主,导致他们进入大学这个集体生活环境之后,很难融入其中。还有一些家庭因素的原因,使得一些父母失业、下岗、离异,接受的学历知识有限也让父母疲于自己的工作,难有精力顾及孩子的教育和心理辅导,甚至心情不好时,还会对孩子大吼大叫,使这些学生从小就对贫困有着严重的心理负担,也导致他们对人际交往缺乏一定的自信。我带的学生中,

这种情况十分明显。很多学生热情大方,极易交流,而有的学生来也匆匆,去也匆匆,走路从不抬头,开班会组织活动也从不活跃,大学即将结束,我也没有把他/她的名字和人对上号,真让人遗憾。

2. 升学考试学习压力的影响

在学校教育中,由于应试考试,尤其是高考这座"独木桥",让很多学子从小就背负了考高分、上名校的十字架。且不说每个人的天赋问题,就说个人的爱好和兴趣方向也决定了一部分学生考不上名校,甚至上不了大学,但家长的殷切期盼,老师的严格监督,让这些学生不得不硬着头皮学下去。黑色的六月高考结束后,一些学子们踏入了理想的大学,开始了新的生活;一些学生由于没有考上喜欢的学校而郁郁寡欢,进入大学后提不起学习的兴趣,对社团活动和人际交往也没有半点热情,长期的心理压抑不仅影响了他们的学习生活,甚至严重时会做出一些伤害自己的行动。而那些进入理想大学的学生,他们就是一帆风顺吗?其实不然,一些学生进入大学后,以为考上了,人生就可以开始享受了,于是尽情地玩乐,以至荒废学业,忘了上大学的本质其实就是求知做人。而另一部分学生,由于从小到大,把大部分的精力花费在学习上,到了大学,面对突然多出的一大半空余时间不知所措,连该如何利用这些时间发展自我兴趣和爱好都不知道,完全没有制定上大学的目标,也和他们上大学实现人生梦想的目标背道而驰。

3. 学生自我接受事物的习惯

与在苦难中长大的"60后"、艰苦奋斗的"70后"相比,独生子占大多数的"80后""90后",他们的想法更独特,更自我。由于从小被娇养惯了,又缺乏与兄弟姐妹、同龄伙伴玩耍的人生经历,导致他们面对纷繁复杂的人际关系时,竟不知所措,"自私"一词也频繁地被学生用来评价他人。一些学生也常在自己的空间日志上说出"孤独""寂寞"的字眼,觉得自己渺小,无人关怀。这在弗洛伊德的心理学中,是一种婴幼儿时期得不到足够的关怀和温暖,而产生的一种无安全感。其实,对于这些学生婴幼儿的时期早已过去,无安全和关怀感却始终伴其左右,如果他们能在一定的引导下,进入新环境后能融入集体生活,多多与他人接触,用亲情、友情去弥补他们的安全感,或者他们经过十多年的书本教育有足够的自我调控能力,也是可以塑造一个全新的自我的。所以,我们平常在大学会看到两种对比鲜明的学生:一类是能尽快融入大学生活,和周围同学友好相处,在社团组织中干得风生水起;另一类则是连基本的寝室关系都处理不好,孤僻和不为他人着想的行为使他们成为同学们眼中的"独行侠"。

4. 社会环境、风土习俗的因素

社会政治生活事件和各地风土习俗在人们心目中的观念也会产生一些根深蒂固的影响,不可否认,改革开放只是让一部分人先富起来了,大部分的学生并不是从小就有着优渥的生活环境,地域的贫苦、家庭的因素、父母务农、家中兄弟姐妹众多等原因,让一些学生从小就背负着严重的贫苦负担,在别人穿几百上千的名牌衣服时,有一部分学生却还要为他一年几千块的学费而发愁,在别人手里拿着最新的 iphone、ipad 电子产品时,却还有学生担心着自己下个月的生活费是否足够。有人说这是一个"拼爹"的时代,你有一个好爸爸可以让你少奋斗二十年、三十年。我不知道这个说法是否永远成立,但是"富二代""穷二代"的观念开始在我们的校园蔓延,让一些贫困生越发自卑,越发地不能正常投入到学习生活中。《我奋斗了十八年才和你坐在一起喝咖啡》是曾经影响一代人的一篇励志文章,教会学生如何自信自强是我们的任务,要让他们知道没有一代人的青春是容易的。我最喜欢看到那些朴素而自信的面孔,我的很多学工助理都是家庭经济状况不太好的学生,但是他们自强自立,丝毫不因贫困而自卑,利用课余时间做学工,不仅接触了一些老师和同学,也提高了他们的人际交往能力,一部分学生还因成绩优异,表现出众,获得了国家级奖学金和励志奖学金。这也让我坚信,只要让他们感受到生命的美妙,从容面对人生的各种苦难和逆境,形成积极乐观的人生态度和坚韧不拔的勇气,那么,贫困将不会是影响他们人生的"绊脚石"。

5. 他人的负面影响或创伤

应试教育的压力下,很多学生不仅背负着严重的学习负担,也有很多学生压抑着自己的心理和生理情绪。许多老师重视成绩优异的学生,对学习较差的学生则是放任不管或排斥,使得这部分学生在心里对学校和老师感到排斥和厌恶,对任何事都抱着一种无谓的态度,显得愤世嫉俗。有的学生在中学阶段因家庭变故或其他原因,从此性情大变。还有中学时期的早恋、酗酒、性压抑等因素都会导致学生在大学不能正常投入到生活中去,这些负面影响都是这些心智才刚刚成熟的学生所遇到的大问题,如果老师和家长能加以一定的引导和劝慰,将会让这些孩子们感受到健康生活的美好,重新回到积极生活的轨道上去。很多时候,面对"问题学生",我既头疼又欣慰,头疼的是前期的沟通实在是痛苦,因为他们有时根本不会在乎你在说什么,和他们讲话让你觉得是在唱"独角戏";欣慰的是这些学生一旦回归到正确的轨道,往往会更加发奋学习,对人也更加友好热情。

三、爱与责任的主旋律,高校工作者的"杠杆作用"

1. 细心沟通,进步从交流开始

人际交往是漫漫人生中随时发生的不可或缺的重要活动。由于每个人生长环境、成长经历有所差异,所以在人际关系中的反应也会大相径庭。要达到成功交往,促进个人身心与事业发展的目的,大学生应注重学习与他人友好交往,认真体验。而作为引导者,我们与学生的沟通以及教学生如何沟通也极其重要。在每一位新生进入大学时,我们会通过各种班会和集体文体活动来让学生尽快融入大学生活。告诉学生要合理安排丰富多彩的大学生活,利用自己的特长参加校内社团和组织,使业余时间变得充盈起来。同时,也需要多举办类似"寝室文化节"(我校已开展过几次,效果显著)的寝室集体活动,拉动整个寝室成员的积极性,使每个学生都能在集体活动中深入了解他人,在娱乐中进行沟通和交流。

同时,我们学院也开设有心理聊天室,为了让学生对"心理"不再忌讳,我们特意给这个咨询室取了一个亲切的名字"心灵氧吧",寓意这是一个让心灵歇息的角落,走进氧吧,你就可以畅所欲言,聊学习,谈感情,拉家常。我们就是想开辟一个这样的场所,让学生在无助时有所去,有所归。当然,对于一个有几千人甚至几万人的大学,几个心理咨询室是远远不够的,即使心理咨询室足够多,学生也要愿意去,此外一个让人留恋的心理咨询室主要是因为有一名合格的资深的心理咨询师,这也是很多高校目前需要去改变和努力的方向。

2. 敬人者,人恒敬之——用心对待每个人的心理

据调查统计,绝大部分大学生是个人的心理问题。在大学这个大熔炉,有的人能如鱼得水,有的却寸步难行。而这些导致大学生们校园生活迥异的心理主要包括情绪调节、自尊心理、恋爱心理等。有些路你走过才知道它不好走,有些路你非走不可。张爱玲的《非走不可的路》告诉我们不是所有的劝阻都是有效的和必需的,但是作为过来人,从大学走上工作岗位,我的经历很多也是值得借鉴的。我非常喜欢和我的学生们聊天,谈学习,谈生活,甚至包括他们的感情问题,我不反对他们恋爱,我希望他们用积极健康的心态面对大学的生活,恋爱只是其中的一部分。所谓"活到老,学到老",鼓励学生去自主学习,用最好的心理状态、最大的心理潜能去学习新的事物,接触新的人群,不断发掘自我宝贵的潜能,度过一个充实有意义的大学时代。在这方面,我希望学校各级部门能多多开展各种心理健康方面的讲座,补充他们对健康心理的认识,让学生正确面对心理危机,正视不足,从容面对。

3. 授"知"与授"智"是一种责任

在如今"成功学"蔓延的局势下,作为老师我希望我的每一个学生都成为有影响力的人,成为各领域的佼佼者。可是,我也深知"先成人,后成才"的道理,不是每个人都能成为英雄,总有人要在英雄路过的时候鼓掌。教会学生们成人,有时比一味殷切地盼望他们成才更为重要。通过长期的沟通交流,让学生拥有良好的心态,有面对挫折和迎接挑战的信心也是一种成功的人生。良好的心态不仅有助于他们顺利地走完大学生涯,找到实习单位,更会影响他们一生,影响他

们今后面对人生的第一态度。

　　细心、爱与责任是我做好大学生心理健康工作的态度,作为一名普通的高校工作者,在希望各级领导高度重视的同时,也希望全社会能够改变心态,成人在某种程度上比成才更重要,正如亨·奥斯汀所言:"这世界除了心理上的失败,实际上并不存在什么失败,只要不是一败涂地,你一定会取得胜利的。"本文是本人参考各类心理健康书籍和平时工作生活所发,一家之言,望大家斧正。

影响学生自控能力的问题及对策

朱守健
(三峡职业技术学院医学院)

　　自控力是指一个人在意志行为中具有的善于控制自己情绪、约束自己言行的能力。这种能力属自我意识范畴,是自我意识的重要表现形式之一,是意志力的体现。培养学生的自控能力,对学校预防事故的发生、构建和谐校园,具有重大而深远的意义。当前,由于部分学生自我控制能力比较差,常因一点小事管不住自己而违法违纪,有的导致自己不能按时完成学业,甚至更为严重的是受到法律制裁。怎样看待和处理学生自控能力差的问题,是作为学生管理工作者当前的一大课题。

　　学生自控能力不强,原因是多方面的,大部分是个人修养差而引发的。具体有以下几种:一是缺乏远大理想,没有坚定高尚的政治信仰。由于心中缺乏精神支柱,想问题、办事情,就容易迷失方向。二是缺乏健康的心理,心理缺陷比较大,心理结构不平衡,所以,一些性格暴躁、孤僻、脆弱的人往往因为心理因素处事不当而违规违纪。三是慎独精神,在个人独处的时候,往往不能严格要求自己,心存侥幸,因此,处理事情不计后果。四是缺乏较好的文化素养,遇事情容易冲动,一意孤行,认识不到自己的行为符不符合社会规范,不知道哪些行为符合道德原则,哪些行为有悖于道德原则。五是自知偏颇。这种类型的学生缺乏自知之明。突出表现为两极性:一是过高地估计自己——自大。他们总爱拿自己的长处去比别人的短处。二是过低地估计自己——自卑。有的接受能力慢,学习成绩总是不如别人好;还有的家中贫困,属于社会上的弱势群体,他们在众人面前总觉得抬不起头来,总是怨天尤人,埋怨自己没出生在一个好家庭,等等。总之,修养比较差,心胸不开阔,遇到不顺心的事情往往想不开、胡乱猜疑、听信他人而产生违纪违规行为。

一、影响学生自控能力的不良心理因素

影响学生自控能力的不良心理因素主要有五种:第一,虚荣心。这是一种畸形发展的自尊心。如果缺乏正确的引导,在错误思想影响下,自尊心也会变为虚荣心。第二,嫉妒心。这是一种狭隘的排他心理,他不愿别人在任何一点上超过自己。嫉妒心理发展到强烈的时候,很容易丧失自控能力,变成违法犯罪的动机。第三,报复心。这是一种破坏性较大的心理。当自己或亲人、同乡受到他人伤害时,报复心骤起,理智失控,如果没有高度的自控能力,复仇之火很难平息。第四,好奇心。是指个体遇到新奇的事物或在新的外界条件下,促使个体产生注意、探究等行为的一种内在力量。当代学生兴趣广泛,好奇心强,这有积极的一面,但如果引导不好也会产生消极影响。第五,侥幸心。这是一种自欺欺人的心理状态。有这种心理的学生,爱耍"小聪明",总以为自己做的事别人不知道,这样就容易助长个人行动的冒险性。

二、学生容易丧失自控能力的时机

(1)遇到挫折不能正确对待时。学生遇到的挫折常有以下情形:一是要求入党、当学生干部、评优和评奖学金未能如愿时;二是突然受重伤或患重病时;三是发生天灾人祸或发生严重纠纷时;四是受到讽刺挖苦、自尊心受到伤害时;五是和别人发生冲突而得不到及时调解时;六是个人隐私被别人揭穿时;七是考试舞弊违纪受到处分时;八是父母离异或本人"失恋"时;等等。上述情形,都可能给学生造成强烈的精神刺激,引起激愤或消极悲观的情绪。这些情况如果发生在自控能力弱的学生身上,加上管理者思想政治工作跟不上,就很可能出现意外情况。

(2)受到网络上不良信息影响时。网络中的信息有很多积极的内容,但同时也有不少消极和有害的东西,会给青年学生带来恶劣的影响。有的学生观看色情网站,有的学生热衷于聊天室,有的学生选择具有格斗、暴力倾向的网络游戏,有的学生上网搜索信息,下载资料。由于受到网上不良信息的影响,个别女学生上网聊天交友上当受骗,做出与本人身份格格不入的事情,甚至有的违法违纪。有的男生上网成瘾不能自拔。

三、培养学生自控能力的主要途径

培养学生自控能力,是个综合工程。最根本的是抓好马克思列宁主义、毛泽东思想,邓小平理论和"三个代表"重要思想的学习,搞好社会主义道德观、社会

主义荣辱观、科学发展观教育,引导他们树立正确的人生观、价值观和世界观,增强他们的道德观念和法纪观念。一是要提高知识素养。一般来说,知识水平比较高的学生,往往接受能力强,理解能力强,自控能力也就比较强。因此,培养自控能力,必须引导学生学习政治理论和科学文化知识,还要注重学习有关青年修养方面的知识。二是要培养"慎独"精神。"慎独"是一种高度自觉的道德修养。刘少奇同志曾指出:"即使在他个人独立工作无人监督,有做各种坏事的可能的时候,也能够'慎独',不做任何坏事。"有的学生一般情况下表现还可以,一旦离开了老师,离开了组织,缺乏监督的时候,就失去了自控能力,发生违纪行为。因此,必须加强"慎独"精神的培养。三是要适应心理变化规律,做好引导工作。俗话说:"种花须知百花异,树人要懂百人心。"学生思想变化往往有一个由量变到质变、由渐变到突变的进程。同时,每个人都有不同的思想、性格、情感,培养学生的自控能力,必须适应他们的心理变化规律,因人而异地做好引导工作。要帮助他们学会正确认识自己,正确对待别人,克服片面性。另外,要善于将学生的不良心理引导到积极方面来。总之,研究并利用学生的心理特点,采取不同的方法,才能把培养自我控制能力的工作做到点子上。四是要创造积极的舆论环境。集体的舆论影响对学生控制能力的培养起着相当重要的作用。学生受到挫折后,总是十分希望得到集体的同情和支持。如果这时受到别人不正确的鼓动、挑拨及其他不良影响,就可能丧失自制力而冲动起来。如果这时管理者能排除对他的不良影响,加强集体舆论的积极影响作用,使学生感受到集体的温暖,他就能获得战胜挫折的力量。因此,我们应当广泛运用校园文化、校报、广播、展览、墙报等多种学生活动和舆论工具,来增强集体的感染力,使学生在积极舆论和良好校风的熏陶下受到教育。作为管理者,要始终做到"四个知道""一个跟上",即时刻知道"学生在干什么? 在想什么? 在哪里? 需要什么?"一个跟上,"即思想政治工作要跟上。"还要注意改善管理者与学生、学生与学生之间的关系,创造一个和谐的环境,形成一种融洽的气氛,以利学生健康成长。

职校后进生管理方法思考

王喜宗　余万芹

(三峡电力职业学院)

在当前形势下,大力发展职业教育,是推进我国工业化、现代化的迫切需要,是促进社会就业和解决"三农"问题的重要途径,是完善现代国民教育体系的必然要求。自"十一五"规划纲要实施以来,在中央和各地的关注推动下,我国职业教育驶上了发展"快车道"。随着职业教育的迅速发展,在校学生的数量增加,越来越多的老师抱怨:现在的职校学生越来越难管理。他们中的一部分也因此被冠以"两后生""学困生""后进生"的称号。这类学生学习成绩不理想,教学秩序比较差,学习积极性不高,迟到、早退、旷课、上课睡觉、上课玩手机、抽烟、语言粗鲁、盲目追星,结交社会不良青年等现象比较严重,有的学生甚至打架斗殴,经常与任课老师发生争执和肢体冲突。面对这些孩子,很多老师束手无策,愤慨地说:"这是一群顽石,油盐不进、软硬不吃的顽石!"结合自己管理学生的经验,笔者认为,只要我们心存希望,不抛弃,不放弃,多一些爱心、多一些关心、多一些细心、多一些耐心,采取适当的策略,和谐管理,一定能让这些所谓的"顽石"醒悟,抛弃自卑和自傲,重建自信,笑迎未来。

一、对症下药,从维护学生的自尊心着手

自尊心是尊重自己、维护自己的人格尊严,不容许别人侮辱和歧视的心理状态。前苏联著名教育学家苏霍姆·林斯基曾有感于学生自尊心的伤害而告诫广大教育者,对待学生的自尊心,"要像对待一朵玫瑰花上颤动欲坠的露珠那样小心"。职校后进生不同于其他普通院校学生,文化基础总体比较薄弱,有相当一部分是在与高中或大学无缘的情况下,进行的一种无奈的选择。他们当中的很大一部分学生从小学到初中都是家长、老师批评的对象,也是被同龄人嘲笑讥讽的对象。作为社会中的弱势群体,他们在同龄人中自感抬不起头来,具有较强的自卑心理,有一种"失落感"。因为学习基础"差",不受人重视,心理很受伤,故他们常以招摇的个性、过激的行为、怪异的服饰等,以期引起别人对他们的重视。总之,这类学生是外在性格张扬,内在性格孤独,总体性格脆弱,结合这类学生的心理特征,我们不要因为他们学习成绩相对差而对他们冷眼相待,职校学生语言和数理逻辑可能比较差,但是在视觉空间、人际关系或艺术上往往有所长,不能用挑剔的眼光看待学生,训斥学生,这样只会适得其反,工作寸步难行。要相信和尊重每一位学生,以发展的眼光看待学生,对所有的学生一视同仁,带着"放大镜"去发现学生的优点和长处,以宽容心对待学生的错误。剑伤肉体,话伤灵魂。在批评学生时要选择合适的时机和场所,措辞一定要委婉,并且不能点名道姓。在表扬学生时要尽量满足学生的虚荣心,做到多鼓励、多支持、少批评、少斥责、少打击,使他们尽可能处于愉悦的心境中,以形成良好的个性品质和行为习惯。要让他们意识到职业教育的前景,逐渐积累信心。只有不伤害学生的自尊心,学生才有羞耻心、争胜心,再利用其独有的向师性,让学生乐意接受我们的教育,改

正缺点,才是最成功的教育和最高明的管理方法。

二、依法管理,切实保障学生应该享有的权利

要使学生敬佩你、信任你、走近你,必须竭尽所能保障学生的权利,为学生谋取利益。职校后进生大多数有强烈的自卑感,最怕别人瞧不起,最恨长时间遭遇冷落和不公平的遭遇,有一种典型的"不患贫但患不均"心理。如果只关注成绩好的学生,而忽略成绩差的学生,他们就会自暴自弃,更有甚者对同学和老师产生憎恨,在心灵上仇视社会。为了解开学生的心结,使学生喜欢老师,喜欢学习,必须通过公开、公正的民主形式,使学生能够平等地参与到管理过程中来,使他们的各项权利得到保证,合理的诉求和合法权益得到保护,主体地位得到落实,从而激励大家以最大的热情投入到生活和学习中。

具体而言,保障学生的民主参与权利要做好以下三个方面的工作:一是要尊重学生民主参与的合法权利。凡是关系到学生切身利益的重大事项,例如奖学金和助学金的评选、班干部的选举、党员的评定、学生课外活动的举行,都要请学生参与讨论,广泛听取意见,民主集中,做到学生心服口服。二是搭建学校领导、辅导员、班主任与学生沟通联系的通畅的信息平台。没有沟通的平台,学生的民主参与权利就是一句空话。所以,采取定期召开学生代表座谈会、建立 QQ 群、通过实名或者匿名等信息沟通方式,及时听取和了解学生对教学、管理、生活等方面的意见。尽量满足学生合理的利益需求,对于不合理的要求,一定要想方设法进行"疏通"而不是"根本不理会"。三是更新育人理念,把学生当作平等权利主体来对待,坚持依法治校、依法管理、依法育人。

三、走近学生,倾听学生心灵深处的渴望

倾听学生心声是学生高效管理的有效途径。现代教育管理理论大师华莱士曾指出,管理者最应该注意避免出现的问题是沟通和距离出现问题。不善沟通就会影响和谐。在学校管理中,大多数学生管理者在工作中出现的错误都是由于不善沟通而造成的。苏格拉底说过"上帝让每个人都有一张嘴巴,两只耳朵,就是让你多听少说。"这个世界上最得人缘的人,不是会说话的人,而是懂得倾听的人。

职校后进生一般16~20岁,很多第一次离开家庭和父母,在外地独立生活和求学,都有一种孤独的心理。不能简单、粗暴地对待学生工作。要深入学生中,和学生亲切交流,用心倾听来自学生心灵深处的声音,站在学生的立场和角度去思考问题,只有了解每个学生的特点,才能引导他们成为有个性、有志向、有智慧的完整人。苏霍姆林斯基说过,不了解学生,不了解他的智力发展,他的思

想、兴趣、爱好、才能、禀赋、倾向就谈不上教育。如果学生生活在信任中,他便会学会尊重;如果学生生活在怀疑中,他便会自贱。那些外表看似叛逆、倔强的孩子,一旦对教师打开心扉,总是转变最快的那一个。

四、大爱无疆,用爱心拯救处于迷途中的学生

冰心说"有了爱便有了一切"。热爱是化解矛盾的最好药方。有一句古话这样说道:"爱人者,兼其屋上之乌。"老师对学生的爱,会被学生内化为对教师的爱,进而把这种爱迁移到我们所做的工作上,正所谓"亲其师信其道"而"乐其道",因此爱在教育中具有巨大的能动作用。我们要树立这样一个理念:"疼爱自己的孩子是本能,而热爱别人的孩子是神圣。"职校后进生多数缺少师长之爱,同学之爱,家庭之爱以及社会之爱。在和他们打交道时,不能因为其文化基础稍微差一些,更不能因为他们有一些不良好的个人习惯而鄙视学生,要从心里接受这些学生,培养热爱这些学生的心理。必须积极构建尊重人、爱护人、理解人、关心人,乃至塑造人的和谐环境,并从方便、体贴、适合人的需要角度思考职校学生管理,一切要求都要从学生的特点或实际出发,体现人性、尊重人权,不能超越职校后进生的发展阶段,不能忽视学生的需要。只有在管理中处处体现"以学生为本,急学生之急,办学生之盼",把好事办实,把实事办好,才能形成和谐力量,才能培育新型的师生关系,从而获得职校后进生衷心的拥护和爱戴。

五、结束语

当前,职业教育在国民教育和社会发展中扮演越来越重要的角色,探索职校后进生高效管理方法是一项长期、艰苦的工作,任重道远,而又刻不容缓。世上无难事,只怕有心人。笔者充分相信,只要无数的教育工作者献计献策,切实做到接受职校学生,热爱职校学生,维护职校学生尊严、保障职校学生权利,职校学生管理就会上一个台阶,职业院校的办学品质也会逐步提高,最终达到人民满意的水平。

第四篇　思想政治教育队伍建设

以人文关怀促进高校教职工思想政治工作发展

薛平军

（华中师范大学）

教职工思想政治工作是高校思想政治工作的重要组成部分。与大学生思想政治教育相比，目前高校教职工思想政治工作发展相对滞后，亟待加强和改进。

一、人文关怀及其对高校教职工思想政治工作的必要性

1. 人文关怀的基本内涵及其与思想政治工作的联系

"人文关怀"是以"人文"精神及理念为核心的文化现象。"人文关怀"一般认为发端于西方的人文主义传统，其核心在于肯定人性和人的价值，要求人的个性解放和自由平等，尊重人的理性思考，关怀人的精神生活等。"人文"是一个内涵极其丰富的概念，"人文关怀"思想的产生，是和人类文明发展相同步，与人们追求社会和谐、建设美好社会相适应的。"人文"一词在我国最早出自《易经》："刚柔交错，天文也；文明以止，人文也。关乎天文，以察时变，关乎人文，以化成天下。"这段阐述不仅率先提出了"人文"一词，而且还明确提出了"文明以止""化成天下"的文化观，这也是"人文关怀"的初始内涵和目标。随着经济发展和社会进步，"人文关怀"的内涵不断丰富拓展。在现代社会，"人文关怀"强调对人的主体地位的肯定和尊重，对人的尊严、人格、价值、命运的维护，关心人丰富多样的个体需求，尊重人的个性差异，激发人的主动性、积极性、创造性，促进人的自由全面发展。因此，所谓"人文关怀"就是以"以人为本"为核心，包括对人的生存状态的关注、人的人格尊严的尊重、对人的主体地位的肯定、对人的社会需要的满足等内容在内的一种对人类本身的终极关怀。

在马克思主义者看来，社会和国家的发展是以个人全面自由的发展为最终目的的，体现的是对人的终极关怀。而思想政治工作是做人的工作，主客体都是

人,必须重视主客体的终极关怀。无论是马克思的生存需要、发展需要、享受需要的三层次需要理论,还是马斯洛的生理、安全、情感、受人尊重、自我实现五层次理论都告诉我们:当人的基本需要得到满足之后,高层次的需要就变得重要起来,这也就要求思想政治工作在满足人的基本需要的基础上,关注人的名誉、地位、受人尊重、展示自我、发展自我的需要,即思想政治工作对人的终极关怀的重视,也就是思想政治工作要体现"人文关怀"。

2. 高校教职工思想工作亟须人文关怀的支持

我国正在实施科教兴国和人才强国战略,实现经济振兴和国家现代化,努力促使人与社会、自然和谐协调发展。高校的根本任务是为社会发展培养人才,高校教职工的职责是教书育人、管理育人、服务育人。他们在大学生思想政治教育中起着主导作用,是大学生思想政治教育的生力军。目前不少高校正在切实加强人文学科教育,克服长期存在的重视理工轻人文的偏向,坚持下去则有利于将"人文关怀"融化在学校教育的各个学科,乃至社会生活的各个方面和每个人的行为之中,以提高国民的全面发展和修身、自省的自觉性,以防止和克服片面强调科技发展的负面影响与作用,这是历史发展的必然要求。一方面,我们在高扬人的主体性,强调人的主体地位和价值,倡导人的全面、自由发展,倡导"人文关怀";另一方面,在市场经济条件下,我们的各项活动在强调经济效益的同时,又普遍存在只把人作为经济、社会发展的客观力量,而忽视人的主体性的倾向。例如事业发展尤其是经济发展中缺少人的主体目标的设计,体制改革中缺乏人的因素的研究,管理活动中片面强调对教职工的强化控制而无视人性和温情等。这都是改革过程中必须重视并加以解决的现实问题。我们的现代大学制度建设应当是理性的、科学的和充满"人文关怀"的。因此改革开放的现状和时代精神强烈呼唤和激发着我国高校教职工思想政治工作与"人文关怀"的相互渗透与融合。只有这样才能充分发挥思想政治工作在提高教职工素质乃至于国民素质,促进人与社会全面而协调的发展中的深层次的作用,也只有这样,才能实现人的全面、自由地发展,实现人的巨大潜能的充分挖掘和发挥,推动社会主义现代化建设快速健康地前进。

二、高校教职工思想政治工作发展困局与人文关怀缺失密切相关

与传统社会和改革开放前相比,当前我国高校教职工思想政治工作对受教育者的关注已经得到了一定程度的重视。近年来,在学术界展开的"人道与异化问题""教育主体问题""教育的人学问题"等一系列的讨论都涉及了社会和教育界对高校教职工的关注和关怀的重视。然而,不可否认,我国高校教职工思想政治工作对受教育者倾注的"人文关怀"还做得很不够,在很大程度上形成教职工

思想政治工作的困局,严重影响了工作的效果:长期以来高校无论在理论还是实践上往往偏重于对教职工的硬性的、线型的、数字式的量化目标式的考评监督,却忽视了对教师的人文关怀和心理疏导,容易导致教职工缺乏工作的主动性、积极性和创造性,进而影响了育人的实效,影响了学校事业及教职工个人的发展。

当前高校教职工思想政治工作在人文关怀上的缺失主要表现在以下四个方面。

一是思想政治工作的目标价值定位错位。思想政治工作就本身的价值追求而言,它既有培养人的内在价值,又有造福社会的外在价值。而现实中高校教职工思想政治工作特别强调"社会本位""集体本位",存在对社会价值重视、对教职工个人价值轻视的倾向。在这种以社会和集体为中心的价值取向使得教职工的价值仅仅体现为是社会物质价值、政治价值和精神价值的承担者,培养出来的是"社会需要的公民",而丝毫不考虑教职工个人的兴趣、爱好、理想、个性,这就严重削弱了教职工的主体性和创造性,使其成为迷信权威、盲从他人的"工具人"。伴随着社会的发展,个人的价值得到充分的肯定,这种典型的"社会本位论"使得许多教职工对思想政治工作不感兴趣,甚至带有某种排斥和逆反心理,这也是当前高校教职工思想政治工作难以取得实效的重要原因之一。

二是思想政治工作的方法僵化。现实中的高校教职工思想政治工作还是过分强调"灌输式"的教育方法。当然,教职工思想政治工作的特殊性决定了必须灌输马克思主义理论及党的方针政策,但这不等于说就要采取"灌输"或"注入"的方式。因此必须把灌输的任务和方法加以区别。为了达到思想政治工作的目的,恰恰不可采取"灌输"的方法。1950年教育部就批评了那种"不会走群众路线,不注重自学,而用旧的灌输式的教学方法"。在实际的思想政治工作中常常采取"灌输式"和"填鸭式"的方法,不把受教育者当作活生生的人来看待,把受教育者看作接受器和"驯服工具"来培养,作为"道德之洞""美德之袋"进行注入。高校教职工思想政治工作中这种僵化的灌输方法也使得教育更多地被诉诸于规章制度及行政管理手段,更多理解为说教管理及无条件的服从,而不是从人性的角度出发去关心教职工的发展,体现人性的需要。

三是思想政治工作对受教育者需求的淡化。思想政治工作只有不断满足受教育者的需要,才能被受教育者认同和接受。而现实中的高校教职工思想政治工作中,高校思想政治工作者常常不关心教职工思想上的一些困惑和深层次的思想问题,无视或回避现实中出现的新矛盾、新问题,不关心热点问题和敏感问题,忽略教职工的个人需求,使得教职工感到有远离生活之感,难以满足其需要,当然就难以达到真正的教育效果。而面对教职工在实际生活中的一系列思想和心理困惑,教育者很少从微观层面上去关心教职工,不能及时觉察、发现、研究教职工在心理上的需要,使思想政治工作不能深入教职工的心灵深处,也就达不到教育效果。

四是思想政治工作对受教育者主体性的轻视。思想政治工作应该尊重受教育者的主体地位,使之在没有束缚、没有压力的状态下,即在心理自由的状态下接受思想道德教育,形成思想道德认识和道德实践的认知能力。而当前我们高校教职工思想政治工作过程中,较多实施的是"单边政策",往往不重视双边活动,不认为思想教育是互动的过程,而是过分突出教育者的主导作用及权威,很少照顾到教职工的思想状况和心理特点,一味从自己的主观愿望出发,轻视或完全忽视教职工在教育过程中的主观能动性和主体地位,忽视了教职工在接受过程中的感受,导致其积极性被严重挫伤,产生强烈的逆反心理。这种对人文精神的漠视,直接导致了人文关怀的缺失。

三、以人文关怀助推高校教职工思想政治工作发展

"人文关怀"扩展了思想政治工作的内涵,是高校教职工思想政治工作适应时代发展的要求,由单纯的政治教育向综合性教育转变,进而不断满足教职工丰富多彩的精神生活的需要。以"人文关怀"来助推高校教职工思想政治工作发展,需要从以下方面切实采取措施。

一是加强"人文关怀"理念的教育和"人文关怀"氛围的营造。在高校教职工思想政治工作视野中,"人文关怀"理念的教育和"人文关怀"氛围的营造,应包括层层递进又密切相关的六个方面的内容:一是承认教职工不仅作为一种物质生命的存在,更是一种精神、文化的存在。二是承认教职工无论是在推动社会发展还是实现自身发展方面都居于核心地位或支配地位。三是承认教职工的价值,追求教职工社会价值和个体价值的统一、作为手段和目的的统一。四是尊重教职工的主体性。教职工不仅是物质生活的主体,也是政治生活、精神生活乃至整个社会生活的主体,因而,也是改善和提高自身生活品质的主体。五是关心教职工的多方面、多层次的需要。不仅关心教职工的物质层面的需要,更关心教职工的精神文化层面的需要;不仅要创造条件满足教职工的生存需要、享受需要,更要着力于教职工的自我发展、自我完善需要的满足。六是促进教职工的自由全面发展。教职工的全面发展应当是自由、积极、主动的发展,而不是外力强制尤其是在刚性考核制度强制下发展;是各方面素质都得到较好的发展或达到一定水平的发展;是在承认教职工的差异性、特殊性基础上的全面发展,是与个性发展相辅相成的全面发展。

二是高度重视及切实解决教职工多方面的感受和需求。高校教职工思想政治工作要贯彻"人文关怀"理念,与学校日常工作结合,重视和采取切实措施来帮

助解决教师多方面的感受和需求,特别是注重在改善教师生活、工作条件的同时,更加关心他们的精神生活,使个性的人格可以获得更多的尊重,并在个人发展上获得更多的机会。

三是着力创建公平校园和解决教职工实际问题。高校教职工思想政治工作要贯彻"人文关怀"理念,在涉及教职工切身利益的问题上以"校务公开"等信息公开工作为关键,坚持公开公平公正的原则,努力营造更加公平的校园环境,同时在此基础上着力解决好教职工最关心、最直接、最现实的问题,最大限度地激发教师的热情和动力。

四是积极引导教职工形成健康向上的精神和心态。高校教职工思想政治工作要善于引导教职工逐步确立乐观、豁达、宽容的精神,以积极的心态去面对工作和生活,用理性的头脑、合理的方式来表达自身的利益诉求,努力化解各种各样的矛盾。

五是不断引领教职工构建和谐的人际关系。高校教职工思想政治工作要不断引领教职工树立合理竞争、公平竞争、共同发展的理念,倡导合作、包容的精神,形成诚信友爱、安定有序、和谐发展的校园环境。

高校机关干部担任班级导师的 SWOT 分析

高 裕

(武汉大学学生工作部)

教育部《关于加强高等学校辅导员班主任队伍建设的意见》中指出,辅导员、班主任是高等学校教师队伍的重要组成部分,是高等学校从事德育工作,开展大学生思想政治教育的骨干力量,是大学生健康成长的指导者和引路人。目前,对专业教师担任高校班主任的理论研究较多,而对机关干部担任班主任的理论探索不够。本文旨在针对机关干部担任班级导师这一特殊机制进行深入探讨,从而进一步明确这支队伍的工作思路。

一、对高校机关干部担任班级导师进行 SWOT 分析的背景和意义

1. 高校机关干部担任班级导师的背景

本科生班级导师是学校学生工作队伍的重要组成部分,是从事学生思想政治教育和学生事务管理工作的兼职人员,是大学生学习、生活和健康成长的指导

者和引路人。本科生班级导师原则上从该院系教师中遴选聘任，也可从学校机关干部、在职教职工、离退休人员中聘任。

2. SWOT分析方法概述

SWOT分析方法是一种企业内部分析方法，即根据企业自身的既定内在条件进行分析，找出企业的优势、劣势及核心竞争力之所在。其中，S代表Strength(优势)，W代表Weakness(弱势)，O代表Opportunity(机会)，T代表Threat(威胁)，其中，S、W是内部因素，O、T是外部因素。

SWOT方法的重要贡献在于用系统的思想将内部优势、弱点、外部机会、威胁，似乎独立的因素相互匹配起来进行综合分析，使得企业战略计划的制定更加科学全面。分析直观、使用简单是它的重要优点。即使没有精确的数据支持和更专业化的分析工具，也可以得出有说服力的结论。

3. 对高校机关干部担任班级导师进行SWOT分析的必要性和可行性

(1)必要性分析：高校机关干部担任班级导师是一种丰富思想政治教育队伍的探索和尝试。通过SWOT分析，不仅有利于机关干部、学院、学校透彻、直观地了解此种尝试的优点和缺点，更可以为改进这项工作提供决策依据和战略建议。此分析是一项充实思想政治教育队伍的理论探索，也为实践创新提供依据和建议。

(2)可行性分析：SWOT分析方法是现代常用的企业战略管理分析方法，其从内外部、优劣势角度的定性分析角度适用范围非常广，即使没有精确的数据支持和更专业化的分析工具，也可以得出有说服力的结论。SWOT的分析角度和分析方法都适用于对高校机关干部担任班级导师的分析。

二、高校机关干部担任班级导师的SWOT分析

SWOT分析方法更倾向于描述性的定性分析，所以需要在参照物的基础上客观描述。本文着重以专业课教师为参照物对机关干部担任班主任进行SWOT分析。

1. 优势(Strength)

(1)视角开阔：高校机关就是指高等学校中的职能部门，上传下达，内外联通。机关干部往往会有一个宏观、全景的视角，站在全校层面看问题，对各职能部门和学校各项事务管理有更多了解，对于各学院(系)的特色与特点也心中有数。机关干部的这种平台资源和开阔视角有利于培育大学生的大局观和全局意识；有利于开阔大学生的平台意识和信息来源；有利于大学生对本学科的客观定位和自身定位。

(2)时间优势：高校大部分班级导师由专业教师担任，他们教学、科研任务繁

重,谋求自身发展和自我价值实现,加之教学量、科研成果在职称评定中的导向,导致许多专业教师无暇深入班级,更谈不上与学生谈话谈心、个别辅导、深入生活的方方面面。有的学生甚至一学期见不上班级导师几次面。相比之下,机关干部上班时间相对固定,业余时间相对充裕,有明显的时间优势,可更多地深入学生。

(3)学科互补:机关干部的学科背景往往与学生不同,比如一个人文社科背景的机关干部担任工科班级导师,有利于拓展大学生的学科视野和兴趣爱好,提高综合素养,促进全面发展。

(4)注重德育:正是因为机关干部可能无法给予专业指导、学习指导,所以在培育学生过程中更加注重思想道德修养、行为习惯养成、形势政策分析等思想政治教育。

2. 劣势(Weakness)

(1)对学科了解不够:机关干部围绕学校中心工作、服务人才培养,但对学校学科建设、所带学生专业发展了解不够,不能很深入地指导学生的专业课学习、不能很及时地告知学生专业前沿和趋势,不能发挥专业上大师的学术权威和人格魅力。

(2)与学院联系不紧:与专业课老师相比,机关干部既不是本学院毕业也不在本学院工作,对学院的院情了解不够,人事不熟,不利于学生日常事务管理和服务。

3. 机会(Opportunity)

需要指出的是,优劣势分析主要是着眼于机关干部自身的特点及其与专业课教师的比较,而机会和威胁分析将注意力放在外部环境的变化及对学生的可能影响上。分析机关干部所带班集体的外部环境,我们可以发现以下有利于学生的环境因素。

(1)专业课教师专业导航:高学历、高层次人才担任的专业课教师在课堂教学时必然会教授学科背景、学科前沿、学科发展趋势以及课程学习方法等,另外,大师、大家的学术权威和人格魅力也一定程度上提高了学生们的专业兴趣和职业理想,极大地弥补了机关干部这方面的欠缺。

(2)学院搭建平台全面导航:随着学生工作的日益专业化、系统化,学院的学生工作平台也日趋常态化、长效化、品牌化、系统化,构成了全方位、立体化的育人平台,极大地丰富和补充了机关干部个人力量。

(3)全校育人合力正在形成:随着中央16号文件的逐步贯彻落实,教书育人、管理育人、服务育人的观念逐渐深入人心,全员育人的合力正在形成。

4. 威胁(Threat)

专业课教师不仅可以借自己科研项目、上课时间言传身教,育人于科研和课堂,而且其对专业和行业的了解,在学生职业生涯规划、科学研究指导上有强大的优势。机关干部所带学生在专业课程学习和职业生涯规划两大方面竞争更大,压力更大。

三、改进机关干部的班级导师工作的建议

根据以上 SWOT 分析结论,笔者提出改进机关干部担任班级导师工作的建议。

(一)班级导师:发挥优势,善借资源

1. 发挥自身优势,借助自身平台

机关干部应该发挥自身时间优势、平台优势,深入学生班级、寝室,多参加学生集体活动,多与学生谈话谈心,及时掌握学生学习、生活、社会活动的状况,共性教育和个性教育相结合,分类指导与个别辅导相结合,针对每一个学生的特点,充分承担起"导"的职责和功能,促进学生全面发展。

2. 巧借他山之石,勤借专业资源

专业指导上的不足可以通过借用资源来弥补,比如请优秀的高年级学生传授学习心得和方法,请专业课教师开展专业讲座和辅导;和学院互通信息,对专业密切关注等。另外,对学科和行业也需密切关注。

(二)学院平台:通达信息,专业指导

学院应该充分意识到聘用一定比例的学校机关干部担任本科生班级导师既有好处又有缺陷,从而挖掘调动机关干部的平台资源和强大的德育能力,多利用学院专业课教师优势开展专业知识讲座、行业发展讲座、学习经验交流等活动,弥补机关干部专业引导的不足。

(三)学校制度:厘清职责,规范工作

1. 深化角色定位,明确岗位职责

目前,对辅导员的工作职责和角色定位谈得较多,而班主任和辅导员之间的分工厘清不够,责权模糊,不利于班主任开展工作。因此,学校可积极探索辅导员和班主任的职责分工,分类指导机关干部班主任和专业教师班主任的工作,编写《班主任工作指南》,理论创新,改进实践。

2. 健全管理机制,完善政策保障

学校应该重视班级导师这支思想政治教育的重要队伍,积极探索班级管理新形式,例如给班级导师配备党员学生代理班主任、用优秀研究生担任班主任

等,但要权衡各种形式的班级管理的利弊,查漏补缺,给予人、财、物等方面的制度支持和政策保障。

3. 加强教育培训,提高综合素质

学校应充分挖掘其思想政治教育和专业领航的双重一线功能作用,一是要形成班主任岗前培训机制,着重培训该队伍的政治理论水平、形式政策、管理学、教育学、心理学、社会学以及大学生涯指导、学习指导、就业指导、学生事务管理等方面的知识;二是抓好横向交流,定期召开班主任工作经验交流会,培养先进、树立典型,多角度、深层次推广班级管理的好经验、好做法,促进班级导师间取长补短、互通有无,共同提高;三是组织参加社会实践考察活动,有计划分期分批组织班级导师外出借鉴其他高校先进班级管理经验和工作方式,不断提高班级导师队伍思想政治素质、业务素质、理论水平和工作能力。

从职业倦怠谈高校辅导员队伍建设

徐江

(中南财经政法大学)

辅导员是高校教师队伍的重要组成部分,是开展大学生思想政治教育的骨干力量,承担着培养人、教育人的重要职责。当前,在高校辅导员队伍中普遍存在的职业倦怠现象,导致高校辅导员队伍不稳定,人员流失较严重,这已成为影响高校思想政治教育工作和辅导员队伍建设的一个"负面因素"。重视辅导员队伍建设,不仅要从宏观角度着力抓好辅导员队伍的体制机制建设,而且要从微观角度深入分析辅导员职业倦怠的表现、成因,逐步缓解辅导员的职业压力,不断培养和提升辅导员工作的自我效能感。

一、正确看待辅导员职业倦怠的影响和危害

(一)辅导员职业倦怠的表现和特点

1974年,美国临床心理学家弗鲁顿伯格(Freudenberger)首次提出职业倦怠的概念,用于描述从事助人行业(如教师)的工作者无法应付外界超出个人能量和资源的过度要求,从而产生心理、心智、情绪、情感、行为等方面的身心耗竭状态。高校辅导员职业倦怠是指高校辅导员在长期的工作压力体验下,呈现的工

作兴趣、情感和动力的衰竭状态。

1. 职业价值观扭曲

职业价值观是一个人对职业的认识和态度,以及他对职业目标的追求和向往。随着高校思想政治教育环境的复杂化,教育对象的多样化,教育理念和教育方式的僵化,当高校辅导员将全部的身心投入到繁琐的学生工作中而得不到相应的认可和回报,或找不到职业生涯新的突破口时,个人成就感降低,导致辅导员对本职工作的认同感降低,看不到职业目标和希望,缺乏职业动力和追求。

2. 心理健康水平下降

心理健康水平是指智力发展水平、情绪状态、行为反应与心理适应能力等。由于对本职业感到厌倦,对职业价值评价过低,职业荣誉感不强,辅导员会不自觉地放松对业务的钻研,高职业压力和低职业价值认同会使辅导员陷入心理亚健康状态,表现为情绪和情感处于极度疲劳状态,工作热情丧失,有一种情绪资源耗尽的感觉。长期的这种状态就会导致反应迟缓、适应能力降低,对自身的情绪无法控制,从而导致心理健康水平下降。

3. 与教龄呈正相关关系

有研究表明,5~10年教龄是教师职业心理的一个转折点,这个阶段的教师逐渐开始出现职业倦怠。1~4年教龄的辅导员,刚进入一种行业,虽然可能会面临许多的困难和压力,但同时他们对自己的工作充满希望与期待,在心理上更易于平衡各种矛盾。教龄达5~10年的辅导员逐渐开始出现倦怠情绪,教龄在10年以上的辅导员承担着子女的教育、老人的赡养以及事业上台阶的压力,而发展空间的限制使他们更容易产生职业倦怠心理。

(二)辅导员职业倦怠的影响和危害

辅导员职业倦怠不仅严重影响了辅导员知识、能力的正常发挥,损害了辅导员自身的身心健康,而且还严重影响了高校思想政治教育工作的顺利开展,进而影响到大学生的成长成才。

1. 影响自身的身心健康

职业倦怠引起的情绪失控、苦闷甚至抑郁得不到及时宣泄,会逐渐发展成为一种消极、感伤的心境,严重损害和威胁着辅导员自身的生理和心理健康,使其个体的生活质量受到严重影响,甚至引发心理疾病。同时由职业倦怠带来的精神不振和工作热情下降必然影响其能力水平的发挥,造成工作低效化和工作挫败感的加剧。

2. 影响学生的教育成长

辅导员健康的人格、良好的心理素质、理性的工作态度和饱满的工作激情,都会对学生产生润物细无声的教育效果,引导学生树立积极向上的人生态度和价值观念。而不稳定的情绪、消极的心态和心理亚健康状态以及对自身工作的排斥和反感,会影响学生参与活动、展现自我、开拓创新的积极性,从而影响思想政治工作的成效。

3. 影响队伍的发展稳定

对学生和社会而言,辅导员的职业倦怠情绪,必然会影响到大学生思想政治教育的效果,影响思想政治工作队伍的稳定发展,使得加强和改进大学生思想政治教育工作缺乏强有力的推动和支撑力量。

二、深入分析辅导员职业倦怠的产生原因

1. 社会支持和自我认同的弱化

学生辅导员作为高校学生思想政治工作的骨干力量和大学生健康成长的领路人,在中央16号文件中已经非常明确。然而现实中一些高校都把学科建设作为核心,认为大学生思想政治教育工作可有可无,思想政治教育和辅导员队伍受到轻视和歧视。无论是教育者还是被教育者都倾向于强调辅导员的义务,而忽视了他们的权利。此外,同龄专任教师有相对充裕的时间开展科学研究,有许多业务培训和海外研修的机会,可以进一步优化个人知识结构,提升个人能力水平。而辅导员的工作任务重,见效周期长,成果无形化,得不到很好的理解和尊重。辅导员除了完成大量日常管理工作外,还要深入班级、寝室、课堂与学生交心谈心,晚上和周末还要主持和参加班会、团会、党会等活动。时间、精力的大量投入和个人需要的不满足以及与同龄教师横向比较的心理落差,使辅导员产生心理失衡,辅导员队伍的稳定性受到冲击。

2. 角色冲突和职业压力的加剧

心理学研究证明,个人承担的角色越多,由角色转换不适而引发心理冲突的可能性也越大。随着高校与社会联系的日益紧密,高校辅导员的社会角色也愈加丰富,一个辅导员往往扮演着教育者、管理者、服务者、第二家长、知心朋友、生活保姆等多种角色。辅导员角色的多重性导致了角色责任的广泛性,有限的精力与无限的责任时常会产生矛盾。因此,在实际工作中,辅导员要针对不同的教育对象,适时调整自己作为家长、兄长、师长、学长等不同角色需要具备的思维习惯、行为态度和表达方式。如辅导员既要树立角色权威,又要成为学生的知心朋友;既要执行学校的政策,又要维护学生的权益;既要履行管理的职责,又要充当学生的保姆。这些角色冲突经常会使辅导员陷入两难境地,无所适从,从而导致焦虑情绪的产生。由于学生工作具有时间上的连续性和空间上的广延性特点,学生因情感问题、网络成瘾、学业困难、经济原因和就业困难等产生的心理问题和突发事件频发,从而加剧了辅导员的职业压力,使辅导员成为一个高风险、高

压力职业。

3. 创新意识和发展空间的局限

实践表明,学生工作是有规律可循的,因此有些教龄较长的辅导员创新意识较为淡薄,习惯于靠经验处理事务性工作,往往忽略了对学生进行思想政治教育这一主要任务。与老辅导员相比,年轻辅导员自我意识更突出、个性色彩更强烈、思维活跃性更强,工作方法灵活多样,与学生心理年龄和经历相似的优势使他们更容易开展思想教育工作,但他们的协同和配合意识不强,抗挫折能力较弱,有一些不成熟的心理表现。另一方面,辅导员要全方位负责学生的"吃喝拉撒睡、桌椅板凳柜"等日常琐事,久而久之会认为工作缺乏挑战而衍生出衰颓情绪,感到个人能力得不到发挥,个人价值难以实现。辅导员职业还受到发展空间的限制。辅导员的大部分时间用来和学生打交道,没有足够的时间和精力从事理论研究,在科研立项、职称评聘方面相对处于劣势,部分辅导员对自己的发展前景不乐观,担心自己的出路,从而导致辅导员队伍的不稳定。

三、有效应对辅导员职业倦怠的干预措施

1. 加强组织领导,建立保障机制

为有效应对职业倦怠,进一步提高辅导员工作的积极性、主动性和创造性,高校应加强辅导员队伍的组织领导,制订辅导员队伍建设总规划,优化和改进辅导员选聘、培养、考核和激励机制,进一步改善辅导员的工作条件和福利待遇。2007年,教育部发布了《教育部直属高等学校岗位设置管理暂行办法》,《办法》对辅导员作了单独的明确规定:辅导员工作既是教师岗位,又是管理岗位,既可以走专业技术系列,也可以同时走行政职级系列。同年我校制定出台了《中南财经政法大学专职辅导员岗位设置管理实施办法》,明确了辅导员具有思想政治教师和管理干部双重身份,并且实行辅导员的职称评审机构、计划、条件等单列,拓宽辅导员的职业发展空间。在辅导员绩效考核方面,学校努力形成工作有条件、干事有平台、发展有空间的激励机制,按照"质和量相结合、点和面相结合、常规和创新相结合、过程与结果相结合"的原则,定期考核奖励工作业绩突出的辅导员,激励辅导员创造性地开展大学生的思想政治教育工作。此外,为进一步提高学校行政效率和管理水平,学校将辅导员队伍作为培养和选拔党政管理干部的主要来源,把辅导员队伍作为"基层骨干来使用,后备人才来培养"。通过建立这一系列的保障机制,充分体现学校对辅导员工作的高度重视和辅导员队伍的人文关怀。

2. 热爱学生工作,坚定职业信念

信念和理想是压力下保持心理健康的重要保证,也是职业倦怠的最好解药。

辅导员的工作性质是一种内在的肯定和持久强劲的内化力量,是在多少年之后仍能在学生身上体现出来的一种高尚的人生价值,这种价值的延续是科学职业目标的体现,更是辅导员工作的最高境界。辅导员自身要对学生工作有一个科学、全面的认识,要把学生的进步和成绩作为自己终生的职业目标。在做好学生教育和管理工作的同时也要做好自己的人生规划和职业规划,当个人目标与组织发展目标一致时,就会促进个人和组织的共同发展。学校方面,应该结合学生事务管理的特点和要求,根据辅导员工作职责和时代发展变化,制定辅导员培训计划,科学设置辅导员培训内容,真正建立起岗前培训、日常培训、专题培训和骨干培训等相结合的分层次、按类别、多形式的培训体系。在工作内容上将辅导员作专项分工,根据辅导员的专业背景、兴趣、专长等,让他们分别主要从事学生日常事务、形势教育、择业指导、学习辅导及心理咨询服务等,做到一专多能,术业专攻。辅导员工作的自我效能感的提高将会坚定辅导员的职业信念,使他们坚持走职业化、专业化的发展道路。

3. 重视学习提高,激发工作活力

毛泽东同志说过:要做人民的先生,先要做人民的学生。"不注意学习,忙于事务,思想就容易庸俗化。"作为大学生成长路上的人生导师和知心朋友,辅导员更要把学习作为一种政治责任、一种精神追求、一种生活方式,树立全员学习、终身学习的理念。辅导员的职业倦怠部分是源于他们忙于对事务性工作的处理,忽视了知识结构的更新和自我能力的提高,逐渐丧失了自身的优势和可持续发展能力,从而产生了职业倦怠。而职业倦怠反过来又会损耗工作热情,降低职业认同感,影响辅导员的工作绩效和职业发展。因此,辅导员要不断加强学习和研究,摸索教育对象的规律和特点,逐步形成自己独特的工作风格,努力成为学习型、研究型和专家型学生工作者。通过不断地学习新知识、新理念,可以使自己的思想和观念能够紧跟时代发展的需要,缩小与学生之间的"代沟",大大提高职业和事业的成就感和职业魅力。通过参加各种业务培训,不断完善自身的知识结构体系,可以全面提高工作技能,使自己能够较从容地应对本职工作,进一步增强工作自信心。通过参与课题申报和理论研究,可以挖掘自身的工作潜能,激发工作活力,提高政治素质和理论水平。对于年轻辅导员来说,职业倦怠很多情况下是一种隐性的"能力恐慌",只有不断"回炉"充电,加强学习提高,才能具备适应各种压力和挑战的能力。

4. 注重心理疏导,缓解工作压力

心理学研究证明,自我意识强的人将会积极地避免因现实与理想人格的差异而造成的内部冲突,并对外部世界持同等接受的态度。反之,则会因为事情不如所愿而动辄感到愤怒、沮丧和失望。辅导员的职业倦怠有生理的倦怠,但更多的是心灵的倦怠,而心灵倦怠又是影响生理倦怠的重要原因之一。因此,辅导员要清楚了解自己的优势和劣势,正视自己的喜怒哀乐,正确处理个人情绪和工作压力的关系;要培养积极的自我意识,悦纳自己,不过分苛求外部环境,在力所能及的范围内尽自己的努力,在理想和现实中找到最佳结合点;面对困难和压力的时候,应该采取积极有效的应对策略,善于释放压力,保持情绪乐观。在学习掌握先进理论的基础上,辅导员要积极投身实践,把最新的管理理念和管理理论运用到实际当中,转变工作方式,在实践中体验事半功倍的愉悦心情。与此同时,高校除了要高度关注大学生心理健康教育工作,还应建立健全辅导员心理疏导机制,为每个辅导员建立心理健康档案。要定期组织开展辅导员素质拓展活动,缓解辅导员的紧张情绪和焦虑状态,增强辅导员的心理调适和抗挫折能力,不断促进学生工作的有效开展和辅导员队伍的稳定发展。

论全球化背景下高校教职工思想政治工作的切入点

杨斌　范玲玲

(三峡大学计算机与信息学院)

随着我国改革开放的不断深入,全球化背景对当代中国的影响越来越广泛,越来越深刻。人们思想活动的独立性、选择性、多变性、差异性明显增强……同时社会结构、社会组织形式、社会利益格局发生深刻变化,社会建设和管理面临诸多新课题。高校作为文化传播的前沿阵地,是各种思想和多元文化的集聚区域,正确思想和错误思想、主流意识形态和非主流意识形态相互交织,形势复杂。上述深刻变化必然带来高校教职工思想方式、工作方式、行为方式、生活方式的新变化,带来其思想观念、心理状态、价值取向等方面的新变化。此外,强力推进的高校人事聘任制度和考核评价机制等方面的改革,也给高校教职工思想心理、工作作风、教风学风等方面带来一定影响。而高校教职工思想行为的变化又同学科建设、人才培养、科学研究、个人发展及切身利益等更紧密地结合在一起,折射出高等教育改革与发展的新变化、新趋势、新要求。这些新变化、新特点对高校教职工思想政治工作提出了新的挑战。如何适应新形势、新变化、新要求,寻求高校教职工思想政治工作的新的、行之有效的切入点,以增强工作的实效性,这是当前高校面临的新课题。笔者认为,全球化背景下高校教职工思想政治工作应从以下四方面着手寻求新的切入点。

(1)以人文关怀为切入点,增强思想政治工作的影响力。在全球化背景下高校教职工的思想由于受多样化因素影响,从而呈现出价值选择多元化、自主性强,政治影响力淡化,行政影响力弱化,对形式主义无兴趣,对传统说教办法易引起反感等特点。在这种情况下,高校教职工思想政治工作首先必须以赢得对方信任和理解为基础。时下,思想政治工作假大空的东西和不切实际的说教已不能奏效,也不能令人信服,只有合乎真善美的东西或者更为现实、更为实际的东西才能得到人们的接受和青睐。高校教职工是高知群体,其思想政治工作更不能搞空洞的说教,更应贴近实际,为教职工排忧解难,帮助解决其现实生活中实际问题和困难。现在高校的教职工普遍感到当今社会竞争激烈,工作任务重,心理压力大。比如青年教职工面临结婚、生子、育儿、买房、学历提升和事业起步的巨大压力;35～50岁的中年教职工更是担负着工作和家庭的重担,他们工作上是骨干,家庭中也是顶梁柱,上有老,下有小,困难多。50岁以上的教职工大多虽没有很重的家庭负担,但自身身体状况、精力、体力逐步弱化,知识更新难度加大等。可以说,高校各个层次教职工都需要不同程度或不同形式的帮助和关怀。党的十七大报告提出"加强和改进思想政治工作,注重人文关怀和心理疏导。"以前思想政治工作更多的重视事以及人们对组织的理解和服从,而缺乏人文关怀。现在党中央提出人文关怀和心理疏导,体现了执政党对人的关怀、社会对人的关爱,严肃的思想政治工作开始关心人内心的感受,引导人们正确对待自己、他人和社会,正确对待困难、挫折和荣誉。这拉近了执政党与人民的距离。高校教职工作为社会的重要组成部分,同样需要人文关怀和心理疏导。

人文关怀是马克思哲学的基本维度之一。人文关怀是对人的生存状况的关注、对人的尊严与符合人性的生活条件的肯定和对人类的解放与自由的追求等。人文关怀,一般认为发端于西方的人文主义传统,其核心在于肯定人性和人的价值,要求人的个性解放和自由平等,尊重人的理性思考,关怀人的精神生活等。在思想政治工作视野中,人文关怀是指尊重人的主体地位和个性差异,关心人丰富多样的个体需求,激发人的主动性积极性创造性,促进人的自由全面发展。

以人文关怀为切入点,可以通过更多地关爱教职工,拉近思想政治工作者与教职工的距离。这不仅是贯彻落实党的十七大精神的必然要求,也是调动和激发高校内部活力的有效手段,有利于激发教职工对本校(或单位)的认同感、归属感,增强教职工对思想政治工作者的信任感和亲和力,对有效开展思想政治工作,调动教职工学习工作的积极性大有裨益。比如,关爱残疾教职工、慰问生病住院或生活困难的教职工、帮教职工解决子女上学问题等后顾之忧等都是人文关怀的表现形式。

以人文关怀为切入点,要求高校在开展教职工思想政治工作的过程中,始终强调要以人为本,从关心教职工的根本需求入手,设身处地地思考问题,寻求做思想政治工作的最佳方法。

(2)以制度激励为切入点,增强思想政治工作的驱动力。制度是导向,是工作机制和环境的表现形式。不同的制度导向和工作环境会引起不同的心理反应、工作状态和工作绩效。或者说,不同的制度环境会造成不同的心理气氛,而团体的心理气氛使成员的自我感觉与情绪受到影响,从而对工作效率发生积极或消极的作用。制度激励,就是要利用制度导向来调动教职工的积极性和创造性,使其有一股内在的动力,向所期望目标前进的心理过程。以制度激励为切入点,也就是要通过建立激励制度来激发人的动力,推动人的行为,调动人的积极性,让教职工自觉自愿地、努力地工作,并创造好的绩效。通过建立激励制度来鼓励人干事业、干好事业、干成事业,为其实现自我价值搭建平台,创造环境和条件。

美国哈佛大学教授威廉·詹姆士研究发现,在缺乏科学、有效激励的情况下,人的潜能只能发挥出 20%～30%,科学有效的激励机制能够让员工把另外 70%～80% 的潜能也发挥出来。高校也是一样,能否建立起完善的激励机制,将直接影响到教职工学习、工作、生活与发展的质量和水平。

西方人本主义心理学创始人马斯洛的需要层次理论认为,人有自我实现的需要。自我实现的需要是最高层次的需要,它是指实现个人理想、抱负,发挥个人的能力到最大限度,达到自我实现境界的人,接受自己也接受他人,解决问题能力增强,自觉性提高,善于独立处事,要求不受打扰地独处,完成与自己的能力相称的一切事情的需要。也就是说,人必须干称职的工作,这样才会使他们感到最大的快乐。

美国心理学家大卫·麦克利兰成就需要理论认为,在人的生存需要基本得到满足的前提下,人最基本的需要有三种,即成就需要、群体需要和合群需要。其中成就需要的高低对一个人、一个企业的发展和成长起着特别重要的作用。高校教职工由于环境的影响以及自身发展的需要,其成就需要较为强烈。他们具有高度的内在工作动机,事业心强,喜欢那种能发挥其独立解决问题能力的工作环境。只要能为其提供合适的工作环境,使他们充分发挥自己的能力,他们就会感到莫大的幸福。以制度激励为切入点,就是要强调教职工的主体地位,通过制定公平合理的激励制度,为教职工的学习、工作和生活创造了一个良好的心理环境和氛围,使之产生归属感。这对于凝聚广大教职工的智慧和力量,形成合力,同心同德为学校做贡献,促进学校的建设与发展提供了有利的条件。实践证明,外在是压力,内在是兴趣,只有激发人的兴趣,在自由、轻松、舒畅的环境下,人的思路是最活跃的,积极性是最高的,创造力也是最强的。

以制度激励为切入点,要求在高校教职工思想政治工作中,优先思考创新人才工作体制机制,激发各类人才创造活力和创业热情,开创人才辈出、人尽其才新局面。对于高校教职工来说,培训激励、工作激励、考核评优激励、职称晋升激励等制度激励比物质激励更为重要。

(3)以情感沟通为切入点,增强思想政治工作的亲和力。所谓情感沟通,就是要通过心灵的沟通和情感的交流,赢得教职工的信赖和喜爱,从而产生思想政治工作的亲和力。就是要善于在恰当的时间,以恰当的方式,把恰当的情感信息传输给教职工,并做到主动接近,广泛交流,经常性不拘形式地交谈,逐步进行深层沟通,以走进教职工的心灵世界。

心理学家马斯洛认为,人有生理的需要、安全的需要、社交的需要、尊重的需要和自我实现的需要。其中,尊重的需要是人的较高层次的需要。它表现为希望他人尊重自己的人格,希望自己的能力和才华得到他人公正的承认和赞赏,要求在团体中确立自己的地位。尊重的需要是说,人人都希望自己有稳定的社会地位,要求个人的能力和成就得到社会的承认。尊重的需要又可分为内部尊重和外部尊重。内部尊重是指一个人希望在各种不同情境中有实力、能胜任、充满信心、能独立自主。内部尊重就是人的自尊。外部尊重是指一个人希望有地位、有威信,受到别人的尊重、信赖和高度评价。马斯洛认为,尊重需要得到满足,能使人对自己充满信心,对社会满腔热情,体验到自己活着的用处和价值。

高校是知识分子聚集的地方。高校教职工是社会中文化层次较高的一部分,他们的需要不仅仅停留在较低层次的生理需要、安全需要等方面,尊重的需要等较高层次的需要更强烈。以情感沟通为切入点,要求高校思想政治工作者注重关心人、尊重人,尊重教职工的人格和个性,尊重每个教职工的价值,使每个人都能有尊严地工作和生活,并给予其信任和热情的期待,这就极大地满足了人们尊重的需要。比如,思想政治工作者主动以点头、微笑真诚面对教职工,就能拉近与教职工之间距离,这是情感沟通中最基本的要求和最好最快的方式。在情感沟通中要本着主动热情,耐心真诚,灵活应变的原则。再如,思想政治工作者在与教职工沟通时礼貌地递上一杯水,主动与教职工拉家常、问寒暖等,这也能拉近与教职工之间的距离。越是从细处、从小处着手,往往越能感动教职工,进而使教职工对思想政治工作者产生好感和亲和力,产生归属感。由此导致的是高校思想政治工作的顺利开展,增强教职工对学校各项政策和改革措施的亲和感和认同感。促使教职工以积极的心态去理解、去接受、去对待、去支持学校的各项决议和改革,从而使学校各项工作得以顺利推进,矛盾更易化解,和谐得以实现。

以情感沟通为切入点,要求高校思想政治工作者不仅要注重将情渗透在思想政治工作全过程,而且要树立亲情化的工作理念,把教职工当知心朋友,当亲人看待。情是做好思想政治工作的基础,是拉近思想政治工作者与教职工距离的钥匙。因此,高校思想政治工作者要在教职工反映意见和问题时倾注热情,认真倾听,解决实际问题时讲实情,为教职工排忧解难时动真情,真正做到情系教职工、心想基层、真心实意,带着感情去做工作,像对待自己亲人那样时时处处尊重人、关心人、体贴人,诚心诚意地给别人以温暖和关爱。只有这样,才能有针对性地做好高校教职工思想政治工作。只有这样,教职工思想政治工作才能得心应手,事半功倍。

(4)以创新教育活动载体为切入点,增强思想政治工作的吸引力。高校教职工思想政治工作要通过一定的载体进行。载体承载和传递思想政治工作信息,是联系思想政治工作主体与客体的一种物质存在方式和外在表现形态。思想政治工作的载体不可能一成不变,必须与时俱进,在继承传统的基础上,不断优化创新。随着信息时代的到来,社会信息化程度日益提高,带来了社会运作方式、观念形态、人们生活方式的一系列变化,也给高校传统的思想政治教育载体提出了新挑战。一是信息传播速度加快,使传统的思想政治教育载体形式显得滞后、低效而难以适应;二是信息渠道多、覆盖而广,使教育者和受教育者在很大程度上处于同一个"信息平台",因而降低了教育者的权威性和影响力;三是信息网络空间良莠并存,多元文化观念充斥其间,其交互性、虚拟性和隐匿性,给高校思想政治教育提出了新的课题。因此,创新教育活动载体,提高高校教职工思想政治工作的针对性、实效性和时代感,增强对广大教职工的吸引力和影响力显得非常必要而迫切。

时下,思想政治工作的传统载体已出现了不适应或者不够用,需要优化和创新。当然,有些载体,如组织政治学习、报告会等应该合理继承,但在安排的密度、运用的时间上要恰当、适时,同时要避免单调和重复。但在载体设计上要适应社会的发展和广大教职工的需要,更多地考虑多层次、全方位、立体型、参与性强、自主选择性强的载体,以增强载体的吸引力。还要注意将思想政治工作与丰富多彩的教育活动有机结合起来,使思想政治教育更加生动活泼,更具有吸引力。要精心设计和组织开展内容丰富、形式新颖、吸引力强的思想政治教育活动,使教职工在活动参与中受到潜移默化的影响,思想感情得到熏陶、精神生活得到充实、道德境界得到升华。要充分利用元旦节、青年节、建党纪念日、国庆节等重大节庆日和纪念日,开展主题教育活动(比如组织观看专题片、参观考察、纪念活动、联欢活动、文体活动等),让教职工广泛参与,使之在不知不觉中受到"润物细无声"的影响。

关于高校辅导员在贫困生资助工作中所起作用的思考

王宏林

(湖北第二师范学院文学院)

随着社会的迅速发展,为了满足对人才的大量需求,同时缓解就业压力,从1999年起,我国高校进行大规模扩招。1998年全国高考的招生计划是108万,第二年普通高等院校招生增幅就达到42%,到了2010年,招生数更是达到了657万。高校的迅速扩张,教学设施、师资力量等必将随之大幅度增加,为了解决这个矛盾,按照谁受益谁出钱的原则,上大学不再是免费的午餐,除了国家和学校加大教育投入外,学生的家庭也要承担一笔可观的费用。伴随着更多的来自贫困家庭的学生有了上大学的机会,作为学生人生导师的辅导员如何在对贫困生进行资助中发挥自己的作用,是一个值得认真探讨的问题。笔者结合自己在辅导员岗位上的多年实践,谈谈对这个问题的一些想法。

一、高校贫困生资助工作中存在的问题及其产生的原因

经过多年的探索和实践,我国现在已经基本形成了一套从国家、地方到学校的全方位、立体的资助体系,以国家奖助学金、助学贷款为主,辅以勤工助学,特殊困难补助和学费减免等。这一体系,为困难学生及其家庭提供了基本保证,使其能够顺利完成学业。但在具体执行资助政策的过程中,也存在一些问题。

(一)高校贫困生认定中存在的问题

近几年来,国家投入到对贫困生进行奖学和助学上的资金越来越大。如之前对特困生每年的助学金是3000元,现在已经提到4000元。而要做好这项工作,各个高校进行的贫困生认定工作是基础。而这项工作存在不少值得进一步探讨和完善的地方。具体而言有以下几种。

1. 执行困难学生认定标准时遇到的问题

在进行认定特困、困难和一般困难的学生时,依据主要是国家教育部、财政部的教财〔2007〕8号《关于认真做好高等学校家庭经济困难学生认定工作的指导意见》文件和各学校制定的配套的实施办法。但是,在具体执行认定标准时,

会遇到各种问题。如国家教育部、财政部的教财〔2007〕8号文件要求，评议小组进行民主评议时应着重考虑孤残学生、烈士子女，以及家庭成员长期患重病、家庭遭遇自然灾害或突发事件等特殊情况的学生。而在具体执行时，遇到了不少学生的家庭中成员长期患有慢性疾病，该如何界定哪些属于重病，由谁来界定？另外，如何界定家庭成员，已经成年的兄弟姊妹是否该算做家庭成员，奶奶外婆等直系亲属有多个子女，是否也该算到家庭成员中来。还有，我国国土面积大，难免有地方会遭遇大大小小的自然灾害。该如何界定遭遇了哪些自然灾害的应照顾？此外，即便是遭遇了自然灾害，也有程度的不同，如同样是地震，处在地震中心和边缘地区受灾的情况肯定是不同的。所以，认定标准有时难以操作。

此外，学生来自不同的省份，而各个地方的经济发展情况各不相同，在经济发达地区的特困生，可能家庭收入还高于不发达地区的贫困生家庭的收入，但在当地却难以维持日常生活。另外，各地经济情况差异比较大，确定的最低生活保障线也不统一，遇到农村的低保户和城里的低保户，依据什么确定哪个更困难？遇到家庭因为孩子多而导致经济困难的该怎么确定困难的等级？这些都是需要明确的十分现实的问题。

2. 评议小组成人员产生中存在的问题

各个学校都很重视贫困生的认定工作，一般都建立了班级、院系和学校三级认定机制，并规定了认定结果的公示期，以便从程序上保证认定工作的公平、公正、公开。班级评议小组一般由辅导员老师和学生干部、学生组成。在具体操作时，作为评议小组成员的学生代表，有的院系规定由各寝室派一位代表的方式组成，有的规定由班委组成，有的让全部申请认定的贫困生参加，有的直接由班级全体同学参加，在听取了申请同学的个人讲述后进行投票。

这些评议小组的组成方式各有利弊，笔者认为其中由班上全体同学投票产生的方式不可取，应该避免。首先，有的贫困生认为家庭的情况属于个人隐私，不愿意将自己的家庭经济情况公之于众，他们宁可丧失获得几千元的资助的机会，也不愿在大庭广众下讲述；另外，有的同学家庭情况并不是很困难，但由于他的表达能力强，容易引起听者的共鸣，获得的票数反而高于家庭真正特别困难的同学。所以，常常出现会哭的孩子有奶吃的状况，让不太困难的学生挤占了国家对真正困难学生的资助资金。

(二)在勤工助学中存在的问题

1. 学校提供的岗位数远远不能满足贫困生的要求

学校成立了大学生资助中心，对困难学生提供勤工助学岗位，让他们在学习的同时，利用课余时间挣取生活费，这是件非常好的事情。但各个学校受资金的限制，提供的勤工助学的岗位数远远不能满足贫困生的要求，只有很少的一部分同学能够获得勤工助学的机会。

2. 所提供岗位的工种层次比较低

现阶段,学校提供的勤工助学的岗位一般在图书馆、院系办公室,而学生们真正承担的工作主要是简单的劳动,如打扫清洁、递送文件、整理图书等,对学生管理能力等综合素质的提高帮助不大。而实际上,学校存在着大量的临时工,如果进行清理,可以腾出大量的岗位给学生,同时也可以节省一些额外费用的支出。

3. 具体的工作职责模糊不清

有的部门工作人员没有认识到勤工助学岗位设置的目的和意义,没有全员育人的思想,把学生当成廉价的劳动力,利用他们的单纯和对教职工的尊重,让学生干重体力活,或者把他们当成办公室的清洁工,承担本该由教职工自己完成的任务,给学生造成了不好的影响。

4. 花在勤工助学上的时间偏长

对于助学岗位上的学生,各个学校都规定了每天或每周从事助学工作的时间,目的就是为了保障贫困生有充足的学习、生活时间,毕竟,贫困生毕业时更多的要靠自己的实力去参与激烈的社会竞争。如果因从事过多的勤工助学工作,占用了他们的学习时间,导致没有打下扎实的基本功,失去专业的竞争力,这才是本末倒置、得不偿失。现实中,出现过贫困生为完成勤工助学岗位的任务而迟到甚至耽误上课的情况,直接影响到了贫困生正常的学习。

二、辅导员在贫困生资助工作中发挥的作用

在对贫困学生进行资助的工作中,作为与学生直接打交道最多的老师,辅导员应该发挥自身的积极作用。具体而言,可以从以下两个方面着手。

(一)在贫困生认定中所起的重要作用

1. 宣讲贫困生认定的政策,做好认定前的准备工作

对于贫困生特别是新生中的贫困生而言,他们非常希望了解国家、学校关于助学金、奖学金的规定,希望通过获得奖助学金来减轻家庭的负担。辅导员在这方面需要及时进行政策的宣讲工作,告知学生获得奖、助学金的条件,并督促贫困学生及时办理贫困认定所需要的《高等学校学生及家庭情况调查表》以及贫困证明,以免在学校开展贫困认定工作时,因为提供的证明材料不符合要求而丧失认定资格,无法得到资助。

2. 认真指导、组织班级的评议工作

班级的评议工作是贫困生认定的一个重要程序,也是保证贫困认定公平、公正的基础工作。辅导员要做好班级评议小组的组织工作,此外,在进行评议的过

程中要做好引导工作。评议过程中,介绍每位同学的家庭困难情况是一个重要环节。在现实中,有的介绍者口头表达能力强,容易引起听者的共鸣,而有的因表达能力差或者其他种种原因,并没有将实际特别困难的情况介绍完整,这样一来,必将影响最后的投票结果。这时,辅导员应该及时干预,将了解到的特困学生的家庭情况通过提问等方式引导讲述者介绍完整,以便让评议小组在掌握全面情况的条件下再进行投票。当然,在引导过程中,辅导员应注意自己的表述方法,让评议组成员尽可能全面地了解情况,而不要倾向性地引导将票投向某位同学,以免影响最后投票的结果,让部分同学心存不服,产生新的矛盾和问题。

3. 了解学生情况,在院系评审时提供班级评议的依据和参考意见

进行院系评议前,辅导员需要及时整理班级评议的资料,掌握所带班级学生的情况,为在院系进行的评议做好准备。一个院系往往班级众多,专业也不同,贫困生所占的比例也不一样,例如:师范生一般贫困面比较大,有的班级甚至超过了一半的学生提出贫困认定的申请。所以,不能简单地按照班级学生人数的5%、15%和10%来分配特困、困难和一般困难的名额。而要做好整个院系贫困生等级的认定工作,除了学生提供的证明材料、各班评议的结果外,辅导员了解的贫困生的具体情况是重要的参考因素,这又进一步要求辅导员要做深入而细致的工作,掌握申请认定学生家庭的真实情况,为评议提供参考意见。

4. 及时反馈评议的结果,解答学生的疑惑并向上汇报学生的意见

申请贫困认定的学生对评定的结果会非常关注,所以,不论是班级还是院系,进行了认定后都应该及时将投票或认定的结果告知学生。对于学生产生的疑惑,进行耐心而细致的解释工作,把这件国家的惠民政策做好。辅导员还需要对学生进行思想教育工作,对于获得资助的学生,教育他们怀感恩之心,认真学习,掌握真本领;对于未认定者,则引导他们正确对待贫困资助,积极通过勤工助学等其他方式,达到减轻负担家庭的目的。总之,让家庭困难的同学通过参加贫困认定的过程,增进同学之间的了解和友谊,增强自信心,以便之后更好地投入到学习和生活中去。

(二)在勤工助学方面能够发挥的指引、帮助作用

1. 引导贫困学生特别是新入校的贫困生积极申报勤工助学岗位

辅导员可以通过每学年学生缴费时生源地贷款的情况,以及贫困认定时学生提供的《家庭经济状况认定表》和地方开具的《贫困证明》,及时了解学生家庭的经济状况。对于家庭经济困难的学生,需要及时宣讲所在学校勤工助学的政策,告知贫困学生申请勤工助学岗位需要提供的材料、具体到哪个部门去申请。新生到学校后一般会马上进行军训,在学校这个新的陌生的环境中,贫困生比其

他新生更容易产生孤独感。在这种情况下,让贫困生了解国家和学校的助学政策,并指导指导他们具体争取获得帮助的方法,有助于他们尽快适应新环境,真正安下心来开始大学的学习和生活。而对于了解到的家庭特别困难的学生,辅导员应该积极与学校的资助中心沟通和推荐,争取让他们获得宝贵的助学岗位。

2. 积极拓展校外渠道,为学生获得更多的勤工助学的岗位

学校能够提供的勤工助学的岗位毕竟是有限的,且粥少僧多,机会竞争激烈。而一旦冲破学校这一地域的界限,天地可以陡然变得宽阔起来。辅导员可以在工作中多留心,寻找推荐的机会:如借助以前带过的已经毕业学生或者自己的亲友等资源,介绍在校困难学生去校外的单位兼职,另外,在校园招聘会等场所积极收集信息,主动推荐贫困生去合适的单位实习或者兼职。

3. 关心和帮助在勤工助学岗位上的贫困学生,及时提供心理辅导和工作指导

贫困学生在勤工助学的岗位上也会遇到很多问题,存在许多的困惑,这时,辅导员就该及时伸出援手,提供帮助。比如,有的贫困生因为家庭贫困的原因,比较自卑、内向,突然到了一个全新的工作环境觉得很难得适应,不知道该怎么去做,做些什么。这时,辅导员可以先找学生谈话,引导他正确看待贫困,打开心结,用一种积极的心态去看待人和事。同时,介绍一些职场的一般规则,让学生尽快适应岗位的要求。另外,辅导员可以和接受学生勤工助学的部门人员及时沟通,介绍这位学生的具体情况,以便在助学工作中对其进行有针对性的安排和指导。而对就在身边从事勤工助学的同学,辅导员更应该进行具体指导,引导学生掌握一些可迁徙的技能,提高他们的职业水平。

三、关于高校贫困生资助工作的两点建议

1. 建立完整的助学体系

要真正做好高校贫困生的资助工作,光靠高校是远远不够的。我国应该借鉴别国的经验,如美国采取的多种理念并存、多渠道资金并用、多种资助方案并施的混合资助政策,建立一套符合中国特色的完整的资助体系,如在生源地中学建立贫困生档案制度,以便进入高校后,老师能及时了解学生之前的家庭情况,避免信息不对等的问题。此外,除了政府在奖助学资金上加大投入,应鼓励企事业单位向高校捐款,资助贫困学生完成学业,对于积极支持教育的单位也该给予减税等方式的奖励。

2. 增加助学岗位与鼓励贫困生开拓创新、自主创业相结合

要解除贫困生的后顾之忧,给予奖(助)学金是一个方面,更重要的一方面是提高贫困生的综合能力。从这个角度讲,为贫困生提供勤工助学岗位比给学生

发放无偿的助学金意义更大。因家庭贫困而直接获得无偿的金钱资助,有时滋长了贫困生"等、靠、要"的思想,不利于培养他们自强自立、积极行动、靠自身能力去改变命运的精神。而在大学读书的同时,通过进行勤工助学、尝试自主创业的方式,则可以使贫困生在获得经济帮助的同时,提高自身的综合能力,增强就业时的核心竞争力,而这才是真正的"授人以渔",达到真正脱贫的方法。所以,社会和学校应该创造更多的勤工助学的机会给贫困生。

辅导员的职业需求与专业化建设

肖亚兰

(武汉工业职业技术学院学生工作处)

辅导员在学生成长成才中发挥着不可替代的重要作用。通过对辅导员开展的问卷调查研究结果,我们发现,虽然辅导员对所从事工作的认同感比较低、职业归属感不高,但他们对学生工作的喜爱和关心程度不低,这表明学生工作是一项可以引发兴趣的职业。如何让辅导员认同本职工作,在工作岗位上实现自我、体现个人价值,形成完善的辅导员队伍的保障机制,这是当前各高校均在不同程度上面临的难题。解决这一难题,对于提高我院辅导员职业归属感、促进辅导员队伍专业化建设、间接促进学生身心健康发展有重要意义。

一、辅导员工作现状无法满足辅导员需求,影响辅导员队伍的建设与发展

马斯洛需求层次理论告诉我们:人都潜藏着五种不同层次的需求,不同时期的各种需求是不同的。人的需求转变是从外部满足、低层次的需求逐渐向内在满足、高层次的需求转化,低层次的需求得到满足以后,它的激励作用就会降低,其优势地位将不再保持下去,更高层次的需求会取代它成为推动行为的主要原因,所以,高层次的需求比低层次的需求具有更大的价值。

一般而言,具有挑战性的工作,较容易使人获得高层需求、自我实现。辅导员大部分时间从事着基层常规工作,工作时间与工作挑战性成反比,随着工作时间的推移,辅导员的需求会从初级需求逐渐转化为中级需求、高级需求,而辅导员的工作性质导致辅导员的需求逐渐难以满足,如下图所示。

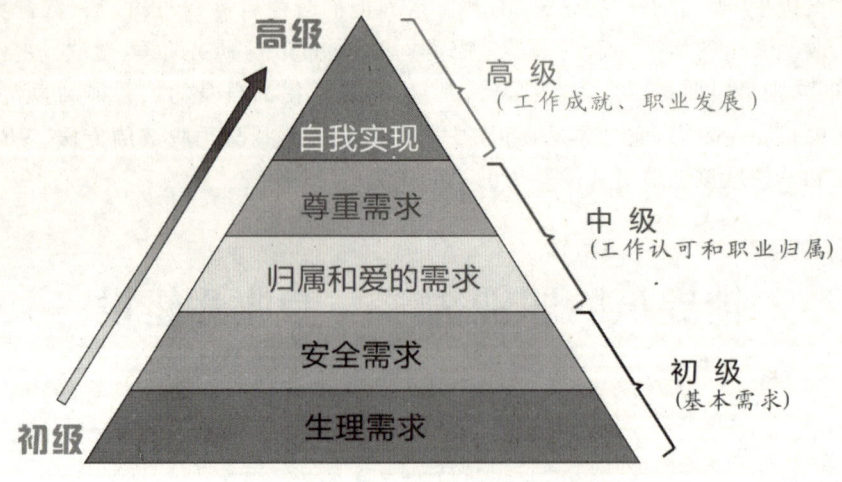

辅导员工作的马斯洛需求层次图

1. 事务繁杂、内外压力大，影响辅导员的职业归属感

"上面千条线，下面一根针"，由于事多事杂，辅导员学习思考时间少，更谈不上创新研究。在管理上，很多职能部门都对辅导员下达任务，辅导员则要花费大量的时间和精力来应付任务。同时，还要处理好与学生、教师、领导、其他管理人员等复杂的人际关系，影响辅导员的工作心态，易对工作产生厌倦心理。辅导员在工作中所担负的责任远远大于其所能行使的权力，导致在工作中如履薄冰，承受着巨大的压力，造成辅导员在组织上没有归属感。工作回报、工作价值和工作环境，均与辅导员的工作归属感存在显著的正比关系。

2. 职业期待落差大，付出与收获不成正比，影响辅导员的自我评价

辅导员队伍年龄结构基本上处于23~30岁，正处于成家立业经济困难期，社会间的贫富分化，辅导员发展方向政策不明确，流动机制不健全，再加上辅导员与其他教师、工作人员之间的工作性质、薪酬待遇的差距，使辅导员在高校中的职业地位较低，职业困境给辅导员队伍的稳定性发展带来极大挑战。

3. 工作无成就感，发展空间不足，辅导员难以自我实现

由于学生工作的特点，辅导员通常只能通过自身工作时间和经验的积累获取一定的管理知识，当到了一定阶段，自我充实的管理知识也会饱和，自身得不到提升，缺乏进一步发展的动力和热情。不能行之有效的激励机制、不够健全有效的流动机制、完善的进修晋升机制，都让辅导员感到缺少发展空间，产生心理焦虑和挫折感,加深了辅导员的职业倦怠。

事务繁杂、内外压力大、职业期待落差大、付出与收获不成正比、工作无成就感、发展空间不足,导致辅导员的需求逐渐得不到满足,降低工作积极性,使得辅导员队伍从事本职工作的思想不够稳定,把辅导员岗位作为跳板,通过转岗"曲线改行",这影响到辅导员队伍的专业化建设和可持续发展,也给学生工作的连续性带来影响。

二、满足辅导员的需求,是辅导员队伍稳定和专业化建设的必须条件

通过马斯洛需求层次理论,我们得知,辅导员的初级需求容易得到满足,而中级需求(归属和爱的需求、尊重需求)和高级需求(自我实现)则面临不同的困境,要满足辅导员的中级、高级需求,则应在辅导员的职业归属感、工作认可和工作成就、职业发展等方面进一步加强,辅导员的需求得到逐一满足,才是提倡和保证辅导员队伍专业化建设的最根本条件。要建立一支专业化辅导员队伍,需要减轻、减弱事务性工作,结合辅导员的专业背景和综合素质,做好辅导员队伍的职业生涯规划,激发辅导员工作的积极性,增强辅导员的职业认可和归属感,引导他们将个人前途与队伍建设的整体目标结合起来。

1. 细化辅导员专业化方向,确定辅导员职业发展方向,有助于辅导员自我实现,促进辅导员专业化

根据高校学生工作的特点和辅导员工作的现状,对辅导员队伍专业化的概念,我们可以这样定位:它不应该是单纯的、狭义上的专业化,它应该定位于学术领域,而不是日常事务性的行政领域。提倡辅导员队伍专业化,不一定是要辅导员对每个生活领域(学习生活、政治生活、精神生活、职业生活和虚拟生活)都能够做到完全的专业化,而是要做到在这些领域的某一方面或者某些方面实现专业化,真正做到辅导员专业水平的提高,充分实现专业化细分,做到术业有专攻,而不是成为"万金油"。

根据这一概念,我们可根据辅导员具体工作岗位和任务分工的不同,并依据个人喜好和原来所学专业,把辅导员对应地分为思想政治、心理辅导、学习生活、职业规划、学术研究等类别,并按照相应的专业标准实现发展方向的细化,这一做法有助于辅导员提升自身,易在工作中获取工作成就感,提高了发展的动力和热情,有助于辅导员的自我实现。

同时,在专业化标准上,则需要根据不同类别方向的专业要求,制定相应的专业标准,构建详细完善的辅导员综合业务能力测评体系,作为评判或衡量辅导员队伍专业化程度和辅导员个人专业化水平的客观依据,引导和促进辅导员队伍的专业化建设。

2. 细化辅导员工作职务层级,提高辅导员职业地位和职业发展空间,有助于辅导员获得工作认可和职业归属感

由于学生工作的特点,个体所能够获得的进一步晋升的范围较狭窄,职级的向上发展(晋升)机会易受到限制,横向水平上的岗位变动也不多,再由于在管理上,各职能部门下达任务,使得辅导员缺乏自我价值的正确认识。因此,制定行之有效的激励机制、健全有效的流动机制、完善可行的进修晋升机制显得尤为重要。

我们可尝试通过辅导员工作年限和专业化程度,细化辅导员工作职务层级,在辅导员的职务层级上定出层级,分为初级辅导员、中级辅导员、高级辅导员。初级辅导员为新从事辅导员工作和达不到进行专业辅导能力的学生工作人员;中级辅导员则是达到一定工作年限,并有了一定学生工作经验,具备一定方向的专业辅导工作能力的人员;高级辅导员是辅导员队伍的学科带头人或专业化导师,有较全面的学生工作认识,有较强的课题研究、组织协调和专业辅导能力,在工作中能帮助、引导初级辅导员、中级辅导员的工作的能力和水平,能够承担学生工作的专项研究、指导,能够开展系列课题研究,推动辅导员队伍向"实践—研究型"转变。

辅导员的专业化方向和工作职务层级的细化,可以提高辅导员职业地位、扩展辅导员职业发展空间,在辅导员团队中建立良好的流动机制,起到好的激励作用,提高辅导员的工作满意度和职业归属感,帮助辅导员确定个人发展目标,做好职业生涯规划,最终将有利于辅导员队伍专业化建设。

3. 设立"辅导员助理",减少辅导员事务性工作,积累科研成果,帮助提高辅导员的职业归属感

辅导员团队中,之所以经常有人变换职业,寻求新的职位,主要归因于辅导员普遍感到付出均大于回报,再加上学生事务管理工作缺乏灵活性,辅导员的具体工作事务繁杂,压力大,限制了他们的发展潜力,职业期待的落差较大。

随着社会对高校要求的提高和学生工作的逐步细化,学生公寓已逐渐成为学生工作的主要阵地之一。让有一定工作能力的高年级学生干部担任低年级"辅导员助理",成为学生工作的"先锋队"。"辅导员助理"可以对低年级学生的学习、生活做出好的引导与帮助,并起到协助辅导员开展日常管理工作的作用,协助辅导员工作程序化,减少辅导员的事务性工作,让辅导员有更多时间和精力去提高学术思维,开展相关学生工作的课题研究。

关注辅导员学术思维的形成,重视辅导员的科研能力,它将有益于促进辅导员在教育、管理等方面的创新工作。提高辅导员自我学习、自我管理、自我进步的意识,促进辅导员不断探索学术工作的规律、模式、内容、途径和方法。

在辅导员队伍的培养过程中,我们需要不断地探讨研究,如何激励收入低、工作强度大的辅导员对工作满意?如何让他们在工作岗位上更能实现自我,体现个人价值?我们要给辅导员创造良好、宽松的学习、工作环境,激发辅导员的工作积极性和创造性,实现辅导员的"归属与爱的需要""尊重需要"和"自我实现需要",使得辅导员队伍整体素质增强,成为一支具有创新精神的、专业化的辅导员队伍,以适应知识经济时代的发展要求,创新思想教育工作思路。

浅论辅导员在构建和谐校园中的作用

李炼

(三峡职业技术学院机电工程学院)

一、构建和谐校园的重要意义

所谓和谐校园就是以校园为载体,以和衷共济、内和外顺、为定有序、协调发展为核心的素质教育模式,实现各种教育要素的全面、自由、协调、充分发展,良性互动、整体优化的育人氛围,是学校教育各子系统及各要素间的协调运转,是学校与社会互动、教与学相长、自然与人文共融,学校各项事业协调发展的整体效应。

(1)构建和谐校园是构建和谐社会的必然要求。一方面,构建和谐社会为构建和谐校园提供了持续的原动力,一个公正、和谐、健康发展的社会,将为和谐校园的构建提供良好的外部环境。另一方面,构建和谐校园,将有利于为和谐社会的发展提供智力支持和技术支持,因此建设和谐校园是高校义不容辞的职责。

(2)构建和谐校园是实现校园安定有序的需要。稳定是当前高校十分重要的一项政治任务。和谐校园的一个重要方面是学校的管理秩序、教学秩序和科研秩序都呈现出一种持续的、连贯的、平稳的运行态势。只有如此,在校园学习、工作和生活的每个人才能够从中获得人身和财产的安全与保障,实现校园结构稳定、关系融洽,广大师生员工能够心气平和地干事业、求发展。

(3)构建和谐校园是高校改革发展的基础。构建和谐校园是促进学校事业全面协调发展的现实需要。发展是构建和谐校园的前提和基础,因此,要贯彻和落实科学发展观,坚持以人为本,实现学校各项事业全面、协调、可持续发展。

二、辅导员在构建和谐校园中的作用

在高校中,辅导员是大学生政治上的引导者、思想上的教育者、日常工作的管理者、心理健康知识的传播者,因此从构建和谐校园的要求来看,辅导员起着十分重要的作用。

(1)辅导员在大学生科学理论武装方面发挥着重要作用。坚持不懈地用马克思主义中国化的最新成果武装大学生的头脑是高校德育工作者的重要任务,也是构建和谐校园的重要任务。辅导员无论在学习还是生活中,和大学生接触最多,能够成为大学生的人生导师和健康成长的知心朋友。在课堂学习的基础上,辅导员有条件帮助大学生进一步深化政治理论学习的效果,通过多种形式与他们进行理论学习和交流,引导他们了解和掌握党的理论创新成果,更好地把这些成果内化为大学生坚定的政治信仰、正确的思想方法和行为准则,从而使学生学会运用马克思主义最新成果析事明理、解疑释惑,在学习和实践中逐步成长为坚定的马克思主义者。

(2)辅导员在进一步加强和改进大学生思想政治教育工作方面发挥作用。构建和谐大学校园,必须加强和改进大学生的思想政治教育工作。辅导员是高校教师队伍和管理队伍的重要组成部分,具有教师和干部的双重身份,是开展大学生思想政治教育的骨干力量,是高校学生日常思想政治教育和管理工作的组织者、实施者和指导者。他们比较了解和掌握大学生思想政治状况,能够针对学生关心的热点、焦点问题,及时进行教育和引导,化解矛盾冲突,维护好校园稳定。辅导员应当把成为学生的人生导师和知心朋友作为努力方向,真正把大学生思想政治教育摆在重要位置,融入到大学生学习生活的各个环节,渗透到教学、科研和社会服务各个方面。要把解决思想问题与解决实际问题相结合,既教育人引导人,又关心人帮助人,切实增强工作的针对性和实效性。

(3)辅导员在加强学生心理健康教育,培养良好心理品质方面发挥作用。辅导员能够充分利用自己的工作条件,通过开展心理辅导、咨询以及经常性的谈心活动,帮助学生塑造平和、积极的心态,培育乐观、豁达、宽容的精神,养成良好的心理品质和自尊、自爱、自律、自强的优良品格,同时有针对性地帮助学生处理好学习成才、择业交友、健康生活等方面的具体问题,提高境界、情趣和品位。

(4)辅导员在培养积极向上的校园文化方面发挥作用。健康向上的校园文化具有重要的育人功能,是构建和谐大学校园的重要内容。辅导员在引导学生积极参加校园文化建设中具有自己独特的优势,他们了解学生,能够着眼于大学生的精神文化需求,组织开展内容丰富、形式新颖、吸引力强的思想政治、学术科技、文娱体育活动,努力形成和谐人人有责、校园和谐人人共享的生动局面。

三、进一步加强辅导员队伍建设,为构建和谐校园提供有力保障

高校辅导员工作队伍的整体水平和个体素质,在很大程度上影响,甚至决定了学生的认知态度、情感倾向和行为选择。育人的效果不仅和教育的内容、方法、途径、载体有关,更与直接育人的"人"有关。由此看来,辅导员队伍的整体水平与个体素质将直接影响到人才培养。因此,需要培养打造出一支高效、务实、敬业、守职的高素质辅导员队伍。

(1)进一步提高认识,增强构建和谐校园的自觉性。构建和谐大学校园意义重大。作为高等学校教师队伍和管理队伍重要组成部分的辅导员,要真正树立强烈的紧迫感和使命感,从思想上把构建和谐大学校园的任务与自己的职责紧密地联系起来,切实明确自己的角色定位和工作定位,积极投身到构建和谐大学校园的各项工作中去,发挥自己独特的优势,做出自己应有的贡献。

(2)加强对辅导员的教育与培训,进一步扩展其专业管理知识,提升工作水平。辅导员工作的特殊性,决定了他们必须具有良好的专业管理知识结构和基本的工作能力。因此,高校要采取切实措施,科学规划辅导员队伍发展,加强职业素养、心理咨询、就业指导和学生事务管理等方面的专业化培训,开阔他们的视野和思路,拓宽他们的知识结构,提高他们的业务水平和工作能力。要使辅导员掌握思想政治教育、时事政策、教育学、管理学、社会学、心理学等基本知识,并能灵活运用这些知识分析社会现象,为学生解疑释惑,通过独特的创新能力把工作做得有声有色,富有时代气息,为构建和谐校园做贡献。

(3)进一步优化辅导员老师队伍结构。长期以来的高校思想政治教育的实践使我们认识到:要实现发展者的发展,必须加强建设者自身的建设,要按照学生成长成才的发展需要,打造一支有学科背景、有发展水准、有潜在素质、有良好素养的辅导员队伍,必须在选拔、培训、任用上优化其队伍结构。近几年来,我们已在选拔标准上,就其学历、学科背景、知识结构做了一些有益的尝试,使辅导员队伍有了较高的起点,优化了辅导员老师的队伍结构。

总之,构建和谐校园具有十分重要意义,是构建和谐社会必不可少的内容,因此,必须要重视提高辅导员队伍整体素质,发挥他们在构建和谐校园当中的积极作用,为构建和谐校园提供有力保障。

浅谈高职院校辅导员在提高学生
职场能力中的作用

吕超

(武汉铁路职业技术学院)

我国职业教育的先驱者黄炎培先生提出："使无业者有业,使有业者乐业。""使无业者有业",说明职业教育就是就业教育,其目的是为了提高学生的就业能力和职场能力,就是要通过学习,使人们掌握一定的专业技能,增强就业和创业能力,增强其可持续发展的能力,不仅能就业,而且能创业;不仅现在能就(创)好业,而且以后能够保持可持续发展。作为高职院校,培养服务生产一线的高素质技能型专门人才,任重而道远;作为高职院校辅导员,培养学生可持续发展的能力,责任在肩,责无旁贷。

一、高等职业教育发展的目标

胡锦涛总书记在清华大学百年校庆上的重要讲话,为高等职业教育的改革指明了方向。《国家中长期教育改革和发展规划纲要(2010—2020年)》(以下简称《纲要》)为职业教育的发展营造了良好的政策环境。《纲要》把发展职业教育作为"推动经济发展、促进就业、改善民生、解决'三农'问题的重要途径",作为"缓解劳动力供求结构矛盾的关键环节",已经摆在更加突出的位置。明确了政府、企业、社会、学校在职业教育方面的责任和任务,提出了职业教育的方向和目标:当代职业教育的发展目标是培养社会主义建设中数以亿计的适应现代产业发展要求的高素质技能型人才。要坚持能力为重,优化知识结构,丰富社会实践,强化能力培养,着力提高学生的学习能力、实践能力、创新能力,教育学生学会知识技能,学会动手动脑,学会生存生活,学会做人做事,促进学生主动适应社会,开创美好未来。

二、高等职业教育人才培养的思考

面对转变经济发展方式等国家发展战略的要求,高职教育如何培养一大批"下得去、用得上、留得住"的高技能人才,是高职教育工作者值得思考的问题,本人认为,应从以下几方面入手。

1. 始终高举校企合作、工学结合的大旗

举校企合作旗,走工学结合路是学院实现培养生产、建设、管理、服务第一线的高素质技能型专门人才的根本任务的必由之路。校企合作是职业教育发展的战略引擎,是职业教育的本质要求,职业教育产生于企业,初期就是企业的一个组成部分,生产力的发展催生了现代职业教育,职业教育的成果需要回到企业并接受企业的检验。实施职业教育就是双主体,一个是学校,一个是企业,二者缺一不可,离开了企业的职业教育,不是真正意义上的职业教育。因此,职业教育要发展,学生的职场能力要提高,必须紧紧抓住校企合作这个牛鼻子。校企合作是工学结合的体制基础,工学结合是我国职业教育的基本培养模式,"做中学、学中做"是职业教育人才培养的基本规律,学生只有在企业生产一线反复训练才得真正掌握扎实的技能,成为技能型人才,才能成为职场能手。武汉铁路职业技术学院常年坚持与企业"双主体"办学,共同培养人才,建立校企合作战略合作关系,打造合作平台,构建深度合作长效机制,提高了学院的办学水平和人才培养质量。每年春节期间,学院组织近千名学生参加铁路站段的春运工作,让学生深入铁路第一线,真刀实枪地顶岗实习,切实体验本专业的行业特性,一举多得,既是校企合作、实现双赢的一种典范,又是学院为企业排忧解难的实际行动;学生既可以顶岗实习,增强实践动手能力,丰富社会阅历,促进理论知识与工作实践相结合,又在服务社会中实现了自身价值,家庭经济贫困的学生还可以通过自己的劳动有一定的经济收益,减轻了家庭负担。在学生顶岗实习的过程中,辅导员们始终陪伴着学生,做好学生们的后勤服务工作,解决学生实习过程中的思想问题,及时处理学生与旅客之间发生的突发事件,辛辛苦苦,任劳任怨,保证了学生能够顺利完成艰巨的春运工作。

2. 始终坚持能力本位、学生中心的原则

职场能力主要是指职场上熟练完成工作任务,创造性解决生产中可能发生的意想不到问题的能力。它集中体现在三个方面:职业核心能力、通用管理能力和通用生产能力。职业核心能力是人们职业生涯中除岗位专业能力之外的基本能力,涉及到表达交流、数字应用、信息处理、与人合作、解决问题、自我学习、创新革新、外语应用等。通用管理能力涉及到自我发展管理能力、团队建设管理能力、资源使用管理能力、运营绩效管理能力。通用生产能力涉及到熟练操作、安全生产、减少损耗、产品符合规格与创新等。职业教育的质量通过学生的职场能力来反映,职业能力的高低直接影响着职业教育的吸引力,因此,学校一定要始终坚持能力本位的思想,把考场引入到职场,把考试能力变成职场能力,把学生的职场能力作为检验学校教育质量的试金石。坚持能力本位的思想,需要我们在日常工作中要勇于创新和改革,学生的天职是学习,这其中包括两层含义:

"学"与"习",学是指学生掌握理论知识的能力,学得好与坏就是看其理论知识掌握的多与少,而习是指其知识运用的能力,掌握知识的目的是为了运用,只有灵活运用才能发挥作用、体现价值,因此,职业院校要重在学生能力的培养,重在学生能力的发挥,为学生培养能力创造必备的条件,提供良好的环境。现在,职业院校对学生能力的考核还多处于重知识轻能力,考理论多,考实践少,考试形式还是以试卷理论考试为主,这种考试形式对于普通教育是有利的,但是,作为职业教育,应该突出实践动手能力,突出职场能力,其理论考试成绩并不能完全体现职场能力,因此,职业院校教学改革亟待加快步伐。

3. 始终本着德育为先、文化育人的理念

教育的根本是育人,育人的本质是培养人格健全的人。对职业院校学生而言,就是着力增强学生服务国家和人民的社会责任感、勇于探索的创新精神、善于解决问题的实践能力,努力培养德智体美全面发展的社会主义建设者和接班人。教育规划纲要指出:把立德树人作为根本任务,着力职业道德和职业精神培养。这种职业道德和敬业精神是高职院校素质教育的核心,是专门人才得以健康成长和持续发展的内在因素。高职院校围绕职业道德和敬业精神开展教育,其内容就是要针对从事行业职业的特点,重点开展与未来职业紧密相关的法律教育、诚信、责任、创业、敬业的教育,培养突出职业特点的人文素质。同时,要重视校园文化建设,在校园环境的美化中体现人文教育和专业教育融合的理想诉求,在培育校园文化建设中,关注人文精神的渗透,通过文化,达到育人的效果。武汉铁路职业技术学院一以贯之地突出"铁"字文化内涵,打造"铁"字文化品牌,不断丰富其文化内涵,扩展其文化外延,真正用"铁"字文化培育"铁"字号英才,增强学生职场能力,使其能够更好地服务于国家铁路、城际铁路和城市地铁。多年来,毕业生就业率保持在98%以上,学院荣获"全国毕业生就业典型经验高校"。

三、辅导员在培养学生职场能力中的作用

作为一名学生教育管理人员,本人认为高校辅导员在指导学生健康成长、培养学生职场能力的过程中发挥关键的作用。辅导员是大学生思想政治教育工作的骨干力量,是青年学生思想问题的解惑者、心理健康的护航者、学习生活的指导者、教育管理的执行者、就业工作的帮助者。

高素质、高质量和高水平的辅导员更是指导学生健康成长的良师益友。高职院校辅导员在人才培养中发挥着重要的作用,需要帮助学生树立正确的世界观、人生观、价值观,使他们中的先进分子树立共产主义的远大理想,确立马克思主义的坚定信念,养成良好的道德品质,提高思想认识和精神境界。目前,我们的教育对象是"80后""90后"的大学生,他们思想活跃、求新求异。大学生思想政治教育工作教无定法、贵在得法,辅导员在工作中只有把握时代特征,因势利导、开拓创新,才能取得较好的效果。例如:现在学生基本上都拥有电脑、手机,绝大多数学生每天都会上网。我们在坚持传统的面对面谈心的工作方法的同时,要重点建设辅导员工作QQ群、班级QQ群、学生干部QQ群等互动平台,通过网络与学生进行交流,通过QQ空间了解学生所思所想,全面推动思想政治教育进网络的工作。另外,要针对高职的办学特性,注重学生实践动手能力的培养,在学生社团建设中注重与学生专业知识相结合,组建各类专业制作(维修)协会,开展各类专业技能大赛和实操比赛等活动,让学生在活动中增长知识,创新思维,取得成绩。

只有学生综合素质的全面提高,才能提高学生职场能力,保证学生可持续发展;只有先会做人,才能做好事。也就是说,辅导员的工作就是指导学生如何做人、如何做事的工作。辅导员的工作平凡而伟大,任重而道远,积极打造职业化、专家化的辅导员队伍已成为高校学生管理队伍建设的题中之意。

高职高专辅导员非权力影响力浅析

何国珍　王立国　龚健　杨敬博
(湖北中医药高等专科学校)

"大学生是十分宝贵的人才资源,是民族的希望,是祖国的未来"。辅导员是高职高专人才培养工作的一支重要力量。因此,重视辅导员非权力因素对大学生的影响尤为重要和迫切。

一、辅导员的非权力影响力

辅导员是代表学校党委在学生中从事思想政治教育工作的专业人员,是一线工作的组织者和管理者。辅导员应当努力成为学生的人生导师和健康成长的知心朋友。

辅导员的非权力影响力,是指在思想政治教育过程中由辅导员自身的品德、素质、能力及行为方式等因素产生的影响力,是辅导员素质、行为的综合表现和反映,常称为威望或威信。

决定高职高专辅导员非权力影响力的主要因素有四个方面。

一是品德因素。高尚的品德是辅导员的首要素质,也是辅导员赖以建立威信的基础。辅导员应该具有爱护学生、为人师表的品质,勤奋学习、钻研教学的精神,严谨细致、言行一致的作风。

二是知识因素。知识是才能的基础,辅导员必须具备相应的知识结构和知识面。知识渊博的辅导员易得到学生的钦佩,易转化为强大的影响力。

三是才能因素。才能是辅导员的重要素质,体现在辅导员工作的全过程中,涵盖了组织、协调、指挥、决策、创新、口头及书面表达等能力。辅导员才能的强弱,关系到辅导员在学生和家长心目中的信任程度,关系到辅导员影响力的大小。

四是感情因素。辅导员对学生的关怀、体贴、爱护、尊重,可以引起学生的情感反应,从而起到沟通双方感情的桥梁作用,易转化为学生行为的思想动力,产生凝聚力。

非权力影响力相对权力影响力而言,具有渐进性、潜在性及稳定性等特点。因此,辅导员的非权力影响力是高等学校学生思想政治教育工作不可忽视的重要因素。

二、辅导员非权力影响力的作用

非权力影响力在辅导员工作过程中具有重要的地位和作用,表现如下。

人心凝聚。在非权力影响力潜移默化的作用下,思维观念趋向一致和认同。对广大青年学生来讲,非权力影响力越大,凝聚力越强。辅导员良好的工作作风、较高的修养、广博的知识、突出的才干等,易使学生产生敬佩感和信赖感,能把学生紧紧吸引在周围,使学生愉快地接受教育和管理。

榜样树立。古人云:其身正,不令而行,其身不正,虽令不从。辅导员的言行直接影响学生的是非标准的评定和行为的取舍,会给学生留下深刻的印象。辅导员如果言行一致、表里如一、品德高尚,就能在学生面前树立良好的形象,学生会发自内心地信服,产生敬佩感,自觉地向他学习。反之,学生就会产生抵触情绪,甚至产生厌恶感,从而影响教育效果。

内心感化。感化是人与人之间在情绪上的同化反应形式,表现为对他人在心理、思想、感情的自觉共鸣。学生在辅导员非权力影响力的感召下,从内心自发服从辅导员的领导,与"辅导员知己"同舟共济,把辅导员的要求变为自己的要求,从而产生内在推动力。辅导员的工作靠行政命令很难时时奏效。辅导员如果发挥好非权力影响力,尊重学生,关心学生,与学生进行情感交流,润物无声,学生就会被感化,自觉地接受教育和管理,从而把辅导员的要求变为自己的自觉行动。

价值导向。辅导员的非权力因素对大学生的政治信仰、价值取向、道德养成等有着强烈的示范效应和引导功能。辅导员应做学生政治上的引导者、思想上的启发者、道德上的示范者、心理上的辅导者、学业上的指导者、职业上的咨询者、生活上的关爱者,引导学生树立正确的人生观、价值观和世界观。辅导员作风正、品德高、知识广、能力强,就会引导学生群体树立正确的思想意识和思维观念,激发起学生群体道德修养、情操陶冶和注重知识学习、全面发展的热情。

三、制约辅导员非权力影响力发挥的主要因素

在实际工作中,不少辅导员未能很好地认识到非权力影响力的作用,而只是凭借自己在学生面前的特殊地位和权力来维系自己的形象和影响,使自身的非权力影响力逐步弱化,长此以往,就失去了学生的尊重和家长的信任。大致来说,制约非权力影响力发挥的主要因素有这样几个方面。

一是认识上的模糊性。少数辅导员高高在上,以"权"为重,认为辅导员就是面向学生使"权"的,只要学生按照自己的意志行事,就可以解决一切问题,决定一切事情。这种认识上的偏差,导致他们在工作中往往家长制作风相对严重,学生工作简单机械重复,对工作对学生采取一种极不负责任的态度,习惯于发号施令,唯我独尊,而不把学生作为一个平等的主体来尊重,挫伤了学生的热情和积极性。

二是感情上的亲疏性。少数辅导员对学生不是公平对待、一视同仁,而是亲疏分明。讲实惠,重利益,看好处,把纯洁的师生关系变成一种"等价交换"的利益关系。特别是表现在对少数或成绩较好、或能言善道、或家庭有背景的学生青睐有加,而对一些成绩不理想、相对调皮、平民子弟则不冷不热,从而伤害了学生的感情,也损害了自身形象。

三是运作上的随意性。更有少数辅导员,把自己的岗位和"权力"当作为己谋私利的筹码,向学生家长直接或变相索要拿取财物,不仅在学生和家长中威信扫地,而且也严重地损害了学校乃至整个辅导员队伍的形象声誉。

四是学识上的短缺性。部分辅导员丢弃了"学习是最好的老师""学而不厌、诲人不倦"等传统美德,缺乏严谨治学的态度,整天忙于社会上的各种交际,疏于学习;或者索性当一天和尚撞一天钟,敷衍塞责,满足于已有知识,不求上进,降低了自己在学生中的位置。

四、辅导员增强自身非权力影响力的措施

按中央2004年16号文件中关于辅导员要"政治强、业务精、纪律严、作风正"的要求,辅导员坚持正确的政治方向,加强思想道德理论修养,提高业务综合力,增强情感影响力,成为大学生健康成长的指导者和引路人。

1. 加强理论修养,增强政治敏感力

思想政治工作是具有阶级性的科学。辅导员在任何时候、任何情况下都必须是一名真正的马克思主义者,有坚定的共产主义理想和社会主义信念。中共16号文件规定"在事关政治原则、政治立场和政治方向问题上不能与党中央保持一致的,不得从事大学生思想政治教育工作。"

一要信。辅导员只有对马克思主义科学理论深信不疑、对社会主义充满信心,才能从政治上正确引导学生,增强学生对改革开放和现代化建设的信心。

二要学。辅导员要深入理解和掌握马列主义、毛泽东思想、邓小平理论和"三个代表"重要思想,坚持科学发展观,不断提高自身政治素质和理论水平,自觉地把自己所从事的学生工作与党和国家的命运联系起来,出色地做好本职工作。

三要行。要在行动上自觉与党和政府保持一致,要善于引导、教育学生,帮助其明辨是非,把握正确的人生目标和政治立场。

2. 改善知识结构,提高业务综合力

思想政治工作是一门综合性、实践性很强的应用性学科。辅导员应树立终身学习的理念,应掌握丰富的科学知识,不断改善知识结构,提高教育能力和管理水平。

一要学习扎实的专业理论知识。特别是当前,我们正处在一个知识更替不断加快的时代,大量的新知识新信息每时每刻都在涌现,广大辅导员不仅要掌握扎实的思想政治教育的基本理论和业务知识(包括党的思想政治教育的优良传统和基本经验,思想政治教育学原理、方法论、思想政治教育发展历史等),也要掌握与思想政治教育学密切联系的心理学、教育学、伦理学、政治学、社会学、管理学、经济学、法学、历史学、文学等相关的知识,这样才能有利于改善知识结构,提高业务能力。还要掌握以计算机为代表的现代技术手段,适应新形势对自己提出的新要求,牢固终身学习的观念和自觉性,优化自身的非权力影响力。

二要有宽广的视野和广博的知识,广泛学习与学生专业密切相关的知识。广大辅导员一定要锲而不舍,刻苦钻研,勤奋好学。

三要提升自身的整体能力,包括预测决策能力、科学研究能力、沟通表达能力、调查研究能力等,不断地改进和创新思想政治教育工作的方法和手段,提高解决实际问题的能力,增强思想政治工作的实效性,以较强的能力和素质赢得学生的拥护和敬佩。

3. 培养道德情操,增强情感影响力

思想政治工作是一项充满真挚热情的工作,浓浓的感情是促进工作落实、任务完成的催化剂。在道德、品行、人格、信仰、作风等方面培养高尚的道德情操是辅导员必须具备的素质。

一要提高素养示范人。崇高的品德和务实的作风是辅导员提高非权力影响力的根本。孔子曾说"为政以德,譬如北辰居其所众星拱之"。辅导员要像北斗星一般把诸多学生像众星一样聚集在自己的周围,就必须以德为本,加强道德修养。要进行自律培养,耐得寂寞,守得清贫,乐于奉献,甘于平凡,踏踏实实做事,堂堂正正做人。审慎选择自己的行为,对自己的言行进行道德解剖,防微杜渐,构筑道德防线,不懈地追求道德理想,鞭策自己的真善完美。辅导员要有热爱本职工作的高度事业心和责任感,言行一致,表里如一,不能当面一套,背后一套;严于律己,宽以待人,要求学生做到的自己首先做到,要求学生不做的自己坚决不做;勤奋学习,乐于奉献,率先垂范,以良好的道德情操感染学生;坚持原则、公正公平地对待每一个学生,不能以他的家庭贫困与否、背景有无、和自己的关系远近为标准区别对待,这样才会赢得学生的信赖和尊重。在新的形势下,辅导员承担的任务非常艰巨。辅导员要牢记自己的责任和使命,勤学习、勤思考、勤实践,创造性地开展各项工作,提高工作水平和工作效率,教育、引导学生全面发展和健康成长,做一名学校、社会都欢迎和尊重的辅导员。

二要关心生活体贴人。辅导员必须坚持解决学生思想问题与解决学生实际问题相结合,思想工作与实际工作并举,不断地深入公寓、课堂、活动场所、食堂等了解学生的实际情况,摸清学生的心理活动,多解决事关他们切身利益的问题,他们就会感受到辅导员在关心和体贴自己,才会敞开心扉,袒露心迹,才会向辅导员说真心话,才能更好地解决思想问题。

三要坦诚相待信任人。信任能引起感情上的共鸣。古人说:"感人者,莫先于情"。辅导员要树立正确的师生观,把学生真正作为平等的教育对象,尊重学生人格,和学生交朋友,善解人意,了解学生的意愿,倾听学生的心声,成为学生的知心人。在关心人、体贴人中使感情贴近学生,缩短感情上的距离,发展良好的支持关系,从而引起感情共鸣,形成信赖感。辅导员只有信任学生,才能真正掌握学生的心理活动,增加学生的亲切感、信任感。加强与学生的交流和沟通,学会肯定和激励艺术,帮助学生认识自己的长处和缺点,扬长避短。

五、体会

高职高专辅导员承担着对学生进行思想政治教育工作的重要职责,其素质如何,直接影响着工作的效果。长期以来,人们通常比较重视辅导员的权力影响力,强调他们现有的职位、权力、资历,以及由此赋予的直接管理手段、行政手段进行教育与管理,而忽视他们身上的非权力因素的影响。从现象上看,这好像能解决学生思想政治工作中的一些问题,却很难解决其深层次的根本问题,不利于学生思想品德的稳定发展,不利于培养合格人才。作为高职高专辅导员来说,增强非权力影响力十分重要。

绝不存在辅导员工作必不必要的问题,只存在辅导员工作能不能干好的问题。辅导员是教与学双向交流的信息员,又是学生学习生活的服务员,还要将国家的方针、政策和学校各项规章制度及时传达给学生,引导学生发展完善、健康成长。新形势下,辅导员作为学生心目中的良师益友,要提高师德和业务水平,爱岗敬业,教书育人,为人师表,以良好的思想政治素质和道德风范影响和教育学生;管理方面要体现育人导向,把严格日常管理与引导大学生遵纪守法、养成良好行为习惯结合起来;后勤服务方面要努力搞好后勤保障,为大学生办实事办好事,使大学生在优质服务中受到感染和教育。

辅导员作为学生的人生导师和健康成长的知心朋友,其言谈举止潜移默化地影响着学生,他们应不断提高自身整体素质,以学识激励人、以道德教化人、以爱心感染人、以高尚的人格魅力来促使学生健康成长,要充分发挥非权力影响力的示范、凝聚和感化作用,切实与学生密切合作,言传身教,相互协调,使思想政治工作落到实处,使各项学生工作高效完成。

艺术院校辅导员职业倦怠的成因及对策

吴晓红

(湖北美术学院)

"职业倦怠"又称"职业衰竭""职业枯竭",用于描述那些服务于助人行业的人们因工作时间过长、工作量过大、工作强度过高所经历的一种疲惫不堪的状态。高校辅导员职业倦怠是指辅导员在教育管理大学生的过程中,因面临特殊的工作要求、复杂的工作任务,工作压力体验而产生的情感、态度和行为的衰竭状态。在高等学校系统中,艺术院校有着其自身的特点,因此,针对艺术院校的特点,对辅导员职业倦怠进行研究,对提高艺术院校大学生思想政治教育工作质量,促进艺术院校大学生成人成才具有重要的现实意义。

一、艺术院校辅导员工作特点及工作难度

艺术学是高等教育体系中富有特色的门类。艺术院校在办学规模、专业教学、学生思想等方面都有其自身的特点。本文拟从分析艺术院校辅导员的工作特点及工作难度入手,力图为艺术院校辅导员职业倦怠现象探索解决问题的途径。

1. 艺术专业教学的特点

艺术院校的专业教学大都具有以下几个特点：第一，教学场所多类。如专业课教室、专业基础课教室、实验教学中心、工作室、工作车间等，由于大小不同、专业不同、功能不同，导致分班种类繁多。第二，教学地点多处。如艺术实践深入写生基地和异地，教育实习奔赴省内县市中学，艺术创作课收集素材走出校园前往异地，部分专业课要走出教室搞市场调查等。第三，教学形式多样。有集体授课、个别辅导、教室内、课堂外、多媒体教学等。第四，教学方法灵活。教师在教学过程中主要对个体进行技能指导，指导的时间长短、次数、地点灵活。上述这些专业教学特点，导致了艺术院校辅导员在思想政治教育、学生安全、日常管理事务工作中工作量和管理难度大大增加。

2. 艺术教育对象的特点

艺术院校的生源质量随着招生规模扩大而呈下降趋势。文化素质和认知能力与综合院校学生相比不在同一程度上，性格爱好也有着较大区别。其特点表现为：第一，观念前卫，多数学生较感性，看问题比较主观，个性较强，对政治不太关注；第二，注重个性发展，外表、服饰和言谈举止求新、求异、求怪，自我控制能力较差，随性、随意、自由散漫（不愿意住校），时间观念不强；第三，思维发散、活跃、敏捷，形象思维较强，但对文字等非感官性材料的理解能力较差；第四，缺乏学习目标，知识面比较单一，关心的内容狭窄，"重专轻文"现象严重；第五，学费较高，外加材料费、艺术实践费、考察费、创作费等，造成贫困学生心理负担过重，容易产生不良情绪；第六，多数学生性格开朗、单纯，兴趣点多，但不稳定，部分学生心理比较脆弱、偏激，判断是非能力较差，缺乏基本的生活常识和与人沟通的能力。近几年因学生心理问题引起的突发事件也有上升趋势。纵观上述特点，无论从日常生活知识的指导、自身安全的保护、诈骗的识破等相关事务的管理，还是从尊重学生的个性发展、关注学生的心理变化，到思想政治教育工作和就业指导等方面，都要求艺术院校辅导员工作更有针对性、有效性和持续性，付出更多的精力和心力。

3. 辅导员的配备和发展

按照教育部令 24 号文《普通高等学校辅导员队伍建设规定》，各高等学校辅导员依据师生比不低于 1：200 的比例配备，辅导员队伍的构成＝专职辅导员＋一线辅导员＋兼职辅导员＋班主任。由于艺术院校办学规模小，不同于综合院校的管理模式，艺术院校辅导员队伍的构成＝专职辅导员＋一线辅导员＋兼职辅导员，由此可见，辅导员除了辅导员本职工作外，往往还要承担班主任工作，兼任办公室、教学秘书和思想政治教育教学等工作。相比综合院校辅导员的工作内容和职责更加宽泛及模糊，因而增强了工作量和工作难度，对思想政治教育工作的质量也有一定的影响。就个人发展而言,方向也不明晰。据了解,综合性院校辅导员个人发展一般有三条出路可供选择:科研、教学和行政。对于艺术院校辅导员来说,由于学校的学科种类较少,导致辅导员选择从事教学、科研的路变窄,加上长期陷于繁杂的工作之中,缺少专业性学习与进修机会,不具备技术性岗位的竞争优势,基本上只有行政一个发展方向。如此现状,给稳定辅导员队伍带来了相当大的工作难度。

二、艺术院校辅导员职业倦怠的主要成因

在多元化意识背景下,学生获取信息的渠道越来越多,辅导员的权威日益减弱,对传统的思想政治工作方法越来越抗拒,给艺术院校辅导员开展思想教育和管理工作增加了难度,职业倦怠现象随之日益加重。因此,研究职业倦怠问题已经成为艺术院校稳定和优化辅导员队伍的重要内容。

1. 角色定位多元化与职责界定模糊的无奈

教育部对高校辅导员的角色定位是大学生日常思想教育和管理工作的组织者、实施者和指导者,是大学生的人生导师和知心朋友。艺术院校辅导员的工作特点决定了艺术院校的辅导员所要扮演的角色越来越多样化,既是思想政治的引领者、活动的组织者、利益的维权者、家长的代理人,又是学生的知心朋友、生活保姆、心理安慰师、职业生涯规划导师等。辅导员的职业要求他们根据不同情况进行角色转换,同时社会和学校各个方面又经常对他们提出相互矛盾的职业要求,角色冲突现象在辅导员身上经常发生。承担思想政治教育工作却无相应课酬与超工作量;日夜参与行政事务无额外酬劳;做好贫困生思想工作的同时还需落实学费催缴。总之,凡是与学生有关的事务,都是辅导员的工作。辅导员的工作职责模糊,给辅导员带来了许多的无奈。

2. 职业价值观选择和完美形象冲突的困惑

高校辅导员面对的是基层的学生工作,虽说"学生工作无小事",但"日理万机全琐事",且"地位待遇均较低",整天陷入事务性工作,偏离了对学生的思想政治教育和学业教育指导这一核心工作,加之市场经济大潮的冲击,人们社会价值观念的变化及生活态度的改变,引发和加剧了辅导员内心的不平衡。一些年轻辅导员刚开始对工作岗位充满理想主义色彩,一旦工作不如意,学生不服从管理,便十分灰心。由于家长对独生子女的期望值很高,进而对学生直接管理者的要求也相对提高,辅导员竭尽全力扮演着社会和学校期待的完美形象。由于艺术院校普遍存在着重视教学科研人员的现象,虽说辅导员是教师系列,可学校召开教学科研工作会议,辅导员却不在参与之列,自始至终处于教学"圈外人"的地位。辅导员队伍经济收入比本校同职级专业教师低,职称评定的机会空间也比

专业教师小，有的学校对学生工作的认识仍停留在"学生出事就重要，没出事就不当回事"的层面，促使辅导员对职业价值观的认同产生比较强烈的困惑。

3. 发展方向不明确与自我实现受扰的焦虑

自我实现是人的最高需要。艺术院校辅导员同样希望在工作岗位上做出成绩并得到学校的认可，希望能有明确的职业生涯发展方向。然而，新时期对高校辅导员工作提出了很多新课题，对辅导员个人综合素质的要求也越来越高，艺术院校扩招之后的"90后"学生，文化课基础较差，专业选择带有功利性，并非出于对艺术的热爱，进校后时常因恋爱问题、学业问题、就业压力问题、贫困问题、心理问题等引发校园危机。面对种种不安定因素和日常事务管理，耗去了辅导员大量的工作时间和精力，错过了许多学习和深造的机会，工作环境的影响、流动机制不健全等客观因素的限制和主观因素的缺失，致使辅导员发展方向不明确，难以满足辅导员自我实现的要求而深感忧虑。近几年教育部相应出台一系列的政策和措施，促进艺术院校辅导员的工作地位逐步得到改善和落实，但仍然存在不尽如人意之处，辅导员常常因缺乏良好的个人发展空间从而选择转岗。

三、艺术院校辅导员职业倦怠的应对策略

艺术院校辅导员职业倦怠，对其自身而言，可影响其身心健康；对学生而言，会影响其成长成才和心理健康；对学校而言，会影响到思想政治教育的有效性和日常学生管理工作的有序性。因此，有效干预艺术院校辅导员的职业倦怠问题迫在眉睫。

1. 努力实现机制创新，优化辅导员的工作发展环境

党和国家高度重视高校辅导员的培养与发展，采取了多项有力措施，确保辅导员工作有条件、干事有平台、发展有空间、待遇有保障，目前正在推进辅导员队伍专业化和职业化建设。艺术院校辅导员面临的学生管理难度大，责任重，学校应从政策、待遇上予以倾斜，增强岗位的吸引力。第一，制定专门的职称、职务政策。可设立单独的"政治辅导员职称系列"，改变他们与专业课教师在职称评定中处于科研劣势的状况。第二，注重辅导的培养。要把辅导员纳入学校教师和干部培训序列，通过接受专业系统培训，提高其学历层次和思想水平，不断向专业化、职业化、专家型的方向发展。第三，学校领导应从战略高度充分认识加强学生思想政治工作的重要性和必要性，客观公正地评价他们的工作业绩，使其才有所用，才能所为。第四，学校要明确辅导员的角色定位和岗位职责，制定科学合理的工作条例，使辅导员工作有章可循、有据可依。第五，学校要注重对辅导员考核程序的公平性、考核量化的可行性、分配的公正性，建立科学的考核体系和激励机制。第六，完善管理机制，成立学校和系（部）两级学生工作委员会，

研究探索艺术院校学生教育管理工作的规律;分析解决学生教育管理过程中出现的普遍性、热点性问题;协调处理部门之间在学生教育管理过程中出现的职责问题;集中处理学生出现的突发性事件等,从而营造全员育人的良好格局。

2. 培育良好心理素质,提升辅导员的心理健康水平

辅导员的心理素质是思想、政治、品德、知识、能力、心理等素质结构的核心,在很大程度上影响制约着其他素质的形成和发展,辅导员心理素质的高低直接关系到大学生思想政治教育的质量和水平,潜移默化地影响学生的全面发展。因此,积极培育辅导员良好的心理素质,有利于培养优秀人才、推动学校教育事业发展和社会进步。由于艺术院校辅导特殊的工作性质和特定的职业角色、工作需求对他们心理素质的要求比一般教师高,所承受的心理压力也比普通教师大。学校领导要引导辅导员学会以正确的态度、积极的心态、可行的方法来调整情绪和对待挫折。认真分析产生心理问题的主观原因,提高自身对心理压力的调节能力。学会管理情绪,欣然面对挫折;学会管理时间,合理安排工作、学习和生活;学会保养自己,正确地认识和客观地评价自己。以阳光的心态,饱满的激情,拥抱每一个学生,面对每一项工作,从而发自内心地感受到学生工作的乐趣和价值。总之,面对教育对象的日益复杂化,只有提高辅导员心理健康水平,学校各项学生工作才能有效开展。

3. 加强学习注重实效,力求完善辅导员的素质要求

辅导员承担着"传文明之道,授立身之业,解人生之惑"的重要职责,辅导员的素质高低,直接影响学生的成长成人成才。艺术院校的辅导员在加强学习的同时,更要讲究方式方法,注重实效。第一,具备高的思想政治素质,坚定的理想信念,明确的政治原则、政治立场和政治方向,并拥有爱心和责任心;第二,构建社会主义核心价值体系,学习时事政策法规、管理学、教育学、社会学、心理学、美学和学生事务管理等方面的科学知识,完善专业知识结构,掌握工作技巧和规律,注重运用先进的科研成果和有关理论指导实际工作;第三,一切行动听指挥,认真贯彻落实上级部门的有关工作部署,着眼于学校改革、发展和稳定的全局,兢兢业业做好本职工作;第四,要以良好的道德品质和艰苦奋斗、无私奉献的精神状态感染、教育、帮助和引导学生,在处理与学生个人利益密切相关的工作时,做到公平公正,在处理重大问题时,敢于面对和解决问题。要把政治学习和专业学习相结合、理论学习与工作实际相结合,不断完善辅导员的素质要求,培育积极心态,化解消极情绪,激发健康情感,实现理想追求,从而使辅导员真正成为学生的人生导航员,让学生切实感受到学习的乐趣、成长的快乐、生活的美好。

关于"湖北省资教教师生存与发展状况"的调查研究

王本成

(湖北师范学院)

一、问题的提出

随着社会主义市场经济的不断发展和高等教育改革的不断深化,一方面高校毕业生就业面临着一些困难,出现了毕业即失业的现象,另一方面广大基层特别是老少边贫等艰苦地方的教育却面临着人才匮乏的现状。据2004年湖北省农村教育状况调查来看,农村教育师资面临着年轻老师少、老年教师多,新兴学科老师少、传统学科老师多,高学历的少、低学历的多等多方面问题。为优化教育资源配置,促进城乡教育公平发展,2004年湖北省教育厅启动了"农村教师资助行动计划",每年选派一批优秀大学毕业生到农村乡镇任教,以政府出面购买阶段性服务的方式解决农村中学教师短缺问题。从2004年至2011年,2万余名大学生怀着自己的理想抱负,带着学识和激情来到了艰苦的农村,为湖北农村教育发展付出了辛勤的汗水,给农村教育带来了生机与活力。

我们先来看两个大概的数字,20000与120000,前者是湖北省自2004年实施"农村教师资助行动计划"以来的资教生总数,后者是湖北省农村中学的教师人数(不含资教生)。

考虑到7年以前,湖北的乡村中学基本没有第一学历为本科的老师,我们就能感觉到这1:6带给我们的震撼。正是基于资教生对湖北农村教育带来的巨大影响,为了更好地将"农村教师资助行动计划"进行下去,我们决定借资教生暑假培训的机会,对资教生的生存与发展状况进行调查研究。

二、资教生现状及问题分析

(一)资教生现状

1. 资教生来源情况

从对家庭背景的调查看,38.4%的资教生来自县城以上城市,61.6%的资教生来自乡镇(24.2%)或农村(37.4%);从对家庭收入调查来看,认为家庭经济状况较好的占40.5%,而认为家庭经济状况一般的或贫困的占59.5%。从中我们可以看出,资教生主要来自农村地区,大部分人家庭经济收入水平处于中下等,这是他们选择到农村贫困地区资教的重要原因。资教生所服务的学校主要是偏远落后的农村地区,条件很艰苦,只有热爱教育事业和热爱农村,对农村有一定的感情,他们才能坚持在自己的岗位上工作。来自农村地区的资教生比较了解农村和农村教育的实际情况,本着对家乡的回报,他们选择了资教生活。从对参加资教行动的原因调查看,大部分资教生选择资教生活是想到农村锻炼和喜欢教师职业,响应国家号召是他们选择到农村乡镇学校资教的主要原因之一。

从资教生的学历背景来看,35.6%的资教生来自师范专业,另有64.4%的资教生来自工科、农科、医学科等非师范类。从中可以看出,在"农村教师资助行动计划"过程中,很多资教生面临专业不对口、缺少师范素质培养等情况,这些非师范专业的资教生只能服从安排,从事学校紧缺的学科教学。另一方面我们也可以看到,随着高校毕业生的增多,大学生就业压力逐年增大,一部分非师范生开始从事教育领域。

2. 资教生教学现状

在调查中,大部分资教生任教于普通初中,比例为64.2%,其次是一般完小,比例为24.6%,分配到重点学校的资教生较少,重点高中、重点初中、重点完小的比例分别为2.2%、4.5%、4.5%。从资教学校所处的地区看,68.4%的学校位于经济较落后的乡镇或农村,位于发达或较发达地区的学校占31.6%,由此可见大多数资教生在经济不发达、交通不便利的普通中小学任教。从资教生所服务的学校类型和服务地区可以看出,湖北省"农村教师资助行动"为农村学校补充了新的师资资源,有效地解决了落后地区普通中小学教师缺编问题。

从我们统计的资教生的所教科目和课时量来看,资教生每学期最多带4门课,最少带1门课,平均一个教师要带2.8门课。从每周上课时量看,资教生平均每周要上16节课,约3.4%的资教教师每周要上30节课,最多达32节。在正常工作时间外,每个教师平均要花费3个小时用于教学。可以看出,资教生任教的科目普遍偏多,课业负担明显偏重,每天要花费大量额外时间用于教学。

(二)资教生面临的主要问题

1. 收入偏低

从资教生每年工资收入情况看,46.4%的资教生有1.4~1.8万元,显然这与多数教师相比是很少的,32.6%资教生有1.8~2.2万元,10.5%的资教生有2.2~2.6万元,另有10.5%的资教生年收入在2.6万元以上,由此可见,不同地区、不同学校资教生之间的收入差距还是很大的。当问到"你认为资教生年收入多少比较合适",回答年收入在 1.8~2.2 万元占 26.8%,回答年收入在 2.2~2.6 万元占 20.2%,53% 的资教生认为年收入在 2.6 万元以上比较合适。从目前资教生的实际收入和所期望得到的收入来看,89.5% 的资教生实际年收入在 2.6 万元以下,而 53% 的资教生认为年收入在 2.6 万元以上比较合适,这足以说明大部分资教生对目前的收入很不满意,他们普遍觉得待遇低是主要问题。

在对个别资教生的访谈中,资教生普遍反映目前经济压力很大。他们认为,自己收入不高,而除去正常生活开支,节省下来的微薄收入需要偿还读书时的欠款以及补贴家用,自己留下来的很少,而正处于已婚年龄的资教生,要面对婚姻、房子的压力。有一位不愿透露姓名的资教生坦言:目前物价上涨厉害,他每个月所剩无几,几乎成月光族。家庭负担、结婚买房、物价上涨等,这些都让资教生感到压力很大,经济负担过重。

2. 教学压力大

在访谈中,资教生普遍觉得教学压力很大。当问及"教学过程中哪方面最困难"时,36.3% 的资教生认为教育信息不通,学校教学设备短缺,31.5% 的资教生选择了学生学习基础差,对学习不感兴趣,另有 23.1% 的资教生认为面对家庭贫困的学生,常常感到无能为力。而在调查"你认为当地学生存在的主要问题"的问卷中,48.4% 的资教生认为学习一点快乐都没有,41% 的资教生选择了读书没用,而且资教生在面对学生学习不感兴趣、视野狭窄、家庭经济困难时,常常感到很无助。"教育信息不通,学校教学设备短缺"和"学生缺乏学习兴趣"是资教生从事教学工作存在的主要困难,由于学校设施落后,资教生很难将优势发挥出来,教学质量也就得不到有效保障。学生普遍缺乏学习兴趣也是影响资教生教学的主要原因之一。

在调查中,所教科目多、课时量大也使资教生面临着教学压力。前面我们谈到,农村学校缺很多老师,仅有的教师年龄偏大,不能适应新课程的要求,资教生的到来,弥补了农村缺少老师的局限,资教生被广泛的用到教学中。通过我们统计的数据可以看出,由于不少资教老师来自非师范专业,他们所教科目与所学专业不对口,而且一个资教生往往在学校中带多个年级、多个科目的课,因此他们备课时间也比较长。他们课时量很大,最多的每周达到 32 节,每周 20 节以上的资教老师大有人在。

3. 对前途的迷茫

资教生目前的职业满意度和未来职业规划是我们本次调查的一个重点。在调查中,44.2% 的资教生认为资教虽然艰苦,但对成长有一定帮助,总体来说利大于弊,32.6% 的资教生认为资教对个人成长有很大益处,能提高个人能力,认为资教完全浪费时间的只占 10% 左右,这可以看出,大部分资教生认为资教对个人成长有很大的帮助。而在对"这次资教过后,你是否愿意再来"的调查中,只有47.3%的资教生选择有机会再来,另有52.7%的资教生不打算来了,认为意义不大。从这两个数据统计中,我们看到了一个矛盾体,一方面90%的资教生认为资教对自己成长有一定帮助,但另一方面却只有47.3%的资教生表示收获很大,有机会可以再选择资教,经过我们仔细研究,我们找到了问题所在,那就是资教生普遍对前途不确定感到担忧,对未来职业有一定的迷茫。

对资教生未来去向的调查显示,仅仅有8.6%的资教生打算继续留在本地任教,23.1%的资教生打算到大中城市任教或考编,43.6%的资教生打算考公务员或考研,还有24.7%的选择其他。通过这组数据我们可以看到,超过23%的资教生打算考编,但由于大中城市教师编制严重短缺,因此最终能考出来的人不多;同样超过43%的资教生打算报考公务员或考研,由于竞争异常激烈,这条路径难度可想而知;剩下来约25%的资教生对于自己的未来去向明确表示不确定。由此可见,资教生的未来去向呈现出明显的不确定性。资教生未来职业的不确定性导致了资教生心情浮躁,难以用心来提高教学质量。

三、建议与对策

(一)教育行政以及相关部门

1. 完善并落实资教政策

教育行政以及相关部门要总结政策落实情况,进一步完善资教政策。为了保证各项政策的顺利实施,应使各地方政府和教育机构认真学习《关于引导和鼓励毕业生面向基层就业的意见》的精神,制定相应的法律法规,明确资教学校和资教大学生的权利和义务,以保证"农村教师资助行动计划"得以顺利开展。重点完善资教生服务期满后的职业生涯规划制度,用制度保护资教生的长远发展。

2. 切实提高工资待遇,加强与资教生的交流

目前待遇低下是资教生面临的主要压力,也是动摇资教生资教的关键要素。调动资教生的积极性,切实提高资教生的待遇是关键。"资教"是政府通过购买阶段性服务岗位,农村学校和高校毕业生进行双向选择来实现的一种就业方式。虽然"资教"的主要目的是支持农村教育事业发展,但它不同于完全出于奉献只需基本生活保障的"支教",政府对资教生工资待遇的提高必须有切实的保障。在调查访谈中,我们发现资教生的收入差距蛮大,发达地区收入高些,落后地区收入很少,而且还有拖欠工资的情况。因此我建议资教生的基本工资由湖北省财政单列更为合理,统一管理更为方便,由省厅直接定期打卡发钱。

教育行政部门相关人员应定期与资教教师见面交流,关心和了解资教教师在学校中的工作、生活状况,同时教育行政部门也应该经常向学校了解资教教师

的状况,这样不仅可以促使资教教师安心工作,也可以调动他们的积极性。

3. 加强岗前培训,明确培训方案

教育行政部门应着重抓好岗前培训。由于资教教师大多是非师范专业的学生,没有接受过系统的师范类教育,缺乏相应的教育学、心理学知识和教育技巧。若不加强岗前培训,在短时间内很难适应教学工作。对于培训方案,教育行政部门应进一步明确和细化,不要留于形式。应该严格审核资教大学生的资格,明确考核标准,考核方式也应多样化,培训后要严格考核。鉴于非师范资教生在资教行动中的比例越来越大,培训的内容应该因人而异,师范类与非师范类毕业生应该分开培训,师范类应进一步强调规范,非师范类则加强教育学、心理学等基础知识的学习和教师的基本技能训练,培训的同时要让资教生了解国家方针政策和基础教育发展情况,及时宣传资教生扎根基层、服务农村的先进典型。

(二)资教学校方面

学校应根据资教教师的专业特长结合资教教师的意愿适当安排,而不是随便把教师放在空缺的地方,这样才可以充分激发教师的教学兴趣,发挥教师的特长,做到"才尽其用"。资教教师对于工作的热情需要学校制定相应的措施来激发。虽然资教教师在当地的生活和工作中存在着很大的心理落差,但是只要学校能够给予他们足够的重视并分配给他们富有挑战性的工作,他们是一定能够转变态度并在工作中有更优秀的表现。

学校应该让资教教师参与学校管理,充分调动其积极性。资教教师大多刚离开大学校园,年轻、朝气蓬勃、勇于创新,从城市里带来很多先进的教育理念和思想,头脑中有许多新奇的思想,很容易和学生接近,激发他们对学习的兴趣。学校可以适当地让他们组织一些活动,不仅可以调动学生的积极性,而且在一定程度上也可排解资教教师由于不适应或心理落差带来的苦闷和孤独感。此外,在资教教师之中,还有部分是接受过专业的师范教育的,这部分人具有一定的理论根基,如果学校能够组织他们与当地有教学经验的教师交流,会达到进得来、留得住的"双赢"效果。

四、结束语

有人以为湖北省此举只是缓解大学生就业难的权宜之计,而事实上,它正成为这个中部大省向农村输送高水平教师的通道和机制。在越来越庞大的资教生队伍中,来自二本院校的毕业生是主体,同时也吸引了越来越多的武汉大学、华中科技大学和华中师范大学等名校毕业生。湖北一位省领导在走访、了解了资教生的情况后,感叹道:资教队伍中人才济济,将来要走出一批大家,农村教师队伍和农村教育事业的发展大有希望。

大学生参加资教"行动计划"的政策还会延续,千千万万的大学生将奔赴广阔的农村,去实现自己服务农村的理想。每一个资教生既然选择了资教这条光荣的道路,就应该践行自己当初选择资教的理想和诺言,不能被眼前的困难和利益所击垮,而是时刻保持自己人民教师的形象,为农村的教育和新农村的建设做出应有的贡献。

践行成功素质教育理念 提升素质导师工作水平

胡瑞年

(武昌理工学院信息工程学院)

为深入贯彻落实《全国教育工作会议》和《国家中长期教育改革和发展规划纲要》(2010-2020年)精神,实施科教兴国和人才强国战略,践行成功素质教育,提高人才培养质量,有效开展思想政治工作,努力拓展工作途径,坚持育人为本,贴近实际、贴近生活、贴近学生,提高工作的针对性和实效性,增强工作的吸引力和感染力,为加强和改进学生思想政治教育工作和全面开展成功素质教育提供有力保证。因此,提升素质导师业务能力,主要从"学习力、决策力、创新力、执行力、凝聚力"五个方面出发,培养"政治坚定、素质过硬、品德高尚、业务精湛、纪律严明、作风优良"的素质导师队伍,更好地履行工作岗位职责,提高工作效能和科学化水平。

一、提高学习力,提升理论水平

学习力是素质导师学习的动力、毅力和能力的综合体现,是做好思想政治教育工作的基础。学习能力是当前众多能力中最核心、最本质的能力,是直接决定和影响着个人工作水平和执行能力的基础能力,是唯一持久的核心竞争力。建设学习型素质导师队伍,不断提高自身的学习力。现如今,素质导师如何适应和应对千变万化的新情况、错综复杂的新局面,必须把学习当成一种责任、一种习惯、一种修养,通过学习,勇于摒弃过时的、陈旧的、落后的东西,树立起与时代相适应的新观念。这不仅是素质导师必须掌握的工具和方法,是提高工作能力和业务水平的关键一环,也是加强和改进学生思想政治教育工作、全面开展成功素质教育、促进学生工作科学发展的重要保证。一是要加强业务知识学习,深入学习高等教育的有关新思想、新理念和新知识,不断提高自身的业务知识水平和业务工作能力,真正成为高校思想政治教育工作的行家里手;二是要加强教育学、心理学、管理学、计算机和网络等方面的学习,不断改善知识结构,提高综合素质,积极适应新岗位、新形势发展的需要;三是要掌握正确的学习方法,坚持从书本上学,从实践中学,向周围的人学,做到学干结合,学用相长,以学习开阔视野,以学习提高素质,以学习增长本领,以学习促进发展。

二、提高决策力,分析判断形势

决策力是有效推动学生工作发展的基本前提。班级学生管理工作决策的责任在于素质导师。因此,必须努力提高科学、民主、依法决策的能力。一是科学决策,要反对和防止本本主义、经验主义,苦练理论联系实际、一切从实际出发、具体问题具体分析、有的放矢搞好学生工作和科学研究;二是民主决策,要养成民主集中制的科学决策意识,建立健全素质导师与班级骨干内部的相关议事决策机制;三是依法决策;要使决策符合法律、符合规律、符合大局、符合民意、符合理念、符合实际,维护学生集体利益。比如说,素质导师在应对"突发事件"时,要正确判断学生突发事件发生的"第一信号",势必应当提高预防和应对突发事情的判断能力。事件发生前,能及时关注到种种"第一信号",明确判断是否会发生,何时会发生;事件发生时,要能快速判断出事件的性质、规模和演变的趋势,制定出切实可行的对策;事件发生后,要对参与者的思想情绪作出预测判断,注重对学生心理行为进行跟踪分析,掌握其发展态势,采取针对性措施。

三、提高创新力,探求科学方法

创新力是一个国家和民族的灵魂,也是高校思想政治教育葆有勃勃生机的动力源泉。素质导师工作中面临的一系列体制性障碍、机制性束缚和保障性困扰,都要依靠改革创新的办法不断解决。一是要有敢于改革创新的精神风貌。始终保持奋发向上、勇于争先的精神状态,摒弃"一般化""差不多""过得去"的低要求,努力把每项工作、每件事情做得更好,更有效率,真正实现创造性地开展工作;二是要有勇于打破常规的开放思维。始终坚持把解放思想的要求贯穿于思想政治教育工作的全过程,勇于打破习惯势力和主观偏见束缚,自觉克服经验主义、教条主义倾向,增强看问题、想事情视角的新颖性、眼光的敏锐性和思维的开放性,以创新思维提出新思路、新方法来破难前进;三是要有善于推陈出新的方法手段。善于从落实教育部、省教育厅、学校党委的总体工作部署中,提出创新的思路与举措;善于从破解素质导师工作难点问题中,提出创新的思路与举措;善于从改变思想政治教育工作中的一些"不符合、不适应、不协调"的陈规陋习中,提出创新的思路与举措。

四、提高执行力,狠抓工作落实

执行力是素质导师完成岗位责任所赋予工作任务的能力。同时也是将思想转化为行动、把理想变成现实、把决策变为成果的能力。提高素质导师的执行力是确保班级管理持续健康发展的关键。一是要准确把握大局。素质导师要对学校党委和学工处作出的决策和要求做到入眼、入心、入脑,做到领会精神不出偏差,执行指示不搞变通,落实任务不打折扣。要善于取得上级部门的支持和班级学生的理解,有了领导和组织的支持,就有了强劲动力;有了学生的理解和拥护,就有了落实的基础。二是要细化责任分工。素质导师要严格围绕本学院的中心工作,明确任务,细化分工,把工作任务落实到责任班级和责任人,做到人人身上有担子,人人身上有责任,人人身上有压力。三是要加强调查研究。素质导师要找准影响和制约班级建设发展的关键问题和关键环节,制定出切实可行的举措,使各项工作取得实实在在的工作成效。四是要发挥模范作用。身先士卒,当好表率,调动学生骨干的积极性和主动性。要在理清思路、突出重点的基础上,充分发挥模范带头作用,做思想政治工作,真正成为学工干部队伍中的"领头雁"、"火车头"和"主心骨"。五是要强化执行力的保障措施。保证各项工作按照既定目标扎实有效地稳步推进。要积极探索以先进的管理理念、管理手段和管理方式为依托,提高素质导师教育管理水平,提升工作执行力,以规范促管理,向管理要效能。

五、提高凝聚力,促进团结和谐

凝聚力是衡量和检验素质导师整体素质的"衡定器"。"懂团结是大智慧,会团结是大本事,真团结是大境界。"素质导师要积极发挥在学生教育管理工作中的中流砥柱作用,提高学工队伍凝聚力。一是顾全大局,团结和谐。维护工作大局,必须统一意志、统一行动,而不能各自为政,各行其是。要加强与班级骨干之间的沟通交流,班级骨干要积极配合和支持素质导师的工作,共同维护学工队伍整体的团结,做增进团结的模范,做促进和谐的表率。二是胸襟开阔,凝聚人心。"海纳百川,有容乃大"。要带头发扬民主,心胸开阔,虚怀若谷,从善如流;要乐于听取不同意见,自觉接受监督,做到求同存异,择善而从;要善于团结同志,积极发现他们身上的优点,多看到他们身上的长处,人尽其才,因材施用,做到心往一处想,劲往一处使。三是加强修养,改进作风。素质导师以优良的作风营造凝聚力,是促进学院以及班级建设发展和谐的重要因素。要坚持不懈地加强自身修养,改进作风,模范遵守社会公德、职业道德,坚决抵御腐朽思想和生活方式的腐蚀，做到"自重、自省、自警、自律"在团队中发挥示范和引导作用。形成政治上志同道合、思想上肝胆相照、工作上密切配合、生活上相互关心的良好局面。

总之，素质导师开展学生管理工作，应该以知识传授与价值观培育相结合；以课内教育与课外教育相结合；以主动服务学生和学生自我服务相结合，通过提高学习力，破除思想上不适应的难题；提高决策力，解决工作不果断的问题；提高创新力，解决工作方法不科学的问题；提高执行力，克服工作落实不到位的现象；提高凝聚力，克服心不齐劲不足的现象。从而更好地提高对思想政治教育的科学认识，增强实践能力和管理能力，把握学生工作未来发展趋势，提升专业素质和理论素养，创新工作思路、制度、内容和手段，促使自身提高科研能力和取得科研成果，拓展学术影响力，增强素质导师在学校中的地位和威信，摆脱事务缠身的低层管理，努力成为"学习型""科研型"的思想政治教育工作者，做到"上得课堂、下得基层、出得思想、入得研究"，营造"真学、真懂、真信、真用"的氛围，全面提高思想政治教育工作科学化水平，为成功素质教育的推行作出应有的贡献。

浅谈运用谈心教育开展高校辅导员工作

刘莉
（武昌理工学院外语学院）

政治辅导员在高校学生工作中扮演着十分重要的角色，是高校对学生进行思想政治教育和日常管理的最为重要的依靠力量。对辅导员来说，在开展学生思想政治教育工作过程中，运用好谈心这把"钥匙"，就能走进学生的心灵世界，更有效地开展思想教育工作。

一、谈心教育的必要性

谈心是交流感情、了解思想动态的主要渠道。只有积极主动，持之以恒，才能及时准确地掌握学生的思想状况，了解学生的学习和生活，有针对性地做好思想工作，掌握思想政治工作的主动权。

（一）当代大学生的思想现状

随着社会的发展，高等学府不再是封闭的象牙塔，各种信息和新鲜事物涌入大学校园，对当代大学生的思想产生了巨大的影响力，加上由于家庭环境、经济条件、个人经历等诸多因素的影响，当代大学生的思想状况呈现出比以往更加多元化和复杂化的趋向。

1. 当代大学生承受的压力增大

学习压力：就业市场的竞争，使学生更加注重自身的就业竞争力，在学业上的自我要求更高，近年来"考级""考证"热不断升温，是学生学业压力增加的一个重要体现。情感压力：当代大学生多为独生子女，在家庭中承受着无数人的关心和爱护，同时也被寄予了极高的期望，来自于家庭的压力使得部分大学生背负着极大的情感包袱。经济压力：由于招生收费并轨，使多数家庭为学生支付了几乎难以承受的费用，于是高校中出现了高比例的贫困生。就业压力：高校扩招使得大学生的人数越来越多，近年来受经济危机的影响，使得学生在校期间就承受着极大的就业压力。

2. 价值取向发生了显著变化

主体意识增强，以自我为中心。崇尚自我，以个人为主体，强调自我价值的实现。部分学生过分注重个人发展，集体和协作观念、服务和奉献精神以及艰苦奋斗的作风不足，在社会活动中只想当主角，不愿当配角。

思想具有不稳定性。大学生的人生价值的选择和判断极易受外界环境的影响，处于不稳定状态。部分学生对同一问题的判断，会因为听了一场报告或遇到一件不顺心的事情得出截然相反的结论。

矛盾性突出。由于大学生对社会和自我的认知不足，在价值观念上的困惑和矛盾明显增多，加上判断力不足，容易产生矛盾的价值观。

（二）谈心是开展思想政治教育的有效途径

《中共中央、国务院关于进一步加强和改进大学生思想政治教育的意见》指出，开展深入细致的思想政治工作，要结合大学生实际，广泛深入开展谈心活动，提高思想认识和精神境界。针对新时期大学生思想行为体现出的多样性、反复性、矛盾性的特点，辅导员在思想教育工作中应高度重视和加强与学生的广泛交流谈心，结合学生思想和个性表象，采取互动方式和感化方法，坚持主动交流和持久谈心，进而促进学生思想意识提高，促使学生良好的思想品行形成，以实现对学生的培养和教育，谈心是辅导员开展思想政治教育的有效途径。

（三）谈心能够传递着师生之间的感情，构建和谐的师生关系

谈心作为交流的基本渠道，它是任何一种精神活动都不能替代的最普通、最随意、最直接的一种抒情形式，是人与人之间沟通的桥梁和纽带。谈心传递着师生之间的温情、关爱。爱是人类最宝贵的精神财富，是全人类共同呼唤的主题，是相互的包容和理解。谈心教育，能够传递师生之间的关爱，增进师生之间的理解，构建和谐的师生关系。谈心是促进班级和谐的推进剂。在班级中开展广泛

的谈心交流活动,促进师生之间、同学之间和睦相处,才能构建和谐的班集体。

二、如何开展谈心工作

每个人的家庭环境、社会经历、文化修养不同,思想水平、性格爱好、心理素质各异,所以,谈心时应根据不同的对象采用不同的谈心方式进行谈心。政治辅导员是这个过程的设计者和主导者,其谈心的方式、方法是影响谈心效果的关键性因素。基于多年的政治辅导员工作体验,笔者认为,要提高与大学生谈心的有效性,就必须做到以下几个方面。

1. 与学生谈话要有耐心

与学生谈心时,政治辅导员要以其睿智的思想和持久的耐心,去教育和感化学生,切不可盛气凌人,变谈心为训话。在谈心过程中,要有足够的耐心。谈心应如春风化雨,润物无声。学生出现问题时,往往不愿意一开始就道出真情,这就要求辅导员要有足够的耐心,善于寻找到谈心的情感突破口。例如:可先询问学生的家庭状况,或关心其生活中的困难,或从其感兴趣的话题谈起等。用耐心和爱心消除学生抗拒的心理状态,使谈心的意图为对方所接受。与学生说话要和风细雨、入情入理,切莫态度生硬冷漠,话语中尽量避免"不要怎样""应该怎样"等句子。跟差生谈心,更需要用加倍的耐心去抚慰其创伤的心灵,要像医生关爱病人那样,既要指出其错误思想和行为的症结所在、影响及后果,又要助其鼓起纠正错误的勇气,点拨其改正错误的方法,为其指明前进的方向。

2. 听学生谈话要细心

与学生谈心,是一个师生间互相沟通、互相交流的过程。一次成功的谈心活动,应该是学生能够说出自己的想法,辅导员针对其内容对症下药、因材施教,进行开导和教育。

那么,这就要求我们辅导员在谈心的过程中要格外重视"听"的过程。

切忌粗暴打断学生的倾诉。在学生谈话的过程中,要让学生尽情地倾诉自己的心声,不要粗暴地打断学生的谈话,必要时点头或者赞许,鼓励学生继续说出自己的真实想法。

切忌心不在焉。听学生谈话时,切不可三心二意、心不在焉,辅导员与学生谈话时,应放下手中的工作,耐心细致地倾听,不可摆出一副高高在上的姿态和无所谓的态度。

细心听取,发现问题和症结所在。语言是思想的外在反映,学生的所思所想,可以通过谈话来了解,在听学生谈话时,要细心听取,发现问题和症结所在,找到解决问题的方法。

重视细节,不遗漏谈话中的细节。谈话中往往包含了大量的信息,通过和学生的谈话,可以发现平时没有注意到的一些细节,有助于问题的解决,增进师生之间的了解,便于思想工作的开展。

3. 谈完话后要关心

思想教育工作是一个长期的过程,辅导员与学生谈话结束后,应该及时地针对学生的问题给予关心和帮助,关心学生的成长。尤其是针对差生和贫困生,辅导员应该关心其思想的后续发展,如果需要帮助和支持,应该给予更多的帮助。如与贫困学生谈话之后,了解了贫困生的生活和学习状况,应该帮助贫困生解决生活困难,给予他们精神和物质上的帮助,帮助他们申请助学金,帮助他们申请勤工俭学机会等,从行动上真正地帮助学生,让他们感受到辅导员的关心和帮助。

4. 做好谈心笔记

在谈话结束后,将谈心内容进行简单或详细的记录,记录每一次谈话的时间和内容,对辅导员工作是大有裨益的。首先,谈心笔记可以帮助辅导员整理工作思路,积累经验,总结出更好的工作方法,提高工作效率。其次,谈心笔记可以记录学生的思想发展过程和成长轨迹,有针对性地帮助和开导学生,对学生的情况及时进行总结和反馈。

总之,辅导员在开展思想政治教育工作时,要结合学生的特点,运用好谈心这把钥匙,巧妙地打开学生的心灵之门,尊重学生、理解学生、热爱学生,关心学生成长,帮助学生进步。只有这样,辅导员才能真正成为学生的心灵导师。

高校辅导员的四度三新论

崔现强

(黄冈职业技术学院经济贸易系)

当前,社会已进入个性化、知识化、信息化和网络化的时代,人们的思想观念和思维方式都发生了前所未有的变化。高校大学生站在新时代的前沿,思想观念和思维方式变化必然更大,这就要求我们高校辅导员的思想政治教育工作必须与时俱进,面对现实,要在工作的内容、形式、方法和机制等方面,努力改进和创新,做到"四度""三新"。

一、四度

1. 广度

辅导员自身要有广度,广度就是辅导员的知识要广博。辅导员是大学期间"任课"时间最长、"课程"最多的老师。大学生活可能是人生在求学期间遇到老师最多的阶段,因为学生要学的课程很多,而一门课一位老师。而辅导员则会伴随大学生走完大学求学的几年时间,所以他们是"任课"时间最长的老师;做人的思想政治教育工作是一项复杂而艰巨的工作,人生的学问所涉及的课程是广泛的,思想政治教育工作所涉及的知识是全方位的,所以,也是"课程"最多的老师。由于时间最长、"课程"最多,这就对辅导员提出了很高的要求。所以,辅导员必须要大兴学习之风,只有勤奋学习,才会知识广博;只有孜孜追求,才能业务精深。这样,辅导员的工作才能贴近现实、贴近生活、贴近学生,才能博得学生的敬佩与欢迎。

2. 信度

辅导员的自身要有信度,信度就是指辅导员要值得学生信赖,要有威信。"凡威必建于信,无信即无威"。辅导员若失信于学生,就难于令学生心悦诚服,也就无威、无信可言。即使"在其位",却难于"谋其政、尽其职"。辅导员只有以正直为本,以人格为力量,身体力行,才能形成巨大的号召力和凝聚力。辅导员要有信度,就要真正做到"五服人":爱岗敬业,力主正义——以德服人;真知灼见,有的放矢——以才服人;刚柔相济,宽严适宜——以理服人;临危不惧,处乱不惊——以谋服人;关心学生,真心关爱——以诚服人。

3. 情度

辅导员的工作方法要有情度,辅导员的工作要取得好的效果就要形成心灵互补,在工作方法上要做到有情度,合情合理,以理服人,以情感人。无情则理不通,无理则情不切。辅导员的工作方法要有情度,首先要做到"融情",即辅导员与学生之间要平等相处,建立配合默契、交流畅通的关系。特别是在和学生个别谈话中,只有动之以情,真心坦诚,才能缩短辅导员与学生之间的距离,才能开启学生的心扉,扣动学生的心弦,让学生愿意接受辅导员的观点与批评,并以此指导自己的言行。其次还要晓之以理,就是辅导员在融洽与和谐的气氛中,讲明道理。辅导员只有实事求是地分析,有的放矢地开导,才能启迪学生的心智,取得良好的教育效果。

4. 实度

辅导员的工作内容要有实度,辅导员的工作内容要有实度就是要求辅导员要在全面了解工作对象的前提下,抓住适当时机,有针对性地开展思想政治教育工作。这就要求辅导员要摒弃空洞的说教,把解决思想问题与解决实际问题结合起来,将说服教育同热情服务结合起来,做到虚实结合,为广大学生提供思想保障与服务保障,这是新时期辅导员工作的正确定位。只有这样,辅导员的工作才能收到事半功倍的效果。例如,做后进生的转化工作,需要辅导员把握"一把钥匙开一把锁"的原则,全面客观地分析后进生,善于发现他们身上的闪光点,适时点拨;要以他们最为关心和最为苦恼的具体问题为切入点,诚心诚意地为他们做好事、办实事;要激发学生的自尊,对学生的点滴进步,在公开场合表扬,对其缺点,尽量采取个别谈心的方式解决。辅导员在实度方面要做到"五必谈":遇到学生情绪低落时必谈;遇到学生有矛盾冲突时必谈;遇到学生有特殊困难时必谈;遇到学生学习、生活、感情失败时必谈;遇到学生突发事件时必谈。

二、三新

1. 新观念含量

辅导员要提高新观念含量,辅导员首先要树立"以学生为本"的观念,这也是高校学生思想政治教育工作的本质所在,坚持"一切为了学生,为了一切学生,为了学生的一切"的原则,要培养和增强学生的主体意识,使学生树立自尊、自立、自信、自强的观念,增强学生"自己管理自己,自己管住自己,自己管好自己"的意识和责任感,使学生对自己的行为真正负责。其次是树立系统观念,学生的思想政治教育工作是一项系统工程,对"招得来、管得住、教得好、出得去"全过程服务,把学生的"兴奋点""爆发点"引导到学好专业知识和专业技能上来,引导到争做文明学生上来,使学生成人、成才的每个环节,环环相扣,相互作用,相互促进。再次要树立时效观念,对学生的管理与服务是个过程,过程就必须经过一定的时间和空间,管理出效益,服务出成果就必须充分利用时间和空间,订好措施,抓好落实,海尔集团的"日清日毕""日清日高"的管理理念值得借鉴,使学生思想政治教育工作真正做到时尽其效,人尽其能。辅导员在树立三种观念的同时,要增强"三个意识":辅导员首先应该树立全局意识,辅导员在开展思想政治教育工作的过程中要有高瞻远瞩的目光。见多识广,方能站得高看得远,思考问题才全面;在工作中顾大局,识大体,才能在工作中居高临下,一览无余。辅导员必须要心系院、系的各项工作,分清主次,理清思路,做好每一项工作。其次是超前意识,主要表现为:别人正在做的辅导员早做了;别人正在想的辅导员已做了;别人还没想到的辅导员正在做着,这种超前意识有三个特性:高度的敏锐性,要求辅导员要有较强的洞察力;较强的预见性,就是说辅导员在开展思想政治教育工作过程中能预知工作的发展趋势,能达到"先闻其声,便知其人"的境界;良好的准确性,就是说辅导员要按照事物的发展规律,学院的规章制度,循序渐进地开展思想政治教育工作并取得良好的效果。再次是开拓意识,一方面辅导员在开展思想政治教育工作中要勤于学习其他辅导员的先进经验,在学习总结其他辅导员经验的基础上发扬光大。表现为对工作不照本宣科,而是善于联系实际,敢于"越雷池",遇到新情况、新问题善于应变,拓宽思路,开辟途径。另一方面是创新,表现为敢为人先,敢于标新立异,敢于走别人没有走过的路,善于走自己的路,勇于追求。

2. 新知识含量

辅导员要提高新知识含量,辅导员提高思想政治教育工作的新知识含量,就是要运用新思想、新知识做好思想政治教育工作,体现时代气息和时代特征。现在有些高校辅导员在开展学生的思想政治教育活动时,多以"寓教于乐"为名,单纯地追求思想政治教育活动的趣味性与吸引力,却忽视了思想政治教育工作的思想性、政治性、时效性和系统性,由于忽视了必要的基础理论教育和理想信念教育,加之各种社会思潮和社会负面现象的冲击与影响,致使思想政治教育工作偏离了"用科学的理论武装人,以正确的舆论引导人"的根本宗旨。我们应看到,辅导员的思想政治教育工作缺乏吸引力的一个重要原因就是一些辅导员的知识老化,信息量少,缺乏时代性,难于与学生产生共鸣,更谈不上让学生"入心""入脑"了。要改变这种状况,辅导员就要以马列主义、毛泽东思想、邓小平理论、"三个代表"重要思想和科学发展观为指导,以培养学生的爱国主义和集体主义精神,让学生树立正确的世界观、人生观、价值观为主要内容,有计划、有步骤地对学生进行思想政治理论教育。要以学生普遍关注的社会热点、难点问题为切入点,满腔热情地为学生答疑解惑,增强思想政治工作的时代感和针对性。

3. 新技术含量

辅导员工作要提高新技术含量,提高辅导员思想政治教育工作的新技术含量,就是要充分运用现代科技手段做好学生的思想政治教育工作,这是当前辅导员思想政治教育工作必须研究解决的新问题。因为我们处于信息化时代,面对大众传媒和网络技术的迅速发展,辅导员的思想政治教育工作如果仍然采用"一张嘴""一张纸""一堂课""一个班会"的传统工作方式,无疑是作茧自缚。为此,辅导员的思想政治教育工作必须要适应新情况,不断探索新的方式、方法、手段和机制,重视和运用信息网络技术,提高工作的时效性,扩大覆盖面,增强影响力。要重视和发挥社会技术资源和高校宣传阵地的作用,充分利用网络与媒介的影响力,抢占网络和其他媒介的宣传制高点,不断提高辅导员思想政治教育工作的水平、质量与影响力。

"四度""三新"理论中的"度"与"新"是相互融通、相互影响、相互作用的。"四度""三新"理论为新时期高校辅导员开展思想政治教育工作提供了理论指导和重要保障。

浅谈大学教师教学道德修养

肇芬　曹明顺
(黄冈职业技术学院)

教师被誉为"人类灵魂的工程师",肩负着教书育人的神圣责任,教师职业道德是教育发展的软实力。教师职业道德不仅关系到青少年的健康成长,培养全面发展的高素质人才,更关系到国家的前途命运和民族未来的发展。教师的基本职责是"教",即传播知识、培养能力和态度,而学生的职责是"学",即学习知识,发展能力。教学活动是在课堂上教师的"教"与学生的"学"相互作用的动态过程。而且,教和学的过程,是一种精神活动过程,也是具有创造性的过程。当然,在这一过程中,不可避免地存在着"教"与"学"的矛盾。为了达到一定的教学目的,使教育教学活动能够满足国家和社会的需要,为国家培养出合格的建设者和接班人,就必须要关注、重视教育教学活动中出现的问题和矛盾,并且想办法解决在教学过程中出现的各种矛盾。对教育教学活动调节的手段和途径很多,其中,教学道德的调节是一种很重要的手段和办法。

一、大学教师应具备的教学道德修养

教学道德是贯穿于学校的整个教育教学活动之中的,对参与这一活动的教师提出的道德要求。具体来说,教学道德是指在学校这个特定场所中,具有特定身份的教师在完成教学任务的过程中所应当遵循的一些行为准则。高校教师教学道德修养的具体内容分为两个方面:一个方面是基本要求,这是所有从事高校教学活动的教师都应该遵守执行的;另一个方面是理想追求,这是高层次的要求,即在达到基本要求的基础之上,对自己严格要求的教师应该努力地去追求。

(一)高校教师教学道德的基本要求

1. 教书育人是教师的根本道德责任

教师的基本职责就是把人类社会不断积累和创新的知识传授给学生,使他们获得从事社会工作的本领,并且培养学生具有高尚的道德情操,使他们懂得在社会上如何处世、做人,简言之,就是教书育人。

2. 钻研业务,掌握精深广博的专业知识

教师的职责是教书育人,教师要教给学生丰富的、有用的科学知识,自己应该以科学文化知识武装头脑,具有真知灼见,真才实学,只有教师自己是好学的模范,才能鼓励学生勤奋学习,只有教师具备丰富的知识,才能满足学生对知识的渴求。

3. 认真实施教学工作

1999年6月中共中央国务院发表了《关于深化教育改革全面推进素质教育的决定》。在文中,提出了对教师政治、思想、道德与业务素质等方面的要求,其中包括教师要"遵循教育规律,积极参加教学科研,在工作中勇于探索创新"等方面的内容。

(二)高校教师教学道德的理想追求

教学道德的理想追求是教师在教学过程中对自己提出的更高要求或社会对教师提出的更高要求,达到这一要求是成为一名优秀教师的必备条件。

1. 掌握教学艺术,提高教学质量

教学质量的提高,受到诸多因素的制约。而掌握教学艺术,对于提高教学质量,完成教学目标,培养高素质人才具有更为直接和更为重要的作用。教学艺术,是因教学在其实践过程中具备艺术的基本特征,即情感性、个性化和创造性。

2. 认真学习教学理论,不断更新教学观念

中西方教学理论众多,当前在西方有认知主义教学论、行为主义教学论、建构主义教学论、人本主义教学论、叶澜教学理论。教师应该学习多种教学理论,吸取不同教学理论的思想精髓,加深对教学本质的认知,形成自己的教学观念,从而更好地履行教学职责,完成教学任务。

3. 积极参加教学研究

当前,教师专业化发展已成为国际教师教育改革的趋势,受到许多国家的重视,也是我国教育改革实践提出的一个具有重大理论意义的课题。在教师专业化发展中,教师已由传统的"传道、授业、解惑"转为教育活动的组织者、设计者、合作者。教师这一职业角色、职能的转化要求其自身发展是持续的。因此教师必须树立正确的发展理念。

二、当代大学教师教学道德存在的问题及危害

目前大学教师的职业道德正经受考验,在一部分教师中存在着政治思想观念淡薄,信念动摇,功利主义倾向严重,科学精神弱化,缺乏敬业精神和严谨的治学态度,缺乏集体合作精神和艰苦努力的作风。这也说明加强教学道德修养的必要性。这些出现在高校教师教学中的不良思想作风问题及危害主要表现在以下方面。

1. 教师责任心不强,缺乏奉献意识

少数教师或教育工作者在经济、利益、荣誉面前过分注重个人得失,对学生的全面发展关心不够,缺乏与学生的沟通与交流,只授课不育人,把教师与学校和学生的关系,演化成一种商业行为,教师在教育教学中缺乏奉献精神,因而也会失去学生应有的尊重。

2. 教学内容陈旧,教学方法简单

有的教师不接受新事物,教学内容陈旧,脱离社会实际,不能满足学生的求知欲望。不会利用现代化的教学手段和设备,就是把知识从书本装进学生的头脑,就像是把书从一个仓库搬进另一个仓库,这样就使学生的记忆中只有繁杂的概念、观点和理论。教学效果不佳,培养出的学生也无法适应社会主义市场经济建设的需要。

3. 课堂缺乏生活意义和生命价值

教师的角色意识淡化,道德理想迷失,教育过程的功利行为强化,下海、跳槽、第二职业影响部分教师的思想。教师的个性、知识、才能、感情、意志都会对学生发生作用,教师有着什么样的精神风貌对学生有着潜移默化的作用。

4. 课堂语言不精确、不纯洁

教师的语言应主旨明确,结构严谨,层次清楚,重点突出,条理分明,以引导学生形成概念,作出判断,进行推理,形成理论。有的教师在课堂上语言不规范,不能很好地表达自己的教育意向;语言不精练,拖泥带水,语病丛生严重干扰学生听课;语言不纯洁,面对混乱的课堂秩序缺乏自控力,对学生或者进行破口大骂,或者进行讽刺挖苦,这必然给学生带来心理的创伤。

深化意识锻炼,重于思想政治教育

王靓靓

(湖北三峡职业技术学院电子信息学院)

一、当前社会形式下的职业高校共青团工作

现今所处的时代,各国都把教育事业的注意力放到了人才素质的提高上。从国际看,科学技术迅猛发展,各种思想文化相互激荡,和平与发展成为主要国际形式。从国内看,经济发展,政治稳定,民族团结,社会进步,全国人民正在为深化改革和扩大开放,建设有中国特色的社会主义事业而努力,在这样一个大变

革的转型竞争的时代,没有好的综合素质、健康积极的心理状态、激进创新的智能、较强的适应、生存能力,终将会被社会进步的浪涛所淘汰。因此,当前社会形式下教育青少年树立良好的思想意识品质、培养能积极进取创新的心理素质,是当前社会形式下的共青团工作的主要内容。

1. 以素质锻炼为重点的共青团工作——培养综合素质为重点目标,重在培养社会公众人才

高等职业教育是以培养社会建设发展所需职业技能人才为主要目标,为培养专业的从业人员而设立的教育体系。与普通高等教育相比,无论从教学、班级管理,还是活动开展、思想教育上都有着明显的区别。职业高校中的共青团工作是以培养社会从业人员作为思想向导,所培养教育的学生在综合素质的培养方面,职业高校更加强调着综合素质的锻炼及培养,强调素质锻炼与思想培养同步,并紧密与时代特征相结合。

(1) 以心理素质锻炼为心理健康教育的重点。接受职业教育的学生,大都是在高中学校里学习不突出的青少年,每人不同程度有着心理素质上的缺陷。有的学生心理承受力差,过度的紧张将会导致沮丧的消极心理;有的学生面对困难便放弃,甚至逃避;更有的学生不善于与人沟通。而这些学生将作为社会基层职业人员在社会上生存,他们的思想素质体现着社会大众的普遍心理素质。所以在职业高校里以思想素质的锻炼,作为大学生心理健康教育的重中之重。有着较好的心理素质,才能在社会发展的进程中较好地生存,才能较快地适应社会迅速发展的变迁,才能不断地提高自我。

(2) 以道德素质锻炼为社会意识教育的重点。社会公众道德是一个国家、一个民族的人民文明素质的体现,而作为培养下一代社会主义建设者和接班人的高校,更是要把培养锻炼大学生的道德素质放在重点上。这方面的培养锻炼并不是初中、高中里所强调的思想道德教育,而是要把道德素质的锻炼贯穿于大学生意识教育的每一个细节中。如定期的社会素质拓展活动的开展、社会公德教育讲座等,最终目标是在大学生中形成自我的、潜意识的、习惯性的社会道德素质,而不是"有人强调就执行,无人监督就无效"的形式主义道德素质。

(3) 以人才素质锻炼为知识能力教育的重点。高等教育人才培养计划是国家教育部门一直重于实施的教育方针。在职业高校,对人才素质的锻炼培养也是重要的必需环节。从学生入学便开始的"职业生涯规划"到毕业时的"社会职业素质调查",每个环节无不强调着人才素质的锻炼。职业高校的共青团工作要紧随着职业教育的办学理念,以人才素质的锻炼为开展各项活动基本思想,发挥共青团组织的教育力量来对学生进行素质培养。

(4) 以政治素质锻炼为思想政治教育的重点。随着社会经济的发展,各种新

的思潮也不断涌现,随着社会竞争的剧烈,各大高校加大了大学生就业意识的教育,而淡化了青少年的政治素质教育。在现今的中国,正是需要有良好的政治思想素质的人,才能正确实施党和国家领导人的战略方针政策,才能客观地了解国际国内形式,才能准确地把握社会的发展动态,从而更好地发挥自身的特长,正确展示自己的创造能力,才能为推动社会进步做贡献。所以职业高校共青团工作中的思想政治教育一刻可不能放松,更是要不断强化。

2. 以特色创新为亮点的共青团工作

目前职业高校团员队伍庞大,近98%的学生是团员,但起先锋模范作用的不多,主要是团员教育力度不够,团员意识淡薄。团组织活动是团组织对团员进行教育和管理的基本形式,是增强团员组织纪律观念、监督团员履行义务、保证团员行使权力的重要途径,它通过团课、团内民主生活以及多种形式的讨论和活动来实现,如团的理论讲座、学生活动、团组织理论学习讨论会等一些团内的活动,许多团员不能按时参加,就是到了,也表现不积极。分析此原因,主要是我们团员的教育工作在一定程度上欠缺。许多大学生认为自己将来大多会到外资企业去从事工作,团不团员无所谓,对团的认识有的还不如高中、初中学生。随着年龄的增长,他们对团的追求淡化,传统的团员教育方式不再适应大学生,必须创新地开展一系列活动,切实加强团员教育。

共青团工作是高校学生管理教育工作的重要组成部分。共青团工作在于引导团员健康成长,为广大团员发展个性提供广阔舞台。新时期,共青团工作面临新的情况,如不创新,必将落后于时代步伐。

高等职业教育与普通高等教育相比,在学生教育、管理模式等方面的重大变革。因当前新形势下团员价值观念和价值取向有着改变,使得职业高校共青团工作要坚定不移地坚持以邓小平理论和党的教育方针为指导,认真贯彻落实党中央关于加强素质教育的一系列政策精神,努力提高学生的创新能力和实践能力,这是职业高校中共青团工作所面临的机遇与挑战。使共青团工作形成特色,具有更大的吸引力和感染力,这是我们工作所需体现的一大亮点。走创新之路,联系职业教育的特殊教育体系,加强团员教育和团干培养,开创特色教育活动、发展特色意识教育。

3. 以思想政治式团员意识教育培养为难点的共青团工作

在2004年8月26日,中共中央国务院给各高校下发了中发[2004]16号文件《关于进一步加强和改进大学生思想政治教育的意见》,文件中特别强调了"大学生思想政治教育是一项重大而紧迫的战略任务"。在职业高校中,强调大学生的思想政治教育尤为重要,而怎样有效进行团员的意识教育是高效发展大学生思想政治教育的有利保证,也是当前职业高校共青团工作的难点所在。

目前各大高校的共青团组织已经采取了各项措施加强了大学生的思想政治教育。职业高校因受社会经济发展变迁的影响要比普通高校多,为了让社会发展所导致的价值取向变化使青少年的思想政治意识能往好的方向发展,职业高校把团员意识教育列成一个长期的工作课题。

职业高校的教育成果是以毕业生就业的情况来体现的,所以职业教育的体系受社会经济发展和价值取向的影响很大,从而共青团工作所面临的这个难题也尤为突出。以此为难点,针对思想政治式团员意识教育的职业高校共青团工作也不断地创新教育工作方法,有效的开展一系列工作。

二、深化意识锻炼、寻求创新中发展的职业高校共青团工作

职业高校共青团组织要针对重点、亮点和难点有效开展工作,需要认真分析职业教育学生群体的特征,结合职业教育体系的培养计划,关注新时期大学生的心理特征,注重团员意识和素质教育的培养,开展具有创新性、思想政治性的共青团工作。

1. 加强素质锻炼,重于本质培养

按照社会发展对人才素质的总体要求,以综合素质职业教育为根本宗旨,积极教育引导青少年树立正确社会职业素质,培养合格道德品质,确立积极进取、健康向上的心理素质观念。努力掌握过硬的本领,刻苦学习、积极参与劳动实践,不断提高生活技能和分析问题、解决问题的能力,造就良好的心理素质,积极进取,百折不挠,勇敢迎接各种挑战的精神。

(1)引导大学生积极参与各种积极向上有意义的社会实践活动,走正确的成长成才道路。多年的实践表明,由共青团组织倡导的社会实践活动,已成为大学生走向社会、服务社会、贡献社会的主要途径。通过实践活动,使大学生的社会服务意识增强、思想道德素质日渐提高、专业知识日趋丰富,有利于完善他们整体素质形态;使大学生社会化的速度日益加快,有利于他们尽快适应社会需求;使大学生政治上日益成熟,有利于提高他们的政治素质。

(2)指导学生会组织、学会社团组织的工作,帮助学生实现自我教育、自我管理和自我服务,重点在于培养大学生自我提高意识、锻炼出优良的职业心理素质。学生会组织和学生社团组织是学生群众组织,对活跃校园文化、提高学生全面素质有积极意义。但若不引导和管理,有可能在一定条件下会出现问题,因而接受共青团的指导显得十分必要。其指导工作主要是扶持思想政治类理论社团(如大学生思想政治讨论联合会)、综合素质锻炼类社团(如大学生素质拓展训练学校)、学术科技类社团的发展,在学生社团的发展中形成导向,加强管理和完善社团的管理制度,加强对社团骨干的培训和教育,使学生社团健康有序地发展。

(3)以培养和谐意识为重点,加强青少年理想信念教育。继续在全体学生中深入开展贯彻党的十七大报告精神及相关会议精神学习研讨活动,在广大学生中积极倡导和谐理念,培育和谐精神,使他们深刻理解构建社会主义和谐社会的战略思想和战略任务,努力构筑构建和谐社会的共同思想基础。要加强社会主义核心价值体系建设,坚持用党的一系列创新理论成果教育引导团员,倡导爱国主义、集体主义、社会主义思想,牢牢把握正确的舆论导向,在广大学生中形成讲团结、讲和谐、促发展的良好氛围。

(4)定期组织学习时事政治、了解当前国际形式、集体讨论分析未来社会发展,使学生在思想上自我提高。学会把思想政治学习和技能文化学习融合起来,成为自身素质提高的一部分。

2. 与社会发展同步,与时代进步同流

党的十七大提出:科学发展观是我国经济社会发展的重要指导方针,是发展中国特色社会主义必须坚持和贯彻的重大战略思想。注重与社会的发展,在共青团工作中体现时代进步的特色是为了使学生能具备先进的社会综合素质,所以以培养社会从业人员的职业高校共青团组织应采取具有时代特色的创新工作。

(1)努力做到思想教育有新举措,不断完善多层次的团工委思想政治工作体系。

以社会公共意识锻炼为主题,加强青少年综合素质建设。切实把公共意识锻炼作为职业高校共青团工作重要内容,贯穿于思想教育的全过程,不断丰富教育内涵、拓展教育途径、增强教育效果。广泛开展社会公德、职业道德和家庭美德教育,在广大学生中倡导遵纪守法、明礼诚信、团结友善、勤俭节约、敬业奉献的基本社会道德规范。利用学生入团、入党等时机,广泛开展"民族精神代代传"等主题教育活动,引导青少年增强民族自豪感、自尊心和自信心,树立与时代进步潮流相适应的思想观念、价值取向和行为方式。深入基层广泛开展调查研究,不断创新和完善具有广大团员思想道德教育的有效途径和方法,促进青少年思想道德素质的提高和良好社会道德风尚的形成。

(2)努力做到志愿活动有新发展,不断完善多样化的社会实践活动,有计划地开展特色活动。

推行青年志愿者协会的自身建设,努力构建全系青年志愿者服务网络,推动青年志愿者行动的深入开展。深化志愿服务活动,在做好大学生的志愿者注册工作,做好毕业生的"大学生志愿服务西部计划""三支一扶"的宣传、招募、选拔、培训、派遣等工作的同时,积极组织、动员学生在校内外开展新的共青团活动,广纳各个阶层的宝贵经验。在青少年中积极组织以往的无偿献血、扶困、帮贫、社区服务等各项志愿服务活动的基础上,积极鼓励学生展开弘扬社会新风,为构建和谐社会作贡献等各种形式新的共青团活动。紧密结合国家各种倡导活动,如援助救灾、同庆奥运等,来组织有利于青少年思想道德素质提高的各类活动(如"绵薄之力,源源救灾""每日每件小事情、同心文明迎奥运"等)。

(3)努力做到组织建设有新提高,不断完善多形式的组织建设体系。

继续以"坚持党建带团建,切实加强团的自身建设"作为组织建设的核心思想。在此基础上,进一步优化团的工作机制。按照"有效履行职责、充分发挥作用"的要求,以"五四"评优为契机,巩固团建成果,推进团建创新,活跃基层团支部工作,增强团组织的动员能力、服务能力和凝聚能力,进一步推进团内事务公开,充分利用网络,丰富信息资源,加快共青团信息化建设。

3. 突显高校群体鲜明特征,发挥职业思想教育优势

(1)积极维护高校的稳定工作。高校的稳定直接关系社会的稳定。高校团组织在思想上要高度重视高校的稳定工作,在党委的领导下,加强对学生的教育引导,积极疏导学生的思想情绪,及时掌握高校学生的思想动态,做好维护高校稳定的工作。特别要做好敏感期的值班工作,及时反馈情况,将一些不稳定因素消灭在萌芽状态,维护大局,为改革的推进创造安定团结的环境。

(2)重视开展职场特色教育活动。高校学生所关心的问题便是毕业后的就业问题,职业教育高校学生更是注重于毕业后的去向。职业高校共青团工作可以结合就业教育教学,在学生进行职业生涯规划的同时,对青少年进行社会素质教育。就业教育中的"三业教育"(既就业、创业、成业)是从就业角度来树立和培养学生的就业意识,帮助学生建立起正确积极的就业价值观。共青团工作可以根据就业教育的不同阶段来进行不同的思想教育工作,如在学生接受"就业"教育时,团组织可以展开从业心理素质和社会道德素质的锻炼培养;在进行"创业"教育的同时,可以让学生多了解立志思想的内容,开展创业成果展示讲座教育。

充分发挥职业教育体系理论教学上的优势,为共青团意识培养式、创新式、思想政治式工作的开展提供良好的发展环境。

三、致谢

以上只是本人结合个人的工作内容和浅薄的工作经验所提出的一些看法。在此提出,望各位同一战线的同志们品评指导。如有思考不成熟的地方,望各位共同探讨指正。

在短短的一个月的党校学习时间里,我学到了很多有用的知识,也从各位同学们的身上学到了很多宝贵的工作经验。我将此次学习所得,很好地运用到以后的工作、学习和生活中去。这二十几天的学习时间里,我和各位同学相处得很

愉快,希望在各自以后的工作中,能和各位共同进步,相互扶持,共同创造祖国美好明天。

在此向宜昌市委党校第四期团干班的各位老师、同学们致谢。

高职教育工学结合培养模式的理论基础与现实诉求

李智丽

(湖北三峡职业技术学院机电工程学院)

一、高职教育工学结合培养模式的理论基础

1. 中国教育中的知行理论学说

回顾中国教育发展历史,可以从众多教育家的教育思想和办学经历中,获得工学结合教育的启示。我国古代教育家和思想家孔子在《论语·里仁》里提出,"君子欲讷于言,而敏于行"。近代著名教育家黄炎培早在1913年就提出教育与学生生活、学校与社会相联系的教育思想,并将这一思想贯穿于其职业教育事业中,黄炎培为职业教育明确的教育方针就是"社会化",指出这是因为职业教育比其他类型教育与社会生活有着更紧密的联系,更严格地受到社会经济发展的制约。近代著名教育家陶行知以其创建的"生活教育论"赢得世界性的声誉。这一理论的核心是强调真正的教育应是"生活所原有,生活所营造,生活所必需的教育"。实施这一教育必须做到"教学做合一",即"教的方法根据学的方法,学的方法根据做的方法,事怎样做便怎样教,怎样学便怎样做,教与学都以做为中心"。由此可知,我国早期思想家和教育家为工学结合思想的启蒙、传承和发展奠定了坚实的理论基础。

2. 西方教育中的实用主义哲学

回顾西方教育发展的历史,可以发现工学结合培养模式在国外的教育理论由来已久。18世纪初的欧洲,由于受到莫尔、佩帝、贝瑟斯、洛克和卢梭等劳动教育思想的影响,以劳动教育为原始形式的学习与工作相结合和嵌套的教育模式,使工学结合的教育教学模式初见端倪,开始从实用哲学的范畴和视角关注教育的目的、方法和原则。在美国,工学结合教育模式得到广泛应用和快速发展。这与20世纪美国的实用主义哲学有着密切关系,实用主义集大成者约翰·杜威

的一个重要思想就是人类通过经验进行学习,因此,约翰·杜威提出"学校即社会",主张"从做中学"。受实用主义思潮的影响,美国的主体教育内容由"教育"转为"学科",教学方法由"权威"转向"民主"和"实践"。约翰·杜威的实用主义哲学思想为工学结合、合作教育的产生和发展提供思想基础。

3. 辩证唯物主义的认识论

辩证唯物主义的认识论指出,实践是人们认识产生的源泉、发展的动力和检验的标准。人们通过实践,变革客观事物,获得对事物的认识,通过实践验证认识的正确与否,再通过实践来修正、发展已有的认识。高等职业教育的教学过程同样是一个认识过程,学生正确认识的形成,往往需要经过实践与认识的多次反复才能实现,所以应遵循一般认识规律,但是同样应当认识到,高等职业教育过程又是一个特殊的认识过程,它是以传承人类文明史中间接经验为主的认识过程。为此,高等职业教育更需要积极创造条件,强化实践教学,为学生正确认识客观世界提供保证。因为从根本上来说,一切认识来源于学习主体的实践活动,学生是在与环境的相互作用中,积极主动地作用于外界,从而使智力获得发展。

4. 马克思主义的教育理论学说

马克思主义的教育理论学说,从人的全面发展角度,创建了教育与生产劳动相结合的理论体系。马克思在《资本论》中指出:"生产劳动同智育和体育相结合,它不仅是提高社会生产的一种方法,而且是造就全面发展的唯一方法。"列宁在《民粹主义空想计划的典型》中更进一步指出:"没有年轻一代的教育与生产劳动的结合,未来社会的理想是不能想象的;无论是脱离生产劳动的教学和教育,或是没有同时进行教学和教育的生产劳动,都不能达到技术水平和科学知识现状所需求的高度。"毛泽东针对青年学生轻视劳动,忽视政治的倾向,提出了体力劳动与脑力劳动相结合,知识分子与工农相结合,教育与生产劳动相结合的思想。邓小平将其作为提高综合国力,促进社会发展,培养合格人才的重要举措,"为了培养社会主义建设需要的合格人才,我们必须认真研究在新的条件下,如何更好地贯彻教育与生产劳动相结合的方针"。

综上所述,马克思主义关于教育与生产劳动相结合的教育理论学说,科学地揭示了教育教学与生产劳动的双向关系,反映了社会生产发展和科学进步对教育的客观要求,提出了教育与生产劳动相结合是培养全面发展的人的唯一方法和有效形式,为高等职业教育工学结合人才培养模式指明了方向。因此,工学结合作为高等职业教育人才培养的模式,不是一般意义上的经验概括,而是在一定理论指导下的实践过程。同时也说明,工学结合教育的实施必须建立在科学认识和教育理论基础之上,这样才能真正把握工学结合培养模式的精神。

二、高职教育工学结合培养模式的现实诉求

1. 工学结合培养模式是促进学生全面发展的现实需求

高等职业教育工学结合培养模式是教育与生产劳动相结合的拓展与延伸，为教育过程中的主体——学生的全面发展创造了更大的教育空间和提供了更好的教育环境。

(1)工学结合培养模式将封闭的学校教育走向开放的社会教育，从单一的学校课堂走向实际的职业岗位，从学科学历本位转向职业能力本位，从理论学习为主转向实践过程为主，从学科中心转向学习者中心，使学生在就学期间就有机会和时间进入生产岗位和实际工作领域，从事与普通职业人一样的工作。学习与工作的互相交替和互相融合，不仅使学生有机会将所学的理论知识自觉应用于实践，更重要的还在于使学生提前踏入社会，直接了解社会、熟悉社会、适应社会，大大增强了学生接受全面发展的自觉意识，从而增强了教育过程中的主体——学生全面发展的有效性。这种"学中有工，工中有学"的培养模式，充分体现了高等职业教育的价值取向。

(2)工学结合培养模式将有利于学生就业和企业用工的顺利对接。"就业—择业—创业"和全面发展，是高职院校学生自下而上的内在需要，也是他们的现实选择和人生发展的轨迹，更是学习知识、掌握技能、提高素质，走生产劳动、专业实践、社会服务成才之路的根本动力。工学结合培养模式能够有效地提高学生的实际工作能力，使毕业生快速实现由学生向职工的角色转换，实现学生就业和企业用工的顺利对接。据调查数据显示，工学结合教育模式是发达国家高等职业教育发展的成功经验，同样具有强大的生命力，如美国开办不同层次、不同类型和不同形式合作教育的高等院校达1100多所，参与全美工学合作教育的单位多达50000多家，其中《福布斯》评选出的全球500家大企业前100家中有近80%参与了校企合作和工学结合项目。其中97%经历过合作教育的毕业生认为，结合工作实际的教育是他们事业成功的源泉；80%经历过合作教育的毕业生说他们就业的单位就是他们实习过的单位；63%经历过合作教育的毕业生说他们就业机会比其他毕业生多，而且选择的职业与工学结合教育项目相关；40%经历过合作教育的毕业生承认今后不管工作如何变动，其职业总是与在校期间的工作经历密切相关。

2. 工学结合培养模式是推进学校改革发展的现实需求

工学结合培养模式将高等职业院校培养人才、发展科研、服务社会三大职能统一起来，为高等职业院校可持续发展赢得了办学的生机与活力。

(1)工学结合培养模式推动高等职业教育教学模式、课程体系、教学内容的

改革与创新,有助于形成以学校为主体,企业和学校共同教育、管理和训练学生的教学模式,有助于构建适应经济建设、科技进步、个人发展的具有高职教育特色的课程体系,有助于高职教育内容改革,迅速反映新知识、新技术、新工艺和新方法,使学校的教学改革更能符合世界经济科技的发展趋势,使学校培养的学生更能适应企业人才需求,逐步形成一套内部体系完整、外部关系协调、便于普及推广和运行科学高效的工学结合人才培养机制,因而工学结合培养模式将为高等职业院校赢得更为广阔的教育空间。

(2) 工学结合教育模式把教学活动与生产实践、社会服务、技术推广及技术开发紧密结合起来,不断满足地方经济和社会发展的需求,特别是企业对生产、建设、服务、管理第一线高素质、高技能、创新型人才的需求。"以服务求支持,以贡献求发展",同时调动一切可以调动的企业力量和资源,为学生岗位实践提供场地,为培养"双师素质"教师提供实践锻炼,向学校推荐技术工程人员到学校担任兼职教师,为解决高等职业教育在经费、师资、设备、基地、毕业生就业等方面开辟道路,高职院校与企业的深度融合将为高等职业教育拓展更为广阔的发展空间。

(3) 高等职业教育的生存与发展,有赖于行业、企业和用人单位对高等职业教育的广泛关注和直接参与。高等职业院校应从企业的实际需要出发,针对企业不同专业、不同层次职业岗位技能要求,开展多种类型、多种规格、多种形式的职业技术教育与培训,实现办学类型多样和办学形式灵活的格局,利用高等职业教育为企业发展提供更为广泛的服务体系。高等职业教育也只有在适应企业发展对多类型、多规格的人才培养与培训需求中,才能赢得更为广阔的教育市场和办学活力。

3. 工学结合培养模式是推进新型工业化道路的现实需求

(1) 工学结合是企业提高竞争力的需要。改革开放以来,我国制造业得到了持续快速的发展,据调查数据显示,目前我国共有十多个制造行业的 80 余种产品产量居世界第一,尤其是制造业发展迅速,具有成本和市场优势。我国要从制造业大国走向制造业强国,推进新型工业化道路,必须从根本上提高中国制造的技术含量,培育自己的技术创新力量,提升制造业国际竞争力,实现从成本性质的中国制造向技术性质的中国制造转变。因此,我国必须以校企合作、工学结合为体制基础,加快推进高等职业教育人才培养模式的根本性转变,大规模、多种类地培养我国制造业亟须的高素质、高技能、创新型人才,全面提高我国企业的国际竞争力。

(2) 通过工学结合教育模式,高等职业院校凭借自身的优势和特色,发挥应用研究和技术开放功能,为企业发展提供技术支持,真正成为企业科技成果的辐射源,乃至成为企业产品开发和技术创新的基地与依靠力量。高等职业院校对于企业生产生存与发展相关度越高,企业对高等职业院校的工学结合教育支持度就越高。因此,高等职业教育要积极创造条件加强应用研究与技术开发,加强同企业的科技协作,针对企业技术改造、科技开发的实际需要,将学校智力因素与企业生产要素紧密结合起来,为企业提供应用研究和技术开发服务,提高对企业经济增长的贡献率,同企业开展全方位、高层次的工学研合作教育,为高等职业教育进入良性循环和可持续发展赢得生机与活力。坚持工学结合,校企合作道路,是高等职业教育形成鲜明特色,培养制造业创新型人才的关键。

高校基层学习型党组织建设的思考

井志刚　　杨永彬　　宋华丽
（武汉科技大学汽车与交通工程学院）

党的十六大报告指出:"我们党的全部理论和工作必须体现时代性,体现规律性,富于创造性","形成全民学习,终身学习的学习型社会,促进人的全面发展"。党的十七大报告也要求广大党员按照建设学习型政党的要求,紧密结合改革开放和现代化建设的生动实践,深入学习马克思列宁主义、毛泽东思想、邓小平理论和"三个代表"重要思想。

中国共产党十七届四中全会通过的《中共中央关于加强和改进新形势下党的建设若干重大问题的决定》指出"使各级党组织成为学习型党组织、各级领导班子成为学习型领导班子。"对建设学习型党组织提出了新的更高要求。2010年2月中共中央办公厅印发了《关于推进学习型党组织建设的意见》通知,要求各地区各部门结合实际认真贯彻执行。

高校党员整体素质相对较高,应充分发挥高校的人力和智力优势,大力加强对马克思主义经典理论、中国特色社会主义理论体系的学习和研究,使马克思主义中国化的理论成果更加深入人心。高校基层党组织是促进高校改革发展的不竭动力,也是培养中国特色社会主义发展的高素质创新人才的根本保证。建设学习型党组织是一项长期的党建任务,应该从基层党组织抓起。

一、学习型党组织的科学内涵

建设学习型党组织是我们党的一个重要创新理念,那么什么是学习型党组织呢?它有哪些丰富的思想内涵和鲜明的时代特征呢?学习型党组织的本质由学习的政治性质、学习主体、学习制度、学习方式决定并表现为政治原则性、组织保证性、主动创造性等特征。

1. 政治原则性

应把讲政治、讲党性作为最基本的原则,将学习型党组织和一般学习组织区别开来,在不断学习中进一步增强政治意识、宗旨意识、执政意识。在新的历史条件下,中国共产党要始终引领人民不断取得发展进步、开创新局面、夺取新胜利,就要不断提高执政能力、始终保持党的先进性,就要不断地加强和深入学习,深入学习马克思列宁主义、毛泽东思想、邓小平理论和"三个代表"重要思想,深入学习实践科学发展观,深入学习社会主义核心价值体系,学习掌握现代化建设所必需的各方面知识,学习总结实践中的成功经验。这样,不断增强新形式下解决新问题的能力,不断增强维护社会稳定与促进和谐发展的能力。

2. 组织保证性

在学习型党组织中,学习是以党组织为主体并在党组织主导下的组织行为,也应该是党组织的制度化行为,以此明确党组织在学习中的主导地位,从而强化党组织的责任。党组织要用制度明确确定学习内容,强化个人的学习责任,促进个人自觉学习,检验学习效果。

3. 主动创造性

学习是创新的基础,创新是学习的目的。高校学习型基层党组织要将学习作为一种政治责任和精神追求,通过不断学习积累丰富的知识,从而为创新打下坚实的基础。始终坚持向书本学习、向实践学习、向群众学习,从而在学习中创新,在创新中学习。

二、高校基层学习型党组织的现状及存在的主要问题

高校是知识的传播者,在这个科技日新月异的信息时代,目前高校基层学习型党组织的建设还不能完全适应时代的发展要求,高校基层党组织对新形势下高等教育的研究尚待加强,对创新拔尖人才培养模式尚需深入探索,所以高校基层学习型党组织的建设显得非常重要。

近期,湖北省高校开展了"两访两创"活动,即高校管理干部访谈所有教师,教师访谈所有学生;创建基层党建工作先进,争做优秀共产党员;创教育事业发展先进,争做优秀人民教师。这是我省加强高校群众工作的创新之举,受到了有关部门的高度关注和充分肯定。

通过走访座谈和调研,我们发现当前高校学生党组织中大学生党员的思想政治素质总体是好的,他们具有较高的道德追求和远大志向,有强烈的学习意识和事业

心,有较强的创新意识和开拓精神。但同时,也应看到他们中一些应关注的问题。

高校基层党组织建设重发展轻教育问题依然存在。目前大学生的入党积极性很高,入党积极分子数量大幅度增加。一些高校基层党组织便把组织发展工作变成党建工作的主要任务,而对党员教育管理、党员先锋模范作用的发挥的建设工作则相对不足,学生党员的政治理论学习、教育相对淡化,导致其理论知识贫乏,所以高校基层学习型党组织的建设仍任重道远。

现在的大学生正处于一个思想活跃的信息化时代,随着经济的迅猛发展,人们的生活水平得到了很大提高,价值观念多元化趋势日益明显,加上社会上某些拜金主义的不良影响,一些大学生在思想上产生困惑,理想信念、价值观念产生动摇,宗旨观念的淡化和先锋模范作用的弱化,这就在很大程度上加大了对大学生党员思想教育和学习型党组织建设的难度。

高校基层党组织还存在学习形式单调的问题。长期以来,高校学生党组织的学习多以组织活动为主,而组织活动又以学习文件为主。一些基层党组织学习文件时又照本宣科,在学习时不注意与本组织的具体情况相结合从精神实质来领会和掌握,使一些党员感到学习空洞乏味。

另外,高校基层党组织的党建队伍的数量与工作任务矛盾也使学校基层党组织作用发挥不明显。近年高校扩招,学生人数比例上升,学生党建工作队伍的数量与工作任务的要求矛盾空前突出。目前大学生基层党组织还不能完全适应大学生自身的需要,主要表现在重党课学习,但是党员学习的主体意识不强;绝大多数学生党员虽能认识到学习的重要性,但是他们往往处于被动状态,缺乏学习的积极性和主动性。

对高校教师而言,他们在教学的同时还承担着科研任务,教学与科研的矛盾也使一些高校出现了轻教学、重科研的现象。教师党员由于承担了过重的教学与科研压力,往往忽视了理论上的学习。相对而言,一些高校更关注教师的学历层次、职称条件等硬件指标,淡化了对教师的师德师风、思想水平等软件指标的要求,一定程度上淡化了党员的先锋模范作用。

高校基层党组织应结合自己的特点和存在的问题,建立一套符合实际、行之有效的体制机制进行学习型党组织的建设;从而加强高校党组织创造力、凝聚力和战斗力。

三、高校基层学习型党组织的创建途径

1. 思想上高度重视,领导干部带头学习,同时做好协调、指导、组织宣传报道工作

高校基层学习型党组织是保持共产党员先进性、深入学习实践科学发展观

的重要途径。高校基层学习型党组织负责人要身先士卒,当好学习型党组织创建和建设工作的组织者、领导者和示范者,同时用核心价值观来引导党员特别是大学生党员建立共同的组织价值观。

高校基层学习型党组织应通过一定的组织形式进行宣传动员,让学习者了解学习的内容、目标和意义,形成重视学习、崇尚学习、坚持学习的舆论氛围,从而提高认识、统一思想、凝聚人心。坚持通过学习,不断提高解决问题的能力,不断提高工作水平和执政能力。只有这样,才能使广大大学生党员不断提高解决问题的能力,不断提高学习和工作水平。

2. 明确学习内容,健全学习制度

高校基层学习型党组织的创建过程中,明确学习内容是特别重要的,学习内容既要贯彻上级党组织的有关要求,又要联系高校自身情况和基层的特点,学习的着力点和主要内容应包括以下五个方面。

第一,学习中国特色社会主义理论体系。高校作为思想政治教育的重要阵地,应充分利用其资源优势,深入学习中国特色社会主义理论体系,包括马克思恩格斯列宁著作、毛泽东著作、"三个代表"重要思想有关文献,不断增强科学理论的说服力和感召力,推进党的理论创新成果进教材、进课堂,以此深刻领会其基本原理、方法和立场。

第二,学习实践科学发展观。科学发展观是坚持以人为本,全面、协调、可持续的发展观,标志着马克思主义和新的中国国情相结合达到了新的高度和阶段。科学发展观第一要义是发展,所以高校党组织应着力把握教育发展规律,积极推动人才的培养和高等教育的发展,包括推进本科教育、研究生教育等各层次教育,巩固和强化传统特色学科优势,推进产学研等协调发展。以人为本是科学发展观的核心,这就要求把人民的利益作为一切工作的出发点和落脚点,不断满足人们的多方面需求和促进人的全面发展。所以,高校学习型党组织要坚持办学以人才为本、以教师为主体,维护广大师生员工的根本利益,着力解决影响和制约学校科学发展的突出问题,着力解决广大师生员工反映强烈的重大问题,着力构建和完善有利于学校科学发展的体制机制,为学校的科学发展和可持续发展提供可靠的政治和组织保障。

第三,学习践行社会主义核心价值体系。社会主义的核心价值体系是社会主义意识形态的本质体现,社会主义核心价值体系包括四个方面的基本内容,即马克思主义指导思想、中国特色社会主义共同理想、以爱国主义为核心的民族精神和以改革创新为核心的时代精神、以"八荣八耻"为主要内容的社会主义荣辱观。这四个方面的基本内容相互联系、相互贯通,共同构成辩证统一的有机整体。

大学生是国家宝贵的人才资源,是民族的希望、祖国的未来。大学生的思想政治状况、道德品质、科学文化素质和健康素质如何,不仅直接关系现阶段中华民族的素质,而且直接关系未来中华民族的素质。所以,高校要坚持正确的理论导向,确立主旋律意识与阵地意识,增强社会主义主流舆论的引导力。这就要求高校基层学习型党组织重视师德师风建设,在此基础上将先进的价值追求与行为准则传授给青年大学生,加强思想道德建设和党的优良传统、民族团结和民族优秀文化传统教育。

第四,学习掌握现代化建设所必需的各方面知识。高校是优秀文化传承的重要载体和思想文化创新的重要源泉,广大师生特别是党员学习掌握现代化建设所必需的各方面知识显得尤为重要。高校基层学习型党组织应积极推动党员干部学习现代化建设所需要的经济、政治、文化、科技、社会和国际等各方面知识,学习反映当代世界发展趋势的现代市场经济、现代国际关系、现代社会管理和现代信息技术等方面的知识。同时,加强国家法律法规学习教育,增强法治意识,学习做好本职工作所必需的各种知识和技能,不断提高工作能力和水平。

第五,学习借鉴高等教育发展和实践中的成功经验。高校承担着培养高级专门人才、发展科学技术、促进现代化建设的重大使命。20世纪90年代中期以来,国家实施科教兴国战略和人才强国战略,对高等教育的改革与发展不断做出新的部署。进入新世纪以后,按照"巩固成绩、深化改革、提高质量、协调发展"的工作方针,我国进一步完善了高等教育的宏观调控机制。我国的高等教育正站在一个新的历史起点,高校基层学习型党组织应抓住大好机遇勇于迎接挑战,深刻总结我国高等教育发展的成功经验,总结教书育人、科学研究、学科建设和社会服务的典型经验,培育高素质的创新型人才。

高校基层学习型党组织在明确学习内容的基础上,还要进一步健全学习制度,这也是推进学习型党组织规范有序开展的保障。党组织要在充分调研的基础上,紧密结合广大党员的学习和工作实际,建立科学规范的学习制度,对学习的任务、内容、方法做出明确规定,确保学习成为制度化、规范化和持续化的行为。

3. 改进学习方法,加强学习监管,建立长效学习机制

在高校基层学习型党组织建设中,还要注重改进学习方法和形式,要改变以往存在的枯燥呆板或单一的学习形式,积极拓展学习途径和形式,可以将集中学习与分散学习结合起来,组织学习和个人学习结合起来,理论学习与科学实践结合起来,采取互动式学习、探讨式学习、自助式读书、实地学习等多种形式,不断创新学习办法、载体,激发党员的学习热情,提高学习效果。比如,我们基层党组织在基层学习型党组织建设过程中,除了组织党员进行理论学习

外,还开展了观看教育影片、举办专题讲座、参观红色革命基地和举办交流会等形式多样的学习活动,激发了党员特别是大学生党员的学习热情,初步取得了良好的效果。

高校基层学习型党组织同时应该建立学习保障机制、完善监督机制。为此,应建立科学合理的考核制度和激励机制,把对党员尤其是领导干部个人学习情况的考核列入岗位责任制考核的范围,并把学习表现情况与年度考核、评优和评先和晋升提拔等挂钩,从而增强党员和干部学习的紧迫感。学习型党组织建设还要重视对学习主体的激励功能,在科学合理的制度体系上建立规范的激励机制也是必要的。

同时,在创建过程中,应经常交流分享党员的学习心得体会,还要善于培养、发现和总结典型,积极推介、宣传在创建过程中涌现出的先进典型,使学习生动活泼,扎实有效。

四、结语

高校创建学习型党组织不是一朝一夕的事情,而是一项系统工程。高校作为教育、学术、文化、科研的重地,创建学习型党组织是十分必要的。高校基层学习型党组织的建设是时代发展的要求,也是高校科学发展的必然选择。高校基层学习型党组织建设过程中,要形成相应的制度和长效机制,用以引导、激励广大党员热爱学习和加强学习,从而提升学习型党组织的质量,扎实推进高校党组织的先进性建设,为高校的人才培养、学科发展和科学研究提供强有力的动力。

浅谈高职院校学生干部队伍建设

吴晓斌　袁林
(湖北财税职业学院)

我们党历来高度重视高校学生工作,多位国家领导人都对大学生的健康成长提出过殷切希望。新世纪新阶段,以胡锦涛同志为总书记的党中央也十分关注当代大学生的成长发展,并采取了一系列重大举措。2004年,党中央、国务院专门下发《关于进一步加强和改进大学生思想政治教育的意见》,召开了以"加强和改进大学生思想政治教育工作"为主题的会议。近几年,随着高职教育改革的不断深化，高职院校学生工作所面临的形势也更加复杂、任务更加繁重，尤其是扩招之后，在校生规模日益庞大，而从事学生工作的教师有限，高职院校学生干部作为高职学生中的骨干，在学生工作中起着承上启下、上传下达的桥梁作用，他们不但是基层学生工作的执行者和协助者，还是教学、思想政治教育等方面不可缺少的配合者。结合高职特色的人才培养模式及教学改革模式，选拔并培养一支高素质的学生干部队伍，抓好梯队建设，对于实现高职院校的可持续发展有着重要的战略意义。如何有效地选拔和培养好学生干部，充分发挥好他们的作用，成为教育工作者不可忽视的重要工作。

一、学生干部的定义

2006年8月，共青团中央、全国学联为了深入贯彻落实中央领导同志的重要指示精神，进一步做好今后一个时期高校学生干部培养工作，在广泛调研、认真听取各地团学干部意见的基础上，制定了《高校学生干部培养规划（2006—2010年）》。该文件指出，"高校学生干部主要包括党团组织兼职学生干部、各级学联和学生会干部、学生社团干部，是学校教育、管理、服务等各项工作在学生中的组织者、协调者和执行者，是学生工作队伍的重要组成部分，是促进学校改革、发展、稳定的一支重要力量"。

二、高职院校学生干部应具有的品质

品质有广义和狭义之分。广义的品质是指人所具有的思想、品德、知识、能力、情感、意志、风度等的全称。它是在一个人先天基础上，通过后天的实践所具有的基本特征，体现了一个人的整体面貌，是发展自己、实现自身价值的基本条件，同时，它又具有很强的可塑性，总是随着社会实践的发展而发生变化。不少同学进入大学后都希望成为学生干部，因为这是全面培养和锻炼自身能力的极好机会。一般来说，高职院校的生源来自普通高中毕业生、中职毕业生，普通高中毕业生多数没达到普通本科高校的录取线，专业基础知识和基本技能是"零起点"，中职学校毕业生的文化基础课成绩较差，但他们都在中等职业学校学过专业基础知识。

与普通高校学生相比，尽管专科层次的高职学生在文化基础、理论学习等方面略逊一筹，但高职院校培养的是面向生产、建设、管理、服务第一线的高技能复合人才，其特点是针对某一岗位或岗位群的需要，对学生进行生产和管理的教育，使学生形成一定的职业能力，即能从事某一职业所必需的知识、技能和态度。当代高职院校的大学生思想活跃、兴趣广泛，信息接收快，知识面宽，因此，高职院校学生干部必须具备"一种精神（奉献精神）、四种素质（政治思想素质、业务素质、心理素质、集体素质)、八种能力(交往能力、分析判断能力、决策能力、组织协调能力、创新能力、表达能力、贯彻执行能力、选材用人能力)、八种意识(学习意识、服务意识、团队意识、吃苦意识、责任意识、民主意识、纪律意识、爱心意识)"。

三、高职院校学生干部问卷调查分析

为了加强对大学生干部队伍的建设,培养适合新时代所需的高素质的学生精英,我们根据湖北财税职业学院大学生干部的实际情况及大学生干部的自身特点设计了相关的调查问卷,通过对学校学生的随机调查,统计分析了高职大专学生干部的现状,并对产生这一现状的原因作了分析。

在进行过相关问卷调查、汇总信息之后,根据问卷所反映的情况访谈了部分学生。调研结果表明,不少学生对于学生干部的解读有些许偏差:一方面,本次调研面向的是大一学生,他们刚刚从高中生活转入大学生活,性格、行为、处世方式都在成长过程中,思想还不够成熟;另一方面,从本校实际出发,招生生源主要是学习成绩中等的同学,综合素质有待培养、提高。这些情况反映在他们对人对事的看法中,也是可以理解的。根据课题目标,希望本次的问卷、访谈能够比较切合实际,通过结合理论知识和具体环境,可以对学校的学生干部队伍建设做出有所增益的工作。总计211份有效问卷中,非干部学生答卷占80%,学生干部答卷占20%。我们可以看到,在大部分的选项分布中,全体学生的观点和非干部学生的观点趋向一致;干部观点在特定选项中的差异化表现显示出了共同学习的学生之中的分歧,分析这些分歧或许可以使我们更深入地了解学生干部队伍建设的问题所在。在对学生干部队伍的整体印象中,积极认可和勉强认可人数各占一半(分别占47%),还有部分学生认为马虎、应付(占6%),其中非干部比较倾向于勉强认可,不过并不明显突出,干部大多数都是积极认可。在访谈中学生谈到这点,一部分是由于干部对自身的归属感和认同感比较强,另外学校的学生干部队伍的确有工作不到位之处,不过虽然不能尽如人意,但却也不是白白度日。接着在看待学生干部的工作及其开展的活动问题上,理解支持的学生占了多数(47%),觉得过于形式化的学生占42%。同样,非干部比较倾向于认为形式主义太重,虽然倾向并不明显,而干部绝大多数都认为活动意义重大(70%),还有约2%的干部非常反感开展的活动。一名学生会的干部反映说,班级、社团都很多,学校组织活动又比较频繁,出新出彩比较难,而活动想要获得人人的认可显然是不可能的,在活动本身吸引力不大的情况下,也难怪会反响平平。在学生干部工作对其正常生活规律影响中非干部学生和干部的观点分布大体一致,少部分的人认为影响较大,绝大多数认为可以接受。干部对自己的情况可能更清楚点,或者他们觉得工作对自己的影响在自己可接受范围之内,因而比

非干部更倾向于认为影响不大。不过根据学生的访谈情况,有学生干部表明学校的活动安排频率可不可以降低一点,往往上一个活动刚结束,下一个活动又要开始准备,而平时还要学习、考试,的确有种不堪重负的感觉。这也提醒我们需要更恰当地安排学生干部的工作,一是工作不能影响到学习,二是及时注意学生的承受情况。

对于促使学生担任学生干部的因素,意见有所分散。分别有20%~30%的观点集中在交际、人脉,有利于就业的工作经验,提升素质这三项上。在占全体观点20%以下的选项中,非干部学生认为获取荣誉的因素更多于为同学服务,干部学生观点恰恰相反。这一表现正好说明了非干部学生对于担任干部所带来荣誉的认可,以及干部对自己工作的使命感。学生干部表现出来的问题多种多样,因人而异,故而问卷中也反映的比较平均,没有超出20%的突出问题。有学生指责干部"拿鸡毛当令箭",没有什么促进大家共同学习、获得真正尊重的手段,只是简单重复老师的意思。学生的心智、各方面能力处在成长阶段,这些表现出来的问题其实都是成长过程中的蜕变,如果一方面规范培训,加强管理,树立典型,强调纪律,让学生有规可循;另一方面增加学生干部的上下流动性,多提供换位思考,想必会让学生们做人、处事更成熟。学生干部队伍建设通过学生带动学生,以提升学生整体素质为目标,是进行素质教育的重要手段。在理论学习中可以比较全面地了解学生队伍建设应有的方向和客观的标准,通过本次调研,能够比较深入地了解了学生群体现有的想法、要求和期望。

四、如何培养学生干部

根据问卷分析结果,我们结合具体的工作流程,总结高职院校学生干部的培养是一个系统工程,必须针对他们的特点,采取全面的正确合理的方式方法。

1. 合理严格的选拔制度

高职院校学生干部的选拔对于不同群体其方法也不同,如团委、学生会往往采用竞聘形式,班集体则大多采取民主选举形式。另外,不同群体在不同时段,选拔方式也不同,如班集体在刚组建时一般采用班主任直接任命的形式,一段时间后则采用民主选举产生的方式。对于竞聘制度应注意前期宣传工作,争取让更多的优秀学生参与选举,另外,老师也应注意平时观察、了解,发现合适人选,动员他们参加竞选,因为理想的学生干部能准确及时地理解、接受老师的思路,发挥助手和参谋作用。对于民主选举制度,则应做好等额选举与差额选举的合理搭配,避免出现部分同学拉选票及选举的过分民主,切实体现民主与集中的统一。在选拔学生干部时,一是要注意到面,对不同班级、不同年级、不同专业、不同地域和男女干部比例都要考虑,这样做可使各个层面学生的利益和呼声都有代言人。优秀的学生干部不仅仅是凭借良好的人际交往就能够选拔出来的,俗话说"路遥知马力,日久见人心",只有通过对日常工作的考察才能够发现优秀人才。

实践证明,要真正把那些思想上进、有责任心、有能力、愿为同学服务的好学生选拔出来担任学生干部,必须做到全面了解、精心挑选、慎重定夺。"全面了解"可以采取"考""看""听"等途径来观察。"考"就是有意无意地安排一些任务,了解其工作能力、工作态度、工作思路、创新意识。"看"就是看学生档案,看完成任务情况,看在老师同学面前发言的胆量、逻辑思维等,看日常生活细节,如穿戴、纪律观念、军训场上的表现、内务整理、处理与同学老师之间关系的能力等。"听"就是听其对赋予工作的认识、计划、兴趣,听其对自己的认识和评价以及能力特长的介绍,听同学和老师对其日常表现、处理工作及人际关系的能力、荣誉感、工作责任心等的反映。"精心挑选"是要优中选优。"慎重定夺"就是广泛征求师生意见,并接受老师和同学们的监督。

2. 集中培训,为学生干部开展工作提供有效指导

学生干部选拔出来后,教育培养尤为重要。能不能培养出一批优秀的学生干部,事关这个集体的凝聚力和战斗力。可以基层党校或团校为培训基地,采取多种方式对学生干部进行集中培训。

(1)请领导、专家给学生干部做报告、开讲座,宣传党的方针、政策,介绍国际国内的形势、学科发展动态、学校近期工作以及学生工作的基本工作方法等,帮助学生干部开阔视野,提高理论修养,增强责任感和使命感。

(2)组织学生干部召开工作情况汇报会、经验交流会等,可以使学生干部之间互相启发,互相学习,共同提高。

(3)举办短期培训班,组织学生干部进行系统的政治学习和业务学习以及开展丰富多彩的社会实践活动,帮助学生干部掌握必要的理论知识和多种才能,提高综合素质,通过培训使他们认识到,学生干部不是凌驾于同学之上,而是为同学们服务,进一步增强为学生服务的意识。

3. 严格要求,提高素质

高职院校学生干部良好的自我感觉、工作中的抛头露面、老师的赏识、学生的赞誉容易使他们在无形中滋生骄傲情绪,继而变得不再谦虚,成绩下滑,出现大家不愿看到的结果。所以,学校需制定一系列的培训及考核制度,如思想素质、业务素质、身心素质、基本道德素质的培训;学期、学年末的综合测评,接受广泛监督,在奉献中锻炼、充实自己。通过考核和监督,让每一位学生干部都感到有压力,不断鞭策自己努力工作,引导学生干部不断总结经验,改进学习和工作方法,提高效率,逐步走向成熟。

4. 充分信任,支持肯定

学生干部在工作中总会有一些新思路、新点子,对此,学生工作管理者应该予以支持,尊重他们的决定,充分信任,敢于放权。不排除他们构思的幼稚与局限,但放权不等于放任,而是耐心指导,共同探讨,制订出一套合理的方案计划。相反如果处处设卡,过分干涉,不肯定或少肯定,过多否定,只能导致他们自信心动摇,积极性受挫,工作缩手缩脚,不求有功,但求无过,只沿袭过去,害怕尝试创新,应有的作用得不到充分发挥。

5. 细致的关怀,公平的奖惩,落实"推优"制度

学生干部是集体中的一员,他们同样要学习、生活、社交,会遇到这样或那样的困难,比如学生干部与老师接触过多会引起部分同学的不理解与非议;有些学生干部由于在工作中投入了大量的时间和精力而影响了专业学习;还有些学生干部感觉付出了却没得到老师的认可、同学的理解而灰心丧气,无信心、无热情。这些都需要老师认真观察,及时掌握并关心、支持他们,肯定他们付出的艰辛,指导他们制订合理的学习、工作方案。加大激励机制,鼓励学生干部争先创优,并表彰先进,及时将他们中的优秀分子推荐入党,同时做到严格要求、认真管理、定期考核,对他们中要求不严、工作不力、作风不硬、表现不好的要热心帮助,批评教育,并要求限期改正,对确实考察不合格的要果断撤换,这样,才能进一步激发他们的工作热情,加大学生工作的吸引力。

6. 帮助树立正确的政治观、得失观

对于学生干部的关心支持,目的是理解他们的甘苦以利于工作的开展,但绝不可以让他们以此为借口,自恃有功而向组织要这要那,奉献了就要索取,表现出动机不纯,过分计较个人得失。因此,应对他们开展多形式、多渠道的正面和侧面教育,使他们牢固树立"为人民服务"的政治观,知晓集体与个人的主次关系,个人利益、得失是以维护集体利益为前提的,不能超越集体。

7. 合理安排学生干部任用期限

高职院校的培养目标和周期决定了高职学生流动快的特点。在校学习年限严重限制了高职院校学生干部的可工作时间,本科学生四年学制,可通过一年培养,一年工作,一年提高的步骤来培养、使用学生干部,这样培养出来的学生干部基本能胜任学生管理相关工作,而高职院校则需缩短相应时间,采用大一上学期重考察,下学期选拔有能力的同学担任学生干部,把学生干部挑大梁的时间放在二年级,等到了大三后,将特别优秀且在重要岗位上的学生干部留任,通过一个学期的"传、帮、带",使后续学生干部队伍尽快走上良性循环的轨道。

总之,在新形势下培养和造就一支"刻苦学习、勤奋工作、勇于创造、自觉奉献"的高素质学生干部队伍是一项复杂的系统工程,需要在学校党委、行政的领

导下,统筹规划,不断总结经验教训,积极探索新模式。学生干部队伍建设是一项具有现实意义和长远意义的重要工作,是高校人才培养工作的重要内容,只有建设和管理好学生干部队伍,才能更加充分地发挥其积极性和模范性。

独立学院学生干部队伍的现状分析及管理探讨

(孝感学院新技术学院学生工作处)

独立学院是我国高等教育改革和发展的一种新的办学模式,是我国高等教育体制、机制和模式改革创新的重要成果,开辟了扩大高等教育资源和办学规模的新渠道。1999 年,独立学院在浙江、江苏等地试办,经过近 10 多年的发展,已经扩展到全国,目前已成为高等教育领域不容忽视的组成部分,以湖北省为例,就可窥见一斑。根据湖北省教育厅公布的《2009 年湖北教育事业发展概况》,2009 年,湖北省高校独立学院共招生 8.29 万人,占全省普通本专科招生总数的 20.9%,其中:本科 5.13 万人,专科 3.15 万人。在校生达到 26.8 万人,占全省普通本专科在校生总数的 21.45%,其中:本科 17.59 万人,专科 9.21 万人。截至 2010 年 3 月 25 日,湖北省共有独立学院 31 所。其学生、学生干部、学生干部管理的现状和前景自然也备受学界及学工战线的关注。

一、独立学院学生的特点与弱点

独立学院的学生优点突出,多数学生思维特别活跃,兴趣爱好也十分广泛。相当一部分同学多才多艺,社会活动能力和组织活动能力较强,且参与意识和表现意识强烈,喜欢表现自我并追求个性的张扬和自由,往往在学院组织的各级各类活动中脱颖而出。由于在三本层次招生,独立学院学生基础知识相对比较薄弱,学习自信心不足,学习目的不够明确,尤其是自律意识较弱,自我管理能力不强,入校初期个人意识突显,逆反心理较为普遍。过去上学主要是国家出钱,给大家提供免费上学的机会,而现在很多学生已经变成自己或家庭部分地付费来上学,学生有权利对获得什么样的教育提出自己的要求,其在独立学院学生身上表现得尤为突出,他们总认为自己的学费高昂,理应获得优质的教育资源,往往批评意识明显,对学校现实不满意,甚至牢骚很多。部分学生因为家庭条件优越或是家庭教育的不恰当,在学习和生活上缺乏刻苦努力的精神,心浮气躁,抗挫能力弱,遇到困难就退缩不前或得过且过,逐渐养成不良的生活习惯。

二、独立学院学生干部队伍的现状

1. 独立学院学生干部拥有良好的素质

（1）思想素质普遍较高。高校学生干部作为学生中的精英，拥有较高的思想觉悟。独立学院的学生干部本身就是各项政策和规章制度的宣传者和实践者，所以学生干部大多能自动遵守相应的规章制度，并起到榜样作用。学生干部往往因为工作的环境与机遇，思想素质优势表现得很明显，学生党员中学生干部的比例也占了绝对优势。他们在大是大非面前会及时领会上级精神，并且在政治学习、行动方面会表现出较高的素养，个人及群体的思想素质在集体活动中给独立学院带来了巨大的积极动力。

（2）有较强的团队合作意识。学生会或班委会等组织就是一个小团体，其中的每个成员都在自己的岗位上恪尽职守兢兢业业。同时，在自身的团队建设中，互相帮助，通力合作。虽然每个成员在职责上有着明确的分工，但团体所进行的活动中，很少有凭个人单打独斗就能完成，任务在更多的时间需要多个人或部门之间的相互协助，共同完成。这使他们能够同心同德地完成各项任务并能融入组织，从而提高团队的战斗力。处于团队中的学生干部，很容易就持有了"合作学习"（cooperative learning）的意识，合作学习在西方已被证实不论是在个体学习、社会发展、工作与教学氛围等方面，还是个体的成长方面，都能产生明显的积极的效果。

（3）组织管理及执行力突出。学生会等学生组织的主要工作就是组织和策划同学们开展各项活动，落实学校的决策与决定，提升校园的文化品位，陶冶学生们的情操，丰富学生们的大学生活。作为组织者，独立学院的学生干部在事前能周密策划，在把握全局的同时，还能注重各个细节；在活动进行过程中能控制活动走势，把握整个活动的发展方向，协调发展过程，并能调动起参加者的积极性。显然，在这整个过程中，没有较强的执行力和良好的组织管理能力是不能获得成功的。

（4）自我管理与发展的能力出色。独立学院的学生干部在自我发展、自我教育方面具备良好的素质与氛围，他们能较好地认识和承担自己未来发展的责任和使命，在党支部、团支部、学生会、班委会、兴趣社团、宿舍群体等各方面的管理中，他们能最大限度地发挥和提高自己的自我规划、自我管理、知我评价、自我发展的能力。独立学院的学生干部在平时工作中，因为工作的需要与现实环境的影响，各方面的能力都得到不断的锻炼与提升，较之周围其他同学显得较为突出。其自我管理、自我发展的能力主要表现在：创新能力、表达能力、交往能力、包容能力、写作能力、分析思考能力和信息收集能力等。这些能力是学生干部素质建设的内在要求,对承担学校各项任务的完成起着至关重要的作用。

2. 学生干部中同样存在不容忽视的问题

第一,部分学生干部功利思想严重,服务意识相对不足,有些"官僚化"倾向;第二,一些学生干部不能恰到好处地处理好工作与学习的关系,有时是顾此失彼,更有甚者是工作水平上去了,学习成绩下来了;第三,集体主义观念薄弱,个人英雄主义情结抬头,有时甚至是自信过头;第四,缘于独立学院的转型发展与规模扩展,缺少科学管理的制约,有些学生干部关键时刻处事不公,缺乏一定的威信;第五,在物质社会日益丰富的环境下成长起来的"80后""90后"的学生干部,其自尊心较强,但抗挫能力并不是那么优秀;第六,学生干部在工作中有时缺乏谋划全局的思想、思维、方法,工作缺乏创造性,习惯于按部就班或是被动工作。学校发展离不开学生,"仅仅把学生当作客体是一件很危险的事情""教师构成了学校中的稳定核心,而学生则有规律地变革着学校",学生及学生干部可以积极地参与学校管理,尤其是学校的改进工作,学校确实不能忽视学生干部中存在的问题,应该积极采取措施。

三、建设独立学院高素质学生干部队伍的意义与作用

江泽民同志早在十四大报告中就已指出:"全党、全社会都要关心青少年的健康成长,在改革和建设实践中努力造就千百万社会主义事业的接班人。"因此,培养一支政治素质高、业务学习好、能够团结带动广大同学共同进步的学生干部队伍,既是高校工作的重要内容,又是实现大学生自我教育、自我管理、自我服务、自我约束的有效手段,同时也是保证社会主义现代化建设事业实现的强劲后继力,具有十分重要的战略意义。

学生干部队伍是学校教育、管理工作中的重要力量之一。学生干部通过自己的工作,把教育管理工作与学生紧密联系起来,有力地促进了教育者与被教育者的思想沟通,在学生"自我教育、自我管理、自我服务"中发挥了核心作用。根据独立学院的发展实际与学生的自身特点,学校教育与管理的难度相对来说要大一些。这样,独立学院学生干部队伍建设更有其特殊的使命与责任,学生干部就起着不可或缺的作用,他们既是大学生实行自主、自律、自治的载体,又是沟通教育者和教育对象之间最主要的桥梁和纽带,更是教育者充分调动学生自我管理、自我教育的得力助手和先锋力量。独立学院学生干部队伍建设的好坏,直接影响到一个学校的教学管理水平和校风建设,学校要高度重视学生干部队伍的建设、培养,建立精英型的学生干部队伍,是教育发展中特别是独立学院建设中刻不容缓的事情。

大学管理本身就是通过人、为了人而又借助于人来展开的。因此,很有必要

加强独立学院学生干部队伍的建设与管理,为建设和谐班级、和谐校园提供有力的组织保障和人力资源。众所周知,建设好学生干部队伍其作用非同一般:第一,高校在我国是培养社会主义接班人的坚强阵地,建设好学生干部队伍具有重大而深远的影响;第二,高度重视与发挥学生干部的有效作用是学校教育不断适应新形势的科学要求;第三,加强学生干部队伍建设是独立学院改革教育、强化实践的重要内容。

四、独立学院学生干部队伍建设与管理的方法思考

当代中国大学的大学精神主要有自由的学术精神、强烈的使命意识、永恒的道德追求、敏锐的时代精神、科学的批评精神。这些精神如何在大学生中展现或是实践,学生干部在很大程度上具有带头与示范的作用。有人认为学生干部队伍建设分为三个阶段:人管人阶段、制度管人阶段、文化管人阶段。人始终处于与环境的互动关系之中,人的成长过程就是与环境的互动过程。学生干部管理工作说到底是一项教育工作,其过程实质上就是引导、培养、规范和服务的过程。

(1)明确学生干部的培养目标。要用最短的时间获得最快的成长,那就需要进行一种定量意义的思考,为此学生干部应该有一个更为清晰的人生时段的定位。以育人为中心,以学习为主线,通过建立学生干部培养平台,提供学生干部锻炼岗位,鼓励和支持学生干部在课余时间积极从事相关管理工作等多种措施和渠道,培养他们树立远大的理想,全面提高其综合实力,锻造一支具有敏锐的政治素质、扎实的业务基础、科学的管理能力、较强的协调能力等整合力强的独立学院学生干部队伍,以适应社会发展对各级各类人才和大学生骨干队伍提出的新要求。学生干部的培养目标与独立学院的人才培养方案不矛盾,要求既注重全面发展,又要保持个性发展,使其稳定持续的发展,不是为了工作而工作。学校一般要求学生干部要科学地安排时间和精力,既要有科学的方法,也要不断提升各自的魅力和感召力,只有这样才能让师生们心服口服。

(2)建立健全严格的选拔制度。独立学院学生干部的选拔标准应该有别于重点名牌大学,它主要有以下六个方面:一是品德良好,人格阳光,思想素质过硬,爱学校、爱他人、爱自己,在广大学生中能起到模范带头作用;二是学习勤奋刻苦,专业基础较为扎实,在学习上能起到一定的示范和带动作用;三是具有一定的组织能力和管理能力,在学校活动中具有较强的感召力和凝聚力;四是具有一定的奉献精神,要有集体意识、责任意识及服务意识,热心于为集体、同学们服务,能积极组织、参与学校的公共活动;五是法律、规则意识较强,能遵纪守法、照章办事,为人公道正派,处世是非分明,团结同学,尊重事实,有较好的宽容精神和吃苦耐劳的品质;六是有良好的身体素质和智力条件,能较好地领会上级意志

与精神,能正确处理好工作和学习之间的关系,使工作和学习互相推动,互不干扰。制度一旦科学制订后,就需要很好地贯彻执行,独立学院学生干部的选拔也应该有效地实行公开竞选,并一以贯之地执行下去。独立学院的学生特别关心公平原则,关心如何发泄自己的感情(包括愤怒),也关心人们对他们有什么样的特别期望,因此有关机会公平的制度一定要保持好。

(3)构建完善的学生干部激励机制。激励机制主要包括绩效考核制度、奖励制度等。树立精英教育意识,我们知道在高校大规模招生的今天,越来越多的人实现了自己的大学梦。正因为如此,大学生不再是"天之骄子",不再是社会的宠儿;也因为如此,一段时间内人学生整体素质呈下滑趋势,使得有些用人单位在选择人才的时候百般挑剔。在这种大环境下,学校可以尝试着实行"精英化"的学生干部教育、激励模式,培养出大家都认可的精英式人才。如湖北某独立学院在学生干部队伍制度建设中建立了学生干部选拔聘用条例、学生干部管理条例、考核条例、奖惩条例等,通过民主化、公平化、制度化和社会化的模式来评价学生干部的绩效,建立学生干部工作档案制度,科学量化工作实绩、民主评议学生干部的表现,使学生干部明确自己的岗位职责、工作任务和工作目标,增强他们的责任意识、岗位意识及成才意识,使他们真正受到锻炼,逐步提高综合素质。具体有学生干部一年一竞选,给学生干部颁发聘书,集体学习岗位职责,注重物质奖励与精神奖励并重,特别关注学生干部的发展后劲,并辅以生涯规划。

(4)加大学生干部的培训与培养力度。独立学院的政工人员,特别是辅导员班主任老师,要耐心细致地加强学生干部的日常培养和指导工作。独立学院的学生很聪明且多才多艺,但极少数学生在学习和工作中缺少一定的耐心与细心。学生干部在日常的学习、纪律、工作等方面都起着模范带头作用,他们需要老师更多的耐心引导和细心管理。培训要科学化、制度化、常规化,不能"三天打鱼两天晒网",要注重校本培训与教育。独立学院特别要明确告知学生干部:学习永远是学生的头等大事,只有学习勤奋刻苦且成绩优良的学生干部才是一面旗帜,才会带动整个学风朝着好的方向发展。提醒学生要珍惜当学生干部的机会,培养他们主动学习掌握优良的工作方法,拓宽视野,开阔胸襟,提高学生干部的实际工作能力。在日常管理中,抓住学生干部经验交流和活动总结的机会,对学生活动和干部工作做必要的实践指导与理论的升华。

浅析独立学院班主任工作考核

李承亮

（武汉工程大学邮电与信息工程学院）

中共中央、国务院在2004年第16号文件《关于进一步加强和改进大学生思想政治教育的意见》中明确指出，要大力加强大学生思想政治教育工作队伍建设。辅导员、班主任是大学生思想政治教育的骨干力量，辅导员按照党委的部署有针对性地开展思想政治教育活动，班主任负有在思想、学习和生活等方面指导学生的职责。要制定完善有关规定和政策，明确职责任务和考核办法，才能形成教书育人、管理育人、服务育人的良好氛围和工作格局。

班主任作为大学生思想政治教育的骨干队伍，既关系学院稳定和发展的大局，也关系到学生成人到成才的转变。本文结合独立学院班主任工作实际情况，从班主任工作考核原则、考核方式、考核措施和反馈机制等方面，探讨独立学院班主任工作考核机制。

一、独立学院班主任工作考核研究现状

独立学院是在我国高等教育大众化和教育投资多元化条件下诞生的。2003年4月，教育部发布了《关于规范并加强普通高校以新的机制、新的模式试办"独立学院"的若干意见》之后，独立学院才作为一个比较规范、统一的名称确定下来。目前随着独立学院规模和数量不断扩大，办学水平和质量不断提升，在高等教育中发挥着越来越重要的作用，因此，关于独立学院的研究也在不断丰富和发展。

但是关于独立学院研究，特别是班主任工作的研究，还存在着许多薄弱环节。对独立学院班主任的研究主要是着眼于独立学院班主任工作的方法和体会，对独立学院班主任考核研究则明显不足。

目前，在班主任工作考核方面，各独立学院没有统一的标准和规范的考核方式，考核结果也很难反映出班主任工作实际内容和工作水平的高低，在理念和设计上也存在一些问题。现有的考核模式主要有两种：

第一，对班主任工作实行定量评价。该模式的最大特点是将班主任工作分解为每个月开了几次班会，听了几次课，下了几次学生宿舍等。虽然这种方式方

便了对班主任工作的考核,但是它忽略了班主任的最根本的职责是对学生的思想政治教育。班主任对学生思想、学习、生活、就业等方面的指导效果,无法通过这种量化被有效地反映出来。

第二,按照"德、能、勤、绩、廉"的模式进行考核。这种模式的考核指标比较抽象,没有量化为二级、三级指标,不够具体。在实际的考核过程中往往变成大家都泛泛而谈,反映不出工作效果,也不能达到考核的目的。

二、班主任工作对象特点和考核原则

独立学院班主任工作对象是高考分数较低,但是又渴望接受高等教育的学生。这些学生思想比较活跃、个性突出、接触新事物比较快、渴望获得别人肯定和赞扬,但部分学生也存在缺乏毅力、吃苦耐劳意识薄弱、喜欢以个人为中心、团队配合和纪律观念淡薄、心理承受能力比较差的缺点。独立学院作为新兴发展起来的高校,在学生教育管理上,还没有很好地满足学生的需要,特别是在班主任配备和管理上存在一些缺陷,这也就制约了独立学院学生的发展和成人成才目标的实现。

因此,制定班主任工作考核的根本目的在于更好地发挥班主任管理育人、教育育人、服务育人的功能,更好地促进班主任积极开展好本职工作。同时,在考核制度的设计上,既要能够促进班主任做好自己的本职工作,又能够调动其主观能动性;既要能客观评价班主任的工作,又要有利于激发其创造性的工作。

1. 以学生为本

班主任考核的内容,要符合学院办学实际,体现出"以生为本"的理念,尊重班主任的人格,树立班主任工作的崇高感和责任感;在制定考核体系、考核指标、考核程序、考核方法上,要考虑到实际可操作性有多强,学生对评价班主任热情高不高,班主任是否能够接受等因素。

2. 注重实效

对班主任的考核,要实事求是,注重实效。核体系上,要形成职能部门—系(部)—学生评价,"三位一体"的模式开展。在考核方式上采取定性考核与定量考核相结合,既要反映班主任的综合素质如责任心、工作态度和理论水平,又要反映班主任工作效果。

3. 公开测评

如何发挥班主任考核体系的功能,如何更好地执行班主任考核机制,取决于考核要公开、透明、公平、公正,这样才能为班主任评优、评先提供客观依据。

三、班主任工作考核体系的构建

独立学院班主任队伍的构成是多样的,工作内容是十分繁杂的,制定一套科学、合理、行之有效的考核体系是一项艰巨的任务。

1. 班主任工作考核主体

班主任工作考核主体包括学生、所在系(部)和职能部门。学生是班主任工作对象,由学生对班主任工作进行考核可以反映学生对班主任工作满意程度;系(部)和职能部门根据各自分工进行考核,检查班主任落实布置工作情况。

2. 班主任工作考核内容

(1)班主任工作态度主要包括:是否有一颗坚定的事业心和责任心,对学生思想政治教育工作抱有无比的热忱;是否拥有良好的工作作风和服务意识;是否能保证班主任工作的顺利、有效开展。

班主任工作态度是做好班主任工作的前提。没有良好的工作态度,是不可能坚定不移地开展班主任工作,也就不能发挥班主任教育、管理、服务学生的作用。

(2)班主任工作能力主要包括:在实际工作中有效地说服教育学生的能力;在班上开展班风、学风建设的能力;在学生面临心理压力和就业压力时,及时地给予心理健康辅导的能力;面对学生事务中突发事件和学生出现的特殊问题时,能够灵活、妥善地处理能力;在学生日常工作中,能够不断总结提高自身工作水平的能力。

班主任工作能力是班主任做好本职工作的保障。没有较强的工作能力,是很难让学生感到信服,也就难以在学生中树立威信,也就不可能胜任好这项工作。

(3)班主任工作效果主要包括:班主任工作是否能够让学生、系(部)、职能部门满意;班主任所带班级工作取得了明显的进步,包括班风、学风、获奖情况、学习成绩;班主任个人取得的荣誉和奖励,取得一些研究成果等。

班主任工作效果是班主任工作的最直接的表现形式,也是班主任工作考核中着重的主要方面。通过对班主任工作多角度的考核,来反映班主任工作效果是否达到育人目的。

四、班主任工作考核方法

1. 定性考核与定量考核相结合

班主任定性考核主要指对班主任思想政治素质、工作态度、沟通交流、心理辅导和组织管理能力等内在因素的考核。定量考核主要是通过班主任各方面工作具体指标进行考核。因此,在定性上,采取基本分,在定量上,采取指标分,对两者之间进行综合，才能比较客观地评价班主任工作。

班主任工作评价结果分两种类型：一种是整个考核体系的考核结果；一种是具体指标反映的结果。一般情况下，采取优秀、合格、基本合格和不合格；也可采取百分制进行评价。考核结果采用前者，容易陷入定性评价过多，反映不出班主任工作实效；采用后者，多一分，少一分，不容易科学、准确。因此，在班主任工作考核评价时，可以采取定性与定量考核结果相结合，来衡量班主任工作。具体而言，每个定性和定量指标按照学生对班主任工作满意度来评价。当获得"满意"的考核指标数量达到一定数值和比例时，就可以评为"优秀"；如果班主任出现原则性的重大责任事故，导致严重后果，则直接将班主任工作定为"不合格"。

2. 采取"三位一体"考核模式

"三位一体"考核是指由学生、班主任所在系部、职能部门从不同角度对班主任工作进行考核，能够从各个角度较多地了解班主任工作情况，全方位考核班主任工作。

班主任的一切工作都是为了学生，因此班主任工作的好坏，首先得要尊重学生意见。重视学生在班主任考核中的评价，体现出"以人为本""一切为了学生"的理念。当然，在评价中，也会出现学生不够客观、弄虚的现象。

系（部）是班主任主要所在部门，直接对班主任进行管理。系（部）可以由负责学工的负责人牵头，由专职辅导员组成班主任考核小组。在考核中，以辅导员对班主任的意见为主，全面深入了解班主任工作开展情况。

学生职能部门是高校进行思想政治教育和学生管理的部门，也是班主任工作指导的主要部门。由党建、学工、团委、就业等部门负责人组成考核小组，主要从班主任落实部门各项工作任务情况进行考核。

总体上，学生评价在考核体系中占基础地位，系部和职能部门评价意见对学生评价结果进行补充。

五、考核结果反馈

班主任考核结果反馈机制不仅仅注重考核过程，也要注重考核的持续效应。一是不仅要反馈考核的总体结果，而且要反馈班主任存在的优点与不足。对于缺点较多的班主任，要给予帮助和培训。二是考核结果反馈要及时。如果考核结果没有及时告知班主任，则失去了时效性，不利于班主任及早根据考核情况制定改进方案。

班主任考核体系是一项复杂的工作。这就要求班主任考核工作从班主任工作实际出发，不断调整考核指标和方案，完善考核体系，以促进班主任队伍的建设和发展。

第五篇　大学文化建设

关于民族高校大学生人文素养培育的思考

黄宗贵

（中南民族大学党委宣传部）

《易经》中曾说："观乎天文以察时变,观乎人文以化成天下。"可见,先贤们已经将"人文"和"天下"相联系。

人文素养是一个意蕴丰富的概念,有着深刻的内涵与宽广的外延。它能反映一个人的人格、气质、情感、世界观、人生观、价值观、道德观等方面的个性品质,是一个现代人文明程度的综合体现。缺乏人文素养,失落人文精神,何谈个人乃至社会、国家、民族的可持续发展？作为新时代的大学生,其人文素养的内涵,也呈现出鲜明的特色。现代社会要求我们具有既关心个人又关心他人乃至整个人类的素质,单纯追求某种科学技术水平、能力是远远不够的。而高校大学生尤其是民族高校大学生的人文素养的高低,直接关系到少数民族地区的建设与发展。本文将以此为出发点,对民族高校大学生人文素养的培育展开探讨。

一、大学生人文素养的内涵与外延

大学生的人文素养,可以分为外在表现和内在积淀两个部分。这两部分互相联系,缺一不可。

其一是外在表现方面。大学生人文素养的外在表现,主要表现为其人文行为,即大学生在日常生活中的行为举止、生活方式及习惯等。当然,外在素养包括一个人具有的能力、行为及其成就。这些是大学生人文素养最直观的显现。大学生的一举一动,一言一行,直接反映出个人人文素养的高低。正所谓见微知著,"窥一斑,见全豹",这些日常表现的意义就在于,从细微处见整体。很多时候,一个小的细节,就能将一个人的人文素养展露无遗。就像《韩非子·说林上》中指出的那样："圣人见微以知萌,见端以知末,故见象箸而怖,知天下不足也。"

圣人能以小见大,从首看尾,见现象而知本质。

其二则是内在积淀。大学生人文素养的内在积淀,包括政治素养、哲学素养、文学素养、史学素养、艺术素养等多方面,也就是一个人对世界、环境、人生的看法,或者说对人、事、物的看法。江泽民同志曾在讲话中强调:思想政治素质是最重要的素质,不断增强学生和群众的爱国主义、集体主义、社会主义思想,是素质教育的灵魂。对于当代大学生尤其是民族高校大学生而言,思想政治素质尤为重要,除此之外,其他各类素养的提升也不容忽视。例如,哲学素养直接与大学生的世界观、人生观紧密联系。文学素养、史学素养、艺术素养等,是大学生个人综合素质的有机组成部分。各方面的素养,构成了大学生的内在品质,对其行为有着巨大的影响。先哲们"腹有诗书气自华"的论断,是需要我们铭刻在心的。

外在表现和内在积淀两个方面,构成了大学生人文素养的集合体。人文素养的外在表现,是对于人文素养内在积淀的直观表现;人文素养的内在积淀,对人文素养的外在表现起决定作用。没有深厚的人文素养内在积淀,其外在表现不免浅薄;人文素养内在积淀的不断提升,可以带动和促进其人文素养的外在表现。双方相辅相成、相互影响,密不可分。

因而,对大学生人文素养进行分析、研究,必须紧密结合这两部分进行。不能孤立、割裂地看待其一,否则,由此进行的研究工作就难免有失偏颇,不能准确地传达和概括,同样也不够合理和科学。

二、民族高校大学生人文素养培育的特殊意义

前文中对大学生人文素养的内涵与外延进行了简单探讨。那么,大学生尤其是民族高校大学生人文素养培育的特殊意义有哪些呢?

第一,民族高校大学生人文素养培育,关系到各民族高素质文化人才的培育大局。在《现代汉语词典》中,"人文"的解释为:"指强调以人为主体,尊重人的价值,关心人的利益的思想观念。"基于这种观念而形成的素养,即人文素养,无疑对个人成长有着巨大的支撑作用。这种作用不仅表现为健康的心态、理性的思维以及宽容的心胸,还表现为良好的自我管理能力和团结协作能力。民族类高校学子的健康成长,离不开扎实的人文素养。良好的人文素养,有助于民族高校学子自觉树立起科学的世界观、人生观和价值观,引导民族高校大学生不断参与到各种实践活动中去,提升自我、完善自我。这对于推动民族高校大学生的成长、成才,为各民族培养更多的高素质复合型人才有着极为重大的意义。

第二,民族高校大学生人文素养培育,有助于推动民族平等、团结、互助。胡锦涛总书记曾指出:我国是统一的多民族国家,民族问题始终是我们坚持和发展中国特色社会主义必须处理好的一个重大问题,民族工作始终是关系党和人民

事业发展全局的一项重大工作。共同团结奋斗是我国各族人民的深切愿望,共同繁荣发展是解决我国民族问题的根本途径。共同团结奋斗、共同繁荣发展,核心是我国各民族始终紧密团结,坚持同呼吸、共命运、心连心,共同建设伟大的社会主义祖国,共同为实现中华民族伟大复兴而奋斗。抓住共同团结奋斗、共同繁荣发展这个主题,就抓住了新形势下正确处理民族问题、做好民族工作的根本,就能把全国各族人民的意志和力量凝聚到国家发展上来,就能不断开拓我国民族工作更为广阔的发展前景。民族院校是一个多民族的大家庭,民族类高校学子的人文素养,与学校的整体风气直接相关。在民族高校中,大力推进人文素养培育工作,有助于让每个学生自觉树立起友爱、互助的理念;有助于让各民族平等、民族团结的理念植根于每个学子的心中;有助于56个民族大家庭的和谐稳定,增进各民族学生对中华民族的认同感。

第三,民族高校大学生人文素养培育,关系到少数民族地区的建设与发展。民族高等院校是培养各民族人才的摇篮,是面向少数民族和少数民族地区,为少数民族和民族地区的经济与社会发展服务的重要人才储备库。

民族类高校学子,肩负着推动少数民族和民族地区发展的重任。其人文素养,对于民族地区的长期建设和发展意义重大。倘若民族高校大学生不具备优良的人文素养,则必定难以承担起时代和历史赋予民族高校学子的崇高使命。因此,要把教育培养、全面提高民族高校大学生的人文素养作为促进少数民族地区人才队伍建设的基础工程来抓,要大力开展人文素养教育,大幅度、宽领域地提高各族学生的科学文化素质,为少数民族地区的建设与发展奠定坚实、雄厚的基础。

三、民族高校大学生人文素养培育所面临的难题

一是面临着西方拜金主义、享乐主义等腐朽思潮的冲击。个人的成长,总是处于一定的环境中。这个环境,对于民族高校大学生来说,小而言之是校园,大而言之是时代和社会。随着我国改革开放的深入和市场经济的进一步发展,西方的许多观念也涌入国内,产生了巨大影响。这其中,就包括西方拜金主义、享乐主义等腐朽思潮。这些陈旧、落后的思想观念,无孔不入地腐蚀着民族高校大学生们尚处于形成期的人生观和价值观。如果不能正确对待这些思潮,就会受到拜金主义和享乐主义的较大影响,易对马克思主义、社会主义核心价值体系、共产主义的远大理想和信念产生动摇,使得民族高校大学生误入歧途。所以,如何科学引导他们规避这些问题,需要教育工作者认真总结归纳方法。

二是不良社会风气的侵蚀。社会风气,主要是指社会中普遍存在的群体意识和群体行为。民族高校大学生不可能脱离社会群体而独自生存。日常生活

中,他们总要通过言行举止、参与社会实践活动等途径,或直接或间接地同社会产生联系。所以,除了西方的部分腐朽思潮之外,不难发现,社会中不良风气对民族高校大学生的思想侵蚀作用同样十分明显。如极少数民族高校大学生沾染了酗酒、滋事的陋习;极端的实用主义和功利主义等不良社会风气也使得个别民族高校大学生错误地选择利益至上的理念,忽略了传统的道德规范,争名逐利的思想日益泛滥。此外,不良社会风气的侵蚀还表现为秩序感的淡薄,使得极少数大学生不能自觉遵守学校的规章制度、生活无序;诚信意识的缺失,使得极少数大学生在待人处事方面疑虑重重,不能坦诚相待,不能有效地同老师及同学们开展沟通和交流,不能与他人建立起稳固的信任感。

不良社会风气的影响,往往会引发连锁反应。其消极影响,极容易通过个别的民族高校大学生迅速扩散、传播,影响到周围的同学。这也在客观上加大了后期通过人文素养的培育来消除负面影响和进行正面引导的难度。

三是部分学生个人主义思想严重。有些学生过分强调个体行为的随意性,而将对道德、纪律的蔑视与叛逆看作是有个性,缺乏社会责任感。目前,新入学的大学生已经进入"90后"时代。由于我国计划生育政策的影响,"90后"普遍为独生子女。与他们的父辈们不同,"90后"正赶上中国经济飞速发展的年代,是信息时代的优先体验者,其思想观念和行为方式与老一辈中国人有很大的不同。过分地强调个人主义,强调自我理念、自我价值、自我意识,是许多"90后"存在的通病。轻则可能会出现见难不帮、冷漠孤僻的状况,重则会导致损人利己、假公济私现象的发生。对于民族高校大学生而言,如何科学培育其人文素养,使之在自我发展的同时注意承担其相应的社会责任,更加注重将个人价值实现与集体价值实现相联系,需要长期持之以恒的探索。

四是少数学生的民族认同感弱化。其一是小部分民族高校学生未能很好地继承和发扬本民族的优秀文化传统、风俗习惯等,对自己本民族的认同感弱化;其二是小部分民族高校学生对其他民族的优秀文化传统、风俗习惯等缺乏了解。这些现象不利于各民族团结进步,不利于认同中华民族这个大家庭。

在民族认同的构建上,一是在中华民族的统一体这个层次上强调作为整体的中华民族的统一性和共同性。二是在挖掘共同的民族性上,要以公民权利为本位构建民族认同,进而形成整体的国家认同。三是要着重培育和构建作为整体的中华民族的具有时代精神和发展取向的民族精神和民族气质。

民族文化的存在和传播,能够使民族高校大学生形成某种共同的意识、观念和标准,进而产生价值认同感。而表现在共同文化上的共同心理素质是维系、凝聚、形成及识别一个民族的本质力量和核心要素。因此,在培育民族高校大学生的人文素养的过程中,应当充分考虑到民族高校学子的特殊性,更加注重推进学子们对本民族传统文化的传扬,以促进广大学生对各民族乃至中华民族大家庭的认同。通过综合采用民族学、社会学等多学科的途径和手段,使民族高校大学生能够更加深刻地认识到各民族必须团结、互助,共同构成对中华民族的认同,共同促进中华民族大发展的极端重要性。

四、民族高校大学生人文素养培育的实施方式

认识到民族高校大学生人文素养所面临的挑战,有助于科学、全面分析,寻求破解的途径。民族高校,有着其自身的特殊性。不同的民族高校所处地理位置不同,社会环境也不尽相同,因而具体实施方式难免存在差异。有差异,同样也有共性。下面就是从共性层面,探讨实施民族高校大学生人文素养培育工作中几个应当坚持的原则。

第一,要坚持用科学的纲领、路线、方针和政策引领民族高校大学生的人文素养培育。高等教育的根本目的决定了大学生人文素养培育的主要任务是用马克思主义教育大学生,培养和造就有理想、有文化、有道德、有纪律的四有新人和德智体美全面发展的社会主义合格建设者和可靠接班人。因此,必须高度重视科学的纲领、路线、方针和政策。

我们应当看到,由于受到市场经济带来的急功近利主义思想,网络快餐文化的广为传播,以及就业、生存压力所带来的实用主义倾向的影响,大学生的人文素养培育中,科学的纲领、路线、方针和政策的宣传教育常常处于缺失状态。

在民族高校中,应当大力推进马克思主义、毛泽东思想、邓小平理论、"三个代表"重要思想,以及科学发展观的传播。坚持深入开展以理想信念教育为核心的正确世界观、人生观和价值观教育,使大学生正确认识社会发展规律,明确自己的社会责任,坚定走中国特色社会主义道路的决心和信心;深入开展以基本道德规范为基础的公民道德教育;深入推进以爱国主义为重点的民族精神教育和以改革创新为核心的时代精神教育,引导大学生积极投身于中国特色社会主义事业的伟大实践,努力为实现中华民族的伟大复兴建功立业。

第二,大力开展传统文化教育。中华民族的传统文化源远流长、博大精深。在数千年的历史长河中,传统文化不但体现了崇高的民族精神和民族气节,还涵盖了自然科学、社会科学、哲学等众多领域,已然成为华夏儿女生存和发展的精神支撑。加强民族传统文化的教育,对于民族高校学子的思想观念、思维方式以及行为模式等都有深层次的影响,有助于民族高校大学生进一步树立民族自尊心和自信心,形成推动民族振兴、崛起的责任感和认同感。

少数大学生对于传统文化漠视的现象同样应当引起人们的警醒。在推进民族高校大学生人文素养培育的过程中,应当大力推进传统文化教育,将传统文化

的推广与时代精神相融合,使传统文化在新时期焕发出青春与活力。例如,将孔子的仁义思想用于调节现代人与人之间的关系,使民族高校大学生们更加注重相互之间的和谐相处;将庄子的无为思想运用于指导民族高校大学生正确处理人与自然的关系,注重保持人和自然的和谐。再或者,通过宣扬传统文化中极具鼓舞作用和带动作用的文化现象,使民族高校大学生在精神层面产生强烈的共鸣,从而受到潜移默化的影响。

第三,通过扎实开展民族院校大学生思想政治教育工作,推进人文素养培育。要把做好民族院校大学生思想政治教育摆在民族高校开展大学生人文素养培育工作的突出位置,不断推进民族院校大学生思想政治教育的研究和创新。

2009年1月14日,在全国民族院校大学生思想政治教育工作会议上,国家民委党组书记杨传堂曾指出,民族院校在我国高等教育体系中占有特殊地位,在我国民族团结进步事业中发挥着重要作用。必须深刻认识到,做好民族院校大学生思想政治教育工作,是关系国家长治久安、社会和谐稳定的大事,是关系少数民族和民族地区繁荣发展的大事,是关系民族院校立校之本和办学方向的大事,是关系各族学生未来、各族群众切身利益的大事。由此可见,将大学生思想政治教育工作融入到民族高校大学生的人文素养培育工作中,是民族高校办学特殊性的要求,也有利于民族高校大学生的人文素养培育工作的深入开展并取得实效。

第四,创建浓郁的民族高校校园文化。借助各级党、团组织及学生社团广泛开展诸如读书活动、演讲活动、征文活动、竞赛活动等,使大学生在参与各种内容丰富、形式多样的活动的过程中,实现人文素养的逐步提升。

中南民族大学已经进行了这样的尝试,并取得显著成效。自2010年3月21日开始,中南民族大学党委宣传部开始在校内主办"南湖大讲坛",这是迄今为止学校最高层次的、最具影响力的人文素质讲坛。活动面向全校师生,邀请专家学者、企业家、知名人士等各界名流前来作讲座,内容涉及政治、经济、社会、历史、科学、教育、时事、人生等诸多领域,侧重于对大学生成人成才方面的指导。目前,已有13位知名教授、专家学者带来了13场精彩的讲座,让广大师生领略了各位大家的风范,也开辟了学校人文素质教育的新天地。一年多来,该项活动受到了全校师生的热捧,不仅是学校一个特色鲜明的亮点,而且逐步成为大学生人文素养教育的一个品牌。正值学校60周年华诞之际,校党委宣传部将各期讲座的内容结集出版,是为了更充分地发挥人文素质讲座的育人作用。

第五,充分发挥校园文化景观建设的作用,使之成为推动大学生人文素养培育的物质载体。校园物质文化景观建设,是推动大学生人文素养培育的重要辅助方式。优秀的、有代表性的物质文化景观,对民族高校大学生人文素养的提升有着巨大的推动作用。如中南民族大学近年来就建设了巨型民族浮雕、民族团结壁画、道路标牌和校训石、《南湖赋》石刻、湖塘文化石等各类人文景观,包括前些年建造的著名人类学家吴泽霖先生的铜像和"翔""火之舞"等雕塑,构成了特色鲜明、寓意深刻、亮丽和谐的校园文化景观。通过多种方式,让民族高校大学生在耳濡目染中,体会民族团结、互助的重要性;锻造积极向上、努力奋斗的顽强品格;主动学习优秀学者潜心民族教育事业、无私奉献的崇高精神内涵⋯⋯

第六,重视课堂教育,在课程设置方面向人文素养培育倾斜。大学课堂,是民族高校大学生人文素养培育的主阵地。通过调整课程设置,逐步提高人文课程的比重,是提升民族高校大学生人文素养的有效途径。

具体到实施层面,首先应当做到开设的人文课程种类的多样化,使得大学生能够便捷地学习人文知识。如紧密结合大学生人文素养的内在积淀层面,开设提升民族高校大学生政治素养、哲学素养、文学素养、史学素养、艺术素养等多方面素养的课程。而在具体的授课过程中,教师应时时注重培养学生的人文素养。如在讲授文学作品的同时,也要将作家的生平经历和人格魅力贯穿于教学的过程,回到作家对生命的抗争和奋斗的现场。比如,引导学生体会屈原的《离骚》中"路漫漫其修远兮,吾将上下而求索"的奋斗精神;从文天祥的《过零丁洋》中感悟"威武不能屈"的气节;从鲁迅的《呐喊》中领悟忧国忧民情怀;从海明威的《老人与海》"一个人并不是生来要被打败的,你尽可以把他消灭掉,可就是打不败他"中感受拼搏的勇气;从高尔基的《海燕》"让暴风雨来得更猛烈些吧"中体悟壮志豪情⋯⋯其次,要加强引导和鼓励。如通过提高这些课程的学分,增大这些课程的实践比重,通过寓教于乐的方式,激发民族高校大学生自觉学习、接受人文知识的积极性。除此之外,还可以通过开展实践体验活动的方式,引导大学生们化被动接受为主动学习,在循序渐进中不断实现人文素养的持续、稳步提升。

五、民族高校大学生人文素养培育保障机制的建立

近些年来,大学生人文素养培育工作引发了专家学者们的热议。国家教委高教司曾组织召开"关于加强大学生文化素质教育报告会"。2010年7月,教育部部长袁贵仁在接受记者采访时,也多次强调了育人为本、德育为先的重要性,强调高校应当强化环境育人功能,进一步营造有利于大学生健康成长的良好氛围,加强和改善大学生管理、服务工作。

为确保将民族高校大学生的人文素养培育落到实处,应高度重视保障机制的建立,以便从制度层面规范、约束培育行为,使之实现常态化。唯有如此,才能确保民族高校大学生人文素养培育不是"一阵风",确保民族高校大学生的人文素养培育取得实效。

(1)实现人文素养培育形式的制度化。在探索进行民族高校大学生人文素养培育的过程中,要及时总结经验与教训,将部分行之有效的方式进行制度化建构。

其一,在课时安排方面,规定教师讲授人文课程所占的最低比例,规定学生选修人文课程的最少科目数。在高水平的讲座、高密度的宣传方面,规定每学期的最低次数。通过硬性的规定,确保人文课程的开设及学习不会成为空谈。

其二,在实践教育方面,提供适当的经费、场地等保障条件,为开展形式多样的人文素养培育活动创造可能性,解除人文素养培育的后顾之忧。"体验作为情感教育理论中的一个重要范畴,既有认识论的意义,即用体验的方式达到认识理解;又有本体论和价值论的意义,即体验是人的生存方式,也是人追求生命意义的方式。"通过加强大学人文素养的实践教育,不断将优秀的人文知识成果内化为民族高校青年学生相对稳定的内在品质。

(2)建立规范、全面的考核评价体系。要真正推动民族高校大学生人文素养培育,科学的考评机制必不可少。规范、全面的考核评价体系,可以直观地反映出大学生人文素养培育中的成效及问题。考核评价体系中,应当明确规定人文素养培育效果的测评办法,如定期组织人文知识考试、开展人文素养竞赛等。用可量化指标对人文素养培育的实效进行评判,避免出现无章可循、规章模糊等情况。

此外,这个考评机制中,应当详细规定相应的奖惩措施。如学生在人文比赛中获奖、特色人文活动的成功举办等,都应在第一时间进行表彰,并予以相应的学分奖励;对于在日常授课中不认真按照学校部署开展人文知识讲授、敷衍塞责的个别教师,要给予批评甚至处罚。通过奖励的激励作用和惩处的警示作用,促进高校大学生人文素养培育的有效进行。同时,充分发挥典型人物的先锋模范作用,发挥高校各级党、团组织的平台作用,认真宣讲考评办法,让更多大学生知晓,吸引更多大学生参与到人文知识的学习和积累中。

最后,倡导创新形式,不断丰富人文素养培育的方式与途径。在开展民族高校大学生人文素养培育工作时,不应墨守成规,应当鼓励有创意、较为新颖的培育形式。

高校中,也可以成立人文素养培育的领导机构,负责专门研究民族高校大学生人文素养培育的方式,及时掌握其他院校的人文素养培育动态信息,取长补短,汲取好的经验和做法。通过开展校级、省级甚至国际交流的方式,以交流合作促教育,开拓民族高校大学生人文素养培育的新视角和新思路。同时,积极开展成果应用转化研究,从宏观上进行统筹安排,有序推进民族高校大学生的人文素养培育工作。

国际化视野下高校社团建设与人才培养的跨文化思考

陈晓玥 郑先公
（武汉大学经济与管理学院）

大学，是研究学问、追求真理的地方，更是培养学生品性、提高综合能力的地方。在全球化浪潮的背景下，教育的国界正在逐渐消除，如何培养出具有国际意识，懂得国际竞争规则，拥有宽广视野和胸怀，能在世界舞台上博弈的精英人才，应当是值得我们教育工作者思考的一个问题。

近年来，随着素质教育的不断推进，学生社团及社团举办的各类丰富多彩的活动，凭借其选择的自主性、参加的广泛性，活动中渗透的世界观、人生观、价值观及集体主义、爱国主义教育等特点，已逐渐成为了高校传统思想政治教育工作载体的有益补充。随着国内高校学生社团的迅猛发展，学生社团在繁荣、活跃的背后也潜藏和暴露了许多问题。不久前，笔者有幸参加了武汉大学第五批辅导员赴美国高校见习培训项目，在美国亚利桑那州立大学（以下简称 ASU）进行了为期一个月的参观学习，充分感受到了以亚利桑那州立大学为缩影的美国高校宽松教育氛围之中，将学生社团视为一种生活教育，充分发挥学生社团丰富学生大学生活，培养学生个性和特长，提高学生创造力，获得道德和艺术发展，促进青年服务社会，使青年学会与人交往，追求快乐的人生观等重要作用，这些都给笔者留下了深刻的印象和无尽的思考。

一、亚利桑那州立大学（ASU）学生社团概况

亚利桑那州立大学（ASU）始建于 1885 年，位于美洲大陆西海岸的菲尼克斯市（Phoenix），与加州大学伯克利分校并称为西部的知识脊梁。它们与东部常春藤盟校比肩而立，占据着世界学术的前沿阵地。

ASU 拥有各类正式注册的学生社团 800 余个，社团大致分为宗教信仰、专业学术、公益服务、地域联盟、兴趣爱好五种类型。学生通过参加各类社团活动加深了彼此的了解，培养了团队意识，通过种类繁多的社团舞台展现了自我魅力，挖掘了自身潜能，同时也体现了美国高校注重培养学生建立从学校开始的校

友网的观念。多年来,众多的学生社团作为高校潜在的教育载体,已为美国政界、商界培养和输送了大批杰出的人才。

二、以亚利桑那州立大学为缩影的美国高校学生社团特点分析

(一)开放自由的社团发展环境,激发了学生潜能

以 ASU 为缩影的美国高校普遍十分看重学生的个性培养,任何学生都可以按照学校规范的章程申请成立自己的社团。这些社团在不违反法律的前提下享有充分自由的发展空间,学生可以自主管理社团,按照自己的设想规划社团的发展蓝图。

(二)规范合理的社团管理理念,培养了学生领导才能

以 ASU 为缩影的美国高校越来越多地关注全球化、国际化,当世界上的许多事情正变得越来越亲近的时候,文化差异仍然存在,然而更多的美国高校将这种情况视作培养学生的一种挑战,他们强调要把学生培养成不光是美国的公民,更要是世界的公民,他们引导学生更多地了解这个世界,拥有更敏锐的国际视野和强烈的国际意识。他们将人才培养的目标定位为培养能对社会起到积极影响,具备领导能力,能在世界舞台上博弈的精英人才。

1. 简约自由的社团管理模式

与国内高校学生社团大多接受校、院系两级管理不同,ASU 的学生社团管理是从专司学生事务管理的学生工作部直接到社团的一级管理体制,每一个社团只要求有指导老师,不存在挂靠单位的问题。同时,负责学生社团管理的部门和人员不是以领导者,而是以建议者与协调人的身份将 ASU 的教育理念与信息传递给每个学生社团,为社团提供指导和服务,决不干涉管理。在这样的模式下,社团的管理更多依靠的是学校规范的制度体系,而规范的制度在人人遵守的情况下便具有了效力和公信力,这种前提下的自由,为社团的发展注入了无限的能量与激情。

2. 平等独立的社团组织结构

ASU 的每一个学生组织都是相互平等、相互独立的。学生政府(student government)和其他学生社团一样,都属于学生社团中的一类,组织与组织之间不存在任何隶属关系。ASU 每一个社团的管理结构都非常清晰高效,拿学生政府来说,其体系几乎是美国政体三权分立的翻版。除此之外的每一个学生社团也拥有自己的核心领导机构。所有的社团完全实行学生的自主管理,这样的管理模式,弱化的是层级,体现是平等,展示的是个性,促成的是共荣。

(三)经费来源多元化格局,保障了社团运营

ASU作为一所公立学校,教育经费主要来源于联邦政府和州政府的拨款,而它的社团活动经费一般通过申请学校专项活动经费,社会团体、专项基金组织的捐助,杰出校友的捐赠和社团成员会费四种方式构成。在这四种方式中,校友的捐赠和社会团体或个人的捐赠占了大部分比例。值得一提的是,提供这些经费的人从来不过问钱是如何使用的。美国高校都十分重视学生归属感与自豪感的培养,使学生在离开校园后仍会心系母校,为学校发展尽自己的一份力量。翻阅ASU的校友捐赠史,校园的每一个角落都散发出校友对母校的感念,置身其中,那份莘莘学子对母校默默守望的感情会让每个人肃然起敬,而这种生生不息的精神应该就是这所学校文化的根基之所在吧。

(四)学校完善的软硬件资源传递着以生为本的发展理念

ASU为学生社团提供了充足的校内资源,例如位于ASU校内的一座典雅夺目、具有极高艺术价值的剧院(Grammge Auditorium),每年这里都会有很多世界级的艺术团体为ASU所有师生奉上高品质的艺术盛宴。如此高规格的艺术场馆依然平等地向ASU的学生社团敞开大门,学生社团可以在这里举行自己的专场演出。在ASU,很多学生社团都拥有自己的办公室、活动室,学生活动有专门的活动中心、俱乐部,同时大量可供学生社团展示的户外舞台,先进设施的会议室、教室均对学生免费开放。掩映在校园葱翠之中人性化的休憩之处等,这些都让我们感受到了这所大学的人本精神,让每一个置身校园的人都有一种归属感与责任感。

三、美国高校学生社团建设给予我们的启示

以ASU为缩影的美国高校学生社团,让参与其中的学生充斥着激情与梦想,懂得了创新和责任,也为美国社会培养了一批批优秀的政治、经济、文化领域的精英人才。这让我们意识到了新时代背景下社团作为大学生思想政治教育工作载体的育人功能和潜在价值。

(一)关于育才环境的思考

徜徉ASU校园,800多个学生社团作为ASU校园文化的重要载体,展示了这所大学的开放包容、自由民主、发展创新的人文环境。在那里,有关科学与艺术的交融,生活和情趣的贯通,比比皆是。大学仿佛是一个让云彩徘徊、诗人咏叹的精神家园。记得一位教育家曾经说过:"如果探索未知不是发自内心,科学的灵感注定会从身边擦肩而过"。所以,总结美国高校的育人理念,我们发现有利于创新人才成长、发展的文化环境,应当是宽容的,不要挤压;应当是真诚的,

不要虚假;应当是要多元的,不要一律;应当充满激情,远离浮躁;应当要简约,不要复杂。使参与其中的人感受快乐,让工作等于生活,让成功成为当然。

(二)关于人才培养的思考

我们所处的时代,不论你是否喜欢,变化都是一个关键词,有的人逃避变化,有的人适应变化,也有的人引领变化。世界一流的大学无不紧跟着时代的步伐,以崭新的眼光审视着世界的变化,调整自己人才培养的战略,引领着人才培养理念的变更。

1. 培养具有国际视野的学生

以 ASU 为缩影的美国高校越来越多地关注全球化、国际化,当世界上的许多事情正变得越来越亲近的时候,文化差异仍然存在,美国高校将这样一种情况视作培养学生的一种挑战,他们强调要把学生培养成不光是美国的公民,更要是世界的公民。他们引导学生更多地了解这个世界,适应多元化社会的需求,拥有敏锐的国际视野和强烈的国际意识。他们鼓励学生毕业后在自己所从事的领域推动社会发展和进步,甚至为全人类带来积极的影响。

2. 培养学生树立责任意识、服务意识

以 ASU 为缩影的美国高校学生社团非常注重学生的社会实践能力和服务意识的培养。美国的高校与所在城市以及所处社区紧密地联系在一起。服务社区,服务社会,为弱势群体提供帮助,是很多学生社团建立的初衷。

3. 精英化教育

美国人才培养的理念是培养学生在今后的主流社会中能够得到认可,能取得职业发展的成功,能够成为未来的领袖。领袖才能是决定人生成功的关键因素,社会需要有领导力的人才。以 ASU 为缩影的美国高校,对学生实行的是一种精英化教育,不论是从学校的课程设置,还是学生的发展环境,教育者总在不停地探索和改变。学校在传授基础知识的同时,致力于培养领导人,不仅是学术界的,也希望是社会的领军人物,去影响社会。同时,学校希望通过各种学生组织以及丰富多彩的社团活动,锻炼学生的领导能力、团队精神,使他们通过参与式的体验,更加专注于策略和领导才能的培养。相对于技术和专业知识来说,美国大学对于培养学生的思维方式或者思考能力更感兴趣。

4. 创新人才培养

ASU 与菲尼克斯市(Phoenix)的经济发展亲密无间,相伴相依。环绕 ASU 校区成立的 Skysong,应当被理解为未来高校科研与地方经济的一种组合模式,而这种良性循环,也让 ASU 成为了当地经济发展的动力源泉。学校每年会组织学生进行创业计划大赛,这点和国内的此类学生比赛非常相似。ASU 会把一些公司总裁、风险资本家、银行家请到活动中来,通过大赛选拔出有潜力的学生科研项目和团队,为学生提供充沛的资源让他们将自己的科研成果转化为实体,和我们的主要区别在于,选拔后续的孵化阶段,学校会与公司、风险投资机构以及银行之间形成合力,在设备业务、人力资源、智力资源、资讯业务方面通力协作,为新成立的公司提供强有力的支持。梳理很多美国大学的发展史,如与硅谷不可分割的斯坦福(Stanford University)、伯克利(University of California at Berkeley),我们都无法忽视美国高校在把科学技术转化为生产力方面的杰出作为。由此林林总总的大型实验室在美国高校应运而生,它承载了最尖端研究的重要功能,体现了高校的意义所在,真正将学生的创新培养落到了实处。

通过国际化视野下高校社团建设与人才培养的跨文化思考,比较中美两种教育哲学我们可以发现:美国灵活教育方式,有利于向新事物方向发展,推崇创新、勇敢、自信;而我们国家的教育方式则讲求扎实的训练,强调规范、静思和谦逊。讨论差异性不等于评价孰优孰劣,差异都有其深刻的历史背景、哲学基础、理论指导,存在即合理,我们无法颠覆,也无需简单复制,我想面对差异我们需要的是思考和改进。他山之石可以攻玉,作为教育者我们需要顺应历史发展的规律,去引领一种朝着正确方向发展的变化,去思考、去改进、去身体力行,心系学生,用科学的人才培养理念与方法引导我们的教育受众走向更好的未来。

关于地矿院校大学文化建设若干问题的思考

陈华文

[中国地质大学(武汉)党委宣传部]

地矿院校包括地质、矿业、国土、石油、海洋资源为特色的高等院校,这些院校都是为了国家经济建设之需而成立,多年来,在经济建设和资源勘探开发中,发挥了重要作用。地矿院校建校之初便深受地矿行业的影响,其办学使命中始终流淌着地矿行业的血液,地矿院校因地矿事业发展而壮大,与国家地矿事业发展同呼吸共命运,与地矿行业之间的文化交融格外密切,相互渗透,难以分割。加强地矿类院校的文化建设,既是地矿院校建设有特色、高水平大学的重要路径,又是培养高素质地矿人才、推动地矿事业可持续发展的必然要求。

一、地矿院校大学文化的科学内涵

大学文化是学校在人才培养、科学研究、社会服务等教育实践活动过程中所形成的师生共有的价值观念、行为准则的群体意识总和,体现了大学的内在品质和发展境界,反映了学校的办学理念、精神追求、思想道德水平,以及学校整体的精神面貌、教育管理水平。中国地质大学(武汉)作为我国地矿行业的重点大学,在学校建设发展60年的历程中,始终坚持用社会主义核心价值体系引领大学文化建设,将大学文化建设纳入学校事业发展的总体目标和部署,统一规划,统一建设,坚持以艰苦奋斗精神为内核、以地质元素为特点、以人文关怀为目标、以心理疏导为主导、以户外运动为载体,形成了具有时代特征、行业特色、学校特点的大学文化。

在综合性院校,学科设置丰富,人文社科学科优势明显,这给大学文化发展提供了先天基础,而地矿院校由于历史发展的原因,学科偏重理工,专业注重野外实践与动手精神,对大学文化的哲学思考有待加强。为此,地矿院校的大学文化要坚持科学精神与人文精神相结合,精神文化与物质文化相结合,发展共性与彰显特色相结合,继承行业传统与开拓创新相结合。

地矿院校的大学文化同其他类型大学文化相比较,具有自身的特点,主要特征有:一是专业性。从地矿院校的校名上都可以判断一所大学的专业特色,如矿业大学,其矿业勘探开发一定要占主导特色;石油大学,其石油科技势必为重点学科。鲜明的行业特色也是地矿院校长足发展的优势。二是实践性。地矿院校的多数学科,都具实践性强的特点,比如地质学专业,在野外采集岩石标本、地质调查、地质填图是必修课程,大学生很多专业知识依然在野外专业实践中获得,地质类、勘察类、石油类、海洋资源类专业大学生在实践教学中,磨炼了意志,培养了人与自然的深厚感情,这种感情深深影响大学文化的发展内涵。三是创新性。地矿院校的专业特点就是不断创新,只有在创新中科技才会不断发展,创新是大学生存和发展的动力,从某种程度上说,地矿院校就是为了传播科技知识和实现人类与自然资源可持续发展而存在,地矿院校大学文化的活力也在于创新。四是超越性。地矿院校虽然是社会的有机组成部分,但是大学不能甘于平庸,不能一切都向市场看齐,要追求卓越的学术精神,出污泥而不染,鄙弃世俗权贵,不能被行政化、平庸化、市场化所污染,因而地矿院校的大学文化应该具有超越性的特征。

二、地矿院校大学文化建设的路径

1. 继承地矿行业优良传统,凝练富有时代特色的地学文化

地质矿产工作曾经被毛泽东、刘少奇等党和国家领导人称为"建设时期的游击队员""现代化建设的开路先锋",培养出以地质学家李四光、"铁人"王进喜等为代表的一大批特别能吃苦、特别能忍耐、特别能战斗的光荣队伍。地矿院校在大学文化建设中,要传承地矿行业这些优良的传统和"三光荣"精神(即"以献身

地质事业为荣、以找矿立功为荣、以艰苦奋斗为荣")。20世纪90年代凸现出"热爱地质科学、献身地质事业"的科学精神、奉献精神,到新世纪以来彰显出"志存高远、克己奉公的人生境界""昂扬向上、发愤图强的精神风貌""坚韧不拔、求真务实的工作作风""简约朴素、吃苦耐劳的生活态度"。这些精神蕴含着职业理想、奋斗目标,是凝聚广大地学类专业学子献身地质事业的精神支柱,也是党的思想政治教育在地矿行业的具体体现,鼓舞地矿院校培养一代又一代地学工作者投身艰苦而又光荣的地质事业中去。

地矿院校要进一步弘扬地矿行业的优良传统,根据时代发展的诉求,凝练有行业特色的地学文化。根据一些学者的研究,地学文化的定义可以综合概括为:地学文化是人地关系发生、发展过程中,人类认识地球、利用环境、调整人地关系所产生的文化形态,它协调人与自然和谐共存,谋求人类可持续发展。中国地质大学(武汉)是一所以地学为主、多学科适度综合的学校,建设地球科学领域世界一流大学必然要有一流的地学文化相支撑。在建设高水平特色大学的过程中,全校师生秉承形成"艰苦朴素、求真务实"的校训精神,就是这所大学特色文化之魂。围绕富有特色的地学文化,以地学文化节为抓手,以地学文化论坛、资源科技论坛、工程文化节、环境文化节、珠宝文化节等为载体,大力开展文化活动。

如果地矿院校办学特色不明晰,培养的学生在专业学习和职业生涯设计中就没有特色,进而使得学校失去竞争力。建设地矿院校的特色文化,要围绕学校办学方向做好发展定位。在此基础上,不断探索高等教育的办学思想、育人理念,形成自己的个性风格,从而形成独特的学科特色、专业特色、教学特色,最终形成有特色的大学。

2. 发扬艰苦奋斗精神,构筑地矿院校大学文化之魂

地矿行业和其他领域工作相比较而言,工作地点一般在环境艰苦的野外。由于工作地点的特殊性,地质工作者逐渐培育出特别能吃苦、特别能战斗的人生豪情。地矿院校在大学文化建设中,加强艰苦奋斗精神显得尤为必要。中国地质大学(武汉)曾经作为单一的以地质教育为特色,以培养高级地学人才为中心任务的地质院校,经过长期的学科积淀和文化累积,形成了富有地学智慧和地质大学校园文化个性的大学精神,即艰苦奋斗精神。艰苦奋斗是学校的优良传统和办学治校的法宝,是大学文化建设的显著特色。多年来,学校始终将艰苦奋斗精神作为立校树人之本,用"艰苦奋斗"的大学精神构建校园文化之魂。

艰苦奋斗的大学精神是校训"艰苦朴素,求真务实"的精神内核。艰苦奋斗精神作为大学文化的基本价值取向,影响和教育了一代又一代地大学子,已经成为凝聚、激发和引导一代代地大人为实现学校的发展目标和教育理想,自强不息、努力奋进、立志成才的重要精神力量,艰苦奋斗的大学精神融入了学校人才

培养各个环节和过程之中。学校坚持把弘扬艰苦奋斗精神贯穿于大学文化全过程,融入人才培养目标和人才培养模式之中。

学校在专业教育和德育工作中,坚持把弘扬艰苦奋斗精神作为主题,培养学生艰苦朴素、求真务实的人生态度、生活作风和探索进取精神。以"挑战自我、超越极限、团队精神、增强自信"为宗旨,中国地质大学(武汉)率先在全国高校开设"野外生存体验"公选课。该课程开展包括攀岩、岩降、丛林穿越、野外觅食、扎筏过涧、野外自卫自救等锻炼,培养学生克服困难、坚韧不拔的品质和团结友爱、相互合作的集体主义思想和组织纪律性。此外,学校还开展攀岩、登山、拓展训练等户外运动等选修课程。在培养学生坚韧不拔、不怕困难的品质和挑战生理极限方面发挥了重要作用。学校号召教师学习我国杰出的地质学家、地质教育家池际尚院士,学习她教书育人、深入实践、甘于奉献的崇高精神;充分发挥教师在校园文化中的主导作用,建设师德文化,教师即当"经师"又做"人师",育"道"于业;号召学生学习我校优秀毕业生张国旗,学习他扎根基层、耐住清贫、为民服务的人生境界。

3. 倡导科学钻研的"钉子"精神,弘扬勇于攀登的学术文化

地矿院校和其他类型大学一样,都是研究学术的殿堂,学术文化是体现地矿院校办学水平的关键指标,同时,学术文化也直接影响大学的综合实力和社会影响力,因此,大力弘扬以科学钻研精神为核心的学术文化,是地矿院校大学文化建设的基本内容。学术文化建设首先是要发扬学者教授持之以恒、刻苦钻研的品质。中国地质大学(武汉)云集了一大批德才兼备的学术精英,在不同的历史时期,为国家自然资源勘探与研究作出了贡献,他们高尚的人格、严谨的治学精神,成为学校宝贵的精神财富。

以殷鸿福院士等人为代表的三代地质人,围绕古生物地层学当中划分二叠纪—三叠纪成型剖面的岩石研究,呕心沥血进行二十多年潜心研究,最后将标志性的"金钉子"定址中国长兴。学术方面取得的成绩,与倡导攻坚克难、勇攀科学高峰的学术理念是分不开的。目前,该校围绕学术文化中的"金钉子"精神进行深入挖掘,提炼其深刻的精神价值。此外,学术文化需要"百家争鸣、百花齐放"。学术的进步正是通过不同观点的交流和碰撞,从而去伪存真,促进相互间的发展。

在学术指导思想上,要把握社会主义先进文化的发展方向,牢记学术发展的最终目的是为祖国和人民服务。在弘扬学术文化中,地矿院校还要通过各种形式,有计划地开展国际间的学术交流,以此提高师生的专业水平,扩大知识视野。

4. 结合地矿专业学科特点,拟定切实可行的文化制度

制度文化作为大学文化的内在机制,包括学校的传统、仪式和规章制度,是地矿院校大学文化建设的保障系统。中国地质大学(武汉)为了抓好大学文化建

设，出台一系列文化建设方案，从规章制度上为大学文化建设提供政策依据。目前推出的《校园八大文化工程建设实施方案》，为大学文化建设提供了蓝图。八大文化工程分别是：精神文化建设工程、学术文化建设工程、地学文化精神工程、摇篮文化建设工程、网络文化建设工程、体育文化建设工程、廉政文化建设工程、社区文化建设工程。八大文化工程从制度程度上涵盖了大学文化建设的方方面面，整体突出德育、智育、体育、美育齐头并进、协同建设的目标。

大学制度文化建设，要把保障学生、教职工合法权益放在首位。地矿院校要进一步完善教职工代表大会、工会等机构的职能，使得广大教职工参与到学校建设发展中，使得每个教职工成为学校的主人。中国地质大学（武汉）本着服务学生的理念，长期以来举办"校领导接待日"，使得学生和学校领导以及职能部门负责人面对面交流，针对学习、生活、求职中的问题进行沟通，学校积极主动解决学生成长中面对的诸多困难。

此外，学校的心理咨询室、"辅导员之家"，以制度的方式，保障大学文化的发展。在组织机构和队伍建设的过程中，管理者与被管理者应建立起平等、开放、和谐的组织机构模式。

5. 科学规划设计校园环境，打造富有地学特色的文化景观

大学物质文化承载于大学的物质基础，内化于校园的每一个角落，是地矿院校得以存在并长期健康发展的依托。作为客观存在的物质，大学物质文化能为师生的感官所接触，具有直观形象的特点。科学规划校园环境、建设优美的校园景观，是物质文化建设的重点。校园环境建设方面，要注重统筹规划，建设内涵丰富的文化实施，使校园的楼堂馆所、山水路桥洞等达到使用功能、审美功能和教育功能的完美统一，从而使得校园任何角落都是师生学习、工作、生活的家园。在校园布局方面，建筑设施、树草绿化、名人雕像等，都应该给人一种庄严整洁、朝气蓬勃之感，使人进入校园后，感到精神振奋，产生刻苦学习的愿望。此外，置身于环境优美的校园，还可以陶冶情操，启迪思想，使师生对学校建设与发展产生普遍的认同感。

中国地质大学（武汉）实施的"学校历史人文景观建设工程"，探讨文化育人新理念，打造校园人文新景观。在校园环境规划建设中高度重视培植校园环境的历史文化内涵，注重做好校园文化设施、校园景观等的建设与规划，目前学校已经形成摇篮、化石林、地质人塑像、黄河第一浪、院士长廊、地大隧道、山峡坝基岩心等一批地学文化为主题、反映学校历史文化底蕴和重大成果的人文景观带，激励学生爱国爱校、刻苦学习、奋发向上。此外，还设计建造了一批高品位、有特色、与学校整体环境氛围相协调的教学楼、图书馆、体育馆，展现了学校精神风貌和校园特色。通过组织师生员工广泛参与校园楼宇、道路、景点的规划、建设、命

名以及管理工作,增强了大学生的主人翁意识和对校园文化环境的认同感。学校完善的设施、合理的布局、各具特色的建筑等和谐的人文景观,潜移默化地让师生受到熏陶,激发了师生的进取精神。

在新时期,地矿院校的大学文化建设是一项内容丰富、意义深远的系统工程,需要结合学校的实际科学规划,正确认识大学文化的科学内涵,探索有理工特色的文化建设路径。地矿院校大学要按照《中共中央关于深化文化体制改革推动社会主义文化发展大繁荣若干重大问题的决定》,切实加强学校物质文化与精神文化建设,弘扬优秀文化成果,崇尚科学,追求真理,开拓创新,使新时期大学文化建设朝着正确的方向发展,为推动社会主义先进文化建设作出新的贡献。

新中国成立以来高校校园文化建设的基本经验

张 廷

(武汉科技大学党委宣传部)

党的十七届六中全会提出:"认真总结我国文化改革发展的丰富实践和宝贵经验,研究部署深化文化体制改革、推动社会主义文化大发展大繁荣,具有重大而深远的意义。"高校校园文化作为社会文化的一个子系统,在社会先进文化的发展中起着重要的引导和辐射作用。新中国成立以来,高校校园文化坚持在改革中探索,在继承中创新,在实践中发展,取得了显著成效,不仅作出了重要的贡献,而且积累了丰富的经验。

一、新中国成立以来高校校园文化发展的历程

1. 高校校园文化的初创时期

1949—1966年是过渡时期和社会主义建设初期,为了弘扬社会主义文化,当时的指导思想是要求青年学生做到又红又专、德智体全面发展,登上爱国主义、社会主义、共产主义的"三个台阶"。此时的校园文化健康积极,引人上进,广大师生与祖国同呼吸共命运,努力把青春和知识献给伟大的共产主义事业,"我是党的一颗螺丝钉,哪里需要去哪里"——这是当时那一代人的座右铭。校园文化还学习与效仿苏联模式,保尔·柯察金等英雄形象激励着千千万万的热血青年。20世纪50~60年代,大学毕业生成为社会主义建设的中坚力量,重要原因就是当时校园文化发挥了巨大的作用。当时的校园内弥漫的是一种"牺牲小我,奉献国

家"的精神氛围,从上到下一鼓作气为建设、搞建设,此番景象催人奋进,净化心灵。

2. 高校校园文化的曲折发展时期

在1966—1976年的"文化大革命"时期,校园文化遭到严重破坏。毛泽东发出的"五七指示"和党的八届十一中全会通过的决议,都明确地要求学生"学工、学农、学军",要随时参加批判资产阶级文化的革命斗争。由于"停课闹革命",许多学校被关闭,"读书无用"的思想在校园中盛行。此时的校园文化被扭曲,被无休止的政治狂热和无情的批判斗争所取代。接着,青年学生上山下乡,到"广阔天地"里接受贫下中农"再教育";教师被贬为"臭老九",有的甚至被关进牛棚,离开工作岗位去"劳动改造";到后期,高等院校几乎停止了招生,校园文化几近被扼杀。这个时期对校园文化的破坏是惨重的,师生无心也无力从事科学知识的传授与学习,高校变成重灾区,成为大字报、大串联、个人崇拜、派性斗争的策源地。整个校园人心惶惶,人员稀少,昔日传承文明的文化教育功能已不存在,取而代之的是一片狼藉,校园文化成了造反文化。

3. 高校校园文化的发展时期

(1)自发恢复阶段(1978—1985年)。党的十一届三中全会以后,即20世纪70年代末80年代初,我国政治、经济、文化、教育等各个领域相继拨乱反正,开始重新走上正轨并不断发展。这一时期,我国高校校园文化开始恢复,并得到了一次飞跃性的发展。一是"读书热"兴起。广大学生十分珍惜来之不易的学习机会,求知若渴,成才意识强烈,道德风貌良好。二是"第二课堂"活跃。这个时期大学生在抓好课堂学习之外,还积极结合专业开辟"第二课堂",组建各种学习型社团组织,认真参加各项社会实践活动,如北京大学1982年2月组织了"百村调查",1984年组织赴青海"学习服务团",社会反响良好,全国各高校大学生掀起了社会实践的热潮。当然,这个时期的高校校园文化只是以一种自发和分散的形式出现的,尚处于萌动恢复期。

(2)探索调整阶段(1986—1991年)。1986年4月在上海交通大学举行的第12届学代会上明确提出了"校园文化",这标志着高校校园文化建设由最初的萌动自发恢复阶段进入到自觉有组织探索阶段。高校校园内诸如书画、摄影、集邮、音乐、气功、棋牌各类协会、俱乐部等学生社团如雨后春笋般地建立起来了,各高校纷纷组织开展各类校园文化节,极大地活跃了高校的文化氛围。也正是这个阶段,商品文化、非理性思潮开始冲击和涌入,立志成才的追求让位于物质的实惠,高校校园出现了萨特热、弗洛伊德热、尼采热等,一些大学生思想混乱,并最终导致了1989年春夏之交的政治风波。之后,大学生的情绪和价值倾向发生了很大转变,他们参与改革的热情大大降温,高校校园文化进入了一个相对沉寂的阶段。这一时期,思想教育引导开始加强。1989年政治风波促使人们冷静反思，也促使人们更清醒地认识到校园文化建设的重要性。随着高校德育和思想政治教育工作的全面加强，校园文化建设出现了可喜的发展势头，尼采热、西方热很快被1990年后再度兴起的"传统文化热""马列热""毛泽东热""学雷锋热"所取代，高校学生社团活动也开始逐渐复苏。

(3)健康发展阶段(1992—2003年)。20世纪90年代以来，各高校在总结经验、吸取教训的基础上，普遍加强了对校园文化发展的引导和管理。具体来说，主要有以下两个特点：一是党和国家高度重视。1992年10月党的十四大报告中提出搞好校园文化的建设，1994年8月中共中央《关于进一步加强和改进学校德育工作的若干意见》指出"重视校园文化建设。要大力开展学生喜闻乐见的丰富多彩、积极向上的学术、科技、体育、艺术和娱乐活动，建设以社会主义文化和优秀的民族文化为主体、健康生动的校园文化"，从而将校园文化建设提到了学校德育工作的重要议事日程。二是校园文化与社会文化的互动融合不断增强。各高校在履行传统的人才培养、科学研究使命之外，还更加重视发挥社会服务功能，科技创新、社会实践、青年志愿者等活动层出不穷，如从1997年开始开展的高校文化科技卫生"三下乡"活动，对推动农村文化建设、改善农村社会风气起到了非常重要的作用。

(4)全面深化阶段(2004年至今)。2004年8月中共中央国务院颁布了《关于进一步加强和改进大学生思想政治教育的意见》(中发[2004]16号)，文件明确将校园文化建设作为新形势下加强大学生思想政治教育的有效途径；同年12月，教育部、团中央又专门颁发了《关于加强和改进高等学校校园文化建设的意见》。这一阶段的校园文化特点表现在以下两个方面：一是校园文化建设日益规范化。各高校普遍重视校园文化建设，自觉将其纳入学校发展的总体规划，从指导思想、主要目标、主要内容、建设途径、组织领导等方面对校园文化建设进行了全面部署。二是校园文化建设全方位推进。各高校不仅重视开展丰富多彩的校园文化活动，而且在校园自然人文环境、校园文化设施的规划建设，校园文化组织架构和规章制度的建立完善，以及校风、校训、校歌、校徽和高校形象识别系统等这些反映校园精神的载体的建设与推广等方面也投入了大量的精力。

二、对高校校园文化发展历程的总结

(1)高校校园文化与政治形势、经济发展、主流文化有关。校园文化看不见、摸不着，却支撑着高校的脊梁。它潜移默化，影响和造就着高校的文化品格。它不仅对高校的发展起重要作用，也是社会先进文化的重要内容。校园文化受到社会主流文化、政治形势以及经济发展程度的影响，其中，民主平等、政治开明的政治环境，校园文化必定以此为基调。社会主流文化所关注的热点，必定会立刻在校园文化中找到相应的反应。建国60年来,校园文化的发展始终遵循着这一历史规律。在建国初期,校园文化的内容与表现形式,都紧跟社会主义建设的需求与发展步伐;在"文革"时期,校园文化遭到严重破坏的主要原因为当时整个社会的主流思想是打倒资产阶级知识分子;改革开放以来,社会发展需要人才,知识成为坚实的力量,高等教育备受国家领导重视,校园重新燃起希望,校园文化日渐发展。

(2)高校校园文化发展曲折,需要引导与管理。高校校园文化不是纯粹自发形成的,需要引导与管理。如果校园文化呈恶性发展趋势,师生员工就可以通过某些措施扭转不良校园文化的蔓延及发展。建国初期,社会主义事业取得伟大成就,主要在于正确引导了大学生积极投身社会做贡献。"文革"时期如果能对狂热的政治激情加以适当疏导,对校园文化的影响就会缩小。20世纪90年代初,高校校园文化出现"经商热"时,学校建立起一套正确引导"经商热"的制度与理念,让该现象不至于朝不符合大学精神的方向发展,让师生理性与冷静地对待。进入21世纪以来,校园文化受到了各种挑战,多元文化渗入高校,有些腐朽文化严重影响了大学生的成长成才,高校领导积极引导与管理,创建文明校园新氛围,对于多元文化采取包容继承的态度,把握好校园文化发展的主流方向。对于教育部门和学校来说,抓住当前的有利时机,针对校园文化建设的新情况和新问题,及时采取对策,引导和支持校园文化健康发展,是加强校园文化建设的关键问题。

(3)高校校园文化越来越注重以人为本。作为一种"无声教授"和"潜在的课程",校园文化提供着大学教育的精神养料。它时时处处以充满文化灵性的气韵,潜移默化地熏陶着每一个"校园人"。综观建国60年以来校园文化的发展轨迹,它越来越注重学生自身的全面发展,越来越重视学生个人与社会的协调和谐发展。坚持以人为本,促进和谐,必然成为高校各项文化活动的出发点和归宿。我们要着眼于大学生的心理和生理特点,探索和创新校园文化建设的新思路。首先,文化活动要服从于大学生健康成长的需要。要在坚持校园文化建设一般规律的基础上,定位好校园文化建设,在各种文化活动中提高大学生的综合素质,促进大学生身心和谐。其次,要善于激发大学生建设校园文化的活力。高校要以学生为本,尊重学生的主体地位,激发他们参与建设校园文化的创造力。再次,校园文化活动要确立全面发展的教育模式。校园文化建设必须善于将科学知识和人文知识有机结合起来,各种文化活动的开展都要面向全体学生,最大限度地满足全体学生的文化诉求,使每个学生都能在校园文化中找到发展自己、完善自己的空间和渠道。

三、新中国成立以来高校校园文化建设的基本经验

(1)坚持马克思主义为指导,把握好时代主旋律。我国是一个社会主义国

家,我国的主流文化是具有中国特色的社会主义文化,校园文化建设是有中国特色社会主义文化建设的一个重要组成部分。坚持马克思主义指导思想,弘扬社会主义、爱国主义和集体主义的主旋律,提倡多样化,是社会主义校园文化建设自身发展的内在要求,也是保证校园文化建设社会主义性质的题中应有之义。校园文化建设的实践已经证明,只有坚持马克思主义理论对校园文化建设的指导,通过健康的精神食粮、文明的活动方式、昂扬的校园精神、良好的校园环境去影响师生员工的思想、行为和生活,才能牢牢把握校园文化建设的正确方向,不致使错误思潮和形形色色的错误观点对青年学生产生误导。高校校园文化建设必须保证校园文化沿着主流文化这一正确方向发展。

(2)坚持立足学校实际情况,建设个性校园文化。高校是培养高层次人才的教育组织,高等教育有其固有的办学规律,有着比较相近的培养目标,也有着相近的学校制度。因此,高校的校园文化存在着较多的共性。然而,从另一个角度看,虽然同为中国的高等学校,每个学校的创办背景、历史传统、办学条件、专业设置都不尽相同,其领导班子、教师队伍、学生构成、地域特征也不相同,因此,各个学校在基本价值观、基本信念、行为规范上又表现出不同的个性。校园文化的个性是校园文化的生命,失去了个性,就会失去活力,也会失去对师生员工的吸引力和凝聚力。各高校在校园文化建设过程中,坚持立足本校实际,努力建设富有本校个性的校园文化。要大力弘扬学校的历史文化传统,突出学校的专业特色,反映学校领导的个性风采。要突出学校的办学性质和学科特点,建设具有专业特色的校园文化。

(3)坚持以校园文化为载体,加强改进高校德育。寓德育于校园文化的思想教育活动中,把社会主义核心价值体系教育融入校园文化建设的全过程。通过升国旗、放电影、开展知识竞赛,邀请老红军和模范人物作报告等形式,激发师生的爱国热情和民族自尊心、自信心。寓德育于校园文化的理论教育活动中,引导学生用科学的理论武装头脑。通过党校、团校、大学生马列主义研究会,组织学生学习马克思、恩格斯、列宁、毛泽东著作和中国特色社会主义理论,促进学生学习马克思主义理论活动的广泛开展。寓德育于校园文化的文化教育活动中,广泛开展群众性文体活动,寓教于乐。利用课外活动时间大力开展丰富多彩、积极向上的文化教育和娱乐活动,使每个学生都受到不同程度的锻炼和提高,形成高尚的思想、美好的心灵和良好的人格。寓德育于校园文化的实践教育活动中,让学生在实践中体验生活,增长才干,健康成长。通过组织学生参加志愿服务、勤工俭学、军事训练、社会调查等活动,增强他们的社会责任感,树立正确的世界观、人生观和价值观。

(4)坚持党的统一领导部署,形成齐抓共建格局。校园文化建设是一项系统工程。实践证明,坚持加强党对校园文化建设的领导,形成学校党政领导、各有关部门齐抓共建的工作格局,在校园文化建设中形成合力,是搞好校园文化建设的组织保证。学校领导班子是校园文化建设的设计师,要充分发挥其在校园文化的形成过程中发挥着引导、推动、示范作用。教职工队伍是校园文化建设的主导力量,要加强教职工队伍的教育和管理,注重培养教职工对校园文化的认同感,把校园文化建设与广大教职工的事业、生活紧密联系在一起,激发他们的主体意识和创造精神。政工队伍是校园文化建设的排头兵,要充分发挥其在帮助学生把握政治方向、提高道德水准中的作用,引导学生身心健康发展。学生骨干队伍是校园文化建设的依靠力量,只有充分发挥他们的桥梁纽带作用,校园文化建设的各项措施才能落实,也才能实现德育的目标和要求。

(5)坚持校园环境综合治理,不断优化育人环境。环境是人们赖以生存和发展的自然条件和社会条件的总和,只有不断改造旧环境,努力创建新环境,坚持校园环境的综合治理,才能优化校园环境,更好地发挥环境育人的作用。一方面,切实加强物质环境建设。在校园基本建设上舍得投入,加大绿化、美化、净化校园环境的力度,从本校的历史传统、培养目标出发,建设具有学校特色和时代特色的文化环境,使学生在这样的文化环境中不知不觉受到熏陶,激发学生的荣誉感和上进心。另一方面,高度重视校园文化精神环境建设。通过开展各种校园文化活动,如开展教书育人、管理育人、服务育人活动,吸引师生员工积极参与,激发他们的主动性;发挥交叉学科、复合型学科、人文社会科学专业在素质教育中的积极作用,营造有利于创新人才成长的氛围,丰富学生课余生活,使文理科学生平衡发展,全面提高学生的综合素质。

大学的文化传承创新功能新论

吴云龙

(江汉大学)

一、从胡总书记讲话中肯定文化传承创新是大学重要功能

1. 大学的三项基本功能

教育的基本功能是促进人的发展和社会的发展,大学作为一种培养人、教育人的专门机构,究竟应该具备怎样的功能?当代大学是如此包罗万象、博大精

深,它对当今的社会作出了方方面面的贡献,几乎从所有的层面上推动着文明的传播和社会的进步,想要一言以概括大学的功能非常困难。但是不管大学怎么变化、大学的功能怎么演变,却"万变不离其宗"。根据我国《2010—2020年国家中长期教育改革和发展规划纲要》(以下简称《纲要》)的指示,结合大学自古以来的发展和内涵,可以总结出大学理应具备三个最基本的功能:培养人才、科学研究、服务社会。

2. 胡总书记讲话肯定大学"第四种功能"

随着时代的发展和社会的进步,除了以上三项功能之外,大学"第四项功能"越来越受到社会的重视和认叮,那就是文化传承创新的功能,包括对优秀文化精华的选择、整理、传递、保存,以及通过教育和科学研究更新和创造文化的功能。对于这一功能应不应该成为我国大学规定的功能和办学目的,还一直存有争议,众说纷纭。2013年4月24日,在庆祝清华大学建校100周年大会上,中共中央总书记、国家主席、中央军委主席胡锦涛发表重要讲话,在讲话中,胡总书记明确指出:"全面提高高等教育质量,必须大力推进文化传承创新。高等教育是优秀文化传承的重要载体和思想文化创新的重要源泉"。从胡总书记的讲话中可以看出,高等教育对于一个民族的文化继承和创新有着十分重要的作用。这样的指示进一步确认了"文化传承创新"应该是我国大学的重要办学宗旨和功能之一,既充分肯定了高等教育在文化传承创新中的重要地位,也对高等教育在国家文化发展战略中的作用提出了新期待。

大学从本质上说都是面向未来的,以人格养成、全面发展和传承文化、造福人类为自己追求的目标。文化的凝聚、辐射、交流和创造在大学里时时刻刻都在发生。我们要积极发挥大学文化传承和创新的功能,扬弃旧义、创立新知;扬长避短、与时俱进地利用大学资源,发挥大学优势,为国家和民族的文化建设和文化繁荣贡献力量。

二、从另一种视角分析大学文化传承创新的意义与内容

(一)文化、大学文化、大学需要传承创新的文化

什么是文化?文化是一个非常广泛的概念,有关"文化"的各种不同的定义至少有两百多种。笼统地说,文化是一种社会现象,是人们长期创造形成的产物;同时又是一种历史现象,是社会历史的积淀物。梁漱溟把文化的特性概括为:"文化并非别的,乃是人类生活的样法""生活上抽象的样法是文化"。可以看出,文化的定义无论怎样变化,都离不开一个"人"字,"以人为本"是大学文化传承创新的根本和基础。

在文化概念的衍生基础上,有的学者认为"大学文化是大学思想、制度和精

神层面的一种过程和氛围",或者"是教师、学生和管理者共同传承和创造的精神成果的总和,是一所大学赖以生存和发展的重要根基和不竭动力,是大学的精神和灵魂"。

这里需要明确的是,大学文化绝不等同于大学需要传承创新的文化,前者只是后者的一部分。大学所要传承创新的文化应该是在长期的沉淀、凝聚和发展基础上形成的国家和民族的优秀文化,它所蕴含的思想价值应该是注重人格、注重伦理、注重利他、注重和谐的;是蕴涵着天下兴亡、匹夫有责的爱国传统,天地之间、莫贵于民的民本理念,以和为贵、和而不同的和合思想,革故鼎新、因时而变的创新精神,富贵不淫、威武不屈的高尚气节等。

同时,大学传承创新的文化应该是继承和发扬了中华和谐思想理念的和谐文化,是"属于社会主义形态范畴""是中国特色社会主义文化的重要组成部分",是为了和谐校园、和谐社会、和谐中国、和谐世界的建设服务的文化。

(二)大学文化传承创新功能的意义

文化是民族精神的结晶,是民族凝聚力与创造力的源泉,在当今社会,它已成为一个国家经济社会发展的主要支撑,是国家综合竞争力中软实力的主要支撑。从《周易》"观乎人文,以化成天下"的说法开始,即注定了教育与文化传播密不可分的关系。

中国大学精神的源头正是中国几千年的文化。北大"兼容并包,思想自由"引用自《史记》《中庸》;西南联大、中央大学的"刚毅艰卓""诚朴雄伟"则分别源自阴阳家学说和《中庸》……中国大学精神不是无源之水,无本之木,它是以中国固有文化中的"士志于道""明道济世"为根本,吸纳包括古希腊哲学、中世纪大学理念在内的人类多种文化的共同体。任何研究中国大学精神所必须考察的源头和发展过程,就是中华民族的文化发展史。

文化造就了大学精神,大学自然也要肩负起传承和发扬这种文化的使命。一个国家和社会能不能健康发展,关键在于人的发展。而大学正是培养人的地方。大学在人的发展中具有重要作用,它要培养人才,而人才的本质是人,仅培养有"才"之人,而不培养德才兼备之人,就失去了大学的真谛。现代化本质上要实现人的现代化,而不仅仅是物的现代化。人的全面发展,必须具有文化底蕴;社会的创新进步,必须具有文化支撑。所以,于国家、于社会、于个人,在传播面、传承度、延续性等方面,大学在文化传承上所起到的作用都意义深远。

(三)从"大学内涵"视角看文化传承创新的内容

大学所要传承创新的文化,起源于历史、发源于社会、来源于精神,但其根源还是在大学。大学内涵所包括的文化内容既是大学的精髓,也是大学乃至整个社会所提倡和颂扬的,所以我们在探讨大学文化传承创新的内容时,不妨从大学的内涵角度来分析。

1."大德"的文化

大学之大,须有大德。德为做人之本,也是社会正气的根本。以德为先,在大学内形成高尚的道德风范,让大学成为引领社会道德正气之源,是大学文化培养所应追求的目标。大学是道德高地,要承担民族的责任。大德的文化,是师生同德,德才兼备的文化。

中国传统文化中关于"德"的论述屡见不鲜,《论语》中孔子曾多处将君子和小人放在一起比较,君子在儒家思想中几乎就是完美人格的象征。今天我们生活在距离春秋两千多年的21世纪,即使沧海都已变桑田,但不变的就是人的根本——德行。德高为师,身正为范,真正的大师首先要具备高尚的道德情操,才能为学生所敬佩,被学生所效仿。另一方面,大学要有意识地培养学生的"大德",要建设以德为氛、彰显正气的校园环境。在大学校园理应营造知书达理、诚信明理的氛围,让"先做人,后做事"这句看似简单却意义深刻的话真正被付诸实践。将"大德"的文化贯穿在大学教育之中,国家的希望、民族的脊梁才会永远挺直!

2."大师"的文化

大学之大,必有大师。正如原清华大学校长梅贻琦先生所言"所谓大学者,非谓有大楼之谓也,有大师之谓也",大师是一所大学的灵魂。大学所有文化的积淀、思想的迸发、理论的进步、教学的提升,均源于大师、始于大师。

"没有一流的师资队伍,不可能建成一流的学科,培养一流的人才,完成一流的科研成果"。好的大学,因好的大师而名闻天下,也用丰沃的"土壤"培育着越来越多的大师;好的大师,因好的大学而不断自我发掘,也用深刻的思想将大学的文化内涵不断深化。所以,在大学内营造大师问学、博学、治学的文化氛围,用大师的魅力和影响力传承经典文化,寻找新的文化方向,对于文化的发展具有非常重要的意义。

3."大量"的文化

大学之大,总有大量。大量之大,在于包容。大学本就是百家争鸣、百花齐放之地,大学师生都应有包容理解之心和广阔的胸怀肚量。对人、对事、对物、对大学、对社会,大量之心都是必需的。"海纳百川,有容乃大",广泛地吸收各家思想之精华、虚心地接受来自方方面面的建议,大家共同进步、互助成长,这是中华文化所提倡的。

大量之"大"体现在思想上,鼓励不同思想的自由思考和交流碰撞;体现在个性上,提倡要有宽容之心,以包容的态度去面对相异的观点和志趣,以谅解的心态去对待别人的过错和冒犯,学会与多样化性格的人相处与合作;体现在发展上,强调要全面考虑各项因素和各种需要,凝聚人心,汇聚智慧,从大格局和大视野出发,将发展的眼光全面铺开,既重视共性培养,也重视个性提升。在"大量"的文化氛围下,形成全面发展又特点鲜明的繁荣文化景象。

4."大道"的文化

大学之大,恒有大道。大道之"大",在于理念,在于思想,在于作为,更在于发展。一所大学,一个国家,一个民族,不论大小强弱,都必须有自身的"道"。孔子曰:"君子务本,本立而道生",对现代大学而言,"大学重人,人立而道正"。不同类型的大学,具有不同的精神理念、办学思想和人才培养目标,它是一所大学长期积淀的智慧结晶。但大学说到底是育人之地,因此任何大学的大学理念,都应建立在对人的尊重和理解之上。对于社会的发展而言,亦是如此。

《易经》曰:"形而上者谓之道",《尔雅》曰:"一达谓之道"。大学所传播的"大道"文化应也包括这两方面,即思想哲理和行动作为。在大学里,有充足的时间来广泛而深刻地思考人生哲理,丰富而真实地体验人生轨迹,这是大学的任务,更是大学给学生发展提供的机会。在大学里对自己的思辨水平进行提高,培养仁厚卓越的品质和为人处世的能力,是大学给它的学子们传递的文化之道,也为学生指明了走向社会、成人成才的"康庄大道"。

5."大人"的文化

大学之大,应有大人。国家的发展,文化的继承,需要有知识、有担当、有责任感、有奉献精神的青年,而这样的青年就是我们称之"大人"者。在大学这个使人成就为"大人"的学府,"大人"非仅以年龄为准,更以思想和行为为准。从通俗释义来看,大学生具备了完全的民事行为能力,要为自己的所作所为负责。在大学传播"大人"的文化,对于学生社会责任感和主人翁意识的培养意义重大。

成熟的思想、意志、心理和行动,这是为"大人"的基础,也是大学文化所造就的学生基本素质。有了这些基础,才能追求"成人之大"——独立地判断辨识能力和是非观念、明确的人生目标和情感方向、自我培养的能力和自我坚韧的生命力等。这些综合素质体现了大人之"大"的所在。同时,大学生绝不能仅仅是关注局部知识领域的狭小专门之才,而是要成为懂得用博大的胸怀关怀人世、社会、国家与文明传统的"君子大人"。大学文化传承创新的功能若能成就大量此等人才,实为国家之幸,民族之幸。

三、从新时期背景下寻找大学文化传承创新的新途径

(一)大学文化传播的主要方式

要想充分实现大学文化传承创新的功能,既要有思想作指导,也要有方法做

支撑。在大学进行文化传播的传统方式主要有以下几种。

1. 课堂教学

课堂始终是大学传播文化的主阵地,老师把文化因子融入到教学内容中,在这里为同学们传道授业解惑,把文化的种子播在每个人心间。学生在不同的课堂吸收不同的知识,领悟不同的文化魅力。一教一学,教学相长,经典文化在这里得到继承和发扬。

2. 学术讲座

除了在主课堂的学习之外,大学里大量的学术讲座也给文化传播提供了广泛的平台。来自不同地方、不同领域、不同研究方向的专家、学者,在大学校园里进行学术交流研讨,使百家文化得以争鸣,也使同学们学会辨别、甄选,去粗存精,学习和吸收不同的文化经验。

3. 校园文化活动

文化节、读书节、诗歌比赛、书画大赛、演讲辩论……各种校园文化活动用独特的魅力吸引着众多的学生参与其中,影响和感染着越来越多的青年。优秀的校园文化活动在培育学生成长成才上犹如春风化雨,润物无声。丰富而精彩的校园文化活动对于推进高等教育改革、加强青年学生思想政治教育、全面提高青年学生的文化修养和综合素质,具有十分重要的意义。

4. 课外实践

大学文化传承的实现场所不应仅限于校内,大学生走出校门,广泛地参加社会实践和各种课外活动,同样具有重要意义。在实践中感受文化、用文化的力量指导实践,这个过程既可以提高学生本人对于民族文化的认可度和了解度,也可以使文化走出校门,在更广阔的社会天地得以传播和发扬。

(二)网络时代下大学文化传承创新的新途径

文化传承的思想要与时俱进,文化发展的途径也要不断创新。只有充分认识当今大学生的特点和需要,才能在工作中有的放矢,起到事半功倍的文化育人效果。21 世纪是互联网的世纪,信息化、全球化、智能化、电子化、非群体化已成为这个时代的特征。网络使人与人之间的交流越来越方便、信息的传递速度越来越快速、新闻的知晓率越来越高,这些都是网络时代带给世界的变化。大学生是在互联网的影响下成长起来的一代,他们通过互联网获取信息、认识世界、参与生活。如何在网络时代的背景下做好大学的文化传承创新都是值得思考和重视的问题。需要注意的是,在网络时代中,大学文化传承创新可以通过以下新途径得以实现。

1. 网络新闻

有线网络、无线网络、手机网络……无处不在的网络使发生在世界各地的新闻都能够在第一时间被网络的使用者所知晓。网络新闻以其即时性、广泛性、便利性等特点逐渐代替了传统的报纸、杂志等新闻方式,成为在大学生中间进行即时文化信息传播的主要途径之一。

2. 社交网络

社交网络,源自英文 SNS(Social Network Service)的翻译,中文直译为社会性网络服务,比如国外的 FACEBOOK、国内的人人网、开心网等。在这样一个网络平台上,人们可以随时发布自己的动态、身边的新闻,可以结交志同道合的朋友,可以找到许久不见的故交。这样一个可以灵活交流、即时传递信息、多种沟通方式的平台已经逐渐成为现代大学生所钟爱的信息平台。

网络论坛、博客、微博等网络形式也被归入此途径。能够充分利用这样的信息交流平台进行正面的文化传播,将起到更生动有效的效果。

3. 网络文学

截至 2010 年 12 月,网络文学用户规模达 1.95 亿,其中青少年是主体。互联网的迅速普及降低了文学写作和发表的门槛,让更多的人获得了参与文学创作和阅读的机会,大学生能够随时随地阅读文学作品。这个写与读的过程,也是现代文化传播的重要平台之一。

4. 网上娱乐

网络游戏、音乐、电影等都属于网络娱乐的范畴,中国青年报的一项调查显示,在 2952 名参与者中,81.4% 的人首选的娱乐方式是上网。可见,关注和引导网上娱乐的内容对于大学生潜移默化的文化熏陶十分重要。

(三)新形势下的新对策

根据前面的分析,大学文化传承创新的功能可以通过很多新的途径实现,这些基于网络平台的方式有其特有的优点,但同时也有缺陷,主要包括:第一,信息自由度比较大,难以掌控;第二,正面宣传和负面影响并存,难以把关;第三,文化传播内容良莠不齐,文化传播方式难以实现科学化。

针对以上几种情况,新时期的大学在实现文化传承创新功能时应该更有对策性,注意做到以下方面。

(1)及时更新思维和方法,随时了解学生所想、所需,从学生的视角判断文化育人的方法是否易于接受,是否具有可操作性和实用性。

(2)注意学生思想动态,严格监督和把握舆论导向,积极而充分地占领网络阵地,使网络真正成为优秀文化传承创新的重要平台。

(3)大力宣传积极正面的文化内容,避免消极负面的文化思想影响学生,在出现不好的苗头时及时纠正,正确引导,使主流优秀文化被学生广泛认可和喜爱。

(4)在继承传统经典文化的同时,关注新的文化体裁和文化内容,兼容并包,形成良好的文化氛围和创新习惯,不断提高大学文化育人的质量。

现代化教育背景下的校园文化建设

曾 智

(湖北三峡职业技术学院)

知识经济时代的到来与日新月异、科技的进步与快速更新,使得传统教育模式下培养的人才越来越不适应时代的需求,于是现代化教育理念应运而生。它要求教育工作者必须认真学习,不断实践,与时俱进,用"迈向学习化社会,提倡终身学习""使学生学会认知,学会做事"等理念为指导,结合现代化的技术手段,探索新的教育方法和途径,培养学生学会学习,使学生完成"愿学、能学、会学"的发展过程。我国在《中国教育改革和发展纲要》中将实现教育的现代化纳入教育发展的总目标。随着教育改革的深入,教育投入的增加,教育内容、教育手段等在现代化方面也有很大改进。这些本应显著地提高学校培养现代化人才的实际水平,但效果却不尽如人意。究其原因,其中一个重要因素就是传统教育模式下形成的校园文化环境已经不适应现代人才的培养,符合现代化人才成长的校园文化环境的营造相对滞后,许多学校在校舍建筑、仪器设备、文化景点等硬件部分有了很大变化,但作为校园文化的软件部分如意识层面和制度层面变化不大。

校园文化亦称学校文化,是一所学校物质文明和精神文明的总的体现。一般说来,校园文化也有广义和狭义之分。广义的校园文化是指学校师生共同创造和汲取的学校文化形态的总和,包括物质文化、制度文化、行为文化、精神文化四个方面,它体现一所学校德、智、体等方面的综合校风。狭义的校园文化是指学校师生在长期的教学实践中所创造和形成的,具有校园特色的闲暇生活方式、文化氛围、文体活动、行为准则、人际关系、校园环境及反映师生共同信念和追求的校园精神的总和。

美国文化学家尼勒在《文化的冲击》一书中说:"文化是永恒的,但总是在变化着的。当某种文化的一些方面比其他方面变化得更慢时,我们就面临着被称为'文化滞后'的现象。"校园文化建设作为学校育人环境的一部分是一个复杂的系统工程,它是一个学校在物质层面的表象化,又是全校师生员工在意识层面的具体化,也是学校在制度层面的直观化的综合。这就决定了营造一个新型的校园文化绝不是可以一蹴而就的,其根本是转变教育观念,调整教育思想,关键是从实际出发、从现在做起,出发点是教育创新。

一、传统教育背景下的校园文化建设

从今天来看,传统教育观念就是在商品经济时代,在教育思想、教育技术手段未实现现代化之前的以教师、书本和课堂为中心的三中心论。而目前的现代教育要求我们真正树立以学生为主体、教师为主导的思想,要求教师由讲授者变为学生学习的指导者、组织者;学生由接受者变为主动学习主体;媒体从演示工具变为学生认识的工具;教学过程从传统的逻辑分析讲授转变为学生发现问题、探究问题的过程。

教师和学生是构成教育活动的基本要素,二者缺一不可。但在传统教育模式下,存在几个方面的不足。

(1)师生的文化交流渠道单一、单向。教师的活动仅限于讲台,教师与学生的接触、交流基本上在课堂上。交往形式主要是教师与全班学生,而教师与个体学生、学生与学生之间的多向立体交往严重缺乏。

(2)师生在文化交流中表现多为上下级关系。由于传统赋予教师的"师道尊严"角色,加之教师在年龄、知识等方面的优势,便有意无意以长者、尊者、智者的身份和口吻与学生发生文化联系。

(3)在教学活动中过分强调教师的主导地位,重"教"轻"学",教师依据早已设计好的课程进行教学,把学生的头脑看作被动的"储存器"。

(4)重统一而不重多样。在教学计划、教学大纲及教材、教法上强求一律,学生间的个性差异得不到承认,忽视了学生的独特性和差异性,造成教育单调、僵化,使培养出的学生千人一面,学生的兴趣、爱好得不到充分发挥。

(5)重传授而不重探索。在教学中一味填鸭灌输、包办代替,以为向学生传授得越多学生就懂得越多,致使学生不善于独立思考,习惯于循规蹈矩,缺乏理解问题、分析问题和解决问题的能力。这些就使师生间的知识传递和情感交流是在互相不理解、不平等的氛围中进行,造成师生疏远、关系淡漠的现象。同时,不平等的教学气氛、被动的学习过程抑制了学生个性的发展,失去了主体参与的主观能动性,束缚了学生创新精神和创新能力的培养。

波兰教育学家切斯拉夫·库皮谢维奇在《学校和大众交流工具》中就曾经指出:"许多世纪以来,学校就是青少年的主要知识来源,是他们形成兴趣、标准、态度和看法的地方。为履行这项职责,学校主要依靠人们过去创造的材料,小心翼翼地保存着这些材料并使它们代代相传。通常,这些材料不仅内容保持不变,而且传授方法也一成不变。"传统教育思想对人的价值和人的地位问题重视不够。在教育目的的价值取向上,把社会价值和个人价值人为地对立起来,并过分注重教育适应社会的价值而忽视教育促进个人发展的价值,不重视人在教育中的主体地位,盲目地、急功近利地跟在社会要求的后面跑,随着形势的变化,时而重其政治价值,强调为政治和阶级斗争服务,培养"政治人";时而又重其经济价值,强调为经济发展服务,培养"经济人"。在教育过程中,仅仅把学生当作教育的对象,使学生受到太多的限制和束缚。

学校,作为培养人才的大本营,在我国的学生管理体制上多年来一直唱"同一首歌",即学校是管理者,学生是被管理者。学校管理是以教师为中心、视学生为过客的监督防范型管理,虽然是从为学生创造良好学习条件的愿望出发,学校管理机构在增加,规章制度在不断完善,学校为管理所花费的精力越来越大,社会却发出学生综合素质一届比一届差的感叹。

其实,视学生为过客的监督防范型管理,客观上否定了学生在学习上追求上进、人格上渴望成熟、生活上要求自立的特点,学生自我管理、自我教育能力下降了,也把学生渴望成熟、要求参与管理的欲望排除在外。学校的管理与学生期望之间形成对立和矛盾。学生认为学校不关心他们,学校防范他们,在学校事务中没有他们的地位和权利。学校认为学生不关心学校,不愿做学校的主人,不愿承担责任。学校管理与学生的实际行为陷入一种恶性循环。学校管理愈严密,学校管理方面花的力气越多,学生就越觉得独立与参与的权力被剥夺,也就越强化着学生的无责任感和反抗心态,甚至有时会以变态消极行为表现自身价值,使学校的许多管理措施形同虚设。

从今天看来,我国传统教育的最大弊端就是太重基础而忽略创新。20世纪80年代,"人的问题"逐渐成为教育理论研究的课题。人们逐渐认识到,人是教育最基本的着眼点,满足人类自身生活、发展的需要,促进人的全面、和谐发展是教育的最高目的。教育应把人作为社会历史活动的主体来培养,而不是把人当作社会的被动客体来塑造。教学评价本质上是对教育过程、行为及其结果所做的价值判断。价值观念不同,追求的教育目标也就不同。传统的教学评价是建立在应试教育的基础上,重视知识的传接,忽视能力的训练;强化专业的学习,淡化人文素质的培养。评价只看重分数量化的结果,而忽视过程的变化,强调人对现实社会环境的被动适应。因此,高分、守纪的学生为优秀,获取高分成为学生奋斗的目标。而当今社会对人才的要求除了知识和技能外,还需要稳定的心理素质、积极的进取心、勇于创新的精神和能力。

二、现代化教育背景下校园文化建设的发展方向

1. 构建"自由""平等"的师生关系是现代化教育的必然选择

当代青年主张"自由""平等",追求个性张扬,现代教育理念要求:①作为教师,应当转变教育观念,改变原有的心理定势,放下教师高高在上的架子,与学生平等交流;②师生的文化交流不能仅限于课堂,教师要走下讲台,走出教室,走到学生中去,了解学生,关心学生;③在教学活动中充分尊重学生的"主体"地位,重视学生的自主行为培养,促进学生自主创新性学习和个性发展。

只有建立良好的、健康的师生关系,师生相互尊重、情感融洽、彼此真诚相待,才能使教师真正成为学生的良师益友,才有利于教师在教育管理中积极引导和帮助学生掌握与人合作的常识,领悟建立良好人际关系的方法。只有在这种"自由""平等"的教学气氛中,学生的创造欲望和行为才能得到激活。可以说,良好的师生关系是教育成功的基础。

2. 现代教育呼唤制度创新

变被动管理体制为自主管理体制是时代的召唤。随着经济的全球化,国际合作与竞争空前广泛与激烈,经济的增长不再取决于自然资源或人力,而主要取决于知识和信息的运用与创新。因此,培养多功能、创造性人才成为一个国家在国际竞争中取得优势的决定因素。

提倡学生自主型管理,客观上确立学生的主体、主人翁地位,适当让学生参与到学校管理中来,把管理变成既是学生生活、学习的内容,也是学生学习的第二课堂。这样,既加强了学生独立意识、自主意识和责任感,也使学生养成了勤勉、敬业、守纪、公正等良好的素质和行为习惯。学校的管理更贴近了学生的愿望和要求,学校的管理制度、措施也就更有利于学生的成长。

在实际工作中,实施学生自主管理会受到社会消极因素的影响,会受到学生自身素质方面的挑战,但我们不能投鼠忌器、因噎废食,即使出现一些无可厚非的问题,也要以促进学生未来的发展为重,坚持不懈。当然,学校还可以通过培养学生的自我认识能力、培养学生自我鼓舞与自我激励的能力、培养学生自我控制与自我调节的能力等来培养学生的自主管理能力。可以通过教师主管阶段、师生共管阶段、学生自管阶段的逐步过渡,来保证实施学生自主管理的效果。

3. 建立现代人才观的评价体系是促进高职校园文化健康发展的动力

评价体系体现教学的目标,是衡量教学效果的标尺,也是引导学生努力的航标。今天,实施素质教育已成为全民共识,素质教育是基础教育阶段的事,也是职业教育、高等教育阶段的重要内容。现代化人才观的转变,必须建立在素质教育的基础上,建立以人格和谐发展为核心的文化价值观下的教学评价体系,充分

重视学生的全面发展,注重学生个性的开发和创新能力的培养,强调学生对社会的主动适应性,强调学生对市场的就业竞争力。这必然引起教学和管理思维的转变、教学内容的更新、教学和管理方法的改变。这一系列的变化正是校园文化转型的具体体现。

4. 结合专业特点,创建丰富多彩而又独具特色的校园文化

现代高职教育体制下的校园文化不是要对现实的校园文化彻底否定,而是对已落伍于时代,不利于现代职业人才培养的校园文化进行扬弃。学校应根据自身专业特点和所处地理、经济、文化环境,营造丰富多彩而又独具特色的校园义化。比如,医药卫生类院校,多组织学生参加一定的社会实践活动,如组织学生到野外去认识、寻找中草药,带领学生到农村医疗卫生机构参观,了解农村医疗卫生机构的现状、困境,探讨农村医疗卫生机构改革、发展的方向,到农村宣传医疗卫生知识,开展当今医疗行业的各种不正之风、医德大滑坡的讨论,举办最新医学成果、最新医学动态的报告会等。通过丰富多彩又有专业特色的文化活动,既提高了学生对医学的学习兴趣,增强了学生的社会责任感,也锻炼了学生的吃苦能力,丰富了学生的知识面,全面提高了学生的综合素质。

正像《中共中央关于加强社会主义精神文明建设若干重要问题的决议》中指出的那样,要以科学的理论武装人,以高尚的精神塑造人,以正确的舆论引导人,以优秀的作品鼓舞人。要通过切合时代特点的、切合青少年成长需要的校园文化建设,通过教育创新和教育改革,全面推进素质教育,以造就数以亿计的高素质劳动者、数以万计的专门人才和一大批拔尖创新人才,从而把我国巨大的人口资源转变为人才资源,把沉重的人口负担转变为发展的优势,为社会主义现代化建设提供强有力的智力支持。

高校教学的人文精神教育初探

何京敏

(湖北第二师范学院党委宣传部)

随着《国家中长期教育改革和发展规划纲要》(2010—2020年)的颁布和全国教育工作会议的召开,我国的高等教育发展又进入了一个改革的关键时期,开始了新的意义上的核心竞争力的发展,这也将是关乎高校生死存亡的竞争与发展。当今国家摆出"办人民满意的大学",在坚持以人为本、全面实施素质教育的

改革发展战略主题之下,办人民满意的大学,首先必须要培养人民满意的人才。国家在人才方面坚持社会主义人才培养方向,德智体美全面发展,强调培养人才的社会责任感、创新精神和实践能力。沿着德育为先、能力为重、全面发展的思路,注重培养人才的科学精神、人文素养和终身学习能力。其中,人文精神的培养教育和不断提高,是大学人才培养的重要内容。

当下大学的教学,无论是人文科学还是自然科学教学,无论文理学科还是工医学科的教学,无论是艺术类教学还是体育类教学,人文精神的缺失现象普遍而较严重,传授知识的终极目的模糊不清,更有甚者,人文学科的教学缺乏人文精神的现象多有所见,不少学生的学习目的流于为个人的谋生或赚取更多的钱财,渐渐远离了高等教育的终极目的。从知识的积累和技能的掌握上看,当今的大学生远远超过了以前的任何时代,但从如何运用知识和技能的价值判断上衡量,已远远达不到时代和社会的期望,更引起人们为中国未来发展所需的栋梁之才而担忧。

改变高校的这种现状已经迫在眉睫,但已经不是简单易行,需要长时间的综合治理和逐渐调整,还有待于社会大环境的逐渐改善。作为社会精神引领的高校,必须从自身内在的因素分析原因,高校思想政治教育更是应当主动寻找改变的突破口,找到突破现状的多种渠道,率先治理精神问题,在转变社会大环境的综合治理中,真正担当起社会精神导向的责任。

高校的教学是传授专业知识和培养学生技能的中心环节,社会现实对知识和技能的重视,使得大学生的精神世界铸造更多的是受到专业和基础学科课堂的引导和影响。因此,倡导高校整个教学课程贯穿人文精神教育,不失为改变大学课堂现状的一个有效突破口,使教师和学生在教学的双向互动活动中,逐渐铸造起应有的大学精神,塑造出大学生的人文精神世界。只有把大学生人文精神的塑造渗透到整个培养过程的全程教学中去,依靠所有课程教师在教学过程中的潜移默化的力量和积累,才能收到真正的实效。

我们的社会已经从精英教育走向大众教育,人们越来越意识到,大学生精神世界的铸造与专业知识的学习和专业技能的培养同等重要。不可否认,大学一直没有停止过对大学生精神世界铸造的努力,但是大学生的人文精神仅仅只有赖于"两课",以及相关的人文科学课程本身的力量,仅仅依靠脱离了基础课和专业课教学主战场的课外活动的影响,仅仅依靠校园文化建设活动的熏陶等还是远远不够的,效果也是不显著的,是教育内容与教育实践相脱离的。只有将大学教学的所有课堂都贯穿人文精神教育,使人文精神教育深入教学主战场的腹地,与知识传授和能力培养相结合,并且水乳交融在一起,才能日积月累地把人文精神润物细无声地浇灌到学生的心田,成为学生的思维习惯和自觉行为,大学培养出来的人才走入社会才能真正成为社会的精神楷模,才能担当起改善社会的重任,才能成为民族的脊梁,才能促进人类的进步。同时,只有将人文精神教育贯穿于所有教学课堂和教学的其他各个环节,教师才能自觉地扬起人文精神的风帆,真正从内心树立起道德规范,在课堂上用人文精神引导学生,课下以人文精神的行为熏陶学生,渐渐显现"人类精神的工程师"的本位。只有这样,高校的主体——教师和学生,才能够教学相长于人文精神的统一目标之下,形成良性的教学循环,由此生成优良的高校教学生态。

一、高校教学的人文精神的含义探究

1. 人文精神的内涵

人文精神是一种普遍的人类自我关怀,表现为对人的尊严、价值、命运的维护、追求和关切,对人类遗留下来的各种精神文化现象的高度珍视,对一种全面发展的理想人格的肯定和塑造。

在西文中,"人文精神"一词应该是 humanism,通常译作人文主义、人本主义、人道主义。广义是指欧洲始于古希腊的一种文化传统。狭义是指文艺复兴时期的一种思潮,其核心思想为:以人为本,关心人,重视人的价值,反对神学对人性的压抑;张扬人的理性,反对神学对理性的贬低;主张灵肉和谐、立足于尘世生活的超越性精神追求,反对神学的灵肉对立、用天国生活否定尘世生活。

我们可以把人文精神的基本内涵确定为三个层次:首先是人性,即对人的幸福和尊严的追求,这是广义的人道主义精神;其二是理性,即对真理的追求,这是广义的科学精神;其三是超越性,即对生活意义的追求。概括起来,人文精神就是关心人,中心是关心人的精神生活;尊重人的价值,中心是尊重人作为精神存在的价值。人文精神的基本涵义就是,尊重人的价值,尊重精神的价值,也就是对人的终极关怀。

人文精神不仅是精神文明的主要内容,而且关系影响到物质文明建设。人文精神是构成一个民族、一个地区、一个国家文化个性的核心内容,是衡量一个民族、一个地区、一个国家的文明程度的重要尺度,一个国家的国民人文修养的水准,在很大程度上取决于国民教育中人文教育的地位和水平。

2. 人文精神的当代特点

与人文精神产生的年代相比,人类社会已经发生了天翻地覆的变化,特别是科学技术日新月异地发展,给人类的物质生活和精神生活都带来了极大的影响。人类在极大地提高了物质生活水平的同时,一些旧有问题还未解决,又产生了一些新的问题。人类21世纪面临的共同挑战是:人文危机、精神危机和生态危机。人文精神、人文关怀的普遍缺失是形成危机的主要原因之一。

另一方面,随着社会的不断发展,人文精神也不断汇入不同的时代精神,成为各个时代引领人们精神前行的精神向导。当代人文精神,秉承了人文精神的初始精髓,弘扬人文精神的永恒性精华,吸纳了人类社会工业化进程中的优质,也汲取了后工业化时代和科技进步带来的负面影响的经验教训。其特点是:突出以人为本,尊重个体生命,守护人生的价值和幸福;敬畏自然,自觉将人的生命纳入自然之中,与自然和谐相处;反省工业化造成的不良后果,反思科学技术飞速发展造成的负面影响;反省社会财富增长与人的精神萎缩的失衡现象,警醒一切社会实践活动的终极意义。人文精神成为维护生态平衡、与自然和谐相处、促进人类文明进步、走向人类美好理想彼岸的终极精神导航仪。

在面临固有问题与新的危机双重压力的当今社会,人文精神的重拾、重返,以及如何结合新时代特征的重现、重建,尤其是在高校,是极其重要的、迫切的课题。

3. 高校教学中人文精神教育的含义

高校教学中人文精神的教育,是指在所有的学科教学中都贯穿人文精神教育,教师在每一门课程教学中都须显在或潜在地体现出人文精神。

具体地说,人文精神在各类教学中无所不在,成为教师教学的潜在意识、自觉行为。高校教学中人文精神的教育,不仅仅是指人文课程本身教学中传授人文精神知识的问题,也就是说,在高校的所有学科的教学过程中,都要贯穿或蕴涵人文精神。在传授基础和专业知识、培养学生各种专业技能,以及打造学生综合素质的每个环节过程中,都要贯穿对学生进行人文精神教育,都要培养学生的人文精神。人文精神的铸造贯穿于人才培养的教学全过程之中,而不是游离于知识传授和技能培养的过程之外。

二、高校教学人文精神教育的现实意义

(一)高校教学人文精神缺失的现状及其根源

随着我国市场经济的日益发展,高等教育形式的不断变化,特别是社会物质财富迅速增长的同时,物质文明建设与精神文明建设失衡日益严重,高校教学的人文精神缺失现象越来越明显,特征也越来越凸显,主要表现有:知识传授的引导缺乏性;技能培养的目的缺失性;人文精神教育的表皮化;师生人文精神的缺损性。

中国社会精神问题已经严重侵入高校各个层面,从教师到学生,从领导到员工,从行政到教学,从学术到科研,从课内到课外,从学生学习到就业等。大学生出现了前所未有的精神问题,教学遭到严重的挤压,学术精神受到了空前的挑战。高校的课堂教学已被挤兑得只剩下传授一点狭窄的专业知识;教师在科研

数量指标的重压之下,课堂教学成了为晋升职称凑齐教学时数的工作附庸;学生在巨大的就业压力下,把课堂当成急于得到某种专业技能得以就业的手段,一旦感到课堂的这种功能不灵,逃课心理便成为常态。现代大学培养学生人文精神的基本任务逐渐被淡化而濒临殆尽的边缘。大学生在自身人文精神严重缺失与社会拜金主义浪潮的内外夹击之下,其精神不可避免地越来越趋于迷茫,部分学生进入大学校门时的美好理想,时间不长就被碾碎,意志消沉,心理脆弱,精神茫然。大学教师也在日益被轻视的教学和乏味而繁重的科研双向失衡状态驱使下,"人类灵魂工程师"的美誉渐渐成为遥远的梦幻,从事着人类精神创造性的工作,却往往难以感受到精神的愉悦,尤其是部分青年教师走入了从教之初是英才、逐渐变成庸才、最后成为蠢材的教师生涯怪圈。

(二)高校教学贯穿人文精神的必要性

高校教学的人文精神教育关系重大,它关系到师生的身心健康,人的发展方向;关系到我国高校改革方向、大学办学的根本目标;关系到民族社会的发展走向,国家在未来能否强大而文明;关系到人类能否进步前行,人类能否可持续地和谐生存与发展。

1. 培养全面发展的人的需要

高校是在完成中等教育基础上进行的专业教育,是培养各类高级高等专门人才的社会活动。当代作家毕飞宇说:"想象力的背后是才华,理解力的背后是情怀。"只有在人文精神沐浴下,大学生才能健康全面地发展,用人文精神铸造出来的精神世界,才能使大学生身心健康和谐,塑造出健康完整的人格,才能热爱生活,热爱生命,才能在有限的生命里,实现无限的生命的价值意义。

高等教育具有导向作用、控制作用、评价作用、激励作用。高等教育是人的全面发展教育,培养的人才首先要具有人的自觉意识,其整体是引领整个社会不断进步的主要力量,这就要求培养的人才必须对真善美具有内在的追求。

2. 打造高校核心竞争力的需求

我国高等教育在社会的转型时期,急剧扩招之后,面临着内涵提升的迫切任务,高校已经进入核心竞争力的角逐时代,核心竞争力不仅关系到高校质量的高下,还直接关系高校在改革中的生死存亡。教学质量的改善与提高、科研成果的增加与提升,校园文化的积累与升华等核心竞争力都要归结到一点:高校培养的人才是否为社会所承认、需要和欢迎。而随着和谐社会建设的发展和进步,大学生的人文精神状态,必将成为社会承认需要和欢迎的基本前提条件。高校教学的人文精神,明确了教育为了谁的终极目的问题,是高校教育的灵魂,也是大学校园文化建设的构建核心。

3. 引领社会文明进步的需要

大学是以探索、追求、捍卫、传播真理为目的,负有社会价值观和社会行为引领的使命,是对人的素质的改善和提高、社会文明进步和国家发展具有不可替代的教育机构和学术组织。所以,大学应当有强烈而严肃的对国家、对社会负责的使命感。大学不仅是人类社会的科学脊梁,还是人类社会的道德良心,是推动人类社会文明进步的力量和国家民族发展的希望。因此,大学必须有国家意识、民族意识和人类意识,自觉对国家、民族乃至人类负责,并致力于培养有国家责任感和世界责任感的新人。

高校培养的人才是引领整个社会进步的主导力量,决定着社会发展的深层走向,左右着国家民族的前途命运,影响着整个世界和平与发展的前景。只有高校人才培养整体性人文精神的提升,才能引领民族、社会乃至世界、人类走向真正的文明与进步。如果高校培养的人才只有现代的科学技术,而缺少坚实的人文精神,将会面临放大科学技术双刃剑的负面作用的后果,甚至造成利用科学技术非法牟利、危害生命、破坏环境等恶果。

具备了坚实的人文精神才能称之为高素质人才,人才的一切作为才能有利于社会的进步与发展,才能够运用所学的专业技术消除科学技术发展的负面影响,才能阻遏利用科学技术为非作歹行为。有了坚实的人文精神,才能在文化多元的世界格局中,继承和弘扬本民族文化的优良传统,尊重和包容其他民族文化,汲取和学习其他民族优秀的文化成果,才能成为维护世界和平,促进共同发展的中间力量。才能达到费孝通先生所说的"各美其美,美人之美,美美与共,天下大同"理想世界的彼岸。

(三)高校教学人文精神教育的可能性

1. 经济社会人们的迫切渴望

在经济飞速发展、财富急剧增长的当今中国,温饱问题基本解决,一部分人先富起来,贫富差距不断加大,人们的物质需求普遍攀升后,以"钱"为本的现象日益凸显,精神压力随之不断加大,人的精神出现了空前的迷茫,寻找精神家园的渴望愈来愈强烈。

高校是社会的先知先觉者,是人类知识的传播地,更是引领人类走向文明美好未来的重要精神导向。所以,大学生精神世界的塑造,不仅关乎当今社会的现状,更关乎人类未来的命运向何处去,中国的未来取决于当今大学生的精神世界的铸造。人民对大学满意与否的主要前提,从根本上说就是培养的人才是否具有坚实的人文精神。高校培养社会主义的建设者与接班人根本任务,包括人才既具有建设社会主义和谐社会的知识和能力,又具有坚实的人文精神,不仅能够很好地建设社会,而且还要成为引导社会健康发展的精神导航者。

社会需求是高校改革的根本动力,而人文精神教育又是高校教育发展的内在规律的必然要求。高校只有顺应社会发展的需要,又遵循高校自身发展的规律,才能够在高等教育激烈竞争中健康生存和可持续发展。

2. 高校学生强烈的精神向往

我国高校学生是在基础教育的应试重压下走向大学的,无论是家长还是学生自身,内心深处都怀有对大学无限美好的向往。静心分析这些美好的向往,其实内核中都存有对人文关怀的朦胧渴望。当今大学在扩招的过程中,都顺势加强了硬件设施建设,校园更加美丽,条件更加改善,学科更加多元化。但是多数学生经过一段时间的大学生活后,多少都有精神上的失落感,很多毕业生认为大学生活不够美好,没有什么值得留恋。大学生精神问题越来越多,自杀现象有上升的趋势,其中的原因很多而复杂,但是不得不承认大学人文精神的缺失是其中主要的根源之一。当学生面对各种各样的现实问题时,没有强劲的内在精神支撑可以依赖,当外在的精神依赖又无处寻找时,轻视生命的悲剧就时有发生。在大学里看不到人文精神灿烂之花的盛开,进入大学时的美好向往就犹如春花经受不起风吹雨打,渐渐凋零了,对大学的生活由强烈而美好的向往,渐渐变成了无可奈何的叹息失望。

高等教育的根本任务是培养人才,一切都应该为了学生的全面发展。学生及其家长渴望通过高等教育,使学生获得知识和技能,但是更渴望在学校得到人文关怀,增强人文精神,健全完整而健康的人格,并能够在走向社会后,将人文精神传播出去。总之,当下大学生出现的种种精神问题,归结起来还是在于精神的脆弱与迷茫。当人们不断质疑当今大学生的脆弱,经不起挫折的时候,是不是应该反思,我们的大学有没有为大学生提供精神坚实强大起来的教育,不是那种皮毛式的表层人文精神讲述,而是渗入到各种知识传授和技能培养上的人文精神教育。大学生的各种精神问题,已经为我们的大学人文精神教育敲响了反思的警钟。

3. 高校教师的教学终极愿望

在高等教育大发展的时代,高校教师的幸福指数经过扩招短暂地走高之后,越来越趋向低迷,在专业、待遇、职称等竞争压力之下,大学教师的职业越来越成为看起来好看,听起来好听,但做起来难做且乏味的职业。本应该教育和培养学生全面发展的教师,自身得不到全面发展,教学和科研兴趣被晋升的硬指标所扼杀,正常的学术竞争演化为待遇竞争、收入竞争,乃至金钱攀比。随着学术腐败不断充斥人们的视听,大学这座神圣的象牙塔在人们心目中被无情毁灭着。在种种压力之下高校学术不端现象比比皆是的时候,仅仅寻找个人原因已无济于事,高校教师的人文精神缺失已经非常具有普遍性。教师在学校得不到应有的人文关怀，在课堂教学中体现不出应有的人文精神，对学生也传递不出应有的人文情怀。片面地强调科研的晋升条件，使大学的教学已经沦为教师的副业，教师认真对待教学的态度、精心注入人文精神的教学热情，早已经被忽视教学的职称等各种评价体系挤兑得无处安身。随之而来的是教师对教学本身的热情和兴趣的丧失，而课堂教学效果不好，大学生逃课现象反过来又导致教师更没有课上的恶性循环，不断衍生恶性循环。

大学讲台本应是大学教师人生最精彩时光闪现的舞台，教师职业的价值意义、教师职业的人生追求、教师职业的精神满足都应该在讲台上得到最好的实现，教师的学术研究，应该是促进教学水平不断提高的有效手段，是科研成果最直接最有效转化的价值显现。大学教师应该在传授人类知识的同时塑造学生的精神世界，在塑造学生的人文精神的同时，不断地完善自己的人生，使自身的精神力量丰富和强大，成为学生的人生和精神导师。大学教师应该在照亮学生精神世界的同时，得到精神上的愉悦。大学教师真正成为社会尊敬的职业，回归成为人类灵魂的工程师，实现教师教学的职业、专业、事业"三业"并进，有效地推进高校人才培养事业向前发展。

三、高校教学人文精神的主要内容研究

1. 以人为本的终极关怀

首先是培养尊重生命的意识。培养生命是美好的深层意识，深刻认识生命的不可重复性，珍惜美好的生命，唤起对自身和他人生存权的内在敬畏，坚守捍卫生命的正义与神圣。

再者是对于美好人性的唤醒。弘扬和培育人性中美好的本性，不断地自我完善，自我拓展，自我提升，并影响他人人性不断升华，把完成生命的美好历程作为生命的终极价值追求。

更深一层的是引导学生对人生价值的思索。教师要引导学生探寻人生的真谛，追寻生命的价值意义所在，即对人们思维与言行中的信仰、理想、价值取向、审美情趣等的不懈思索探寻，并追求人生价值的最大实现。

2. 批判精神的高举弘扬

批判精神是人的主体意识的高度显现，也是人文精神的行为显现，具体表现为对社会的高度责任心和使命感，对一切丑恶和缺损的批判。

批判丑恶的人性阴暗面。譬如对狂妄、自大、残暴、狭隘、嫉妒、野蛮、战争狂、虐待狂等人性丑恶面，特别是历史上有影响的人物，其人性中的阴暗面对人类造成的伤害、对社会造成的损失、对历史造成的倒退，要进行人文的批判。在传授各种知识的同时，要引导学生批判历史事件中人物的丑恶本性，分析丑恶行

为的人性根源,教育学生建立起正确的是非善恶标准,从中学会人的行为的正确与否,从而学会进行人的行为正确的价值判断。

批判丑恶的社会黑暗面。无论是历史还是现实,任何社会都有黑暗的一面,这是大学教师在各个专业领域教学中都会遇到的问题。面对社会黑暗现象,教师无需回避,而应该用人文精神准确地引导学生,将社会的黑暗现象视为引导学生提高人文素质的鲜活素材。

首先要实事求是地直接面对社会现实的黑暗面,然后引导学生运用正确的哲学方法和专业视角进行现象分析,最后引导学生以人文精神为终极标准进行正确的价值判断,并引导学生寻找消除黑暗现象的途径,激发学生批判丑恶,改善社会,扬善惩恶的社会责任感。

反思科学崇拜的过失面。自工业革命之后科学技术迅速发展,极大地超出了人们的预料和想象。科学技术的发展使人类的物质生活质量有了极大的改观,但是在科技带给人类物质享受的同时,又给人造成了许多无可挽回的灾难。人类已经开始反思,这一种反思也渐渐地为人文精神注入了新的时代特征。

大学的教学要在传授专业知识的同时,正确引导学生建立正确的科学精神,以人文精神为终极标准,正确对待和使用科学技术造福于人类。掌握先进的科学技术,还要树立担当遏制科学技术滥用,甚至运用科学技术危害人类、破坏自然生态环境等行为的崇高责任感。

3. 真善美的价值取向

日本学者黑田鹏信说:"知识欲的目的是真;道德欲的目的是善;美欲的目的是美。真善美,即人间理想。"真善美是具有艺术价值的美学标准,又是人类孜孜以求的人间理想,与之相反的是假恶丑。从哲学意义上说,如果某一思维性事物有利于发展主体的本质力量,那么它就是真,反之就是假;如果某一行为性事物有利于发展主体的本质力量,那么它就是善,反之就是恶;如果某一生理性事物有利于发展主体的本质力量,那么它就是美,反之就是丑。真善美的判断标准是社会生产力的解放和发展的终极目的,最终是为了人的解放和自由与发展。

在大学的教学实践中,求真,就是张扬理性,实事求是,追求真理,就是坚守科学精神,遵循客观规律;求善,就是弘扬正义,博爱为怀,就是关爱人类,保护环境,维护和平,促进社会文明进步;求美,就是引导人们构建和谐,促进人的进步发展和完善,就是高扬个性和主体精神,维护平等和人的尊严,追求人的自由,执著于理想、信仰和自我价值的实现。

四、高校教学中人文精神教育的实施

1. 实施的基础：教师主体

教师是高校教学的主体，无论教师采用什么教学方法，在传授知识和培养技能的实践过程中，教师始终是先导因素，其选择的教学的主要内容、思维的基本方法、语言的表达方式等都对学生有着引导性的作用，具有潜移默化的力量。对于极具可塑性的大学生来说，教师在传授知识和培养技能的教学中，人文精神的有无，人文精神水平的高低，人文精神的引导作用对于大学生为什么学习、如何学习乃至学习什么，以及人生观的形成都具有极其重要的影响力，大学教师是大学生名副其实的精神导师。将学生的专业学习引向何方，从某种意义上讲就意味着将学生的人生引向何方。教师担当的人文精神责任不可谓不沉重，所以充分发挥教师的主体作用，是大学教学人文精神教育实施的基础。

教师将人文精神教育贯穿于知识传授的过程中，体现在学习方法的培养上、蕴涵在创新精神的培育里，落实在专业技能的打造间，在教学的每个环节中都体现出来。这就要求教师首先自己要具备深厚的人文精神，并且成为支配其教学行为的潜意识，在任何知识点的讲授中都自觉地贯穿人文精神的引导，人文精神教育化为教师教学的自觉行为。

中国文化传统特别注重"知行合一"，提出言行一致，甚至提出"身教重于言教"的道德要求。教学中人文精神实施的关键点，还在于教师行为上的人文精神体现，关爱学生，以生为本，关心学生的成长，引导学生学习，为学生学习创造公平的环境，营造和谐氛围等。

2. 实施的保障：政策导向

仅有道德上和规范上的要求是远远不够的，道德上、规范上的要求必须落实到学校的政策中去导向，落实在学校对待教师的态度和措施上。人生价值的实现必须通过社会实践，特别是自己的专业工作，每个人都有在实践中体现价值并得到承认的愿望需求。对于教师来说，最有效的政策导向是与专业评价、业务评估、业绩评比等指标相关的导向作用。

学校应该在制定职称评审的政策上，凸显教师教学中人文精神教育的指标，而不仅仅只是规定教学时数的完成量，在重视教学效果的指标中加入人文精神引导效果的权重，这是对教师教学提出要求能够落实最为有效的政策导向之一。除此之外，还应在学生评教的内容里，设置教师教学中人文精神教育效果的指标，这不仅对教师是有力的政策性引导，也是对学生潜在性的引导，让教师在教学的各个环节中都要有人文精神的意识，也让学生懂得教学中人文精神的重要性，提高对教师教学的人文精神引导的需求。另外，在教师工作的评比、先进人物的表彰等评比条件中,都应显现出教学的人文精神内容要求。同时,对教师的培养,特别是对青年教师的培养,应该重点强调教学中人文精神的凸显和引导方法的培训,使教师在职业生涯中,与人文精神相生相伴,水乳交融。以上种种政策的导向作用,无疑就是更好地为高校教师在教学中重视人文精神教育营造出浓郁的氛围,使人文精神教育渐渐成为教师的潜在意识和自觉行为。

政策落实的前提是对教学主体的人文关怀,学校要充分尊重教师,关爱教师,学校为教师的个人发展创造公平的环境,营造和谐的气氛,使教师在人文关怀的氛围中从事教学工作。学校各种政策的制定,都应该想配套,要有利于关爱教师,有利于教师在教学中更有效地实施人文精神的教育。

3. 实施的关键:学科保障

学科建设是学校教学中心的重点环节,受到高等教育上上下下管理层的高度重视。人文精神教育的渗入必须蕴涵在学科建设的源头工程建设上。具体说来要渗入到学科教材的编写和使用中,体现在各个课程的教学大纲目标设定上,表现在每个课堂讲授的内容选定、考试考查内容的选择及教师对学生各项成绩的评定上。

大学教学中的人文精神教育只有贯穿于学科建设中,才能深入到教学领域的腹地,与大学的知识传授和技能培养水乳交融在一起,才能收到实效,才能彻底改变目前高校在人文精神教育中"教而不学,学而不教"的倒置现象,改变学生对人文精神学习上皮毛与内容脱离的现象。

大学的人文精神教育深入到知识传授的课堂中,专业技能的培养中,教师关爱学生的行动中,再与专门的人文精神知识传授和思想品德课程教学以及校园的文化活动相互配合,才能有效促进师生的人文精神提升,才能营造出良好的人文精神氛围,才能培养出具有坚实的人文精神的专业人才。当这一目标实现,高校核心竞争力的打造、人的全面发展、社会的文明进步才能得以实现。

多校区高校资源配置模式及策略研究

刘军伟

(武汉科技大学)

多校区大学,是指具有一个独立法人地位、有至少两个在地理位置上不相连的校园的大学。部分高校为适应办学需要建设新的校区,或因高校合并组建新的大学后多个校区并存。这种一校多区的办学模式开拓了新的教育发展空间,弥补了教育资源的不足,增加了高校的竞争优势,解决了一些矛盾,但是也带来了新的问题。高校区域的扩大,学生公寓的校区化、分散化、社会化等特点,资源配置在地域、时域、主体、载体不均衡的客观问题。资源配置上权责不清,管理不力,体制不健全,有限的资源不能合理配置,不能充分发挥其应有的效能等。多校区高校人力资源、财力资源、物力资源、教学资源和生活资源都需都需有效协调,建立合理的资源配置方案,才能提高资源整体配置效率。

一、多校区高校资源配置模式

1. 多校区高校资源配置要素模型

为适应多校区高校能提高资源整体配置效率的要求,需首先分析多校区高校资源要素,多校区资源要素模型如图1所示,分为5种资源,即:分校区财力资源、分校区人力资源、分校区物力资源、分校区教学资源、分校区生活资源。

图1中,人力资源包括学生人数、专任教师、教辅人员、后勤人员、保卫人员、校友资源、管理人员、外聘专家等,其中学生人数按层次划分为专科、本科、硕士、博士等,专任教师按层次划分为助教、讲师、副教授、教授等;物力资源包括土地资源、图书馆、运动场、体育馆、实验室、办公用房、通勤车辆、宿舍用房、教师公寓、食堂、科研用房、教学用房等,其中教学用房分为电化教室、多媒体教室、语音教室、普通教室、阶梯教室等;财力资源包括横向科研经费、纵向科研经费、纵向

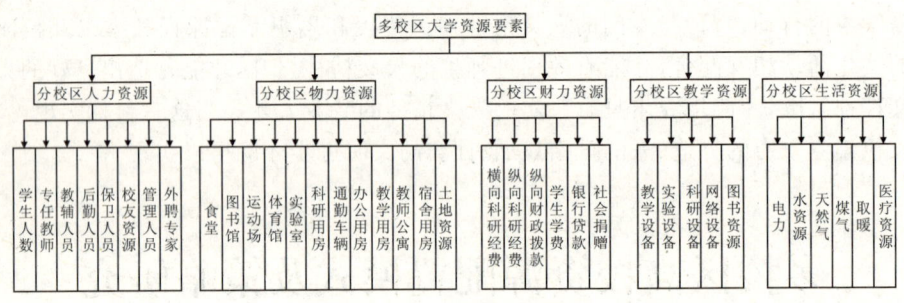

图1 多校区资源要素模型

财政拨款、学生学费、银行贷款、社会捐赠等;教学资源包括教学设备、实验设备、科研设备、网络设备、图书资源,其中图书资源分为图书、期刊、文献、电子资源等;生活资源包括电力、水资源、天然气、煤气、取暖、医疗资源等。

2. 多校区高校资源配置方案

为使各要素资源配置达到降低成本、提高资源利用率的目的,须在资源配置

时坚持如下原则：支持重点领域、支持特色领域、支持急需发展领域、支持规划发展领域、支持应急使用领域、各资源与在校层次人数匹配、与实际情况相符合、同时需要有效管控学校运作各环节的资源消耗情况。论文采用项目管理中网络图的思想，探索多校区资源配置的最佳方式。

网络图优化，就是在满足既定约束条件下，按某一目标，通过不断调整，寻找最优网络额度的过程。论文将设定某资源配置预算值，X_i 为某资源类型，Y_j 为某分校区，Z_k 为某自愿配置活动，借用网络图中最小费用最大流思想，寻找最优项目实施的资源配置额度，如图 2 所示。

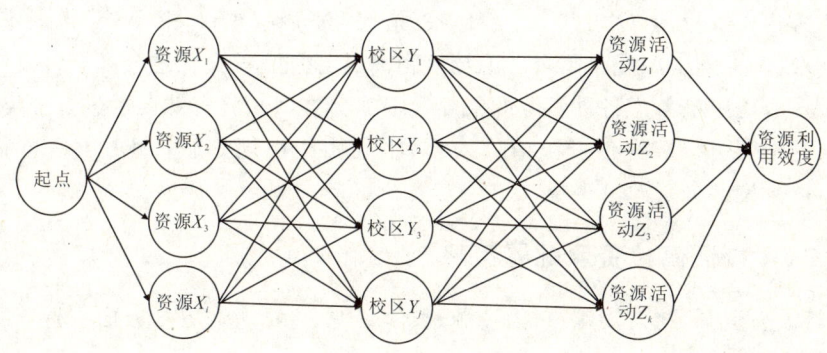

图 2 资源配置网络图

将依据图 2 中设置计划值，并于实际运作中各资源消耗实际值作对比，找出差额。如公式 1 所示。

$$\Delta Z_k = \frac{AX_iY_jZ_k - AX_iY_jZ_{k-1}}{PX_iY_jZ_k - PX_iY_jZ_{k-1}} \tag{1}$$

式中，ΔZ_k 为 X_i 资源在 Y_j 校区 Z_k 资源配置环节配置效度，$AX_iY_jZ_k$ 为 X_i 资源在 Y_j 校区 Z_k 资源配置环节实际消耗量，$AX_iY_jZ_{k-1}$ 为 X_i 资源在 Y_j 校区 Z_{k-1} 资源配置环节实际消耗量，$PX_iY_jZ_k$ 为 X_i 资源在 Y_j 校区 Z_k 资源配置环节计划消耗量，$PX_iY_jZ_{k-1}$ 为 X_i 资源在 Y_j 校区 Z_{k-1} 资源配置环节计划消耗量。

在资源配置网络图的每条关键线路上寻找成本最低的计划，与实际值相比较，并对关键资源进行压缩，这里要说明的是所选待压缩的资源应是对资源平配置质量影响不大的环节和资源。为提高各个资源配置环节效率，拟建立的资源约束模型为线性规划模型，见公式 2、公式 3。

$$\mathrm{Min}C_B = \frac{\sum_{j=1}^{q}\sum_{i=1}^{p}X_i Y_j \xi_i c_i}{\sum_{j=1}^{q}\sum_{l=1}^{s}h_{lj}} \quad (2)$$

$$\begin{cases} X_{i1}+X_{i2}+\cdots+X_{ij}+\cdots+X_{iq} \leqslant X_i \\ Y_j = 0,1 \\ h_{l1}+h_{l2}+\cdots+h_{lj}+\cdots+h_{lq} \geqslant h_l \end{cases} \quad (3)$$

式中,C_B 为培育各校区资源配置平均成本;X_i 为某资源类型;Y_j 为某分校区;X_{ij} 为某 j 分校区 i 资源;h_l 为某类型人员总数;h_{lj} 为某 j 分校区某类型人员总数;P 为共 p 种资源;Q 为共 q 个校区;ξ_i 指代 i 资源权重;c_i 指代 i 资源成本。

多校区大学资源配置除了考虑校区距离、资源共享、文化融合和学科发展角度考虑外,还应该考虑各种资源的限度。根据公式(1),将资源要素进行分类,对各资源要素赋权重,将各资源值代入公式,利用线性规划软件 LINGO 进行运算,即得分校区分资源应得量。

二、多校区高校资源配置策略

从人力资源、物力资源、财力资源、教学资源、生活资源 5 个方面进行资源配置策略研究。

(一)人力资源

在校区整合的基础上,制定人力资源开发、利用、提高的整体规划目标;加大人力资源开发、提高、利用的投资力度;开展多种形式的教学、管理、服务的技能竞赛和培训活动,促进学校人力资源规划向全体教职工的自觉活动内容转化;创建竞争环境,创设激励机制;建立人力资源开发、培养、引进、吸纳、使用、流动的长效机制;以校区功能定位、管理模式为基础,以提高管理水平、服务质量为目标,以增强管理和服务队伍素质为目的,整合配置管理与服务队伍;以学科建设为龙头,专业发展为目标,提高质量为目的,整合配置师资队伍,优化师资结构。

(二)物力资源

1. 教室资源

教室资源是最基础的教学设施,学科专业不同对教室的配置要求不同。而高校教室的特点多为流动使用,其配置的合理性与科学性,直接关系到教室的使用效率和使用频率。从固定资产价值看,教室使用频率与固定资产的折旧,不存在正相关关系。从资源效率看,电化教室、多媒体教室、语音教室等所使用的电子产品未能够充分使用和发挥效益,照样随着时间的推移而被更新淘汰。因此,合理地、充分地使用教室资源,能有效地节省学校固定资产投资,降低办学成本。另外,需统一办公用房标准,确保房屋的合理配置。

2. 实验室

实验室是基础和最重要的教学设施,高校实验室是根据学科、专业、课程设置的要求建设的,实验室使用范围狭窄,专用性、专业性极强,有十分明确的指定性和规定性特征,要求实验室的配置与建设必须根据专业发展的趋势、规模来确定。多校区高校学科齐全、专业众多,校区间在地理位置上相互分开。因此,应通过学科整合,将相近或可以共用实验室的专业,安排在同一校区,既方便学生学习,又大大减少实验室的投资建设,节约学校经费,通过信息平台,实施设备动态管理,发挥设备的最大作用。另外,需科学配置实验室用房,确保房屋分配使用的规范性、公正性,提高实验室的配置与使用效率。

3. 实训与实习基地

实训与实习是培养学生技能的重要载体。但任何一所高校都不可能将所有实训、实习基地建在校园内,或由学校来建设。因此,为了确保学生实训、实习和掌握技能操作的需要,学校应考虑建长线课程、专业通用的实训、实习基地。而将一些较为狭窄和偏僻的专业实训、实习课交由社会承担,同时将相同相近专业的实训、实习基地建在同一校区,或者多校就近联合建设实训基地,通过校、企有效的整合和配置,既达到教学的目的,又减少学校的投入。

4. 体育运动场(馆)

体育场(馆)是学校体育教学、体育活动、体育锻炼不可缺少的基础设施,但多数高校田径场、体育馆使用率不高。学生课外活动和休息日,大部分集中在篮球场、排球场上,田径运动场上人影基本很少;而大部分体育馆是限制开放的,因此体育基础设施的闲置性浪费还是较高的。多校区高校,应充分发挥体育运动资源的投资效益、利用效率和公共效益。对进入高校园区的学校,应在3校或4校交界处共同投资、建标准化田径场和体育馆,这样可以节约学校大量投资和大片的土地资源;老校区的体育场馆,在保证教学需要的前提下,对社会开放,形成社会体育教育态势,并按国家规定进行收费,既发挥其社会作用,又增加学校收益。

5. 食堂和公寓

食堂和公寓的配置状况直接影响学生每天的日常生活质量。食堂的就餐容量和公寓的住宿容量都直接决定着校区的规模,根据宿舍容量分区建设适当规模食堂,同时加强教室公寓建设,为教学、管理、科研和引进优秀教师提供物质保障。

6. 土地资源

对校园土地的科学规划和利用,既要最大限度地利用校内土地,建设教学、科研、管理和生活设施、体育运动场地,又要保证学生课余活动和休息的空间,还要根据高等学校文化、教育的特殊环境和品味,构筑各种校园塑景,使校园土地真正得到科学规划、设计,合理开发、利用,更要前瞻性地为学校发展保留一些土地。另外,将地处城市商业中心、面积较小、建筑设施落后、设备老化陈旧、办学成本较高的老校区,通过政府主导和政策扶持,尽快置换出去。

(三)财力资源

扩大经费渠道,坚持资金来源多元化,是实现财力资源优化配置的基础。我国高校的财力资源,主要来源于各主管部门的财政拨款和学生学费款项,多校区高校合并、组建和新校区建设资金,主要靠向银行借贷和自筹。统一学校财务收入与管理,是保障财力资源的基本要素。预算财务收入,主要指上级财政拨款、学生学费款项。这是学校财力资源的主渠道,也是学校办学主要的、稳定的财源;产业财务收入,主要指成人教育收费、各种培训班收益、合作办学收益、固定资产出租收益、经营服务性收益、校企合作开发收益、科研产品转化收益等;预算外财务收入,主要指纵向科研拨款、横向科研经费、社会捐助、企业赞助;其他财务收入,主要指银行借贷、建设单位垫支、教职工集资和老校区置换等。

(四)教学资源

1. 教学设备

全面掌握和了解设备的性能、特点、可靠性、质量性、稳定性特征,建立健全规范、全面、科学的设备维护、保养、检修制度;建立仪器设备整合、流通、更新、淘汰的相关资料,通过修复、调剂以及采用市场手段,将一些淘汰设备调配到使用要求较低的实验工厂或社会领域。

2. 图书资源

加强全校图书资料、文献信息资源的管理,建立全校统一的图书馆自动化管理系统,实施全校图书资料、文献资料的整合和共享;建立全校图书文献资料资源共享信息检索系统,全面实现全校图书文献资料的通借通还。

3. 网络资源

优化教学质量,开发教学资源,充分利用信息网络、多媒体技术等先进的现代化教学,作为课堂教学的支撑和辅助。新校区在规划建设时应在教学资源方面加大投资的力度,有硬件资源作支撑,软件资源作保证。不仅对网络设施、宽带、机房及多媒体教学资源等硬件设施投资,还应重视教学软件、课件制作,网络课堂等软件的开发。充分利用信息网络资源,采取网络教学、网上答疑等方式方法,作为课堂教学的补充。

(五)生活资源

不断推进后勤改革与发展,最大化地提高生活设施的利用效率,完善通勤车、医疗、供电、供水、供气、供暖设施,保障学校教学、科研、管理、师生生活的正常进行。要大力推进通勤车、医疗、节电、节水、节气、节能宣传和落实工作,营造节约为荣、浪费可耻的良好氛围,降低办学和管理成本。

三、结论

部分高校为适应办学需要形成多个校区并存的态势,开拓了新的教育发展空间,弥补了教育资源的不足,增加了高校的竞争优势,但是也带来了新的问题。高校区域的扩大,学生公寓的校区化、分散化、社会化等特点,资源配置在地域、时域、主体、载体存在不均衡的客观问题。多校区高校人力资源、财力资源、物力资源、教学资源和生活资源都需有效协调,建立合理资源配置方案,才能提高资源整体配置效率。本文在分析多校区高校资源配置现状基础上,构建多校区高校资源配置要素模型,建立多校区高校资源配置方案,提出多校区高校资源配置策略,为多校区高校资源配置提供理论参考。

高校特色文化培育的路径研究

张地珂　杜海坤

[中国地质大学(武汉)]

大学文化是高校在其长期办学过程中形成的历史积淀、继承和再创造,是广大师生员工的思想境界、思维方式和行为方式的凝练,是全体师生共有的精神家园。大学文化浓厚着历史,承载着大学灵魂,体现着大学形象,塑造着大学师生的精神风貌,在本质上决定着大学的发展。随着高等教育的不断发展和深入,高等学校在建设大学文化过程中越来越注重特色文化的培育和完善,特色大学文化的建设已经成为一所高校突出大学理想和核心价值追求、突显办学理念、树立大学品牌、培养创新拔尖人才的长远大计。在国家提出"特色立校"的背景下,对于增强学校内部凝聚力、提高对外吸引力、扩大社会影响力、培育学校核心竞争力具有深远影响。

一、高校特色文化的内涵、特征和作用

办学特色是一所大学在发展历程中形成的比较持久稳定的发展方式,特色大学文化是被社会所公认的独特优良办学特征、卓越的大学精神和优秀的校园文化,深刻体现一所大学的生命力和社会影响力。特色大学文化是一所高校在长期的办学实践和历史积淀中形成的、有别于其他高校的独特风貌,是高校在办学理念、办学定位、办学特色、办学目标以及校风、学风、价值观等方面存在的独特内核和存在标志,是高校有别于其他高校的文化标签。特色大学文化是高校不断向前发展的内在驱动力和核心竞争力,是办学兴校的深层推动力,在高校发展中占据着极其重要的位置,发挥着不可替代的作用。

1. 高校特色文化的特征

高校的特色文化是在校园文化基础上的一种发展和深化,是紧密结合学科特点、历史文化传统和发展定位进行建设,是对大学传统的一种坚守,是基于时代特征的一种扬弃。在具备大学文化基本特征的基础上,高校特色文化还具备以下特征:一是独特性,即不可复制性。独特性是大学通过长期的办学实践中积淀升华而成,并被社会广泛认可的特性。二是行业性。高校由于类型和种类的不同,其建设的校园文化也有所差异。综合性院校、文科院校、理工科院校的校园文化建设不同;师范性院校和非师范性院校、医学类院校和艺术类院校有所不同;特别是行业院校,比如农林院校、地质院校、公安院校、交通院校、化工院校、军队院校、体育院校、石油院校等,融会行业精神和行业特点,其校园文化建设有所不同。三是育人的取向性。育人取向不仅是一所高校的办学灵魂,更是高校特色兴校的本质所在。各具特色的校园文化对学校师生员工的潜移默化的浸润和熏陶作用不同,使得不同高校培养出的学生在气质、素质、行为习惯和能力等方面各不相同。

2. 高校特色文化的重要作用

特色大学文化是凝练大学核心价值的精神财富。大学的核心价值实在学校发展过程中被广大师生普遍认同的价值取向和精神追求,在师生中具有强大的导向性、吸引力和凝聚力。它决定着学校的办学理念、办学目标、办学特色和未来的发展方向,特色大学文化是高校发展的根基,引领着学校的发展方向。

特色大学文化是推动高校科学发展的内在动力。大学的发展需要特色文化来领航,大学文化的培育离不开广大师生的共同努力,学校的科学发展更需要全体师生对美好愿景的不懈追求。特色大学文化正是激励全体师生不断开拓进取,鼓舞全体师生不断奋发向上的强大动力。

特色大学文化是引领校园文明风尚的引路航标。大学文化是根,特色文化

是魂。优秀而又有特色的大学文化能让师生得到强烈的身心感染和深刻的情感熏陶,能形成引领学校教学科研、人才培养、学科建设和社会服务的新思路和新目标,能培养出师生员工积极健康、蓬勃向上的文明新风,形成良好的校风、师风、学风。

特色大学文化是培养创新优秀人才的重要保障。特色大学文化可以培养大学生良好的创新能力,塑造大学生严谨的科学态度,砥砺大学生优秀的意志品质,接受良好教育的大学生将会在未来经济社会发展中发挥积极的作用,成为社会主义建设的合格建设者和可靠接班人。

二、高校特色文化建设中存在的不足

近年来,随着我国高等教育事业的发展,高校间的兼并整合和规模扩张,办大教育的追求等,带来了我国高校校园文化特色、个性和魅力的淡化和缺失,高校没有特色文化的现象成为制约和困扰各高校科学发展跨越式发展的重要瓶颈,特色文化建设方面存在着诸多问题。

1. 重物质文化轻精神文化

一所高校的特色文化体现的是该高校的大学精神和灵魂,是师生员工共同认同的价值理念和道德观念,是学校发展的力量之源和永恒动力。因此,在校园文化建设上应当定位于科学发展的大学理念、悠久的历史传统、现代的创新精神、严谨的治学态度、独特的竞争优势等大学精神的培育上。目前许多高校却集中大量的人力、物力、财力,改善校园设施,注重制度建设和执行,在引导师生了解制度、认同制度方面做得不够,忽略制度从主观上对管理对象的熏陶。同时,对于校园精神的培育无动于衷,甚至有些高校把校园文化建设的意义等同于丰富学生的业余活动,一味强调发展娱乐文化,这是大学文化建设中最突出的问题之一。

2. 文化特色不凸显

特色大学文化是一所高校区别于其他高校的重要特征之一,个性特色是高校最具魅力的名片。然而,在开放办学的大环境下,却出现了大学文化的趋同现象,难以体现不同高校因其专业特点、历史传统和办学特色不同而反映的独特个性。在万花齐放的文化之花盛宴中,特色文化的独特性、显著性和不可替代性没有凸显出来,特色不特,特而不强,特而不优,这是高校特色文化建设的显著不足。

3. 形式主义严重,功利化驱使

市场经济中价值取向的功利化和实用化使得各高校在急功近利、盲目跟风中失去其特色的校园精神。很多高校曲解文化内涵,盲目开展形式花俏、哗众取宠的文化活动,盲目追求活动数量而忽视学生需求和学校的现实情况。另一方面,很多高校盲目设置所谓特色专业、特殊人才培养办法,却忽视其原本固有的大学精神培育。在这种功利主义的驱使下,特色就成了一种点缀和唬人的噱头,而不是一种文化的追求。

三、高校培育特色文化的路径分析

推进高校特色文化建设是一项庞大、长期、复杂的系统工程,在构成校园文化的物质、精神、行为、制度等多个层面上,如何形成自己的特色和个性,已经各位各高校努力探索和追求的目标,也是各高校打造教育品牌、塑造独特形象、形成核心竞争力的根本途径。

1. 以物质文化为载体建设高校特色文化

物质文化是校园文化建设的有形载体,是凝聚了人的文化的物质存在形式,是高校在发展过程中积累下来的物化形式存在的总称。物质文化的建设既包括校园内可见可触的客观存在物,如各种建筑物、图书资料、教学科研设备、文体活动设施、校园网络等教育教学硬件设施,还包括可观可赏的环境布局,如校园的总体规划设计、楼堂馆所的布局美化、校园道路、花草树木、雕塑牌匾壁挂等。内涵丰富的物质文化,既是高等学校校园文化的物质基础,也是高等学校综合办学实力的重要标志。

在物质文化建设过程中,高校理应立足于本校的办学实际,以学校的目标定位和长远发展规划作为指导思想,体现特色。各高校根据学校的办学定位、学校的层次和类型、学校的发展目标、学科专业、科研水平、师资等整体状况,科学制定大学文化规划或计划,无论从内容到形式都要充分体现学校各层面工作的文化潜质,营造出能够鲜明地体现学校根本特色的文化氛围。另外,要科学合理规划校园环境,通过整洁美观的特色建筑和景观等外在的校园环境,对师生员工的审美情趣、道德情操产生潜移默化的影响,润物细无声。打造具有学校历史和行业文化特色的人文景点,有助于营造和弘扬强烈的文化气息,体现和承载丰富的文化内涵。高校在建设特色大学文化时要注重校园特色环境的打造,避免"千篇一面",塑造大学精神之"形",力争做到使学校的每一面墙壁都会说话,每一座景观都有动人故事,每一个角落都有育人功能。

其次,建议规范统一开发形象识别系统,作为加强特色文化建设的良好切入点,从战略角度来研究丰富高校内涵和文化特征,将大学的办学理念、行为规范、视觉识别等要素进行系统性分类整合,并对各类组合要素单元进行整合设计、重新塑造,推动高校管理的规范化、形象的统一化,从而达到树立学校形象、全面推动学校的发展的目的。

2. 以精神文化为核心建设高校特色文化

精神文化是校园文化的核心和精髓,也是校园文化的最高层次。它主要包括校园历史传统和被全体师生员工认同的共同文化观念、价值观念、生活观念等意识形态,是学校本质、个性、精神面貌的集中反映。校园精神文化是一种隐形文化,既不独立存在,但却无处不在,具体体现在校训、学校精神、价值观、校风、教风、学风、班风和学校人际关系上。

在精神文化建设过程中,高校首先应深入凝练大学精神,塑大学之魂。大学精神的提炼,即是历史传承的积淀,也是现实的积累和创造,它包含哲学思辨、精神倡导、价值取向、舆论引领等多重内容。提炼大学精神,不要局限于四个字或八个字的校训,应处理好教育理论的共同性和学校文化的特殊性矛盾,显示学校的优势和不同,确立较为突出和特别的形象。清华大学"自强不息、厚德载物"的精神,承载着清华人所倡导的"如大地般博大宽厚的胸怀"。独特的大学精神,使得清华成为中国大学的翘楚,成为中国学子心目中的圣殿。行业性高校中国地质大学的校训为"艰苦朴素,求真务实",引领一代代地大人勇攀高峰、敢于担当,献身基层,奉献青春和力量。其次,要传承大学历史文化,历史作为一本无形的教材,作为学校发展的真实记录,所负载的精神和经验让每一个从学校走出去的学生都能怀揣自豪之心,继往开来,迈出更坚实的新步伐。因此,高校应深入开展校史研究,建设实体和电子校史馆,编撰校史,让每一位师生员工扬弃见证学校的发展,真正起到凝心聚力,鼓舞人心的作用。

建设特色精神文化要注重典型引领,发挥人本优势,有诗云:"山不在高,有仙则名;水不在深,有龙则灵。"对于一所大学来说,大师和典型人物就是这所大学的"仙"和"龙"。对外,名师和典型人物可以为一所大学创品牌、树形象、增美誉;对内,知名学人(包括教师、学生、校友)的品格气质、学识修养、人格魅力可以起到带头、示范、凝聚、激励的作用。高校在大学文化建设中,要善于发挥人本优势,充分发挥典型人物的引领作用,感染广大师生员工,有助于特色文化建设的推动和培育。

3. 以制度文化为保障建设高校特色文化

制度文化作为大学文化的内在机制,包括高校的传统仪式和规章制度,是维系高校正常秩序必不可少的保障机制,是大学文化建设的保障系统。健全的制度文化是大学特色文化发展的重要因素,它要求学校建立起完整的规章制度,规范师生的行为,建立起良好的校风和精神文化,形成独具特色的校园文化和校园精神,保障大学具有持久的生命力和竞争力。

在制度文化建设过程中,高校应深化大学内部制度的改革与创新,建立健全彰显自身个性和优势的内部管理和运行机制,这是高校不断增强活力和魅力的必然选择。高校制度文化的创新当从三个方面入手:一是以学校层面;二是以教师层面;三是以学生层面。

从学校层面来看,高校要把特色文化建设纳入教育事业发展的总体规划之中,将大学文化建设与学校事业发展发展规划一起规划、一起部署、一起建设、一起评估,形成长效机制,把特色文化建设作为培育人才、凝聚人心、营造气氛、扩大影响的重要途径。高校应明晰办学定位,科学合理制定出符合学校特色的具有创新思想的大学章程。制度大学章程,不仅是大学办学的纲领性文件,是大学自身依法治校的重要依据,也是特色立校的重要保障。从教师层面来看,建设以教师为主体的特色制度文化是高校制度文化的重要组成部分。高校应根据不同的办学特色和不同职称的教师,制定出不同的考核体系,并且针对教师进行专门的校园文化培训,竞聘上岗,使教师所传授的知识能够更好地与学校的办学特色紧密的结合起来。从学生层面来看,学校应该制定既体现学校特色又有利于学生发展的学生考核机制,根据办学特色制定人才培养方案,同时将人才培养方案细化,根据不同专业、不同地域、不同性别等方面来制定,使在校学生的培养更符合社会需要。

谈大学生的生命教育

李宁

(黄冈职业技术学院学生工作处)

富士康公司自1988年在深圳建厂,到2010年,员工人数已达到80余万人。作为全球最大的代工企业,其财富的创造在很大程度上依赖于作为员工主体的年轻人。然而在2010年,深圳富士康公司发生了"12连跳"事件,先后有12个鲜活的年轻生命从高楼坠落,在人们眼前倏然消失。从12名逝去员工的年龄来看,除1人为28岁外,其余均在18~23岁之间,其中有2人是刚刚工作几个月的大学毕业生。富士康事件主要是因为厂方长期一味追求利润、忽视员工利益、缺乏人文关怀等所酿成的悲剧。但是不能否认,该事件虽然极端,却并不孤立,它折射了一种令人担忧的现象。在我国部分高校中,学生轻视自己和他人生命的行为频频发生。这种轻视生命的现象,在某种程度上反映出一些高校对大学生的生命教育重视不够,力度不足,导致了高校学生对生命认识的偏差。

一、当前大学生生命教育的进展及面临的问题

当前,很多高校教育工作者已经意识到生命教育在大学教育中的重要性,在大学生思想政治教育课程中加入了生命教育的内容,同时学校、社会、国家对大学生的生命教育都给予了高度的重视,高校的大学生生命教育工作取得了一定的成绩。大学生的生命观念总体上是积极的、健康的,他们热爱国家、热爱生活、热爱学习,通过自身的努力,在不断完善自我的同时为社会作出了应有的贡献。但是富士康跳楼事件中两名大学生员工的自杀,给高校的生命教育敲响了警钟,也摆出了新的课题。在事件中,两名大学生员工的遗言令人扼腕,一位说"我没有拿公司的东西",另一位说"现实与期望相差太大",为了证明自己的清白以及期望的失落,就如此轻率地结束了自己的生命。在为两位大学生员工行为叹息的同时,也引起了人们的深思:在高校教育中怎样进一步强化大学生生命教育才能真正筑牢其生命观的防波堤?反观当前生命教育,不难看出大部分高校至今仍缺乏对学生生命关怀的教育氛围,缺乏明晰的生命教育目标,因而难以真正教会学生如何正确地面对生命;同时囿于我国传统观念,使得生命教育将更多的注意力放在如何面对"生"的问题上,而缺乏如何正确面对"死亡"问题的教育。因此,有必要对大学生生命教育意义、内容及其途径和方法作进一步地探讨。

二、加强大学生生命教育的意义

大学生生命教育的本质是帮助大学生了解生存权和发展权是首要基本人权的观念,使其深化对生命含义的认识;加强大学生的生命教育可以提高大学生抗压、抗挫折能力,提高当代大学生的生命质量,使其更加健康快乐地生活;大学生的生命教育有利于健全大学生人格,帮助大学生正确地认识、评价自我,提高自我调节能力,保持积极、健康的生活态度;加强大学生的生命教育可以引导学生认识和接受生命的意义,使学生学会珍惜、尊重、热爱生命,树立正确的生命价值观,以博大的胸怀和坚韧的毅力去实现个人的价值,在社会中作出自己的贡献。

三、当代大学生生命教育的内容

1. 生命意识教育

生命意识教育是生命教育的基础。纵观大学生自杀事件,无不是因为生命意识淡薄、缺乏对生命的正确认识和理解所造成的。生命意识教育的目的是引导学生由珍惜生命发展为追求生命的意义,使学生形成正确、完整、科学的生命观念,追求积极向上的生活,并具有主动维护生命权利的意识。

2. 生命发展教育

生命发展教育是引导学生最大限度地挖掘生命的潜能,充分表现其个体的特性,实现个体的价值,从而提高个体的生命质量。生命发展教育的本质是使学生能够自觉地提高生命价值,是生命教育的最高境界。

3. 生命意义教育

人的生命特性之一是对生命意义的追求。在人生过程中,生命的意义并不在于寻找,而在于通过自身的创造活动为其生命赋予意义。在人的一生中,很可能无法改变社会,而只能在确定自己生活目的的前提下,通过不断地努力来丰富自己的人生意义。大学生应该给自己定一个高尚的人生目标,并一直朝着这个目标前进,在正确目标的引导下,不仅能够追求到生命的意义,而且可以在追求过程中丰富自身,提高自己的生命质量。

4. 生命和谐教育

人是社会动物,任何一个人都不可能脱离社会而独自存在。从大学生自杀、他杀的现象中可以看出,这些事件的主角大多生活在自己的封闭世界中,无人理解、无人倾诉。孤独、自闭往往是大学生产生极端行为的主要原因。因此,在大学生的生命教育中应当充分体现人与人、人与自然的和谐关系,通过生命和谐教育,使学生认识到"社会人"的本质,树立珍惜自己和他人的生命,追求生命和谐,促进社会和谐发展的强烈意识。

四、大学生生命教育的途径和方法

1. 构建生命教育课堂

大学课程中的思想政治课和心理健康课是培养学生世界观、人生观、价值观的主要阵地,高校已将这两门课作为公共必修课。但一些学校教师仍普遍忽视思想政治课对心灵的启迪,传统的照本宣科使学生感到课堂内容枯燥无味,因而失去兴趣甚至产生排斥。高校应当大力提高对这两门课程的重视度;教师应当充分认识、十分关注课程对学生心理的影响,采取灵活机动、生动活泼、具有鲜明的时代感和指向性的教学方法,构建生命教育课堂,促进学生形成科学、正确的人生观和价值观。

2. 营造良好的校园环境

高校应当积极营造适合学生生命教育的校园环境,充分利用一切资源,营造一种轻松的、高品位的校园文化环境。以科学、正确的校园文化引导学生的生命观念,使学生在良好的校园环境中感受生活的美好,培植正确的生命观,从而更加珍惜生命,主动远离对生命的干扰和不良影响,以饱满的热情参与到工作、生活、学习中去,积极向上,不断进取,努力实现自己的生命价值。

3. 丰富学生的实践活动

高校在学生教育过程中有责任、有义务让学生更多地参与到社会实践活动中去,使学生在工作实践中感受到生命的价值和自身的成长,通过实践培养学生的生存感受能力和生命情感。如可以组织学生参加野营、野外生存训练等活动,加强学生对苦难的体验,达到让学生珍惜生命的效果;组织学生在节假日去养老院、孤儿院等弱势群体聚集的地方做志愿者,使学生学会珍惜现在的生活,学会感恩和奉献;还可以帮助有意向的学生进行创业活动,让学生在创业中增长才干、磨炼意志。

4. 构建多方协作机制

大学生生命教育是一项涉及到家庭、社会、学校的系统工程,在大学生的生命教育中,三方应积极合作:就家庭而言,家庭是学生学习的第一场地,家长是学生的第一任老师,家长在家庭教育中应该从小引导孩子树立正确的生命观,培养孩子良好的生活习惯,使孩子自尊、自爱、自强,与他人友好的相处;就社会而言,应形成关爱大学生的良好氛围,给大学生营造良好的社会环境及生命教育环境;就学校而言,应积极开设生命教育课程,富有成效地开展生命教育活动,培养学生牢固树立热爱生命、珍惜生命的理念。

五、结束语

大学生是国家的宝贵财富,大学校园不仅是学习知识的场所,也是学生世界观、人生观、价值观形成的摇篮。大学的思想政治教育对学生的世界观、人生观、价值观形成具有十分重要的影响,高校应根据自身情况,采取多种途径与方法加强大学生生命教育,引导和帮助大学生积极向上、健康快乐地成长。

论大学生法制教育的科学化

欧阳庆芳　赵伟忠
(三峡大学法学院)

大学生法制教育作为大学教育的一项重要内容,其目标是使大学生具有较高的法律素养和一定的法律知识,培养大学生的法律信仰,增强大学生的法制观念。面对新形势,要进一步加强和改进大学生法制教育工作,不断探索我国大学生法制教育的新途径,增强高校法制教育的科学性。

一、大学生法制教育理念的科学化

要实现大学生法制教育的科学化,首先应是对教育理念理解的科学化。一般来说,理念是指人们对事物本质和规律的认识和看法。理念具有统管全局的作用,教育理念即是指人们对教育本质和规律的认识和看法。教师和学生的教育理念、教育思想制约着他们的教学行为和学习过程。

1. 大学生法制观念教育理念的内涵

大学生法制观念教育的理念应该是以学生为中心的教育理念。其内涵为:大学生法制观念教育是高校德育和素质教育的重要组成部分和重要内容,它同科学教育同等地位、同等重要。大学教育要积极促进人文教育与科学教育的融合,要积极更新大学生的法制观念,加强创新能力和实践技能的培养,提高其综合素质。

当前大学生法制观念教育的任务是高等学校德育的一部分。高等学校德育的任务是用马克思列宁主义、毛泽东思想和邓小平建设有中国特色社会主义理论教育学生坚持社会主义方向,树立科学的世界观和正确的人生观,形成良好的道德品质,把学生培养成为有理想、有道德、有文化、有纪律的一代新人。新时期大学生法制观念教育的任务,是根据教育目的和高等学校德育的任务确定的,是为实现教育目的服务的,归根到底是反映了社会的政治经济要求。因此,新时期大学生法制观念教育的任务,是把大学生培养成为具有社会主义法制观念和法律意识,具有坚定的法治信仰的一代新人。

2. 大学生法制教育的科学化要求教育理念与时俱进

改革开放以来,特别是新世纪新阶段我国社会面貌发生了重大变革,因此对大学生法制观念教育提出了更高更新的要求,那就是教育理念的与时俱进。以往的传统教育思想往往"以教为本",注重理论和基础知识的灌输,而忽略学生的主体地位,忽略创新精神和实践技能的培养。具体到大学生法制观念的教育中则表现为注重法律基础知识的灌输,而忽略法制观念、法律意识的教育和更新,即淡化了思想教育的功能。因此,大学生法制观念教育教学效果大打折扣。这些理念严重地脱离了我国改革开放的实际,在一定程度上阻碍了我国实施依法治国实现法制化国家的进程,所以必须加以根除。新的时代背景下,要确立以学生为中心的教育理念,着眼于思想教育,把法制教育的思想性、科学性、知识性和针对性统一起来,也就是要"从人的全面发展"的视角出发,在传授知识的同时,注重学生能力和素质的培养和教育,重视学生综合素质和创新精神、实践能力的提高,确立以发展创新精神和综合能力为中心的教育质量观,促进学生和谐而全面地发展。

二、大学生法制教育内容的科学化

大学生法制观教育的目标是要通过法律知识的学习,法律精神的剖析以及法制观念的启蒙,培养、树立起大学生的现代法制观念,从而实现大学生综合素质的提高和全面发展。法制教育内容的科学化应当从大学生的公民观、权利义务观、守法及护法观等几方面展开。

1. 公民观的形成

公民是指具有一国国籍，并根据该国法律规定享有权利和承担义务的人。公民观作为一种现代社会观念，在法学理论上强调公民是每一个人最基本、最稳定的身份或资格。公民资格以一个人的国籍为转移，反映了个人与国家之间的关系，以及公民之间在法律上的平等关系。对大学生开展公民观教育，主要目的就是要明确作为中国公民所享有的法律地位与法律责任，强化大学生的国家、民族意识和社会责任感，自觉维护祖国的独立、主权、统一与尊严，同各种损害国家、集体以及个人合法利益的行为作斗争。我国宪法明确规定，"中华人民共和国公民在法律面前一律平等。任何公民享有宪法和法律规定的权利，同时必须履行宪法和法律规定的义务"，"公民对任何国家机关和国家工作人员有提出批评和建议的权利，对任何国家机关和国家工作人员的违法失职行为，有向国家机关提出申诉、控告或者检举的权利"。公民是构成一国居民的主体，大学生公民观的确立，对彻底根除社会现实生活中的特权现象，对监督国家机关及其工作人员适用法律的行为，推进我国的依法治国，建设社会主义法治的进程，具有十分重要的意义。

2. 权利义务观的平等认知

法律的核心内容是由权利和义务组成，它是以规范公民权利义务的方式来调整社会主体的行为和社会关系的。要实现依法治国，就需要包括大学生在内的全体社会成员树立起正确的权利义务观念：一方面，只有能够依法享有和行使权力，社会主体的自主性和创造性才能得以实现；另一方面，没有无权利的义务，也没有无义务的权利，社会主义法治更要求权利义务的和谐统一，没有义务的履行，其他主体的权利和利益就无法实现。

新时期对大学生的权利义务观的教育，在坚持权利义务相统一的前提下，还应更加深入地对大学生进行权利观念的教育。加强对大学生权利观念的教育并非对法律义务的忽视，在权利和义务的关系上，权利始终是目的，而义务是手段。任何社会成员在法律面前皆为平等的权利主体，法律设定义务的目的在于保障权利的实现，即权利是义务存在的依据和意义。当然，对权利的重视，其要义不仅仅是对于自己权利的珍惜，也同时在于对他人权利的尊重，因为，"构成近代守法精神本质的主体性的内容在于：第一对自己权利的主张；第二与此不可分割的对他人权利的承认和尊重。"

3. 守法和护法观的深化

在守法问题上，历来党和国家高度重视。邓小平曾指出：要讲法制，真正使人人懂得法律，使越来越多的人不仅不犯法，而且能积极维护法律。我们在过去的法制宣传教育中虽然存在着重知识、轻素质，重条文、轻精神，重守法、轻用法、护法的缺陷，但不能就此完全抛开守法而走向另一个极端。法律的遵守是任何国家法律实施都必须注重的一个基础环节。亚里士多德认为，"邦国虽有良法，要是人民不能全部遵循，仍然不能实现法治"。美国当代自然法学派的代表人物富勒，则将普遍守法看成是现代法治的八项原则之一。对于一个国家而言，社会良好秩序的维系必须依靠所有社会主体主动地遵纪守法，否则，大多数的社会主体都不遵纪守法，国家则难以进行正常的建设发展。大学生作为将来投身社会建设的主力军，他们能否具有较强的守法和护法观，能否遵纪守法和维护社会公平正义，这对于保证社会主义现代化建设能否顺利进行至关重要。

三、大学生法制教育路径的科学化

我国正在逐步走向法制社会，法律将越来越广泛深入地影响我们的社会生活，置身于社会的任何一个人都无法摆脱法律而生存。这就意味着对当代大学生的法制教育不仅要传输适应现代社会所需的先进意识，更为重要的是培育他们全面的法律素质。法制教育时效性、教育性的实现，需要构筑一个属于法制教育本身的、体系完整的、科学化的路径。

1. 营造良好的校园环境，提高法制教育效果

校园法治环境如何，对大学生法律素质的形成和发展有着十分重要的影响。实施法制教育必须要有一个较好的大环境，环境优化是法制教育成功的重要决定因素。因此，我们必须努力为大学生法律素质的形成营造良好的校园法治教育环境。具体来说就是要求高等学校做到依法治校、依法管理。依法治校本身就是一种潜移默化的无形教育，会激发学生学法用法的自觉性，从而大大提高法制教育效果。学校应当根据法律法规制定合理的规章制度，并全面贯彻实施，使教学、工作、学习、生活有章可循，进入有序状态。学校内部的规章制度实质上就是小范围的"法律"，大学生在校期间养成遵守规章制度的习惯，懂得在人群中生活就需要遵从群体规则，走向社会以后自然也就会自觉地去按法律的要求规范自己的行为。同时要结合师生和社会关注的热点问题，开展丰富多彩的法制宣传教育活动。对学校周边环境开展综合治理，保证校园周边有一个文明健康的环境，也可促成法制教育效果的最大发挥。

2. 加强大学法律基础教师的专业素质培养

课堂是我们进行法制教育的主阵地，授课教师在大学课堂上改变教学模式，提高教学质量，这对于增强大学生的法制观念将起到重要作用。目前高校法制教育课和大学生思想道德修养课合在一起，课时受限，任课教师往往也是由道德

基础课老师或辅导员担任,因此,应该加强法律基础课师资队伍的建设。可以把那些受过专门法学训练的有较深法学素养的教师合理安排到教学中来,或者对现有教师队伍进行培训,有计划地强化其法律专业知识和法律职业技能,从而提高整体教学效果。

3. 理论联系实际,增强法制教育的实效性

法制教育是"认同"规范、"接受"规范和"消化"规范的教育,单纯依靠"课堂说教"很难达到预期的教育效果。法律又是一门实践性极强的学科,没有经过法律实践是无法真正学好法律的。所以学校应强化实践性体验教学环节,把理论教学与社会实践相结合,才能提高法制教育的效果。

学校要引导大学生深入社会生活,了解法律在社会生活中的运用,并结合自己及身边发生的法律实事进行思考,把在课堂中学习到的法律知识充分地加以应用,形成多种形式的法制教育的第二课堂。另外,通过每年的法制宣传周(月)组织学生开展一些主题鲜明的法制演讲、辩论赛、讨论会、专题论坛、知识竞赛、"模拟法庭"等活动,以及组织学生到法院旁听一些典型案件的庭审,使他们能在自觉参与、身临其境中得到教育和启迪。这些既有直观实务又有深层理论的校园法制文化活动,是培养和提升大学生的法律意识切实可行的渠道,能够极大地激发学生对法律现象给予关注的热情和兴趣,增强法制教育的实效性。

4. 法制教育教学评价体系科学化

目前,各高校法制教育的评价体系存在很多不合理的地方,需要我们加以完善。在高校教育管理中,应用法律评价取代道德评价。高校给予大学生处分往往用道德败坏、品质恶劣等评价标准,而没有从法律的角度去评价学生的行为。这样,既限制了学生的行为,又引起了很多校园案件,而采用法律评价可以缓解甚至避免这些法律纠纷,促进学校管理科学化、法制化。

同时,各高校评价法制教学效果好坏的唯一方法是阅卷考试,学生追求的仅仅是该课程的分数,并未真正养成依法办事的行为习惯。法制教育是否有成效,不能只看学生懂得多少,更要看学生的行为实践和自觉性。法制教学评价要改变过去那种背诵记忆的考试方法,实行闭卷考试、开卷考试和行为考察相结合,突出学生的"致知力行"。

5. 构建社会、高校、家庭、自我四位一体的大学生法制教育体系

公民的法律素养的高低是反映一个国家法制建设的水平高低的重要标准。增强当代大学生的法律意识,提升他们的法律素养,不仅仅是高等院校的责任,也是涉及家庭、社区以及整个社会各个层面的系统工程。因此,需要全体社会共同关注和参与,把社会教育、学校教育、家庭教育、自我教育各方面的力量有机结合起来,连成一个"教育网",保证法制教育从不同途径和不同角度去发挥作用。

高校是大学生法制教育的主要阵地,依法行使和保障学校及每个学生的合法权利,贯彻落实国家的各项法律法规,保证良好的校园生活环境是高校成功进行法制教育的基础。家长要注重观察和了解自己的孩子,配合学校教育,注重对孩子的思想观念和行为进行正确引导。司法机关应该有重点地与大学定期联系,加强与高校的合作,组织司法宣传教育进高校活动。政府职能部门则应尽力为大学排忧解难,切实采取可行的措施,优化社会环境以及校园环境,创造良好的社会氛围。通过这些方法和措施的实施,形成一个良好的法治环境,使学生不知不觉中受到现代法制观念的熏陶,从而提高自身的法律意识。

四、结语

高校德育建设是一项系统而复杂的大工程。其目标的实现,不仅要靠道德教育,更要发挥法制教育的作用。法制教育是高校德育的重要组成部分。法制教育是实现道德教育的基本途径之一,能够提高德育实效。当前我国高校法制教育还存在诸多问题,尤其是在法制教育的实施过程中会产生一些意想不到的矛盾。在依法治国的大背景下,如何建成科学有效的法制教育体系,发挥法律在高校德育工作中的作用,值得我们深入思考。

从学生的个性化发展谈素质教育

杨晓燕

(黄冈职业技术学院)

十五大报告指出:"我国现代化建设的进程,在很大程度上取决于我国国民素质的提高和人力资源的开发。"国民素质的提高必须依靠教育,人力资源的开发指的也是教育。这就要求我们必须优先发展教育,尤其是素质教育,只有这样,才能实现发展教育的根本任务,提高国民素质。而在教育实践中,"素质教育"的提出也是源于对"片面追求升学率"的不满,是克服"应试教育"倾向的需要。

一、素质教育的内涵

1. 素质

素质有狭义和广义之分,狭义的概念是生理学和心理学意义上的遗传素质。《辞海》中解释为人或事物在某些方面的本来特点和原有基础。在心理学上,指人的先天的解剖生理特点，主要是感觉器官和神经系统方面的特点，是人的心理发展的生理条件，但不能决定人的心理内容和发展水平。广义的素质指的是教育学意义上的素质，指"人在先天生理的基础上，在后天通过环境影响和教育训练所获得的、内在的、相对稳定的、长期发挥作用的身心特征及其基本品质结构，通常又称为素养。主要包括人的道德素质、智力素质、身体素质、审美素质、劳动技能素质等"。素质教育中的素质，指的是广义素质。

2. 素质教育

依据国家教育督学柳斌的观点，素质教育作为一种新的教育理念，主要包括三个方面的内容：一是在教育对象上，强调教育要面向全体学生。素质教育强调了教育的普及性，淡化选拔意识，即使在非义务教育阶段，也主张教育是要面对广大的受教育者，而非少数人。二是在教育目的和内容上，要求教育要使受教育者在德、智、体、美、劳等方面的全面发展，不可偏废，培养成功的人格。三是要让学生主动地发展，成为自我教育和发展的主体，发展学生的主动精神，唤起学生的主动意识，促使学生生动活泼地成长，同时培养学生的创新能力。

可以看出，素质教育是指一种以提高受教育者诸方面素质为目标的教育方针，它重视人的思想道德素质、能力培养、个性发展、身体健康和心理健康教育，是内在素质与外在素质的结合；是以全面提高人的基本素质为根本目的，以尊重人的主体性和主动精神，开发人的智慧潜能，形成人的健全个性为根本特征的教育。其中，心理素质占有独特的地位，因为人的身心潜能素质的开发和实现程度，以及社会文化历史成果在人的身心结构内化、积淀的程度，都可以从人的心理素质水平中得到综合反映。所以，在实施素质教育的过程中，心理学的理论研究与实践探索必定是服务于素质教育。

二、实施素质教育的途径探析

1. 因材施教的个性化教育

不论是学校还是家长都要针对受教育者所处年龄段的身心发展特点来实施教育，从幼儿、儿童、青少年到成年直至老年，每一个时期个体的认知水平、思维特点、个性的发展、社会化程度、智力水平的发育等都有不同的水平，所以个性化教育要抓住某个时期独有的共同特征，提高对发展关键期的关注水平，因时而异，在心理发展的不同阶段上，应有不同的学习内容与学习要求。

卢梭认为儿童不是空容器或白板，而是有他们自己的感觉与思维的形式，他们按自然制订的计划而成长，而且推动他们在不同阶段发展不同的能力与形式。所以我们要遵循这种自然的方式允许他们自我完善，而不是硬要闯进去以"正确的"方式教儿童思考。从前运算阶段到具体运算阶段直至形式运算阶段，个体会表现出不同的认知、思维以及道德发展的特点。比如对学生的道德教育,10岁前的孩子,因为怕被惩罚或希望得到奖励而服从规范,10～15岁的孩子,希望得到成人的认可,心目中逐渐树立起是非观念、群体的引导和对权威的顺从,使他们能较为自觉地服从规范,思想品性初步建立;15岁以后的青少年,开始建立法制观念取向和价值观念取向,是非观念逐渐形成。所以在进行道德教育时就要有针对性,小年龄的孩子要有强化措施,而大年龄的孩子则要强调以理服人,注重情感教育。任何跨越年龄阶段或者忽视心理发展的顺序性与系统性而拔苗助长或填鸭的做法都是徒劳的。因材施教还有重要的一方面就是要因人而异,因为即使是在同一个时期内,受教育者的个体差异是客观存在的。因材施教也要以每个学生的"材",施以不同的"教"。这样的教学才是个体身心发展的推动力,维果斯基曾提出了发展性教学的观点,教学要着眼于、落实于最近发展区,要根据个体已经达到的心理发展水平,并且预见到今后的心理发展,只有这样,教学才能带动、加速个体发展。从学生不同的身心成长条件和智力发展水平的实际出发实施教育,才是素质教育的真谛。比如对于"优等生"可采用加深、加速学习的方法进行培养,而那些普通生甚至"差生",则更需要多关心多爱护,长其善而救其失,让他们打开眼界认识自己,使他们找到"表现自己"的领域,形成积极的自我意识,树立起对自己的信心。这必须要求教师、家长掌握学生的心理特点,教育因时因人而异。

2. 激发学习者的潜能

作为教育者,要掌握学习的性质、特点及其规律,教学要与学习有机地互动,激发学生积极的动机系统,开发学生的心智潜能,促进学生注意力、观察力、想象力、记忆力和思维力、创造力的发展,形成较强的求知欲和探索精神。

学生的学习活动是由各种不同的动力因素所构成的,比如兴趣、爱好、理想、信念等,还有一个学习的目标。加涅认为,动机与学习的关系是相互促进的,动机可以促进积极的学习,而成功的学习也可促进动机的发展。因此,学习的首要阶段是调动学生的学习动机,使学生积极主动地参与到学习活动之中。学习动机一旦被激发,积极性一旦被调动起来,就会使学生产生强烈的学习愿望或者意向,从而能有效地促进学生的学习活动。

加涅认为任何新能力的学习需要先学习包含在新能力里面的从属的能力。奥苏伯尔也非常强调原有认知结构在新的学习中的作用。所以教师应该根据学生之前已经拥有的知识技能以及不同的学习层次的特点(概念学习还是辨别学习等)和教学的目标,事先做好一个短期与长期的系统性的教学计划,并且提供给他们良好的外部条件,做到教学相长的良性互动。人本主义心理学家罗杰斯指出"创造良好的教学气氛,是保证有效进行教学的主要条件,而这种良好的教学气氛的创设又是以建立良好的人际关系为基础或前提的"。教师在教学中要努力使学生拥有宽裕的时间、轻松的环境和愉快的心境,让学生时时保持精神振奋、思想活跃,营造一个无拘无束的思维空间。心理学研究表明,愉快的体验也能作为强化物,强化个体的行为,使之增加重复出现的可能性,从而产生巩固行为效果,保护学生的好奇心、自尊心和自信心。

3. 改革考核评价标准

改革不良的评价标准,减轻学生的心理负担,为他们建立一个尊重、理解、信任、和谐、融洽、相互理解的人际心理环境。

考试本来是从属于教育,是为教学服务的,考试是检查教学效果,反馈教学信息的一种手段,而应试教育却把考试变成一个凌驾于教学之上的"指挥棒",学生由学习的主人变成了分数的奴隶。以分数论英雄,把升学率当作学校教育质量和教师工作水平的唯一评价标准,这只能使素质教育成为空谈,而落不到实处。首先是学校教学评价体系的改进,每年的期中期末成绩的评比让教师疲于知识的灌输、分数的提高,而无暇顾及学生心理素质的教育。这种不利于身心发展的心理环境反而导致了学生厌学、焦虑等不良情绪的滋长,所以要淡化考试的选拔功能,尤其是在义务教育阶段。

奖惩合情合理,多进行情感化的教育。以各种积极情感与认知的互动,达到知、情、意并茂。教师对学生进行评价时要富有激励和亲切感,从情感入手,知、情、意并重,强调通过以各种积极情感与认知的相互促进,带动意志的发展。素质教育要摒弃应试教育的分数决定命运的做法,德智体美不能偏废其一。不要视分数为宝贝,学习成绩好就一切都好,这种表扬的含金量不高,容易形成一些高分低能现象,甚至是一些成绩优秀、品德有待提高的,社会化程度低的人群的出现。成绩差者被批得一无是处,而不能发现他们身上的闪光点,无疑抑制了那些成绩低的学生的求知欲和自信心,教师应该给予他们更多的关注与鼓励,或许他们的体美方面发展良好,甚至是具有高尚的道德情操,教师或者家长要设置情境使他们具有成功的体验,以免产生自暴自弃的想法。

唤醒学生的自主意识,给他们的发展做合适的准备工作,而不是过分依靠奖励或者惩罚来引导他们的行为,过度强调外部评价往往会使学生失去自我。家长对待子女的学习应该提出合理的发展目标,学会客观分析具体情况,及时全面地了解子女的各种需求。学业成绩评价上也要重视与子女情感交流,对子女尊重而不迁就,民主而不放任,严有度、爱得法。

4. 注重心理品质的形成

重视对于学生的心理咨询与心理辅导工作,培养他们面对困难与挫折时的良好心理品质,促进学生形成健全人格。

青春期的学生处于统一感的建立时期,容易出现统一感的混乱,极易出现心理和行为的偏差。所以学校应积极开展普及心理卫生知识的讲座、进行心理咨询和心理辅导等工作,注重对学生进行学习态度、理想前途、人格品质的教育。学校心理教育与家庭教育、社会教育同步进行,有效地提高学生的心理素质,增强其面对挫折困难时的勇气,培养对待失败的正确的归因方式、正确的学习动机、高尚的道德情操、积极的人生观与世界观以及健康向上的人格特征。

加强校园文化的建设,开展丰富多彩的校园活动,为学生健康成长创造良好的学习环境。学生的大部分时间都是在校园里度过的,学校有计划地开展学生喜闻乐见的、丰富多彩的校园活动,让他们在感兴趣的文化活动中增长知识,陶冶情操。通过开展形式多样的文体活动和学科知识竞赛等,给学生形成健康向上的氛围、宽松理解的环境,而且在参与活动的过程中提高学生的群体凝聚力、集体荣誉感,有助于培养学生乐观向上的生活态度,充分发展和完善学生的个性,这对处于"心理上断乳期"的青少年也是有积极作用的。

三、结束语

个体的心理发展是个体活动的心理调节机制方面的变化,个体的身心发展是在许多因素的交互作用中得以实现的,学习是心理结构构建过程,通过顺应与同化,将新的经验整合到原有的经验结构中而实现的。因此,学习及其教育是与个体身心发展具有辩证关系的。素质教育的实施,旨在冲破原有的不遵循身心发展规律的填鸭式的"应试教育"的桎梏,充分关注学生的身心发展状况、个体的生理发展状况、能力发展状况及学习动机状况,并以此为依据,提出新的教育方式,从而真正发挥教育促进个体身心全面健康发展的作用。

浅谈当代大学生诚信现状与对策

唐永明

(黄冈职业技术学院)

诚信是我国优良的民族传统,是公民道德教育的基本内容,是社会主义市场经济的要求和原则。当前,随着祖国的繁荣昌盛、经济的飞速发展,当代大学生缺乏诚信的现象开始凸显,我国社会各界对大学生中出现的诚信危机深感担忧,正是这种现象,加强大学生诚信教育已经成为摆在我们面前的紧迫任务。

一、诚信的概念及当代大学生存在的诚信问题

诚信,作为中国传统的道德规范,具有广泛而深刻的涵义。"诚"作为哲学与道德范畴,本义诚实,真诚,诚恳,引义诚实;"信"作为道德和行为规范,是为信用,取信于人,指信用、信任。诚信是指诚实而有信用,即内心善良又能表里如一、言行一致。诚信作为公民道德规范,其基本内涵是诚实、不欺骗、遵守诺言。它是人的一种最重要的品德之一,是一个社会赖以生存和发展的重要条件。

(一)当代大学生中存在的诚信问题调查

据《重庆晚报》的一次调查统计表明:64.5%的学生不能按时按地点赴约;30%的学生厌烦公益劳动,要借故逃课;43.5%的学生曾经编造借口,不做课间操和上体育课。有32%的学生承认,曾偷看过别人的信件和日记;九成的学生认为做老实人吃亏。

另据《中国青年报》一项调查表明,在校学生中未说过假话的只有6.2%,其中,幼儿园小朋友占84%,小学生占51.3%,中学生占20.1%,大学生占0.48%。孩子的心灵本是一张洁白的纸,纯真无瑕。随着接触社会,童心受到社会的玷污,诚信随着年龄的增长而变得匮乏,到大学阶段达到了不诚实最低点。

(二)当代大学生诚信问题现状

1. 考试作弊屡禁不止,弄虚作假日益严重

考试作弊现象司空见惯,日渐猖狂,尽管各高校都制定了严格的考试制度,不仅对考场纪律有严格规定,而且对监考老师的职责也有严格的考核,但学生的作弊方式还是层出不穷,作弊的手段也是防不胜防;更有甚者还形成一定的规模组织,以赚钱、营利为目的的思想充斥到大学学习生活中。

2. 作业抄袭成风,论文蒙混过关

在大学制订的教学计划中,给学生留有很多自习时间用来预习、复习课程。但现在有很多学生把这些自习时间用来上网聊天、谈情说爱等,到要交作业时,借其他人的作业完全抄袭过来就算完事;学术论文抄袭层出不穷,上网抄袭论文、花钱找人代写论文比比皆是,无怪乎"天下文章一大抄,在于会抄不会抄"的谬论在大学生思想中极其泛滥。

3. 求职履历"掺水"成灾,违约现象层出不穷

随着高校扩大招生,大学毕业面临就业压力越来越大,有些学生在求职履历上做手脚,涂改成绩、夸大事实、制造假证件、虚构经历,绞尽脑汁玩手段。曾经有记者报道过他在一次大型人才交流会上碰到的"奇特"现象:一家企业,在收到的84份大学毕业生自荐表中,发现有5人为同一学校的学生会主席,6人为

同校同班"品学兼优"的班长。

从毕业生就业情况来看,当每年的毕业生"求职大战"接近尾声时,另一个高潮也随之而来,那就是违约高潮。一些毕业生抱着"骑驴找马"的心理,找到更好的单位之后,马上就违约,造成用人单位大伤脑筋。失信、弄虚作假现象,不仅极大地损坏了当代大学生追求真理、文明向上的优秀形象,冲击了中国教育的真正含义,更重要的是,这对大学生将来步入职业生涯是非常不利的。

4. 助学贷款,路在何方

为了保证经济困难的大学生能顺利完成学业,国家大力开展国家助学贷款。在实施过程中出现了一些大学生凭空捏造理由申请贷款或已贷款大学生在毕业后违约拖欠贷款的现象,使得助学贷款的业务陷入尴尬的局面。国家助学贷款从 1999 年试点至今已历时 8 年,却因为"信用"而进展缓慢。在一项调查中显示,毕业的不少学生不知是因为经济条件困难还是有意为之,没有及时把贷款还上,严重地影响了后面学生的贷款,因而全国申请国家助学贷款的学生中只有少部分学生能得到贷款。如成都农业银行某分行:大学生拖欠贷款比例达 5%;中国工商银行北京某分行:大学生拖欠贷款比例达 10%;在长沙:大学生拖欠贷款比例达 35.3%。

5. 人际冷漠,纯洁不在

由于缺乏诚信,在纯洁的大学校园中,不断地上演着沉溺网络虚拟世界不能自拔、偷盗、争夺恋人、抢夺留校名额的悲剧,更有甚者因恋爱不成而轻生自杀或是进行凶残报复。人际关系的淡漠以及不正当的交往,更容易导致学生引发恶劣的心理疾病,如自私、冷漠、孤僻、不合群、缺乏责任感,不利于健康人格的形成和发展。

二、现代大学生中存在的诚信问题成因

1. 社会环境影响大学生诚信

现代大学生在接受传统文化教育的同时,也受到社会主义市场经济体制所带来的新观念、新文化的影响。随着入世,西方的政治、经济和文化也就越来越多地渗透到大学生的思想意识当中,使他们的思想观念、思维方式和价值取向呈现出多元化的特点。在政治、经济和文化等方面对大学生的心灵进行不断地腐蚀,也对青年大学生稚嫩的诚信观产生了消极的影响。

2. 家庭教育忽视诚信

在传统的中国家庭教育中,很多家长只关心孩子的学习成绩和他们的日常生活,因此导致在对子女的教育过程中,有的家长只重视学习成绩的好坏,而忽略日常对他们的思想品德教育,对子女平时的不诚实行为也没有引起足够的重

视;另一方面,有的学生家长不能以自身的行为影响子女,甚至有的家长还当着孩子的面做一些有违诚信的事导致部分学生诚信缺失。

3. 大学生自身的原因

大学生对自身在社会中扮演的角色尚未具有明确的分辨能力,他们做事莽撞,对行为的后果缺乏考虑,在家中,他们习惯了娇生惯养的生活,忽视了作为家庭成员所应尽的责任和承担的义务;在学校中,少数大学生学习敷衍了事,无视作为学生的责任所在,缺乏认真的态度,以至于出现荒废学业、上网、谈恋爱成瘾的情况;当发现自己做出错误的行为后,不是正确、勇敢地面对和积极承担自己行为后果,而是极力去推卸隐瞒,很少考虑我应该为父母、为家庭、为社会做些什么,他们追求个人名利,而极少考虑社会责任和社会价值。

4. 学校教育影响大学生的诚信

学校作为社会构成的重要组成部分,社会大环境和家庭的负面影响对学校的冲击很大。从社会各个领域和各个层面的腐败现象的滋生、蔓延,到社会关系中人际交往感情的淡漠、诚信的缺失、安全感的缺乏等,使人们对传统的道德观念和诚信原则发生了动摇和怀疑,也使我们当前进行的诚信教育受到了潜移默化的影响。同时教师个人的诚信素养、教育价值观、职业道德、专业水平,教育方式、方法以及高校的内部管理体制对学生的诚信教育也有一定的影响。内部管理不严给大学生不守诚信提供了可乘之机;学校在具体执行各种规章制度的过程中出现的不公正和不诚信,也潜移默化地对大学生的诚信教育产生了负面影响。同时,诚信机制未能引入学校及学生群体,也使得学生诚信意识不强。

三、高校诚信教育应采取的措施

大学生诚信教育是一个长期艰巨的任务,切实加强大学生的诚信教育不仅是高校也是全社会的一项重要职责。但高校作为大学生的直接培养和教育者,是直接对大学生进行诚信教育的平台。所以,高校必须加强对大学生的诚信教育。

1. 高校应建立完备的诚信教育体系

诚信是一种优良品质,是人们必须遵守的一种行为规范,它在某种程度上带有强制性。根据这一特点,高校在管理中,要求所有教职员工首先要做到诚实守信、为人师表,还要做好以下几个方面的工作:首先,建立健全各种诚信制度,以便强化诚信教育;其次,建立诚信考评体系,并和全社会的信用制度协调一致,同时加大对不诚信行为的处罚力度;再次,加强正确道德认知的培养,引导学生阅读中国传统道德与革命思想典籍。

2. 引导学生进行相关的诚信教育实践

(1)在学校中开展丰富多彩的诚信教育实践活动,如公益签名活动、诚信征文活动、社会实践调查等;可以组织学生进行"无人售货"活动;组织学生在街头商场对社会人士进行诚信观的调查;建设校园网站,要求学生以实名身份进入论坛进行相关问题的讨论;开展以"诚信在我身边"为主题的征文或演讲比赛,引导学生把目光放到周围和自己身上。

(2)定期举办诚信讲座,还可以聘请事业成功的校友回校讲"素质=成功",让学生感受诚信对事业成功的作用;讲座的主要对象应为受到社会、国家资助、获得助学贷款的同学,提升他们的感恩意识,提高诚信观念,同时表彰诚信典型,鼓励先进,这样就对学生诚信观的培养起到良好的推动作用。

(3)诚信教育不仅仅只能在校园进行,还可以带领学生参观具有良好经营道德的企业,切实感受诚信与成功的关系。通过此种内外兼修的方式,逐步激发学生内在道德情感的培养。

3. 建立相对完善的诚信档案。

建立诚信档案是大学生诚信教育的有效途径,各高校应在新生入学之初建立学生的诚信档案,其基本内容包括"诚信宣言""个人基本情况""家庭背景及社会关系""健康状况""学习效果""经济信用记录""荣誉信用记录""诚信特别记录""诚信协议书""电脑使用承诺书""个人意见""学校意见"等,通过诚信档案,对学生进行全方位的鉴定与描述,对学生在校期间的学费缴纳情况、助学贷款还贷情况等做好详实的记录与备份,使奖惩、贷款、就业、个人档案联系在一起,这样学生在校期间就能时刻注意自己的行为;在学生毕业时,这份信用档案将跟随学生的人事档案一并交给用人单位,从而将学生的信用纪录延伸到社会。

4. 重视高校"两课"教育,改进教学方法

近年来,社会对高校学生思想道德和诚信意识的关注日益加强,也因此给高校的"两课"教育提出了更高的要求。为此,在当前社会形势下,应不断改进"两课"教学内容与手段:首先,在"两课"教学中,应积极推进情景教学法,教师应大量收集大学生日常道德行为规范方面的信息,在课堂上创设问题情景,启发学生深入思考、分析,多方面、全方位地对大学生进行立体的诚信教育,从而加深诚信教育的实效;其次,将"两课"教学与大学生就业指导等实践工作相结合,坚持"理论联系实际",讲授"成才与成人",带领学生切身感受诚信与成功、失信与失败的关系,培养学生的诚信认知与情感。

总之,诚信问题关系到国家的繁荣富强、民族的兴旺和社会主义事业的兴衰成败,高等院校的诚信教育必须站在时代前列,承担起培养社会主义现代化合格建设者和接班人的历史重任,我们应该十分重视对大学生的诚信教育,积极探讨

诚信教育的方法和措施,并逐步形成一套行之有效的大学生诚信教育体系,培养具有信用素质、诚信精神的真实、正直、优秀的大学生。

地方高校思想政治教育的人文路径

柳国良

(江汉大学艺术学院)

一、思想政治教育的人文逻辑性

思想政治教育的核心是人文精神的显现。对人文精神的追问是人文教育方法论的重要命题。人文精神的生命是什么？是浩如烟海的人文知识典藏及其背后的价值取舍,还是人文精神内化之后的行为逻辑。显然,是人文知识提炼为人文精神之后内化为人文行为的最终结果。但是,"知识经济时代"中要在思想政治教育中开展人文教育,需要有两个方面的理性认识:第一,在我国高等教育大众化和地方高校应用型趋向的背景下,思想政治教育的实用性减弱,如何破解操作上的悖论？第二,如果说"思想政治教育的手段和方式落后于社会信息发展"是高校的一个确切命题,那么在此种情况下,地方高校如何追寻思想政治教育被遮蔽的根本原因？

当前,社会普遍认同21世纪是"知识经济时代"。"知识经济时代"表面上呈现的主要特征是"经济"特征,也是时代的社会心理走向的主要症候。而人文教育在地方高校中能否取得应有的地位并发挥相应的作用在很大程度上取决于我们对"知识经济时代"中"知识"的解读。如果仅仅把"知识经济时代"仅仅从"经济"层面去阐释,那么思想政治教育就很难进入"知识经济时代"的语境。那么,思想政治教育必须涵盖科学教育和人文教育的双重特征,才能获得全体大学生的普遍认同。

经济越发达,社会越发展,思想政治教育的显著性和必要性越突出。为了适应经济建设发展的需要,科学教育的技术性、应用性更为突出。这类基础性的科学教育主要体现为生产力价值,直接作用于经济而产生效应,从微观实用性角度而言,科学技术在实践上优先于文化层面的建设,因此,有学者称20世纪为"科学教育"的世纪,这句评断的背后有着深深的忧虑,可见并非言过其实。从这个意义上说,科学教育处于强势地位,人文教育遭遇疏离,走向边缘,而思想政治教育则成为了边缘中的边缘。从操作层面上讲,科学教育具有实践上的优先性,主要体现为"知识经济时代"的"经济"特征,属于知识论范畴。然而,从思想层面上讲,人文教育则具有逻辑上的优先性,尤其是思想政治教育主要体现为"知识经济时代"的"知识"特征,属于价值论范畴。事实上,只有把握了这种逻辑上的优先性,我们才能理解思想政治教育在国家社会发展的宏大叙事中的地位,才能深切体会社会为什么强烈呼唤思想政治教育回归的本意。

这种局面的直接后果是思想政治教育课堂走向没落,学生的向心力发生偏离,课堂的吸引力明显减弱。思想课堂所遭遇的处境一方面是所有人文课堂的普遍状况,另一方面也由思想政治课堂的教育手段的单一性决定。进而言之,思想政治教育如果舍弃人文关怀,就意味着背离了学生和听众,教育效果不言而喻。思想政治教育不仅仅是人文课堂的单向性问题,其中也包含丰富的科学教育,二者的融合才能进一步丰富思想政治教育的内涵。

思想政治教育不仅仅涉及到课堂教学的问题,还有一个重大的层面就是思想政治教育实践工作。理论课堂与实践工作有着明显的分化,二者的沟通障碍与协调成了当前的主要瓶颈。

本文认为主要体现在三个层面:第一,思想政治教育的人文传承具有不可替代性,因为人文的主体核心在"每一个人",每一个人的精神生活不可能由少数文化精英去替代和完成,人文的土壤最终靠整体中的个体共同实现。第二,思想政治教育的人文成果具有不可转让性。人文的成果则需要个体不断自觉学习、自觉体认、自觉理解、自觉实践,这种不断自觉的过程就是精神劳动的过程,这种精神劳动的成果虽然会成为人类共同面对和共同享用的资源,但绝不可也不会从经济学的意义上实现某种转让。第三,思想政治教育的人文养成具有不可间歇性。人文则是心灵的价值问题,人文的成果只能通过群体中每个个体自我的实践才能最终形成。

在目前的语境下,思想政治教育具备科学性和人文性的双向特征,只有汲取思想政治教育中的科学的"实践优先"与人文的"逻辑优先"的优势,最终相互关照才能在知识经济时代走向整合。"科学教育的人文化在于:一是在价值取向上要定向于人;二是在内容上要把科学首先当作一种普遍的精神文化,而不是一种专门性的实用知识与技术。"从这个意义上说,思想政治教育有着双重特征和身份,科学的价值观最终依赖于思想政治教育的效果方能明确。

二、地方高校思想政治教育理论和实践的人文观照

我国高等教育进入大众化发展阶段之后,作为研究型大学(重点高校)和实用型院校(高职高专)的办学定位较为清晰,思想政治教育的手段和方式则较为

适应办学层次的发展,但处于中间层次的地方院校的办学定位在理论和实践上都存在着许多困难和障碍。思想政治教育的特点尚不明晰,有待进一步形成特色,有效促进应用型人才的培养。

《国家中长期教育改革和发展规划纲要(2010—2020年)》对高校定位提出了明确的改革目标:"促进高校办出特色。建立高校分类体系,实行分类管理。发挥政策指导和资源配置的作用,引导高校合理定位,克服同质化倾向,形成各自的办学理念和风格,在不同层次、不同领域办出特色,争创一流。"高校思想政治教育承担着人才培养方向的核心任务。换句话说,就是培养什么样的建设者和什么样的接班人的问题?什么是合格?什么是可靠?这才是思想政治教育的灵魂。

从教育部公布的数据显示,我国现有普通高等学校2600余所。其中,本科院校1100余所,除去中央部属高校76所,地方本科院校占绝大部分。从内部角度而言,地方高校自身之间存在十分明显的竞争,那么人才培养特色的形成将是竞争突围的唯一方式。从外部角度而言,地方高校承担着绝大部分本科生教育,既要区别于研究型大学的创造型精英人才培养模式,又要区别于高职高专的实用型特征,地方高校的应用型特征的根本体现在应用创新型,而应用创新理念的构筑和创新手段的实施则依赖于人文教育的推行。因此,思想政治教育是对地方高校应用型办学理念深入实践的活化选择路径。

首先,思想政治教育可以有效深化地方高校师生的应用型办学理念。实施思想政治教育可以使地方高校师生同专业、同目标的精英教育思维转变为注重差异、差别,实施分类培养,同时由目标要求与培养过程相脱节转变为二者有机统一,紧密衔接。通过思想政治教育的教与学,最终实现师生观念的共同转变。在这些环节中地方高校的应用型理念主要体现在"大众化""地方性"两个方向上。培养高素质应用型人才是社会对地方高校的普遍要求,一方面要求教师不仅具有一定的学术性也要求教师具有一定的实践能力,从学科设置的角度而言需要教育内容在学术的基础上贴近现实并有针对意义;另一方面要求学生具有一定的理论水平,还具备一定的技术能力,学生的高素质主要体现在全面的人文素质和深厚的技术素质上。因此,思想政治教育必须脱离"两张皮""两条腿"的现象,使思想政治教育的任课教师与辅导员展开有效交流,最终归二为一。

其次,思想政治教育可以有序促进地方高校创新型人才的培养。创新不同于创造,创新思维和创新能力不仅来源于对科学技术领域的不断钻研,更得益于深厚的基础和宽广的知识面。创新文化是自主创新能力的核心,地方高校创新文化的培育可以使学生实现从拥有技术到具备能力的转变,从获取知识到养成文化的转变,使学生具有求实、怀疑、实践、协作、献身、宽容等科学精神和人文关怀的价值观。思想政治教育并非仅仅停留在基础知识和基础技术上,在目前的学科规训制度之下的思想政治学科教育亦呈现出片面化、单一化的倾向。在地方高校中培养价值理性借以抵制工具理性的诱惑只能采取思想政治教育的方式来解决,将思想政治教育充分融合在公民素质养成和地方文化氛围之中,培养服务地方文化和地方经济的应用型人才是地方高校的首选之路。

三、思想政治教育的人文向度

思想政治教育的理论和实践的落脚点归结为人文向度。离开人文作为精神底蕴的单纯的教育或者教育体制都是不可能存在也不可能得以持续发展的,教育世界的背后必然有其人文关怀和人文向度,人文精神和人文行为永远是思想政治教育的主题。如果说地方高校应用型理念背景下的思想政治教育具备了一定的人文向度,但那是模糊的、笼统的,虽然思想政治教育的重要性不言而喻,但地方高校的思想政治学科的理论与实践的构建如何在科学发展中体现应用性与人文性的互动,实现地方高校特色发展之路的人文向度构成了当代地方高校发展的理论主题。

第一,重构思想政治教育的人文培养目标。人文培养目标蕴含人才培养规格和人才培养质量两个维度,是课程设置、教育教学、检测评价的基本依据。过去的思想政治教育主要着眼于思想政治学科知识的传授,但课程体系之间缺少链接,忽视人文精神的体现和人文行为的实践。地方高校的应用型人才培养目标下的思想政治教育要注重目标与过程的统一,开展分类、分层次培养,作为创新型人才培养基地,思想政治教育主要通过知识到实践、从实践到精神的转变,最终养成行为,因此培养目标最终的归结点是体现人文关怀的人文行为。

第二,重置思想政治教育的人文课程结构和体系。目前的课程结构仍然以学科知识的灌输为主,而忽视人文精神的凸显和人文行为的养成。在课程总量上,要合理、适度安排人文课程体系,地方高校必须立足专业特点和培养目标以及生源的实际接收能力,改变思想政治课程"多多益善"的局面,更加注重人文教育的实际效果和应用价值。在课程体系上,要分专业、分年级、分层次开设有关课程,也要开设与地方文化、地方经济相关的课题内容和实践硬件,开展独立单元的课程教学,构建逻辑严密的教学内容体系,增强教师教学的目的性和针对性,切实提高学生学习的有效性和实践性。

第三,重组思想政治教育的人文教学方式。教育教学是人才培养的重心,主要包括理论教学、实践教学、社会实习与实践等,具体承担落实人才培养目标的重任。地方高校应用型人才培养与研究型学术人才及高职高专技能型人才培养相比,思想政治教育教学既有共同要求,更有不同特点。在教学组织上,改变过去单一的课堂教学方式,克服课堂教学与辅导员、班主任教育不同属类的现象,着力调动包括教师、辅导员、班主任和学生在内的协调有序的教育教学秩序,保证人文教育的有效开展和质量的提升。思想政治教育教学方式的变更才能培育创新文化,促进并引领社会创新文化的建设。

第四,重设思想政治教育的人文评价制度。人文教育的评价不仅仅是人文知识的评价,必须改变过去单一的知识评价系统,开展与人才培养目标相一致的分类检测评价,比如针对价值观的评价应该放在对相关社会问题的价值评判和认识向度上,比如行为评价不仅放在课堂,更着眼于寝室和文化活动以及社会责任上的表现等。建立制度,必须有制度体系的自洽性,改变制度执行的被动色彩,把学校的教育者包括教师、辅导员、班主任、公寓辅导员纳入到对学生思想政治教育的人文质量的评价体系中,着重对学生行为过程的跟踪和评价。

思想政治教育的人文维度的深度发展、可持续发展与科学发展必须构建全套体系,地方高校培养应用型、创新型人才则显得更为必要。当然,在现有的语境下,地方高校的思想政治教育的人文向度是特色形成的必然路径,思想政治教育中的人文教育体系的构建必须与科学教育联姻,实现思想政治教育的多元化、多向度发展。

充分发挥校报在高校思想政治教育工作中的积极作用

梅海兵

(武汉科技大学党委宣传部)

高校进行思想政治教育工作形式多样,手段各异,而高校校报则通过新闻工作的特殊规律来发挥作用。从1895年天津北洋大学《北洋大学校刊》创刊算起,中国高校校报已走过百余年。目前,全国高校校报已超过1000家,校报已从内部报纸发展成为高校内占主导地位的媒体,担负着引导舆论、交流信息、弘扬新风、培育新人、维护稳定和繁荣文化、传递文明的重要使命。

2005年6月15日,教育部在出台的《教育部关于进一步加强和改进高等学校校报工作的若干意见》中明确指出:"高校校报是高校党委和行政的机关报,是高校校园内占主导地位的媒体。高校校报是高校加强思想政治教育和开展新闻宣传工作的重要阵地,是传播社会主义先进文化和精神文明建设成果的重要载体"。"高校校报在宣传马克思主义,坚持和巩固马克思主义在意识形态领域的指导地位,提高高校师生员工的思想政治素质等方面具有不可替代的作用"。

《武汉科技大学报》在学校党委的领导下,坚持以邓小平理论、"三个代表"重要思想和科学发展观为指导,全面贯彻党的宣传思想工作和国家教育的方针,围绕党和国家工作大局,结合学校中心工作,唱响主旋律,打好主动仗,为学校改革发展稳定提供强有力的精神动力、思想保证和舆论支持,动员和激励广大师生投身科教兴国和全面建设小康社会的伟大实践,为学校改革发展服务、为培养人才服务。

特别是近年来,《武汉科技大学报》在办报过程中,及时解读重大理论,用先进的思想指导人;贴近生活、贴近教职工,用身边的典型鼓舞人;立足校园,反映教育,探索教育改革与发展,用新闻影响教育;用深度报道解读校园热点,解读多彩人生,关注身边的人和事,以小见大,在促进学校思想政治教育工作方面探索出一条有效途径,逐步形成了自身的特色和亮点。

一、传递最新信息,以丰富性提高校报关注度

高校校报的主要受众是在校大学生,办报者必须了解大学生,针对大学生的特殊要求和期望,满足他们的需要,把校报办到大学生心中,才能指导大学生,发挥校报思想政治教育的功能,达到办报育人的目的。鉴于校报出版周期较长,其时效性受到影响,校报扬长避短,在"深"字上下工夫,力争向读者传递与新闻网不一样的信息,以丰富性提高读者对报纸的关注度。

整合新闻,丰富报纸信息量。校报消息来自于新闻网,由于出版周期长,很多消息读者都已经看过,"炒剩饭"意义不大。为此,在出报纸的过程中,校报编辑重点是做三件事:一是精简常规的会议报到,把领导讲话重点放在新闻网,报纸从新闻的角度对消息进行再加工,把领导想说的、读者关心的传递出去就可以了,提高报纸的可读性;二是对各个学院同类型的活动消息,站在全校的角度进行综合整合,既有高度也增加了信息量,各二级单位的宣传要求也有所照顾。三是对一些新闻性强的消息,集中编辑部的力量,从标题、导语、配图、版面、版式等方面进行深加工,这样的稿子往往都是学生喜欢看,并且能够获奖的好消息。

配发评论,重大新闻有声音。评论是报纸的灵魂,在组织舆论、反映舆论、引导舆论和进行舆论监督等方面,新闻评论起着其他传播手段所无法替代的作用。《武汉科技大学报》非常注重对这一重要手段的运用,在迅速反映新闻事实的同时,做到重大新闻、热点新闻有编辑部的声音,以升华读者的认识。第431期校报编辑了一组稿子《糊涂爹爹迷路,热心学生寻亲联动四方》《幸运学生失物,陌生大叔招领辗转千里》,编辑部专门配发评论"好心!好报!",第五期解读专刊重

点关注年轻大学生,编辑部撰写评论"江山自有后来人——为'90后'一辩",学校坚持26年送学生到红安接受革命传统教育,编辑部又撰写评论"珍惜这笔精神财富"……

二、创新宣传形式,以可读性增强校报吸引力

报纸引导作用的产生,是基于读者对报纸报道内容的阅读之上的,如果新闻无法吸引读者注意力,其舆论引导作用就无从谈起。对于高校校报来说,要想在学校思想政治教育工作中更好地发挥作用,校报就必须加强报纸的贴近性,要做到贴近,关键在于发挥好校报"贴近实际、贴近师生、贴近生活"办报理念,选择好新闻报道的角度和报道形式,使校园新闻吸引师生眼球。

版面创新,大标题大照片吸引眼球。一张"好看的报纸"是由好看的报纸版面组成的,而好看的版面又离不开好看的版式设计。版式在报纸版面中扮演着举足轻重的角色。《武汉科技大学报》在研究了近十年国内外报纸版面风格的发展情况后,从2004年开始,大胆采取三列分割式,追求整齐简洁之美。这样的版式,重点突出,美观大方,便于编辑排版,方便读者阅读。改版后的校报受到师生员工的欢迎,也得到媒体同行的好评。同时加大标题和图片的分量,大胆采用大标题、大图片,标题和图片的功能也从过去简单的一种新闻形式、一种版面美化手段,上升为争取读者注意力、提高报道现场感和可读性的一个亮点,成为吸引读者的一大要素。

内容创新,在深度、广度上吸引读者。校报除了按时正常出报外,还经常根据实际情况推出专刊、专版,加大宣传力度。2006年3月,校报组织学生记者到湖北阳新贫困地区开展节约调查,让学生记者在深入生活中感受,在实情实景中感动,在新闻作品中倾诉。回校后,又对食堂大学生的浪费现象进行了深入调查,拍摄大学生浪费的图片800多张。将贫困地区的贫穷和大学生浪费加以对比,以"粒粒谁辛苦"为题出专刊一期,展览一期,并在青山校区和黄家湖校区同时展出,在师生中反响强烈。校报还创办《解读专刊》。对一些具有新闻意义、宣传意义、教育意义的话题,做立体的全方位报道。"妈妈讲师""有多少事可以重来""一个母亲的责任""误入传销之后"……受到校内外新闻专业人士和全校师生的"好评"。其中"有多少事可以得来"科技日报全文转载。

三、突出新闻策划,以深度性增强校报渗透力

作为思想政治教育工作的重要载体,如何持续向广大师生传递正确的、丰富的信息,使所要宣传的方针政策、思想观念、精神行为等入脑入心,是校报实现"育人"功能的关键环节。为此,长期以来,《武汉科技大学报》从新闻策划入手,组织了一大批涉及教学科研、人才培养、社会服务、文化传承等方面的大稿件,以报道的深度增强对读者思想认识的渗透作用。

关注细微变化,典型话题及时策划。校报不能停留在被动记录历史的层面,办一份有思想的报纸,是校报全体同仁的共同追求。早在创办初期,校报就开始进行新闻策划,把有限的新闻资源发挥到宣传效果的最优化。1996年,我们观察到大学生运动会越来越冷清这一现象,校报专门采写了"大学生运动会为何如此冷清?",在校报首发后,《中国体育报》全文刊登,配发评论,并组织对这个现象讨论半年之久。2002年,我们观察到大学周边网吧火爆,校报组织十余名学生记者,深入学校周边网吧调查,刊发"学校网吧如此火爆,商家投资千万,大学生疯狂上网",《楚天都市报》以消息的形式刊发,引起武汉市公安局的高度重视,并组织力量突击检查,彻底清查了学校周边的黑网吧。2009年获湖北新闻奖的文章"金钱考验品质,李春光三让助学金"就是在一个学生的记事本上发现的新闻。

站在教育高度,教育话题重点策划。2003年,校报编辑部针对在校学生患重病无钱治疗、经常组织学生募捐这种现象,组织学生记者深入采访,而且此类现象不只是高校,社会上也有很多。编辑部以《重病募捐不是良策,高校呼唤爱心基金》为题在校报刊发,并提出了解决问题的思路。文章后来在《科技日报》全文刊出,《科学时报》《长江日报》等10余家媒体刊登,在社会上引起了不小反响。"时代发展了,高校部分教材'赶不上趟'"在校报发表后,《中国青年报》以"高校教材离社会需求有多远"为题进行新闻综述。《人民日报》(海外版)和《中国教育报》也刊出长稿"走出教材跟不上时代的窘境",一时间反响强烈。《中国青年报》后来登载了一位读者近2000字的教育随想——"应该更新的不只是教材"来探讨这一热门话题。近年来,《武汉科技大学报》刊发的多篇关注教育改革的文章被中央和地方媒体转载,如《光明日报》的"困惑大学生期末考"、《中国青年报》的"武汉科大:高教管理给普教补课"、《长江日报》的"武科大试行教考分离"、《光明日报》的"武汉科大医学院如何抓好学风成为新课题"等。

四、挖掘典型报道,以贴近性增强校报感召力

榜样的力量是无穷的,以身边的榜样激励人,往往会起到事半功倍的效果。《武汉科技大学报》深入挖掘校园典型群体和典型人物,组织大学生记者采写了大批脍炙人口的新闻报道,身边的人讲述身边的事,用身边的事教育身边的人,使先进典型成为思想政治教育工作鲜活、生动的教材,真正走进大学生心灵,起到润物无声的效果。

关注基层群体,瞄准平凡岗位上的"小人物"。在创先争优活动中,学校各基层单位涌现出了一大批先进典型,校报把视角对准基层,对准平凡岗位上的"小

人物",适时推出《关注基层》系列报道,组织专班深入采访不广为人知但在学校建设发展中起着重要作用的群体。平民、亲和的新闻视角,引起师生共鸣,前后半年时间,共有十余篇长篇通讯相继在校报一版刊登,目光瞄准校车司机、绿化工人、清洁卫士、校史馆讲解员、印刷厂工人、校卫队等常年默默无闻地辛勤驻守在平凡岗位上,只管耕耘不问名利,甘当不起眼的"螺丝钉"。《关注基层》系列报道还原事实,加深了解,在校园里掀起一股相互理解、相互尊重的和谐之风。

把握时代脉搏,发挥先进典型人物的示范作用。校报发掘培育校园先进典型,不求高大全,只要有闪光之处,有示范作用,即宣传表彰,体现了典型多样性特征,切合了大学生精神多元化需求。毕业生就业工作是高校最大的民生,在就业普遍困难的背景下,校报推出一批就业典型:"高艳春:11家面试,10家相中,凭实力谋得理想职位""潘小新:六次被拒绝不放弃,成功签约富士康"……大学生创业越来越受到社会关注,校报又相继推出一批创业典型:"解砾:在校研究生'孵'企业'卖出'1200万""王逸博:大三学生半年创业稳赚十万"……近年来,校报还推出了一大批大学生课外科技活动典型、社团活动积极分子典型、学习成绩优异典型、特长生典型等,在校园里很好地营造了大学生典型群体示范效应。

高校校报是高校宣传思想政治工作的重要阵地,是加强和改进大学生思想政治教育的重要手段。《中共中央国务院关于进一步加强和改进大学生思想政治教育的意见》要求,"加强校报、校刊、校内广播电视和学校出版社的建设……绝不给错误观点和言论提供传播渠道。坚决抵制各种有害文化和腐朽生活方式对大学生的侵蚀和影响。"校报这与社会媒体相比,更容易引起大学生关注。校报既是高校进行宣传教育的阵地,又是联系师生的桥梁;既是思想政治工作的载体,又是教学、科研、管理等信息传播的有效工具,在大学生思想政治理论教育中有着非常重要的作用。

论高校宣传工作中新闻工作室的管理模式

张光宗

(江汉大学现代艺术学院)

为了进一步加强和改进大学生的思想政治教育,服务于教育和教学的中心工作,构建良好的信息发布与沟通平台,立主流而铸魂,日前,各高校十分重视宣传工作。而在高校宣传部、校报、各学院都活跃着一群年轻且富有激情与活力的记者队伍。他们都是在校低年级的学生,对文学写作有着一定的天赋和热情,积极主动,活跃务实,有着较大的可塑性。加强学生记者团队的建设,对于充实高校宣传工作队伍、扩大宣传面有着十分重要的作用。

一、学生记者在宣传工作中的重要性

1. 宣传部门或宣传干事的好帮手

目前,高校的宣传部门承担着大学生的思想政治教育、文明创建、网络建设、理论学习、心理健康教育、普法教育、校报等大量工作,而宣传部人手有限,学院或职能部门的相关宣传工作往往是由一位老师兼任,目前学生活动众多,难免心有余而力不足。因此,发挥学生记者的作用尤为重要,新闻工作室成员以兴趣为基础,是一支积极活跃的宣传队伍,他们在跨年级、跨专业的相互学习与交往中,具有一定的凝聚力、号召力和战斗力。他们对提高高校网络知名度、更新网络信息、发行报纸、提供稿件、帮助专职人员整理稿件等都能起到重要的推动作用。

2. 师生之间沟通的强梁

新闻工作室成员来自于学生中间,平时与同学一同生活、学习、娱乐,对于他们的需要、想法有较深刻的了解,其实有时候他们自己的想法就代表了大多数同学的观点。因为宣传工作的关系,他们和老师、学校的接触会比较多,又因为他们对学校的政策、动态、学生活动比较了解,所以他们扮演着一个信息员的作用,做到上情下达,下情上传,在师生间起到很好的纽带作用。他们的观点,应该代表着校园中从学生利益出发的一种舆论力量。

3. 培养学生干部的良好平台

事实证明,当前良好的沟通能力成为企业用人的最重要的标准之一,沟通方式主要指语言、文字、行为,那么文字表达能力是良好沟通能力的重要表现,在学生综合素质和终身发展中起到了重要的作用。通过新闻写作实践,学生可以培养良好的文字表达能力、口头沟通能力和人际交往能力,学生记者通过在校园各媒体的锻炼,提高了自身的综合素质,增强了学习的信心与自我价值实现的渴望,也扩大了自己在同学中的影响。新闻工作室团队也应该是学生干部队伍的一个重要组成部分。

二、打造一支可持续发展的记者团队

学生记者的流动性大,团队不固定,通常担任学生记者只有1～2年的时间,而且以低年级学生为主培养起来的宣传骨干,可能因为新的选择而离开记者团,所以,还要强化制度,打造一支可持续发展的记者团队。

1. 严格选拔,强化业务,加强自治,自我管理

每年新生开学不久,就应该加强学生记者团的招新宣传工作,一定要严格选拔,选择综合素质高、学习好、对新闻工作有浓厚兴趣、有一定写作基础的学生加入工作室。通过学生的报名表筛选一次,然后有选择性地进行考核和面试,选拔还要兼顾各个专业,兼顾性别因素。招新完成后,要强化新闻写作业务的培训,指导教师要组织开设相关培训课程和学习讨论活动,同时要增加实践环节,让新手在实际操作中来体验新闻写作,提升写作水平。学生新闻工作室也是一个社团组织,是基于学生共同的兴趣和爱好组成的专业性学习组织,鼓励学生开展社团之间的联谊活动,加强自我管理。工作室还要有一定的规章制度,如分工原则、奖惩制度、例会制度、定期学习制度等。应该坚持每个星期五在固定场所开展新闻写作学习交流活动。

2. 调动学生记者工作的积极性

每个人都希望得到他们的表扬,尤其对新手而言,鼓励的效果是显著的。调动学生记者的工作积极性可以精神激励和物质激励并用,但以精神激励为主。榜样的力量是无穷的,指导教师应该以身作则,对新闻工作热爱并有较高的业务水平,同时,在学生记者中,通过稿件的数量和质量,评选出优秀记者。重视情感激励,指导教师应该多关心他们的生活和学习,尊重、信任、支持他们的工作,对于表现优秀的记者一定要及时给予荣誉激励。同时,让学生记者体现自己身份的价值,提供进入重要活动和场所的机会。条件允许的情况下,也应积极争取给学生一些物质奖励,比如颁发少量的奖金,奖励一些学生用品,组织到附近的山川公园写生游历等。

3. 发挥学生记者的主观能动性

新闻工作室既然是在兴趣的基础上,按照一定的章程组成的、在相关老师的指导下开展工作的社团组织,那么,要充分尊重它的独立性、整体性和社会性,要鼓励它独立开展业务活动,积极参与社团之间的交流与合作,开拓新的业务,独立地开展活动,组织学生参加各类写作大赛、征文比赛。充分发挥学生自我管理的权利,发挥各自的主观能动性,决不能搞成行政机构的附庸,要让学生主动、自觉、快乐地从事新闻写作与交流活动。但教师要把握好政治方向和动向,适时适当给予指导。

三、学生新闻记者的培养

1. 加强对学生记者的思想政治教育

报刊杂志、各种网站等宣传媒体是围绕学校党政思想和中心工作开展的,新闻的立场和观点要与党的指导思想一致。指导教师要加强对学生记者的思想政

治教育，向学生记者简要介绍党委、行政的决策思想，把学生的思想统一到学校的大局工作上来，真正做到围绕学校的中心工作开展宣传报道。同时，要引导学生关注社会、学校现阶段的工作重点和核心任务、热点问题、学生最关心的问题等，及时有效地开展宣传报道，弘扬真善美，坚持求真务实，服务大局。

2. 业务培训，提高工作水平

新闻写作是一种艺术，更是一种技术，人的写作能力、新闻能力不是天生的，起决定性作用的是后天的培养。要加强对学生的政治指导与业务培训，提高学生新闻记者团的凝聚力，让学生在宣传工作中有所学习，有所提高，有所收获，才能留得住学生，才能吸引学生，才能培养学生。

首先，要遵循新闻写作的原则，提高新闻工作的素养。培训学生始终明确新闻六要素，了解新闻的新鲜性、真实性、公开性等特点，稿件采写要体现新闻性、时效性、可读性和真实性。

其次，要培养学生记者的新闻业务能力。学生记者大多对写作都有着浓厚的兴趣和憧憬，有些是高中时作业写得很好，受到老师的表扬；有些是中学时在省、市等各级作文竞赛中获得奖项，激发了他们的写作热情；有些是希望加入记者团，培养自己的文字表达能力和综合素质等。但他们普遍欠缺新闻知识，没有经过专门的训练。为了使他们提升新闻素养和新闻写作能力，相关指导老师应该亲自或邀请专家，为他们进行培训，开设相关讲座，比如：新闻理论基础、新闻报道实践、新闻写作要素、新闻修改实务等，还可以组织学生学习优秀新闻、相互批改新闻稿件、优秀稿件评比等活动，提高学生记者的业务水平。

最后，要提高学生新闻的敏感度。新闻敏感度是新闻工作者发现新闻线索和新闻价值的能力。除了组织分配的新闻写作任务之外，学生记者更要积极主动观察生活，留意身边的新闻线索，了解学校的大事和同学们最关心的事，以及学生中涌现出来的值得宣传报道的言行。允许并鼓励学生开展各种专题讨论会，在会议中培养他们的新闻敏感度。还要用心观察生活，在同学中寻找新闻线索。同时，要养成读书看报的生活习惯，尤其要关注《中国青年报》《南方周末》等重要报刊，关注新闻，每期的校报要留存，并认真阅读分析，学习优秀的新闻稿件写法，寻找有价值的新闻点。

3. 加强记者骨干的培养

要壮大学生记者的力量，除了为全体记者提供公平平等的学习培训机会之外，还要重点培养学生记者骨干，特别是思想和业务过硬的学生记者，要特别重视与关心，多加培养与提拔，给他们提供更多的机会。因为这些骨干记者思想品质良好，文笔出众，新闻立场明确，便于沟通，对于重要的新闻事件，可以放心地交给他们去做，而且新闻采写稿件质量比较高，工作效果好。同时，这些骨干记者能够在学生记者团队中树立榜样的力量,形成竞争的氛围,加强相互学习,提高业务水平。

4. 创造良好的工作环境

我们要明确学生记者的身份,除了保密的会议和活动之外,学校的所有活动允许学生记者前去采访,而活动主办方或有关老师应该尊重学生记者,配合他们做好简单的采访。另外,宣传部门也要为学生记者提供基本采访写作的设备,比如相机、录音笔、笔记本等。

加强社团管理,促进校园文化建设

沈育良　展得鑫
(湖北财税职业学院)

学生社团组织一般是指在校学生基于兴趣、爱好、志向等因素自发成立或由学校有关部门倡导扶持的学生群体组织。带有较强的自发性,以共同的兴趣、爱好、追求等需要为引力,以感情共鸣为纽带自发而成,有一定的内聚性。有的社团的形成跨系、跨专业、跨年级;有的因本专业的需要而倡导成立,以系为依托,有较强的专业性。

一、社团的分类

在各所高职院校存在着不同的社团,主要有如下几种:①扣住本专业,具有较强的学术类社团,这类社团在巩固专业知识的基础上进行学术交流,例如:工商管理系的物流协会、信息工程系的计算机协会、涉外经济系的英语小语种话剧社等。这类社团有系的扶持,且这种社团发展得越好,则该系的学生工作越有本专业特色;②政治思想类社团,是基于探讨思想理论、政治信仰、思想政治议政而形成的社团,如各系的马列读书小组、学党章学习小组、知行读书小组等;③文体类社团,可分为两种:一种是文学艺术类,如文学社、舞协、健美操社、话剧社等;另一种文娱体育类,如武协、乒乓球社、跆拳道、甚至羽协、网协等。从另一个角度亦可划分为几个类型如:①纯艺术型,"以艺为乐"的社团,如文学、美术、摄影、吉他等艺术门类的社团,其所组织的校园文化活动,在校园文化中属较高层次。②自我实现型,是一种把自身的审美要求和娱乐相结合,以进一步自我完善为目的的校园文化组织,如健美协会、演讲协会、时装协会等。③放松型,紧张的学习之外,除较高层次的文化活动之外进行调节性的活动,如球类、交际舞、棋类等。④流行型,受社会思潮、信息、观念、文化气候的影响而一时兴起的一些团体。

社团的分类从各个不同角度,可有不同的分类,社团种类的多与少,与学校的规模、专业设置有着较大关系。但社团的多与少、活跃程度与其校园文化存在着联系。

二、社团在学校中的地位

社团是校园文化的一部分,更是学校教育管理中的一部分,是校园文化活动中最直接的组织者。校园文化包含着硬件部分(校园环境、建筑、图书、设备、社团、教学、生活管理制度等)、软件部分(校风、校训、学风、教风、校园文艺活动等),形成了校园文化的价值观。社团本身就是一种文化现象,是校园文化的具体表现形式,社团是否活跃显示学校的总体思想是否活跃,社团活动水平显示校园文化的建设与发展水平。加强社团的管理,必然促进校园文化的建设。并且,随着高职院校的改革与发展,几所高职院校的合并,或几所高职院校互相承认学分,跨校上课,将会削弱传统中的班、系的管理,将来维系、约束同学之间的群体组织或许更趋于是社团。社团的作用在未来的学校教育中将更显其重要性。

三、社团的功能与作用

1. 社团发挥着校园文化的育人功能

校园文化具有较好的教育功能、导向功能、凝聚功能、育才功能、娱乐功能和参与功能,校园文化营造一种氛围,去感染、陶冶师生,使他们在耳濡目染、潜移默化中慢慢地把文化精髓内化为风格、习惯、观念、精神。校园文化的产生有的来自校园文化活动,而校园文化活动最直接的组织者是社团,社团是校园文化的具体表现形式,怎样的社团,就形成怎样的文化环境和文化氛围。特定的社团造就特定的文化,怎样的文化造就怎样的人。社团的建设促进学生课堂外活动的开展。是学生课堂学习的补充和延伸,丰富了校园生活,增长了知识,拓宽了视野,陶冶了高尚情操以及培养了进取精神、增强成才意识。曾经有这样的调查:武汉的8所高职院校中,学生的各类文娱、体育、科普、学术等社团共有105个,参加人数为8076人,占这些学校学生总人数的29%,而湖北财税职业学院在2008年时有学生协会16个,会员1025人,占全校学生的25.4%,这几年社团的发展更趋于多元化,参与的同学将会更多,社团的建立与发展,拓展了学生活动的空间;其二,促进学生自我教育、自我管理、自我服务的能力。各种有意义的活动,沟通信息,把社会与学校对学生的成才要求,受力大学生个体的自觉行为,社团的建立为学生提供了"三自"舞台,起到自我教育、自我管理的积极作用,同时,根据自我所需而自我服务;第三,促进学生形成稳定的心理状态。大学生在社团的活动中,满足他们的社会交往、寻求友谊、发展感情、自我尊重、自我体现、获得支持、赞同及成功等心理需求,有利于形成比较稳定的心理状态,保持良好的心理动势。社团的成员在管理中、服务中得到锻炼,同时,基于自身的兴趣、爱好,使自身的潜能在社团活动中得到激发,形成学生的特长,而特长在社团中得到展现、得到发展,从而提升成为才华,通过社团造就了一批批才华横溢的学生,社团成为了培养才华学生的沃土。这样,从另外一个角度,社团是学校培养人才的一部分,是造就复合型人才的一种重要途径。

2. 社团对校园文化的创造功能

校园文化内涵较广,而校园文化的产生,有部分来自于校园文化活动,而校园文化活动的组织,大部分由社团来承担,毫无疑问社团对校园文化起到创造功能,每一所高职院校,必然有不同的社团,怎样的社团,就形成怎样的文化环境和文化氛围;不同的社团,造就不同的校园文化。要建立校园文化的特色,同样亦需要建立有特色的社团。

3. 社团对校园文化起到承载功能

每所高职院校的文化氛围,需要长期的积淀、积累,这样才能成为自己固有的特色文化。如一些高等学府一走进去,就感受到它那不同的文化底蕴,而这些文化底蕴更是经过长期的积累、沉淀,以社团等为载体继承与发展而形成。如果校社团不活跃,则各系活动过强,而各系如果没有社团来继承与发展曾经所创造的文化,而年复一年地创造。同样,当校内的社团凋零时,曾经创造的文化设法保留,就如建设楼房一样,不断地重复建基层,而无法在扎实的基层上,建设更高层次的东西。建设好社团才有可能不断积留现有的文化,因而只有社团的承载、积累,再加上历史的沉淀,才能使高职院校的校园文化更具有底蕴。

四、一些高职院校社团存在的现状

一些高职院校的校园文化缺少文化特色和文化底蕴,校园文化无法满足同学们的兴趣与需要,虽然这些问题的存在是由于多方面的原因,但其中一个因素是社团没有建设好。校园文化没有社团来承载,看不出留下的特色,没有社团的继承和积累,我们的文化缺乏载体,显得校园文化缺少底蕴,这里都与社团的建设有关。一些高职院校的社团:①没有建立规范的制度体系,例如校系两级社团的规范管理、统筹,社团建立时如何申请,社团的联席会议制度,这些都需要规范的指引。②没有足够的引导。社团沉寂无声,其中原因之一是缺乏必要的指导,会员得不到足够的培训,人才凋零,社团缺乏凝聚力,社团显得散乱,社团的成员功利性过强。缺乏引导,社团的发展就显得有点盲目性、随意性,也就没有抓住重点,抓出特色,对学校来说更是没有赋予本校特色。③活动过多地依靠各系或指导老师,社团的自主性不强,活动的组织者的角色是社团,社团较少承担起大型活动,缺少活动的锻炼,就没法从面上繁荣起校园文化。④社团的发展空间较窄,社团的活动主要集中在本校内,较少与外校的交流,作为青年学生,有较强的需要别人的认同要求,需要自我体现的机会,同样需要成绩的激励。学校为他们拓展空间的机会较少,从而社团在发展中缺乏动力与生机。

五、对社团建设的几点建议

结合高职院校办学的特点和学生社团自身的特点,为了进一步加强社团建设,笔者认为应注重以下 4 个方面。

1. 建立较为完善的机制

社团的管理工作根据国家政策、学校的发展、同学的实际需要作统筹安排、具体领导,保证学生社团的健康发展。要加强对社团有序管理,必须建立完善机制。不然社团就会各显其能、各行其道,没有规范就容易导致社团各行其是,没有凝聚力。所以不妨订立诸如《学生社团管理办法》,明确规定校、系两级的学生社团的隶属以及与一般社团的申请、审核到登记注册等一套规章制度。关于院系两级的社团的管理,要统筹安排。校、系各自的社团基于成立与发展的土壤不同,其参与对象亦不同,无可非议,具有一定的独立性,然而一些社团,如校、系的青年志愿者协会,成立的宗旨、活动形式、内容等具有相同性,则就存在协调与统筹的必要,而学校的社团联合会,作为学校社团的统一管理部门,尤其重要。

社团活动是学生工作的一部分,所以活动理应多由社团来承担,避免活动过多地集中在各系,削弱了各社团作用,社团也得不到应有的发展。而且各系的活动对象局限于本系,活动的接触面不够大,且常有一定的行政指令性,活动不能充分地从同学的兴趣、爱好出发。社团是由相同爱好的同学走在一起,因而也是培养有特长、有个性的同学的土壤,由社团来组织活动,就能满足同学们的兴趣、爱好,活动才有同学的基础。从另一个角度来说,当社团来承担起活动时,则学生管理人员可在宏观上调控、指导,也可多一点从事管理工作、思想政治工作,从而实现协调与统一。但是一些专业社团也不妨依靠各系的专业优势,以各系的专业为依托,学生管理人员从事指导、调控,这样,把指导社团当作是学生工作的一部分,通过校园文化活动使学生在潜移默化中达到思想教育的目的。

2. 加大投入

从政策、物质等方面保证,增大投入。投入的方向,多与少,体现学校的一定的政策导向、价值目标和审美意向。对社团的投入,亦要"抓重要放次要",多投入才有多产出。以政策、物质为依托,社团才能得到长足发展。然而社团本身亦应多方筹集经费,除上拨下自筹资金之外,应该多从社会上取得支持。

3. 重视社团干部的培养

社团是否活跃,很大程度取决于组织者(核心人物)的能力,如果一个协会的组织者能力强,则整个社团就会活跃起来,活动搞得风风火火。抓好或者说培养好社团的干部,社团就可繁荣起来。无论是思想政治方面的师资、专业的老师,还是自身经验的自我培训,校外还是校内,不同的社团有不同的要求。对社团干部的培训重视不够,这也是一些高职院校对社团重视不够最突出的体现。

4. 为社团拓展活动的空间

社团是学生向社会文化联系的纽带。将踏上社会的大学生,不会满足于校园文化只局限于学府院墙之内,学生在校内学习的同时亦在向社会文化学习,发挥自己向社会辐射的作用。通过文化活动的形式,使自己接触社会,因而应该为社团向社会拓展空间。除此之外,多联系与外校的交流、竞赛活动,从而满足青年人的自我体现和认同的需要,通过成绩的激励,让社团在活动中注入更强的活力。

教育为社会服务,社会的不断发展,高职院校亦需要不断地改革,因而社团的发展亦应与社会同步,与高职院校发展同步。今后我们高职院校的发展趋势、我们社会人才的需要决定了社团的发展趋势,社团的发展亦将会趋于多元化、社会化,对于近年来高职院校的合并以及校际间学分的相互认同,社团的发展更应引起重视。

传承创新中国传统文化认同价值教育的探析

朱小芳

(湖北生物科技职业学院)

伴随着经济全球化步伐的加快,国际政治局势发生了明显的变化,各种文明之间的碰撞与妥协频繁发生,我国青年一代的认同危机已经成为当代社会生活中一个极为重要的问题。胡锦涛总书记在清华大学建校100周年的重要讲话中指出:"全面提高高等教育质量,必须大力推进文化传承创新。高等教育是优秀文化传承的重要载体和思想文化创新的重要源泉。要积极发挥文化育人作用,加强社会主义核心价值体系建设,掌握前人积累的文化成果,扬弃旧义,创立新知,并传播到社会、延续至后代,不断培育崇尚科学、追求真理的思想观念,推动社会主义先进文化建设。"文化传承是文化创新的必要前提，文化的传承是将世代相传有一定特色的文化"取其精华，去其糟粕"，批判继承，古为今用。可以理解，文化的传承与创新为当代中国年轻一代公民教育的复兴提供了历史契机。

一、大学生对中国传统文化的认同现状

在现代民主的民族国家里，个体的认同表现在各个方面，主要有民族认同、国家认同、社会认同、自我认同，集中表现为文化认同。湖北生物科技职业学院团委联合华中师范大学社会心理研究中心，就大学生对中国传统文化的认同现状做了一项调查。分析结果显示，大学生对中国传统文化认同平均分 69.30 分，标准差为 9.630。得分显著高于中分，接近于"比较符合"评价标准，表明大学生对中国传统文化的认识评价呈积极意见。研究一种文化就应当重视"文化"概念本身主要特性：①历史性；②群体性；③影响性。调查中分别援用"文史文化""民族文化"和"思想文化"来反映中国传统文化中的这三个主要特性。值得深思的是，大学生在"思想文化"项目得分与年龄变量成反比，与其他要素相比，作为中国传统文化的精华部分"思想文化"的提名相对较少，且提名内容单调重复，多为耳熟能详的"孝道""仁爱"等词语。对于中国传统文化整体来讲，虽然其中的任何一项信息都是不可或缺的，中国传统文化中的"思想文化"部分博大精深，如此低数量、窄内涵的涉及警示着我们对中国传统文化教育的把握，"思想文化"的忽视折射出市场经济条件下人们人生观与价值观的蜕变。高校一直是传承发扬中国传统文化的重要领地和精神家园，中国传统文化作为民族精神和灵魂，作为国家发展和民族振兴的强大力量，在引领社会、教育人民、推进发展具有十分重要的作用。

二、中国传统文化认同价值教育的合理性

中国传统文化认同价值具有独特的导向功能，在促进大学生全面发展、构建和谐校园、服务社会主义建设方面承担着光荣使命。

1. 构建大学生理性民族认同情感

民族认同涉及国家政治和民族文化两个方面的特性。由于在政治领域中政治因素具有多变性的特点，而民族文化是民族认同感形成的根本和土壤，相对来说较为稳定。民族认同感表达了个体对文化浸润后的态度评价，一般说来，一个民族文化的核心，是本民族认同的文化价值观。民族认同对多民族国家具有重要意义，民族认同的状况既会对地区和国家稳定产生影响，也会对个体的心理健康及人格发展等造成影响。中国传统文化的价值意识里具有强烈的感情色彩，它是国家认同心理的深层源泉，每个民族成员都生活在特定的文化背景之中，世

代相传地承受着同一种文化传统,个人的价值观念就是在这种集体文化传统的潜移默化中构建起来的。

作为中国新时代大学生,爱国与责任是需要他们思考的问题。中国传统文化是中华民族身份认同的基本依据,"崇尚统一"是这个文化价值体系中最显著的特征之一。民族认同是中国传统文化认同的基石,没有民族认同固然无法产生民族文化认同,在全球一体化的发展趋势下,中国作为一个独立的民族国家应如何找到自己的独特之处从而谋求在世界舞台上的位置?我们很清醒地知道中国的独特不在于她的地大物博,更不在于她的人口众多和她是发展中国家,唯一的解释是回到传统文化。中国传统文化的认同价值,其意义也就在于发展民族事业,巩固国家利益,振奋民族精神。国,更必须理智去爱,在从革命先烈与诸多时事中增强爱国意识的同时,更要明白没有哪一种方式会比用自己的辛劳与汗水、用自己的智慧与勇气使中国强大起来更好。

2. 缓冲现代性对大学生猛烈冲击

文化的一个重要功能就是文化认同,是凝聚这个民族共同体的精神纽带,是这个民族共同体生命延续的精神基础。文化认同指个体对某个文化的认同程度,具体说是个体自己的认知、态度和行为与某个文化中多数成员的认知、态度和行为相同或相一致的程度。随着人类从原始文明经传统农业文明发展到近现代的工业文明,文化认同也由一种天然自在的形态发展到作为一个问题存在于人类的精神生活之中,它对于维护国家安全统一具有特殊的功能:标识民族特性,塑造认同心理,是维系社会秩序的"黏合剂",是培育社会成员国家统一意识的深层基础。

文化影响人的心理和行为,这已经是无法否认的事实。中国传统文化是唯一一个在完整意义上传承下来的文化模式,这是中国传统文化的一个奇迹。在全球化发展的影响下,我国传统文化也遇到了前所未有的机遇与挑战,现代性在社会结构、交往范式、公共管理等各个方面冲击并解构着传统的一切方式,中国历史面临另外一个十字路口时传统文化将起到一种怎样的作用?这是祖国和历史交给我们中华儿女的无法逃避的使命。传统的确具有很强大的潜移默化性的影响,我们当代的生活中也依旧存在着一些有价值的传统文化片断,其实建设中国特色社会主义归根结底还是一种文化认同和归属的问题,就不能不从青年大学生的行为、思想、观念和语言一起研究,青年一代对中华民族的历史、文化、语言等符号标识的了解,其关注程度会影响到人生价值观的构建,甚至会关联到国家的统一、政治的安定及中华民族的伟大复兴和繁荣昌盛。

3. 塑造大学生自我同一性人格

人无时无刻不处在文化之中,作为一种文化意义上的存在,文化认同对于人的存在和发展意义重大。未来社会的人才应该是身心全面和谐发展的人,比如心理健康、社会化程度高、具有健康的体魄等。但是在剧烈变动的现代社会中,个人经常容易"迷失自己",感觉不到生活的意义和自己存在的意义,这是因为"现代生活的社会力量往往是一种导致不稳定的力量和从根本上进行摧毁的力量"。在大学阶段,大学生的自我认同一方面表现出较强的个性化倾向和主体意识,强烈要求有自己独立的人格、价值和尊严,有自己的人生目标和价值追求,这使得个性充分展示的同时,也导致群体内部的个体差异性越来越明显。如果缺少与他人的沟通和相互理解,就会导致心理孤独,形成心理障碍,影响自我认同。另一方面大学生的自我认同寻求物质利益和精神利益相统一的高目标的自我实现,表现出重精神和重物质相结合的特点,并试图寻找二者的最佳契合点,但在实际生活中又因价值自我与现实自我的不协调性而往往达不到和谐和统一,进而也影响到自我认同。

现代性的视野里,我们大学生该如何形成自我的确定性而又稳定性的认同呢?我是谁?我要成为什么样的人?这样一种正处于个体自我意识形成发展、自我认同走向完善的重要飞跃大学时期,大学生们普遍存在着自我认同危机的问题,面临着角色冲突紧张,角色紧张、角色中断、角色扮演失败的问题,其原因是多方面的,他们在压力、需求以及混乱中容易迷失自己,角色混乱一旦发生,就会在未来的几年中失去目标感,而如果缺乏稳定的价值观体系,他们就很难发展出成熟的、可以引导其生活的价值体系。可以说,自我同一性的人格是能够理智地看待并且接受自己以及外界,能够精力充沛,热爱生活,不会沉浸在悲叹、抱怨或悔恨之中,而且奋发向上,积极而独立,有着明确的人生目标,并且在追求和逐渐接近目标的过程中会体验到自我价值以及社会的承认与赞许。

三、大学校园中传承中国传统文化认同价值的基本途径

中国传统文化中的认同价值在大学校园中的建设应广泛而不失特色,兼容并包,和谐发展,引导广大青年学生成为新一代接班人。

1. 制定层次分明的认同价值教育目标

认同教育是前提,认同发展是动力。基于这一点认识,认同价值应在关于民族认同、文化认同和自我认同的教育上提出具有科学性、层次性和可操作性的发展目标。众所周知,民族认同是中国传统文化认同的基石,没有民族认同固然无法产生民族文化认同,但文化认同不足,也无法强化民族认同。因此,我们的民族认同价值教育目标可以注重培养民族统一是中华民族的最高政治目标和最高利益,这种民族认同心理应沉积于我们每一个大学生的价值系统的最深部,主导着我们大学生一切的核心价值和行为准则。而文化认同价值教育目标重点发展

相同的文化模式(信仰、价值观、规范、习俗等),使大学生在文化认知上具有共同的心理情感和意识,从而塑造该民族成员的共同个性、行为模式、心理倾向和精神结构,即在这种共同的文化背景下获得归属感和认同感的民族心理。最后,自我认同教育目标则着重强调学生为主体,使他们的理智活动与意志活动达到统一,使他们道德价值判断与道德价值选择趋于统一。通过如此针对性认同价值目标教育使得与和谐校园文化建设有机融合。

2. 构筑三位一体的认同价值校园文化

一种校园文化是学校发展的灵魂,是凝聚人心、展示学校形象、提高学校文明程度的重要体现,它对学生的人生观、价值观产生着潜移默化的深远影响,而这种影响往往是任何课程所无法比拟的。三位一体的认同价值校园文化应该既有物质的,也有精神的;既有制度的,也有行为的;既包括学校校舍的设计规划、校园的绿化美化等物化形态内容,当然也包括办学理念、规章制度、师生价值取向、集体舆论、校风、学风、教风等精神文化形态的内容。通过大量的、丰富的认同价值观熏染,为和谐校园注入新的生机与活力,促使学生更加自觉地接受熏陶。认同价值校园文化一旦形成,会使学校存在着一种强大的文化氛围,这是一种相对稳定的校园心理现象,是一种学校精神文化现象,也是一个较高满意度的和谐校园。

3. 创新与时俱进的认同价值教育理念

大学生认同价值教育工作必须围绕"传承创新"这一高校的根本任务来进行,创新决定着传统文化的生命力,创新是对传统文化最好的继承和认同,也是对文化糟粕最有力、最深刻的批判。我们要根据新形势新任务的要求,不断创新理念、创新内容、创新形式、创新手段、创新机制,提高思想政治教育的针对性和实效性。如把培养学生的文化认同感放到全球化的大背景中去,在这种形势下的文化认同只能以文化创新的姿态出现,兼取各文化之长,并加以融会贯通,创造出新的中国文化。因此,高校教育一定要及时深入了解大学生的思想动态,掌握主动权,加强引导,要积极拓宽教育渠道,切实全方位塑造大学生认同价值观。

综上所述,要有效地构建和谐校园文化建设,就要认真学习和研究中国传统文化,充分利用博大精深的传统文化精华,通过多途径教育等方式,为青年学生成长成才营造健康环境。让大学生们在大学不仅接受知识的传承、熏陶,更重要的是要传承一种精神,一种对待现实的态度,对国家、对人民有强烈的爱心;对社会主义建设事业有强烈的责任感;对待人生,积极向上;对学习勤奋刻苦,有创新精神,有自信心;奋斗目标明确,意志坚定;对他人情操高洁,易于合作的精神。

关于网络文化对大学生成长利与弊的探析

王 峰

(武汉软件工程职业学院)

近年来,随着互联网的不断发展,网络文化在我国呈现出总体良好的发展前景。中共中央总书记胡锦涛在 2007 年 1 月的中共中央政治局进行第三十八次集体学习中强调,加强网络文化建设和管理,充分发挥互联网在我国社会主义文化建设中的重要作用,有利于提高全民族的思想道德素质和科学文化素质,有利于扩大宣传思想工作的阵地,有利于扩大社会主义精神文明的辐射力和感染力,有利于增强我国的软实力。我们必须以积极的态度、创新的精神,大力发展和传播健康向上的网络文化,切实把互联网建设好、利用好、管理好。他还强调指出,加强我国网络文化建设和管理,必须从中国特色社会主义事业总体布局和文化发展战略出发,坚持以邓小平理论和"三个代表"重要思想为指导,全面贯彻落实科学发展观,按照发展社会主义先进文化的要求,坚持积极利用、大力发展、科学管理,以先进技术传播先进文化,促进和谐文化建设,更好地满足人民群众日益增长的精神文化需要,为全面建设小康社会提供有力的思想保证和舆论支持。而高校作为接受和传播文化的主要集散地,大学生无疑也是最先接受和传播网络文化的群体之一。由于网络文化的开放性、非控性、无序性、多元性、鲜活性等特点,一方面大学生可以通过网络获得大量的信息,增长知识;但另一方面网络文化对大学生的行为模式、道德取向、政治态度、心理发展等将产生越来越大的影响,对高校德育构成了严峻的挑战。下面我们通过网络的正、负两方面因素,浅析网络对当代大学生所带来的影响。

一、网络文化对大学生成长所造成的影响及弊端

当代大学生既是网络文化的创造者,也被网络文化所创造。一方面他们在网络文化的海洋中交流信息、沉淀知识;另一方面毫无例外地被网络文化大潮所改造和冲击。

1. 网络文化的开放性导致大学生价值取向更加多元化,价值冲突更加激烈

网络文化是一种开放的、超越民族和国家界限的文化形态。不同文化的传播、碰撞和交融在网络中形成激烈的竞争。文化的冲突和交融最终导致文化向

多元化的方向发展,并进一步发展成为一个多元格局。文化的多元格局往往会带来多元的价值体系,导致不同意识形态的国家、民族之间的价值观念矛盾和冲突的加剧。

而大学生由于所处的特殊环境和年龄心理等方面的自身因素,使得他们成为各类文化观念最为敏感的群体,同时,随着大学生自主意识的不断提高,他们不再像以往那样被动地接受教育者的灌输和安排,而会将各种信息观点摆到一起,运用自己的是非观、判断力,选择自己认为正确的,再转化为行动。一句话,教育者在学生传播、接受信息中的权威地位被打破了,学生自我判断是非的自主性、独立性更强了,大学生的价值取向更加多元化,世界各地的价值观念在学生头脑中的碰撞、冲突更加直接、更加激烈了。

2. 西方国家文化霸权主义使西方的意识形态日渐侵蚀大学生们

网络文化对"网民"思想的影响是在不知不觉中渗透的,通过潜移默化的方式影响"网民"的政治倾向、道德品质、人生价值和文化素质。由于目前互联网60%以上的信息是英文信息,加之英、美等西方发达国家网点多,上网信息量大,因而,他们的网站成为上网者访问最多的地方。这就给某些西方文化霸权主义者以可乘之机,助长强权文化和干涉他国文化的可能性,使一些被干涉国家的民族传统文化和道德规范受到冲击。西方文化正是借助这种语言优势,疯狂"入侵"世界各个角落,使得西方得以利用网络文化传播的跨地域性、快捷性倾销自己的文化价值观念,试图抹杀世界文化的多样性。大学生由于好奇心强、求知欲旺、接受新事物快,容易受到这种西化的影响,受其蒙蔽,甚至迷失方向,最终造成本国优秀传统文化的扭曲和流失。

3. 网络文化中的垃圾信息严重地影响了学生的身心健康发展

由于网络世界是自由的、交互的、无极限的沟通,所以网上的一切信息,不管是合法还是非法,有益还是有害,真实还是虚假,只要你上网,就会看到这些信息,导致网络对大学生的影响难免处于失导、失检、失控状态。据美国的一项调查表明,因特网上一年有45万个色情图片和文件,这些材料被查阅过600万次之多,平均每天可以收到1232个色情信息。另外,制造社会政治经济混乱的黑色信息也越来越多。如在德国出现了煽动种族主义的"电子纳粹",在我国,"法轮功"的首领李洪志也在网上大肆传播"法轮大法"的歪理邪说。这些大量的良莠不齐、鱼龙混杂的网络信息使青年大学生在接受时会感到目不暇接,有时会不分青红皂白地囫囵吞枣,有时甚至饮鸩止渴,最终导致失去是非曲直美丑的判断标准和能力,走向堕落乃至犯罪的道路。

4. 网络的虚拟化导致人际情感疏远,群体意识淡化

网络改变了人们的交流方式,一方面,在网络中,人们的行为往往是在"虚拟

环境"情形下进行的,即人与人的交往不是面对面的、实实在在的交往,而是"人机对话""人机交往",人人都可以在网络中形成"隐形人"。这种情况长期下去,必然会影响和改变人们的生活方式,产生新的人际障碍,导致人际关系淡漠,人际距离疏远,使人产生孤独、苦闷、焦虑、压抑,甚至情绪低落、消沉、精神不振等情绪。另一方面,大学校园里有一部分学生整天沉溺于互联网,他们缺少与其他同学的交流,提不起参加集体活动的兴趣,群体意识极为淡化,从而过早地中断了自己社会化的进程。

5. 网络文化的匿名性、隐蔽性造成大学生道德失范

网络交往具有很强的匿名性和隐蔽性,相互交往的人往往并不知道对方的真实身份,这种"虚拟性"使得人们可以在网络上随心所欲地发表自己的观点,如在网上发布不文明或带攻击性的语言,发表不健康文章、散布政治谣言等,这都会造成高校的不稳定因素,并对社会造成危害。行为主体的这种隐蔽性,也会导致大学生违法犯罪行为的增多,例如,在网上以"黑客"身份非法潜入,进行恶作剧或进行破坏,甚至进行网上盗窃、诈骗,利用电脑病毒的制作进行传播、盗版等。网络文化发展的过程是一个迈向开放化、多元化过程,在某种意义上也可以说是西方文明对东方文明、对世界文明的渗透,是高科技进行全球扩张的过程。当今世界风云变幻莫测,国内外反动势力亡我之心不死,他们借助信息技术优势,企图利用网络开展思想文化的渗透。据悉,在我们深入揭批"法轮功"对人民群众造成危害的同时,经常有一些愚顽不化的"法轮功"分子在网上胡言乱语,搞串联,引诱青年学生参与非法组织。因此,我们要采取冷静理智的态度,吸取教训,积极通过各种途径和渠道,着力提高大学生的思想政治素质和思想道德素质,增强其政治敏锐力和鉴别力,培养健全的人格和高尚的情操,提高他们的自律能力和免疫力,坚定正确的理想和信念,确立科学的思维方式,使其在西方腐朽生活方式信息的诱惑面前,能自觉地加以抵制,使德育收到良好的效果。

二、网络文化对当代大学生成长的促进作用

1. 互联网服务开拓了大学生的视野

互联网提供了强大的资料和信息服务,能有效地扩大大学生的知识面,促进大学生的成才。网络与教育的联姻是教育现代化的重要表现,网络作为高新科技,其独特功能与特点为大学生的成才提供了优越的条件,对大学生有着积极的正面影响。而网络教育具有的资源共享、双向互动、合作交流的特点,使全球教育、双向教育、开放教育成为可能,为大学生资料与信息的查找提供了一个强大的平台。互联网提供了广阔的交互空间,扩大了大学生们交往的距离,增进了大学生的主体意识。大学生是社会中最活跃的群体,但其社会交往面仍然狭窄,基

本上局限在这个象牙塔内。而互联网的出现,彻底改变了大学生的人际交往模式。通过网络交流,大学生可以接触不同的文化、风俗、习惯,增强了文化的感悟,丰富了自己的人生。而强大的互动功能则为大学生参与社会生活、发表自己的意见提供了条件。

2. 网络为大学生提供了信息交流的平台

例如国家教育部在 2005 年举办了"对学习××科目最有帮助的网站"或"最方便获取就业信息的 BBS"选举,据统计,有近 100 个以开阔学习思路和拓展就业渠道的网站入围。随着大学生网民的逐渐增多,网站成了学生们的"家和港湾",他们都拥护自己常上的网站,其热烈程度跟拥护自己的大学不相上下。现代社会是信息化的社会,大学生们可以通过网络汲取营养,健康成长。

3. 网络日渐成为大学生心灵的港湾

近年来,新兴的网络交流方式"博客"悄然而至。它不仅能够为自己建立了一个属于个人的空间,而且可以将学习到生活中的点点滴滴都记载于其间。青年人总是充满对生活的激情同时也被成长的烦恼困扰,无处抒发的时候我们往往选择将之诉于文字。"博客"就是这么一个平台,你可以把它当作你的日记簿,但是你不用担心这本"日记簿"里的内容会被你不想他/她看到的人看到。同时如果你是想找人倾诉但是又没有对象,或者不好意思主动寻找对象,"博客"也能帮到你。只要你把要抒发的情怀发布出来,无论匿名还是不匿名,都可能引来很多"听众"。他们会安慰你,为你出谋划策;他们也可能从此成为你的忠实读者、你的朋友。"博客"可以抚平你内心的创伤,让你感到生活的路上除了自己还有很多同行者。最近国内涌起一阵关注大学生心理健康的浪潮,各大高校和有关部门纷纷建立各种解决大学生心理问题的设施,旨在为大学生设置倾诉和帮助解决问题的机构。建立心理"博客"是一种非常有效解决大学生心理问题的手段。虽然很多学校内设立了心理医生,但大部分学生往往出于对个人隐私的保护,不想抛头露面寻求帮助,这样心理医生就形同虚设了。但是设立心理"博客"的话,不但保护隐私的问题迎刃而解,学生自身的难题也能更早被心理医生获悉从而尽早帮助解决。这样可以很好地防止悲剧的发生,也是对社会资源的一种节约。

三、网络文化背景中的德育对策

1. 加强高校德育工作与网络文化教育的结合

2011 年 5 月 4 日,湖北省网络文化协会为推动互联网业界文明办网,真正把互联网建设成传播社会主义先进文化的新途径、公共文化服务的新平台、人们精神文化生活的新空间。湖北省网络文化协会对全体会员单位提出以下自律公约:①坚持社会主义先进文化前进方向;②坚持正确的舆论导向;③坚持文明办网;④努力提高优秀网络文化产品和服务的供给;⑤加强职业道德和网上公德教育。

这一公约是为了维护和保持网络文化的清新与洁净,网络作为现代传媒,在拓展教育空间优化教育服务的同时,随着大学生们日渐频繁地接触网络,也对大学生的身心健康和价值观念带来了不同程度的负面影响,我们必须主动出击,积极寻找对策,防患于未然,有效利用网络开展德育工作,提高其应对网络文化负面影响冲击,正确引导学生接触网络,摒弃网络中的不良因素是做好大学生德育工作的关键。

2. 高校德育要主动占领网络阵地

重视大学生思想道德教育工作,坚持长远规划,不断强化网络教育的宣传意识、阵地意识以及效果意识。

充分利用学院网络这一近水楼台,通过在学生中扩大对学院网站的宣传和影响,吸引同学们关注学院的发展和未来前景,提高校园网站访问率。努力构建形势发展所需的网络宣传教育平台,不断扩充和丰富校园网站的知识性和趣味性,为大家建立例如"我们的心声""心灵驿站""关注你、我、他"等学生园地版块作为交流平台,有利促进大家相互探讨交流生活、学习、交友、健康、释放心灵的困惑等起到互帮互助的功能。另一方面,随着时代的发展与进步,网络服务的学习性与娱乐性等翻天覆地地变化,校园网站可设置学习软件下载、新闻链接、影视快线,不仅使它具有学习、娱乐等多功能的用途,真正达到宣传教育的效果,而且满足了广大学生们上网的需求,从正面引导大家上网的目的及占领同学们的网络阵地。

3. 加强校园网络的监管

网络文化中既有不利于大学生健康发展的因素,也有有益于大学生健康发展的因素,要扬长避短,取其精华,去其糟粕。

为了给大学生们提供一个绿色的上网空间,学校可在网络中心使用具有强大的网络过滤功能软件来进行有效控制,譬如网络园丁——反黄软件,可有效阻止和屏蔽不良网站的信息,避免学生沉溺其中及减低校园侵犯行为的发生率;不良分子利用大学生易激进与冲动的性格,在高校中散发极具煽动性的歪理邪说,鼓动大学生们参加扰乱社会治安的游行、集会。高校除加强维稳期间的稳定工作外,还可在校园网站学生专栏发布具有正面教育的引导性信息,教育大家自觉抵制不良分子的煽动语言和行为;高校网络中心需不断加强校园网络的监管力度,采用具有良好屏蔽性的软件和设置不良信息关键词反馈,从真正意义上加大网络监管的力度,继而达到净化高校网络的功能。

总之,网络作为现代传媒的主题,无疑已成为科技、经济、社会发展的必然趋势,是不可阻挡的时代潮流。面对网络时代的挑战,高校德育工作者在指引学生们正确认识网络的同时也要顺应潮流,充分发挥信息网络技术的优势,化被动为主动,化不利为有利,全面加强和优化网络文化建设与环境,探索新思路,解决新矛盾,寻找新载体,开创高校德育工作新局面。每一位德育工作者都必须充分认识到网络文化和高校德育工作产生的紧密关系,积极探索高校德育工作主动适应网络文化环境的对策,将是时代赋予教育工作者的神圣使命。

大学生流行文化及其对学生价值观影响的调研报告

周江平

(湖北汽车工业学院人文社科系)

流行文化至今仍无明确定义,有人认为"流行文化是通俗的(为大众而设计的)、短暂的、易忘的、低廉的、大量生产的、为年轻人的、诙谐的、性感的、欺骗性的、有魅力的、大企业式的",有人认为"流行文化就是借助大众传播媒介电影、电视、广播、报刊、广告、杂志等而流行于大众中的通俗文化,如流行音乐、叫座的影片、广告艺术、大批量生产和复制的流行文化产品等。"而当今的流行文化不能否认是以娱乐、凸显个性、新奇、感性、功利等为特色,以网络文化、影视文化、选秀文化、嘻哈文化、韩流文化、创业文化、山寨文化、拇指文化等为主要内容的。这种文化已对大学生正确价值观的形成产生了巨大冲击,因此,全面了解当代大学生流行文化及其对学生价值观的影响迫在眉睫,这是引导大学生形成正确价值观的重要前提,基于此,本课题组对大学生流行文化及其对学生价值观的影响进行了调研。

此次调研共发出问卷1100份,回收有效问卷991份,对武汉、长沙、广州、湖北十堰四个城市的高校大学生进行了调研,其中武汉117人、长沙147人、广州215人、湖北十堰512人(因为课题负责人在十堰,故调研主要在十堰)。调研共分两次进行,第一次主要在湖北十堰地区,共设定题目45道,其中选择题43道,评议题2道。第二次主要调研武汉、长沙、广州三地的高校大学生,题目在第一次调研的基础上有所增加与改进,共50题,其中选择题49道,评议题1道。两次调研相同的题目有41题,本调研报告主要围绕41道相同调研题目的数据结果来进行归纳与简单分析(注:因调研内容太多,笔者将另撰文就每个单项调研结果作单独分析、总结)。具体内容如下。

一、关于大学生流行文化及其对大学生价值观影响的基本情况调研

大学里除了学习外还有哪些现象比较流行,这是首先要了解的。调研结果如表1。

表1问题:除学习外你认为现在大学里比较流行的有哪些?(最多选三项)

A. 听歌学歌 (38.35%)	B. 看电影电视剧 (53.68%)	C. 看NBA (36.83%)	D. 关注国家大事新闻 (18.97%)	E. 球类运动 (32.90%)
F. 玩QQ农场类游戏 (28.46%)	G. 玩魔兽争霸类大型网络游戏 (25.03%)	H. 关注选秀类节目 (7.57%)	I. 关注其他娱乐新闻 (8.88%)	J. 追星 (1.82%)
K. 上网聊天 (32.09%)	L. 上网写博客或微博 (6.61%)	M. 其他 (1.72%)		

从结果看,看电影电视剧、听歌学歌、看NBA、球类运动占据了前四位。但如果将F、G两项合并(因都属网络游戏),则数据也高达53.49%,将K、L两项合并(都属网络交流),数据为38.70%。由此,新的排位为:看电影电视剧、网络游戏、网络交流、听歌学歌。但如果将网络游戏与网络交流两项合并,则高达92.19%,这说明网络文化毫无疑问在大学里是最流行的。

这些流行文化对大学生的价值观影响如何?从表2中可以清楚地看出。

表2问题:你认为哪两种流行文化对大学生的影响较大?

A. 网络文化(75.18%)	B. 嘻哈文化(含音乐、舞蹈、说唱、DJ技术、街舞等)(22.91%)	
C. 选秀文化(7.77%)	D. 韩流文化(9.49%)	E. 影视文化(45.21%)	F. 其他(2.72%)

二、关于网络文化的具体调研

1. 总体情况

网络已深入到大学当中,学生平均每天用于上网的时间有多长?上网的时间长度哪一种最为普遍?这是首先要了解的问题,结果如表3。

A. 半小时 (7.87%)	B. 一小时 (16.75%)	C. 一个半小时 (12.71%)	D. 两小时左右 (23.41%)
E. 三小时左右 (11.7%)	F. 四小时左右 (12.41%)	G. 很少上网 (11.50%)	H. 其他 (3.53%)

表3问题：你平均每天用于上网的时间有多长？

从表3可以看出，大学生中每天平均上网两小时左右的是最多的，其次是一小时，可见网络已几乎成为部分大学生生活不可缺少的一部分。

每天花这么多的时间上网，在里面主要做什么呢？（多选）

表4问题：你上网一般做什么？

| A. QQ聊天 (56.31%) | B. 玩游戏 (28.76%) | C. 看影视剧 (38.04%) | D. 看球赛 (14.23%) | E. 看新闻 (33%) |
| F. 写博客 (9.08%) | G. 网络购物 (8.78%) | H. 看小说 (9.28%) | I. 找资料 (41.47%) | G. 其他 (3.23%) |

表4表明，大学生上网最多的是在聊天，其次是找资料，再次是看影视剧，第四是玩游戏。

2. 网络交流

网上聊天也有爱好深度的问题，部分网聊爱好者已开始使用他们独特的语言——火星文，那么火星文在大学生中的流行程度如何？学生在网聊时是否经常使用，请看表5。

表5问题：网络聊天或论坛留言时你用火星文吗？

| A. 经常用 (4.04%) | B. 偶尔用 (24.02%) | C. 想用但还没学会 (12.21%) | D. 不了解火星文 (53.78%) |

从表5中可以看出，火星文在大学里还没有普及开来，绝大部分学生还并不了解火星文。

除了直接聊天之外，一些写作爱好者还喜欢把自己的想法或所见所闻挂在网上与人共享，这便有了博客、微博的流行，那么，学生是不是经常写呢？调查结果如表6。

表6问题：你写博客或微博吗？

| A.经常写(5.75%) | B.偶尔写(34.91%) | C.从不写(38.85%) | D.不了解(17.6%) |

因此，写博客、微博在大学里事实上并不十分流行，这大概与他们的时间有限有关系。

但网络还不仅仅出现了火星文、博客和微博这样的新事物，一些网络流行语也在飞快传播，它对大学生又有没有影响？先看大学生了不了解现代网络流行语。

表7问题:你对现在的网络流行语有多少了解?

| A.不了解(14.63%) | B.了解一点(60.85%) | C.比较了解(17.76%) |

表7表明,大学生对网络流行语基本都还是了解一点,但并不深入,在学生所列举的流行语中,也多为像"不要迷恋哥,哥只是个传说""哥××不是×,而是寂寞""贾君鹏,你妈妈喊你回家吃饭了"等著名的流行语。这也决定了其对大学生价值观的影响是有限的,在调查数据中,有66.2%的同学都认为只有一定的影响,但也有14.73%的同学认为影响很大,这大概因为网络流行语大多不积极向上之故。

3. 网络购物

网络购物在现代生活中已相当流行,这种购物方式在大学里现在情况如何?问卷首先问的是大学生对网络购物有怎样的认识?表8为其结果。

表8问题:你对网络购物有怎样的认识?

| A.不了解(23.11%) | B.了解但不相信(18.97%) | C.了解偶尔使用(34.01%) |
| D.熟悉并认为是一种非常好的购物方式(13.42%) || E.熟悉但认为不完全值得相信(9.59%) |

从表8可以看出,网络购物在大学里还并不流行,熟悉并认为是一种非常好的购物方式的还没有达到15%。那么,大学生的网购经历大致有多少?从表9可以看出。

表9问题:你的网购经历?

| A.从来没有(37.13%) | B.一两次(30.07%) | C.五次左右(16.95%) |
| D.十次左右(6.16%) | E.十五次左右(2.12%) | F.经常(15.34%) |

有近40%的大学生从来没有过网购经历,三分之一的大学生只有一两次这样的经历。有网购经历的大学生,他们的网购年龄又是多久呢?

表10问题:你的网购年龄?

A.1～3个月(20.08%)	B.半年(16.55%)	C.一年(13.93%)	D.二年(9.59%)
E.三年(7.57%)	F.四年(3.23%)	G.五年及五年以上(5.35%)	

因题目设置问题,没有网购经历的同学大部分没有做该题,但结果可以反映出来,大部分同学的网络经历仅是在半年之内发生的,年龄短,进一步反映出网购在大学里现在还并非很流行。网购的同学少,而在网上开网店的同学则更少。看表11。

表11 问题:你开网店了吗?

A.开了(4.24%)	B.没有开(78.81%)
C.想开但不知怎么开(9.79%)	D.想开但没有货源(4.94%)

开了网店的还仅为4.24%,可见绝大部分学生都还没有涉足网络创业。

4. 网络游戏

网络游戏在大学里流行已不是什么新鲜事,先来看学生花在游戏上的时间一天平均有多少?

表12 问题:你花在游戏上的时间一天平均有多少?

A.半小时(16.95%)	B.一小时左右(20.59%)	C.两小时左右(13.42%)
D.三小时左右(3.43%)	E.四小时左右(2.52%)	F.很少玩游戏(24.82%)
G.从不玩游戏(14.03%)	H.其他(4.84%)	

表12表明,大学里大部分的学生都玩游戏,达到了近86%,其中以一天平均玩一个小时的最多。这么多的学生玩游戏,主要是玩什么游戏呢,请看表13(多选)。

表13 问题:据你观察现在大学里最流行什么游戏?

A.农场偷菜类游戏(52.67%)	B.魔兽争霸类战略游戏(44.5%)	C.QQ其他休闲游戏(如棋牌、休闲竞技类)(30.58%)
D.打飞机、连连看等小游戏(4.64%)	E.地下城与勇士(16.55%)	F.梦幻西游(4.14%)
G.赛尔号(1.82%)	H.大龙八部(2.93%)	I.其他(5.65%)

可见,农场偷菜类、魔兽争霸等即时战略类、棋牌休闲类游戏是学生玩得最多的,而这些游戏基本都是网络游戏。在对学生的访谈中还发现第一人称的射击类游戏(如CS)也是相当流行的,这是本次问卷的不足之处。

网络游戏对大学生的价值观影响是相当大的,表14是学生眼中经常玩游戏同学的一般特征(多选)。

表14 问题:据你观察经常玩游戏的同学一般有什么特征?

A. 成绩差(16.85%)	B. 有自闭症状(7.67%)	C. 人际关系差(8.38%)
D. 人际关系正常(25.23%)	E. 很少参加集体活动(30.78%)	F. 家里有钱(7.67%)
G. 自制力差(30.88%)	H. 对大学生活反感(12.31%)	I. 懒散(28.15%)
J. 成绩好(2.42%)	K. 成绩一般(15.04%)	L. 性格开朗(14.13%)
M. 家里穷(1.41%)	N. 其他(5.55%)	

表14表明大学生眼里经常玩游戏的同学有四个特征是比较明显的,那就是自制力差、很少参加集体活动、懒惰、成绩一般都不会太好。这些变化又有多少是在玩游戏上瘾之后发生的呢,表15是关于玩游戏同学没玩之前与上瘾之后的变化调查(多选)。

表15 问题:据你观察玩游戏上瘾的同学从没玩之前到成瘾之后有什么变化?

A. 人变得越来越懒散(45.91%)	B. 由以前的胸怀大志变得茫然(30.27%)
C. 成绩越来越差(19.98%)	D. 对同学与班级越来越漠不关心(30.78%)
E. 其他(8.58%)	

三、关于影视文化的具体调研

影视文化在大学生当中的流行程度仅次于网络文化,其影响也是相当之大的。先来看大学生一般喜欢的是什么类型的影视剧(多选)。

表16 问题:你喜欢什么类型的影视剧?

A. 喜剧(40.87%)	B. 动作片(41.68%)	C. 情感片(30.78%)	D. 家庭生活剧(11.30%)
E. 恐怖片(11.71%)	F. 科幻片(23.71%)	G. 战争片(19.19%)	H. 偶像剧(10.19%)
I. 动画片(12.61%)	J. 无厘头搞笑剧(10.39%)	K. 其他(3.33%)	

调查显示,动作片是大学生最喜欢的影视剧,其次是喜剧与情感片。那么他们又喜欢的是哪些地区或国家拍的影视剧呢?看表17。

表17 问题:你喜欢哪个地区或国家拍的影视剧?

A.中国大陆(32%)	B.中国台湾(16.75%)	C.中国香港(39.76%)
D.韩国(14.33%)	E.日本(5.55%)	F.美国(52.17%)
G.新加坡(1.61%)	H.印度(1.61%)	I.其他(2.22%)

从表17可看出,最受大学生欢迎的是美国的影视剧,其次是中国香港和中国大陆,中国台湾与韩国的影视剧受欢迎的程度差不多。

影视剧在大学里大受欢迎,对大学生的价值观有没有影响呢?表18是关于学生认为自己喜欢的影视剧对自己价值观的影响程度调查。

表18 问题:你喜欢的影视剧对你的价值观有多大影响?

A.影响很大(6.80%)	B.有一定影响(58.32%)
C.很少(27.14%)	D.没影响(4.44%)

表18反映,大部分大学生都认为自己喜欢的影视剧对自己的价值观是有一定影响的。

本次调研还单独调研了属于韩流文化之一,同时也是属于影视文化的韩剧在大学里的情况,因为韩剧对女大学生的影响相当之大。以湖北汽车工业学院的女生为例,本次共调查女生人数为189人,她们中看韩剧的情况见表19。

表19 问题:你看韩剧吗?

A.经常看(13.76%)	B.偶尔看(63.48%)
C.喜欢但没机会看(8.47%)	D.不喜欢看(14.29%)

从表19可以看出,不喜欢看韩剧的女生仅有14.29%,而13.76%的女学生经常看,大部分的学生大概是出于时间与条件的原因只能偶尔看。这么多女生喜欢韩剧的原因到底是什么,下面是调查结果。

表20 问题:据你观察许多大学生喜欢看韩剧的原因是什么?

A. 娱乐性强(13.23%)	B. 符合青年尤其是女生对于浪漫爱情的渴望(61.38%)	C. 俊男美女多(25.93%)	D. 人物的造型前卫时尚(23.28%)
E. 精致唯美的画面(24.87%)	F. 韩国民族文化特色的吸引力(26.45%)	G. 剧情曲折而煽情(31.22%)	H. 节奏舒缓而明快(6.35%)
I. 体现真善美的特点(17.46%)		J. 其他(1.06%)	

可见,大部分女生喜欢看韩剧主要是因为韩剧符合她们对浪漫爱情的渴望,其次是因为剧情曲折而煽情,再次,韩国民族文化特色与俊男美女也很有诱惑力。

这么多女大学生喜欢看韩剧对她们的价值观有无影响呢,请看表21。

表21 问题:你认为看韩剧对大学生的价值观影响多大?

A. 影响很大(9.52%)	B. 有一定影响(70.37%)	C. 很少(16.40%)	D. 没影响(0.53%)

四、关于选秀文化的具体调研

当今,选秀节目早已风靡于各种级别的电视,选秀文化也不可避免对大学生的价值观产生了一定的影响。先来看看学生对现在流行的选秀节目怎么看(多选)。

表22 问题:你对现在流行的选秀节目怎么看?

A. 有利于草根民众展示自我(14.63%)	B. 为草根民众成名提供了舞台(21.59%)	C. 还可以,可以为大家提供娱乐(23.71%)
D. 有积极的一面,但让很多青少年降低了理想(25.23%)	E. 有好的一面,但造成太多的青少年去追求一夜成名,耽误了学业(19.88%)	F. 一般,有作秀的嫌疑(22.20%)
G. 不好,结果被人控制(7.27%)	H. 其他 3.33(%)	

从调查数据可以看出,大学生对选秀节目的看法并不统一,各种观点处于均势局面。如果大学生有机会参加选秀节目,他们会怎样呢?请看下面的调查结果。

表23 问题:如果现在你有机会参加选秀节目,你会怎样?

A. 一定会参加 (4.44%)	B. 不感兴趣(54.79%)	C. 想参加,可没有才艺 (24.42%)	D. 想参加,但没有胆量 (7.97%)
E. 想参加,但没有钱 (4.34%)	F. 想参加,可没时间 (6.36%)	G. 其他(1.92%)	

表 23 反映出,仅有 4.44%的大学生一定会参加,而绝大部分的大学生要么就是不感兴趣,要么就是想参加但没有足够的条件。尽管如此,选秀文化因为其流传的广泛性对大学生的价值观还是有一定影响的。下面是关于学生认为的选秀节目对大学生的价值观产生影响的调查数据(多选)。

表 24 问题:你认为选秀节目对大学生的价值观有什么影响?

A. 有利于增强勇于表现自我和公平竞争的意识(24.62%)	B. 增强民主参与的意识(10.60%)	C. 选秀的"一夜成名"易导致急功近利的浮躁心态(33.70%)
D. 易导致投机心态(17.66%)	E. 易使理想庸俗化(17.15%)	F. 过分鼓吹"秀出自我"易滋生极端个人主义(21.09%)
G. 缺乏明确的评选标准易混淆价值判断(15.81%)	H. 没有影响(4.14%)	I. 其他(1.41%)

从表 24 可以看出,绝大部分的大学生都认为选秀节目对大学生的价值观是有一定影响的,而最严重的负面影响是容易导致急功近利的浮躁心态和滋生极端个人主义,但学生也认为有一定的积极作用,如近四分之一的学生认为有利于增强勇于表现自我和公平竞争的意识。

五、正确引导学生面对流行文化,树立正确价值观

由上述内容可见,网络文化、影视文化、选秀文化等均对学生有较大的影响力,直接冲击学生的价值观,其中以网络文化为最,因此,必须正确引导大学生面对流行文化,以促进正确价值观的形成。

第一,正确导向网络文化,抵制负面网络行为。网络的流行不可抑制,已渐渐成为人们生活的一种方式与必需的日常行为。据中国互联网络信息中心(CNNIC)统计,截至 2010 年 12 月底,我国网民规模达到 4.57 亿,较 2009 年底增加 7330 万人。因此,阻止大学生上网是不可能的,也是不符合时代要求的,在大学里只能正确导向网络文化,但对于一些负面的网络行为必须抵制。网络当中有许多积极的方面,如网络购物、网络创业、网络上有意义的交流与网络海量的信息等。但大学生的网购行为还并不多见,网络创业的还寥寥无几,在网络上的交流多为无意义的或无聊的,海量的信息并没有得到充分的利用。令人担忧的是,网络游戏在大学里疯狂流行,对大学生的价值观产生了巨大冲击。经常玩

网络游戏的大学生变得越来越懒散,越来越失去自我,越来越不关心集体,成绩也越来越差,一款偷菜的游戏甚至让部分大学生道德水平直接受到影响。因此,大学教师要做的就是要尽可能地引导学生远离网络游戏,同时引导学生在网上多浏览新闻,多学知识,多与网友进行有意义的交流,适应时代的要求了解并参与网络购物,善于分析网络并发现网络上的商机。

第二,影视剧的选择是学生的自由,但可以引导学生选择有价值观的影视剧。从调查结果可以看出,学生最喜欢的是美国的动作片,而其中女生喜欢韩剧的居多。喜欢美国动作片多是出于感官刺激,而女生喜欢韩剧则多是出于她们对浪漫爱情的渴望。作为一种休闲,这些影片并非不可选择,但学生也应该多看一些有教育价值、学习意义的影片,教师应该多引导学生看一些这种影片,或直接给学生播放一些资料片、教育片。

第三,引导学生展现自我,但不可急功近利。现代的市场经济需要善于展现自我的人,自我封闭的学生在现代社会难有发展,因此,要善于引导学生充分展现自我。但当今选秀文化的风起云涌,在为大众构建展现自我平台的同时,也促进了部分大学生展现自我意识的形成,同时,也造成了少部分大学生有了一夜成名的梦想。这无疑是一种急功近利的浮躁心态,同时,也容易滋生极端个人主义,不利于大学生正确价值观的形成。大学教师要做的是引导学生做一个善于展现自我同时又脚踏实地的人,正确认识选秀文化的流行。

总之,大学生流行文化已对大学生产生了巨大冲击,为引导学生树立正确的价值观,大学教师应该首先自己多了解流行文化,然后深入分析流行文化,以为新时代的大学教育找到对策。

传承中医药文化　加强中医药大学生素质教育

王立国　何国珍

(湖北中医药高等专科学校)

当今世界上,国与国之间在科学技术、经济建设方面的竞争,将集中表现在人才的竞争上。实践证明,要培养一名真正的医德优秀、医术精湛的医学人才,中医药大学生的素质教育是一个非常重要的环节。当前,高等中医药院校学生素质主体是好的,但也存在着一些问题,加强中医药院校学生素质教育工作势在必行。笔者认为,在新的历史时期,弘扬中医药文化,结合中医药院校特色和时代特征,加强中医药院校学生素质教育,具有重要的意义。

一、当前中医药大学生素质教育中存在的问题

(1)思想道德素质有所欠缺。当今的大学生自主性增强,但是集体主义观念和奉献精神有所欠缺。中医药大学生价值取向中消极因素呈增长趋势:大学生追求进取务实、协调并重的价值选择;不少学生在人生价值观上崇尚自我,强调自我价值的实现;部分学生集体协作观念、服务和奉献精神以及艰苦奋斗的作风不够;学生在日常行为、公共道德方面还存在着许多不足。

(2)人文精神培养有待于再加强。随着科学技术的发展,人们对科学技术越来越重视,科学技术教育备受青睐,而人文素质教育相对滞后,导致了中医药院校学生人文精神缺失。

(3)部分学生身体素质不是很好。平常不注意体育锻炼,身体素质欠佳。

(4)心理素质欠佳。医药类专业学生自制能力、自律性、专业能力较强,但是性格内向,感到大学生活比较枯燥无味,这种情况比文科学生要多。

(6)专业素质还有待提高。高等中医药院校学生的总体专业素质较强,严谨求实、积极上进的学风浓厚,但掌握利用信息、分析归纳能力不足,创新意识不强,实验动手能力较弱。从调查结果看,经过素质教育,中医药院校学生综合素质虽然得到显著提高,但仍存在不少问题,需要高等中医药院校教育工作者在理论和实践上进一步加强和改进。因此,近年来注重大学生综合素质的提高、培养复合型人才已成为高教研究的热点。但是,对于高等中医药院校来说,大学生素质教育工作有着自身的特点。

二、传统中医药文化的思想特征

在对中医药大学生进行素质教育的过程中,高等中医药院校与其他医学类院校不同之处在于,高等中医药院校还秉承我国的传统中医药文化精神。我国传统中医药文化中医学道德体系有着悠久的传统和独特的价值观念。中国医学史上著名的"医乃仁术"的命题,充分体现了医疗实践的伦理价值。它不仅反映了医学技术是"生生之具,活人之术",而且也表达了中国古代医生的道德信念。医学道德观念不仅仅是来自外部的社会要求,也是医学自身文化价值的内在要求。中医药院校培养的大学生不仅要具有一般大学生具有的素质,更重要的是,他们是未来的中医药人才,中医药大学生的素质教育必然要结合这个培养目标进行。因此,在对中医药大学生进行素质教育的同时,还要重视医学文化价值和医学人文科学的教育,不应该把医学作为一种与我们的文化无关的工具来发展。否则,我们培养出来的医生就难有博爱的胸怀和对生命完美的追求。但是,中医

药文化已延续几千年,在新的历史时期,对中医药人才的素质要求必然要有时代的烙印,所以,在对中医药学生的教育中,要继承我国古代中医医德理念,结合时代特征,对中医药学生进行职业道德教育。

中国传统医德的伦理思想是在中国传统文化的影响下,在长期的中医医疗实践中逐步形成的。其思想特征主要有以下几个方面。

1. 中医强调以人为本,"人命至重"

中医根植于中国优秀传统文化的母体之中,因此,儒家伦理思想核心"仁爱"对传统医德影响深远。"仁爱"是始终贯穿于中国传统医德思想的一条主线。唐代孙思邈认为:"人命之重,有贵千金,一方济之,德逾于此。"其名著《千金要方》《千金翼方》中的"千金"两字即本之于此。其内涵意味深长。中医将"仁爱"思想融会于医学,中医把医学称为治病救人的"仁术"。中医认为,医生自己首先必须是仁学之士。这些仁爱济世利民的医德思想影响了杏林一代又一代。"医乃仁术也",无不显示中医"以人为本",人命为重的"仁爱"思想。我国改革开放初期,一些人侧重于追求经济效益,忽略了环境保护、人的全面发展等问题。当前,我国提出的科学发展观、和谐社会的思想理念,无一不显示"以人为本、全面发展"的思想,中国古代的医德思想完全可以和社会主义现代化建设思想统一起来。在社会主义市场经济体制下和多元文化背景下,医疗卫生工作者的综合素质现状主流是好的,但也存在着部分医生收红包、吃回扣、治病救人"嫌贫爱富"等现象,引起了社会的关注,严重影响了医药从业人员的声誉以及在人民心目中的形象。因此,在为病人治病时,作为医药部门和医药行业的从业人员,不能紧盯着经济效益和个人利益,而是更多地为病人考虑,为人民服务,这样才能重新树立医药从业人员在人民心目中"治病救人"的良好形象,医药事业才能获得持续健康地发展。

2. 中医强调"精诚合一,德术并重"

中医非常重视医德与医术的有机统一。医者既要有仁爱救人之心,又要有济世救人之术。孙思邈认为,"精"与"诚"是合一的。高尚的医德是提高医术的动力和正确运用医术的前提和保证,精湛的医术则是高尚医德的反映和体现,两者是相辅相成、有机结合的。"精诚合一,德术并重"的医德观至今仍有重要的现实意义。当前,中医药大学生在校学习时,大部分学生能够刻苦学习专业技术,但是有部分学生学习热情不高,不能刻苦学习钻研中医药知识和技术。在学习过程中,还存在着重视理论、不重视临床实践,重传承、不重视结合新的科学技术知识进行创新等问题,导致一些中医药毕业生医术不过关。因此,在培养中医药大学生时,一定要将我国传统的中医药文化精神传授给学生,教育学生热爱中医药事业,刻苦钻研,锐意创新,让学生树立既有高尚的医德,又有精湛的医术的理念。

3. 中医注重修身养性

中医认为人们自身的道德素养和自身的健康是有机结合的,认为遵循伦理规范能起到防病健身的作用。在对中医药学生进行职业道德教育时,也要要求学生注意修身养性。这就要求学生为患者服务时做到:"致意深心,一丝不苟;普同一等,全心赴救;举止端庄,礼貌待人;尊重同道,谦和谨慎;廉洁纯良,不唯名利"等。这些传统医德思想重视道德与健康关系的理念,随着现代医学模式从生物医学模式向生物—心理—社会医学模式转变而得到了历史的肯定,是新时期中医药从业人员的职业规范和准则的重要组成部分。

三、结合时代特征开展具有中医药特色的中医药大学生素质教育

在对中医药大学生素质教育过程中,要发掘中医药文化的内涵,对我国的中医药文化进行继承与发扬;要将中医药文化理念与社会主义市场经济条件下医生素质要求结合起来。在实践中,将中医药文化理念内化到中医药大学生的素质教育中,真正使中国古代医德理念的精髓与新时期的医生素质要求在中医药大学生中"入耳、入脑、入心",以服务于建设和谐社会,体现"以人为本"的理念。因此应该建立针对性强的中医药院校的大学生素质教育体系。"传统的单纯生物医学模式正在发生着深刻的变化,正逐步向生物—心理—社会医学模式转变,为了适应医学模式的转变,就必须在医学人才培养模式上进行改革。"这就要求在高等中医药院校教育中,在原有素质的基础上,通过通识之上的专业教育、实践之上的理论教育、人文科学教育和医史文献教育等,使知识转化为能力,兴趣内化为精神,中医药文化的熏陶内化为大学生的品质。提高中医药院校学生生存、发展和创新的潜力,全面推进大学生的素质教育,培养新世纪合格的中医药人才,为人民群众服务,为建设社会主义和谐社会服务。

四、新时期加强中医药大学生素质教育的几点思考

1. 大学生的素质教育是高等中医药院校的一项重要工作

围绕大学生的素质教育,一些高等中医药院校进行了开设素质教育课程、开展第二课堂、建设校园文化等多方面的工作。但是,在当前高等中医药院校学生素质教育中仍存在着一些问题。虽然各高等中医药院校都已经强调了素质教育,但是在实践操作中,对素质教育的重视程度还不够,有些工作流于表面形式,没有真正深入下去,导致中医药院校学生中出现了人文精神缺失、职业道德观念淡化、专业意识淡薄、身心素质不强等现象,所以中医药院校学生素质教育以及对这方面的理论和实践研究有待于再加强。

2. 素质教育要齐抓共管

各高等中医药院校都比较重视素质教育,目前很多高等中医药院校的素质教育工作多是分管学生工作的校长主抓,团委、学生工作处等各部门具体落实,在学生素质教育工作方面取得了较大的进展。素质教育不是哪个部门和一个教师能做到的,要建立以校级领导牵头的素质教育管理体系,充分调动各部门、各位教师的积极性,切实做好中医药院校学生素质教育工作。

3. 学校应该提供更有利的教育条件和更好的教育方法

注意中医学生的学科特点,结合实际展开素质教育,构建高等中医药院校学生素质教育的实践体系。从学校的角度来讲,学校应该更新教育观念与教育思想,以适应社会主义市场经济体制的需要。要不断地完善学分制和教育制度改革,从应试教育转向素质教育,把握住教育的大方向。

4. 重视传统医德教育

传统医德思想是中国优秀传统文化的重要组成部分。一些医学大家之所以具有高尚的道德情操,与他们具有深厚的人文知识和强烈的人文精神不无关系。因此,首要重视中医大师们高尚医德的示范作用。如三国董奉治病不收钱,病人痊愈后,他则让病人种杏树。"数年之间杏有十万",杏熟后其将杏果换粮食救济穷人,后来"杏林"二字成医学的代名词。其次要培育良好的校园文化氛围。学校的校训、校歌,名师的道德训诫,中医大家的塑像、手迹等一些校园文化对学生的熏陶,能得到课堂教学所不能得到的效果。将传统医德教育渗透于中医专业教育,传统医德教育网站的建立等形式与方法,均可提高传统医德思想教育的有效性。

总之,把中华传统文化作为中国特有的伦理思想和人文意识的教育的重要内容,对培育我国中医药院校学生的民族精神、人文精神、继承和发扬我国伦理医德的优良传统,牢固树立医学专业思想具有重要的现实意义。

思想政治教育与高职院校校园文化关系研究

(湖北财税职业学院学院课题组)

中共中央、国务院在《关于进一步加强和改进大学生思想政治教育的意见》中强调指出:"要努力拓展新形势下大学生思想政治教育的有效途径""要大力加强大学生文化素质教育,开展丰富多彩、积极向上的学术、科技、体育、艺术和娱乐活动,把德育与智育、体育、美育有机结合起来,寓教育于文化活动之中。"胡锦涛总书记在十七大报告中指出:"当今时代,文化越来越成为民族凝聚力和创造力的重要源泉、越来越成为综合国力竞争的重要因素,丰富精神文化生活越来越成为我国人民的热切愿望。"校园文化建设越来越成为思想政治教育不可或缺的组成部分,从思想上弄清楚并处理好高职院校校园文化建设与思想政治教育的关系,对于我们加强与改进高职院校思想政治工作,促进高职院校校园文化建设与发展,具有重要意义。

一、思想政治教育和高职院校校园文化的内涵

思想政治教育和校园文化建设都是大学教育的重要组成部分。探讨思想政治教育与高职院校校园文化建设的关系,首先要对其内涵进行准确的把握。

1. 思想政治教育的内涵

思想政治教育是指社会或社会群体用一定的思想观念、政治观念、道德规范,对其成员施加有目的、有计划、有组织的影响,使他们形成一定社会所要求的思想品德的社会实践活动。在我国,具体地说就是以马克思主义科学的世界观和方法论来改造人们的主客观世界,转变思想观念,提高思想政治素质,用马克思主义立场观点方法引导人、培养人和塑造人,调动人们的积极性、主动性、创造性,增强人们实践活动和社会发展的精神动力,它是一个随着社会实践的发展而不断向前递进的过程。思想政治教育具有鲜明的政治性,决定着当前我国思想政治教育的根本目的是提高整个中华民族的思想道德素质和科学文化素质,提高人们认识世界和改造世界的能力,动员广大干部和群众为建设中国特色社会主义和实现共产主义崇高理想而努力奋斗。

2. 高职院校校园文化

高职院校校园文化是高职院校师生根据社会发展需要,在长期的教育教学管理及服务实践中所传承、创造、积累并共享的、以反映师生共同信念和追求的、具有高职院校校园特色的一切物质成果、精神财富及其行为方式的总和,包含着精神文化、制度文化、器物文化三个层次。高职校园培养目标的特殊性,决定了其校园文化应该有其自己的特色——鲜明的职业性。它的立足点是以服务为宗旨,以就业为导向,以行业、企业、社会区域为依托。因此高职院校办学理念和理想追求,应尽可能突出"职业"的特点,融进更多的职业特征、职业技能、职业道德、职业理想、职业人文素质等。高职院校要建立具有行业属性和职业特点的专业文化。

二、思想政治教育与高职院校校园文化建设的辩证关系

虽然思想政治教育与高职院校校园文化分别属于两种不同性质的范畴,二者的职能、对象、工作方式不同,凝聚核心与目标、着眼点和侧重点有着明显的区别,但二者相互依赖,共同服务于社会主义教育目标,缺一不可,且在内容上互补,方式上相互借鉴,互为手段,优秀的高职院校校园文化与思想政治教育之间应相得益彰,思想政治教育有利于引导高职院校校园文化的发展方向和价值导向,而优秀的高职院校校园文化为提高思想政治教育的实效性提供了一条重要的途径。

1. 思想政治教育对高职院校校园文化建设的作用

分析高职院校良好的校园文化有利于思想政治教育达到实际效果,但高职院校校园文化建设必须借助于科学的指导思想,这就要加强思想政治教育。

首先,思想政治教育为高职院校校园文化建设提供了指导思想。在当今各种思想文化相互激荡和在深刻的社会变革过程中,高职院校必须坚持马克思主义在意识形态领域的领导地位,充分发挥思想政治理论课的主渠道、主阵地作用,认真落实理论进教材、进课堂、进头脑工作,理论联系实际,提高思想政治教育的针对性和实效性,用社会主义核心价值体系引领校园社会思潮,才能保证高职院校校园文化建设的社会主义方向,保证高职院校校园文化健康发展。

其次,思想政治教育为高职院校校园文化建设提供了核心内容。要搞好高职院校校园文化建设,必须加强德育和思想政治教育。目前,部分高职院校在校园文化建设中举办了艾滋病防范、排队日宣传、"5·25心理活动周"等活动,这些活动更多的是教育活动的实体展示,通过一系列的舞台表演、影片观看、演讲等活动被赋予了更加深刻和鲜活的实际意义。这些与社会有密切联系的活动主题都必须借助于思想政治教育来规范。而思想政治教育更是为高职院校校园文化建设提供了类似于一二·九文艺汇演、红五月合唱节等类型的集体性极强的活动内容,这不仅让新世纪青年回顾了革命先烈们的创世之举,也符合一段时期内团结同学的需求,并且让学生们在脑海里渐渐形成了极强的集体荣誉感。这类活动反映的红色革命思想,不仅让同学们谨记历史,同时将这类革命精神应用到现实中去指导自己的行为,从而指导高职院校校园文化活动的发展方向,不断地将高职院校校园文化引领到更为正确和积极的轨道上,使之更好地成为学生的舞台,且更好地展现出学校文化,这一作用是其他类型的教育活动无法比拟的。最后,思想政治工作是培育优秀高职院校校园文化的根本手段。高职院校校园文化以其内容的丰富性和开放性、主体的广泛性和形式的多样性成为当今大学教育的一个重要手段,是一个历史积累的复杂过程。随着时代的前进,高职

院校校园文化要对传统的民族文化遗产批判地继承,对外来文化要批判地吸收。在对传统文化继承和对外来文化吸收的问题上,都有一个哪些东西需要吸收、哪些东西需要排斥的问题,这就要靠思想政治工作者运用马克思主义的科学态度去一一鉴别,具体分析。在高职院校校园文化的培育过程中,不是简单的文化意识转化为相应行为的过程,而是离不开思想教育的积极引导和有效促进。思想政治工作贯穿在高职院校校园文化建设的全过程,渗透在校园文化的方方面面。

2. 高职院校校园文化建设对思想政治教育的作用分析

优秀的高职院校校园文化反映的是一种积极向上的群体意识,它强调在尊重、理解和关心师生各方面需要的基础上,通过共同的办学理念和校园精神来鼓励全体师生的积极性、主动性和创造性,消除和抵制消极、负面的思想意识,磨炼和强化个人的意志。因此,其对思想政治教育具有非常重要的作用。

首先,高职院校校园文化建设有利于健全学生的理想人格。一个学生从进校的那一天起,除了直接在课内受到德智体美各方面正式的带有规定性的教育外,在课余时间读书、锻炼、娱乐、休息等各项活动都在某种特定的校园文化氛围中进行,并受其熏陶感染。学生的世界观、人生观、价值观、政治信仰,甚至思维模式、行为方式、心理素质等诸多方面无不渗透着高职院校校园文化的影响。高职院校校园文化建设能塑造学生的思想,使其超越自我,树立为民族富强而奋斗的理想;陶冶学生的心灵,使其在真善美的追求中不断完善自我,健全心理与人格;激励学生进取,使其敢于竞争、战胜困难;增长学生的才干,使其开阔视野、锻炼能力、发挥特长,提高综合素质。而高职院校校园文化群体的价值观念、校园精神、行为方式等能够激发学生的认同感及作为学校一员的自豪感、归属感、使命感,从而形成群体的内聚力,使个体目标整合为学校总目标;在多姿多彩的校园文化活动中,学生之间可以通过多种多样的方式相互沟通,增加彼此的吸引力,形成和谐、融洽的人际关系,从而增强整体的组织性和协调性等,这都有利于学生理想人格的形成,从而有利于集体主义、爱国主义教育。

其次,高职院校校园文化建设为思想政治教育提供了有效载体。从校园文化的主体来看,它既包括学生,又包括教职员工;从校园文化的形式来看,它既包括丰富多彩、形态各异的各种文化、娱乐、体育活动,又包括各种社团、社会实践活动,也包括更深层次的教书育人、管理育人和服务育人等方式;从校园文化的内容来看,它既包括物质文化,又包括制度文化、精神文化。通过高职院校校园文化建设,可以将思想政治教育内容渗透到校园文化的各个文化层面和各种活动形式之中,使置身于校园文化活动之中的师生员工身心愉悦。高职院校校园文化浸透在全校师生员工的全部行为和人与人的关系当中,它与学校教学部门有密切关系但又不涉及具体管理、它与文化思想建设密不可分但又不泛泛地讲政治道理的特点使其成为思想政治工作的延伸和具体化,从而以正确的价值观念和高尚的道德情操发生持久的潜移默化的影响,产生更好的思想政治教育效果。

最后,高职院校校园文化建设丰富了思想政治教育的内容。社会环境的多样性与复杂性,造成了大学生价值观念和行为方式的多样性和复杂性,大学生的思想发展也出现了一些新情况和新特点。而高职院校校园文化以其开放性、适应性的特点与社会密切联系,社会上最新的思潮与时尚都会敏感地被高职院校校园文化所接受,对此,思想政治教育工作者不可能为保持所谓的思想政治教育工作的"神圣"和校园的"纯洁"而自我封闭,必须密切关注社会文化的"热点"和学生思想的"兴奋点",更新观念,改进工作,增进加强思想政治教育工作的紧迫感,丰富思想政治教育的内容,以增强政治理论教育的实效性。这就要求思想政治教育内容必须依据时代特征,立足现实,不断创新。同时,高职院校在校园文化建设中使用黑板报、广播电视、文艺演出、讲课、诗歌比赛等形式,宣传先进人物的先进事迹,歌颂党的路线与政策,抒发学生热爱祖国的真情实感,表达自己刻苦治学、立志成才的豪言壮语,也在实践中丰富了思想政治教育的内容。

三、思想政治教育与高职院校校园文化建设的相结合的对策探讨

高职院校校园文化建设与思想政治教育相互渗透、相互包含、相互作用、相互影响。高职院校校园文化建设是新时期对大学生进行思想政治教育的一个重要途径和有效载体,但高职院校校园文化建设必须满足不断提高思想文化水平的要求;同时,思想政治教育工作又必须根植于高职院校校园文化活动中,使高职院校校园文化建设在启迪和陶冶学生的行为品格、升华学生的精神境界中发挥越来越重要的作用。加强两者的密切结合,可以采取如下一些措施。

一是强化高职院校文化主体自身的素质建设。良好的高职校园环境有助于学生树立正确的价值观和人生观,所以强化高职院校文化主体自身的素质,对建构健康的高职院校文化有着重要意义。强化高职院校文化主体自身的素质,可以从两个方面入手:提高教师的综合素质和激发大学生营造高职校园文化的主动性。

教师是与学生接触最紧密的群体之一,重视和加强教师的综合素质,是影响和提高大学生思想政治教育的关键。高职院校的思想政治教育工作者自身应该具有崇高的人格和高尚的道德品质,应该具有较高的知识水平和观察能力;高职院校领导可以定时或不定时举办校教职员工的道德教育会议,通过教育培训、制度开发、组织训练、道德培养等途径,培养个人主体的自知自治能力和学习思维能力,重视和弘扬对话理解能力、合作沟通能力等。高职院校应当激发大学生营

造高职院校校园文化的主动性,提高大学生主动参与创建高职校园文化的兴趣;健全文化主体自身的需要;在形式上体现大众化、通俗化、生活化。

二是营造良好的高职院校文化环境。高职院校校园环境关系到学生的成长,良好的高职校园环境可以对学生产生先入为主的效果,同时也可为净化社会风气做出贡献。因此,优化高职院校校园环境有利于提高思想政治教育工作的功效。营造良好的高职校园文化环境,要以社会主义核心价值为指导,要从高职校园自然环境着手,加强高职校园网络文化建设,开展丰富的高职校园文化活动,并加强高职校园周边文化环境治理。

三是实现高职院校校园文化建设与思想政治教育的良性互动。思想政治教育对大学生价值观、道德观及个性培养上是起导向作用的。高职院校校园文化中丰富多彩的活动充实和发展了学校思想政治教育的内容,高职校园文化中起导向、灵魂作用的学校思想政治教育又影响、改造和创新着高职院校校园文化。因此,要有效地实现高职院校校园文化建设与思想政治教育的良性互动。

高职院校校园是学校精神、学术和文化的载体,是培养高素质新型人才的重要基地。高职院校文化环境具有一定的感染力和熏陶作用,其对学生思想情操的陶冶比枯燥的说教深刻、持久。良好的高职校园文化环境,对思想政治教育工作具有潜移默化的作用,营造一种积极向上的环境,比教师在课堂上的苦口婆心更有效果。在众多的环境因素当中,学校的文化环境对学生的影响最大。因此,必须重视高职院校的物态环境、人文环境和网络环境的建设,这样才能适应时代的要求,有利于思想政治教育工作的顺利展开,有利于高职院校大学生的发展,有利于社会的稳定,使思想政治教育工作收到事半功倍的效果。

高职院校校园文化建设研究

闵茂丽 储昭海

(湖北财税职业学院)

高职院校校园文化是发生在高职院校内,以教师为主导,以学生为主体,各方面力量共同创造的文化现象。近几年,虽说高等职业教育的发展为我国高等教育大众化立下了汗马功劳,但是我国的高职教育仍处于探索阶段,特别是在校园文化建设方面还非常薄弱。而校园文化是整个社会文化的一个重要组成部分,它以一种观念或精神因素对校园政治、道德、心理等产生影响,建设和培育高品位、高水平的先进的校园文化,对于高职院校自身的发展、对于传承中华民族优秀的传统文化和美德、对于培养有文化的高素质劳动者等都具有十分重要的意义。

一、校园文化的概念及建设意义

探讨高职院校校园文化建设,首先要对其内涵有准确的把握。

1. 高职院校校园文化的概念

高职院校校园文化是高校师生根据社会发展需要,在长期的教育教学管理及服务实践中所传承、创造、积累并共享的、以反映师生共同信念和追求的、具有高校校园特色的一切物质成果、精神财富及其行为方式的总和。我们可以从精神文化、制度文化、物质文化三个层次来解释高职院校校园文化。

精神文化是指"学校在长期的教育实践过程中,受一定的社会文化背景、意识形态影响而形成的为其全部或部分师生员工所认同和遵循的精神成果与文化观念,表现为学校风气、学校传统以及学校教职员工的思维方式等"。"学校组织结构,包括正式组织结构和非正式组织,是学校文化的载体。学校管理制度是学校在教育实践过程中所制定的、起规范保证作用的各项规章或条例。上述两者,构成了学校的制度文化。""学校物质文化是由学校师生员工在教育实践过程中创造的各种物质设施,它们能够迅速为人们提供感官刺激,给人一种有意义的感情熏陶和启迪,是一种以物质形态为主要研究对象的表层学校文化。"

2. 高职院校校园文化建设的意义

与普通本科院校相比,高职院校进行校园文化建设具有特殊意义:一方面,许多高职院校由中专学校升格或易地新建、合并而成,相对于历史较长的本科院校来说,不论是文化底蕴还是文化氛围,都要差一些。如果只有单纯的人员和物质的整合而没有文化的提升,必然是高校的招牌、中专的水平。要成为名副其实的高校,必须通过校园文化建设尽快提高学校的文化档次。另一方面,从生源状况来看,高职院校与其他高校相比,多数学生的文化素质偏低,需要通过校园文化的洗礼得以提高,校园文化建设比普通高校更为迫切。

对高职院校来说,搞好校园文化建设,是新时期做好高校思想政治工作的重要手段和方法,是培育社会主义事业接班人,防止"和平演变"的重要途径;有利于开发学生智力,增强自信心,培养学生的想象力和创造力;有利于提高师生社会活动能力,提高师生员工的身心素质,培养师生的集体主义观念和竞争意识等。

二、高职院校校园文化建设问题的分析

当前,众多高职院校和教育同行正对校园文化进行着广泛的实践和研究,并取得了一个又一个可喜的成果。然而,在当今高职院校的校园文化建设中,无论在认识上,还是在实践上,都不同程度地存在着一些问题,这些问题归纳起来主要表现在三个方面。

1. 缺乏深刻认识

我国高职院校起步较晚,多数高职院校的领导者和教育工作者仅从办学质量、办学水平、校风、学风、班风、教风、学生行为规范、精神文明建设、学生课外活动等单维的角度去抓校园文化建设,或只是按长期的工作思路就事论事地抓工作,缺乏创建校园文化的意识和总体构思,对校园文化的内涵、功能、构成、特性等还缺乏理性的、全面的认识,具体表现为:一是高职院校在思想上对校园文化的重要性认识不足,管理者未认识到学校文化建设是学校建设的一个不可缺少的有机组成部分,甚至某些高职院校的领导者认为校园文化建设可有可无,教职员工对校园文化认识也缺乏足够的认识;二是高职院校误读了校园文化建设的内涵,校园文化或被解读为校园生活,或被解读为学生文化,或被解读为流行文化等等,校园文化建设呈现浅表化、形式化;三是高职院校对校园文化建设采取被动应付的态度,甚至迎合部分人追求时尚的心理将校园文化建设庸俗化等。

2. 缺乏整体规划

校园文化建设是一项长期的、系统的工程,一般要经历一个逐步完善、定型和深化的过程,在这一过程中,要求高职院校对校园文化建设进行系统规划,但目前高职院校在这一方面还存在着一些误区,具体表现为:一是校园文化建设在内容上缺乏整体设计,许多高职院校校园文化建设大多处于一种松散无序的状态,作为校园文化核心的"学校精神"并没有贯穿于校园文化建设的各个部分,缺乏一个核心价值观念将校园文化的三部分连接起来;二是校园文化建设主体不明确,机构不健全,大多数高职院校把校园文化的主体定位在学生,认为校园文化就是学生课外的各种具体活动,把教师、管理、服务人员排斥在外,多数高职院校也没有设置负责高职院校校园文化建设工作的专门机构;三是校园文化建设缺少实践环节,不少高职院校认为校园文化建设是校园内的事情,是关起门来搞的文化建设,不能把握好校园文化建设与社会实践间的内在联系;四是一些高职院校在校园文化建设中还存在着没有找到校园文化建设工作的切入点,对校园文化建设的具体步骤与过程不了解,校园文化建设没有形成明确的评估标准等。

3. 缺乏历史积淀和特色

高职院校普遍建校时间较短,无论是从物质文化、制度文化,还是精神文化

来说,高职院校都还缺乏深厚的历史积淀。从物质文化来说,高职院校因学校性质的转变,办学所需的许多文化设施还不够完备,教学实践基地的建设尚在规划中,学校在人文景观方面也缺少一些具有历史传承意义的象征物等;从制度文化来说,高职院校虽已形成各自的管理、规章制度,但各方面管理制度及组织结构面临变革与重建的命运;从精神文化来说,高职院校更不像普通高校有一定传统文化的积淀,校园文化更多地表现为提炼和创建等。

当前大多高职院校校园文化建设未能突出高职特点和学校特色,许多高职院校或一味地模仿和复制普通高校的校园文化模式,使高职校园文化成为本科高校大学文化的"克隆"或"微缩";或简单模仿另外一些高职院校的学校文化,而没有注意到高职教育的办学特点与学校自身的文化特色的挖掘和培育。这样导致校园文化与企业文化脱节,校园文化建设缺乏职业特征、职业技能、职业道德、职业理想、职业人文素质等。

三、高职院校校园文化建设对策分析

校园文化是一个立体化、开放性的概念,它是一种环境,更是一种需要长期培育、苦心经营的教育氛围,需要多层次、多渠道进行建设,更需要学校各方面的共同努力。要有效解决当前高职院校校园文化建设中存在的问题,我们认为可以采取以下对策。

1. 提高思想认识是前提

高职院校校园文化建设的现状出现的主要原因是高职院校管理者对校园文化建设的认识不够。对于高职院校来讲,往往把招生、对学生的实践技能培养、就业等环节当作头等大事来抓,把面向市场,培养用工单位所需要的技能型人才当作几乎是最现实而唯一的培养目标,这对于职业院校来讲,有它务实和合理的一面,但从教育的终极目标来看,这样的办学行为无疑显得偏颇和狭隘。事实上,教育目标的最高境界应当是以人为本、充满人性化的教育理念,是人的全面发展、和谐发展和可持续发展,而教育的狭义目标无法兼此重任,只有形成健康的、积极向上的校园文化,才能促进学生的全面和谐发展。

因此,高职院校管理者要把校园文化建设列入学校的议事日程,讨论和制订校园文化建设总体规划并纳入学校发展规划中,要立足现实,着眼未来,长期规划,逐步实施;做到党政齐抓,系部共管,全员共建,相互支持,相互配合,使校园文化健康发展,使学生在校园文化的熏染和浸润中健康成长;要有明确的建设思想,建立一些必要的规章制度;要制定出明确的校园文化建设的系统目标,发挥好校园文化建设对职校这个人力资源输出"母体"校风塑造、校园精神培育及对学生终身学习意识养成的促进作用;要根据行业、企业的具体情况共同制定高职校园文化建设工作的整体规划,不断拓展校园文化建设的内容和视野。

2. 确立指导思想是基础

科学的指导思想对校园文化建设起导向性作用,确立指导思想是校园文化建设的基础。当前正处在价值观念深刻变革的时代,先进文化、健康文化和落后文化、腐朽文化同时并存,正确思想和错误思想,主流意识和非主流意识形态相互交织。面对这样复杂的新形势、新情况,高职院校必须坚持先进文化的正确方向,把社会主义核心价值体系作为校园文化建设的指导思想,贯穿于校园文化建设的全过程。

具体来说,高职院校校园文化建设必须以马克思主义指导思想为一元化指导方针,坚持马克思主义的指导地位,不搞指导思想多元化,理性对待社会上多元文化价值共存的客观实际,引导大学生勇于和善于对当前社会上多元文化、多元价值观、人生观和世界观进行理性的深入思考与分析,对应该坚持什么、反对什么、歌颂什么、批判什么等,都有自己鲜明的立场和观点;必须以中国特色社会主义共同理想为主题,引导广大师生树立中国特色社会主义的共同理想,增强对中国共产党和对改革开放事业、全面建设小康社会的信念和决心,在学校全体师生员工中形成共同思想共识;必须以爱国主义的民族精神和改革创新的时代精神为主旋律,一方面扬弃民族文化、弘扬民族精神,兼收外来文化,一方面培养创新精神,不断解放思想、实事求是、与时俱进;必须以社会主义荣辱观为基石,以荣辱观塑造人们的深层心灵品质,并通过制度安排作用于校园文化建设。高职院校校园文化建设只有以社会主义核心价值体系为规范,才能沿着正确的方向和道路前进,才能建设具有中国特色的社会主义校园精神文明。

3. 统筹三方内容是核心

高职院校校园文化建设应是精神文化、物质文化、制度文化建设三方面的内容协调一致。精神文化建设体现着文化的价值观,是校园文化的方向和实质。高职院校校园精神文化建设的当务之急是以学校全体师生员工的共同价值追求为基础,将学校办学理念与学校特色定位结合起来,从学校自身的教育实践、从师生员工实践中提炼出与自己学校本身的特色相联系的学校价值观,用生动、精炼的语言表达出来,并提升全校师生员工对学校价值观的认同感;以自身职业特色和学校文化的精髓为根基打造符合学院特点的学校精神,并用各种生动活泼、富有教育意义的文化活动的形式,使之深入人心,无处不在,并化为校园人的一致行动;以领导作风、教师教风、学生学风以及行政人员的行政作风等建设为纲要加强校风建设,并用简明、易记的文字表述出来,塑造学校形象。

物质文化是校园文化建设的基础载体。物质文化的构造和设计体现了人的价值目标和审美意向,同时这种环境创造出一种境界和氛围,对身在其中的学生起"环境育人"的作用。高职院校校园物质文化的建设应以精神文化为归依,"无论是校徽的制作、校训的确定、校歌的创作、校刊的编辑、校服的设计,还是校园建筑的布局创意、教室宿舍的文化布置都要精心设计,充分体现学校精神的文化内涵",即使是学院的一个通知、喜报也应蕴涵着校园精神,体现学校的内涵和品位。尤其是高职学院要主动适应信息化时代的潮流,加速数字化校园建设,加快多媒体网络教学系统、数字化图书馆及办公自动化、通信等方面的建设步伐,并采取各种措施营造良好的网络文化,积极占据校园文化建设的网络阵地。

制度文化建设是校园文化的重要组成部分,属于文化建设中的机制建设,是学校在其发展过程中形成的独特的管理思想和观念,以及在这种观念下制定的具体管理体制、模式及规章制度的综合体。高职院校制度体系的设计要有文化底蕴,在整个制度体系中既要包含专门的文化建设模块,同时在其他模块中也要渗透文化建设的思想;各种行政管理、教学管理、学生管理和校内外实训管理等各种完善的规章制度要体现校园精神文化的要求;要根据学生的客观实际,特别是结合高职院校的具体特点,围绕提高职业院校学生综合能力,不断进行合理的目标定位、制度创新和改革,体现学校的价值观念。

4. 打造职业特色是关键

高职教育的目的和目标要求在校园文化建设中一定要根据培养对象的特殊性,坚持个性与共性相统一的原则,将校园文化定位在"高"和"职"两点上。"高"是指高等教育层次,相对于"中等"教育而言;"职"是指学校的职业性。这两方面的结合就要求高职院校必须通过包含一定职业文化内涵的校园文化来引导和规范学生的思想行为,打造具有职业特色的校园文化,使学生逐步了解、习惯和自觉遵守相关职业的素质要求。而这种包含职业文化内涵的校园文化建设最佳途径就是校企结合。

通过校企结合建设高职院校校园文化可以从三个方面进行:一是吸纳优秀企业的核心价值观,即团队协作精神、客户至上的理念、平等对待员工的理念和激励与创新的理念,抓住契机,整合资源,打造校园文化品牌;二是学习研究企业文化,广泛宣传优秀的企业文化,丰富校园文化的内涵;三是全方位实施"校企结合",从培养目标、课程体系到学生的专业素质、行为习惯等要满足企业和社会的要求,学校的教学管理、人力资源管理、财务管理、后勤管理等也都要向优秀企业学习,要与优秀的企业进行深层次的合作,形成良好的合作伙伴关系。总之,要追求学校文化与企业文化有机交融,学术气氛与实践氛围相辅相成,为培养合格的职业人才创造优良环境。

5. 明确建设主体是首要措施

高职院校校园文化建设是一个系统工程,必须明确建设主体,充分发挥各方面动力,校园文化建设才能达到预期目标。高职院校一方面应健全校园文化建设组织机构,成立学校党政领导负责人、由各部门负责人参加的,分工明确、协调统一的校园文化建设领导小组,统一领导和指导本校校园文化建设。

另一方面,高职院校要改变校园文化就是学生文化的观念,充分调动各方面的积极性。学校要充分发挥教师的导向作用,以身为教,带动学生确立正确的价值观念,引导学生不断创新,把自身的人生观、价值观、思维方式和治学精神辐射给学生;充分激发学生的积极性,通过多给予学生鼓励和肯定、树立学生身边成才的典型、加强学生的心理辅导教育等途径,树立学生的信心,让学生在校园文化活动中既扮演角色,又是观众;规范社团工作程序和工作制度,不断提高活动的层次和质量,创新一条有自己特色的社团活动路子,引导鼓励尽可能多的学生参与到社团的建设中去,努力形成"百花齐放、百家争鸣"的校园文化发展格局;采取有效措施发动和鼓励后勤工作人员参与到校园文化建设中去等。

总之,高职院校校园文化建设是一项系统工程,要有长期规划。校园文化建设必须统筹兼顾,全面把握,既要继承传统,又要突出时代性;既要全面推进,又要突出重点;既要全方位开放,又要突出自我特色。高职院校应针对自身校园文化建设的现状,结合自己的办学理念、培养目标、培养模式、教学内容和方式等,提高思想认识,以社会主义核心价值体系为指导思想,协调精神文化、物质文化、制度文化建设,充分调动各方面的积极性,打造具有特色的品牌校园文化。

高职院校校园精神建设的思考

朱 思
(湖北三峡职业技术学院)

校园精神是大学的灵魂和精髓,是办学过程中最宝贵的部分,是大学谋求发展和赖以生存的重要根基。不论百年老校,还是只有几年历史的新校都有其校园精神:"自强不息,厚德载物"使清华百年不败;"爱国、进步、民主、科学"的传统在北大生生不息,代代相传。随着我国高等职业教育发展进入新阶段,高职院校校园精神建设问题日益受到关注,有丰富内涵的校园精神能够有力地提升学校的品位与声誉,促进学生综合素质的提高。建立富有时代气息并具有自己特色的校园精神,成为高职院校打造核心竞争力的重要手段。

一、校园精神的内涵与作用

(1)校园精神就其内部来说,它是一所大学在长期历史中逐渐形成的普通的价值取向和共同的心理追求,是一所大学在任何环境下得以发展壮大的精神支柱,是激励全校师生为自己的美好目标积极奋进的精神动力。校园精神内涵丰富,是历史和文化的积淀。优秀的校园精神对学生既有潜移默化的熏陶、浸润作用,又有强烈的凝聚、激励作用。

从其外部看,它体现在每位师生员工的思维方式、行为方式和生活方式之中,体现在师生的共同理想信念、道德品格、价值准则和性格特征之中,表现在大学的政治生活和文化形态之中。

(2)校园精神是校园文化的灵魂,是校园文化建设的核心内容。在校园文化建设中具有举足轻重的作用。一所大学所特有的校园精神,是这所学校精神文化的主要内容和存在形式之一,同时这种校园文化精神也会在其他形态的校园文化中得到充分体现。校园文化是校园精神的载体。在校园文化的建设当中,不论是建筑物的设计布局,还是教室、走廊的布置,乃至学校规章制度,都应该明确地反映出这所大学所倡导的校园精神。

二、高职院校校园精神建设的现状以及存在的问题

(1)高等职业教育作为高等教育的范畴,以培养高级应用型人才为办学目标,具有多种层次和多种办学形式的特点。重点培养在生产和工作第一线从事技术和经营管理的技术型、管理型人才,具有很强的职业定向性和技术特征。我国的职业教育起步比较晚,仍处于探索和发展阶段,因此其校园中的大学精神也处于逐步形成的阶段。

(2)我国高职院校发展已有 20 年的历史,但不少职业院校的成立和建设都是在近十年左右,历史短暂,文化底蕴薄弱,生源与其他高校比较,文化基础较为欠缺,这使得加强校园精神建设就显得更加迫切。然而,许多高职院校却往往存在一种偏见,即重规模发展,追求办学效益;重硬件设施建设,追求办学条件的完善。对短时间内不易见效又没有经验可借鉴的校园精神建设往往就在紧张和忙碌中被忽略了,致使高职院校自身固有的精神文化魅力不能充分展现。

(3)文化建设缺少特色,造成文化建设与职业教育脱离。职业教育有别于一般的高等教育,职业导向性强。因此,在高职校园精神建设中应注重培养、熏陶、引导学生形成正确的择业观念、良好的职业道德、全面的职业素质。但是仍有许多学校没有正确认识到高职院校自身的特点,也没有把职业教育的办学方针和培养目标体现出来,校园文化建设缺乏个性,不注重企业文化和校园文化的对接。

三、高职院校校园精神建设的基本途径

(1) 高职院校的校园精神应与校训有机地结合。

校训是一所大学办学理念的核心,是办学思想和价值取向的集中总结,它凝聚了一所大学的办学宗旨与办学特色,不但是学生的座右铭,还是学校形象的标志,校训对师生员工产生的激励作用与校园精神是相同的。校园精神是校训的文化内涵和精神实质,校训则是校园精神的主要载体和存在标志,因而更多的校训集中地体现了校园精神。譬如:北京师范大学的校训"学为人师,行为世范",东北师范大学的校训"勤奋创新,为人师表",大连医科大学的校训"健康所系,性命相托",哈尔滨工业大学的校训"规格严格,工夫到家",国家会计学院的校训"不做假账"等,更多地反映学校办学方向、办学宗旨、办学传统等个性化的精神品质,都充分体现了这些大学的校园精神。

(2) 加强领导,提高认识,培育高职院校特色校园精神文化。

高职院校校园精神文化建设不是某个人、某个部门的责任,需要全校师生提高主人翁意识。高职院校的党政领导是学校教育的决策者和管理者。领导者的教育观念、价值取向常常决定了学校的办学理念、办学风格以及校园精神的培育。高职院校发展历史虽短,但培养的人才社会需求量大,前途光明。学校领导应该为培育高职院校特色校园精神坚定信念,以先进的观念、丰富的学识、高尚的人格为校园精神指引方向,将办学理念、办学方针贯穿于整个校园精神建设中,提高高职院校软实力。

(3) 促进校园"四风"建设,共同构成高职院校独特的精神风貌。

高等职业教育注重学生技能培养,主要培养面向一线的高级技术应用型人才,职业导向性强。为此,校园精神文化建设上,要注重以培养、熏陶、引导学生形成正确的择业观念、良好的职业道德、全面的职业素质为导向,并注重企业文化和校园精神的对接,同时作为高职院校也要切实加强校风、教风、学风、班风建设。要以优良的校风、严谨的教风、浓厚的学风、文明的班风来诠释校园精神文化建设的内涵,促进校园"四风"建设。要强化学生职业素质和行为习惯的培养,学生在学校上课就如同在企业上班,要有强烈的时间观念,不能迟到,更不能旷课。遵守纪律、衣着规范、行为举止也应该相对严明,这是缔造职业院校优秀校风学风必不可少的一种手段。优良的校园"四风",可以更好地发挥规范、筛选、激励、凝聚等作用,从而有利于职业院校校园精神的培育。

(4) 搞好校园宣传阵地建设,以优秀传统文化推动校园精神建设。校园网络、校报、广播电台、宣传栏、黑板报等校园舆论阵地是引导校园精神文化的重要窗口,这些宣传舆论阵地不仅要牢牢把握正确的政治导向,还要结合学校自身特

点加强校园精神文化的宣传,构建宣传引导校园精神建设的舆论平台,校园精神的建设和发展,既需要注入新的生命活力,也需要内部固有因素的支撑。优秀传统文化具有强大的生命力,这种生命力不是凝固不变的,而是不断地在新的文化环境中获得新生。五千年的历史文化因而才能流传至今,成为中华民族强大的精神力量。时至今日,我们也应给传统文化注入新的内容,不断以当代最优秀的文化对传统民族文化进行融通改造,使之成为既是民族的又是现代的新文化。

(5)实施系列活动,推动校园精神建设。

以优秀传统文化为基点,利用一切校内外活动,发展、延伸、给予传统价值取向现代意义的诠释,注重培养学生现代生活的道德认知,突出仁爱、忠、孝、礼、信、义、恕、勤、毅、俭十个教育主题,渗透到学校教育的方方面面。通过开展系列活动,使校园精神与学生活动有机地结合在一起,引导学生健康成长。

高职院校校园精神建设是校园发展不可缺少的精神食粮,是高职教育发展生存的根本。职业教育的特点决定了职业院校在校园精神建设过程中,必须把职业教育的办学方针和培养目标体现出来。因此,需要长期坚持、薪火相传、不断强化。通过长期的积累,逐步形成具有高职特征和鲜明学校个性的校园精神文化,构筑起一个精神文化家园,让校园内外的人们都能接受这种精神文化的养育,确保高职院校校园精神的影响力长盛不衰。

异化理论视域下的高职高专学生消费问题探析

杜俊涛　　周俊

(随州职业技术学院)

一、消费的异化问题

消费的异化问题,其核心就是消费异化的原因问题和消费异化的本质问题。只有弄清消费异化的原因和本质才能揭开高职高专学生存在消费异化问题的可能性,才能寻找到高职高专学生消费异化问题产生的现实根据,才能探求出一些解决高职高专学生消费异化问题的好方法和建议。

(一)消费异化的原因——消费的正当性和人类主体个性的过分张扬

1. 消费的正当性

消费是人类个体生命和社会生产得以延续的特殊社会物质实践活动。从哲学角度来说,马克思认为,人们为了能够"创造历史",必须能够生活。但为了生活,首先就需要衣、食、住以及其他东西。也就是说只要人活着就必须消费,其消费方式以及消费的社会性规定也在一定程度上反映着人的社会性本质及其意义,也在一定程度上显现着人类创造历史的真实性和目的性。从经济学的角度看,经济是在一定的生产资料所有制基础上人们生产、分配、交换、消费等活动以及在这些活动中所形成的人与人之间的关系。消费作为经济活动的一个重要组成部分,固然由生产决定,但在与其他经济活动联系中发挥着不可替代的作用,它影响着社会的生产、分配和交换形式,影响到社会总需求和总供给的平衡和经济发展的速度和质量。所以,消费是构建个人和谐与社会和谐的重要载体之一,是人类自我生存和社会自我演化的必要条件和重要依据之一。

2. 人类主体个性的过分张扬

马克思曾指出:"在生产中人客体化,在消费中物主体化",在消费活动中,客体转化为主体的物质力量和精神养分,使主体的体力和脑力的消耗得到补充和恢复,从而使人的生存、享受和发展需要得到满足。从马克思的话中我们可以得知:消费的正当性使科学、合理的消费成为客观力量的主观化,客体对象的主体化、劳动创造物的人化,使物质世界充盈着人类自我改造的真善美价值,这是值得肯定的一方面。但是,消费的正当性也在一定程度上助长了人们消费方式和消费内容的变化。"基本生存"作为消费的出发点,随着社会生产力的发展和人类改造自然欲望的提升已不再是人类追求的唯一价值和目标,在此基础上形成的过度性消费、盲目性消费和炫耀性消费等都过分体现了人类主体个性的张扬,特别是在消费主义思想影响下,一旦非科学、非理性的消费成为社会的某种常态时,结果只能是人在消费活动中主体地位和理性精神的丧失,使人的本质异化为物化状态。

(二)消费异化的本质——人自身本质的异化

消费异化的本质是人自身本质的异化,是人的社会性本质的整体分裂,是人与人、人与社会关系在消费领域中的异化产物。在消费异化中,一方面,从静态上讲,消费活动存在一个客观的难题,那就是别人的社会已创造了区别于自己价值追求的消费品,预设了区别于自己价值追求的消费观和利益观,这是人作为消费者与别人的社会矛盾的一面。另一方面,从动态上讲,人作为必须要消费的消费者,必须要去寻找和选择最佳的消费品和自己能接受的消费观和利益观,而别人的社会也需要识别这种消费者的消费心态，也必须要通过夸张的消费、多元的消费来满足不同消费者的欲求，在矛盾中通过市场来实现彼此利益的统一，这是人作为消费者与别人的社会矛盾扬弃的一面。

但是，人的社会性本质使得人要统一于人的社会之内，这必然要使这个人在很大程度上要屈从于大众，接受别人的"物"，接受别人的"价值"设定。在这个过程中，这个人在内化别人的"价值"设定后成为了起先是别人的社会成员一份子，也是现在自己社会的成员一份子。这最终又反过来助长了这种社会消费品的最大化生产，同时此社会的消费观和利益观又在更广的领域和人群中识别新的消费群体，一旦这种社会的消费观和利益观逾越了人类自身的理性支撑，泛滥开来，带来的后果就是人对人自身的迷失和沦陷。

所以，当人们只能"在他们的商品中识别出自身，在他们的汽车、高保真度音响设施、错层式的房屋、厨房设备中找到自己的灵魂"，当消费成为满足欲望的手段，当消费品只是满足人类无止境的欲望时，人类的真善美追求只能是自己无节制的欲望满足过程，带来的只能是人与自然和人与社会物质能量交换的失衡，最终影响到人类自身的生存和发展。

二、高职高专学生消费异化问题存在的可能性

作为高职高专学生，其消费的现实与消费的理想状态有一定的差距，加之高职高专学生自身条件的特殊性和理性分析事物能力的薄弱，以及整个社会环境媒介的影响和催化，其消费情况呈现出种种异化现象，造成他们消费观念错位，消费内容重物质轻精神，使他们不能在消费中发展完善自我。

(一)高职高专学生消费异化问题现象

1. 刺激学生膨胀消费的来源——收入呈多元化形成趋势

一般来讲，高职高专学生专业的职业性和技能性使他们一方面要在学费等生活费用上与其他类型的高校学生相比更高，另一方面也造就了很大一部分高职高专学生凭借专业的职业性和技能性更容易与社会相联系，参与社会兼职实现过度和盲目消费的可能性也越大。这样高职高专学生消费费用的收入来源在社会的外在催化下呈多元化发展趋势，多元的结果也在客观上分化高职高专学生的收入现状和消费现状，同时他们与社会的频繁经济往来也在客观上重塑高职高专学生自我扮演的角色，对自己的学生角色和社会人角色反思都或多或少在消费的行为上和观念上显现出他们之间的差异和矛盾。

随着社会的开放和市场经济的发展，高职高专学生的市场意识和经济头脑都会促使他们越来越多地把自己的消费与社会的交往结合在一起，凭借自身的专业特性找到适合自己的消费模式和消费观念，相应地这都在一定程度上强化

了学生膨胀的消费欲望,为消费异化的产生埋下了伏笔。

2. 学生消费表现为两级分化

据一所高职高专学校调查显示,在月平均生活消费的调查中,9.36%的同学选择了 300 元以下;48.02%的同学选择在 300～600 元之间,36.2%的同学选择 600～900 元之间,6.4%的同学在 900 元以上。基于这些数据,我们发现学生的消费差距悬殊较大,与我国当前较大的贫富差距状况形成一致。这说明,第一,学校是社会的小缩影,社会较大的贫富差距状况已经在校园中、在高职高专学生的消费中体现了社会经济发展的短板。第二,高职高专学生消费差距悬殊较大这一现实都在无形中影响到他们学生角色的价值认定,消费的背后——金钱实力冲击着人们对学生角色的传统定位,固然在学生中也造成了他们从众心理的消费观形成。结果可能是消费的竞争、经济实力的竞争,加之他们自身理性辨别力的薄弱,校园消费文化只能趋向于不合理的过度消费、盲目消费和炫耀性消费。

3. 消费从满足温饱向高消费发展

社会的发展是每个人共同发展所衍生的集合,社会的发展也总是呈现螺旋式的曲折上升,因而每个人在发展的同时也是曲折地迂回。当前,社会的浮躁,使得学生对自己的要求逐渐地脱离轨道,虚荣心的驱使,学生对名牌的迷信和重视日益增长,对时尚物品的追风也不再是个别现象,高消费的趋势已经显山露水。如果高职高专学生存在对高消费的过度追求就显然逾越了消费与生活的界限,固然消费是人必需的一个生命环节,但不是生活的全部。一旦高职高专学生围绕的不是知识的创造、不是多方面能力的培养,而是消费和享受消费带来的欲望满足,那么高职高专学生能成为单向度的人,割裂了人的多样性社会设定。

4. 消费结构的多元化和不合理

消费成了高职高专学生生活的必需,那是人的生理本能之一,当然他们对人际交往和追求高品质生活的渴望固然也不错,但学习是一个社会性的模仿和创造过程,在很大程度上它远离我们的生理本能。人的自然性和社会性矛盾在消费与学习的关系中,也表现了学生在消费结构多元化和不合理情况下把以学为本的根本放在了次要地位。这种人生观和价值观的错位,将对高职高专学生今后的发展产生误区,在提倡终身学习的竞争社会,不断学习是永远的主旋律,学习消费、学习科学理性消费也是一门重要的人生课。

(二)高职高专学生消费异化问题原因

1. 宏观原因

我国社会的转型和市场机制的调整以及全球化带来的外来消费文化影响是高职高专学生消费异化问题产生的宏观原因。

第一，经过改革开放，我国物质文明建设取得了极大成就，但是经济成分的多样化、利益主体的多元化、社会组织形式的多样化，也给人们的思想观念和思维方式带来了冲击，特别是高职高专学生，他们的身心都处在一个关键的发展时期，对突如其来的这种变化会感到迷惘，但自身又缺乏理性和辩证的辨别能力，极易在这种变化中失去主体这一自我，趋向于大众和社会。

第二，市场经济运行规则带来的忽视精神的现实化倾向，以及金钱第一的物质化倾向，在大众和社会的外在影响下使高职高专学生遇到了难以排解的困惑，特别是在他们与社会经济交往密集的情况下把更多的关注放在了经济方面，放在了经济的消费方面，在消费上趋向于大众，出现了相互攀比、盲目消费的现象，学习根本成为了后者。

第三，多元化的意识形态通过全球化和信息化产生了东西方意识形态的碰撞，使高职高专学生在价值选择上出现了偏差，部分高职高专学生出现了荣辱倒错现象，在自己利益和公共利益的维护方面出现了矛盾，是非不分、美丑不辨、荣辱不明，把庸俗当高尚，把谬误当真理，把挥金如土、骄奢淫逸的行为认为是"有本事"，而把艰苦奋斗、诚实守信、勤俭节约的行为说成是"铁公鸡""土老冒"。

2. 中观原因

企业和大众传媒对青少年消费的诱导以及父母不良的教育也是产生高职高专学生消费异化问题的重要原因之一。

第一，作为市场经济活动主体的企业，总是想方设法包装商品的使用价值，吸引青少年的消费眼球和购买欲，以此来实现商品的价值和企业资金的合理运转，为企业实现利润的最大化。为实现商品价值，他们想方设法、不遗余力地进行产品宣传，通过广告和舆论控制消费，诱导这些学生消费者接受甚至迫切购买他们计划之外的或当前并不需要的产品，而高职高专学生收入的多元化和不成熟的心理也使企业更乐于如此，这样也就出现了大量的无意义消费和超前消费。

第二，许多家长在对孩子有求必应的同时，只重视孩子的个性开发和潜在创造力的培养，而忽视了背后的消费观和生活价值观教育，使孩子学会了创造的同时也可能沾染了拜物主义和享乐主义的缺点，从而助长了高职高专学生在离开父母后自我主导消费中出现大手大脚的情况，以至于很难形成健康的消费心理和消费行为。

3. 微观原因

高职高专学生自身消费观念的错位，消费价值理性被遮蔽等也是高职高专学生消费行为伦理精神迷失的重要原因之一。

部分高职高专学生自身消费观念的错位表现在消费观念的不正确，注重物质消费忽视精神消费，注重物质消费的数量忽视物质消费的质量，错误地把消费额的多少、消费档次的高低当作衡量身份、地位的重要标志,把高水平的物质消费目标当作人生的终极目标。

此外,消费的功利性、实用性凸现,由消费带来的人生价值和人生意义、满足感和幸福感缺失,消费的完善自我、发展自我等价值理性被遮蔽。高职高专学生在消费的功利性、实用性凸显面前,强调的是自我消费行为和消费心理的功利性和实用性,把自我的消费当成了主体性或个性的普遍张扬,割裂了与社会的整体消费诉求,这显然是自我消费异化的重要问题之一。同时,他们强调的也是一种工具理性的肆虐和价值理性的遮蔽,这些对于当代大学生的价值观塑造和社会责任使命而言,可能不仅仅是一种消费领域内的人生信仰危机,而是整个人生意义的危机和信仰的坍塌。

三、引导高职高专大学生消费异化问题合理转化的建议

1. 学校自身强势的舆论引导

学校是学生学习、生活的重要场所,也是开展思想政治教育的主要阵地,所以学校的重要职能就是要服务好学生,促进学生的各方面健康发展,为此学校必须要旗帜鲜明地反对消费主义。消费主义的盛行直接影响到学生的在校生活和学习进程,直接影响到大学生的健康发展和国家教育宗旨的实现。第一,要利用学校的新闻媒体和学生新闻类社团大力宣传健康、文明的消费观念,批判不健康的消费观念。第二,要将消费伦理引入青少年思想政治教育体系中,通过开展消费伦理课程,将消费观念与党和国家的大政方针、与具体的国情联系起来,使高职高专学生增强对世情、国情的了解,提高理性消费、适度消费的自觉性,肩负起身上的责任和使命。

2. 积极的校园文化营造

高职高专学生的行为养成要依赖于良好的外部环境,校园环境特别是校园文化环境能否给学生营造好一个学习和生活的氛围,关系到他们能否有效抵御社会上庸俗、腐朽消费观的影响、诱导和腐蚀。积极的校园文化营造一方面要积极开展健康向上的文化、体育活动,通过活动循序渐进地把劳动、奉献、团结等社会主义核心价值观内化为学生的内心信念和行为准则,从根本上消除不良社会风气通过校园文化对高职高专学生的错误消费观导。另一方面在学校有能力的条件下,通过学生与社会的真实接触来深入基层,在学校与社会的链接上做好高职高专学生的消费观教育工作。通过合理的下基层锻炼,增强高职高专学生对社会的了解和对消费的了解,深刻反省自己的消费行为,培养他们自食其力、劳动光荣、浪费可耻的观念。

3. 媒介素养教育的群体推进

在国家大力拉动内需刺激经济增长的大局下,企业越来越关注在市场营销手段的更新上,媒体成为了新兴的消费产业。特别是高科技的大众传媒无处不流露着浓郁的商业文化气息,明星效应、超视觉、超感官的商品营销造成了高职高专学生在强烈地追求时尚的同时,也容易被大众传媒的商业性所利用。因此,加强对高职高专学生的媒介素养教育势在必行。

但同时,集体的力量也在很大程度上影响到媒介素养教育的实效性,消费的不合理竞争和攀比无形中在同学们之间割裂了媒介素养教育的整体性和同一性,所以有必要把媒介素养教育当成所有学生消费观教育的公共课和持久课。发挥集体的力量通过学生间的个人消费方式的合理建构来影响全局,这是一种最好的方法和手段。

4. 家庭消费观教育的有力支撑

家庭是重要的教育场所,鉴于高职高专学生与家长亲密的天然联系,对他们学前学后消费观的教育是家长们义不容辞的责任,也是学校和家庭合作教育、多元教育的必然结果。毕竟高职高专学生还是要离开学校走向社会的,其学校教育影响力并不能延及到学生的一生。所以,第一,父母通过控制零用钱、经常交流消费心得等方式加强他们的消费监控。第二,父母在消费方式上要注意以身作则,只有自己做出了好的榜样,孩子才会找到学习的理由。通过家长们的自觉和自律把学生引导到正确的消费观上来,让消费伦理教育达到知行合一。在学校和家庭的双层教育引导下,使高职高专学生普遍在心理和思想上树立科学、理性、文明、和谐的消费观。

高职院校学生目前存在的主要问题及其对策

曲文研

(黄冈职业技术学院)

整个社会是个复杂而又紧密相连的大系统,这个系统下有多个子系统,教育就是其中之一。高职教育作为教育体系中非常重要的组成部分,目前已经并且继续作为一支独立的教育实践体系在运作。因此如何进一步做好、做大、做强高职教育,为我国现代化事业源源不断地输送高素质的实用型、技能型人才,更好地服务于社会、服务于企业就成为了一个非常重要的课题,值得认真探究。而做好这项工作的前提就是要对我们所要施教的主体——高职学生有充分的信息掌控。本文拟从高职院校学生目前存在的主要问题入手，试图通过具有针对性的问题解读来为最后合格人才的输出提供些许的意见和建议。

一、存在的主要问题及表现

1. 以往存在环境不理想

众所周知，早期社会化是个人社会化的关键，当今的"90后"成长于改革开放之后，处于社会转型期之中，受于多种价值观的对撞中，因而若社会规范和榜样作用一旦偏离，必将造成其社会化的不成功或失败。高职院校的学生纵观其社会化经历，他们身上都有一段非同寻常的经历，或是家庭的、或是学校的、或是同伴群体的、或是社会的、或是网络的……我们暂把它称为存在环境的不理想。这种存在环境的不理想造成了两个方面的影响：一是具有普遍倾向的学习成绩的不如意；二是不少学生存在心理层面的不健康或亚健康状态。

2. 高职学生来源层次偏低

高职院校的学生生源较为复杂。当前我国高职学生的生源主要来自以下方面：一是高考第四批次录取的普通高中毕业生；二是对口录取的三校生（中专毕业生与技校毕业生、职业高中毕业生）；三是一些国家级示范院校及骨干院校从对口的中职学生中单独招收了一定数量的学生；四是不少高职院校招收了一定数量的成教生和自考生。在这个生源构成中最突出的是生源素质的整体偏低。

3. 道德诚信意识不足

做人讲诚实，做事讲信用，乃人安身立命之本。中国自古就是礼仪之邦，学校更是全社会诚信的示范区。由于多种因素的交织作用，导致高职学生诚信缺失现象较为严重。

目前，高职学生的诚信缺失主要表现在：①在学业方面主要表现为平时作业的抄袭现象、考试时的作弊现象严重，在部分学生中间甚至出现了不以违纪为耻，反而视为正常，对认真学习、遵纪守规的同学还多加讽刺；②在经济生活方面主要表现为想方设法骗取家长的钱财供其不当消费、借取同学老师的钱物不按时归还甚至干脆不还、恶意拖欠学费、骗取国家奖助资金、不当手段获取评优推先资格等；③在顶岗实习及就业的过程中，简历的"拔高"现象、工作中的欺诈、毁约现象较为普遍；④在人际交往方面表现为做人不真诚、阳奉阴违、势利眼、社会正义感不强、缺少同情心等。

4. 自主学习能力较差

目前高职学生基本都是"90后"，正处于"成人"的转换期。自控力较差，易受外界的干扰和影响。在求知态度、学习目的、学习方法上不明确、不正确。许多学生感到学习中困难重重,难以培养兴趣,特别是当受到过往学习经历的影响时,显得更加缺乏信心,产生再怎么学也不可能有所改变的想法;加上高职阶段的学习更主要是以学生自主学习为主,这就导致了相当部分学生对学习放任自流,浑浑噩噩度时光。迟到、旷课、大考大玩、小考小玩、考试靠作弊甚至懒于作弊成为许多学生的"学习行为准则"。

5. 个性特点鲜明,但集体社会意识不强

高职院校与本科院校虽在人才方案上存在不同,但人才的服务大局都是相同的,即都是为培养社会主义事业合格的建设者和接班人服务,都是在为实现社会主义现代化储备人才。胡锦涛在庆祝清华大学建校 100 周年大会上的讲话中对青年学子寄予了这样的期望:希望青年学生"把个人成长成才融入祖国和人民的伟大事业之中,以实际行动创造无愧于人民、无愧于时代的业绩,谱写壮丽的青春乐章;在发展个人兴趣专长和开发优势潜能的过程中,在正确处理个人、集体、社会关系的基础上保持个性、彰显本色,实现思想成长、学业进步、身心健康有机结合,在德智体美相互促进、有机融合中实现全面发展,努力成为可堪大用、能负重任的栋梁之材"。但目前高职院校学生的特点是个性特点鲜明,但集体社会意识不强。在市场经济大环境的影响下,高职学生更加看重个人价值、个人实现,强调竞争、忽视合作、轻视他人、漠视集体。

二、应对策略

高职学生目前存在的问题是多种因素合力作用的结果,有个人、家庭、学校、媒体、社会等多种介质。所以在探讨高职学生存在问题的时候我们要看到这不单单是学生个人的问题,我们要从多个维度想办法、做安排来解决他们所遇到的各种障碍,使他们能在高职学习阶段打下一个较为坚实的专业理论、实操知识和思想品德修养,实现个性发展与全面发展的紧密结合。这就要求高职院校各条战线的服务人员切实转变执教理念、执教方式,与学校、家庭、社会齐动员、共谋划、同落实,做到真正与高职学生的特点相结合。做到因材施教,突出思想政治教育中的渐进教育、情感教育、参与教育及规则教育。

1. 坚持渐进教育

不能一刀切,也不能拔苗助长,要遵循育人的基本规律。尊重学生以往的成长特点、生存环境及教育影响的不同,尊重差异性。在学生的养成教育上必须根据个体差异性,有的放矢地进行教育,做到点与面的有效结合。要给学生预留成长的空间,不能单从良好愿望出发或只从个人的教绩考虑,为了一时的"太平"而忽视学生成长的渐进问题,不能只为管住而工作。所以转化教育学生需要时间和持续不断地投入,切不可急功近利。

2. 加强参与教育

改变传统的灌输转化模式,提高实践和参与的意识和能力。加大学生日常的生活实践、校内和社会实践活动。校园活动是大学生学习生活中的重要组成部分,也是大学生良好品质形成和发展的关键场所,学校要充分利用各种条件给学生提供集体主义实践锻炼的机会,培养大学生的集体主义情感,促使他们形成良好的行为习惯;同时创造条件强化社会实践活动。要把社会实践纳入教学、教育计划,组织学生参加社会调查、生产劳动、科技文化服务、军政训练、勤工俭学等活动。实践证明,社会实践是加强和改进学生思想观念,提高学生素质的一条有效途径。只有多参加社会实践,多接触社会,他们才能正确全面地了解社会、明辨是非,才能使自我的集体主义意识得到磨炼而变得坚定。社会实践也能给他们提供了更多的了解国情及祖国大好河山的机会,使他们增强为祖国努力奋斗的集体主义热情。同时,通过公益性劳动的社会实践可以使大学生了解人民群众的生活,使他们更加深刻地认识到:个人的价值只有在集体中才会有真正的意义,离开了集体我们个人的价值和意义也就没有了力量支撑。

3. 强化规则教育

制度是对人们行为的规范,它既能对人们的行为进行抑制,又能对人们的行为进行引导。它体现的是行为主体对规则的服从关系,从而使社会生活具有秩序性和稳定性。自由不是抽象的概念,它有实际的具体内容,是与法律和规则联系在一起的。不存在超越界限的绝对自由,因为绝对自由将带来一个社会、一个集体等组织的涣散进而失序。所以在强调可以彰显个性的同时必须遵守游戏规则,否则必让其付出可以令他不敢违反的代价,当然这种代价的付出要以利于学生的成长进步为前提。要使学生能了解到在一个集体团队里面,应当遵守什么秩序和采取什么步骤,才能使他们步调一致地和首尾一贯地奔向共同的目标。要使学生在各种组织平台中学会使自己的意志服从全体的意志,使个人的努力配合共同的行动。通过群体的教化,"每个人都学会了各种技艺,获得了各种看法、懂得了尊重各种规则,从而使得他或她在那个被称之为社会的巨大抽象实体中成为一个能起作用的参与者"。

4. 贯穿情感教育

高职院校学生一般都有一段特殊的个人社会化经历,而这段社会化过程中失败的部分往往牵扯到情感体验的不成功。因此在整个高职阶段,深入学生做好情感教育就显得尤为重要和关键。

"情感教育关注教育过程中学生的态度、情绪、情感以及信念,通过在教育过程中尊重和培养学生的社会性情感品质,发展他们的自我情感调控能力,促使他们对学习、生活和周围的一切产生积极的情感体验,形成独立健全的个性与人格特征"。

高职学生的情感教育是施教者依据高职学生特殊的社会化经历,主动回应似无却有、异常迫切的情感需求,通过有目的、有计划的教育活动,引导和帮助高职学生发现、发挥自身积极的情感,在集体中学会包容、学会协商、学会合作、能够发自内心的体验到生活中的真善美。在管理、控制中加入情感式的人文关怀,在教学中加大情感式互动,在活动中扩大生活实践内容,在家庭、学校、社会三者中形成强大的情感教育合力。为学生健康的态度、情绪、情感以及信念的形成而努力,切实提高情感表达能力、自控能力和互动能力,以促进学生的个体发展和整个社会的健康发展。

如何预防校园暴力 培养学生抵御侵害能力

胡爱珍

(黄冈职业技术学院建筑学院)

近年来,在受到刑事处罚的未成年人当中已满14岁不满16岁的人数逐渐增多,而因不满16岁不予刑事处罚和不满14岁不负刑事责任的人数也占了极大的比例。青少年犯罪心理的形成,既有生物学因素也有社会因素,具体地说,就是家庭、学校和社会教育的不良影响与青少年心理发展阶段中的不稳定性、冲动性相结合,导致正常社会文化和道德关系内化失调的结果。

一、校园暴力原因分析

1. 不良文化冲击校园,青少年学生深受其害

由于大学生尚处于成长期,生理和心理不成熟,人生观、价值观和个性正处于形成之中,故媒体所传递的信息质量会直接影响大学生的价值观和人格个性的发展方向。一些影视作品、网络游戏过分渲染暴力、色情的内容,使得青少年并不自觉地模仿,学会了以暴抗暴的方式来解决矛盾和冲突。在现实生活中,网络在带来先进技术和新的经济增长点的同时,也淡化了我们的民族意识,西方推崇的享乐主义和极端个人主义的思想观念及生活方式正在日益腐蚀青少年等,所以这些对人生观、道德观、价值观尚未完全成型但思想活跃的青少年来说,无疑是异常严峻的挑战,多种思想和价值观念共存并激烈地动荡和交锋,一旦发生矛盾,便无所适从,自然地就想到了以暴力的方式来解决。

2. 重升学率、重就业率的教育观念大有市场,素质教育难以跟上时代的要求

有的学校片面追求"分数"和"升学"教育,对学生的德育工作重视不够,法制教育计划不落实,致使个别学生个性偏执不和谐,不遵照社会公德和法律的规则,喜欢用自己的方式处理问题,从而引发各种社会不良行为。为此,学校必须对自己的失误真诚反省,勇敢承担起自己应负的责任。学校对校园暴力有无法推脱的责任。这绝不仅仅是管理不严、教育不力的问题,更重要的是,它表明了当前的教育还没彻底摆脱应试教育的阴影,素质教育难以跟上时代的要求。一些大学唯"就业率"马首是瞻,市场上什么专业吃香,学校就开设什么专业,而对于青少年学生的社会责任感、心理承受能力、综合素质、人生价值观等方面的教育,就显得落后,当然难以顾及。

3. 现在有的家庭过多地依赖学校教育,在进入大学以前只重视智力开发,而忽视了对子女健康人格的培养

当孩子进入大学后,一些家长更以孩子为中心,溺爱有加,无区别地满足孩子的一切欲望,对于子女思想变化和精神需求很少留意,使一些娇性的大学生处于一种放任的或以自我为中心的状态。从而养成了一些大学生好逸恶劳、贪图享受、自私自利、专横霸道的习性,在校园里一旦遇到"导火线",欲望得不到满足或受到挫折,便容易发生暴力事件。

4. 青少年思维活跃,爱独立思考

对自己不了解的现象、不理解的问题都表现出十分强烈的好奇心和求知欲,但由于他们社会经验不足,认识能力尚未发展成熟,对许多社会现象和科学的准则还没有自己定型的见解和观点,容易受暗示而模仿,自觉不自觉地受一些不良因素的影响,看问题时以偏概全、固执己见,自己认为正确符合自己兴趣爱好的知识就不加考虑地片面接受,以致受到不良的社会风气和一些宣扬暴力、色情的不良亚文化的影响而走上犯罪道路。

二、培养学生抵御侵害能力

(1)努力培养学生正确的世界观和人生价值观,培养他们善于思考、善于分析处理问题的能力;同时在课余时间要多做学生的思想政治工作,融入到学生中间去,和他们交朋友,做他们的贴心人,尊重学生,关注学生的心灵成长,允许他们犯错误,教师、学生、家长和整个社会都要有个开放的心态,要看到新问题的背后,那些有着暴力行为的学生,也是一个人,因此他们可能迷失自己,可能困惑,可能感到被拒绝……我们每个人都不要紧紧地抓住他们在成长中犯下的错误不放,要耐心平和地开导他们,更要用我们的爱心帮助他们在错误中成长。疏导以压力期、敏感期和心理危机高发期为重点时段,加强大学生心理防范教育。在学

生宿舍确定心理安全员,密切关注、及时发现和调解学生心理问题。以干预学生自杀为主题,组织行为医学专家对全体学生辅导员进行集中培训,建立异常情况报告和紧急处理快速通道等。

(2)青少年处于生理发育时期,性机能逐渐发育成熟,从而产生强烈的性意识,有接触异性的需求,然而,他们又缺乏组建家庭和负担家庭的法律道德责任和经济能力,从而产生了生物性和社会性的矛盾。这一时期,及时加强品德教育、法制教育、两性知识的教育,对于避免其因特殊的生理发展而受到外界不良文化的影响走向犯罪有积极作用。

(3)一个不良的社会环境将诱导人们特别是善于模仿学习的青少年走上歧途。因此,作为营造社会环境的成年群体,要负责任地营造一个文明向上的环境,为青少年的健康成长提供保障。因此,必须尽快确立一个顺应时代要求、可以为大多数社会成员所共同认可的行为规范体系,以消除社会行为导向的不确定性。树立正确的社会价值观,有效批判极端个人主义、享乐主义等消极的价值观,树立积极向上的价值观,重塑社会公德,为青少年健康成长树立正确的价值导向。改进教育方法,更加关心青少年的心理、思想发育状况,及时给他们提供咨询服务和帮助,合理引导,保护他们的个性发展,逐渐形成良好的人格品德和思想品德。

(4)家庭是社会的细胞,父母是子女的首任老师。父母的一言一行都影响着子女。教育孩子,父母首先要教育自己,从自身做起,学好人、做好人、做好事,父母的言传身教对孩子的健康成长至关重要。另外,家庭结构的缺失也可能导致未成年人违法犯罪,即使在不得不解体的家庭结构下,父母也应当与孩子经常交流、及时沟通,教育孩子有爱心,有同情心,有责任感……引导他们树立正确的认识方法,学会正确地对待社会事物,形成良好的辨别力和自我控制能力,为青少年以后独立自主地健康成长奠定基础。

(5)规范个人行为,增强责任感。要以平等的眼光看待世间万物,以敬畏的心情善待一切生命,以负责的态度关爱自己和他人的生命。其次要正视压力和问题,将压力和问题化作自己前进的动力;提升耐挫能力。人的一生中不可能永远一帆风顺,总会遇到一些困难和挫折。大学生要了解掌握正确的心理排解措施与方法,正确处理与他人发生的矛盾冲突。在遇到心理冲突或者外来矛盾的时候,切忌不可过于冲动,避免酿成严重后果。同学之间要互相关心、互相体谅、互相帮助。通过开展对学生的心理健康教育和辅导,提高其自身抵抗"污染"的免疫力,是防止校园暴力的重要途径。针对独生子女人格上出现的争强好胜、自我中心、报复心强或怯懦、逃避、承受能力差等不良倾向,学校应设置专门的学生心理辅导中心,对学生提供心理健康方面的知识宣传和知识咨询,提高其容纳性和承受力。

班级建设重在良好开端

储英华

（武汉语言文化学院计科系）

近年来，由于大学不断扩招，高职院校的生源愈来愈少，竞争越来越激烈，生存空间受到严重挤压，通过层层选拔淘汰之后剩下来的生源，其学习成绩一般处于下游水平，导致进入高职院校读书的学生学习习惯、综合素质都有待改善提高，具体体现在以下几个方面：纪律意识较淡漠，厌学现象较普遍；自我控制力差；逆反心理。这些行为，不仅让授课老师茫然，更加大了辅导员的管理难度，防范、疏堵手段方法虽不断创新，但仍跟不上形势的发展，疲于奔命。从学生管理的角度来说，高职新生班级建设作为学生大学生活开始的基本建设，是非常关键和重要的。

一、关注新生特点，做好迎新工作，引导学生转变观念

新生入学是新生踏入大学的第一步，因此可以以迎新为契机，通过感官了解新生特点，搭建师生之间沟通的桥梁。新生班级正常运转后，针对新生中呈现出的如下特点进行正确的引导。

(1) 不太适应大学的学习和生活方式。大学一年级新生，在思想观念、行为表现等方面还停留在中学阶段。而大学是实施高等教育、培养高级专门人才的主要机构，既在政治思想、心理素质以及行为等各方面对学生提出了更高层次的要求，又在教学方式、文化环境等各方面呈现出了与中学完全不同的内容，面对全新的环境和生活，学生难免会感到"无所适从"，产生问题和困惑。

(2) 不能正确定位，缺乏合理的奋斗目标。新生入校后，摆脱了高考的重重压力，进入了一个全新的环境中，身心得到了暂时的放松。不可回避的是，他们很快发现，理想和现实还是存在着不小的差距。所以，作为新生辅导员老师更应该引导他们一切从实际出发，明确以下两点：一是大家进入大学后，无论来自何地，无论在智力、能力还是其他方面水平如何，在大学里大家处于同一起跑线上，过去的一切不能代表未来。二是让学生在认清了理想与奋斗的关系的基础上认识到制定目标的重要性。要引导学生进一步转变思想观念，脚踏实地，重新树立自己的理想，为了理想而努力。

二、做好班级管理工作，营造良好班风、学风

（1）做好新生班委选拔工作。把好班干部的选拔关可以通过摸底、观察、试用、筛选、民主选举等形式进行，将德才兼备的学生选拔出来，参与班级的管理工作。鉴于新生在入校初期大部分会表现欲比较强烈的特点，因此在班委的选拔过程中更加要慎重。开学初，辅导员老师可仔细审阅新生档案材料，对新生情况进行详细了解。通过查阅学生档案了解他们中学时期的经历、表现、成绩、活动能力、爱好、特长等方面的基本情况，初步拟定学生干部人员名单。同时，利用军训期间的休息时间，以班为单位进行座谈，从谈话中观察和发现有特点、有能力、有经验的学生，特别是把军训中有号召力的学生选拔出来，组成临时班委。确定临时班干部，应注意人数不要太多，任期不宜太长（以两三个月为宜），因为指定的班干部未能体现全班同学的意愿，也未通过实际工作加以检验，未免带有局限性。所以，经过一段时间的相处，待同学之间有了较全面的了解后，应及时进行班干部的民主选举，为同学创造一个平等竞争的机会。选举班干部，应由辅导员主持，全班同学参加，最好采取无记名投票方式选举产生。投票前，不必指定候选人，因为同学之间朝夕相处已有一段时间，对谁能胜任班干部是最有发言权的。为了防止出现偏差，投票前，辅导员可以提出一些选举原则加以引导。选举结果产生以后，辅导员应根据平时所掌握、观察的情况及同学建议，结合入选者平时的特点，对入选者逐个征求对工作分工的意见，以发挥每个班干部的最大特长和能力，真正做到人尽其才，才尽其用，并及时召开班干部全体成员会议，统一意见和建议，最后，形成班干部分工的正式方案，由辅导员向全体同学公布。

（2）教育班干部要端正做学生干部的动机。我们想问题、做工作首先考虑和解决的就是动机问题，动机问题是个思想观念问题，动机问题解决不好，就不会干好工作。我们认为干部的含义包括三个方面：一是责任，二是服务，三是奉献。所谓责任就是"在其位谋其政"，做好本职工作，不能徒有虚名，不能当成聋子的耳朵。不能认为当学生干部有面子、有荣誉，在亲朋、好友同学面前感到光荣。学生干部不是炫耀的资本，而是脚踏实地做好本职工作的义务。更不能有当学生干部是为了捞取些什么的想法。如果存有上述不正确认识，仅凭这一点就足以证明不配做学生干部。所谓服务就是给同学当好后勤，急同学之所急，想同学之所想，把同学的冷暖时刻放在心上。所谓奉献就是吃苦在前，享乐在后；困难走在前面，方便留给同学，学生干部没有超出一般同学的特殊利益。在大学期间能当上学生干部，就是最大的收获。因为学生干部出头露面的机会多，锻炼的机会多，成熟得就快，能力就强。人的知识并不等于人的智能，智能是指运用知识的能力。能力不会凭空产生，只能来源于实践的锻炼，这就要求学生干部珍惜这

个锻炼的机会,多做工作,多干事。

(3)教育班干部以身作则、身先士卒,这是做好新生班级工作的前提。班干部由民主选举产生以后,便成为班级工作的组织领导者,但要卓有成效地开展工作,必须注意提高班干部的素养,班干部是一个班级的核心和灵魂,对班级的建设起到至关重要的作用。首要是正确认识班干部的性质,应使每一位班干部懂得,自己作为一名学生干部,与同学的关系是平等的,与同学之间的关系不同于行政管理系统中的上下级关系,班干部既不是一种荣誉更不是一种特权,而是肩负着带领全班同学完成上级领导及老师交办的各项工作,有效地开展各种活动的责任。因此,班干部要想在全体同学中树立起威信,成为强有力的领导集体,并具有凝聚力和号召力,最重要的是以身作则,身先士卒。一个学生干部就是一面旗帜,旗帜就是方向,旗帜就是目标,旗帜就是榜样,一个学生干部就是一盏航灯,要照到哪里亮到哪里;一个学生干部就是一个模范言行的辐射源,要影响一片,带动一班,要靠学生干部职位以外的非权力因素——即高尚的人格,感染大家,影响大家,凡事做出表率,要求同学做到的自己首先要做到,而且做好;不许同学做的自己坚决不做。同学们就会在其感召下,团结在其周围,为共同目标而努力奋斗。否则,任何高高在上、发号施令的想法和做法都是与学生干部的性质格格不入的。

(4)加强班干部之间的团结,是做好班级工作、形成良好班风的保证。团结就是力量,这是人人皆知的常识。但在工作过程中,由于班干部之间工作不协调引起矛盾的情况并不少见,特别是班长与团支部之间的协调是造成有些班级工作不力的主要因素。究其原因,固然可以从学生干部工作经验不足、年轻气盛等方面得到说明,但最主要的是"分工不分家"的工作思路不对头。班委会和团支部各成体系,各自为政,互不通气,甚至一比高低,以各自的成绩显示其工作的能力,久而久之,班长与团支部书记产生隔阂,全班形成两个核心。最终必然导致人心涣散,班委会和团支部的工作也难以有效地开展。为了防止这种不协调现象的出现,辅导员应在班干部上任前就特别强调无论是班长、团支书,还是一般委员,只是分工的不同,而没有高低贵贱之分。大家应该相互支持、相互鼓励、相互理解、相互信任、相互宽容。

(5)制定班规,使班级工作有章可循,形成良好氛围。没有规矩,不成方圆。这一点对学生管理工作显得尤为重要,因为班干部与同学之间的关系是平等的,班干部对同学的管理主要是靠非权力性影响力来实现的。这就必须建立由全班同学参与制定,并为全班同学认可的班级规章制度,即班规。制定班规,一是要依据党的教育方针和校规校纪的要求,将班规及班级管理工作纳入学校的学生管理工作系统;二是结合本班的实际情况,对每一项制度都经过本班同学的充分酝酿和讨论,制定的班规要简明易行,便于操作,如《班干部议事规则》《班级例会制度》《班级考勤制度》《班级卫生制度》等。健全的班规,便成为全班每个同学的行为准则。再加上严格执行和自觉遵守,就会形成班级工作自我运转、自我管理、自我提高、自我激励的良好运行机制。

(6)鼓励学生开展丰富多彩的文体活动。新生班级基本稳定后,为了进一步推进班级建设,使来自五湖四海的学生能够真正开始融合,使学生有归属感,有必要在班级中开展形式多彩、丰富多样的校园文化活动,以此为载体,对于加强学生集体荣誉感,提高个体素质和群体素质,促进良好的学风、班风的形成有重要作用。一方面,班级内部根据同学的意见自发组织有益于思想交流的活动;另一方面,辅导员应多开展具有公平、正当、竞争性的班级之间的活动,如辩论赛、歌咏、球类比赛,等等。学生在活动中不仅愉悦了心情,无形中也增强了集体意识,增强了集体的凝聚力和战斗力。

三、努力发挥辅导员在班级建设中的作用

(1)辅导员要做好班集体建设的向导。辅导员在班集体建设的实际工作中,首先要当好向导,放心大胆地任用班干部,信任尊重每一个同学,让他们在班集体的实际工作中独立思考,独立分析和解决问题,这样也可以增加班集体建设的针对性。同时要处理好辅导员与班干部的关系。使大家都认识到班干部是联系师生关系、沟通师生情感的桥梁和纽带,师生之间是良师益友的平等友爱的关系。辅导员的主要职责是确定班集体建设的指导思想,建立切实可行的管理和教育机制,把握班集体建设的正确方向,解决班集体建设过程中的一些重要疑难问题,做好工作的部署规划和检查总结工作。

(2)抓住新生特点,创新师生沟通形式。随着网络的普及,网络人际交往是人们在网络空间进行的一种新型人际互动方式,很受在校大学生的青睐。现在的大学生又时值"90后"一代,在交往中更喜欢这种形式,特别是 QQ 和飞信这种网络交往更是得到了很多大学生的喜爱。在笔者所带的新生中,笔者开设了 QQ 群和飞信,方便了与学生之间的交流和沟通,深得学生的喜爱。平时他们有什么想说而在办公室等公开场合不敢说的话,在网络的二人世界里得到了很好的补充。同时,各班级之间也开设了自己班级的 QQ 群,畅通了同学之间的交流和沟通。大学一年级是良好班风、学风形成的关键时期,因此新生班级建设尤为重要。班级建设工作的好坏是检验一个高校辅导员是否称职的重要标准。辅导员工作是否到位,对于良好班风、学风的形成起着不可低估的导向作用。因此要求我们在工作中不断学习,不断提高综合素质,以适应现代高等教育的需要。

受助医学专科生诚信教育体系研究

何国珍　王立国　龚健　杨敬博　张远芝
（湖北中医药高等专科学校）

家庭经济困难学生的资助工作，是当前以及今后相当长一段时期内高校的一项重要任务，关系到我国教育事业的全面、协调、可持续发展。诚信是社会关注的焦点之一。随着我国高等教育的体制改革和高校招生数量的不断扩大，大学生，尤其是医学专科生，出现了一些诚信缺失现象，越来越受到社会的关注。因此，重视受助医学专科生诚信教育尤为重要和迫切。

一、受助医学专科生诚信教育的必要性

(1)目前大学生的诚信状况——诚信意识和自我约束能力有待加强。①存在诚信缺失现象。由于市场经济、应试教育、诚信环境的缺乏、高校诚信教育不到位、约束机制的不健全以及个人认知能力的偏差等方面的影响，医学专科生中有用虚假家庭经济情况或夸大真实的困难程度骗取资助、恶意拖欠学费、故意拖欠助学贷款、消费水平与困难程度不符等现象。②缺乏自我约束能力。许多医学专科生谈起诚信问题来可谓是口若悬河、头头是道，但考试作弊、贷款不还、求职违约等失信行为时有发生。这种言行脱节的现象，实则是医学专科生诚信缺失的内因所在。医学专科生由于涉世不深，阅历简单，反思辨析能力不足，常常把自己观察了解到的一些社会消极现象当作社会本质，不能正确处理个人与集体利益、眼前利益与长远利益之间的关系，而对各种诱惑，不能自拔，势必导致见利忘义、弃守诚信现象的发生。应积极引导学生将理论与现实、思想与行动统一起来，做到知行合一。

(2)全国全省受助学生情况——人数多和金额大。一是国家助学贷款突破"双百"，生源地信用助学贷款成"主角"。2010年年度国家助学贷款人数和金额分别113.84万人和114.89亿元，创历史新高。建立了高校国家助学金资助标准动态调整机制，有效缓解了物价上涨给高校家庭经济困难学生带来的不利影响。二是高校毕业生学费补偿贷款代偿工作取得历史性突破。2010年全国普通高校共有4.6807万名毕业生获得学费补偿，金额为6.2042亿元。这些政策是鼓励高校毕业生毕业以后到部队服兵役和引导高校毕业生到基层和艰苦行业

工作。三是高校国家奖助学金政策顺利实施。2010年,国家奖学金、国家励志奖学金和国家助学金共奖励资助全国高校学生499万人次,共投入141亿元。四是高校新生"绿色通道"制度落实到位。2010年秋季学期,全国通过"绿色通道"办理入学手续的新生为60.9万人,占家庭经济困难新生的38.8%,占报到新生总数的9.7%。全国没有新生因为经济困难无法入学。

截至2011年4月27日,全国高校共2429所,其中普通高职院校1228所。

目前以湖北省某高校为例,近3年,办理生源地助学贷款或获奖助学金7674人次,共计2632.41万元。包括办理生源地助学贷款的学生共计1741人次,其中2008年345人次、2009年619人次、2010年777人次,贷款金额共计991.71万元。省以上奖学金833人,其中,国家奖学金29人、励志奖学金789人、省政府奖学金15人,共计420.70万元。国家助学金5100人次,其中2008年1500人次、2009年1700人次、2010年1900人次,共计1220.00万元。

该校专科生8704人,其中2008级学生3583人,2009级学生2401人,2010级学生2720人,据摸底调查,该校家庭经济困难学生占到学生总数约25%,其中特困生约占8%。因此该校办理生源地助学贷款或获奖助学金学生数比例高(占在校本专科生数88.17%),涉及金额比例大(共占总学费10444.8万元的25.20%)。

二、受助医学专科生诚信教育体系的构建

近年,诚信缺失的现象有愈严重之势,受广大人民关注的医疗卫生行业,也同样出现较严重的"诚信危机",高等医学院校是培养合格医务工作者的摇篮,该如何引导和培养医学生,特别是受助医学专科生的诚信意识?本研究从大学生诚信缺失现状、缺失原因入手,阐述了构建受助医学专科生诚信教育体系:可概括为"八个一",即成立一个机构、组建一支队伍、营造一种环境、形成一套制度、建立一份档案、培养一种品质、开展一类活动、打造一个基地。

1. 成立一个机构

为统筹诚信教育工作,学校成立以党委书记为组长,分管学生工作的副校长为副组长,学工处、团委等多部门负责人为成员的工作小组,具体制订工作计划,统筹安排诚信教育工作。

2. 组建一支队伍

建一支诚信教育管理队伍。为提高工作效率,形成校、系、班三级联动,做到工作层次清晰、信息畅通、运转有效,保证学生诚信教育工作正常有序进行。

建一支好榜样的教师队伍。高校教师的个人专业知识、渊博的其他见识、科研能力、职业道德以及个人的诚信素养,在学生眼中都有强烈的示范作用。医学

高校教师往往具有双重身份：教师、医生。正确处理好师生关系、医患关系和医护关系，都是医学生学习的榜样。教师应言传身教，不搞"双重道德标准"，才能收到良好的教育效果。

3. 营造一种环境

受助医学专科生诚信缺失现象，反映出其在思想认识方面诚信意识的薄弱，诚信心理不健康。因此，一要注意加强学生理想信念教育；二要把解决学生思想问题与解决学生实际问题相结合；三要把诚信教育带进到思想政治理论教育的课堂；四要在学校里形成一个领导、教师、员工共同参与的诚信教育环境；五要加强诚信方面的制度建设。参照发达国家经验，应建社会诚信体系，出台相关的法规或部门规章，约束受助医学专科生的行为，构造诚实守信的外部环境。

4. 形成一套制度

(1) 制订一个管理办法。根据中央和省有关文件精神，制订《诚信教育管理暂行办法》，从诚信教育的原则、组织实施机构、信息管理等方面进行科学的规范。

(2) 采取一系列优惠措施。切实帮助他们解决学习、生活中的实际困难。建立健全医学专科生诚信评估及惩罚机制。对受助医学专科生的诚信状况进行记录，在大学校园里形成守信光荣，失信可耻的氛围。健全受助医学专科生诚信制度，加大"失信"的惩罚力度。

(3) 建立一套科学、有效、操作性强的诚信评价制度，增强诚信教育的效果，使受助医学专科生认识到诚实守信的必要性，认识到失信将直接影响到今后的诚信度。构建诚信测评体系。可以从学习诚信、经济诚信、生活诚信、社会诚信四个一级指标进行测评。测评结果可以采用百分制或等级制。同时，学生诚信得分如实记录到本人档案中，并在校园适当范围内予以公布。

5. 建立一份档案

在医学院校展开以诚信评价为基础的诚信档案建设是非常必要的，从入学开始，学校应建立健全受助医学专科生诚信档案。基本内容应包括：

(1) 要充实、具体。要以新生入学报到时出具的个人详细基本情况以及父母的详细基本情况。应包括学生在校和实习期间的学习、工作、生活方方面面的诚信表现情况。应对医学专科生诚信状况进行科学的等级评价，进行分类记录。毕业后将学生诚信档案一并交给用人单位，督促走上工作岗位的医学专科生诚实守信，遵纪守法。

(2) 诚信档案建设必须与社会诚信体系建设相结合。

(3) 辅导员和班级民主评议小组对学生平时消费进行摸底调查的情况。

6. 开展一类活动

将诚信教育作为校园文化建设的重要内容。

一是在新生中开展入学诚信教育。以新生入学教育为契机，开展诚信教育第一课，确立自我诚信教育起点。将诚实守信的理念及时转化成学生的行为，帮助同学们提高诚信意识，树立诚信理念，并在开学典礼上组织新生进行入学诚信宣誓。二是举办诚信感恩教育系列活动。引导他们要常怀一颗感恩的心，要有回报社会的爱心，真正达到育人、树人的有机结合。让学生明辨诚信道德的善恶，在"做中学、学中悟、悟中醒、醒中行"，体会诚信对社会、对事业、对个人发展的重要性，促进学生综合素质的提高。告诫他们："诚信是人生的通行证""只有做一个诚实守信的人才能获得他人和社会的认可和信任"。这恰恰是事业成功的关键。三是在毕业生中开展就业诚信教育主题活动，把诚信教育列入毕业教育课程之中。

7. 培养一种品质

医学专科生要养成一种诚信心理和品质。要增强诚信观念，规范诚信行为，扭转诚信缺失，其根本解决途径要让全体医学专科生主动接受诚信心理辅导，了解什么是诚信，为什么要讲诚信。始终广泛参与诚信建设，树立讲诚信的主人翁责任感。讲老实话、办老实事、做老实人，大力倡导实事求是、诚实可靠、讲求信用的良好风气。这样才能消除"失信"意识，根除"失信"行为。

家长每学期与老师至少联系一次。老师发一封信，将学生在校情况以信函的形式告知家长，家长及时反馈意见，提升诚信教育工作的社会影响力。与学生每月至少打一个电话，了解学生的学习生活情况。

学生每学期至少找老师谈一次话。要求学生主动报告自己的思想、心理、学习、生活情况，力争老师能及时解决自己的实际困难。每学期写一篇思想汇报或学习心得。

8. 打造一个基地

建立多渠道、多层次的诚信实践基地。如校内外青年志愿者诚信实践服务基地、学生党团员社区志愿服务基地、同辈咨询热线、大学生爱心天使服务社、点点爱心社等。鼓励每名学生每月至少参加一次义工活动。可以根据学生的特长、需求和意愿，通过在班级志愿组合或牵线搭桥的形式结成"一对一，一帮一"的互助模式，也可组织他们参加社会和校、系组织开展的公益活动，以引导他们主动承担更多的社会责任，来提升他们的思想境界和自我价值。

建立诚信理论学习基地。学校建学生诚信教育专题校园网页(站)，各系建网络教育专栏和飞信网，各班级建有QQ群和班务公开栏，以准确传达政策信息，全面提供各种资讯，方便办理学生事务，及时受理学生诉求等。以诚信为主题,构建现代化教育平台,鼓励在校受助医学专科生成为各种诚信宣传教育的主力军。

三、讨论

加强受助医学生诚信教育是重塑医疗卫生行业光荣形象的希望,是一项利国利民的系统工程,任重而道远,高校教育应该把诚信教育作为大事来抓。只有这样,才能培养出德才兼备的医务工作者,保证全民健康、和谐生活。

中央教育改革和发展的迫切需要——要求学生诚信意识和社会责任感强。中共十七届四中全会指出:"认真解决群众反映强烈的教育医疗等方面的突出问题。"重点是提高学生的社会责任感和实践能力。诚实守信是根本。《胡锦涛在庆祝清华大学建校100周年大会上的讲话》(2011年4月24日):高等教育的根本任务是人才培养。要着力增强学生服务国家服务人民的社会责任感、勇于探索的创新精神、善于解决问题的实践能力。要造就信念执著、品德优良、知识丰富、本领过硬的高素质人才。

构建诚信教育体系的重要性——社会安全、稳定和发展的需要。诚信不仅可以提升人的道德水平,还可以维护社会道德秩序。诚信缺失败坏社会风气,影响社会稳定。诚信缺失造成人们之间相互提防,使得相互间的交流变得更加困难,更为严重的是,失信行为如果得不到有效制止,将使得许多诚实守信的人利益受到损害,整个社会的道德水平下降。假冒伪劣、坑蒙拐骗,造成无数个人身心伤害,很多家庭家破人亡,大量企业举步维艰;失信使广大消费者的生命和财产安全得不到保证,使得消费者对社会和政府失去信任;失信加剧了社会财富分配不公,导致人民群众对社会和政府产生不满,都将严重影响社会安全和稳定。

诚信危机已成为当前中国一个严重的社会问题,并且业已波及到高校学生这一群体。我国高校学生诚信素质将对社会信用体系的建设产生重大而深远的影响。大学教育是青少年接受正规教育的关键一环,高校学生诚信缺失问题如果不被重视,对大学生个人而言很难适应社会发展的需求,对于社会主义市场经济而言,没有稳定可靠的社会信用体系作保障,市场经济也不可能建立和完善。从这个意义上说,建立符合我国国情的大学生诚信教育体系具有重要的时代意义。

受助医学专科生的诚信品质虽受社会、家庭、学校教育等多种因素的影响,高校诚信教育是一项复杂而长期的系统工程,需要高校的高度重视以及社会的共同努力,从而使诚信成为受助医学专科生的基本素质。因此,要改善当前受助医学专科生诚信缺失的状况,高校应针对受助医学专科生思想状况的新特点、基本国情和时代要求,积极探索诚信教育的新举措和新方法,以构建受助医学专科生诚信教育体系。

通过对受助医学专科生诚信教育,有利于提高学生的医德水平,有利于增强医学生诚信意识和社会责任感,有利于社会主义市场经济体制完善和社会主义和谐社会的构建。

目前国家提倡全面实施诚信教育,已把"明礼诚信"纳入《公民基本道德规范》中。如何开展受助医学专科生诚信教育,如何造就信念执著、品德优良、知识丰富、本领过硬的高素质人才值得研究。

云南少数民族民俗在大学生德育中的作用

张忠海

(三峡电力职业学院)

民俗是不同民族、不同地域的人民在长期生活中逐步形成的风尚、礼节、习惯的总和。民俗是与区域和民族息息相关的,不同的区域和民族因区域和民族的特点而形成了迥异的文化特色。这种文化特色受特定区域的地理环境、气候条件以及某一民族的人文背景和某些特殊的文化因子等诸多因素的影响而形成。云南是我国民族分布种类最多的省级行政区,有53个民族,其中人口超过4000万的占26个。各个民族世世代代在这里生存、繁衍,创造了绚丽多彩的民俗文化。

自古以来,我国就特别注意民俗文化所具有的教化作用,这种教化就是运用民俗文化所具有的约束力,对民众进行教育和规范,以摈弃陋习,发扬良好风气。所以,对大学生,利用民俗文化进行德育有着其他教育资源不可替代的作用。

一、云南少数民族民俗为大学生德育提供不竭的资源

经过长期积淀的民俗,以其自身所形成的道德观、价值观在一定层面上影响着个体的价值选择和行为习惯,以一种无形的力量影响着区域内人们的思维观念、思维方式、价值取向、道德情操、生活方式、礼仪制度、风俗习惯和宗教信仰。譬如《云南十八怪》里有:鸡蛋用草串着卖、花生蚕豆堆卖、和尚可以谈恋爱、背着孩子谈恋爱、老太爬山比猴快、娃娃全由男人带。置身于这样一种具体的民俗场域内,我们汉人的市场意识、婚嫁观念、重男轻女思想无不受到少数民族民俗潜移默化的影响。再如:瑶族的成年礼流传下来的"跳云台",将4根4米多长的

木柱摆成正方形,一边扎以横木作梯,是为"云台"。受戒者在师公的带领下登上"云台",等师公念完诫词,受戒者发誓:不杀人放火、不偷盗抢掠、不奸女拐妇、不虐待父母、不陷害好人等,誓毕掷火进一个装了水的碗里,火立即熄灭。这里暗示受戒者如有不轨,其命运便如此火。然后,受戒者团身抱膝,从"云台"上勇敢地翻滚至"云台"下那张铺有稻草的藤网中。一俟落下,下边的人就拉起藤网一齐用力旋转。此时欢呼声四起,赞扬孩子的品德与勇敢,祝贺又一个瑶山汉子进入了成人社会。显然,这种礼仪对青少年具有极强的规范教化作用。

云南少数民族的风俗具有整合社会、激励个体成长的功能和作用,是和谐义化建设的精神支柱。因此,蕴含其中的这些思想观念可以为当代大学生德育提供不竭的源泉。

二、云南少数民族民俗为大学生德育提供了鲜活的蓝本

民俗是具体的,是耳濡目染的,甚至是可以触摸的,比如白族民居照壁的题字。

白族人十分注重住宅的建设,有"一正两耳""两房一耳""三坊一照壁""四合五天井""六合同春"和"走马转角楼"等。

白族民居的照壁十分讲究。照壁位于主房的正前方,正对着堂屋,其形式各种各样,主要有独脚照壁和"三滴水"照壁两种。壁顶以青瓦覆盖,四角微翘。整座照壁以石灰抿刷成白色,壁檐下方和壁的左右两边,多用深色薄砖框成矩形、圆形或扇形的画框,画框交替相连。照壁的绘饰在民居中处于最重要、最突出的中心地位。框中用彩墨或淡墨绘上祥禽瑞兽、花鸟虫鱼、山水人物和梅兰松竹,照壁中间写上个斗大的"福"字或四字的名言警句,黑白分明,神采飞扬,使庭院大为增色。

四字名言警句的内容大致可分为四类:一类是表达美好心愿,如"福寿康宁""人寿年丰"等吉祥词句;一类为描绘景色,如"玉洱银苍""彩云西现";一类为修德励志之词,如"廉泉让水""世代书香",亦不乏称颂太平之语,如"河清海晏""百二河山"等;最为讲究的一类是用典来把自家的姓氏挂到古代的名人身上,以标明自家有着不同凡响的历史渊源。这类典故与主人的姓氏相关,故事为世人所称道,并且为该姓人引为荣耀。如姓李的题"紫气东来",用李耳典。姓马的题"绛帐家声",用马融典。周家题写"濂溪世第"用周敦颐典。王家题写"三槐流芳",用王祐典。张家题写"百忍家声",用张公艺典。赵姓题写"价值连城",用和氏璧典;或题写"琴鹤家声",用铁面御史典。杨姓有的题"关西世第",有的题"清白传家",皆用"四知"清官杨震典。

大学生在这里可以触摸历史,感悟文明。通过这些民俗文化的熏陶渐染,可

收润物无声之效。民俗中的经典范例为大学生德育提供具体鲜活的道德教育蓝本。这些鲜活的教育蓝本,远比空洞的说教要有效得多。

三、云南少数民族民俗为大学生德育提供了全新的范式

当前的德育范式从观念上讲,已经完成了"物化德育"向"人本德育"和"生活德育"的转换。"道德源于生活,道德品性的养成与体现发生在真实的生活情境之中,真实的生活情境又同样蕴藏着丰富的道德资源"的观点深入人心。

然而在教学实践中总是存在一些障碍,因为我们只能构建一个模拟的生活情景,这种模拟的生活情景不可能像民俗那样,如空气随时随地就在我们身边。大学生德育引进民俗资源,使"生活德育"这种全新的范式的落实变得顺理成章、水到渠成。

大学生思想道德素质的高低更多地表现在其日常行为之中,体现在日常生活的细微之处,而这些细微之处又成为大学生综合素质和精神面貌最直观最真切的折射。学校德育要取得实效,需要从这些细微之处入手,借助民俗这种无所不在的比较潜隐内敛的社会文化规范,如润物无声的细雨,对学生的价值观和道德观产生潜移默化的影响。在日常生活中,人们很难意识到民俗的规范力量。因为,它对人的控制是一种"软控制",它通过蕴涵其中的社会常规来约束人们,使人们在日常生活和工作中形成一种不假思索、习惯成自然的行为。而这种境界正是"人本德育"和"生活德育"所着力追求的。

换一个视角,我们如果把焦点聚集在这些规范所规范的对象身上,我们发现,各个区域各个民族的成员他都能非常自觉地或不自觉地接受本区域、本民族民俗文化的约束。不仅如此,甚至他区域、他民族的成员都有尊重或遵循另一区域、另一民族的民俗的意愿,所谓入境问禁、入乡随俗即是。这不仅仅是对另一区域、另一民族民俗的尊重。其实,各个区域、各个民族虽有异彩纷呈、各具特色的本区域和本民族的民俗,但大家都会存在一些相同的具有普世价值的观念、情感或性格。由此,他区域、他民族的成员才有可能对其产生心理认同。在大学生德育中,如果能充分利用民俗文化的这一特点,有利于优化高等学校德育的方式方法,以潜移默化、循循诱导的方式,调整大学生的价值观念、思维模式、行为习惯和生活方式,使道德规范的力量不是对大学生生活的强行介入,而是被融入生活模式之中,在特定的时空之中营造的一种全新的生活范式或者说是德育范式,从而把主流价值观和道德规范逐渐植根于大学生的思想深处,并外化为其行为习惯。

笔者只是略举云南的民俗对当代青年大学生德育重要作用的几个方面,当然它所包含的内容和积极作用远不止于此。云南的民俗文化以及她所包含的传统道德对于中华民族是一笔宝贵的财富。在高校德育工作中借用民俗资源,对

塑造当代大学生的健全人格,对建设社会主义和谐社会都具有重大的现实意义和不可低估的作用。

试从素质教育来看独立学院大学生人格培养模式

徐 蓓
(武昌理工学院商学院)

一、素质与素质教育

素质是一个综合概念,是指在人的先天生理基础上,经过后天教育和社会环境的影响,由知识内化而形成的相对稳定的品质,它包含了人格、自制能力、生存能力、身心健康、知识素质等因素。素质教育是一种着眼于开发人的智慧潜能,以完善和全面提高整体素质,以提高人才素质作为重要内容和目的的教育。大学生的素质包括思想道德素质、科学文化素质、身体素质、心理素质和生活技能素质等方面的内容。高校素质教育就是着眼于大学生良好素质形成过程的教育。

1999年6月3日,中共中央、国务院颁布《关于深化教育改革全面推进素质教育的决定》,其中对"素质教育"的内涵作了准确的解答,明确指出:"实施素质教育,就是全面贯彻党的教育方针,以提高国民素质为根本宗旨,以培养学生创新精神和实践能力为重点,造就有理想、有道德、有文化、有纪律的德智体美等全面发展的社会主义事业建设者和接班人。"2004年中共中央、国务院下发了《关于进一步加强和改进大学生思想政治教育的意见》,强调要贯彻"教书育人、育人为本,德智体美、德育为先"的精神,促进大学生全面发展、健康成长。

当前,素质教育已经成为全球教育界的主流思想。1987年出版的、由联合国教科文组织主持,S.拉塞克等人编著的《从现在到2000年教育内容发展的全球展望》一书指出,发展素质教育,培养"人格力量"已被认为是21世纪教育的中心特征。在我国,发展素质教育已成人们共识,但在实施方法上存在很多不同。有的高校将"人文素质教育"列入教学计划,并以此作为素质教育的实施途径和内容,如华中科技大学。有的高校实施KAQ(知识、能力、素质的英语缩写)培养模式,如浙江大学。它要求学生有扎实而广博的基础知识,先进而现代化的专业知识,大跨度复合的交叉知识,应用和学习知识的能力,要求学生有良好的表达、动手、创新、组织能力。总的而言,在我国高校中,素质教育的实施途径可主要分为三种:一是在大多数高校,素质教育是以对应试教育"纠差补偏"的形式出现的;二是以华中科技大学为代表的部分高校,将素质教育以"德育"的形式表现出来;三是以北京师范大学和武汉科技大学中南分校为代表的高校,提出"成功素质教育"理论。然而,不管素质教育具体的实施途径有何不同,大学生人格培养都在其中占据了重要地位。

作为我国高等教育的新事物,独立学院的出现给高等教育注入了新鲜力量。有关独立学院的研究日益展开,有关高校素质教育和大学生人格问题的文章也屡见报端,但将它们结合起来进行研究的则不多见。事实上,独立学院有其自身特点,独立学院的大学生也有着与公办高等院校学生不同的人格特征,具有其自身特点,因此,研究独立学院学生素质教育与人格培养具有重要的现实意义。

二、独立学院大学生人格现状

1. 人格与理想人格

"人格"一词最早来源于拉丁语,原意为舞台上演员扮演角色时所戴的面具。在语表上,就是指这种具有表演性(意味)的"假面"或"面具"。更深一层地追究,"人格"实质上指的是被"假面"或"面具"遮盖了的个人,抑或说戴着"假面"或"面具"表演的人。作为科学概念,人格广泛应用于心理学、法学、社会学、伦理学等学科,在不同学科领域具有不同的含义。本文中,人格是指人的性格、气质、能力等特征的总和,也是个人的道德、思想、灵魂、行为、态度及社会责任等方面的统一,体现了人的道德责任和义务及人的价值意义。

所谓理想人格,是人类自产生以来一直追求的一个终极的价值目标,即人的全面发展。它是指人格和谐、全面、健康地发展。人格处于健康状态,与社会环境相适应,为其他社会成员所接受而又充分展现出主体个性特征。

同其他社会群体相比,大学生比较年轻,拥有较高的知识水平。因此,大学生理想人格应反映时代的要求和个体发展的需要,应符合现代社会对人的素质发展的要求,体现现代人的人格特征。当代大学生理想人格应具有如下特征:独立、自尊;宽容、乐观、豁达;平等交往,人际关系融洽;创造性、进取性;公平竞争意识;有坚韧的意志力,有较强的适应性;有高度的责任心和使命感。

2. 独立学院大学生人格特征

独立学院学生与公办高等院校相比,学习基础较薄弱,学习习惯较差,有着较明显的人格偏差,具体特征有缺乏远大理想、奉献精神、敬业精神、诚信意识、公德意识和法律意识,价值观、荣辱观淡漠等;在心理素质方面,主要表现为缺乏抗挫折能力、自制能力等,心理素质脆弱;自卑、懒惰、拖拉、粗心、鲁莽、急躁、悲观、孤僻、多疑、抑郁、狭隘、冷漠、被动、骄傲、虚荣、焦虑、自我中心、敌对、冲动、脆弱等,这些都是不健康的人格因素。

3. 独立学院大学生人格特征与大学生理想人格特征的差距

第一,在自我认识上,缺乏正确的自我认识。独立学院的学生大多家庭环境优越,习惯了被捧着的生活状态,同时,成绩相对同龄人较差,对自信心又有一定的冲击。这一类学生的个性多表现为自我中心主义。自大而缺乏能力,这又容易在受挫后转为极度自卑,不相信自己,认为自己什么都比不上别人。少部分学生家境不好,希望通过上大学来改变出身,但学校高额的学费以及公助民办的性质,使他们倍感压力,从而形成较为自闭、孤僻的性格。自大而不自信,自卑而不自谦。

第二,在对待现实的态度或处理各种社会关系上,独立学院的学生更关注与自己利益相关的活动和身边事务,与公办院校的学生相比,他们对国家大事缺乏敏锐度和关注。对己宽容,对人严格,特别是家境较好的学生,不够关心他人。在生活中,缺乏强烈的进取精神。对待学习、工作和事业,表现得不够积极、勤奋、认真。奉献精神、敬业精神的意识尚未养成。

第三,在情感和理智上,独立学院的大学生表现为容易冲动,不善于控制和调节自己的情绪。

第四,在意志上,独立学院的学生普遍表现出意志力较薄弱,目标不明确,行为不自觉,不善于自制,不够勇敢果断、积极主动,抗挫折能力不强等一系列特征。

第五,在人生观和价值观上,缺乏明确的人生目标,得过且过,缺乏远大理想、诚信意识、公德意识和法律意识不强,价值观、荣辱观淡漠等。

三、素质教育与独立学院大学生人格培养模式

人格是在一定的生理基础上,在社会实践活动中形成和发展起来的,是遗传和环境因素共同作用的结果。人格是在自然基础上形成和发展的,但人格的发育和最终形成,则更多地取决于后天的教育和环境影响。有赖于教育和社会实践,有赖于家庭、学校、社会各个方面的影响。当家庭气氛紧张、学校教育不当、社会风气不良时,就有可能造成人格发育的偏离,出现人格缺失。因此,学校教育、家庭教育和社会教育应相互配合。近些年来,不断发生的大学生人格退化、裂变事件,已向全社会提出了警示。例如"马加爵事件"。有学者分析指出:马加爵杀人案件的五个因素(家庭、个人、同学、学校和社会),即使任意四个都具备,缺少某一个原因,这起惨剧都可能消弭于无形。而在这五个因素中,个人、同

学、学校三因素都可在高校教育中找到依托。

一般而言,青年的后期,人格的基本特征大体形成,因此,青少年时期是人格形成的关键时期,对于在校接受教育的大学生而言,作为学生学习和生活的重要场所,高等教育在培养大学生人格方面具有重要的、不可替代的作用。成功素质教育认为,一个人的成功素质,是由观念体系、品格体系、能力体系、方法体系、知识体系等方面构成的一个有机整体,其中观念体系是核心。可见,素质教育中,不能忽视大学生的人格培养。

随着历史的发展,人们逐渐认识到培养能力的重要性,即"授之以鱼不如授之以渔"。到了 20 世纪 90 年代,人们更深刻地认识到,在构成人才的要素中,有比知识、能力更为重要的东西存在,对于人才接受和获取知识、提高和发挥能力更具影响力的东西存在,或者说使人的知识和能力更好地发挥作用的东西存在,那就是"素质"。近年来,人们已逐渐形成一种共识,人格素质与一个人的成才密切相关。一个缺乏人格培养或人格培养不到位的人,对社会只能是无用甚至有害的人。怎样规范大学生的自然人格、培养其健康人格,这需要全社会的思考与努力。大学生在家里或步入社会后需要父母和社会的培养,那么在高校学习期间就需要老师与学校的引导、指导与培养。高校不仅仅是传道授业、培养专业人才的机构,也是提供精神资源、培养健康人格的重要场所。《礼记·大学》篇开宗明义:"大学之道,在明明德,在新民,在止于至善。"这里的"大学"与现代教育的"大学"虽然不是一个概念,但所说的"明明德",却指出了高校在培养大学生健康人格方面的重要责任和义务。履行这种责任与义务的有效途径就是推进素质教育。

素质教育所追求的不是学生某一方面素质的发展,而是德智体美等方面的全面发展;素质教育的社会功能是为我国培养社会主义事业的建设者和接班人。现实已经证实具有丰富知识和较强能力的人,不一定就是具备了较高素质的人,换言之,只具有丰富的知识和较强的能力,而缺乏较高素质的人才不能称之为完全的或是健全的人才。从教育的角度而言,只注重知识的传授和能力的培养,而忽视人才素质的提高,不能算是完善的教育。由此可见,注重人才素质提高的教育思想观念的提出,在教育理论与实践的发展中具有划时代的意义。从重视传授知识到既重视传授知识又重视培养能力,是教育思想的一大突破,在重视传授知识、培养能力的同时,更加注重提高素质,是教育思想的又一大突破。从素质教育的思想来看,高质量的人才应是知识、能力、素质的高度和谐与完美的统一。从人才培养的角度而言,传授知识、培养能力往往只解决如何做事的问题,而提高素质则更多地解决如何做人的问题,只有将做事与做人有机地结合起来,即既要使学生学会做事,又要使学生学会做人,这样的教育才是理想的教育。因而素质教育中人才培养的目标应是培养基础扎实、知识面较宽、能力强、综合素质高的人才。

独立学院的素质教育的推进应立足于学生实际,建立健全独立学院大学生人格培养模式。要培养其健康人格,要实现大学生理想人格培养的目标,在独立院校素质教育中,应注重以下几点。

(1)实施素质教育和人格魅力养成,高素质修养教师是关键环节。实现全员育人、全程育人、全方位育人,首要的就是与学生接触最多的高校教育思想工作者的自身素质建设。有高素质修养的教师才能担负起培养高素质新一代的重任,具体体现为:高尚的道德品质、高度的敬业精神和自身人格修养高尚;学识渊博,具有较强的团队协作精神;教师间团结协作,互通有无,取长补短,并借助社会力量,紧密配合家长,调动各种积极因素,在全校乃至全社会营造一种良好的育人环境,这样方可为国家培养出一批又一批合格人才。

李长春同志在"进一步贯彻落实胡锦涛总书记回信精神"讲话中指出,建设一支大学生思想政治教育工作骨干队伍要从三方面入手,首要的即是辅导员、班主任队伍。认为要大力选聘那些政治立场坚定、思想品行端正、潜心教书育人、具有学科专业背景和较强学术能力的党员教师和党政干部担任辅导员和班主任。独立院校的辅导员队伍建设要注重加强自身建设,加强心理学、教育学相关学科的学习,加强自身专业学习;注重学生心理健康教育,注重学生健康人格培养;言传身教,注重自身言行举止,给学生树立榜样,于无声处感染学生,熏陶学生;树立良好的职业道德和工作作风;应加强责任意识和奉献精神,忠于职守,甘于奉献,求真务实,勤恳踏实;以学生为重,将育人放在工作的首要地位。

(2)实施素质教育和人格魅力养成,学生主动性和积极性是关键因素。必须将素质教育落到实处,使之内化成学生自己的需要,自觉的行动。通过挖掘和培养,让每个人形成自己的人格特点和魅力特色。

在大学四年中,应该分阶段、分专业进行培养,注重学生的心理健康教育,使学生不仅能养成基本人格,并具备本专业所需的专业素质和非专业素质。在校期间,通过各种活动的开展,有意识地培养学生的毅力、责任感等品质,增强其自信心,有明确的生活目标和人生目标,正确认识自己和他人以及社会,使学生主动、自觉地养成奉献精神、敬业精神、诚信意识、公德意识和法律意识。

(3)在实施素质教育和人格魅力养成过程中,教学管理、学生管理是关键保障。学生理想人格的养成,离不开各方面的工作与努力。只有形成了一个健康有序的大环境,才能感染环境中的个人,使之自觉自愿规范自己的行为。

(4)高校教学管理中努力使学校的改革、发展与稳定相结合。从教育思想观念、教育体制、人才培养模式到教学方法、课程建设诸方面进行全方位的更新,抓好数量、质量与效益的综合发展,以质量求生存,以效益求发展,走数量、质量、效益相统一的发展道路,做到科学教育、人文教育与素质教育相结合,将以科学知识传授为内容的科学教育和以人文知识传授为内容的人文教育统一起来,实行素质教育。